한 번에 합격, 자격증은 이기적

이렇게 기막힌 적중률

 함께 공부하고 특별한 혜택까지!
이기적 스터디 카페

 구독자 약 15만 명, 전강 무료!
이기적 유튜브

오직 스터디 카페 멤버에게만
주어지는 특별 혜택!

이기적 스터디 카페

이기적 스터디 카페

합격을 위한 기적 같은 선물
또기적 합격자료집

혼자 공부하기 외롭다면?
온라인 스터디 참여

모든 궁금증 바로 해결!
전문가와 1:1 질문답변

1년 내내 진행되는
이기적 365 이벤트

도서 증정 & 상품까지!
우수 서평단 도전

간편하게 한눈에
시험 일정 확인

합격까지 모든 순간 이기적과 함께!
이기적 365 EVENT

QR코드를 찍어 이벤트에 참여하고 푸짐한 선물 받아가세요!

1. 기출문제 복원하기

이기적 책으로 공부하고 시험을 봤다면 7일 내로 문제를 제보해 주세요!

2. 합격 후기 작성하기

당신만의 특별한 합격 스토리와 노하우를 전해 주세요!

3. 온라인 서점 리뷰 남기기

온라인 서점에서 책을 구매하고 평점과 리뷰를 남겨 주세요!

4. 정오표 이벤트 참여하기

더 완벽한 이기적이 될 수 있게 수험서의 오류를 제보해 주세요!

※ 이벤트별 혜택은 변경될 수 있으므로 자세한 내용은 해당 QR을 참고해 주세요.

기적의 적중률, 여러분의 참여로 완성됩니다
기출 복원 EVENT

1 이기적 수험서로 공부하고 시험에 응시했다면 누구나 참여 가능

2 응시일로부터 7일 이내 복원 문제만 인정(수험표 첨부 필수!)

3 중복, 누락, 허위 문제는 당첨 대상에서 제외

※ 이벤트별 혜택은 변경될 수 있으므로 자세한 내용은 해당 QR을 참고해 주세요.

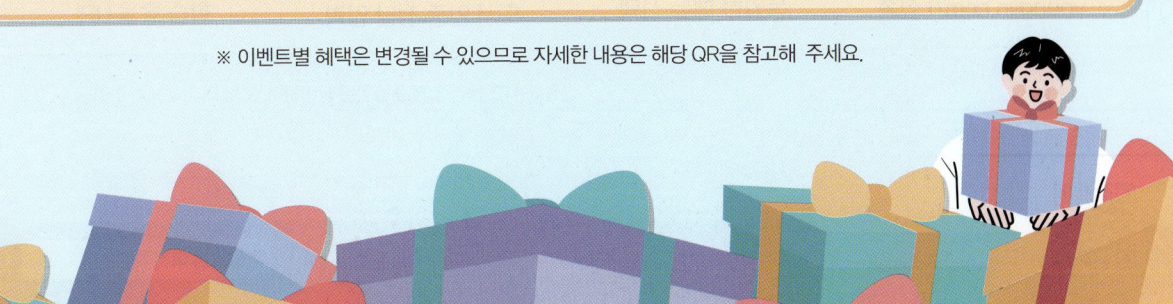

도서 인증하면 고퀄리티 강의가 따라온다!
100% 무료 강의

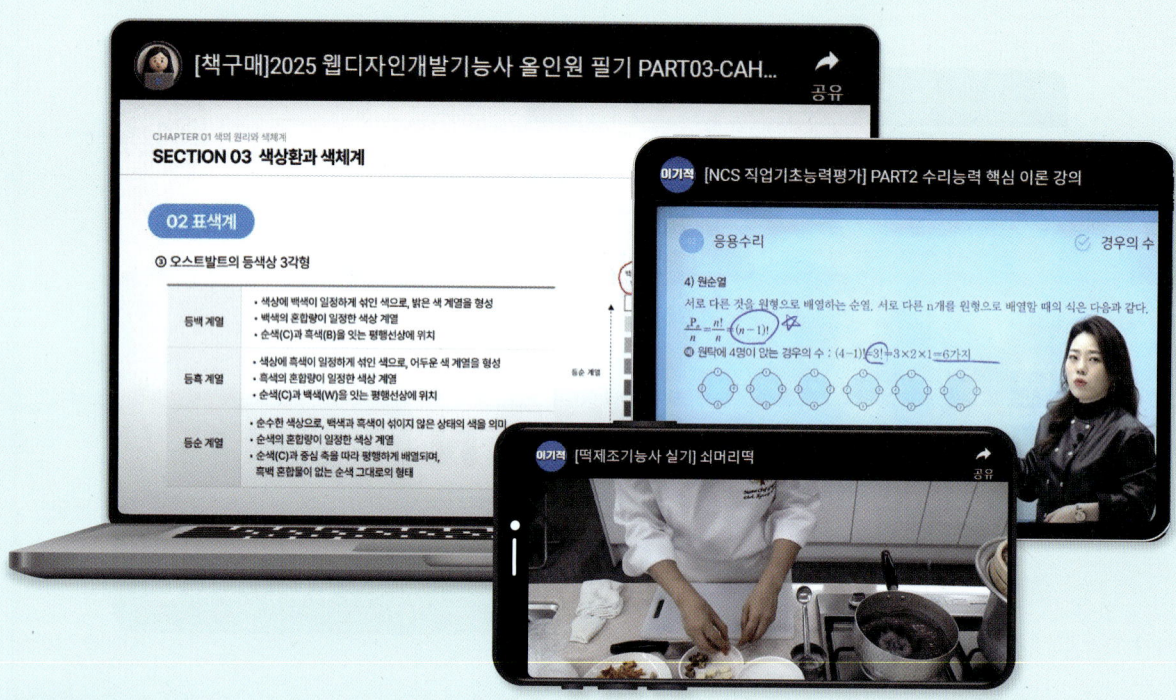

이용방법

STEP 1

이기적 홈페이지
(https://license.
youngjin.com/) 접속

STEP 2

무료 동영상
게시판에서 도서와
동일한 메뉴 선택

STEP 3
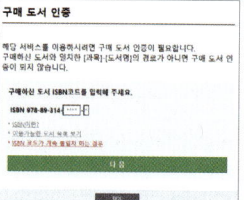
책 바코드 아래의
ISBN 코드와
도서 인증 정답 입력

STEP 4

이기적 수험서와
동영상 강의로
학습 효율 UP!

※ 도서별 동영상 제공 범위는 상이하며, 도서 내 차례에서 확인할 수 있습니다.

▶ 이기적 홈페이지 바로가기

영진닷컴 이기적

합격을 위해 모두 드려요.
이기적 합격 솔루션!
이기적이 여러분을 위해 준비했어요

고퀄리티 저자 직강, 무료 동영상 강의
저자가 직접 강의하는 고퀄리티 동영상 강의를 100% 무료로 제공합니다.
핵심을 콕콕 짚어 주는 동영상 강의로 빠른 합격이 가능합니다.

또기적 합격자료집 제공, Illustrator 핵심 단축키
시험 전 도움이 되는 키보드 핵심 단축키를 또기적 합격자료집(PDF)으로 제공합니다.
이기적 스터디 카페에서 구매 인증을 통해 받으실 수 있습니다.

시험 방식을 연습할 수 있는, 답안 전송 프로그램
시험장 환경을 체험해 볼 수 있다면?
연습용 답안 전송 프로그램으로 미리 체험해 보세요.

무엇이든 물어보세요, 1:1 질문답변
혼자서 공부하다가 모르는 문제가 있다면 선생님께 물어보세요.
1:1 밀착 질문답변으로 시원하게 해결해 드립니다.

※ 〈이기적 GTQ 일러스트 2급 기본서(ver.CC 2024)〉을 구매하고 인증한 회원에게만 드리는 자료입니다.

◀ 모든 혜택 한 번에 보기

정오표 바로가기 ▶

또, 드릴게요! 이기적이 준비한 선물
또기적 합격자료집

1 **시험에 관한 A to Z 합격 비법서**
책에 다 담지 못한 혜택은 또기적 합격자료집에서 확인

2 **편리하고 똑똑한 디지털 자료**
PC · 태블릿 · 스마트폰으로 언제든 열람하고 필요한 부분만 출력 가능

3 **초보자, 독학러 필수 신청**
혼자서도 충분한 학습 플랜과 수험생 맞춤 구성으로 한 번에 합격

※ 도서 구매 시 추가로 증정되는 PDF용 자료이며 실제 도서가 아닙니다.

◀ 또기적 합격자료집 받으러 가기

이렇게
기막힌
적중률

GTQ 일러스트
2급 기본서
ver. CC 2024

"이" 한 권으로 합격의 "기적"을 경험하세요!

차례

▶ **합격 강의**
동영상 강의가 제공되는 부분을 표시하였으며 QR 코드를 통해
시청할 수 있습니다. 이기적 수험서 사이트(license.youngjin.com),
또는 유튜브 채널 '이기적 영진닷컴'에서도 시청 가능합니다.

▶ 본 도서에서 제공하는 동영상은 1판 1쇄 기준 2년간 유효합니다. 단, 출제기준안에
따라 내용은 변경될 수 있습니다.

PART 01 GTQ 일러스트 준비하기

CHAPTER 01 시험 안내 … 20
CHAPTER 02 답안 작성 기준 … 22
CHAPTER 03 일러스트 준비하기 … 27

PART 02 일러스트 핵심 기능 익히기

CHAPTER 01 환경 설정 … 52
CHAPTER 02 도형 편집 … 56
CHAPTER 03 패스파인더 … 67
CHAPTER 04 펜 도구 / 연필 도구 … 74
CHAPTER 05 패턴 … 83
CHAPTER 06 브러시 … 88
CHAPTER 07 클리핑 마스크 … 93
CHAPTER 08 블렌드 … 99

PART 03 대표 기출 유형 따라하기

대표 기출 유형 따라하기 … 106

PART 04 기출 유형 문제

기출 유형 문제 01회 … 162
기출 유형 문제 02회 … 204
기출 유형 문제 03회 … 236
기출 유형 문제 04회 … 274
기출 유형 문제 05회 … 310
기출 유형 문제 06회 … 356
기출 유형 문제 07회 … 390
기출 유형 문제 08회 … 432
기출 유형 문제 09회 … 472
기출 유형 문제 10회 … 508

BONUS 부록 또기적 합격자료집

• 시험장 스케치
• 스터디 플래너
• Illustrator 핵심 단축키

※ 참여 방법 : '이기적 스터디 카페' 검색 → 이기적 스터디 카페(cafe.naver.co/yjbooks) 접속 → '구매 인증 PDF 증정' 게시판 → 구매 인증 → 메일로 자료 받기

실습 파일 사용 방법

GTQi 합격에 필요한 자료를 모두 모았습니다.

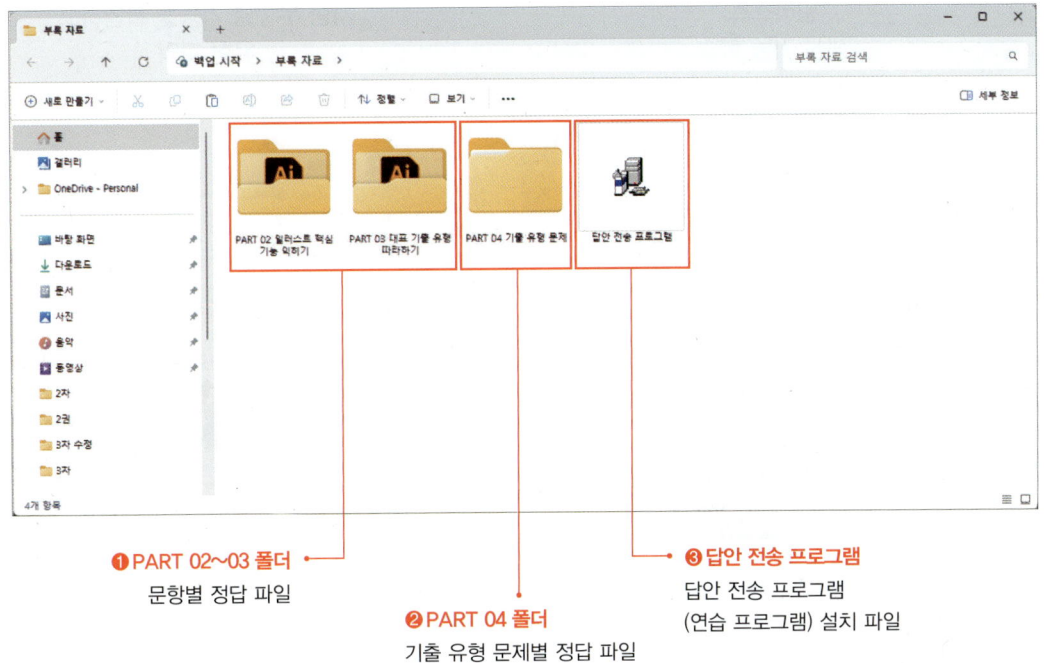

❶ PART 02~03 폴더
문항별 정답 파일

❷ PART 04 폴더
기출 유형 문제별 정답 파일

❸ 답안 전송 프로그램
답안 전송 프로그램
(연습 프로그램) 설치 파일

다운로드 방법

① 이기적 영진닷컴 홈페이지(license.youngjin.com)에 접속하세요.
② [자료실]-[GTQ] 게시판으로 들어가세요.
③ '[7660] 이기적 GTQ 일러스트 2급 기본서(ver. CC 2024)_부록 자료' 게시글을 클릭하여 첨부파일을 다운로드하세요.

사용 방법

① 다운로드받은 '7660' 압축 파일에서 마우스 오른쪽 버튼을 눌러 '7660'에 압축풀기를 눌러 압축을 풀어주세요.
② 압축이 완전히 풀린 후에 '7660' 폴더를 더블 클릭하세요.
③ 압축이 제대로 풀렸는지 확인하세요. 위의 그림대로 파일이 들어있어야 합니다. 그림의 파일과 다르다면 압축 프로그램이 제대로 설치되어 있는지 확인해 주세요.

이 책의 구성

STEP 1 핵심만 정리한 이론

일러스트
핵심 기능 학습

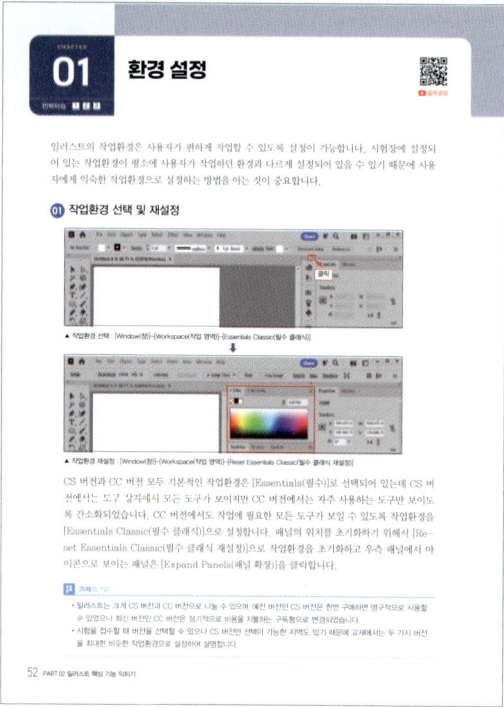

- QR 코드로 동영상 강의 바로 시청
- 기적의 TIP으로 학습 능률 상승
- 이해를 돕기 위해 자세한 이미지 자료 표기

STEP 2 기출 유형 문제 연습하기

시험 문항별 기능을 확인하고
유형 파악

- QR 코드로 동영상 강의 바로 시청
- 문제 따라하기를 통해 순서대로 구성된 내용 파악
- 별색 표기를 통해 기능별 적용 부분 한눈에 확인

STEP 3 실제 기출 문제 풀이

 BONUS 또기적 합격자료집

시험과 동일한 기출 유형 문제 풀이로 마무리 학습

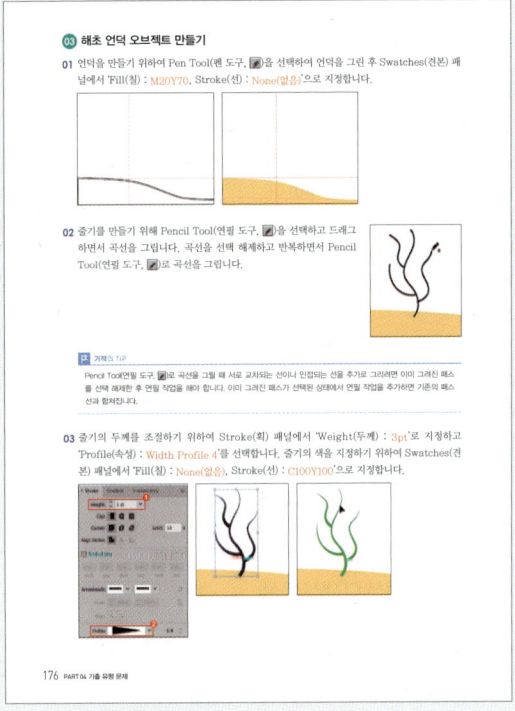

- QR 코드로 동영상 강의 바로 시청
- 별색 표기를 통해 기능별 적용 부분 한눈에 확인
- 문제 풀이에 대한 자세한 해설 확인

도서 구매자 특별 제공
스터디 플래너 및 핵심 단축키

- 스터디 플래너로 효율적인 학습 계획 가능
- 기출 유형 문제 완성 파일 제공
- Illustrator 핵심 단축키 증정

시험의 모든 것

시험 알아보기

● 자격 소개 및 이슈
〈GTQ〉 그래픽기술자격은 컴퓨터그래픽 디자인 능력을 평가하는 국가공인자격 시험으로, 그 중 GTQi의 경우 Adobe Illustrator를 활용한 전문 디자인 역량을 평가하는 국가공인 실기 중심 시험(3급 제외)

● 응시 자격
자격 제한 없음

● 시험 형식

등급	시험 방법	시험 시간
1급	4문항 실무작업형 실기시험	90분
2급		
3급(민간)	3문항 실무작업형 실기시험	60분

● 사용 프로그램 버전
- Adobe Illustrator CS6, CC(영문) 버전을 사용하며, 시험 접수 기간에 고사장별로 응시 가능한 S/W 버전을 확인할 수 있음
- GTQ 그래픽기술자격 3급 시험의 경우 1, 2교시 동시 신청 불가

출제 기준

● 출제 기준

- 기본 툴 활용(25점)
  - 캐릭터, 아이콘, 이모티콘 등

기본도구 및 기능 사용	• Selection Tool/Pen Tool • 도형 툴/변형 툴 • Pencil Tool/Eraser Tool • Gradient Tool/Create Outlines • PATHFINDER 패널/STROKE 패널 • CHARACTER 패널/PARAGRAPH 패널

- 문자와 오브젝트(35점)
  - 응용 디자인 : 문자 디자인, 오브젝트 만들기, 엠블렘, 픽토그램, 스티커 등

기본도구 및 기능 사용	• Selection Tool/Pen Tool • 도형 툴/변형 툴 • Pencil Tool/Eraser Tool • Gradient Tool/Create Outlines • PATHFINDER 패널/STROKE 패널 • CHARACTER 패널/PARAGRAPH 패널
추가도구 및 기능 사용	• Type Tool/Paintbrush Tool • TRANSPARENCY 패널/Pattern 활용

- 어플리케이션 디자인(40점)

기본도구 및 기능 사용	• Selection Tool/Pen Tool • 도형 툴/변형 툴 • Pencil Tool/Eraser Tool • Gradient Tool/Create Outlines • PATHFINDER 패널/STROKE 패널 • CHARACTER 패널/PARAGRAPH 패널
추가도구 및 기능 사용	• Type Tool/Paintbrush Tool • Warp Tool/Symbol Sprayer Tool • Expand/Expand Appearance • Clipping Mask/Pattern, Symbol 활용 • Effect 효과/TRANSPARENCY 패널

접수 및 응시

- **시험 일자**
  - GTQ(포토샵), GTQi(일러스트)는 1~12월 정기시험 시행(매월 넷째 주 토요일)
  - GTQid(인디자인)는 1, 5, 9, 11월 정기시험 때 시행

- **시험 접수**
  - 시행처 홈페이지 https://license.kpc.or.kr에서 인터넷 접수
  - 방문접수의 경우, 'KPC 자격지역센터'에서 사전 연락 후 가능

- **합격 기준**

등급	합격 기준
1급	100점 만점 70점 이상
2급	100점 만점 60점 이상
3급	

- **응시료**

구분	1급	2급	3급
일반	31,000원	22,000원	15,000원
군장병	25,000원	18,000원	12,000원

- **자격증 발급**
  - 휴대할 수 있는 카드 형태의 자격증 발급(신청자)
  - 인터넷을 통해 자격증 발급 신청
  - 개인회원 기준 : 개당 3,500원 + 발송비 2,800원 + 결제수수료 600원 = 6,900원(수수료 포함)
  - 접수완료 후 카드제작 기간을 포함하여 14일 내외로 수령 가능

그래픽 Master 소개

- **그래픽 Master의 정의**

한국생산성본부는 그래픽 디자인 업계의 주요 프로그램인 포토샵, 일러스트레이터, 인디자인 활용 능력을 인증하는 GTQ, GTQi, GTQid 자격 제도를 운영 중이며, 모든 자격증을 획득하였을 경우 발급이 가능한 자격증을 의미

- **그래픽 Master 신청 요건**
  - 신청 요건 : GTQ, GTQi, GTQid 3과목 모두 취득해야 함
  - 급수 기준 : 과목에 관계없이 1급 2과목, 2급 1과목 이상이면 신청 가능

- **그래픽 Master 신청 방법**

[https://license.kpc.or.kr]-[합격확인/자격증 신청]-[그래픽 Master] 게시판에서 맨 아래 '신청하기' 버튼을 눌러 신청

- **그래픽 Master 승인 절차**

① 신청하기 → ② 접수신청 및 결제 → ③ 접수신청 검토 → ④ 인증서 발급 → ⑤ 인증서 배송

- **그래픽 Master 처리 기간**

그래픽 Master는 매주 2회(월요일 승인/지난 목요일~일요일 접수 분, 목요일 승인/지난 월요일~수요일 접수 분) 승인 처리하며, 승인 처리 완료 후 통상적으로 3일 내 배송이 완료
(주소 불명으로 반송되는 경우가 많으니 우편 수령지에 정확한 주소 기입 요망)

- **그래픽 Master 발급 비용**

11,000원(수수료 포함)

고사장 및 시험 관련 문의

- 시행처 : 한국생산성본부(KPC)
- https://license.kpc.or.kr

📞 1577-9402

답안 전송 프로그램 설치법

답안 전송 프로그램이란?

GTQi 시험은 답안 작성을 마친 후 저장한 답안 파일을 감독위원 PC로 전송하여 제출해야 합니다. 시험장에서 당황하는 일이 없도록 답안 전송 프로그램으로 미리 연습해 보세요.

다운로드 및 설치법

01 이기적 홈페이지(license.youngjin.com)에 접속한 후 상단에 있는 [자료실]–[GTQ]를 클릭한다. '[7660] 이기적 GTQ 일러스트 2급 기본서(ver.CC 2024)'를 클릭하고 첨부파일을 다운로드 받아 압축을 해제한다.

02 다음과 같은 폴더가 열리면 '답안 전송 프로그램'을 더블 클릭하여 프로그램을 실행시킨다.

※ 운영체제가 Windows 7 이상인 경우는 마우스 오른쪽 버튼을 클릭해 '관리자 권한으로 실행'을 선택하여 실행시킨다.

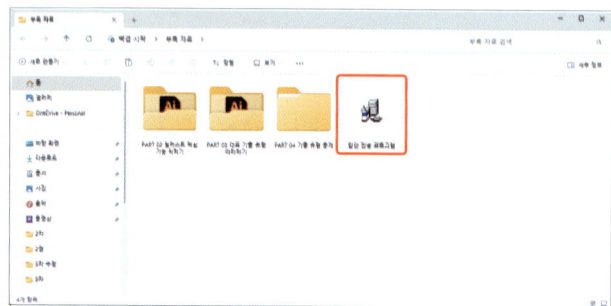

03 다음과 같이 설치 화면이 나오면 [다음]을 클릭하고 설치를 진행한다.

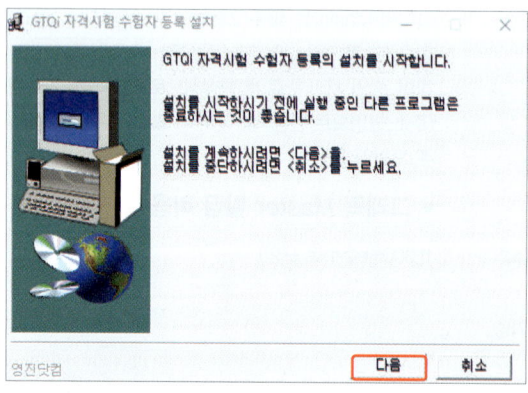

04 설치 진행이 완료되면 'GTQi 수험자용' 아이콘을 더블 클릭하여 프로그램을 실행한다.

답안 전송 프로그램 사용법

시험 진행 순서

본인 좌석 확인 후 착석 ➡ 수험자 정보 확인 ➡ 화면 안내에 따라 진행 ➡ 검토 후 최종 답안 제출 ➡ 퇴실

01 수험자 수험번호 등록

① 바탕화면에서 'GTQi 수험자용' 아이콘을 실행한다. [수험자 등록] 화면에 수험번호를 입력한 후 [확인]을 클릭한다.

※ 프로그램 상에서는 'G123456789'로 수험번호를 통일하며, 실제 시험장에서는 본인의 수험번호를 찾아 입력한다.

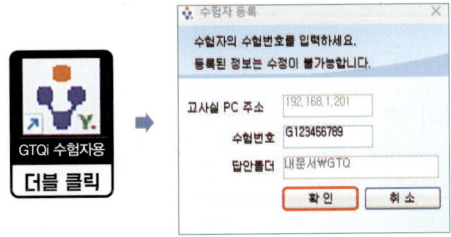

② 수험번호가 화면과 같으면 [예]를 클릭한다. 다음 화면에서 수험번호, 성명, 수험과목, 좌석번호를 확인한다.

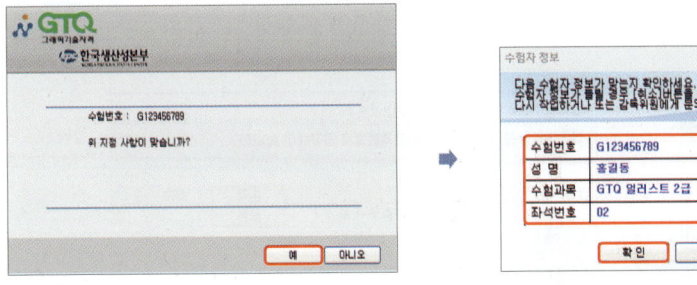

③ 다음과 같은 출력화면 확인 후 감독위원의 지시를 기다린다.

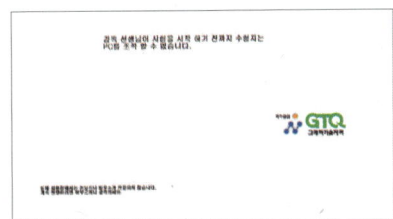

02 시험 시작(답안 파일 작성)

① 일러스트 프로그램을 실행한 후 답안 파일을 작성한다.

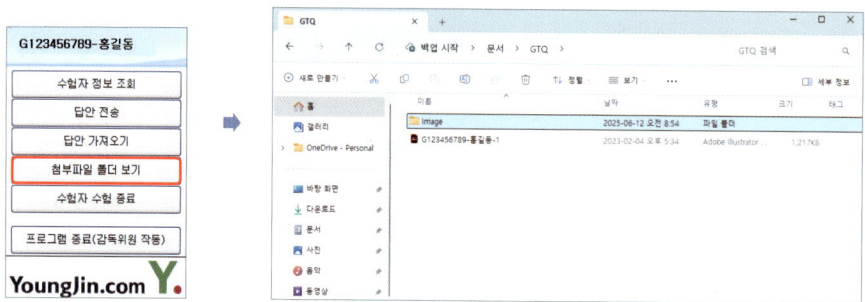

03 답안 파일 저장(수험자 PC 저장)

① 답안 파일은 '내 PC₩문서₩GTQ' 폴더에 저장한다.

② 답안 파일명은 '수험번호-성명-번호'로 저장해야 한다.

04 답안 파일 전송(감독 PC로 전송)

① 바탕화면의 실행 화면에서 [답안 전송]을 클릭한 후, 작성한 답안 파일을 감독 PC로 전송한다. 화면에서 작성한 답안 파일의 존재유무(파일이 '내 PC₩문서₩GTQ' 폴더에 있을 경우 '있음'으로 표시됨)를 확인한 후 [답안 전송]을 클릭한다.

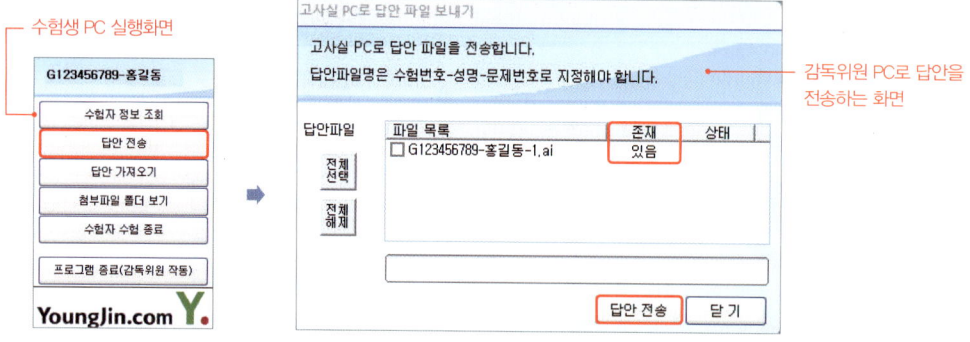

② 전송이 성공적으로 끝나면 상태 부분에 '성공'이라 표시된다.

※ 연습 채점 프로그램이므로 실제 감독 PC에는 전송되지 않는다.

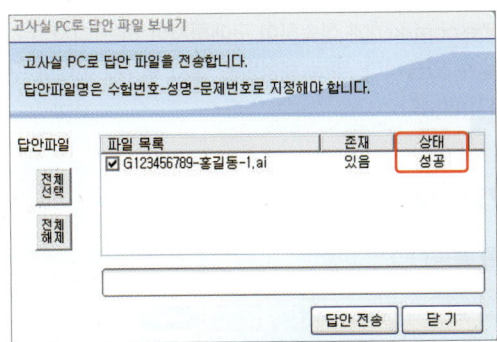

05 시험 종료

① 수험자 PC화면에서 [수험자 수험 종료]를 클릭한 후 감독위원의 지시를 기다린다.

② 감독위원의 퇴실 지시에 따라 퇴실한다.

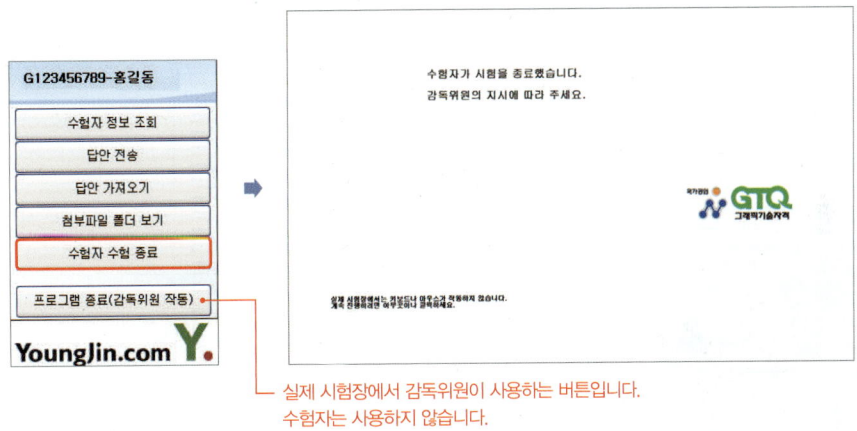

실제 시험장에서 감독위원이 사용하는 버튼입니다.
수험자는 사용하지 않습니다.

답안 전송 프로그램 안내

- 프로그램을 설치했는데 '339 런타임 오류가 발생하였습니다.'라는 오류 메시지가 나타나는 경우

  프로그램 설치 시 마우스 오른쪽 버튼을 클릭하여 '관리자 권한으로 실행'을 선택하여 설치하고, 설치 후 실행 시에도 '관리자 권한으로 실행'을 선택해 주세요.

일러스트 무료 체험판 설치하기

일러스트란?

'일러스트'의 경우 어도비 홈페이지(http://www.adobe.com/kr/)에 접속하여 구매하셔야 하는 디자인 소프트웨어로, CC 정품이 없다면 7일 무료 체험판을 받아 설치하실 수 있습니다. 무료 체험판은 설치 후 7일 이내에 구독을 취소하지 않을 시, 자동으로 결제가 진행되므로 유의하시기 바랍니다.

어도비 회원가입 이후 구독 신청하는 방법(7일 무료 체험)

01 어도비 홈페이지에 접속하여 [무료 체험하기]를 클릭한다.

※ 홈페이지 메인에 [무료 체험하기]가 보이지 않는다면, 오른쪽 상단 [도움말 및 지원]-[다운로드 및 설치]를 클릭하여 [Creative Cloud 모든 앱]-[무료 체험판]을 선택한다.

02 첫 7일간은 무료라는 안내 문구가 나타난다.
① 사용 목적에 맞는 플랜 선택
② [계속] 버튼 클릭

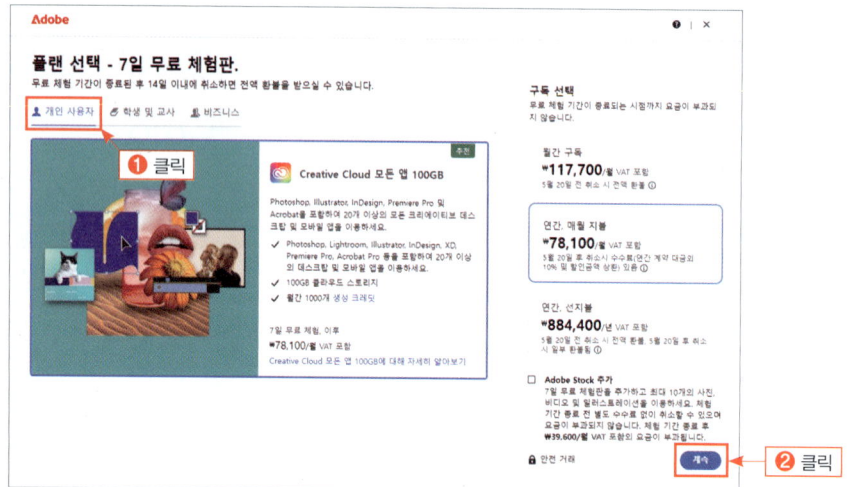

※ 일반 취미용으로 프로그램을 이용하려면 [개인 사용자용]을 선택한다. 각 목적에 따라 구독료가 달라지기 때문에, 선택 시 유의해야 한다.

03 이메일 주소를 추가하는 입력란이 나타난다.
① 이메일 주소 입력
② 약관을 확인하여 동의 절차를 거침
③ [계속] 버튼 클릭

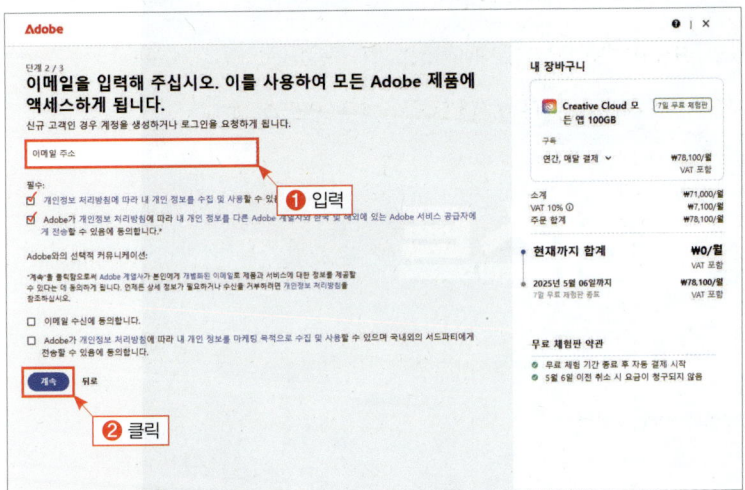

04 결제 정보를 업데이트한다.
① 결제할 카드 정보 입력
② [무료 체험기간 시작] 클릭
③ 무료 사용 기간은 7일이며, 이후 자동으로 설정된 결제 수단으로 결제됨
④ 만약 결제를 원하지 않으면, 기간 내에 결제 취소 필수

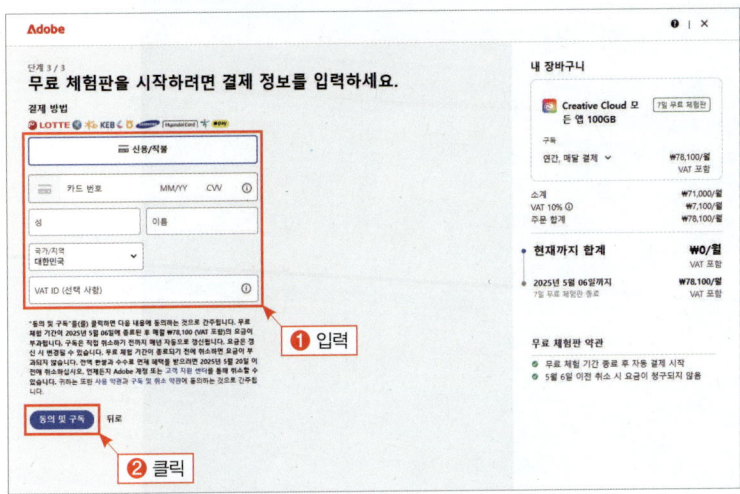

※ 카드 하나의 정보당 무료 체험판 한 번의 기회를 얻을 수 있으며 플랜 취소 및 구독과 관련된 문의는 어도비 홈페이지(http://www.adobe.com/kr/)를 참고해야 한다.

PART
01

GTQ 일러스트 준비하기

학습 방향

GTQi 일러스트 자격시험에 대하여 알아보고 시험 시 유의사항과 답안 작성요령을 확인합니다. 그래픽 디자인 프로그램인 어도비 일러스트레이터의 화면구성, 도구 상자, 패널 등 UI를 살펴보고 제작한 오브젝트에 적용할 수 있는 변형 및 효과, 다양한 편집 방법을 확인합니다.

차례

CHAPTER 01 시험 안내	20
CHAPTER 02 답안 작성 기준	22
CHAPTER 03 일러스트 준비하기	27

시험 안내

시험 전 필수 체크

01 시험 소개

GTQi(Graphic Technology Qualification illust)는 일러스트레이션의 활용능력을 평가하는 시험입니다. 디자인의 필수 요소인 일러스트는 예비 디자이너 혹은 현업에서의 실무 그래픽디자인, 심벌, 로고에서 명함 제작에 이르기까지 활용범위가 무궁무진합니다. GTQi는 아이디어와 창의성, 전문적인 감각과 개인의 경쟁력을 높여주는 디자인 전문자격입니다. 시험 등급은 1~3급으로 구성되어 있어 등급을 선택할 수 있습니다. 단, 국가공인자격의 경우 1~2급만 해당되며 3급은 민간자격이기 때문에 표에서는 제외되었습니다. 시험 방식의 경우 실무의 활용성을 높이기 위해 실기시험 방식을 채택하였기 때문에 이론 없이 실기로만 진행됩니다.

등급	프로그램 버전	평가 범위	시험 시간	합격 기준	응시료
1급	Adobe Illustrator CS6, CC (영문)	1문항 : 25점 2문항 : 35점 3문항 : 40점	90분	100점 만점 70점 이상	일반 : 31,000원 군장병 : 25,000원
2급				100점 만점 60점 이상	일반 : 22,000원 군장병 : 18,000원

시험장에서는 시험을 시작하기 전에 시험지를 먼저 나누어 주고 수험자 유의사항과 답안 작성요령을 안내합니다. 감독관의 안내에 따라 수험자가 내용을 읽고 숙지하고 있어야 문제 발생을 줄일 수 있습니다.

02 수험자 유의사항 및 답안 작성요령

수험자 유의사항

- 수험자는 문제지를 받는 즉시 응시하고자 하는 과목 및 급수가 맞는지 확인한 후 수험번호와 성명을 작성합니다.
- 파일명은 본인의 '수험번호-성명-문제번호'로 공백 없이 정확히 입력하고 답안폴더(내 PC\문서\GTQ)에 파일저장 규칙(ai 파일 포맷)으로 저장해야 하며, '다른 파일 형식으로 저장하였을 경우' 0점 처리됩니다.
- 답안문서 파일명이 '수험번호-성명-문제번호'와 일치하지 않거나, 답안 파일을 '전송'하지 않는 경우 답안 파일 미제출로 불합격 처리됩니다. ※ 답안은 반드시 시험 시간 내에 전송을 완료해야 하며, 전송 시간을 충분히 감안하여 제출해 주시기 바랍니다. (공정한 평가를 위해, 시험 종료 전 전송이 완료된 답안에 한해 채점이 진행됩니다.)
- 수험자 정보와 저장한 파일명, 저장 위치가 다를 경우 전송이 되지 않으므로, 주의하시길 바랍니다.
- 답안 작성 중에도 주기적으로 '저장'과 '답안 전송'을 이용하여 감독위원 PC로 답안을 전송하셔야 합니다. (※ 작업한 내용을 저장하지 않고 답안을 전송할 경우 이전의 저장내용이 전송되오니 이점 반드시 유념하시기 바랍니다.)
- 모든 수험자는 동일한(초기화 된) 환경에서 시험이 시작되며 '작업환경 설정'은 시험 시간 내에 진행합니다. (시험 시작 전 '작업환경 설정' 불가, 소프트웨어 이상 유무만 확인)
- 답안문서는 지정된 경로 외의 다른 보조기억장치에 저장하는 행위, 지정된 시험 시간 외에 작성된 파일을 활용한 행위, 기타 허용되지 않은 프로그램(이메일, 메신저, 게임, 네트워크, 윈도우계산기, 스톱워치 등) 이용 시 부정행위로 간주되어 자격기본법 제32조에 의거 본 시험 및 국가공인 자격시험을 2년간 응시할 수 없습니다.

- 시험 종료 후 제출된 답안은 평가 및 검증을 위해 본부에서 보관되며, 시험의 공정성과 보안 유지를 위해 응시자에게 본인의 답안을 제공하는 것은 허용되지 않습니다. 이 점 반드시 유의하시기 바랍니다.
- 시험 중 부주의 또는 고의로 시스템을 파손한 경우와 〈수험자 유의사항〉에 기재된 방법대로 이행하지 않아 생기는 불이익은 수험자의 책임임을 알려 드립니다.
- 시험을 완료한 수험자는 최종적으로 저장한 답안파일이 전송되었는지 확인한 후 감독위원의 지시에 따라 문제지를 제출하고 퇴실합니다.

❶ 수험자가 시험장의 소프트웨어를 사용할 때 작업환경이 다를 경우에는 시험이 시작된 이후에 따로 환경 설정을 진행할 수 있습니다.

❷ 답안파일이 ai 파일 포맷이 아닌 다른 파일 형식으로 저장하였을 경우에는 0점 처리되므로 정확한 포맷을 선택해야 합니다. 파일은 수시로 감독위원 PC에 전송이 가능하고 여러 번 전송했다면 가장 마지막에 전송한 파일이 최종파일이 됩니다.

문제 번호	용지 크기	파일 포맷	저장 위치
1번	100mm*80mm	ai 파일	내PC₩문서₩GTQ
2번	100mm*80mm		
3번	120mm*80mm		

답안 작성요령

- 온라인 답안 작성 절차
  수험자 등록 ⇒ 시험 시작 ⇒ 답안파일 저장 ⇒ 답안 전송 ⇒ 시험 종료
- 배점은 총 100점으로 이루어지며, 점수는 각 문제별로 차등 배분됩니다.
- 각 문제는 주어진 〈조건〉에 따라 작성하고, 〈조건〉을 지키지 못했을 경우 0점 또는 감점 처리됩니다.
- 문제 〈조건〉에 크기와 색상, 두께의 지정이 없을 경우 〈출력형태〉를 참고하여 작업해 주시기 바랍니다.
- 문제 〈조건〉과 〈출력형태〉에서 차이가 발생할 경우 문제에서 지정한 〈조건〉에 따라 작업해 주시기 바랍니다.
- 〈조건〉에서 주어진 단위는 'mm(밀리미터)'입니다. 눈금자는 작성하지 않으며, 그 외는 출력형태(레이아웃, 색상, 문자, 규격 등)와 같이 작업하십시오.
- 문제 〈조건〉에 서체의 지정이 없을 경우 한글은 굴림이나 돋움, 영문은 Arial로 작업하십시오.
  (단, 그 외에 제시되지 않은 문자 속성을 기본값으로 작성하지 않은 경우는 감점 처리됩니다.)
- Color Mode(색상 모드)는 별도의 처리조건이 없을 시 CMYK로 작업하십시오.
- 조건에서 제시한 기능을 임의로 합치거나 각 기능에 대한 속성을 해지할 경우 해당 요소는 0점 처리됩니다.

한 국 생 산 성 본 부

❶ 답안파일을 만들 때 용지의 크기를 입력하고 mm(밀리미터) 단위를 설정합니다. 색상 모드는 CMYK로 작업해야 하며 이미지의 크기가 다른 경우 감점 처리됩니다.

❷ 문제의 조건과 출력형태에서 차이가 발생할 경우에는 지정한 조건에 따라 작업하는 것이 우선입니다.

❸ 조건에서 제시한 기능(그룹, 클리핑 마스크 등)이나 속성(그림자 효과, 선 두께 등)을 해지할 경우 해당 요소는 0점 처리되므로 조건에 맞게 작업해야 합니다. 예를 들어 선의 두께가 지시되어 있는데 [Object(오브젝트)]-[Expand(확장)]를 눌러 선을 면으로 확장했다면 그 선에 대한 점수는 0점 처리됩니다.

CHAPTER 02 답안 작성 기준
시험 전 필수 체크

01 오브젝트 배치

시험장에 필기도구와 함께 15cm 눈금자를 가져가서 시험지의 출력형태에 오브젝트의 위치를 참고할 수 있는 안내선을 작성하고 일러스트 작업파일에서도 안내선을 표시하면 출력형태와 비슷한 범위에서 크게 벗어나지 않도록 작업할 수 있습니다.

02 펜 도구 활용

오브젝트를 제작할 때 가장 기본이 되는 펜 도구의 사용법을 정확히 알고 작업해야 합니다. 핸들의 길이나 방향에 따라 곡선의 모양이 달라지는데 처음부터 완벽하게 만들기 어렵다면 오브젝트의 윤곽만 먼저 그린 후 직접 선택 도구와 고정점 도구로 편집할 수 있습니다.

03 패스파인더 활용

타원이나 사각형, 별과 같은 도형과 펜 도구로 제작한 오브젝트를 합치거나 빼고, 분리하는 작업을 위하여 패스파인더를 활용할 수 있습니다. 복잡한 모양의 도형을 제작할 때 패스파인더를 활용하면 하나하나 펜 도구로 그리지 않아도 되므로 시간제한이 있는 시험에서 매우 유용합니다.

04 문자 입력

문자를 입력할 때 문제에서는 글꼴과 크기, 색상과 같은 지시사항이 명시되어 있기 때문에 정확하게 설정해야 합니다. 영문자의 경우라면 대소문자를 구분하고 띄어쓰기와 같은 사소한 부분도 놓치면 안됩니다. Type on a Path Tool(패스 상의 문자 도구)을 지시하는 문제에서는 출력형태가 비슷하더라도 Make Envelope(둘러싸기 만들기)을 활용하면 감점되므로 정확한 기능을 사용하여 편집합니다.

05 브러시

브러시에 대한 지시사항에는 브러시의 이름이 지정되어 있습니다. 브러시 패널에 기본적으로 나열되어 있는 브러시에서 바로 찾아지지 않을 경우에는 브러시 라이브러리에서 정확한 브러시의 이름을 찾아서 적용해야 합니다. 브러시가 있는 경로까지 명시하지는 않기 때문에 자주 출제되는 브러시의 경로를 익혀두는 것이 좋지만 정확한 경로를 모르더라도 라이브러리 창의 하단에서 'Load Previous Brush Library(이전 브러시 라이브러리 불러오기)'와 'Load Next Brush Library(다음 브러시 라이브러리 불러오기)' 단추를 눌러가며 찾는 것이 어렵지는 않습니다.

06 패턴 적용

패턴을 만들 때 패턴이 배치된 타일 유형은 출력형태를 보고 수험자가 판단하여 작업합니다. 정확한 크기가 지시되어 있지 않으므로 패턴간의 간격이나 크기는 임의로 지정하고 패턴을 적용하는 도형에서 패턴의 크기나 방향을 편집할 수 있습니다.

07 클리핑 마스크

오브젝트에서 일부분을 안보이도록 가려주는 작업을 클리핑 마스크라고 합니다. 패스파인더에서의 자르기 기능과 비슷하지만 자르기 기능은 실제로 오브젝트를 잘라내기 때문에 잘라내기 전의 원본 오브젝트를 다시 활용하기가 어렵습니다. 추후에 편집이 필요할 경우를 대비하여 클리핑 마스크로 작업했다가 기능을 해제하면 다시 원본 오브젝트들을 활용할 수 있습니다.

08 다양한 그리기 도구 활용

오브젝트를 제작하는 가장 기본적인 방법은 도형을 제작하고 패스파인더를 활용하여 편집하는 방법과 펜 도구로 직접 그리는 방법입니다. 다만 시간제한이 있는 시험에서 도형과 펜 도구만으로 복잡한 오브젝트를 완성하기에는 시간이 부족할 수 있습니다. 최근 들어 인물 캐릭터와 같이 정형화되지 않은 오브젝트를 제작하는 문제로 출제경향이 달라지고 있다는 점에 주목하여 물방울 브러시나 연필 도구 등 다양한 그리기 도구를 활용하여 빠르게 완성할 수 있어야 합니다.

09 시간 분배

GTQ 2급 자격시험은 90분 이내에 3문제를 완성하고 60점 이상의 점수를 얻어야 자격을 취득할 수 있습니다. 시험장의 컴퓨터는 수험자가 사용하는 컴퓨터와 다르기 때문에 모든 문제를 90분 안에 완성할 수 있도록 충분히 연습한 후에 시험에 임하는 것이 좋습니다. 1번은 20분, 2번은 30분, 3번은 40분과 같이 문제마다 제한시간을 두고 연습하면 도움이 됩니다. 다만 시험장에서는 익숙하지 않은 키보드나 마우스의 감도 때문에 시간이 부족할 경우를 대비하여 큰 점수에 해당하는 3번부터 거꾸로 작업순서를 정하는 것도 하나의 방법이 될 수 있습니다.

문제 ① 기본 툴 활용　　　　　　　　　　　　　　　　　　25점

다음의 《조건》에 따라 아래의 《출력형태》와 같이 작업하시오.

조건

파일저장규칙	AI	파일명	문서₩GTQ₩수험번호-성명-1.ai
		크기	100 × 80mm

1. 작업 방법

① 도형, 변형 툴과 Pathfinder 기능을 활용하여 오브젝트를 작성한다.
② 그 외 《출력형태》 참조

출력형태

C0M0Y0K0,
C10,
K20,
Y100,
C40M10,
C70M50,
C30Y100,
C70Y100,
C90M30Y100,
C90M30Y100K30,
M80 → C80M100

★ 자세한 지시사항은 **대표 기출 유형 따라하기**를 참고하세요.

❶ 용지 크기와 정확한 파일명(수험번호-성명-1.ai), 저장경로(내PC₩문서₩GTQ)를 확인하고 저장합니다.
❷ 눈금자를 켜고 출력형태와 같이 제작할 수 있도록 안내선을 만듭니다.
❸ 출력형태에서 제시하는 색상은 따로 그룹으로 만들거나 도형으로 색상 칩을 만들어서 관리합니다.
❹ 도형과 펜 도구를 사용하여 오브젝트를 제작하고 패스파인더를 활용하여 편집합니다.
❺ 그라디언트를 적용할 때 유형과 방향을 확인합니다.
❻ 개체의 배치순서를 확인합니다.
❼ 복사하여 크기를 조절할 때 선 두께, 모퉁이 반경도 조절해야 하는지 옵션을 설정합니다.
❽ 최종 점검 후 불필요한 오브젝트나 눈금자, 안내선은 지웁니다.

문제 ❷ 문자와 오브젝트   35점

다음의 《조건》에 따라 아래의 《출력형태》와 같이 작업하시오.

[조건]

파일저장규칙	AI	파일명	문서₩GTQ₩수험번호-성명-2.ai
		크기	100 × 80mm

1. 작업 방법
① 'GARDENING' 문자에 Times New Roman (Bold) 폰트를 적용한다.
② 'Gardening Tools' 문자에 Type on a Path Tool을 활용한다.
③ Brush는 《출력형태》를 참고하여 작성한다.
④ Effect는 《출력형태》를 참고하여 작성한다.
⑤ 그 외 《출력형태》 참조

2. 문자 효과
① Gardening Tools (Arial, Regular, 10pt, C90M30Y90K30)

[출력형태]

[Brush] Banner 1, 1pt
[Effect] Drop Shadow
[Brush] Watercolor – Blend
C40M70Y100K50, 1pt

★ 자세한 지시사항은 **대표 기출 유형 따라하기**를 참고하세요.

❶ 용지 크기와 정확한 파일명(수험번호-성명-2.ai), 저장경로(내PC₩문서₩GTQ)를 확인하고 저장합니다.
❷ 도형과 펜 도구를 사용하여 오브젝트를 제작하고 패스파인더를 활용하여 편집합니다.
❸ 문자를 윤곽으로 만들어 편집하는 경우에는 먼저 정확한 글꼴을 지정하고 오타없이 입력해야 합니다. 일단 문자를 윤곽으로 만들면 패스로 인식하기 때문에 글꼴과 오타를 수정할 수 없습니다.
❹ 지시사항에 Type on a Path Tool(패스 상의 문자 도구)을 활용하도록 지시하고 있다면 이를 활용하여 문자를 편집합니다.
❺ 지시된 브러시를 브러시 라이브러리에서 찾아 적용할 때 색상과 두께도 확인합니다.
❻ 그림자 효과를 적용할 오브젝트는 그룹으로 묶어서 전체적으로 그림자가 적용되도록 합니다.

문제 ❸ 어플리케이션 디자인   40점

다음의 《조건》에 따라 아래의 《출력형태》와 같이 작업하시오.

조건

파일저장규칙	AI	파일명	문서₩GTQ₩수험번호-성명-3.ai
		크기	120 × 80mm

1. 작업 방법
① 도형 툴로 오브젝트를 그린 후 Pattern을 활용하여 작성한다. (패턴 등록 : 씨앗)
② 캐리어에 규칙적인 점선을, 봉투에 불규칙한 점선을 설정한다.
③ 봉투에 Pattern을 적용한다.
④ 봉투에 배치된 오브젝트는 정렬, 간격을 일정하게 한 후 Group 설정을 한다.
⑤ 그 외 《출력형태》 참조

2. 문자 효과
① FLOWER BOX (Arial, Bold, 14pt, C0M0Y0K0)
② Flower Seeds (Times New Roman, Bold, 12pt, C40M70Y100K50)

출력형태

[Group]
[Pattern]
C20M40Y70, Opacity 80%,
[Stroke] C40M70Y100K50, 1pt

★ 자세한 지시사항은 **대표 기출 유형 따라하기**를 참고하세요.

❶ 용지 크기와 정확한 파일명(수험번호-성명-3.ai), 저장경로(내PC₩문서₩GTQ)를 확인하고 저장합니다.
❷ 도형과 펜 도구를 사용하여 오브젝트를 제작하고 패스파인더를 활용하여 편집합니다.
❸ 패턴을 만들 때 타일 유형을 선택하고 간격을 지정합니다.
❹ 지시사항에서 그룹으로 지시된 오브젝트를 확인하여 적용합니다.
❺ 선에 대한 지시사항인 색상과 두께뿐 아니라 점선의 모양도 출력형태를 참고하여 지정합니다. 획 패널의 점선 옵션을 체크하여 활성화하고 점선과 간격을 지정하되 숫자 값은 수험자가 임의로 지정합니다.
❻ 투명도가 지시되어 있는 오브젝트 개체에 대하여 정확한 투명도를 지정합니다.

일러스트 준비하기

01 화면 기본 구성

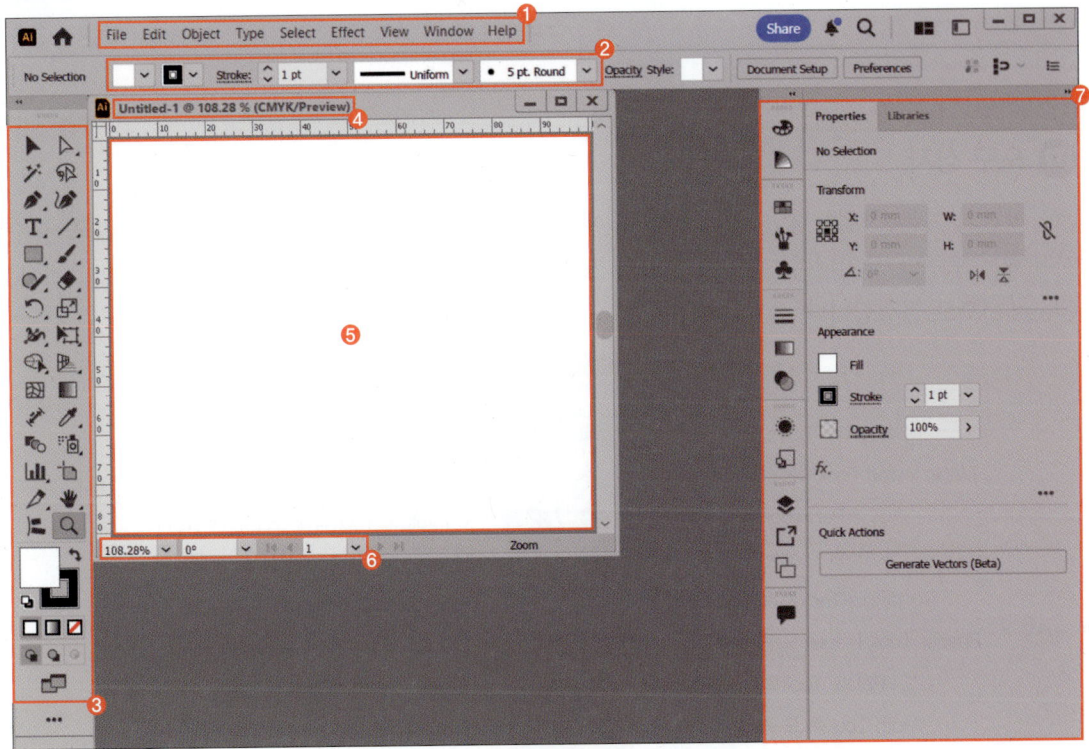

★ 이 책은 Adobe Illustrator CC 2024 버전으로 작성되었으며, Adobe 버전은 해마다 업데이트 될 수 있음을 안내드립니다.

❶ **메뉴 표시줄** : 파일을 열고 닫거나 환경설정, 특수효과 등 일러스트에서 사용하는 다양한 기능을 모아 놓은 곳입니다.

❷ **옵션 바(컨트롤 패널)** : 도구 상자에서 선택한 도구에 대한 세부적인 기능을 설정하는 곳입니다.

❸ **도구 상자(툴바)** : 편집 작업에 사용되는 다양한 기능들을 아이콘 형태로 모아 놓은 곳입니다. 도구에 따라 아이콘의 우측 하단에 삼각형이 있는 아이콘은 숨은 메뉴가 함께 있습니다. 아이콘을 꾸욱 누르고 기다리면 숨은 메뉴가 보이고 선택할 수 있습니다.

❹ **파일 이름 탭** : 작업 중인 파일의 이름과 화면 확대비율, 색상모드가 표시됩니다. 여러 개의 이미지 파일이 열려있다면 원하는 이름 탭을 눌러 이미지를 볼 수 있고 이름 탭을 드래그하면 창을 분리할 수 있습니다.

❺ **아트보드** : 실제로 이미지를 편집하는 작업 공간입니다.

❻ **상태 표시줄** : 화면비율을 직접 입력하여 확대/축소할 수 있고 작업 중인 파일에 대한 정보가 표시됩니다.

❼ **패널** : 다양한 기능을 팔레트 형식으로 구성하여 보여줍니다. 패널들을 합치거나 분리하여 재구성할 수 있습니다. 패널의 위치를 변경하거나 삭제했을 때는 [Window(창)]-[Workspace(작업 영역)]-[Reset Essentials(필수 재설정)]을 선택하여 다시 초기화할 수 있습니다.

> 🏁 **기적의 TIP**
>
> 패널의 위치를 변경하거나 삭제했을 때는 [Window(창)]-[Workspace(작업 영역)]-[Reset Essentials(필수 재설정)]을 선택하여 다시 초기화할 수 있습니다.

02 도구 상자

CC 버전의 기본 작업환경인 [Essentials]에서는 도구 상자에서 모든 도구가 보이지 않고 자주 사용하는 도구만 보입니다. 작업에 필요한 모든 도구가 보일 수 있도록 작업환경을 [Essentials Classic]으로 설정합니다.

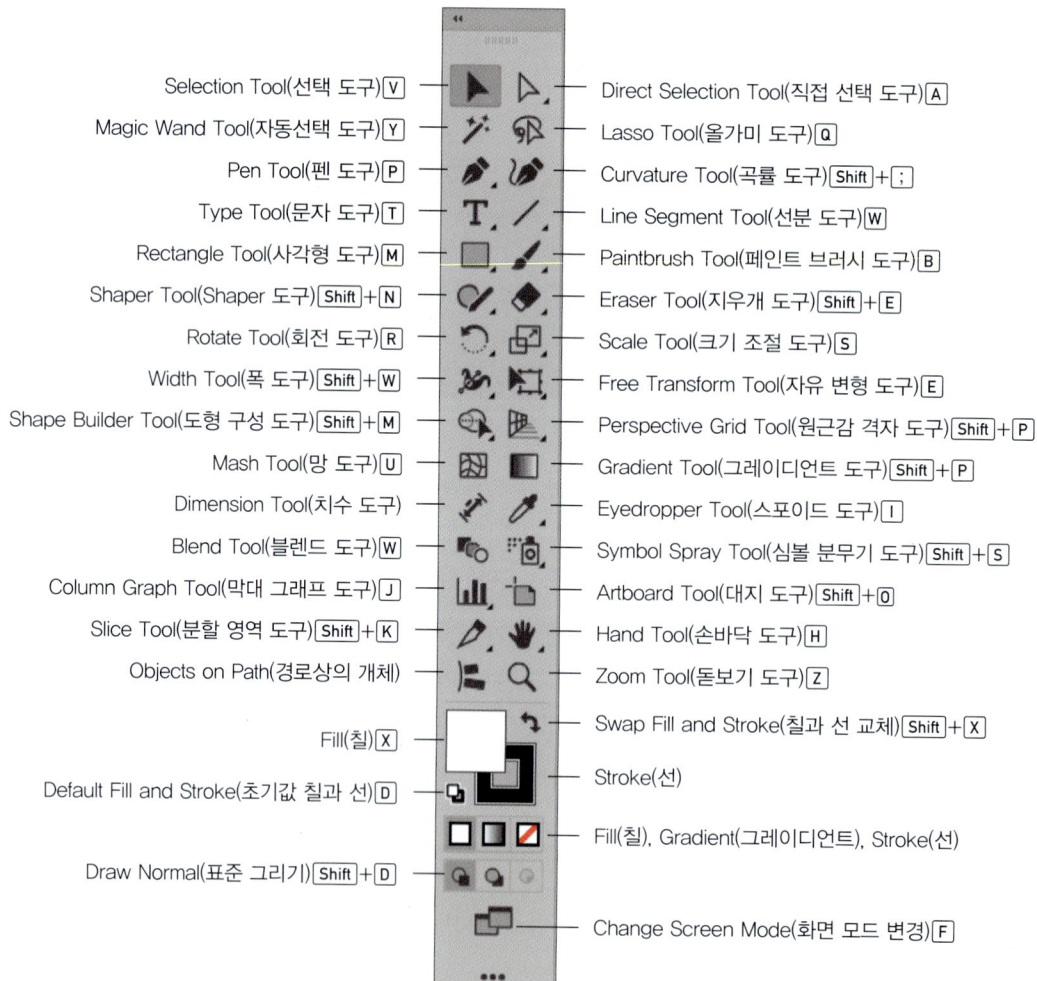

01 Select(선택)

Selection Tool(선택 도구, ▶)	오브젝트를 선택 및 이동하고 크기 조절 가능. 오브젝트를 더블 클릭하면 격리 모드로 전환되어 선택한 오브젝트만 따로 편집
Direct Selection Tool(직접 선택 도구, ▷)	오브젝트의 특정 고정점이나 선분을 선택하여 이동하거나 수정 또는 삭제
Group Selection Tool(그룹 선택 도구, ▷)	그룹을 해제할 필요 없이 그룹 내의 오브젝트를 선택
Magic Wand Tool(자동선택 도구, ✦)	동일한 속성(채우기 색, 선 색, 투명도 등)을 가진 오브젝트를 한꺼번에 선택
Lasso Tool(올가미 도구, ◌)	오브젝트의 전체 또는 일부를 드래그하여 오브젝트, 기준점 또는 패스를 선택
Artboard Tool(대지 도구, ▭)	다양한 크기의 아트보드를 만들어 아트워크 구성 요소를 구성

02 Shapes(모양)

Rectangle Tool(사각형 도구, ▭)	드래그하여 사각형을 제작. [Shift]를 누르면서 그리면 정사각형 제작 가능
Rounded Rectangle Tool(둥근 사각형 도구, ▢)	드래그하여 모서리가 둥근 사각형을 제작. [↑]와 [↓]를 누르면서 모퉁이의 반경 조절 가능
Ellipse Tool(원형 도구, ◯)	드래그하여 타원을 제작. [Shift]를 누르면서 그리면 정원 제작 가능
Polygon Tool(다각형 도구, ◯)	드래그하여 다각형을 제작. [↑]와 [↓]를 누르면서 면의 수 조절 가능
Star Tool(별 모양 도구, ☆)	드래그하여 별을 제작. [↑]와 [↓]를 누르면서 꼭짓점의 수 조절 가능

03 Draw(그리기)

Pen Tool(펜 도구, ✎)	클릭 또는 드래그하여 기준점과 핸들을 조절하면서 직선과 곡선으로 구성된 패스 또는 모양 제작
Add Anchor Point Tool(고정점 추가 도구, ✎)	패스 선에 추가로 필요한 지점을 클릭하여 고정점 추가
Delete Anchor Point Tool(고정점 삭제 도구, ✎)	패스 상에 있는 불필요한 고정점을 클릭하여 삭제
Anchor Point Tool(고정점 도구, ⋀)	패스 상의 고정점을 드래그하여 핸들을 생성하거나 고정점을 클릭하여 핸들을 삭제
Curvature Tool(곡률 도구, ✎)	기본적으로 클릭하여 선을 그리면 곡선으로 적용되고 더블 클릭하여 선을 그리면 직선이 적용됨
Line Segment Tool(선분 도구, ╱)	드래그하여 직선을 제작. [Shift]를 누르면서 그리면 수평, 수직, 45° 사선으로 제작 가능
Arc Tool(호 도구, ⌒)	드래그하여 호를 제작
Spiral Tool(나선형 도구, ◎)	드래그하여 나선을 제작
Rectangular Grid Tool(사각형 격자 도구, ▦)	드래그하여 사각형의 격자를 제작
Polar Grid Tool(극좌표 격자 도구, ⊕)	드래그하여 방사형의 격자를 제작

Flare Tool(플레어 도구,)	드래그하여 렌즈 플레어를 제작
Paintbrush Tool(페인트 브러시 도구,)	붓으로 그리듯 자연스러운 선을 제작. [와] 를 누르면서 브러시의 두께 조절 가능. 브러시 패널에서 브러시 종류를 선택하여 적용 가능
Blob Brush Tool(물방울 브러시 도구,)	같은 색상으로 드래그하면 병합되면서 채워진 모양으로 제작. [와] 를 누르면서 브러시의 두께 조절 가능
Shaper Tool(Shaper 도구,)	원, 삼각형, 사각형 등의 다각형을 대략적으로 드래그하여 그리면 뚜렷한 기하학적 모양으로 변환됨
Pencil Tool(연필 도구,)	드래그하여 자유형 모양과 선을 제작
Smooth Tool(매끄럽게 도구,)	오브젝트를 선택하고 패스를 따라 드래그하여 가장자리와 곡선을 매끄럽게 수정
Path Eraser Tool(패스 지우개 도구,)	패스선을 드래그하여 불필요한 선을 삭제
Join Tool(연결 도구,)	겹쳐지거나 열린 패스를 드래그하여 연결
Perspective Grid Tool(원근감 격자 도구,)	원근감있게 그리기 위한 격자가 표현되고 좌측과 우측의 선에 맞게 오브젝트를 그리면 화면의 비율대로 크기가 조정됨
Perspective Selection Tool (원근감 선택 도구,)	원근감 격자에서 제작한 오브젝트를 선택
Symbol Sprayer Tool(심볼 분무기 도구,)	심볼 패널에서 선택한 심볼을 클릭하여 뿌려줌. Alt 를 누르면서 클릭하여 뿌려진 심볼을 삭제
Symbol Shifter Tool(심볼 이동기 도구,)	뿌려진 심볼을 드래그하여 이동시킴
Symbol Scruncher Tool(심볼 분쇄기 도구,)	뿌려진 심볼 사이의 빈 공간을 클릭하여 심볼을 모아줌. Alt 를 누르면서 클릭하여 심볼을 흩어줌
Symbol Sizer Tool(심볼 크기 조절기 도구,)	뿌려진 심볼을 클릭하여 크게 조절. Alt 를 누르면서 클릭하여 작게 조절
Symbol Spinner Tool(심볼 회전기 도구,)	뿌려진 심볼을 드래그하여 방향을 회전
Symbol Stainer Tool(심볼 염색기 도구,)	색상을 선택한 후 뿌려진 심볼을 클릭하여 지정된 색으로 염색. Alt 를 누르면서 클릭하여 원래의 색으로 되돌림
Symbol Screener Tool(심볼 투명기 도구,)	뿌려진 심볼을 클릭하여 투명하게 조절. Alt 를 누르면서 클릭하여 원래의 불투명도로 되돌림
Symbol Styler Tool(심볼 스타일기 도구,)	스타일 패널에서 스타일을 선택한 후 뿌려진 심볼을 클릭하여 스타일을 적용. Alt 를 누르면서 클릭하여 원래의 색으로 되돌림
Column Graph Tool(막대 그래프 도구,)	드래그하여 크기를 지정한 후 데이터를 입력하고 막대 그래프를 제작
Stacked Column Graph Tool (누적 막대 그래프 도구,)	드래그하여 크기를 지정한 후 데이터를 입력하고 누적 막대 그래프를 제작
Bar Graph Tool(가로 막대 그래프 도구,)	드래그하여 크기를 지정한 후 데이터를 입력하고 가로 막대 그래프를 제작
Stacked Bar Graph Tool (가로 누적 막대 그래프 도구,)	드래그하여 크기를 지정한 후 데이터를 입력하고 가로 누적 막대 그래프를 제작
Line Graph Tool(선 그래프 도구,)	드래그하여 크기를 지정한 후 데이터를 입력하고 선 그래프를 제작

Area Graph Tool(영역 그래프 도구,)	드래그하여 크기를 지정한 후 데이터를 입력하고 영역 그래프를 제작
Scatter Graph Tool(산포 그래프 도구,)	드래그하여 크기를 지정한 후 데이터를 입력하고 산포 그래프를 제작
Pie Graph Tool(파이 그래프 도구,)	드래그하여 크기를 지정한 후 데이터를 입력하고 파이 그래프를 제작
Radar Graph Tool(레이더 그래프 도구,)	드래그하여 크기를 지정한 후 데이터를 입력하고 레이더 그래프를 제작
Slice Tool(분할 영역 도구,)	개별 이미지로 내보낼 수 있도록 드래그하여 분할. Shift 를 누르면서 정사각형으로 모양을 제한하여 분할
Slice Selection Tool(분할 영역 선택 도구,)	자른 슬라이스 영역을 선택하거나 크기를 조정

04 Modify(변형)

Dimension Tool(치수 도구,)	오브젝트의 거리, 각도, 반경과 같은 치수를 측정하고 플로팅함
Eyedropper Tool(스포이드 도구,)	오브젝트에서 색상, 선 등의 속성을 샘플링하고 다른 개체에 적용
Blend Tool(블렌드 도구,)	두 개 이상의 오브젝트를 선택하고 모양 및 색상을 모핑
Objects on Path(경로상의 개체,)	곡선 또는 직선 경로에 오브젝트를 부착하고 정렬
Scissors Tool(가위 도구,)	오브젝트 또는 패스를 나누려는 점을 클릭하여 열린 패스로 분리
Knife Tool(칼 도구,)	오브젝트를 드래그하여 경로가 닫힌 도형으로 자름
Rotate Tool(회전 도구,)	고정점을 중심으로 개체를 회전. Alt 를 누르면서 회전의 중심점을 지정 가능
Reflect Tool(반사 도구,)	축을 기준으로 오브젝트를 반사. Alt 를 누르면서 반사의 기준점을 지정할 수 있고 옵션창에서 반사의 축을 선택 가능
Scale Tool(크기 조절 도구,)	오브젝트의 모양을 확대하거나 축소. 옵션창에서 가로/세로의 비율 지정 가능
Shear Tool(기울이기 도구,)	오브젝트를 원하는 방향으로 드래그하여 기울임. 옵션창에서 각도와 축을 지정 가능
Reshape Tool(모양 변경 도구,)	패스에서 고정점을 선택하고 모양을 변경하면 선택되지 않은 주변의 고정점도 같이 움직여서 자연스럽게 변경
Width Tool(폭 도구,)	선의 두께를 드래그하여 두껍게 또는 가늘게 변경
Warp Tool(변형 도구,)	오브젝트를 손가락으로 문지르듯이 자연스럽게 왜곡시킴
Twirl Tool(돌리기 도구,)	클릭한 지점을 회오리 모양으로 왜곡시킴. Alt 를 누르면 반대 방향으로 왜곡시킴
Pucker Tool(오목 도구,)	클릭한 지점을 오목하게 수축시킴
Bloat Tool(볼록 도구,)	클릭한 지점을 볼록하게 팽창시킴
Crystallize Tool(수정화 도구,)	오브젝트의 안쪽이나 바깥쪽을 클릭하여 가시처럼 뾰족하게 변형
Wrinkle Tool(주름 도구,)	오브젝트의 테두리를 주름 모양으로 왜곡시킴
Free Transform Tool(자유 변형 도구,)	오브젝트를 회전하고 크기를 조절하고 기울이고 왜곡시키는 작업을 한꺼번에 실행 가능

Puppet Warp Tool(퍼펫 뒤틀기 도구,)	변환할 지점에 핀을 추가하고 드래그하여 이동 및 회전을 자연스럽게 조절
Eraser Tool(지우개 도구,)	오브젝트를 드래그하여 불필요한 영역을 삭제

05 Type(문자)

Type Tool(문자 도구, T)	클릭하여 문자를 가로쓰기로 입력. 단락과 같은 긴 문장을 위한 직사각형 상자를 만들려면 드래그하여 테두리 상자를 만들고 문자 입력
Area Type Tool(영역 문자 도구,)	닫힌 오브젝트의 모양을 영역으로 선택하여 영역 안에 문자 배치
Type on a Path Tool(패스 상의 문자 도구,)	도형이나 패스를 클릭하여 패스 위에 문자 입력
Vertical Type Tool(세로 문자 도구, IT)	한자와 같은 동양권의 문자를 세로쓰기로 입력
Vertical Area Type Tool (세로 영역 문자 도구,)	닫힌 오브젝트의 모양을 영역으로 선택하여 영역 안에 세로쓰기로 문자 배치
Vertical Type on a Path Tool (패스 상의 세로 문자 도구,)	도형이나 패스를 클릭하여 패스 위에 세로쓰기로 문자 입력
Touch Type Tool(문자 손질 도구,)	개별 문자를 드래그하여 이동, 크기 조정, 회전 및 겹치기로 편집

06 Navigation(내비게이션)

Hand Tool(손 도구,)	캔버스와 아트보드 전체에 걸쳐 화면을 이동
Rotate View Tool(회전 보기 도구,)	원하는 각도로 캔버스 보기를 변경 가능
Print Tiling Tool(타일링 인쇄 도구,)	아트보드의 인쇄 가능 영역을 조정
Zoom Tool(돋보기 도구,)	아트보드 및 캔버스 보기를 확대. Alt 를 누르면 축소

07 Color(색)

Shape Builder Tool(도형 구성 도구,)	2개 이상의 겹쳐진 오브젝트를 병합하거나 지움
Live Paint Bucket(라이브 페인트 통,)	패스가 교차하는 영역을 각각의 면으로 인식하여 개별적으로 채색
Live Paint Selection Tool (라이브 페인트 선택 도구,)	라이브 페인트로 채색한 면이나 선을 선택
Mesh Tool(망 도구,)	망점을 추가하여 색상을 지정하거나 망점의 위치를 변경하여 자연스럽게 왜곡시킴
Gradient Tool(그레이디언트 도구,)	선형, 방사형 또는 자유형 그레이디언트를 사용하여 2개 이상의 색상을 지정하여 중간을 자연스럽게 채움

03 주요 메뉴

01 File(파일)

```
❶  New...                      Ctrl+N
    New from Template...       Shift+Ctrl+N
❷  Open...                     Ctrl+O
    Open Recent Files          >
    Browse in Bridge...        Alt+Ctrl+O

❸  Close                       Ctrl+W
    Close All                  Alt+Ctrl+W
❹  Save                        Ctrl+S
❺  Save As...                  Shift+Ctrl+S
❻  Save a Copy...              Alt+Ctrl+S
    Save Selected Slices...
    Version History
    Save as Template...
    Revert                     F12
    Search Adobe Stock...
    Place...                   Shift+Ctrl+P
    Generate Vectors (Beta)... Alt+Shift+Ctrl+G

    Invite to Edit...
    Share for Review...
    Export                     >
    Export Selection...

    Package...                 Alt+Shift+Ctrl+P
    Scripts                    >

    Document Setup...          Alt+Ctrl+P
    Document Color Mode        >
    File Info...               Alt+Shift+Ctrl+I

    Print...                   Ctrl+P
    Exit                       Ctrl+Q
```

❶ **New(새로 만들기)**(`Ctrl`+`N`) : 단위와 크기를 지정하여 새로운 문서를 만듭니다.

❷ **Open(열기)**(`Ctrl`+`O`) : 저장된 문서를 열어줍니다.

❸ **Close(닫기)**(`Ctrl`+`W`) : 현재 선택한 문서를 닫습니다.

❹ **Save(저장)**(`Ctrl`+`S`) : 현재 선택한 문서를 저장합니다.

❺ **Save As(다른 이름으로 저장)**(`Shift`+`Ctrl`+`S`) : 현재 선택한 문서를 다른 이름이나 경로에 저장합니다.

❻ **Save a Copy(사본 저장)**(`Alt`+`Ctrl`+`S`) : 현재 선택한 문서를 다른 포맷으로 저장합니다.

02 Edit(편집)

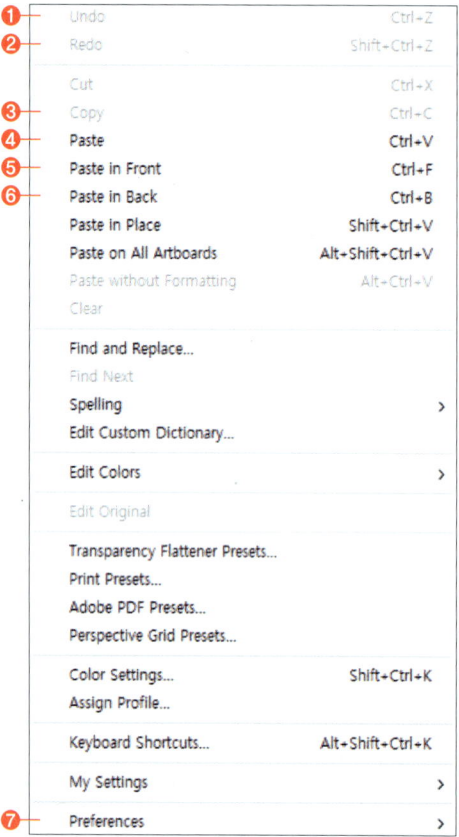

❶ Undo(명령 취소)(Ctrl+Z) : 작업과정을 순차적으로 취소합니다.

❷ Redo(다시 실행)(Shift+Ctrl+Z) : 취소했던 작업과정을 복구합니다.

❸ Copy(복사)(Ctrl+C) : 선택한 이미지를 복사하여 클립보드에 임시로 저장합니다.

❹ Paste(붙이기)(Ctrl+V) : 클립보드에 임시 저장한 이미지를 현재 작업문서에 붙여넣습니다.

❺ Paste in Front(앞에 붙이기)(Ctrl+F) : 클립보드에 임시 저장한 이미지를 원본 오브젝트의 바로 앞에 붙여넣습니다.

❻ Paste in Back(뒤에 붙이기)(Ctrl+B) : 클립보드에 임시 저장한 이미지를 원본 오브젝트의 바로 뒤에 붙여넣습니다.

❼ Preferences(환경설정)(Ctrl+K) : 사용자의 편의대로 작업환경을 설정합니다.

03 Object(오브젝트)

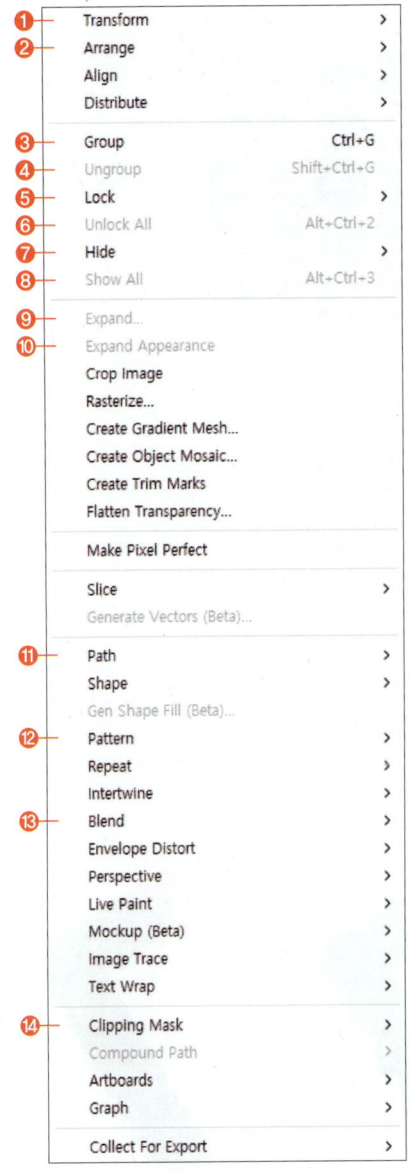

❶ **Transform(변형)** : 선택한 오브젝트를 이동, 회전, 반사 등 변형합니다.

❷ **Arrange(정돈)** : 선택한 오브젝트의 배치 순서를 맨 앞, 맨 뒤, 한 단계 앞, 한 단계 뒤로 재배치합니다.

❸ **Group(그룹)(Ctrl+G)** : 2개 이상의 오브젝트를 선택하여 그룹으로 묶습니다.

❹ **Ungroup(그룹 풀기)(Shift+Ctrl+G)** : 묶여 있는 그룹을 해제하여 개별 오브젝트로 만듭니다.

❺ **Lock(잠금)(Ctrl+2)** : 선택한 오브젝트를 편집할 수 없도록 잠급니다.

❻ **Unlock All(모든 잠금 풀기)(Alt+Ctrl+2)** : 잠금된 모든 오브젝트를 잠금 해제하여 편집할 수 있게 합니다.

❼ **Hide(숨기기)(Ctrl+3)** : 선택한 오브젝트를 보이지 않도록 숨깁니다.

❽ **Show All(모두 표시)(Alt+Ctrl+3)** : 숨긴 모든 오브젝트를 보이도록 표시합니다.

❾ **Expand(확장)** : 오브젝트를 구성하는 칠과 획을 개별 오브젝트로 활용할 수 있도록 패스로 분리합니다.

❿ **Expand Appearance(모양 확장)** : Effect(효과)를 적용한 오브젝트를 보이는 그대로 패스로 분리합니다.

⓫ **Path(패스)** : 두께를 가진 선을 윤곽으로 만들거나 같은 간격으로 패스를 축소/확대하는 등 패스를 다양하게 편집할 수 있습니다.

기적의 TIP

- Expand(확장)와 Expand Appearance(모양 확장)는 보이는 그대로 패스화한다는 점에서 결과는 같습니다.
- 선택한 오브젝트가 선과 면으로 이루어진 단순한 오브젝트라면 Expand(확장)로 패스화하지만 효과를 적용하여 변형한 오브젝트라면 Expand Appearance(모양 확장)로 패스화합니다.
- 적용한 효과에 따라 Expand Appearance(모양 확장)를 한 후 추가로 Expand(확장)를 적용해야 하는 경우도 있습니다.

⑫ **Pattern(패턴)** : 선택한 오브젝트를 반복적으로 배치할 수 있는 패턴으로 지정합니다.

• Pattern(패턴)의 Tile Type(타일 유형)

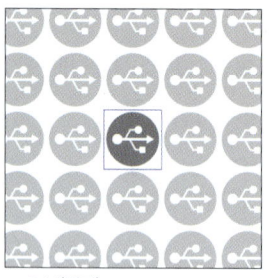
▲ Grid(격자)

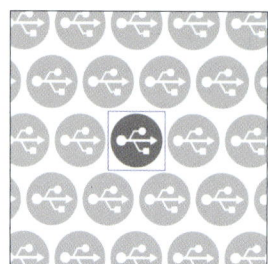
▲ Brick by Row(행으로 벽돌형)

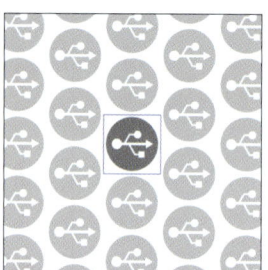
▲ Brick by Column(열로 벽돌형)

▲ Hex by Column(열로 육각형)

▲ Hex by Row(행으로 육각형)

⑬ **Blend(블렌드)** : 두 개 이상의 오브젝트를 선택하여 중간 단계를 생성합니다.

• Blend(블렌드)의 종류

▲ 원본

▲ Smooth Color
(매끄러운 색상)

▲ Specified Steps
(지정된 단계)

▲ Specified Distance
(지정된 거리)

⑭ **Clipping Mask(클리핑 마스크)** : 선택한 오브젝트 중에서 맨 앞에 배치된 오브젝트와 겹치는 부분만 보이고 겹치지 않는 부분은 보이지 않도록 가려줍니다. 맨 앞에 배치되는 오브젝트가 그룹과 같은 복합적인 오브젝트인 경우에는 클리핑 마스크가 적용되지 않습니다.

기적의 TIP

오브젝트의 일부를 가려주는 작업은 클리핑 마스크를 활용하는 방법과 패스파인더의 자르기를 활용하는 방법이 있습니다. 클리핑 마스크를 활용하여 오브젝트를 가려주면 클리핑 마스크를 해제했을 때 오브젝트의 원형이 그대로 남아있기 때문에 재편집할 수 있지만 패스파인더의 자르기를 활용하면 오브젝트를 실제로 잘라서 지웠기 때문에 오브젝트의 원형을 활용하기 어렵습니다.

클리핑 마스크와 패스파인더의 자르기 기능 비교

▲ 원본

▲ 결과

▲ Clipping Mask
(클리핑 마스크)

▲ Pathfinder(패스파인더)의
Crop(자르기)

04 Effect(효과)

❶ **3D and Materials(3D 및 재질)** : 2차원의 오브젝트를 입체화, 돌출, 축 중심 회전 등 3D 효과를 적용하여 3차원의 오브젝트로 표현합니다.

❷ **Distort & Transform(왜곡과 변형)** : 선택한 오브젝트를 비틀거나 오목/볼록, 지그재그 등 왜곡 효과를 적용하여 변형합니다. 오브젝트가 실제로 변형된 것이 아니므로 Appearance(모양) 패널에서 재편집이 가능하고 Expand Appearance(모양 확장)을 통해 보이는 대로 패스화할 수 있습니다.

• Distort & Transform(왜곡과 변형)의 종류

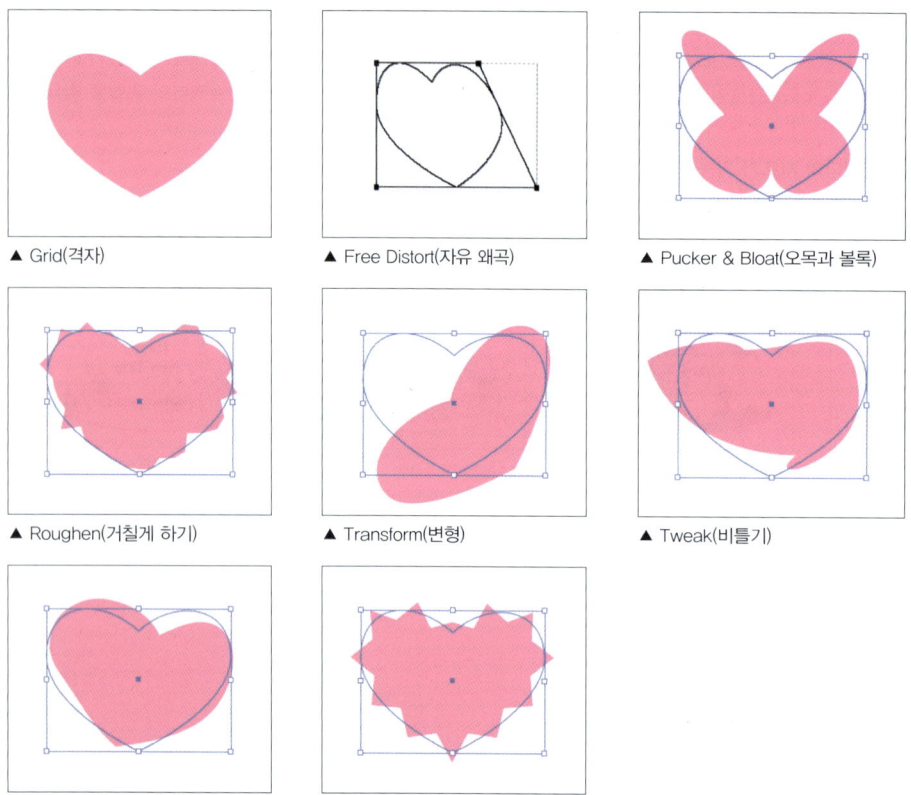

▲ Grid(격자) ▲ Free Distort(자유 왜곡) ▲ Pucker & Bloat(오목과 볼록)

▲ Roughen(거칠게 하기) ▲ Transform(변형) ▲ Tweak(비틀기)

▲ Twist(비틀어 올리기) ▲ Zig Zag(지그재그)

❸ Stylize(스타일화) : 선택한 오브젝트에 그림자, 모퉁이 둥글리기 등 스타일 효과를 적용합니다.

• Stylize(스타일화)의 종류

▲ Drop Shadow(그림자 만들기) ▲ Feather(패더) ▲ Inner Glow(내부 광선)

▲ Outer Glow(외부 광선) ▲ Round Corner(모퉁이 둥글리기) ▲ Scribble(스크리블)

❹ **Warp(변형)** : 선택한 오브젝트에 부채꼴, 아치, 깃발 등 다양한 모양으로 변형합니다.

• Warp(변형)의 종류

▲ Grid(격자)

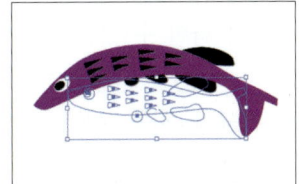
▲ Arc(부채꼴)

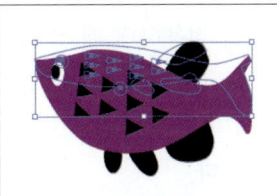
▲ Arc Lower(아래 부채꼴)

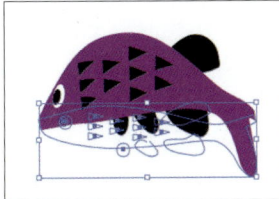
▲ Arc Upper(위 부채꼴)

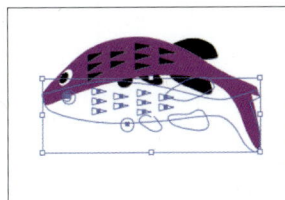
▲ Arch(아치)

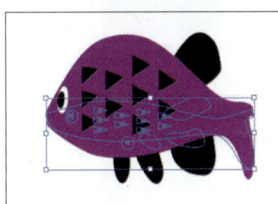
▲ Bulge(돌출)

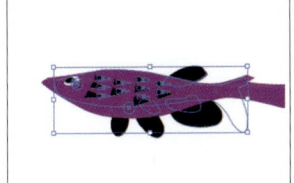
▲ Shell Lower(아래쪽 조개 모양)

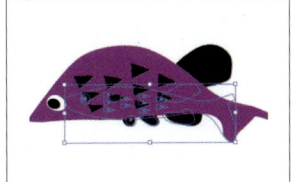
▲ Shell Upper(위쪽 조개 모양)

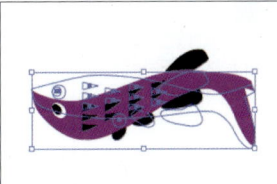
▲ Flag(깃발)

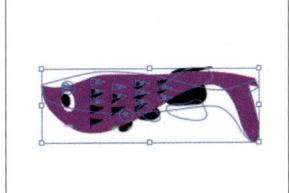
▲ Wave(물결)

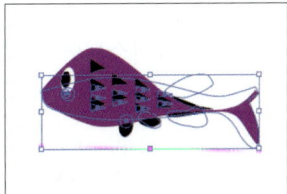
▲ Fish(물고기)

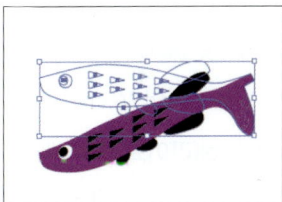
▲ Rise(상승)

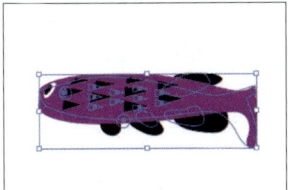
▲ FishEye(물고기 눈 모양)

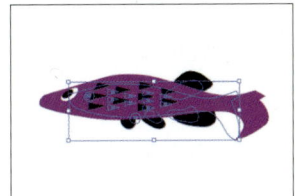
▲ Inflate(부풀리기)

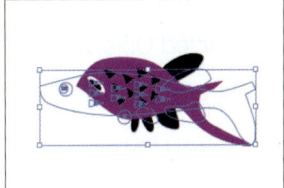
▲ Squeeze(양쪽 누르기)

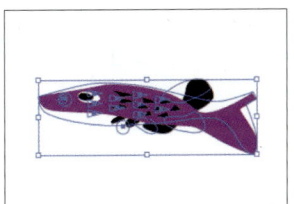
▲ Twist(비틀기)

04 패널

01 Brush(브러시) 패널

패스에 브러시를 적용하면 패스의 모양을 스타일화할 수 있습니다. 기존의 패스에 브러시 선/획을 적용하거나 Paintbrush Tool(페인트 브러시 도구)을 사용하여 패스를 그리면서 동시에 브러시 선/획을 적용할 수 있습니다. 일러스트에는 붓글씨, 산포, 아트, 패턴 및 강모와 같은 여러 유형의 브러시가 있습니다.

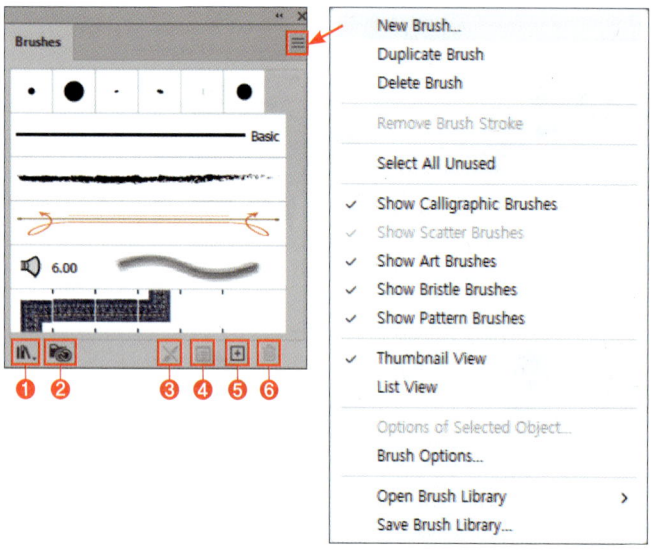

❶ Brush Libraries Menu(브러시 라이브러리 메뉴) : 일러스트에서 제공되는 사전 설정 브러시가 카테고리별로 정리되어 있습니다.

❷ Libraries Panel(라이브러리 패널) : 라이브러리 패널로 이동하여 브러시를 검색하거나 Adobe Stock에서 브러시를 추가할 수 있습니다.

❸ Remove Brush Stroke(브러시 선 제거) : 패스에 적용되어 있는 브러시의 속성을 제거합니다.

❹ Options of Selected Object(선택한 오브젝트의 옵션) : 패스에 적용된 브러시의 옵션을 변경합니다.

❺ New Brush(새 브러시) : 선택한 오브젝트를 새로운 브러시로 등록합니다.

❻ Delete Brush(브러시 삭제) : 브러시 패널에서 선택한 브러시를 삭제합니다.

> 기적의 TIP
>
> - 일러스트레이터의 경우 다양한 패널을 이용하여 패스 및 이미지를 수정할 수 있습니다.
> - 도서 내에서는 GTQ 일러스트 2급 기준으로 사용하거나, 실제로 사용하진 않지만 이해도를 높일 때 필요한 패널 위주로 설명하였습니다.

• 브러시의 종류

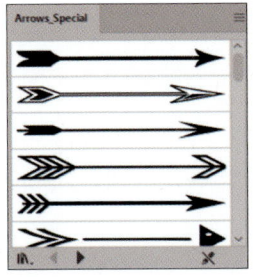
▲ Arrows_Special
(화살표_특수)

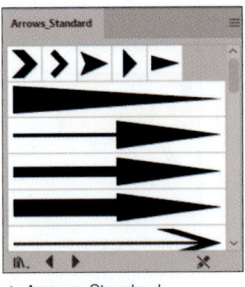
▲ Arrows_Standard
(화살표_표준)

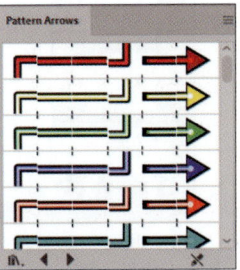
▲ Pattern Arrows
(패턴 화살표)

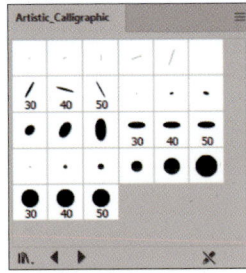
▲ Artistic_Calligraphic
(예술_붓글씨)

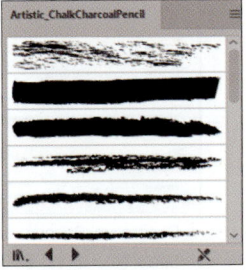
▲ Artistic_ChalkCharcoalPencil
(예술_분필목탄연필)

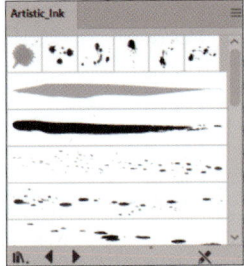
▲ Artistic_Ink
(예술_잉크)

▲ Artistic_Paintbrush
(예술_페인트브러시)

▲ Artistic_ScrollPen
(예술_스크롤 펜)

▲ Artistic_Watercolor
(예술_수채화 효과)

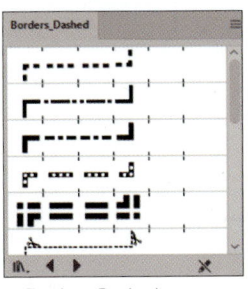
▲ Borders_Dashed
(테두리_점선)

▲ Borders_Decorative
(테두리_장식)

▲ Borders_Frames
(테두리_프레임)

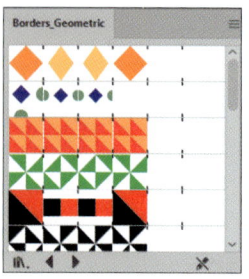
▲ Borders_Geometric
(테두리_기하)

▲ Borders_Indigenous
(테두리_기본)

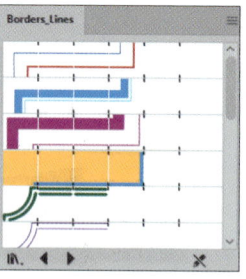
▲ Borders_Lines
(테두리_선)

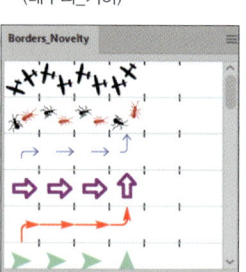
▲ Borders_Novelty
(테두리_새문양)

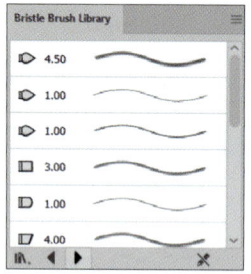
▲ Bristle Brush Library
(강모 브러시 라이브러리)

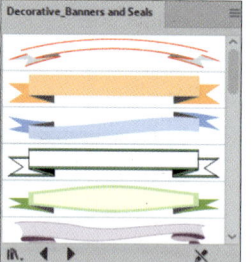
▲ Decorative_Banners and Seals(장식_배너와 씰)

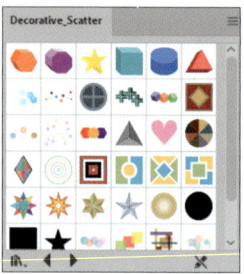
▲ Decorative_Scatter
(장식_산포)

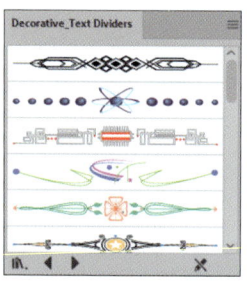
▲ Decorative_Text Dividers
(장식_텍스트 분할자)

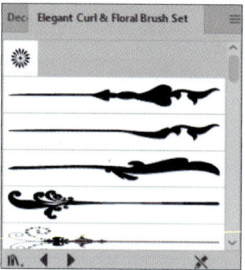
▲ Elegant Curl & Floral Brush Set(세련된 컬 및 브러시 세트)

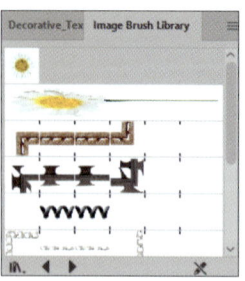
▲ Image Brush Library
(이미지 브러시 라이브러리)

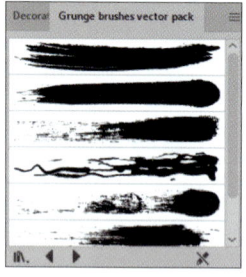
▲ Grunge brushes vector pack(그런지 브러시 벡터 팩)

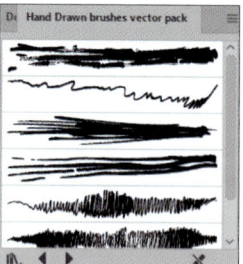
▲ Hand Drawn brushes vector pack(손으로 그린 브러시 벡터 팩)

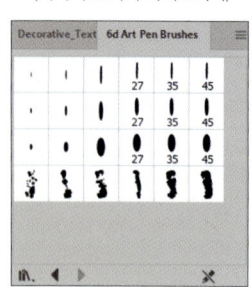
▲ 6d Art Pen Brushes
(6d 아트 펜 브러시)

> **기적의 TIP**
> - 일러스트 한글판에서는 Brush(브러시)라는 용어를 좌측 도구 상자와 우측 패널에서 다르게 표현합니다.
> - 좌측 도구 상자에서는 Paintbrush Tool(페인트 브러시 도구)과 Blob Brush Tool(물방울 브러시 도구)과 같이 '브러시'로 표현하고 우측 패널에서는 Brush(브러쉬)와 Brush Library Menu(브러쉬 라이브러리 메뉴)와 같이 '브러쉬'로 표현합니다.
> - 도서 내에서는 혼란을 줄이고자 표준어인 '브러시'라는 단어로 통일하였습니다.

02 Stroke(획) 패널

패스 선의 두께와 단면, 점선을 지정할 수 있고 프로파일에서 선의 두께가 일정하지 않은 선 모양을 선택할 수 있습니다.

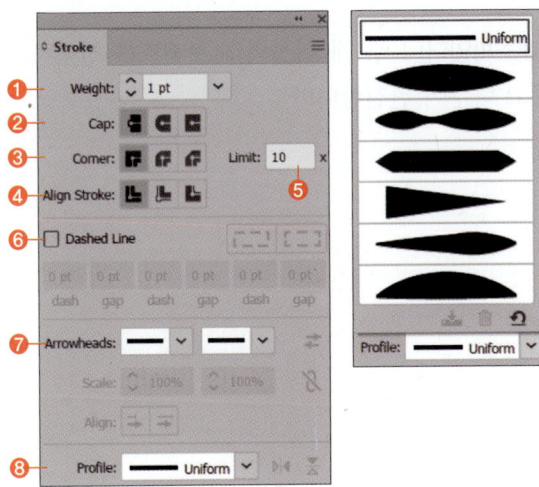

❶ Weight(두께) : 패스 선의 두께를 지정합니다.

❷ Cap(단면) : 열린 패스 선의 끝단을 직선, 반원, 두께가 있는 직선으로 지정합니다.

❸ Corner(모퉁이) : 패스 선의 꺾인 모서리를 각지거나 둥글게 또는 경사지도록 지정합니다.

❹ Align Stroke(선 정렬) : 닫힌 패스 선의 두께를 패스 가운데, 안쪽, 바깥쪽으로 지정합니다.

❺ Limit(제한) : 꺾인 모서리의 바깥쪽 모양을 지정합니다.

❻ Dashed Line(점선 사용) : 패스 선에 점선을 활성화하고 점선의 길이와 간격의 길이를 지정합니다.

❼ Arrowheads(화살표) : 열린 패스 선의 끝단에 화살표를 지정합니다.

❽ Profile(속성) : 선의 두께가 일정하지 않은 선 모양을 선택할 수 있습니다.

03 Properties(속성) 패널

선택한 오브젝트 위치, 크기, 투명도 등 속성을 한 번에 지정할 수 있습니다. 두 개 이상의 오브젝트를 선택하여 정렬하거나 패스파인더를 활용하여 편집할 수 있습니다.

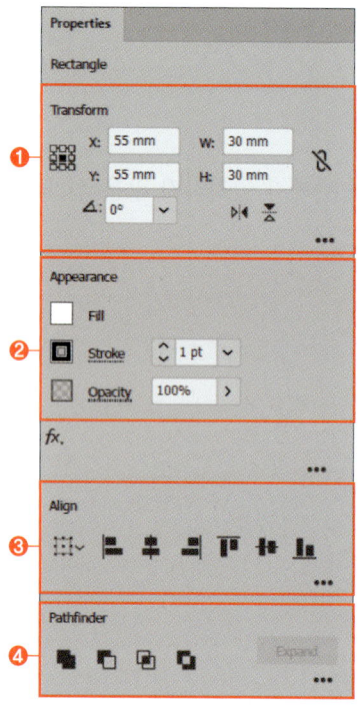

❶ Transform(변형) : 오브젝트의 위치와 크기를 지정합니다.

❷ Appearance(모양) : 오브젝트의 색과 획, 투명도를 지정합니다.

❸ Align(정렬) : 두 개 이상의 오브젝트를 선택하여 정렬하거나 세 개 이상의 오브젝트를 선택하여 일정한 간격으로 배분합니다.

❹ Pathfinder(패스파인더) : 두 개 이상의 오브젝트를 선택하여 합치거나 빼고 나누어 편집합니다.

04 Align(정렬) 패널

두 개 이상의 오브젝트를 선택하여 정렬하거나 세 개 이상의 오브젝트를 선택하여 일정한 간격으로 분포합니다. 옵션에서 정렬의 기준을 아트보드나 선택항목으로 지정할 수 있습니다.

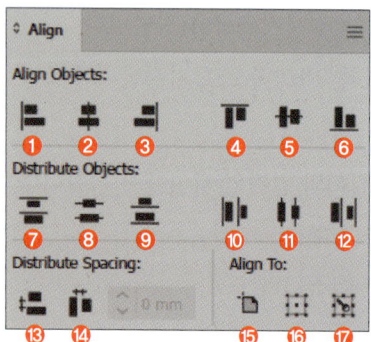

❶ Horizontal Align Left(가로 왼쪽 정렬) : 오브젝트들을 가로 방향 왼쪽으로 정렬합니다.

❷ Horizontal Align Center(가로 가운데 정렬) : 오브젝트들을 가로 방향 가운데로 정렬합니다.

❸ Horizontal Align Right(가로 오른쪽 정렬) : 오브젝트들을 가로 방향 오른쪽으로 정렬합니다.

❹ Vertical Align Top(세로 위 정렬) : 오브젝트들을 세로 방향 위쪽으로 정렬합니다.

❺ Vertical Align Center(세로 위 정렬) : 오브젝트들을 세로 방향 가운데로 정렬합니다.

❻ Vertical Align Bottom(세로 아래 정렬) : 오브젝트들을 세로 방향 아래쪽으로 정렬합니다.

❼ Vertical Distribute Top(세로 위 분포) : 오브젝트들을 세로 방향 위쪽을 기준으로 배분합니다.

❽ Vertical Distribute Center(세로 가운데 분포) : 오브젝트들을 세로 방향 가운데를 기준으로 배분합니다.

❾ Vertical Distribute Bottom(세로 아래 분포) : 오브젝트들을 세로 방향 아래쪽을 기준으로 배분합니다.

❿ Horizontal Distribute Left(가로 왼쪽 분포) : 오브젝트들을 가로 방향 왼쪽을 기준으로 배분합니다.

⓫ Horizontal Distribute Center(가로 가운데 분포) : 오브젝트들을 가로 방향 가운데를 기준으로 배분합니다.

⓬ Horizontal Distribute Right(가로 오른쪽 분포) : 오브젝트들을 가로 방향 오른쪽을 기준으로 배분합니다.

⓭ Vertical Distribute Space(세로 공간 분포) : 오브젝트들을 세로 방향으로 같은 공간을 기준으로 배분합니다.

⓮ Horizontal Distribute Space(가로 공간 분포) : 오브젝트들을 가로 방향으로 같은 공간을 기준으로 배분합니다.

⓯ Align to Artboard(대지에 정렬) : 오브젝트들을 아트보드 기준으로 정렬합니다.

⓰ Align to Selection(선택 항목에 정렬) : 오브젝트들을 선택한 항목 기준으로 정렬합니다.

⓱ Align to Key Object(주요 오브젝트에 정렬) : 오브젝트들을 선택한 키 오브젝트 기준으로 정렬합니다.

• 정렬과 배분의 종류

▲ Horizontal Align Left
(가로 왼쪽 정렬)

▲ Vertical Align Top
(세로 위 정렬)

▲ Vertical Distribute Top
(세로 위 분포)

▲ Horizontal Distribute Left
(가로 왼쪽 분포)

▲ Horizontal Align Center
(가로 가운데 정렬)

▲ Vertical Align Center
(세로 위 정렬)

▲ Vertical Distribute Center
(세로 가운데 분포)

▲ Horizontal Distribute Center
(가로 가운데 분포)

▲ Horizontal Align Right
(가로 오른쪽 정렬)

▲ Vertical Align Bottom
(세로 아래 정렬)

▲ Vertical Distribute Bottom
(세로 아래 분포)

▲ Horizontal Distribute Right
(가로 오른쪽 분포)

05 Pathfinder(패스파인더) 패널

겹쳐져 있는 두 개 이상의 오브젝트를 선택하여 합치거나 빼고 나누어 편집합니다.

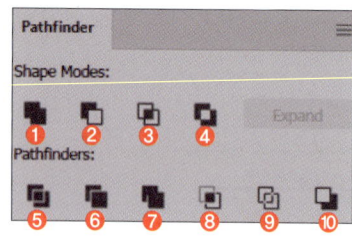

❶ Unite(합치기) : 선택한 오브젝트들을 하나로 합칩니다.

❷ Minus Front(앞면 오브젝트 제외) : 선택한 오브젝트들 중에서 앞에 배치된 오브젝트만큼 삭제합니다.

❸ Intersect(교차 영역) : 선택한 오브젝트들의 겹친 부분만 남기고 나머지를 삭제합니다.

❹ Exclude(교차 영역 제외) : 선택한 오브젝트들의 겹친 부분만 지우고 나머지를 합칩니다.

❺ Divide(나누기) : 선택한 오브젝트들의 겹친 부분을 윤곽대로 분리합니다.

❻ Trim(동색 오브젝트 분리) : 선택한 오브젝트들을 보이는 그대로 분리하고 선을 지웁니다.

❼ Merge(병합) : 선택한 오브젝트들을 보이는 그대로 분리하되 같은 색의 오브젝트는 합치고 선을 지웁니다.

❽ Crop(자르기) : 선택한 오브젝트들 중에서 맨 앞에 배치된 오브젝트만큼 남기고 나머지는 삭제합니다.

❾ **Outline(윤곽선)** : 선택한 오브젝트들의 겹친 부분을 윤곽대로 분리하고 선으로 만듭니다.
❿ **Minus Back(이면 오브젝트 제외)** : 선택한 오브젝트들 중에서 뒤에 배치된 오브젝트만큼 삭제합니다.

• 패스파인더의 종류

06 Swatches(견본) 패널

기본적으로 사용할 수 있는 색상이 모여있고 사용자가 추가로 색상을 등록하여 사용할 수 있습니다. 패널에서 보이는 단일한 색상, 그레이디언트, 패턴뿐 아니라 패널의 좌측 하단에서 Swatch Libraries menu를 클릭하여 더 많은 견본을 확인할 수 있습니다.

❶ **Fill(칠)** : 오브젝트를 채우는 색입니다.

❷ **Stroke(선)** : 오브젝트의 선에 표현되는 색입니다.

❸ **Show List View(목록 보기 표시)** : 색상 견본이 목록으로 표시됩니다.

❹ **Show Thumbnail View(축소판 보기 표시)** : 색상 견본이 사각형의 축소판으로 표시됩니다.

❺ **Swatch Libraries menu(견본 라이브러리 메뉴)** : 메뉴에서 원하는 라이브러리를 선택하면 해당 색상들이 Swatches 패널에 나타나고, 필요한 색상을 선택하여 오브젝트에 적용할 수 있습니다.

❻ **Add selected Swatches and Color Groups to my current Library(현재 내 라이브러리에 선택한 견본 및 견본 그룹 추가)** : 사용자가 선택한 색상 견본과 색상 그룹을 현재 활성화된 Creative Cloud 라이브러리에 추가할 수 있습니다.

❼ **Show Swatch Kinds menu(견본 종류 표시 메뉴)** : 색상 견본의 표시 방식을 선택합니다.

❽ **Swatch Options(견본 옵션)** : 색상 견본을 관리하고 편집합니다.

❾ **New Swatch Group(새 견본 그룹)** : 새로운 색상 견본 그룹을 만듭니다.

❿ **New Swatch(새 견본)** : 새로운 색상 견본을 만듭니다.

⓫ **Delete Swatch(견본 삭제)** : 선택한 견본을 삭제합니다.

07 Gradient(그레이디언트) 패널

두 가지 이상의 색을 선택하여 그레이디언트 색상을 편집하고 추가할 수 있으며 유형과 방향을 조절할 수 있습니다.

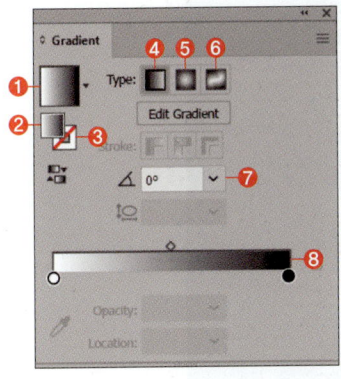

① Gradient(그레이디언트) : 그레이디언트 색상을 미리보기로 표시합니다.

② Fill(칠) : 오브젝트를 채우는 그레이디언트 색입니다.

③ Stroke(선) : 오브젝트의 선에 표현되는 그레이디언트 색입니다.

④ Linear Gradient(선형 그레이디언트) : 선형으로 그레이디언트를 표현합니다.

⑤ Radial Gradient(방사형 그레이디언트) : 방사형으로 그레이디언트를 표현합니다.

⑥ Freeform Gradient(자유형 그레이디언트) : 자유형으로 그레이디언트를 표현합니다.

⑦ Angle(각도) : 그레이디언트의 방향을 설정합니다.

⑧ Gradient Slider(그레이디언트 슬라이더) : 그레이디언트의 색상과 위치를 조절합니다.

08 Character(문자) 패널

텍스트의 글꼴, 크기, 색상 등을 설정하는 데 사용됩니다. 텍스트의 시각적 표현을 자유롭게 조절할 수 있습니다.

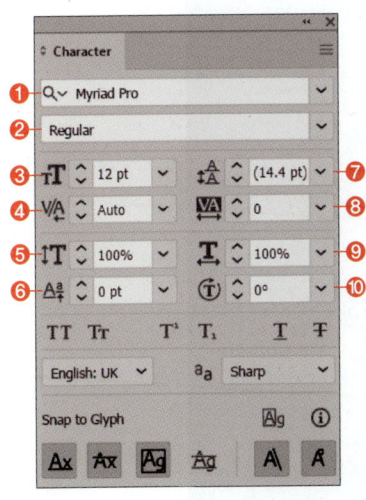

① Set the Font family(글꼴 군 설정) : 글꼴을 선택합니다.

② Set the Font style(글꼴 스타일 설정) : 글꼴의 스타일을 선택합니다.

③ Set the Font size(글꼴 크기 설정) : 글꼴의 크기를 설정합니다.

④ Set the kerning between two characters(두 문자 사이의 커닝 설정) : 두 문자 사이의 자간을 조절하여 시각적으로 더욱 자연스럽고 보기 좋게 만듭니다.

⑤ Vertical Scale(세로 크기 조절) : 문자의 세로 크기를 조절합니다.

⑥ Set the baseline shift(기준선 이동 설정) : 문자의 기준선을 설정합니다.

⑦ Set the leading(행간 설정) : 문자의 줄 간격을 설정합니다.

⑧ Set the tracking for the selected characters(선택한 문자의 자간 설정) : 선택한 문자 사이의 자간을 조절합니다.

⑨ Horizontal Scale(가로 크기 조절) : 문자의 가로 크기를 조절합니다.

⑩ Character Rotation(문자 회전) : 문자의 각도를 설정합니다.

PART
02

일러스트
핵심 기능 익히기

학습 방향

어도비 일러스트레이터를 활용하여 오브젝트를 제작할 때 가장 기본이 되는 도형 도구 및 펜 도구를 이용하는 방법부터 차근차근 기능을 익힙니다. 계속해서 GTQi 일러스트 2급 시험에서 자주 활용하는 패스파인더, 패턴, 클리핑 마스크 사용법 등을 예제과 같이 제작하면서 연습합니다.

차례

CHAPTER 01 환경 설정	52
CHAPTER 02 도형 편집	56
CHAPTER 03 패스파인더	67
CHAPTER 04 펜 도구 / 연필 도구	74
CHAPTER 05 패턴	83
CHAPTER 06 브러시	88
CHAPTER 07 클리핑 마스크	93
CHAPTER 08 블렌드	99

환경 설정

일러스트의 작업환경은 사용자가 편하게 작업할 수 있도록 설정이 가능합니다. 시험장에 설정되어 있는 작업환경이 평소에 사용자가 작업하던 환경과 다르게 설정되어 있을 수 있기 때문에 사용자에게 익숙한 작업환경으로 설정하는 방법을 아는 것이 중요합니다.

01 작업환경 선택 및 재설정

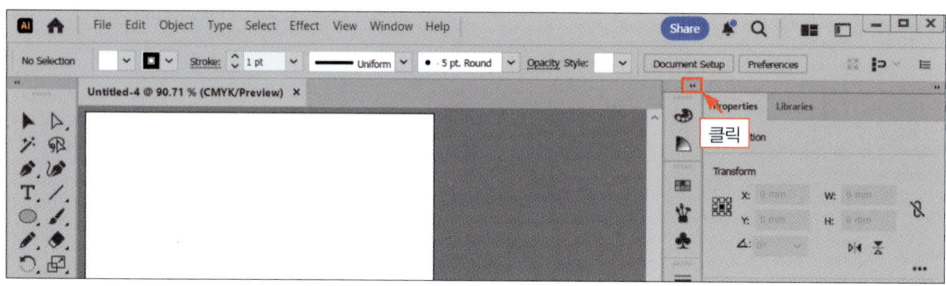

▲ 작업환경 선택 : [Window(창)]-[Workspace(작업 영역)]-[Essentials Classic(필수 클래식)]

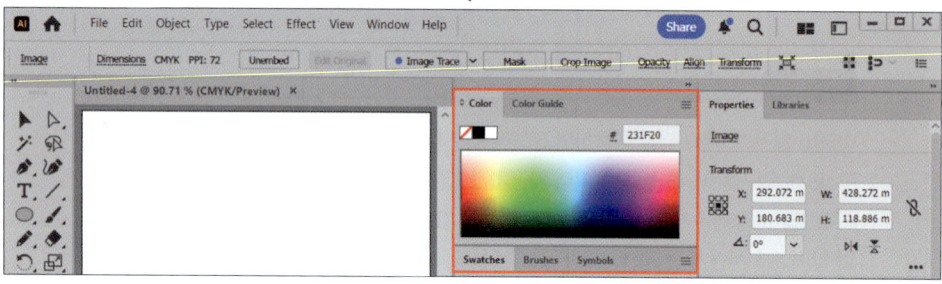

▲ 작업환경 재설정 : [Window(창)]-[Workspace(작업 영역)]-[Reset Essentials Classic(필수 클래식 재설정)]

CS 버전과 CC 버전 모두 기본적인 작업환경은 [Essentials(필수)]로 선택되어 있는데 CS 버전에서는 도구 상자에서 모든 도구가 보이지만 CC 버전에서는 자주 사용하는 도구만 보이도록 간소화되었습니다. CC 버전에서도 작업에 필요한 모든 도구가 보일 수 있도록 작업환경을 [Essentials Classic(필수 클래식)]으로 설정합니다. 패널의 위치를 초기화하기 위해서 [Reset Essentials Classic(필수 클래식 재설정)]으로 작업환경을 초기화하고 우측 패널에서 아이콘으로 보이는 패널은 [Expand Panels(패널 확장)]을 클릭합니다.

기적의 TIP

- 일러스트는 크게 CS 버전과 CC 버전으로 나눌 수 있으며, 예전 버전인 CS 버전은 한번 구매하면 영구적으로 사용할 수 있었으나 최신 버전인 CC 버전은 정기적으로 비용을 지불하는 구독형으로 변경되었습니다.
- 시험을 접수할 때 버전을 선택할 수 있으나 CS 버전만 선택이 가능한 지역도 있기 때문에 교재에서는 두 가지 버전을 최대한 비슷한 작업환경으로 설정하여 설명합니다.

02 도구 팁 표시

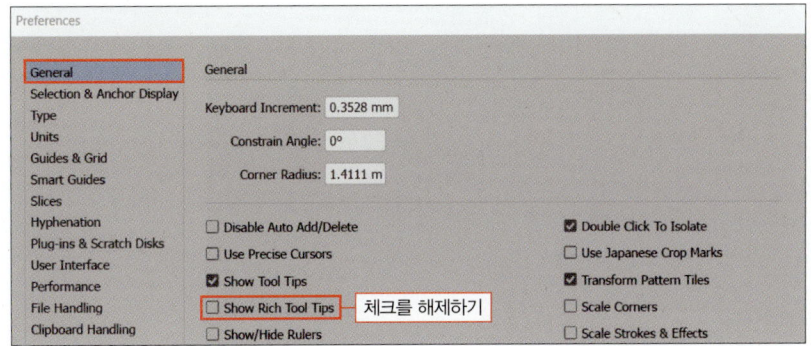

▲ [Edit(편집)]–[Preferences(환경 설정)]–[General(일반)]–[Show Rich Tool Tips(풍부한 도구 팁 표시)]

편집을 위해 도구를 사용할 때 도구에 대한 설명을 보여주는 것을 [Tool Tips(도구 팁)]라고 합니다. 어떤 도구를 사용하고 있는지 간략하게 이름으로 알려주고 사용하는 방법까지도 이미지화해서 알려주는 편리한 기능이지만 이미 사용법을 알고 있을 경우라면 [Tool Tips(도구 팁)]의 간섭은 오히려 빠른 작업에 방해가 될 수도 있습니다. [Tool Tips(도구 팁)] 중에서 이미지화하여 알려주는 [Rich Tool Tips(풍부한 도구 팁)]는 체크를 해제하여 꺼두는 것이 좋습니다.

03 단위 설정

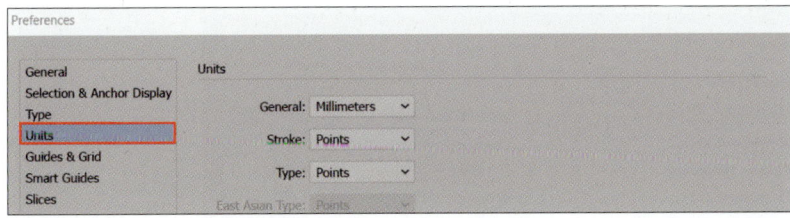

▲ [Edit(편집)]–[Preferences(환경 설정)]–[Units(단위)]–[General(일반)]

GTQi 시험에서는 항상 문서의 단위를 mm(밀리미터)로 지시하기 때문에 출력형태에서 보이는 눈금자에 표시되는 단위도 mm(밀리미터)입니다. 그러므로 사용자가 편집작업을 위해 눈금자를 켰을 때 같은 단위로 설정되어 있어야 정확한 크기를 비교하면서 작업할 수 있습니다. 선의 두께와 문자의 경우는 단위가 mm(밀리미터)가 아닌 Point(포인트)이므로 단위를 설정할 때 주의하여야 합니다.

04 안내선과 격자

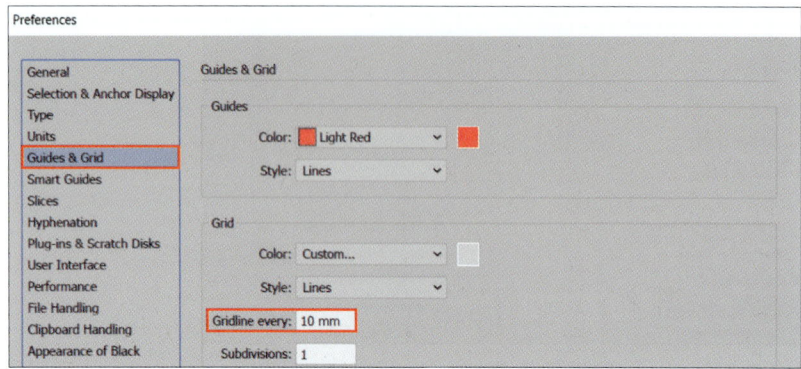

▲ [Edit(편집)]-[Preferences(환경 설정)]-[Guides & Grid(안내선과 격자)]-[Color(색상)]

오브젝트를 배치할 때 출력형태와 비슷한 위치에 배치하는 것이 중요하기 때문에 안내선이나 격자를 표시하여 위치를 비교하면서 작업하는 것이 좋습니다. 안내선과 격자의 색상을 지정할 수 있고 격자의 경우 아트보드의 크기가 100*80mm 또는 120*80mm이므로 너무 촘촘하지 않도록 10mm 간격으로 설정하여 오브젝트가 큰 틀에서만 벗어나지 않도록 비교할 수 있게 합니다.

05 스마트 가이드

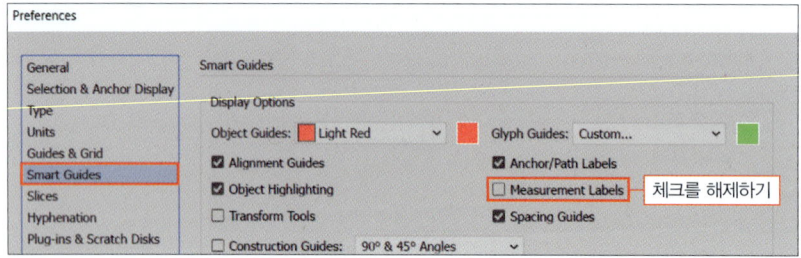

▲ [Edit(편집)]-[Preferences(환경 설정)]-[Smart Guides(스마트 가이드)]-[Measurement Labels(측정 레이블)]

스마트 가이드는 오브젝트를 복사하거나 이동시킬 때 시작점과 중심, 끝점을 자동으로 맞출 수 있도록 가이드로 표시하는 기능입니다. 일러스트의 상단 메뉴 중에서 [View(보기)]-[Smart Guides(스마트 가이드)](Ctrl+U)를 선택하여 활성화해야 사용할 수 있습니다. 작업의 효율을 높여주는 좋은 기능이지만 이 중에서 [Measurement Labels(측정 레이블)]은 오브젝트를 만들거나 이동할 때마다 숫자값이 나타나서 산만할 수 있고 버전에 따라 회색 막대가 화면을 가리는 오류가 나는 경우도 있기 때문에 [Measurement Labels(측정 레이블)] 옵션은 체크를 해제합니다.

06 사용자 인터페이스

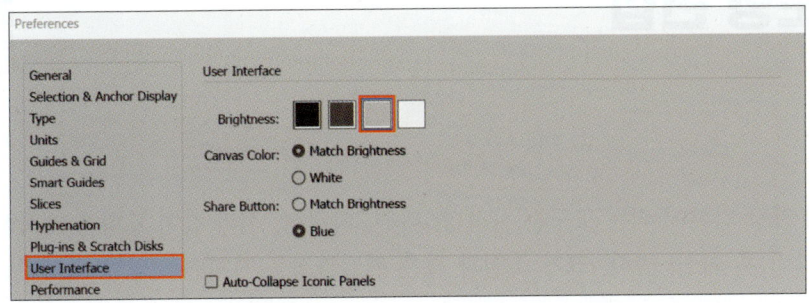

▲ [Edit(편집)]-[Preferences(환경 설정)]-[User Interface(사용자 인터페이스)]-[Brightness(밝기)]

작업 창의 색상을 선택할 때 밝은 색상의 경우 가독성이 좋기 때문에 선호하는 사용자가 많지만 오랜 시간동안 그래픽 작업을 하다 보면 눈이 많이 피로하게 됩니다. 사용자의 작업형태에 따라 적절한 색상으로 선택합니다. 책에서는 [Medium Light(중간 정도 밝게)]의 밝기를 선택하여 적용하였습니다.

도형 편집

반복학습 1 2 3

오브젝트를 제작할 때 가장 기본이 되는 도구는 사각형, 타원, 다각형, 선과 같이 도형을 제작하는 도구입니다. 도형을 그린 후 회전, 반사, 크기 조절과 같은 편집과정을 거치면 다양한 오브젝트를 만들 수 있습니다.

출력형태

> **기적의 TIP**
> - 교재 PART 01의 CHAPTER 02부터 CHAPTER 08까지 핵심 기능 익히기 예제를 설명할 때 오브젝트의 Fill(칠)과 Stroke(선) 색을 입력하였습니다.
> - 실제 시험에서는 문제에서 지정한 색을 Swatches(견본) 패널에 그룹으로 모아서 저장한 후 오브젝트를 제작할 때 지정한 색을 선택하여 적용하면서 작업합니다.

01 닭 오브젝트 제작

01 [File(파일)]-[New(새로 만들기)](Ctrl+N)를 선택하고 'Units(단위) : Millimeters(밀리미터), Width(폭) : 100mm, Height(높이) : 80mm'로 설정하여 새 작업 파일을 만듭니다.

02 닭의 얼굴을 만들기 위하여 Rectangle Tool(사각형 도구, ▢)을 선택하고 아트보드를 클릭한 후 'Width(폭) : 18mm, Height(높이) : 18mm'를 입력합니다.

03 Ellipse Tool(원형 도구, ◯)을 선택하고 아트보드를 클릭한 후 'Width(폭) : 2.5mm, Height(높이) : 4mm'를 입력하고 Swatches(견본) 패널에서 'Fill(칠) : K100, Stroke(선) : None(없음)'으로 지정하여 눈을 만듭니다. Selection Tool(선택 도구, ▶)로 눈을 선택하고 Alt 를 누른 채 오른쪽으로 드래그하여 복사합니다.

 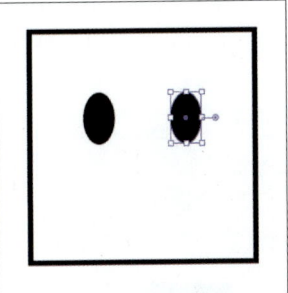

기적의 TIP

- 오브젝트를 선택할 때 Selection Tool(선택 도구, ▶)로 오브젝트를 한 번만 클릭한 후 편집합니다.
- Selection Tool(선택 도구, ▶)로 오브젝트를 더블 클릭하면 Isolation Mode(격리 모드)로 이동하게 되어 다른 오브젝트들이 흐리게 보이고, Esc 를 누르면 격리 모드를 해제할 수 있습니다.
- Isolation Mode(격리 모드)는 그룹으로 묶인 오브젝트를 편집할 때 활용합니다.
- 그룹으로 묶여 있는 오브젝트를 더블 클릭하여 Isolation Mode(격리 모드)로 전환하면 다른 오브젝트들은 흐리게 보이면서 비활성화되기 때문에 선택되지 않습니다.

04 볼을 만들기 위하여 Ellipse Tool(원형 도구, ◯)을 선택하고 아트보드를 클릭한 후 'Width(폭) : 5mm, Height(높이) : 3mm'를 입력하고 Swatches(견본) 패널에서 'Fill(칠) : M10Y95, Stroke(선) : None(없음)'으로 지정합니다.

05 Selection Tool(선택 도구, ▶)로 볼을 선택하고 Alt 를 누른 채 오른쪽으로 드래그하여 복사합니다.

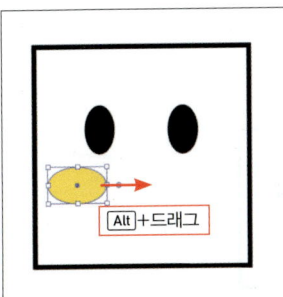 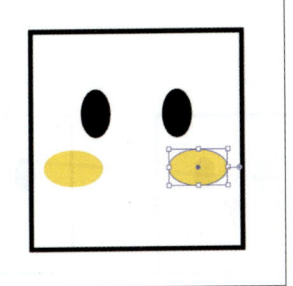

기적의 TIP

- 작은 오브젝트를 제작할 때는 화면을 확대하여 작업하여야 정확하게 선택하고 편집할 수 있습니다. Ctrl + + 를 누르면 화면이 확대되고 Ctrl + - 를 누르면 화면이 축소됩니다.
- 또 다른 방법으로는 Alt 를 누르면서 마우스 휠을 위로 굴리면 확대, 아래로 굴리면 축소됩니다.

06 Polygon Tool(다각형 도구, ⬠)을 선택하고 아트보드를 클릭한 후 'Radius(반지름) : 2mm, Sides(면) : 3'을 입력하고 Swatches(견본) 패널에서 'Fill(칠) : M100Y100, Stroke(선) : None(없음)'으로 지정하여 부리를 만듭니다.

07 Selection Tool(선택 도구, ▶)로 부리를 선택하고 Rotate Tool(회전 도구, ↻)을 더블 클릭한 후 Rotate(회전) 창에서 'Angle(각도) : 180°'를 지정합니다.

08 Selection Tool(선택 도구, ▶)로 부리를 선택하고 Alt 를 누른 채 위로 드래그하여 복사한 후 Rotate Tool(회전 도구, ↻)을 더블 클릭하여 Rotate(회전) 창에서 'Angle(각도) : 90°'를 지정합니다.

09 Selection Tool(선택 도구, ▶)로 닭벼슬을 선택하고 Alt 를 누른 채 위로 드래그하여 복사한 후 Scale Tool(크기 조절 도구, ⬚)을 클릭합니다. Alt 를 누른 채 삼각형의 아래 고정점을 클릭하고 Scale(크기 조절) 창에서 'Uniform(균일) : 130%'를 지정합니다. 크기 조절된 닭벼슬을 선택하고 계속해서 복사와 크기 조절을 반복합니다.

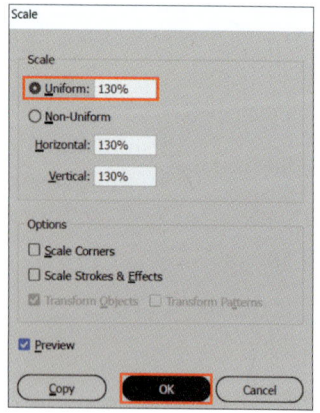  

02 사자 오브젝트 제작

01 사자의 얼굴을 만들기 위하여 Ellipse Tool(원형 도구, ◯)을 선택하여 아트보드를 클릭한 후 'Width(폭) : 28mm, Height(높이) : 28mm'를 입력하고 Swatches(견본) 패널에서 'Fill(칠) : C25M40Y65, Stroke(선) : K100'으로 지정합니다.

02 Star Tool(별 도구, ☆)을 선택하고 아트보드를 클릭한 후 Star(별) 창에서 'Radius 1(반경 1) : 15mm, Radius 2(반경 2) : 10mm, Point(포인트) : 10'을 지정합니다.

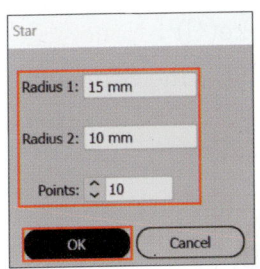 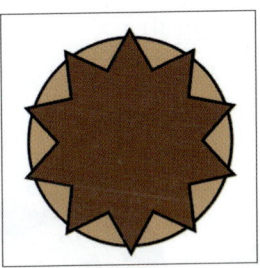

03 Swatches(견본) 패널에서 'Fill(칠) : C40M65Y90K35, Stroke(선) : K100'으로 지정한 후 Selection Tool(선택 도구, ▶)로 타원과 별을 모두 선택하고 Align(정렬) 패널에서 Horizontal Align Center(가로 가운데 정렬, ▤)와 Vertical Align Center(세로 가운데 정렬, ▥)를 클릭하여 중심을 맞춥니다.

04 Selection Tool(선택 도구, ▶)로 별을 선택하고 Corner Widget(모퉁이 위젯)을 드래그하여 모퉁이의 둥글기를 조절합니다.

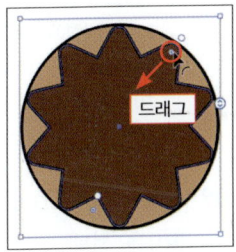

05 타원을 선택하여 [Object(오브젝트)]-[Path(패스)]-[Offset Path(오프셋 패스)]를 클릭한 후 Offset Path(오프셋 패스) 창에서 'Offset(이동) : −5mm'를 지정합니다. 계속해서 [Object(오브젝트)]-[Arrange(정돈)]-[Bring to Front(맨 앞으로 가져오기)]([Shift]+[Ctrl]+[[ ])를 클릭하여 얼굴을 맨 앞으로 보냅니다.

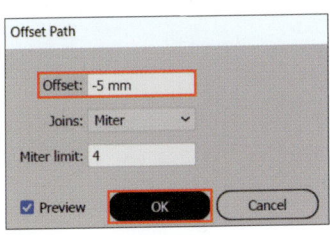 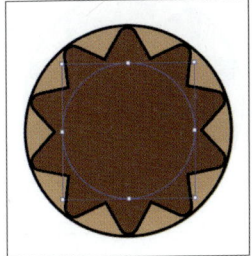 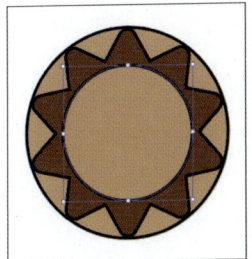

06 다음 편집 작업에 방해되지 않도록 모두 선택하고 [Object(오브젝트)]-[Lock(잠금)]-[Selection(선택물)]([Ctrl]+[2])을 클릭하여 잠급니다.

07 반사의 기준이 되는 안내선을 만들기 위하여 [View(보기)]-[Rulers(눈금자)]-[Show Rulers(눈금자 표시)]([Ctrl]+[R])를 클릭한 후 왼쪽 눈금자에서부터 드래그하여 사자 얼굴의 중심에 맞추어 안내선을 만듭니다.

08 Ellipse Tool(원형 도구, ◯)을 선택하고 아트보드를 클릭 및 드래그하여 왼쪽 눈과 왼쪽 볼을 만든 후 Swatches(견본) 패널에서 눈은 'Fill(칠) : K100, Stroke(선) : None(없음)', 볼은 'Fill(칠) : C40M65Y90K35, Stroke(선) : K100'으로 지정합니다. Line Segment Tool(선분 도구, ╱)을 선택하고 드래그하면서 수염을 반복하여 그립니다.

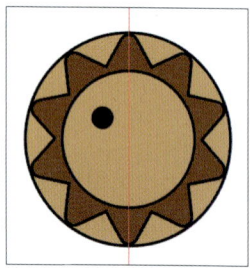 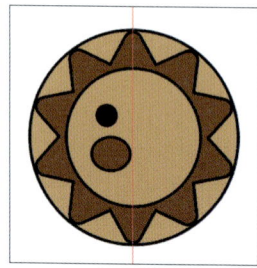 

> **기적의 TIP**
> - 오브젝트를 이동할 때 자석처럼 붙는 느낌이 들도록 스냅을 활성화하면 배치할 때 편리합니다. [View(보기)]-[Snap to point(점에 물리기)]([Alt]+[Ctrl]+[″])를 클릭하여 스냅을 활성화합니다.
> - [View(보기)]-[Smart Guides(스마트 가이드)]([Ctrl]+[U])를 클릭하여 스마트 가이드를 켜면 오브젝트를 선택하고 이동할 때 오브젝트의 중심이나 고정점, 교차점 등을 안내선으로 표시합니다.

09 Selection Tool(선택 도구, ▶)로 눈과 볼, 수염을 모두 선택하고 Reflect Tool(반사 도구, ▷◁)을 선택한 후 [Alt]를 누른 채 반사의 기준이 되는 안내선을 클릭합니다.

10 'Reflect(반사) 창에서 'Axis(축) : : Vertical(세로)'을 지정하고 Copy(복사)를 클릭하여 반사된 개체를 복사한 후 [View(보기)]-[Guides(안내선)]-[Clear Guides(안내선 지우기)]를 클릭합니다.

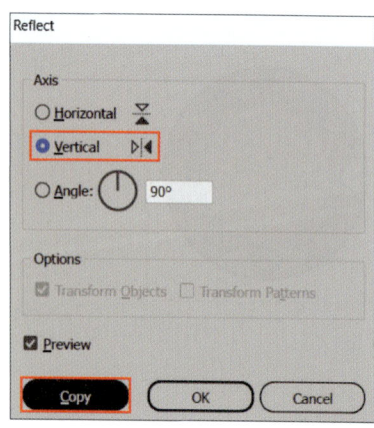 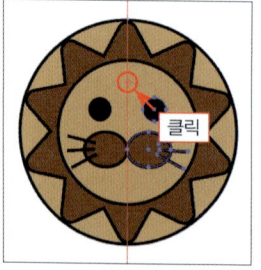

11 Ellipse Tool(원형 도구, ◯)을 선택하고 아트보드를 클릭 및 드래그하여 코를 만든 후 Swatches(견본) 패널에서 'Fill(칠) : K100, Stroke(선) : None(없음)'으로 지정합니다.

12 Direct Selection Tool(직접 선택 도구, ▷)로 위쪽 고정점을 선택하고 아래로 드래그합니다. [View(보기)]-[Guides(안내선)]-[Clear Guides(안내서 지우기)]를 클릭하여 안내선을 삭제합니다.

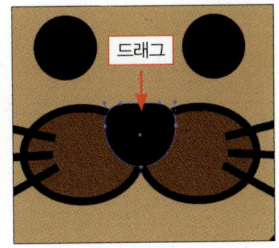

> **기적의 TIP**
>
> 도형을 그릴 때 도구를 선택하고 아트보드를 클릭하면 대화창이 뜨고 숫자값을 입력하여 설정할 수 있습니다. 특정한 숫자값이 필요 없을 경우에는 도구를 선택한 후 아트보드를 클릭 후 드래그하여 임의의 크기로 그립니다.

03 오렌지 오브젝트 제작

01 회전의 기준이 되는 안내선을 만들기 위하여 왼쪽과 위쪽 눈금자에서부터 드래그하여 교차하는 안내선을 만듭니다. Ellipse Tool(원형 도구, ◯)을 선택하여 아트보드를 클릭한 후 'Width(폭) : 20mm, Height(높이) : 20mm'를 입력하고 Swatches(견본) 패널에서 'Fill(칠) : M35Y85, Stroke(선) : K100'으로 지정합니다.

02 [Object(오브젝트)]-[Path(패스)]-[Offset Path(오프셋 패스)]를 클릭하고 Offest Path(오프셋 패스) 창에서 'Offset(이동) : -1mm'를 지정한 후 Swatches(견본) 패널에서 'Fill(칠) : Y100'으로 지정합니다.

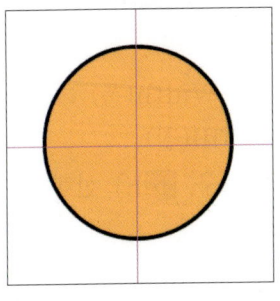
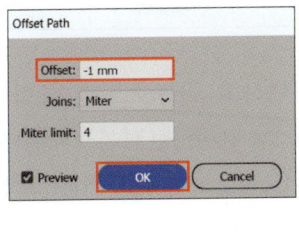
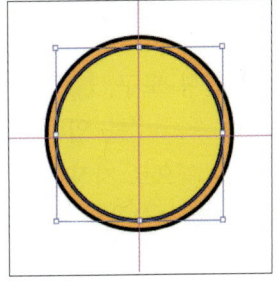

03 다음 편집작업에 방해되지 않도록 모두 선택하고 [Object(오브젝트)]-[Lock(잠금)]-[Selection(선택물)]((Ctrl)+(2))을 클릭하여 잠급니다.

04 Polygon Tool(다각형 도구, ◉)을 선택하여 아트보드를 클릭한 후 'Radius(반지름) : 2mm, Sides(면) : 3'을 입력하고 Swatches(견본) 패널에서 'Fill(칠) : M35Y85, Stroke(선) : K100'으로 지정하여 오렌지 조각을 만듭니다.

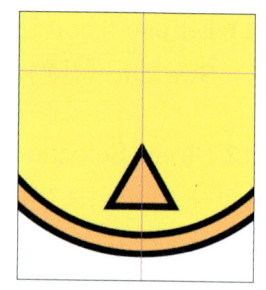

05 Selection Tool(선택 도구, ▶)로 삼각형을 선택하고 바운딩 박스를 드래그하여 길이를 조절한 후 Corner Widget(모퉁이 위젯)을 드래그하여 모퉁이의 둥글기를 조절합니다.

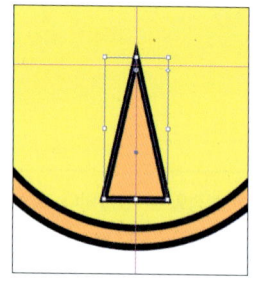 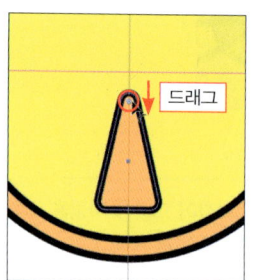

06 오렌지 조각을 선택하고 Rotate Tool(회전 도구, ◌)을 클릭한 후 Alt 를 누른 채 안내선의 교차점을 클릭합니다. Rotate(회전) 창에서 'Angle(각도) : 45˚'를 지정하고 Copy(복사)를 클릭합니다. Ctrl + D 를 여섯 번 누르고 회전 및 복사를 완성합니다. [View(보기)]-[Guides(안내선)]-[Clear Guides(안내선 지우기)]를 클릭하여 안내선을 삭제합니다.

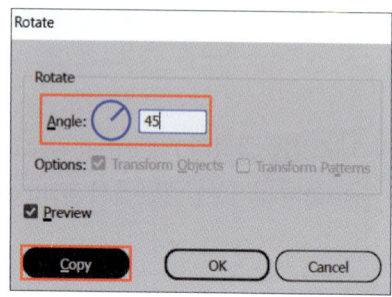 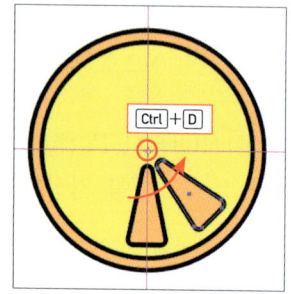 

07 Ellipse Tool(원형 도구, ◯)을 선택하고 아트보드를 클릭한 후 'Width(폭) : 12mm, Height(높이) : 6mm'를 입력하고 Swatches(견본) 패널에서 'Fill(칠) : C100Y100, Stroke(선) : K100'으로 지정합니다. Anchor Point Tool(고정점 도구, ▷)을 선택하고 타원의 왼쪽과 오른쪽 고정점을 클릭하여 잎사귀를 만듭니다.

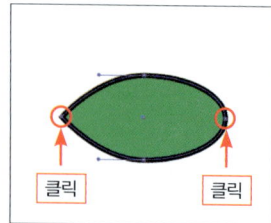 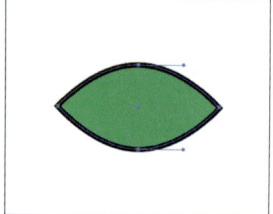

08 Selection Tool(선택 도구, ▶)로 잎사귀를 선택하고 Alt 를 누른 채 드래그하여 복사합니다. 잎사귀를 모두 선택하고 [Object(오브젝트)]-[Arrange(정돈)]-[Send to Back(맨 뒤로 보내기)](Shift + Ctrl + [ )을 클릭합니다.

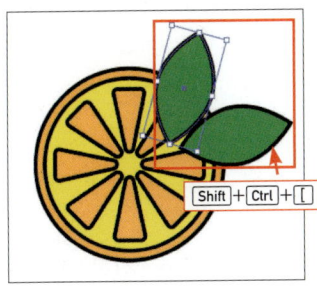 

④ 펜더 오브젝트 제작

01 반사의 기준이 되는 안내선을 만들기 위하여 왼쪽 눈금자에서부터 드래그하여 펜더 얼굴의 중심이 될 안내선을 만듭니다.

02 Rounded Rectangle Tool(둥근 사각형 도구, ▢)을 선택하고 아트보드를 클릭한 후 'Width(폭) : 18mm, Height(높이) : 22mm, Corner Radius(모퉁이 반경) : 4mm'를 입력하고 Swatches(견본) 패널에서 'Fill(칠) : C0M0Y0K0, Stroke(선) : K100'으로 지정합니다.

03 Direct Selection Tool(직접 선택 도구, ▷)로 좌측 상단과 우측 상단의 Corner Widget(모퉁이 위젯)을 Shift 를 누른 채 동시에 선택하고 드래그하여 모퉁이의 둥글기를 조절합니다.

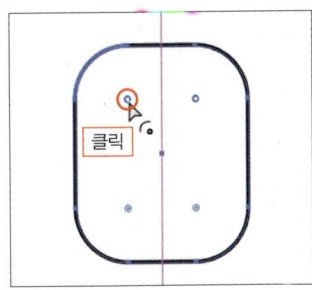 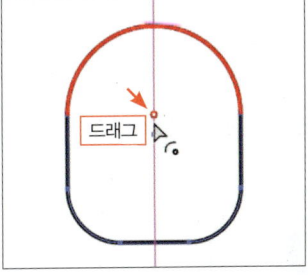

04 다음 편집작업에 방해되지 않도록 둥근 사각형을 선택하고 [Object(오브젝트)]-[Lock(잠금)]-[Selection(선택물)](Ctrl + 2)을 클릭하여 잠급니다.

05 Ellipse Tool(원형 도구, ◯)을 선택하고 아트보드를 클릭한 후 'Width(폭) : 6mm, Height(높이) : 9mm'를 입력하고 Swatches(견본) 패널에서 'Fill(칠) : K100, Stroke(선) : None(없음)'으로 지정합니다.

06 Selection Tool(선택 도구, ▶)로 타원을 선택하고 Rotate Tool(회전 도구, ⟲)을 더블 클릭한 후 Rotate(회전) 창에서 'Angle(각도) : −45'를 지정합니다.

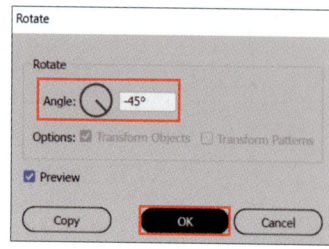 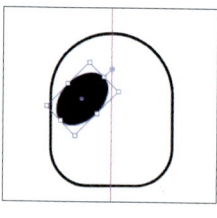

07 Ellipse Tool(원형 도구, ◯)을 선택하고 눈과 눈동자를 만든 후 Swatches(견본) 패널에서 각각 'Fill(칠) : None(없음), Stroke(선) : None(없음)'과 'Fill(칠) : K100, Stroke(선) : None(없음)'으로 지정합니다.

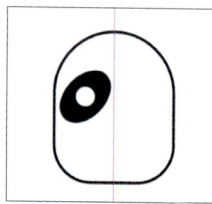 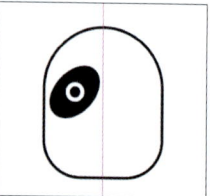

> **기적의 TIP**
>
> 오브젝트를 선택하면 사각형 모양의 바운딩 박스가 보입니다. 위치를 옮기거나 크기, 방향을 임의로 조절할 때는 바운딩 박스의 조절점을 드래그하여 크기를 조절하거나 조절점 바깥에서 구부러진 화살표 모양으로 커서가 바뀔 때 드래그하여 방향을 조절할 수 있습니다.

08 Ellipse Tool(원형 도구, ◯)을 선택하여 아트보드를 클릭한 후 'Width(폭) : 9mm, Height(높이) : 9mm'를 입력하고 Swatches(견본) 패널에서 'Fill(칠) : K100, Stroke(선) : None(없음)'으로 지정합니다. Shift + Ctrl + [를 눌러 맨 뒤로 배치합니다.

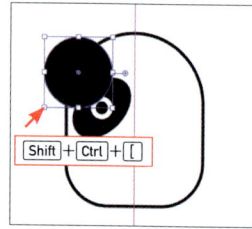 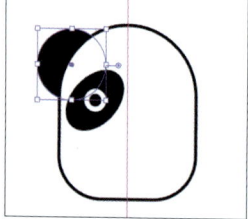

09 Selection Tool(선택 도구, ▶)로 눈과 귀를 선택하고 Reflect Tool(반사 도구, ▷◁)을 선택한 후 Alt 를 누른 채 반사의 기준이 되는 안내선을 클릭합니다.

10 Reflect(반사) 창에서 'Axis(축) : Vertical(세로)'을 지정하고 Copy(복사)를 클릭하여 반사된 개체를 복사합니다. 반사된 오른쪽 귀를 선택하고 Shift + Ctrl + []를 눌러 맨 뒤로 배치합니다.

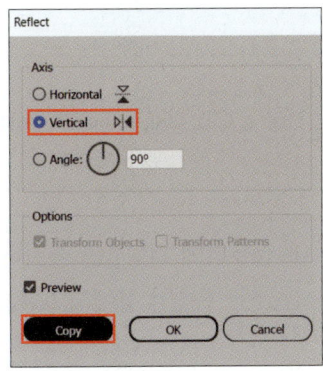 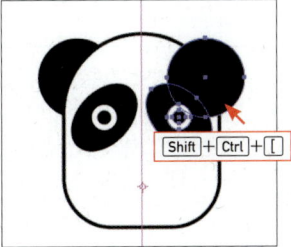 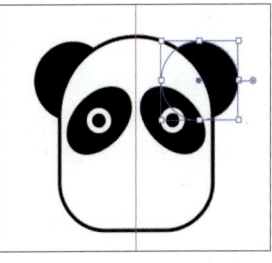

11 Ellipse Tool(원형 도구, ◯)을 선택하고 코를 만든 후 Swatches(견본) 패널에서 'Fill(칠) : K100, Stroke(선) : None(없음)'으로 지정합니다. Line Segment Tool(선분 도구, ╱)을 선택하고 Shift를 누르면서 드래그하여 인중을 그립니다.

12 Arc Tool(호 도구, ⌒)을 선택하고 아트보드를 클릭한 후 Arc Segment Tool Options(호 선분 도구 옵션) 창에서 'Length X-Axis(X축 길이) : 5mm, Length Y-Axis(Y축 길이) : 5mm'를 지정합니다.

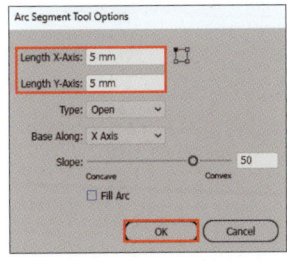 

13 Selection Tool(선택 도구, ▶)로 호를 선택하고 Rotate Tool(회전 도구, ↻)을 더블 클릭한 후 Rotate(회전) 창에서 'Angle(각도) : 45°'를 지정하고 적절하게 배치합니다.

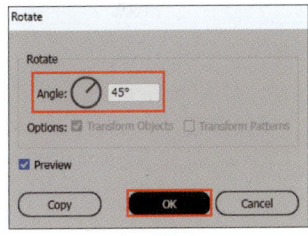 

14 [View(보기)]-[Guides(안내선)]-[Clear Guides(안내서 지우기)]를 클릭하여 안내선을 삭제합니다.

> 🚩 **기적의 TIP**
>
> - 선을 그릴 때 Shift 를 누른 채 드래그하면 수평, 수직, 45°로 각도를 맞춰서 그릴 수 있습니다.
> - 도형을 그릴 때 Shift 를 누른 채 드래그하면 정사각형, 정원과 같이 정비율로 그릴 수 있고, Shift 와 Alt 를 동시에 누르면서 드래그하면 도형의 중심부터 정비율의 도형을 그릴 수 있습니다.

15 [File(파일)]-[Save(저장)]을 눌러 [Save on your computer(내 컴퓨터에 저장)]을 클릭하고 저장할 경로와 이름을 지정합니다. [Illustrator Options(Illustrator 옵션)] 창에서 [OK(확인)]을 클릭하여 저장을 완료합니다.

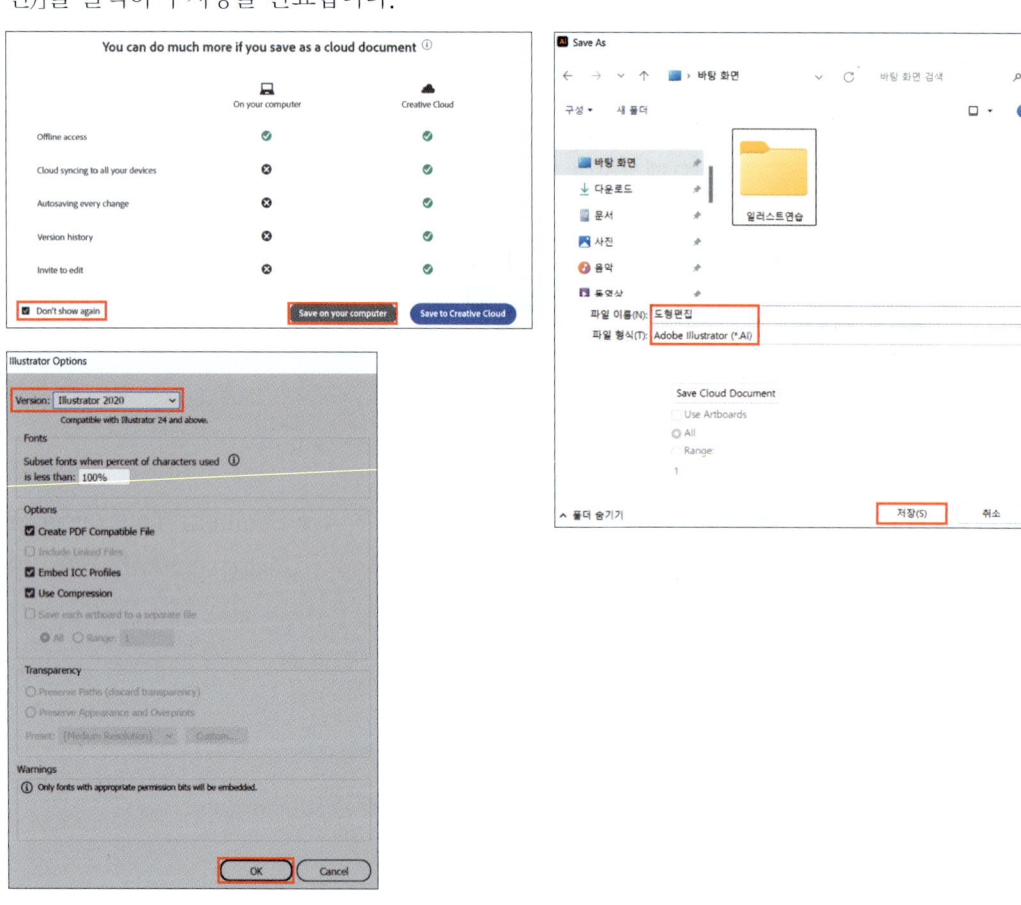

> 🚩 **기적의 TIP**
>
> 파일을 저장할 때 항상 클라우드가 아닌 내 pc에 저장하는 경우에는 Save to Creative Cloud(Creative Cloud에 저장) 대화창이 다시 나타나지 않도록 좌측 하단 Don't show again(다시 표시 안 함)을 체크합니다.

CHAPTER 03 패스파인더

기본적인 도형을 편집하는 기능과 함께 패스파인더를 활용하면 합치거나 나누고 분리하는 작업을 통해 좀 더 복잡한 오브젝트를 제작할 수 있습니다.

출력형태

01 수박 오브젝트 제작

01 [File(파일)]-[New(새로 만들기)](Ctrl+N)를 선택하고 'Units(단위) : Millimeters(밀리미터), Width(폭) : 100mm, Height(높이) : 80mm'로 설정하여 새 작업 파일을 만든 후 Ctrl+R을 눌러 눈금자를 표시합니다.

02 회전의 기준이 되는 안내선을 만들기 위하여 왼쪽과 위쪽 눈금자에서부터 드래그하여 교차하는 안내선을 만듭니다.

03 Ellipse Tool(원형 도구, ⬭)을 선택하여 아트보드를 클릭한 후 'Width(폭) : 50mm, Height(높이) : 50mm'를 입력하고 Swatches(견본) 패널에서 'Fill(칠) : C100Y100, Stroke(선) : K100'으로 지정합니다.

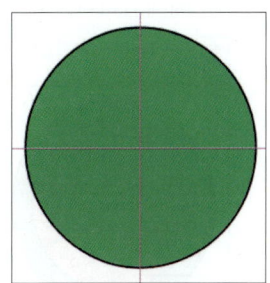

04 타원을 선택하고 [Object(오브젝트)]-[Path(패스)]-[Offset Path(오프셋 패스)]를 클릭한 후 Offset Path(오프셋 패스) 창에서 'Offset(이동) : −5mm'를 지정합니다. 축소된 타원을 선택하고 Swatches(견본) 패널에서 'Fill(칠) : M100Y100, Stroke(선) : K100'으로 지정합니다.

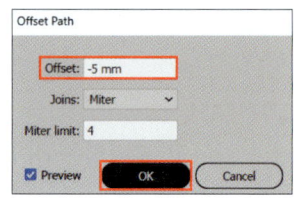 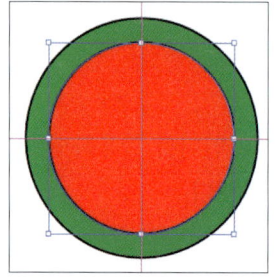

05 Line Segment Tool(선분 도구,)을 선택하고 Shift 를 누른 채 드래그하여 수박을 분할할 선을 그립니다. 수박과 선을 모두 선택하고 Align(정렬) 패널에서 Horizontal Align Center(가로 가운데 정렬,)와 Vertical Align Center(세로 가운데 정렬,)를 클릭하여 중심을 맞춥니다.

06 선을 선택하고 Rotate Tool(회전 도구,)을 더블 클릭한 후 Rotate(회전) 창에서 'Angle(각도) : 60°'를 지정하고 Copy(복사)를 클릭합니다. Ctrl + D 를 눌러 회전 및 복사를 반복한 후 [View(보기)]-[Guides(안내선)]-[Clear Guides(안내선 지우기)]를 클릭하여 안내선을 삭제합니다.

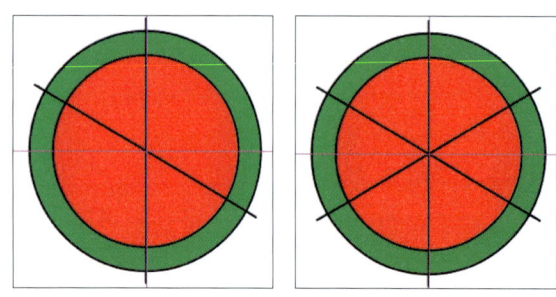

07 수박과 선을 모두 선택하고 Pathfinder(패스파인더) 패널에서 Divide(나누기,)를 클릭하여 분리한 후 [Object(오브젝트)]-[Ungroup(그룹 풀기)](Shift + Ctrl + G)를 클릭하여 그룹을 해제합니다. 수박 한쪽만 남기고 Delete 를 눌러 모두 삭제한 후 Rotate Tool(회전 도구,)을 더블 클릭하고 Rotate(회전) 창에서 'Angle(각도) : 30°'를 지정합니다.

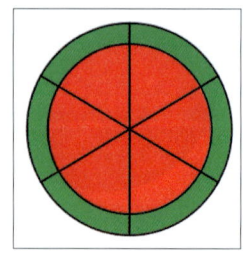 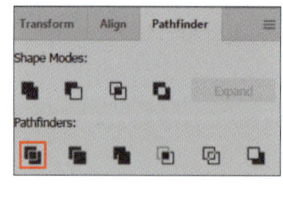 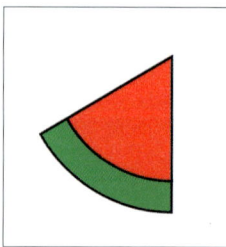 

> **기적의 TIP**
>
> 일러스트레이터의 오른쪽에 Pathfinder(패스파인더) 패널이 없을 경우, [Window(창)] – [Pathfinder(패스파인더)]를 클릭하여 불러냅니다.

08 Ellipse Tool(원형 도구, ◯)을 선택하고 수박씨를 그린 후 Swatches(견본) 패널에서 'Fill(칠) : K100, Stroke(선) : None(없음)'으로 지정합니다. Selection Tool(직접 선택 도구, ▶)로 수박씨의 왼쪽과 오른쪽 고정점을 선택하고 아래로 드래그합니다. 수박씨를 선택하고 Alt 를 누른 채 드래그하여 복사를 반복합니다.

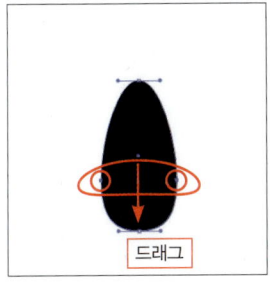  

02 도넛 오브젝트 제작

01 도넛을 만들기 위하여 Ellipse Tool(원형 도구, ◯)을 선택하고 아트보드를 클릭하여 'Width(폭) : 25mm, Height(높이) : 25mm'를 입력한 후 Swatches(견본) 패널에서 'Fill(칠) : M35Y85, Stroke(선) : K100'으로 지정합니다.

02 타원을 선택하고 [Object(오브젝트)]–[Path(패스)]–[Offset Path(오프셋 패스)]를 클릭한 후 Offset Path(오프셋 패스) 창에서 'Offset(이동) : –8mm'를 지정합니다.

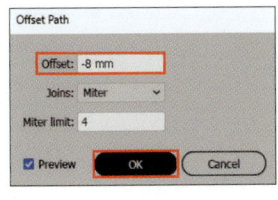 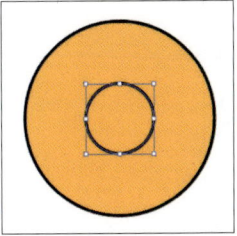

03 생성된 타원들을 모두 선택하고 Pathfinder(패스파인더) 패널에서 Minus Front(앞면 오브젝트 제외, ◻)를 클릭하여 불필요한 부분은 삭제합니다.

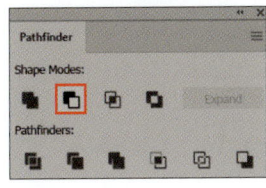 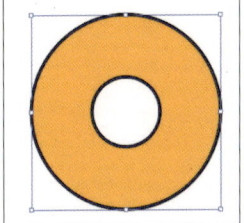

04 Ellipse Tool(원형 도구, ◯)을 선택하여 아트보드를 클릭한 후 'Width(폭) : 5mm, Height(높이) : 5mm'를 입력하고 Alt 를 누른 채 드래그하여 복사를 반복합니다.

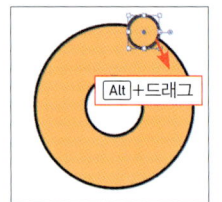 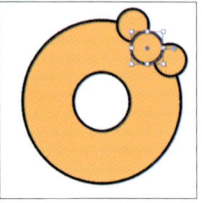

05 오브젝트를 모두 선택하고 Pathfinder(패스파인더) 패널에서 Minus Front(앞면 오브젝트 제외, ◻)를 클릭하여 불필요한 부분은 삭제합니다.

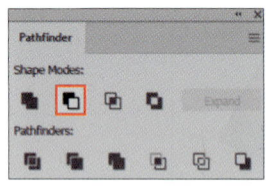 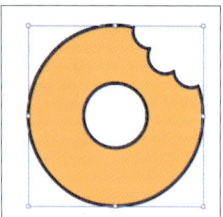

06 Ellipse Tool(원형 도구, ◯)을 선택하여 아트보드를 클릭한 후 'Width(폭) : 25mm, Height(높이) : 25mm'를 입력하고 도넛을 분리할 위치로 배치합니다.

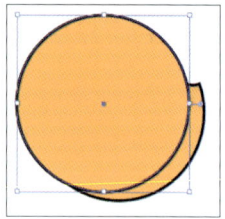

07 오브젝트를 모두 선택하고 Pathfinder(패스파인더) 패널에서 Divide(나누기, ◻)를 클릭하여 분리한 후 Shift + Ctrl + G 를 눌러 그룹을 해제합니다.

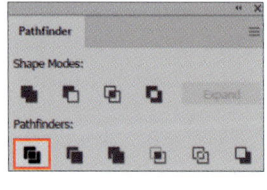 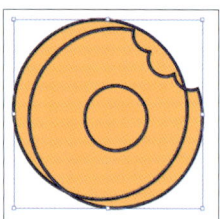

08 불필요한 부분을 삭제하고 음영으로 표현할 부분을 선택하여 Swatches(견본) 패널에서 'Fill(칠) : M80Y95'으로 지정합니다.

 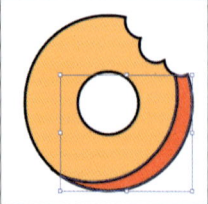

03 식빵 오브젝트 제작

01 식빵을 만들기 위하여 Ellipse Tool(원형 도구, ◯)을 선택하여 아트보드를 클릭한 후 'Width(폭) : 12mm, Height(높이) : 12mm'를 입력하고 Swatches(견본) 패널에서 'Fill(칠) : C30M50Y75K10, Stroke(선) : K100'으로 지정합니다. 타원을 선택하고 Alt 를 누른 채 오른쪽으로 드래그하여 복사를 반복합니다.

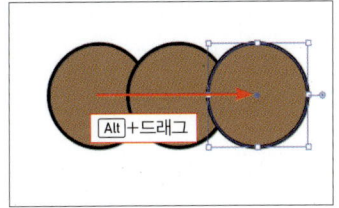

02 Rounded Rectangle Tool(둥근 사각형 도구, ▢)을 선택하고 아트보드를 클릭한 후 'Width(폭) : 25mm, Height(높이) : 18mm, Corner Radius(모퉁이 반경) : 3mm'를 입력합니다. 식빵 모양으로 배치하고 모두 선택한 후 Pathfinder(패스파인더) 패널에서 Unite(합치기, ▣)를 클릭하여 병합합니다.

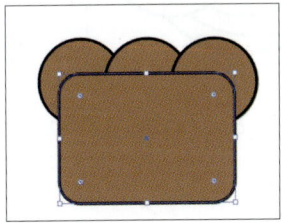 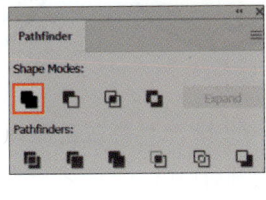 

03 Rounded Rectangle Tool(둥근 사각형 도구, ▢)을 선택하여 아트보드를 클릭한 후 'Width(폭) : 5mm, Height(높이) : 12mm, Corner Radius(모퉁이 반경) : 2.5mm'를 입력하고 Swatches(견본) 패널에서 'Fill(칠) : C40M65Y90K35, Stroke(선) : K100'으로 지정합니다. Alt 를 누른 채 오른쪽으로 드래그하여 복사합니다.

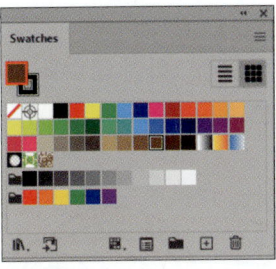 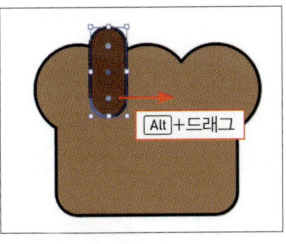 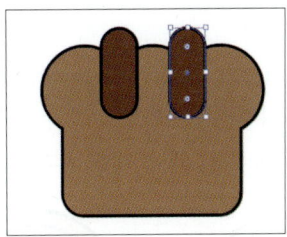

04 오브젝트를 모두 선택하고 Pathfinder(패스파인더) 패널에서 Divide(나누기, ▣)를 클릭하여 분리한 후 Group Selection Tool(그룹 선택 도구, ▶)로 불필요한 부분을 선택하고 삭제합니다.

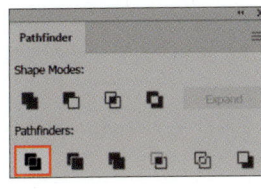 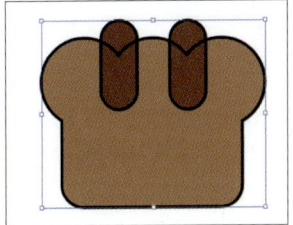 

04 국수 오브젝트 제작

01 국수를 만들기 위하여 Ellipse Tool(원형 도구, ◯)을 선택하여 아트보드를 클릭한 후 'Width(폭) : 23mm, Height(높이) : 23mm'를 입력하고 Swatches(견본) 패널에서 'Fill(칠) : C5Y90, Stroke(선) : K100'으로 지정합니다.

02 타원을 선택하고 [Object(오브젝트)]-[Path(패스)]-[Offset Path(오프셋 패스)]를 클릭한 후 Offset Path(오프셋 패스) 창에서 'Offset(이동) : -2mm'를 지정합니다. 오프셋 작업을 더 이상 축소할 수 없을 때까지 반복합니다.

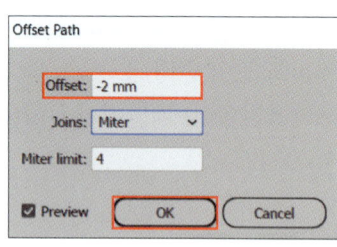
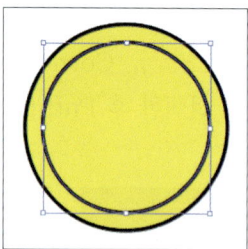
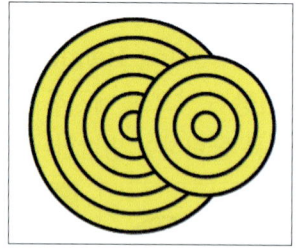

03 타원을 모두 선택하고 Alt 와 Shift 를 누른 채 오른쪽으로 드래그하여 복사합니다. 복사된 타원 중에서 큰 타원을 두 개를 선택하고 삭제합니다.

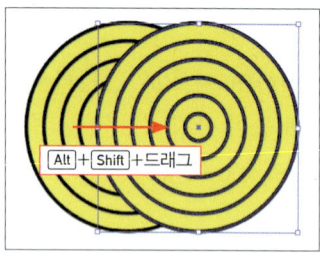
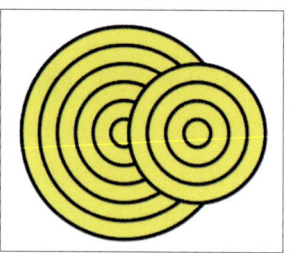

04 Line Segment Tool(선분 도구, /)을 선택하고 Shift 를 누른 채 드래그하여 국수를 분리할 선을 만듭니다. 오브젝트를 모두 선택하고 Shape Builder Tool(도형 구성 도구, ⊕)을 클릭한 후 Alt 를 누른 채 삭제할 부분을 드래그하거나 클릭합니다.

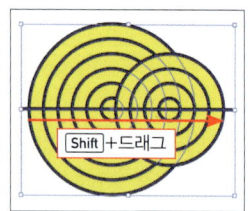
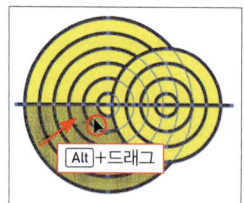
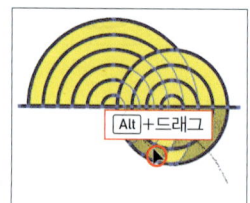
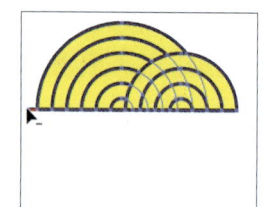

> **기적의 TIP**
>
> - 도형을 합치거나 나눌 때 패스파인더를 주로 활용하지만 겹쳐있는 도형이 복잡한 모양일 경우에는 Shape Builder Tool(도형 구성 도구, ⊕)을 활용할 수 있습니다.
> - 겹쳐있는 두 개 이상의 도형을 선택하고 Shape Builder Tool(도형 구성 도구, ⊕)을 선택한 후 합쳐지는 모양을 드래그하면서 선택합니다. Alt 를 누른 채 드래그하면 선택한 부분이 삭제됩니다.

05 그릇을 만들기 위하여 Ellipse Tool(원형 도구, ⬤)을 선택하여 아트보드를 클릭한 후 'Width(폭) : 35mm, Height(높이) : 35mm'를 입력하고 Swatches(견본) 패널에서 'Fill(칠) : M50Y100, Stroke(선) : K100'으로 지정합니다.

06 Line Segment Tool(선분 도구, /)을 선택하고 Shift 를 누른 채 그릇을 분리할 선을 만듭니다.

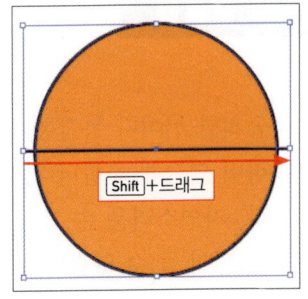

07 모두 선택하여 Pathfinder(패스파인더) 패널에서 Divide(나누기, ▦)를 클릭하여 분리한 후 Group Selection Tool(그룹 선택 도구, ▶)로 불필요한 부분을 선택하고 삭제합니다.

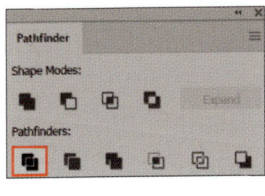 

08 Rounded Rectangle Tool(둥근 사각형 도구, ▢)을 선택하여 아트보드를 클릭한 후 'Width(폭) : 18mm, Height(높이) : 5mm, Corner Radius(모퉁이 반경) : 1mm'를 입력하고 Swatches(견본) 패널에서 'Fill(칠) : M50Y100, Stroke(선) : K100'으로 지정합니다.

09 Direct Selection Tool(직접 선택 도구, ▷)로 좌측 상단과 우측 상단의 Corner Widget(모퉁이 위젯)을 Shift 를 누르면서 동시에 선택하고 드래그하여 모퉁이의 둥글기를 조절합니다.

10 [File(파일)]-[Save(저장)]을 눌러 [Save on your computer(내 컴퓨터에 저장)]을 클릭하고 저장할 경로와 이름을 지정합니다. [Illustrator Options(Illustrator 옵션)] 창에서 [OK(확인)]를 클릭하여 저장을 완료합니다.

펜 도구 / 연필 도구

불규칙한 선이나 복잡한 곡선을 작업하려면 펜 도구를 활용해야 하는데 정확한 사용법을 알고 반복하여 연습해야 합니다. 펜으로 제작한 패스는 직접 선택 도구나 고정점 도구로 수정할 수 있습니다. 자연스러운 손 그림과 같은 느낌을 살리려면 연필 도구를 활용하여 그릴 수 있지만 선이 거친 느낌이 들 수 있습니다. 연필로 제작한 패스도 매끄럽게 도구로 수정할 수 있습니다.

01 셔츠 오브젝트 제작

01 [File(파일)]-[New(새로 만들기)](Ctrl+N)를 선택하고 'Units(단위) : Millimeters(밀리미터), Width(폭) : 100mm, Height(높이) : 80mm'로 설정하여 새 작업 파일을 만든 후 Ctrl+R을 눌러 눈금자를 표시합니다.

02 반사의 기준이 되는 안내선을 만들기 위하여 왼쪽 눈금자에서부터 드래그하여 셔츠의 중심이 될 안내선을 만듭니다. Pen Tool(펜 도구, ✒)을 선택하고 셔츠의 반을 클릭하면서 그린 후 Swatches(견본) 패널에서 'Fill(칠) : C50Y100, Stroke(선) : K100'으로 지정합니다.

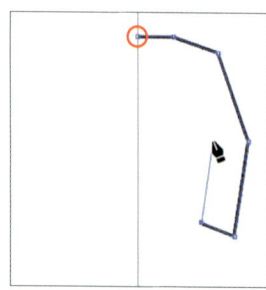 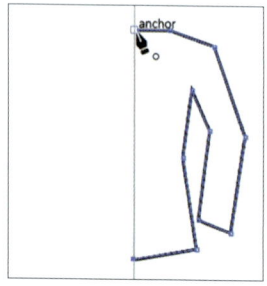 

기적의 TIP

펜 도구의 명칭

- Pen Tool(펜 도구, 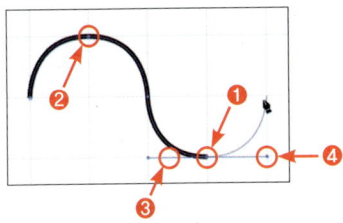)을 선택하고 아트보드를 클릭하면서 패스를 그리면 직선이 만들어지고, 드래그하면서 패스를 그리면 곡선이 만들어집니다.
- 처음으로 펜을 사용한다면 [Edit(편집)] – [Preferences(환경 설정)] – [Guides & Grid(안내선과 격자)]를 클릭하고 Grid(격자) 옵션에서 'Gridline every(격자 간격) : 5mm, Subdivisions(세분) : 1'로 설정합니다.
- [View(보기)]–[Show Grid(격자 표시)]([Ctrl]+[˝])를 클릭하여 격자를 표시하고 펜 도구를 연습합니다. 펜 도구를 끝내려면 [Ctrl]을 누른 채 아트보드의 빈 공간을 클릭합니다.

❶ Anchor Point(기준점) : 패스의 위치와 모양을 결정하는 점으로 클릭하면 직선, 드래그하면 곡선이 만들어집니다.
❷ Segment(선분) : 두 개의 기준점을 연결하는 선입니다.
❸ Direction Line(방향선) : 곡선의 방향과 곡률을 나타내는 선입니다.
❹ Direction Point(방향점) : 방향선의 끝점입니다. 핸들이라고도 부르며 드래그하여 방향이나 곡률을 조절할 수 있습니다.

펜 도구 사용법

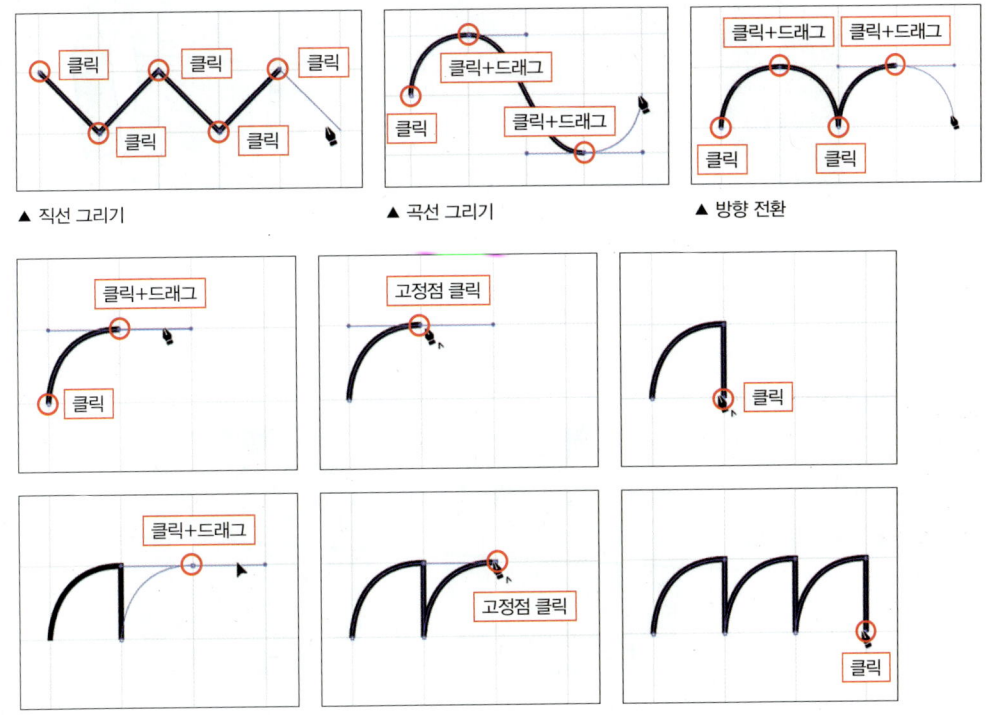

▲ 직선 그리기 　　▲ 곡선 그리기 　　▲ 방향 전환

▲ 직선과 곡선 혼용

03 Pen Tool(펜 도구,)을 선택하고 셔츠의 목과 카라를 클릭하면서 그린 후 Swatches(견본) 패널에서 각각 'Fill(칠) : K100, Stroke(선) : None(없음)'과 'Fill(칠) : C0M0Y0K0, Stroke(선) : K100'으로 지정합니다.

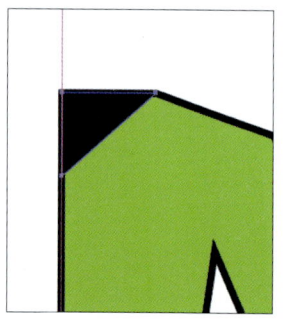

04 오브젝트를 모두 선택하고 Reflect Tool(반사 도구,)을 클릭한 후 Alt 를 누른 채 반사의 기준이 되는 안내선을 클릭합니다. Reflect(반사) 창에서 'Axis(축) : Vertical(세로)'을 지정하고 Copy(복사)를 클릭합니다.

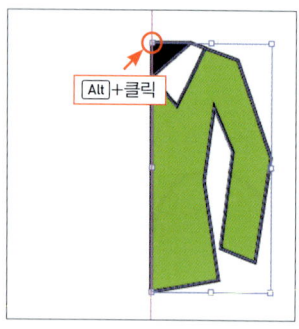
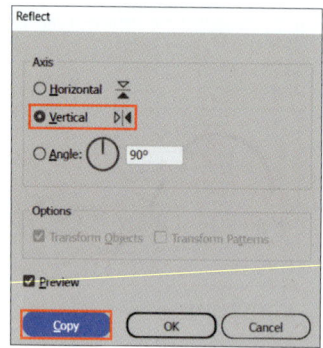

05 연두색 셔츠만 선택하고 Pathfinder(패스파인더) 패널에서 Unite(합치기,)를 클릭하여 병합한 후 Shift + Ctrl + [를 눌러 맨 뒤로 배치합니다.

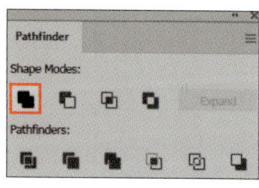

02 구두 오브젝트 제작

01 Pen Tool(펜 도구, ✎)을 선택하고 직선은 클릭, 곡선은 드래그하면서 구두를 그립니다. 구두를 선택하고 Swatches(견본) 패널에서 'Fill(칠) : C0M0Y0K0, Stroke(선) : K100'으로 지정합니다.

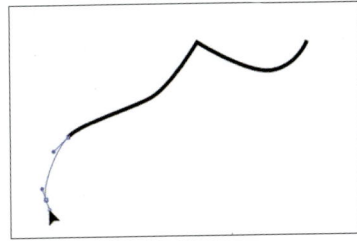 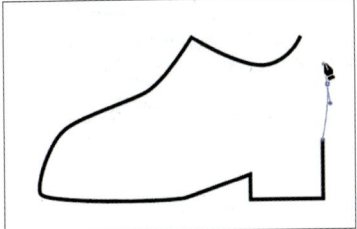

02 곡선을 그리기 위하여 Swatches(견본) 패널에서 'Fill(칠) : None(없음), Stroke(선) : K100' 으로 지정합니다.

03 Pen Tool(펜 도구, ✎)을 선택하고 구두를 분할할 곡선을 그린 후 Ctrl 을 누른 채 아트보드를 클릭하여 열린 패스를 그립니다.

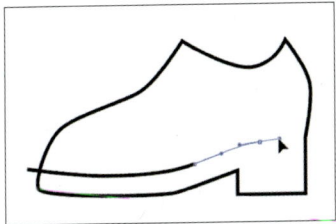 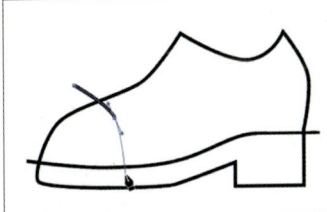 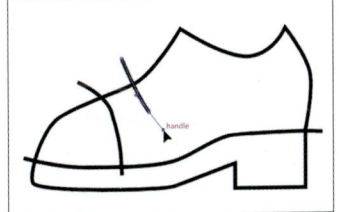

04 곡선 패스의 방향을 바꾸려면 Alt 를 누른 채 핸들을 드래그하여 방향을 조절합니다.

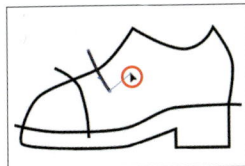 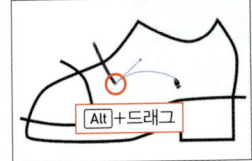 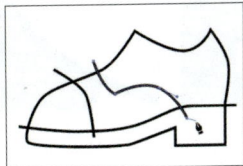 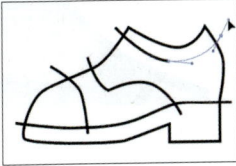

05 반복하여 분할선을 그린 후 모두 선택하고 Pathfinder(패스파인더) 패널에서 Divide(나누기, ▦)를 클릭하여 분리합니다.

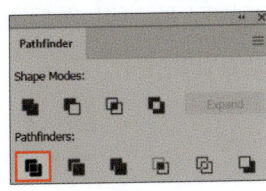 

06 구두 밑창에 남은 분할선을 지우기 위하여 Group Selection Tool(그룹 선택 도구,)로 구두 밑창을 선택하고 Pathfinder(패스파인더) 패널에서 Unite(합치기,)를 클릭하여 병합합니다.

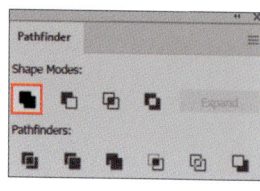 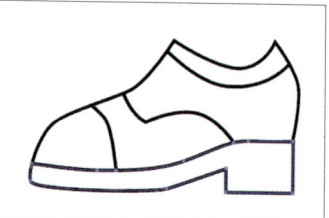

07 짙은 회색과 옅은 회색으로 지정할 부분을 Group Selection Tool(그룹 선택 도구,)로 선택하고 Swatches(견본) 패널에서 'Fill(칠) : K100과 K70, K30'으로 각각 지정합니다.

08 Ellipse Tool(원형 도구,)을 선택하고 구멍을 만든 후 Swatches(견본) 패널에서 'Fill(칠) : K30, Stroke(선) : K100'으로 지정합니다. 타원을 선택하고 Alt 를 누른 채 드래그하여 복사를 반복합니다.

 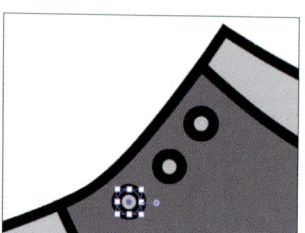

03 선글라스 오브젝트 제작

01 반사의 기준이 되는 안내선을 만들기 위하여 왼쪽 눈금자에서부터 드래그하여 선글라스의 중심이 될 안내선을 만듭니다. Pen Tool(펜 도구,)을 선택하고 선글라스를 그린 후 Direct Selection Tool(직접 선택 도구,)로 고정점과 핸들을 조절하면서 편집합니다.

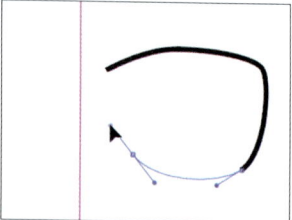 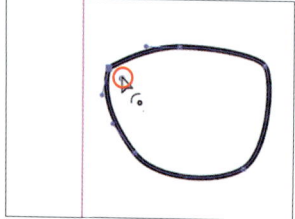

02 Stroke(획) 패널에서 'Weight(두께) : 4pt'로 지정하고 Swatches(견본) 패널에서 'Fill(칠) : C0M0Y0K0, Stroke(선) : K100'으로 지정합니다.

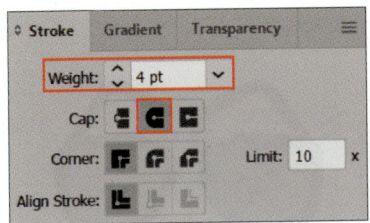 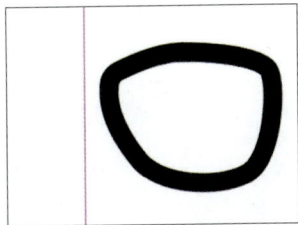

03 Pen Tool(펜 도구,)을 선택하고 선글라스 다리를 그린 후 Stroke(획) 패널에서 'Weight(두께) : 4pt, Cap(단면) : Round Cap(둥근 단면)'를 지정합니다. Swatches(견본) 패널에서 'Fill(칠) : None(없음), Stroke(선) : K100'으로 지정합니다.

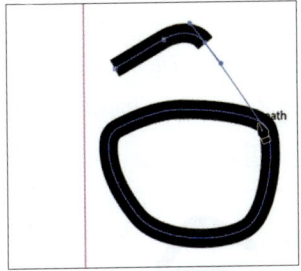 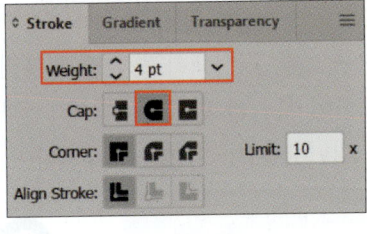 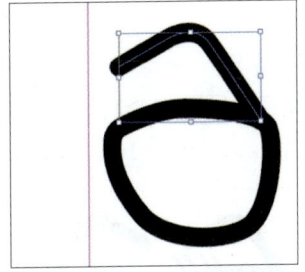

04 선글라스를 선택하고 [Object(오브젝트)]-[Expand appearance(모양 확장)]을 클릭하여 선과 면을 분리합니다.

05 추가로 [Object(오브젝트)]-[Expand(확장)]을 클릭하여 선을 면으로 확장한 후 Shift + Ctrl + G 를 눌러 그룹을 해제합니다. 선글라스의 렌즈를 선택하고 Swatches(견본) 패널에서 'Fill(칠) : K70, Stroke(선) : None(없음)'으로 지정합니다.

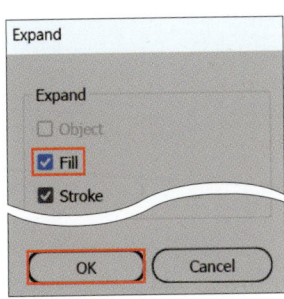 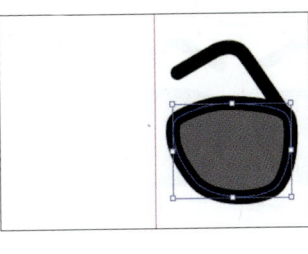

06 오브젝트를 모두 선택하고 Reflect Tool(반사 도구,), 을 클릭한 후 Alt 를 누른 채 반사의 기준이 되는 안내선을 클릭합니다. Reflect(반사) 창에서 'Axis(축) : Vertical(세로)'을 지정하고 Copy(복사)를 클릭합니다.

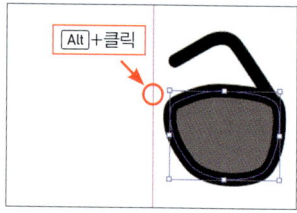 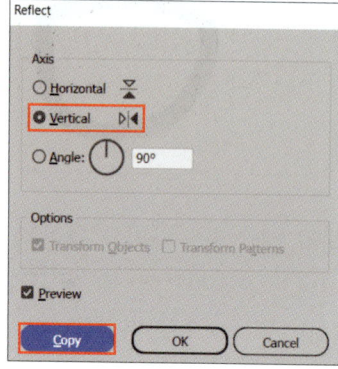 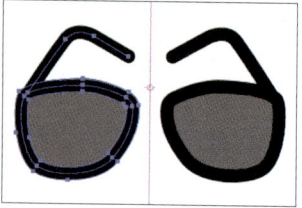

07 Line Segment Tool(선분 도구,)을 선택하고 렌즈를 분리할 사선을 그립니다. 사선을 선택하고 Alt 를 누른 채 드래그하여 복사를 반복합니다. 사선과 렌즈를 모두 선택하고 Pathfinder(패스파인더) 패널에서 Divide(나누기,)를 클릭하여 분리합니다.

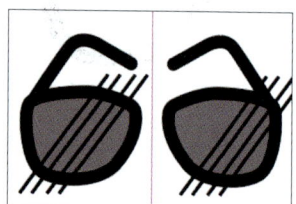 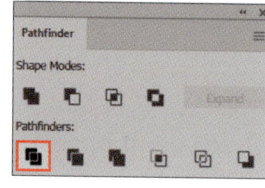 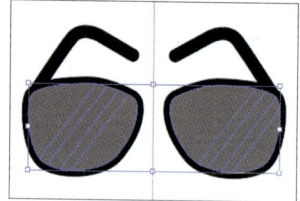

08 옅은 회색으로 지정할 부분을 Group Selection Tool(그룹 선택 도구,)로 선택하고 Swatches(견본) 패널에서 'Fill(칠) : K30'으로 지정합니다. Selection Tool(선택 도구,)로 렌즈를 선택하고 Shift + Ctrl + [를 눌러 맨 뒤로 배치합니다.

09 Rectangle Tool(사각형 도구,)을 선택하고 렌즈를 연결할 사각형을 그린 후 Swatches(견본) 패널에서 'Fill(칠) : K100, Stroke(선) : None(없음)'으로 지정합니다.

10 안내선을 지우기 위하여 [View(보기)]-[Guides(안내선)]-[Clear Guides(안내선 지우기)]를 클릭합니다.

04 스커트 오브젝트 제작

01 Ellipse Tool(원형 도구, ◯)을 선택하고 아트보드를 클릭한 후 'Width(폭) : 18mm, Height(높이) : 2.5mm'를 입력하고 Swatches(견본) 패널에서 'Fill(칠) : M80Y95, Stroke(선) : K100'으로 지정합니다.

02 타원을 선택하고 Alt 를 누른 채 아래로 드래그하여 복사한 후 Rectangle Tool(사각형 도구, ▭)을 선택하여 타원을 채울 사각형을 그립니다.

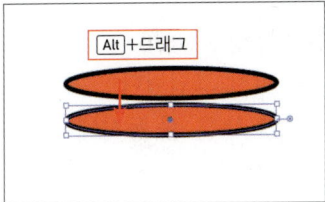 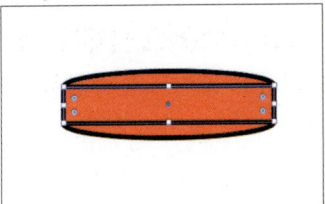

03 Selection Tool(선택 도구, ▶)로 사각형과 아래쪽 타원을 선택하고 Pathfinder(패스파인더) 패널에서 Unite(합치기, ▣)를 클릭하여 병합한 후 Shift + Ctrl + [를 눌러 맨 뒤로 배치합니다. Swatches(견본) 패널에서 'Fill(칠) : C15M100Y90K10'으로 지정합니다.

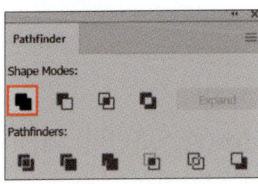 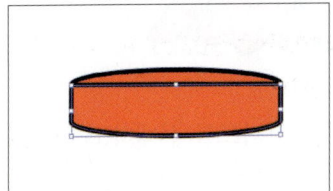 

04 Rounded Rectangle Tool(둥근 사각형 도구, ▢)을 선택하고 아트보드를 클릭한 후 'Width(폭) : 6mm, Height(높이) : 4mm, Corner Radius(모퉁이 반경) : 1mm'를 입력하고 Swatches(견본) 패널에서 'Fill(칠) : Y100, Stroke(선) : K100'으로 지정합니다.

 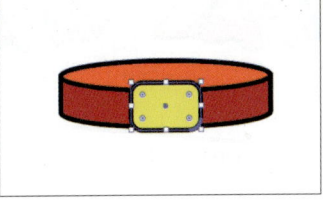

05 곡선을 그리기 위하여 Swatches(견본) 패널에서 'Fill(칠) : None(없음), Stroke(선) : K100' 으로 지정합니다.

06 Pencil Tool(연필 도구, ✏️)을 선택하고 스커트를 드래그하면서 그린 후 Swatches(견본) 패널에서 'Fill(칠) : M80Y95, Stroke(선) : K100'으로 지정합니다.

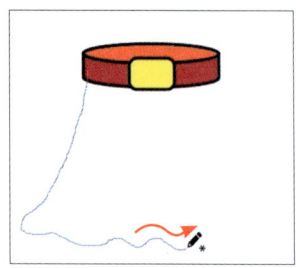 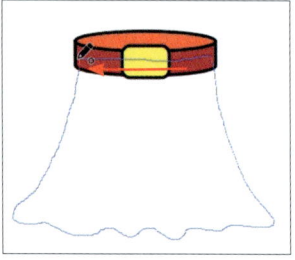 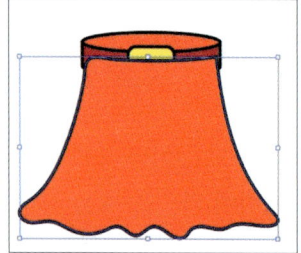

07 Knife Tool(칼 도구, 🔪)을 선택하고 스커트의 주름을 드래그하면서 그립니다. 주름 부분을 곡선이 교차되도록 반복하여 그립니다. 분리된 주름 부분을 Ctrl을 누른 채 동시에 선택하고 Swatches(견본) 패널에서 'Fill(칠) : C15M100Y90K10'으로 지정합니다.

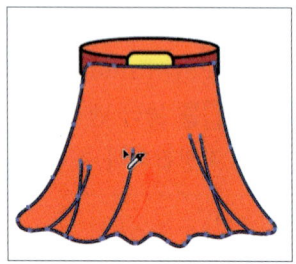 

08 스커트에 남은 분할선을 지우기 위하여 스커트를 선택하고 Pathfinder(패스파인더) 패널에서 Unite(합치기, ◼)를 클릭하여 병합한 후 Shift + Ctrl + [ ]를 눌러 맨 뒤로 배치합니다.

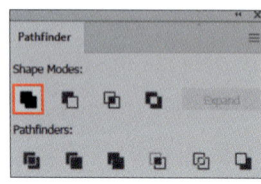 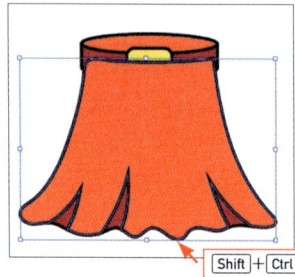 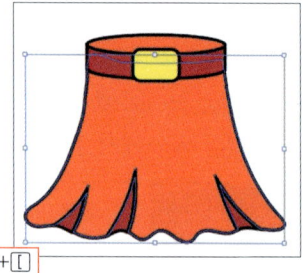

09 [File(파일)]-[Save(저장)]을 눌러 [Save on your computer(내 컴퓨터에 저장)]을 클릭하고 저장할 경로와 이름을 지정합니다. [Illustrator Options(Illustrator 옵션)] 창에서 [OK(확인)]을 클릭하여 저장을 완료합니다.

패턴

특정한 오브젝트를 정해진 간격이나 방식으로 반복하여 배치하는 것을 패턴이라고 합니다. 패턴으로 만들 때 타일 유형을 지정하여 배치하는 방식을 선택할 수 있고 패턴으로 오브젝트를 채운 후에도 패턴의 크기나 방향을 수정할 수 있습니다.

01 체크 패턴 제작

01 [File(파일)]-[New(새로 만들기)](Ctrl+N)를 선택하고 'Units(단위) : Millimeters(밀리미터), Width(폭) : 100mm, Height(높이) : 80mm'로 설정하여 새 작업 파일을 만든 후 Ctrl+R을 눌러 눈금자를 표시합니다.

02 Rectangle Tool(사각형 도구, ▭)을 선택하고 아트보드를 클릭한 후 'Width(폭) : 6mm, Height(높이) : 6mm'를 입력합니다. Swatches(견본) 패널에서 'Fill(칠) : C75Y100, Stroke(선) : None(없음)'으로 지정한 후 Alt 를 누른 채 드래그하여 복사합니다. 다른 색으로 채울 대상을 선택한 후 각각 'Fill(칠) : C90M30Y95K30, C20Y100'으로 지정합니다.

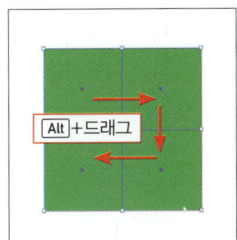  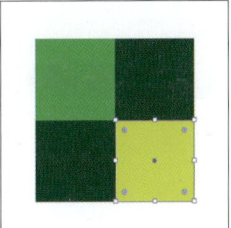

03 오브젝트를 모두 선택하여 [Object(오브젝트)]-[Pattern(패턴)]-[Make(만들기)]를 누른 후 'Name(이름) : check, Tile Type(타일 유형) : Grid(격자)'로 지정하고 상단의 Done(완료)을 클릭합니다.

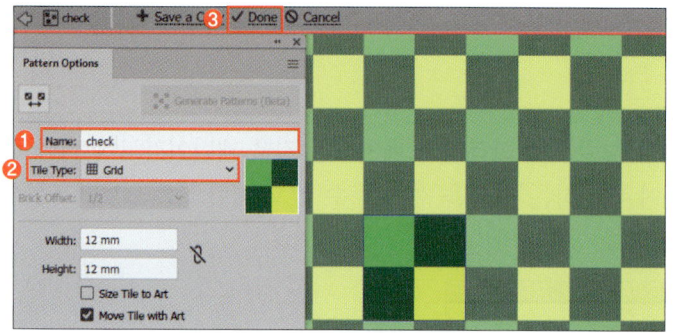

04 Rounded Rectangle Tool(둥근 사각형 도구, ▢)을 선택하고 아트보드를 클릭한 후 'Width(폭) : 25mm, Height(높이) : 25mm, Corner Radius(모퉁이 반경) : 3mm'를 입력합니다. Swatches(견본) 패널에서 'Fill(칠) : check 패턴, Stroke(선) : K100'으로 지정합니다.

 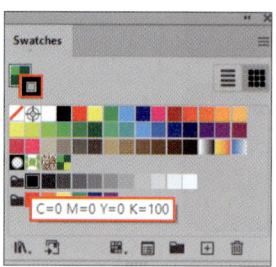

05 둥근 사각형을 선택하고 Alt 를 누른 채 아래로 드래그하여 복사한 후 Scale Tool(크기 조절 도구, ▦)을 더블 클릭합니다. Scale(크기 조절) 창에서 'Uniform(균일) : 50%'를 입력하고 Options(옵션)에서 'Transform Patterns(패턴 변형) : 체크' 합니다.

 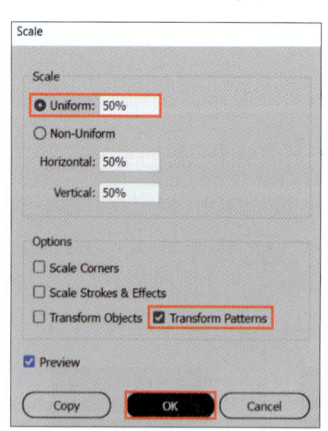 

02 꽃 패턴 제작

01 Polygon Tool(다각형 도구, ⬡)을 선택하고 아트보드를 클릭한 후 'Radius(반지름) : 5mm, Sides(면) : 5'를 입력합니다. 오각형을 선택하고 [Effect(효과)]-[Distort & Transform(왜 곡과 변형)]-[Pucker & Bloat(오목과 볼록)]을 클릭하고 [Pucker & Bloat(오목과 볼록)] 창에서 'Bloat(볼록) : 80%'를 지정합니다.

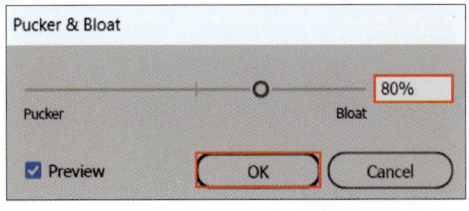 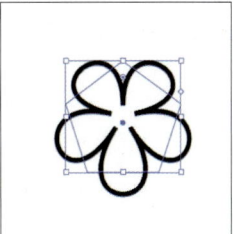

02 [Object(오브젝트)]-[Expand Appearance(모양 확장)]를 클릭하여 패스를 확장한 후 Swatches(견본) 패널에서 'Fill(칠) : M35Y85, Stroke(선) : None(없음)'으로 지정합니다.

 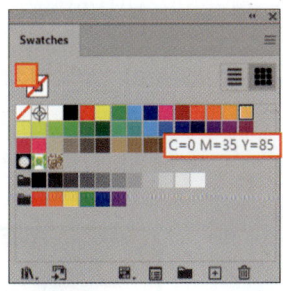 

03 Ellipse Tool(원형 도구, ⬭)을 선택하고 꽃의 수술을 그린 후 Swatches(견본) 패널에서 'Fill(칠) : Y100, Stroke(선) : None(없음)'으로 지정합니다. 오브젝트를 모두 선택하고 Alt 를 누른 채 드래그하여 오른쪽 아래 쪽에 꽃을 하나 더 복사합니다.

04 바운딩 박스를 드래그하여 크기와 방향을 조절하여 작은 꽃으로 만들고, Swatches(견본) 패 널에서 'Fill(칠) : M80Y95'로 지정합니다.

05 꽃을 모두 선택하여 [Object(오브젝트)]-[Pattern(패턴)]-[Make(만들기)]를 클릭한 후 'Name(이름) : Flower-1, Tile Type(타일 유형) : Grid(격자)'로 지정하고 상단의 Done(완료)을 선택합니다.

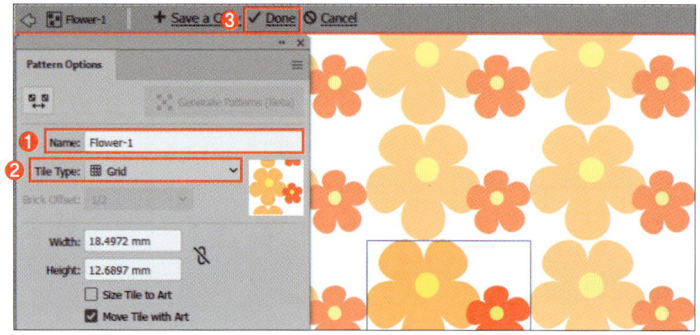

06 Rounded Rectangle Tool(둥근 사각형 도구, ▢)을 선택하여 아트보드를 클릭한 후 'Width(폭) : 25mm, Height(높이) : 25mm, Corner Radius(모퉁이 반경) : 3mm'를 입력하고, Swatches(견본) 패널에서 'Fill(칠) : C60M90, Stroke(선) : K100'으로 지정합니다.

07 오브젝트를 Ctrl+C를 눌러 복사하고 Ctrl+F를 눌러 같은 위치이면서 앞면으로 붙여넣습니다. 복사된 사각형을 선택하고 Swatches(견본) 패널에서 'Fill(칠) : Flower-1' 패턴으로 지정합니다. 오브젝트를 모두 선택하고 Alt를 누른 채 아래로 드래그하면서 복사합니다.

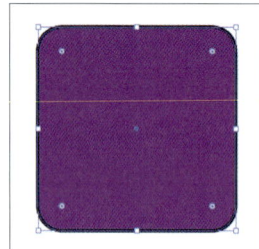  

08 아래쪽 패턴 사각형만 선택하여 Scale Tool(크기 조절 도구, ▦)을 더블 클릭한 후 Scale(크기 조절) 창에서 'Uniform(균일) : 50%'를 입력하고 Options(옵션)에서 'Transform Patterns (패턴 변형) : 체크'합니다.

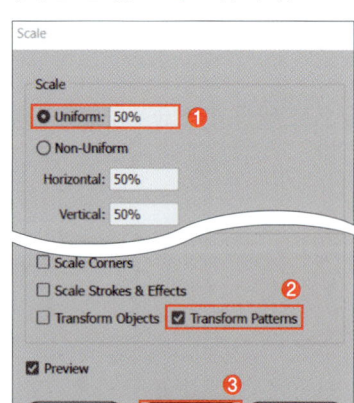 

09 꽃을 모두 선택하고 [Object(오브젝트)]-[Pattern(패턴)]-[Make(만들기)]를 클릭한 후 'Name(이름) : Flower-2, Tile Type(타일 유형) : Brick by Row(행으로 벽돌형), Width(폭) : 22mm, Height(높이) : 15mm'로 지정하고 상단의 Done(완료)을 선택합니다.

10 그려진 둥근 사각형을 모두 선택하고 Alt 를 누른 채 오른쪽으로 드래그하여 복사합니다. 패턴이 채워진 오른쪽 사각형 두 개를 선택하고 Swatches(견본) 패널에서 'Fill(칠) : Flower-2' 패턴으로 지정합니다.

11 [File(파일)]-[Save(저장)]을 눌러 [Save on your computer(내 컴퓨터에 저장)]을 클릭하고 저장할 경로와 이름을 지정합니다. [Illustrator Options(Illustrator 옵션)] 창에서 [OK(확인)]을 클릭하여 저장을 완료합니다.

브러시

매끄럽고 자연스러운 선을 표현하고자 할 때 브러시를 사용하면 손쉽게 제작할 수 있습니다. 브러시 라이브러리에서 제공하는 다양한 스타일의 브러시를 적용하면 목탄, 붓칠과 같은 감성적인 분위기를 연출할 수 있고 반복적인 패턴으로 테두리를 마감하는 등 디자인의 표현을 극대화할 수 있습니다. 페인트 브러시로 선을 그리면 패스선으로 인식되지만 물방울 브러시로 선을 그리면 면으로 인식됩니다.

출력형태

01 페인트 브러시 제작

01 [File(파일)]-[New(새로 만들기)]([Ctrl]+[N])를 선택하고 'Units(단위) : Millimeters(밀리미터), Width(폭) : 100mm, Height(높이) : 80mm'로 설정하여 새 작업 파일을 만든 후 [Ctrl]+[R]을 눌러 눈금자를 표시합니다.

02 Brushes(브러시) 패널 좌측 하단에서 Brush Libraries Menu(브러시 라이브러리 메뉴,)를 선택하고 [Decolative(장식)]-[Decorative_Banners and Seals(장식_배너와 씰)]을 클릭하여 추가 브러시 패널을 불러옵니다.

> **기적의 TIP**
>
> Brush Libraries Menu(브러시 라이브러리 메뉴)에서 선택한 브러시를 적용할 때 브러시의 종류에 따라 선의 색이 영향을 받거나 영향을 받지 않을 수 있습니다. 목탄이나 수채화 느낌의 브러시는 선의 색에 영향을 받고 패턴이나 배너 모양의 브러시는 선의 색에 영향받지 않습니다.

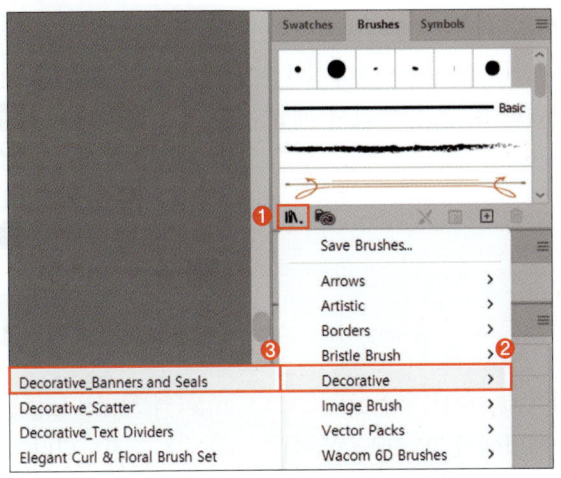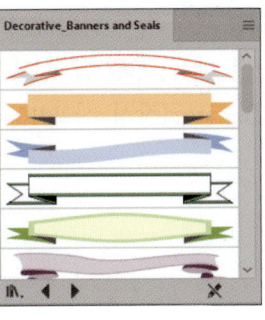

03 Line Segment Tool(선분 도구, ✏)을 선택하고 Shift 를 누르면서 드래그하여 직선을 만든 후 Alt 를 누른 채 아래로 드래그하여 복사합니다. Ctrl + D 를 눌러 복사를 반복합니다. 선을 선택하고 'Banner 2(배너 2)'와 'Banner 3(배너 3)', 'Banner 5(배너 5)'를 각각 적용한 후 모두 선택하고 Stroke(획) 패널에서 'Weight(두께) : 0.5pt'로 지정합니다.

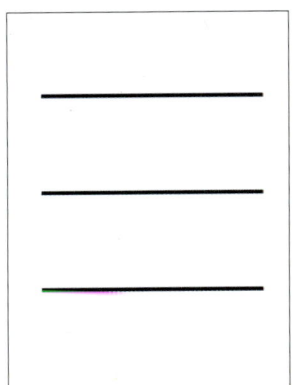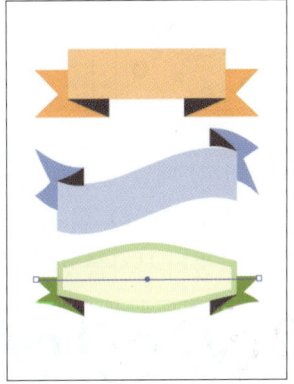

04 Brushes(브러시) 패널에서 '5pt. Round(5pt. 원)'을 선택하고 Paintbrush Tool(페인트 브러시 도구, ✏)를 클릭한 후 곡선을 그립니다. Alt 를 누른 채 아래로 드래그하여 복사하고 Ctrl + D 를 눌러 복사를 반복합니다.

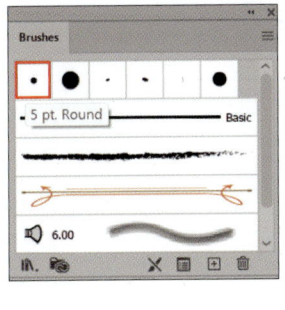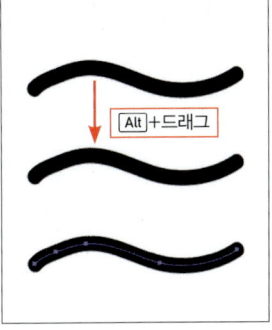

05 Brushes(브러시) 패널 좌측 하단에서 Brush Libraries Menu(브러시 라이브러리 메뉴,)를 선택하고 [Decorative(장식)]-[Decorative_Scatter(장식_산포)]를 클릭하여 추가 브러시 패널을 불러옵니다.

06 곡선을 선택하여 각각 'Bubbles(풍선)'과 'Confetti(색종이)', 'Dot Rings(점 모양 고리)'를 각각 적용한 후 모두 선택하고 Stroke(획) 패널에서 'Weight(두께) : 0.3pt'로 지정합니다.

 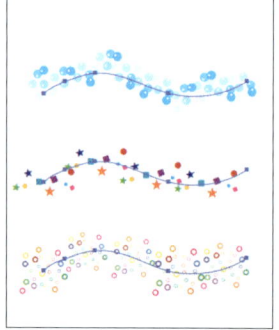

07 Brushes(브러시) 패널에서 '5pt. Round(5pt. 원)'을 선택하고 Paintbrush Tool(페인트 브러시 도구,)를 클릭한 후 하트를 그립니다. Alt 를 누른 채 오른쪽으로 드래그하여 복사하고 Ctrl + D 를 눌러 복사를 반복합니다.

08 하트를 선택하고 Swatches(견본) 패널에서 'Fill(칠) : None(없음), Stroke(선) : M100Y100, M10Y95, C85M10Y100, C60M90'으로 선의 색을 각각 다르게 지정합니다.

09 브러시 패널에서 아래의 경로를 통해 각각 브러시의 모양을 적용합니다.
   ① [Artistic(예술)]-[Artistic_Calligraphic(예술_붓글씨)]-[5pt. Flat(5pt. 평평하게)]
   ② [Artistic(예술)]-[Artistic_ChalkCharcoalPencil(예술_분필목탄연필)]-[Charcoal(목탄)]
   ③ [Artistic(예술)]-[Artistic_Ink(잉크)]-[Light Ink Wash(잉크 엷게 칠하기)]
   ④ [Borders(테두리)]-[Borders_Novelty(테두리-새문양)]-[Arrow 1(화살표 1)]

> **기적의 TIP**
>
> Brush Libraries Menu(브러시 라이브러리 메뉴)에서 선택한 브러시를 적용할 때 브러시의 종류에 따라 선의 색이 영향을 받거나 영향을 받지 않을 수 있습니다. 목탄이나 수채화 느낌의 브러시는 선의 색에 영향을 받고 패턴이나 배너 모양의 브러시는 선의 색에 영향받지 않습니다.

ⓘ 물방울 브러시 제작

01 Swatches(견본) 패널에서 'Fill(칠) : None(없음), Stroke(선) : C60M90'으로 지정하고 Blob Brush Tool(물방울 브러시 도구, ✐)를 선택합니다. [와]를 눌러 브러시를 포도알 크기로 조절한 후 클릭하면서 포도송이를 완성합니다.

02 Swatches(견본) 패널에서 'Fill(칠) : None(없음), Stroke(선) : C0M0Y0K0'으로 지정하고 Blob Brush Tool(물방울 브러시 도구, ✐)를 선택합니다.

03 [와]를 눌러 브러시를 반사광 크기로 조절한 후 클릭하면서 포도 반사광을 완성합니다.

> **기적의 TIP**
>
> Blob Brush Tool(물방울 브러시 도구,)은 드래그하여 선처럼 그리지만 그린 후에는 면으로 전환됩니다. Paintbrush Tool(페인트 브러시 도구,)로 선을 그린 후 확장을 한 것과 같습니다. Blob Brush Tool(물방울 브러시 도구,)로 같은 색으로 겹치게 그리는 부분은 모두 합쳐집니다.

04 Swatches(견본) 패널에서 'Fill(칠) : None(없음), Stroke(선) : C40M65Y90K35'으로 지정하고 Blob Brush Tool(물방울 브러시 도구,)를 선택합니다.

05 [와]를 눌러 브러시를 줄기 크기로 조절한 후 드래그하면서 줄기와 덩굴을 완성합니다. 줄기와 덩굴을 선택하고 Shift+Ctrl+[를 눌러 맨 뒤로 보냅니다.

06 Swatches(견본) 패널에서 'Fill(칠) : None(없음), Stroke(선) : C75Y100'으로 지정하여 Blob Brush Tool(물방울 브러시 도구,)를 선택합니다.

07 [와]를 눌러 브러시를 잎사귀 크기로 조절한 후 드래그하면서 잎사귀를 완성하고 Shift+Ctrl+[를 눌러 맨 뒤로 보냅니다.

08 [File(파일)]-[Save(저장)]을 눌러 [Save on your computer(내 컴퓨터에 저장)]을 클릭하고 저장할 경로와 이름을 지정합니다. [Illustrator Options(Illustrator 옵션)] 창에서 [OK(확인)]를 클릭하여 저장을 완료합니다.

클리핑 마스크

반복학습 1 2 3

여러 개의 오브젝트를 겹쳐서 작업할 때 클리핑 마스크를 활용하면 디자인을 깔끔하게 정리하고 원하는 부분만 표시할 수 있습니다. 원본을 자르지 않고 원하는 부분만 보여줄 수 있기 때문에 클리핑 마스크를 해제하면 다시 수정이 가능해집니다.

출력형태

01 도형으로 클리핑 마스크 만들기

01 [File(파일)]-[New(새로 만들기)](Ctrl+N)를 선택하고 'Units(단위) : Millimeters(밀리미터), Width(폭) : 100mm, Height(높이) : 80mm'로 설정하여 새 작업 파일을 만든 후 Ctrl+R을 눌러 눈금자를 표시합니다.

02 Rectangle Tool(사각형 도구, ▢)을 선택하고 아트보드를 클릭한 후 'Width(폭) : 40mm, Height(높이) : 30mm'를 입력하고 Swatches(견본) 패널에서 'Fill(칠) : K100, Stroke(선) : None(없음)'으로 지정합니다.

03 Pencil Tool(연필 도구, ✏️)을 선택하고 언덕을 드래그하면서 그린 후 Swatches(견본) 패널에서 'Fill(칠) : K40, Stroke(선) : None(없음)'으로 지정합니다. 이후 두 번째 언덕도 그린 후 Swatches(견본) 패널에서 'Fill(칠) : K10, Stroke(선) : None(없음)'으로 지정합니다.

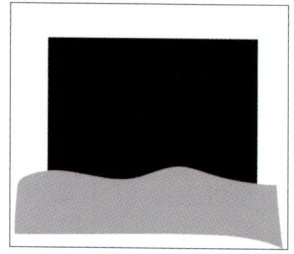 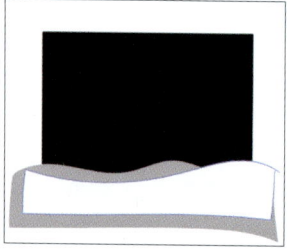

04 Paintbrush Tool(페인트 브러시 도구, 🖌️)을 클릭한 후 곡선을 그립니다. Brushes(브러시) 패널 좌측 하단에서 Brush Libraries Menu(브러시 라이브러리 메뉴, 📚)를 선택하고 [Decorative(장식)]-[Decorative_Scatter(장식_산포)]를 클릭하여 추가 브러시 패널을 불러옵니다.

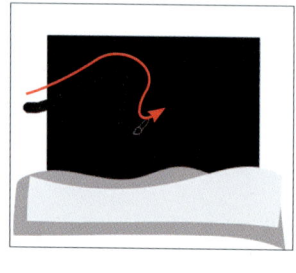 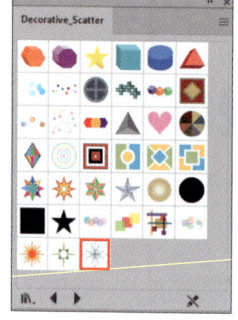

05 곡선을 선택하고 'Snowflake(눈송이)'를 적용한 후 Stroke(획) 패널에서 'Weight(두께) : 0.25pt'로 지정합니다.

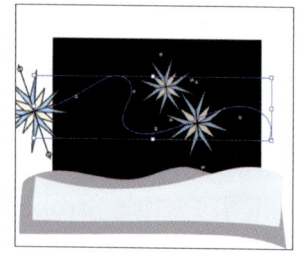 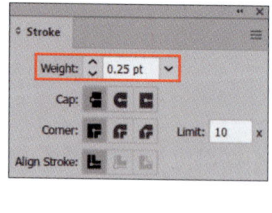 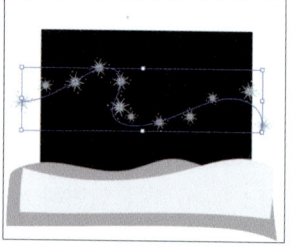

06 달을 만들기 위하여 Ellipse Tool(원형 도구, ⬭)을 선택하고 아트보드를 클릭한 후 'Width(폭) : 7mm, Height(높이) : 7mm'를 입력합니다. Swatches(견본) 패널에서 'Fill(칠) : Y100, Stroke(선) : None(없음)'으로 지정하고 Alt를 누른 채 드래그하여 복사한 후 겹치게 배치합니다.

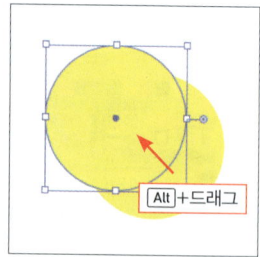

07 두 개의 원을 선택하고 Pathfinder(패스파인더) 패널에서 Minus Front(앞면 오브젝트 제외, ▣)를 클릭하여 불필요한 부분은 삭제합니다.

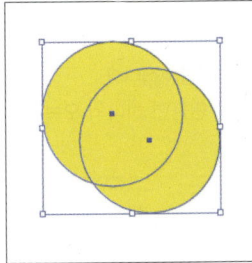 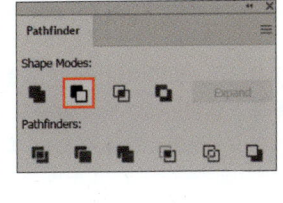 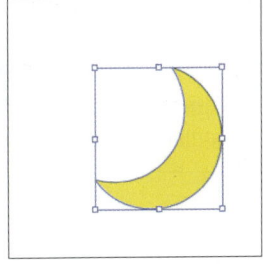

08 별밤 오브젝트를 모두 선택하고 Alt 를 누른 채 오른쪽으로 드래그하여 복사합니다. Ellipse Tool(원형 도구, ◯)을 선택하고 아트보드를 클릭한 후 'Width(폭) : 38mm, Height(높이) : 30mm'를 입력합니다. 타원을 선택하여 왼쪽 별밤 오브젝트 위로 배치한 후 타원과 왼쪽 별밤 오브젝트를 모두 선택하고 [Object(오브젝트)]-[Clipping Mask(클리핑 마스크)]-[Make(만들기)]를 클릭합니다.

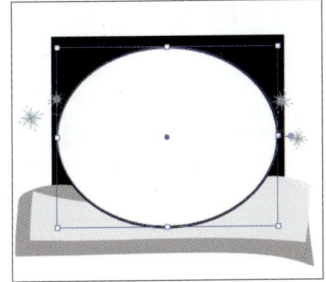 

09 Rectangle Tool(사각형 도구, ▭)을 선택하여 아트보드를 클릭한 후 'Width(폭) : 16mm, Height(높이) : 30mm'를 입력합니다. 사각형을 선택하고 Alt 를 누른 채 오른쪽으로 드래그하여 복사합니다.

10 두 개의 사각형을 선택하여 오른쪽 별밤 오브젝트 위로 배치하고 [Object(오브젝트)]-[Compound Path(컴파운드 패스)]-[Make(만들기)]를 클릭합니다. 사각형과 오른쪽 별밤 오브젝트를 모두 선택하고 [Object(오브젝트)]-[Clipping Mask(클리핑 마스크)]-[Make(만들기)]를 클릭합니다.

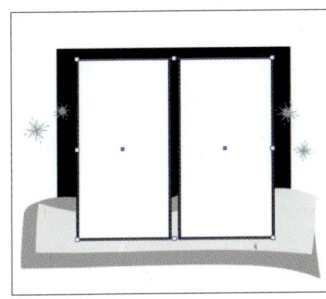 

> **기적의 TIP**
> - 클리핑 마스크를 위하여 맨 위에 배치하는 오브젝트는 하나의 오브젝트여야 합니다.
> - 예제처럼 서로 떨어져 있는 오브젝트로 클리핑 마스크를 적용해야 한다면 그룹으로 묶는 것이 아니라 컴파운드 패스로 만들어야 합니다.
> - 여러 개의 오브젝트를 컴파운드 패스로 만들면 떨어져 있는 오브젝트도 하나의 오브젝트로 합쳐집니다.
> - 그룹으로 묶을 경우 그룹을 해제하여 개별 오브젝트로 되돌릴 수 있지만 컴파운드 패스로 만들면 하나의 오브젝트로 인식되기 때문에 따로 분리하는 작업을 거쳐야만 개별 오브젝트로 만들 수 있습니다.

02 효과를 적용한 도형으로 클리핑 마스크 만들기

01 Rectangle Tool(사각형 도구, ▢)을 선택하여 아트보드를 클릭한 후 'Width(폭) : 40mm, Height(높이) : 30mm'를 입력하고 Swatches(견본) 패널에서 'Fill(칠) : M35Y85, Stroke(선) : None(없음)'으로 지정합니다.

02 Ellipse Tool(원형 도구, ◯)을 선택하고 아트보드를 클릭한 후 'Width(폭) : 10mm, Height(높이) : 10mm'를 입력하고 Swatches(견본) 패널에서 'Fill(칠) : C0M0Y0K0, Stroke(선) : None(없음)'으로 지정합니다.

03 타원을 선택하고 Transparency(투명도) 패널에서 'Opacity(불투명도) : 50%'로 지정한 후 Alt 를 누른 채 드래그하여 복사를 반복합니다.

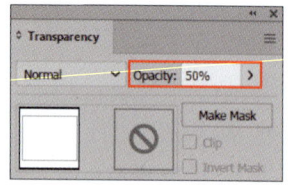 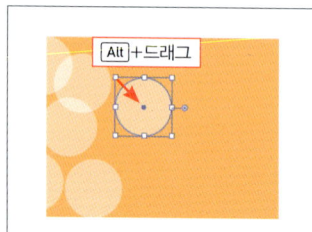 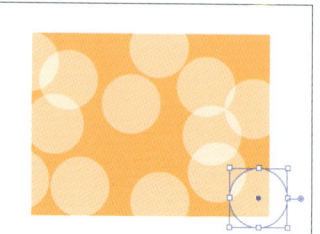

04 투명 타원을 선택하고 Scale Tool(크기 조절 도구, ▨)을 더블 클릭한 후 Scale(크기 조절) 창에서 'Uniform(균일) : 50%'를 입력합니다. 축소한 타원을 선택하고 Alt 를 누른 채 드래그하여 복사를 반복합니다.

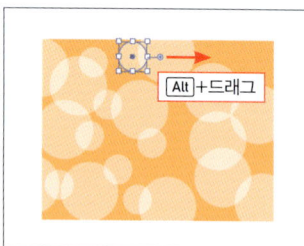 

05 Ellipse Tool(원형 도구, ◯)을 선택하고 아트보드를 클릭한 후 'Width(폭) : 35mm, Height(높이) : 25mm'를 입력합니다.

06 타원을 선택하고 [Effect(효과)]-[Distort & Transform(왜곡과 변형)]-[Roughen(거칠게 하기)]를 클릭한 후 Roughen(거칠게 하기) 창에서 'Size(크기) : 10%, Detail(세부) : 10/in, Smooth(매끄럽게)'를 지정합니다.

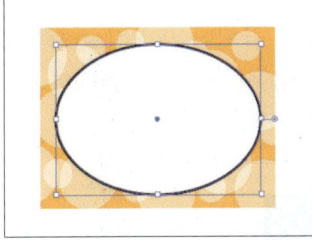 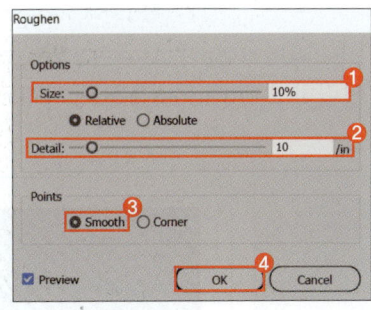 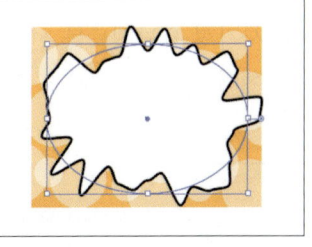

07 효과를 적용한 타원을 선택하여 [Object(오브젝트)]-[Expand Appearance(모양 확장)]를 클릭한 후 모두 선택하고 [Object(오브젝트)]-[Clipping Mask(클리핑 마스크)]-[Make(만들기)]를 클릭합니다.

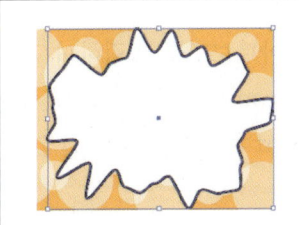 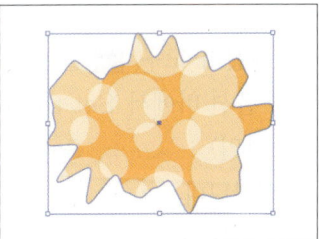

03 텍스트로 클리핑 마스크 만들기

01 Rectangle Tool(사각형 도구, ▭)을 선택하여 아트보드를 클릭한 후 'Width(폭) : 5mm, Height(높이) : 1mm'를 입력하고 Swatches(견본) 패널에서 'Fill(칠) : C100, Stroke(선) : None(없음)'으로 지정합니다. 사각형을 선택하고 Alt 를 누른 채 아래로 드래그하여 복사한 후 Swatches(견본) 패널에서 'Fill(칠) : C100M100'으로 지정합니다.

02 두 개의 사각형을 선택하고 [Object(오브젝트)]-[Pattern(패턴)]-[Make(만들기)]를 클릭한 후 'Name(이름) : line, Tile Type(타일 유형) : Grid(격자)'로 지정하고 상단의 Done(완료)을 선택합니다.

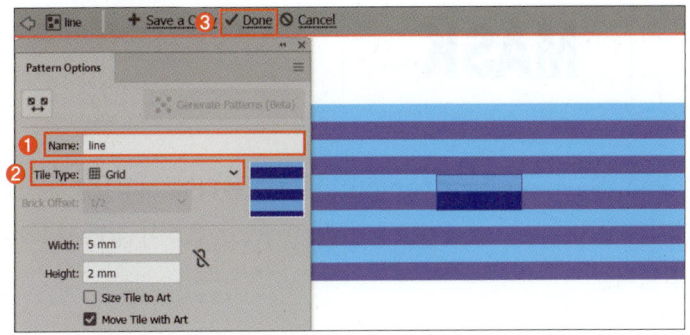

03 Rectangle Tool(사각형 도구, ▭)을 선택하여 아트보드를 클릭한 후 'Width(폭) : 5mm, Height(높이) : 1mm'를 입력하고 Swatches(견본) 패널에서 'Fill(칠) : line 패턴, Stroke(선) : K100'으로 지정합니다.

04 사각형 오브젝트를 선택하여 Rotate Tool(회전 도구, ↻)을 더블 클릭한 후 Rotate(회전) 창에서 'Angle(각도) : 45'를 입력하고 Options(옵션)에서 'Transform Patterns(패턴 변형) : 체크'합니다.

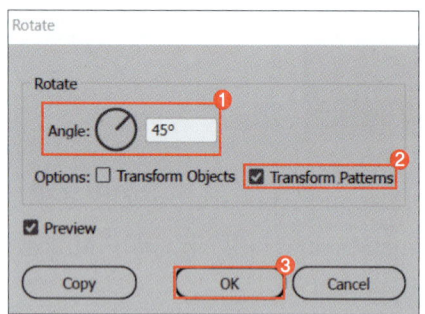

05 문자를 입력하기 위하여 Type Tool(문자 도구, T)을 선택하고 아트보드를 클릭하여 'CLIPPING MASK'를 입력합니다. 상단 옵션 바에서 'Set the Font family(글꼴 군 설정) : Arial, Set the Font style(글꼴 스타일) : Black, Set the Font size(글꼴 크기) : 36pt, Align Center(가운데 정렬)'로 지정합니다.

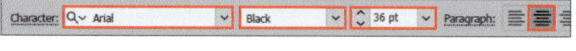

06 문자를 선택하여 바운딩 박스로 양 옆 크기를 조절하여 도형 안으로 배치한 후 모두 선택하고 [Object(오브젝트)]-[Clipping Mask(클리핑 마스크)]-[Make(만들기)]를 클릭합니다.

07 [File(파일)]-[Save(저장)]을 눌러 [Save on your computer(내 컴퓨터에 저장)]을 클릭하고 저장할 경로와 이름을 지정합니다. [Illustrator Options(Illustrator 옵션)] 창에서 [OK(확인)]을 클릭하여 저장을 완료합니다.

블렌드

두 개 이상의 패스나 오브젝트를 자연스럽게 연결하여 변화과정을 표현할 때 블렌드 기능을 사용하면 쉽게 표현할 수 있습니다. 블렌드를 적용한 이후에도 오브젝트를 확장하지 않은 상태라면 색상, 선의 두께, 투명도를 수정할 수 있습니다.

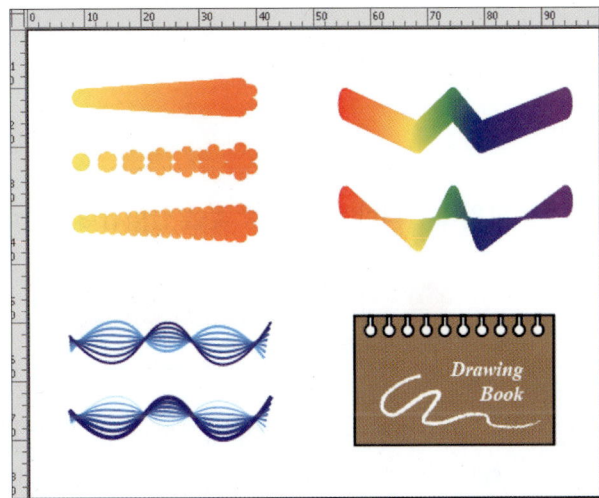

출력형태

01 도형과 선으로 블렌드

01 [File(파일)]-[New(새로 만들기)](Ctrl+N)를 선택하고 'Units(단위) : Millimeters(밀리미터), Width(폭) : 100mm, Height(높이) : 80mm'로 설정하여 새 작업 파일을 만든 후 Ctrl+R을 눌러 눈금자를 표시합니다.

02 Ellipse Tool(원형 도구, ◎)을 선택하여 아트보드를 클릭한 후 'Width(폭) : 3mm, Height(높이) : 3mm'를 입력하고 Swatches(견본) 패널에서 'Fill(칠) : M10Y95, Stroke(선) : None(없음)'으로 지정합니다.

03 Polygon Tool(다각형 도구, ◎)을 선택하여 아트보드를 클릭한 후 'Radius(반지름) : 3mm, Sides(면) : 6'을 입력하고 Swatches(견본) 패널에서 'Fill(칠) : M75Y100, Stroke(선) : None(없음)'으로 지정합니다.

04 육각형 오브젝트를 선택하고 [Effect(효과)]-[Distort & Transform(왜곡과 변형)]-[Pucker & Bloat(오목과 볼록)]을 클릭한 후 [Pucker & Bloat(오목과 볼록)] 창에서 'Bloat(볼록) : 50%'를 지정합니다.

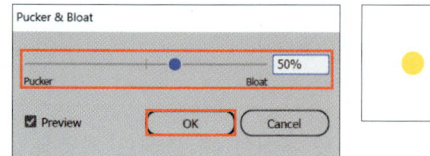

05 [Object(오브젝트)]-[Expand Appearance(모양 확장)]를 클릭하여 육각형을 꽃 모양으로 확장합니다.

06 Blend Tool(블렌드 도구,)을 선택하고 왼쪽 타원을 클릭한 후 오른쪽 꽃을 클릭합니다.

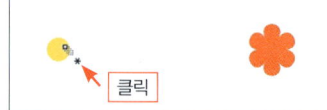
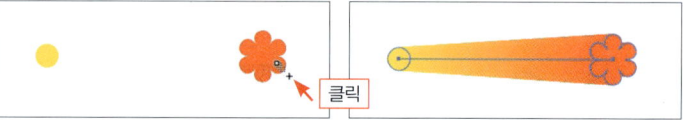

07 블렌드가 적용된 오브젝트를 선택하고 Alt 를 누른 채 아래로 드래그하여 복사합니다. 복사된 오브젝트를 선택하고 Blend Tool(블렌드 도구,)을 더블 클릭한 후 Blend Options(블렌드 옵션) 창에서 'Spacing(간격) : Specified Steps(지정된 단계), 5'를 지정합니다.

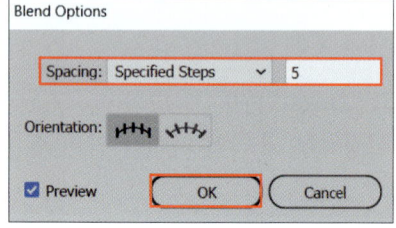

08 블렌드가 적용된 오브젝트를 선택하고 Alt 를 누른 채 아래로 드래그하여 복사합니다. 복사된 오브젝트를 선택하고 Blend Tool(블렌드 도구,)을 더블 클릭한 후 Blend Options(블렌드 옵션) 창에서 'Spacing(간격) : Specified Distance(지정된 거리), 2mm'를 지정합니다.

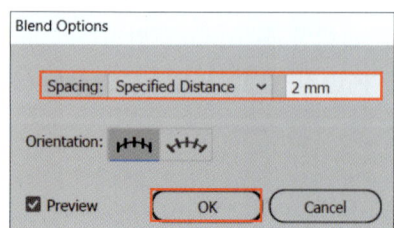
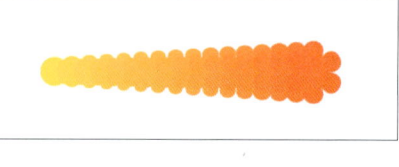

09 Ellipse Tool(원형 도구, ◯)을 선택하여 아트보드를 클릭한 후 'Width(폭) : 2mm, Height(높이) : 5mm'를 입력하고 Swatches(견본) 패널에서 'Fill(칠) : None(없음), Stroke(선) : M100Y100'으로 지정합니다. 타원을 선택하고 Alt 를 누른 채 드래그하여 복사를 반복합니다.

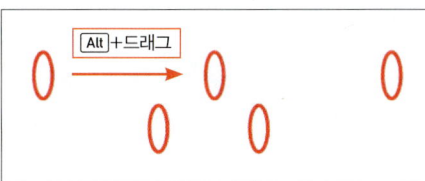

10 Swatches(견본) 패널에서 'Fill(칠) : None(없음), Stroke(선) : M10Y95, C85M10Y100, C100M90, C60M90'으로 각각 타원 선의 색을 지정한 후 모두 선택하고 Alt 를 누른 채 아래로 드래그하여 복사합니다.

11 Blend Tool(블렌드 도구, ▶◯)을 선택하고 왼쪽 타원부터 순서대로 타원의 위 고정점을 클릭합니다.

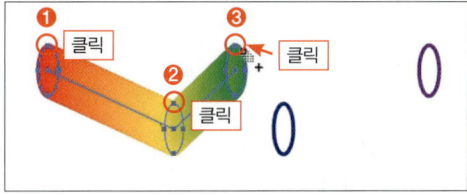 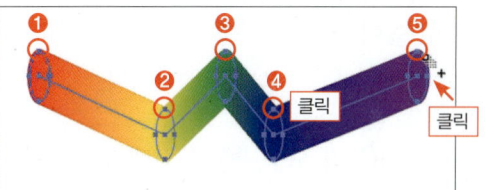

12 Blend Tool(블렌드 도구, ▶◯)을 선택하고 왼쪽 타원부터 순서대로 타원의 위와 아래 고정점을 교차하면서 클릭합니다.

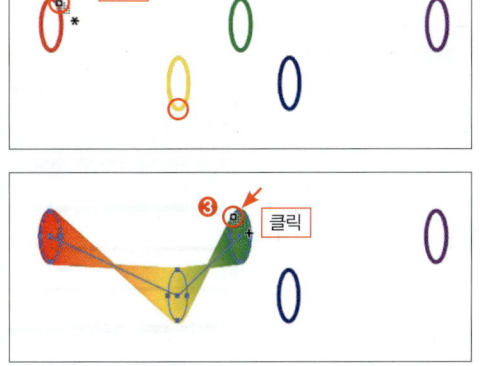 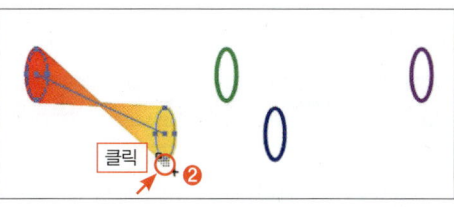

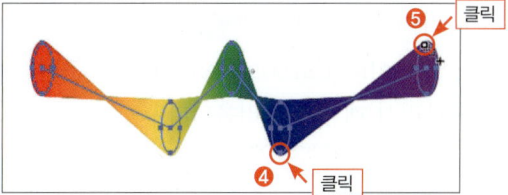

13 Pen Tool(펜 도구, ✒)을 선택하고 곡선을 그린 후 Swatches(견본) 패널에서 'Fill(칠) : None(없음), Stroke(선) : C100과 C100M100'으로 지정합니다. Blend Tool(블렌드 도구, ◐)을 선택하고 곡선의 오른쪽 두 개의 끝점을 위에서부터 순서대로 클릭합니다.

  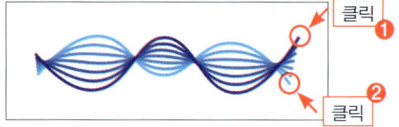

14 블렌드가 적용된 오브젝트를 선택하고 Alt 를 누른 채 아래로 드래그하여 복사합니다. Direct Selection Tool(직접 선택 도구, ▷)로 위쪽 패스를 선택하고 Stroke(획) 패널에서 'Weight(두께) : 0.2pt'로 지정합니다. Direct Selection Tool(직접 선택 도구, ▷)로 아래쪽 패스를 선택하고 Stroke(획) 패널에서 'Weight(두께) : 2pt'로 지정합니다.

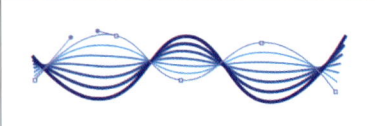 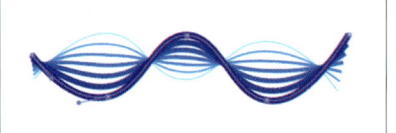

02 드로잉 북 오브젝트 제작

01 Rectangle Tool(사각형 도구, ▢)을 선택하여 아트보드를 클릭한 후 'Width(폭) : 35mm, Height(높이) : 22mm'를 입력하고 Swatches(견본) 패널에서 'Fill(칠) : C30M50Y75K10, Stroke(선) : K100'으로 지정합니다.

02 Type Tool(문자 도구, T)을 선택하고 아트보드를 클릭하여 'Drawing Book'을 입력합니다.

03 상단 옵션 바에서 'Set the Font family(글꼴 군 설정) : Times New Roman, Set the Font style(글꼴 스타일) : Bold Italic, Set the Font size(글꼴 크기) : 10pt, Align Right(오른쪽 정렬)'로 지정한 후 Swatches(견본) 패널에서 'Fill(칠) : C0M0Y0K0, Stroke(선) : None(없음)'으로 지정합니다.

04 Brushes(브러시) 패널 좌측 하단에서 Brush Libraries Menu(브러시 라이브러리 메뉴, ⓘ)를 선택하고 [Artistic(예술)]-[Artistic_ChalkCharcoalPencil(예술_분필목탄연필)]을 클릭하여 추가 브러시 패널을 불러옵니다.

05 Paintbrush Tool(페인트 브러시 도구,)을 클릭하고 곡선을 그린 후 Swatches(견본) 패널에서 'Fill(칠) : None(없음), Stroke(선) : C0M0Y0K0'으로 지정합니다. 곡선을 선택하여 'Charcoal-Pencil(목탄-연필)'을 지정한 후 Stroke(획) 패널에서 'Weight(두께) : 0.75pt'로 지정합니다.

06 Ellipse Tool(원형 도구,)과 Rectangle Tool(사각형 도구,)로 스프링 구멍을 그리고 Swatches(견본) 패널에서 'Fill(칠) : C0M0Y0K0, Stroke(선) : K100'으로 지정합니다.

07 사각형과 타원을 선택하여 Pathfinder(패스파인더) 패널에서 Unite(합치기,)를 클릭하여 병합합니다. 스프링 구멍을 선택하고 Alt 를 누른 채 오른쪽으로 드래그하여 복사합니다.

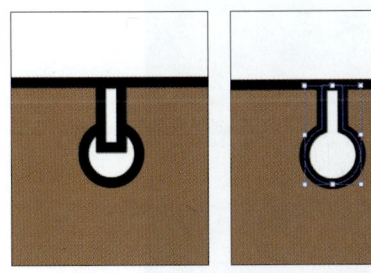 

08 Blend Tool(블렌드 도구,)을 선택하고 스프링 구멍을 순서대로 클릭합니다. Blend Tool(블렌드 도구,)을 더블 클릭한 후 Blend Options(블렌드 옵션) 창에서 'Spacing(간격) : Specified Steps(지정된 단계), 8'을 지정합니다.

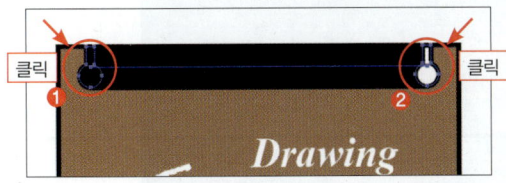 

09 [File(파일)]-[Save(저장)]을 눌러 [Save on your computer(내 컴퓨터에 저장)]을 클릭하고 저장할 경로와 이름을 지정합니다. [Illustrator Options(Illustrator 옵션)] 창에서 [OK(확인)]을 클릭하여 저장을 완료합니다.

PART
03

대표 기출 유형 따라하기

문제 1

도형과 펜 도구를 활용하여 오브젝트를 제작하고 패스파인더를 활용하여 오브젝트를 편집합니다.

문제 2

브러시를 활용하여 배경 오브젝트를 제작합니다. 패스선 위에 텍스트를 입력하거나 텍스트를 윤곽선으로 변형하여 편집합니다.

문제 3

패턴으로 등록할 오브젝트를 제작한 후, 패턴을 적용합니다. 도형이나 선분에 규칙적 또는 불규칙적인 점선을 설정합니다. 오브젝트를 그룹으로 묶어서 그림자 효과를 적용합니다.

대표 기출 유형 따라하기

급수	문제유형	시험시간	수험번호	성명
2급	A	90분		

수험자 유의사항

- 수험자는 문제지를 받는 즉시 응시하고자 하는 **과목 및 급수가 맞는지 확인**한 후 수험번호와 성명을 작성합니다.
- 파일명은 본인의 "수험번호-성명-문제번호"로 공백 없이 정확히 입력하고 답안폴더(내 PC\문서\GTQ)에 ai 파일 포맷으로 저장해야 하며, '**다른 파일 형식으로 저장하였을 경우**' 0점 처리됩니다.
- 답안문서 파일명이 "수험번호-성명-문제번호"와 일치하지 않거나, 답안 파일을 '**전송'하지 않는 경우 답안 파일 미제출로 불합격 처리**됩니다. ※ 답안은 반드시 시험 시간 내에 전송을 완료해야 하며, 전송 시간을 충분히 감안하여 제출해 주시기 바랍니다. (공정한 평가를 위해, 시험 종료 전 전송이 완료된 답안에 한해 채점이 진행됩니다.)
- 수험자 정보와 저장한 파일명, 저장 위치가 다를 경우 전송이 되지 않으므로, 주의하시길 바랍니다.
- 답안 작성 중에도 주기적으로 '저장'과 '답안 전송'을 이용하여 감독위원 PC로 답안을 전송하셔야 합니다. (※ 작업한 내용을 저장하지 않고 답안을 전송할 경우 이전의 저장내용이 전송되오니 이점 반드시 유념하시기 바랍니다.)
- 모든 시험자는 동일한(초기화 된) 환경에서 시험이 시작되며 '작업환경 설정'은 시험 시간 내에 진행합니다.
  (시험 시작 전 '작업환경 설정' 불가, 소프트웨어 이상 유무만 확인)
- 답안문서는 지정된 경로 외의 다른 보조기억장치에 저장하는 행위, 지정된 시험 시간 외에 작성된 파일을 활용한 행위, 기타 허용되지 않은 프로그램(이메일, 메신저, 게임, 네트워크, 윈도우계산기, 스톱워치 등) 이용 시 부정행위로 간주되어 **자격기본법 제32조에 의거 본 시험 및 국가공인 자격시험을 2년간 응시할 수 없습니다.**
- 시험 종료 후 제출된 답안은 평가 및 검증을 위해 본부에서 보관되며, **시험의 공정성과 보안 유지를 위해 응시자에게 본인의 답안을 제공하는 것은 허용되지 않습니다.** 이 점 반드시 유의하시기 바랍니다.
- 시험 중 부주의 또는 고의로 시스템을 파손한 경우와 〈수험자 유의사항〉에 기재된 방법대로 이행하지 않아 생기는 불이익은 수험자의 책임임을 알려 드립니다.
- 시험을 완료한 수험자는 최종적으로 저장한 답안파일이 전송되었는지 확인한 후 감독위원의 지시에 따라 문제지를 제출하고 퇴실합니다.

답안 작성요령

- 온라인 답안 작성 절차
  수험자 등록 ⇒ 시험 시작 ⇒ 답안파일 저장 ⇒ 답안 전송 ⇒ 시험 종료
- 배점은 총 100점으로 이루어지며, 점수는 각 문제별로 차등 배분됩니다.
- 각 문제는 제시된 〈조건〉에 맞게 답안을 작성하고, 〈조건〉을 지키지 못했을 경우에는 0점 또는 감점 처리됩니다.
- 문제 〈조건〉에 크기와 색상, 두께의 지정이 없을 경우 〈출력형태〉를 참고하여 작업해 주시기 바랍니다.
- **문제 〈조건〉과 〈출력형태〉에서 차이가 발생할 경우 문제에서 지정한 〈조건〉에 따라 작업해 주시기 바랍니다.**
- 〈조건〉에서 주어진 단위는 'mm(밀리미터)'입니다.
- 눈금자는 작성하지 않으며, 그 외는 출력형태(레이아웃, 색상, 문자, 규격 등)와 같게 작업하십시오.
- 문제 〈조건〉에 서체의 지정이 없을 경우 한글은 굴림이나 돋움, 영문은 Arial로 작업하십시오.
  (단, 그 외에 제시되지 않은 문자 속성을 기본값으로 작성하지 않은 경우는 감점 처리됩니다.)
- Color Mode(색상 모드)는 별도의 처리 조건이 없을 시 CMYK로 작업하십시오.
- 조건에서 제시한 기능을 임의로 합치거나 각 기능에 대한 속성을 해지할 경우 해당 요소는 0점 처리됩니다.

한 국 생 산 성 본 부

| 문제 ❶ | 기본 툴 활용 | | 25점 |

다음의 《조건》에 따라 아래의 《출력형태》와 같이 작업하시오.

[조건]

파일저장규칙	AI	파일명	문서\GTQ\수험번호-성명-1.ai
		크기	100 × 80mm

1. 작업 방법

① 도형, 변형 툴과 Pathfinder 기능을 활용하여 오브젝트를 작성한다.
② 그 외 《출력형태》 참조

[출력형태]

C0M0Y0K0,
C10,
K20,
Y100
C40M10,
C70M50,
C30Y100,
C70Y100
C90M30Y100,
C90M30Y100K30,
M80 → C80M100

문제 ❷ 문자와 오브젝트   35점

다음의 《조건》에 따라 아래의 《출력형태》와 같이 작업하시오.

[조건]

파일저장규칙	AI	파일명	문서\GTQ\수험번호-성명-2.ai
		크기	100 × 80mm

1. 작업 방법
① 'GARDENING' 문자에 Times New Roman (Bold) 폰트를 적용한다.
② 'Gardening Tools' 문자에 Type on a Path Tool을 활용한다.
③ Brush는 《출력형태》를 참고하여 작성한다.
④ Effect는 《출력형태》를 참고하여 작성한다.
⑤ 그 외 《출력형태》 참조

2. 문자 효과
① Gardening Tools (Arial, Regular, 10pt, C90M30Y90K30)

[출력형태]

C50Y100,
C90M30Y90K30

[Brush] Banner 1, 1pt

[Effect] Drop Shadow

K30,
C40,
C0M0Y0K0,
[Stroke] K100, 1pt

M30Y80, C30M50Y70, C40M70Y100K50,
K70, C50Y100, C70Y100, C80M10Y100K10,
Y80, M100, C0M0Y0K0, [Stroke] K100, 1pt

[Brush]
Watercolor - Blend
C40M70Y100K50, 1pt

| 문제 ❸ | 어플리케이션 디자인 | 40점 |

다음의 《조건》에 따라 아래의 《출력형태》와 같이 작업하시오.

조건

파일저장규칙	AI	파일명	문서\GTQ\수험번호-성명-3.ai
		크기	120 × 80mm

1. 작업 방법
① 도형 툴로 오브젝트를 그린 후 Pattern을 활용하여 작성한다. (패턴 등록 : 씨앗)
② 캐리어에 규칙적인 점선을, 봉투에 불규칙한 점선을 설정한다.
③ 봉투에 Pattern을 적용한다.
④ 봉투에 배치된 오브젝트는 정렬, 간격을 일정하게 한 후 Group 설정을 한다.
⑤ 그 외 《출력형태》 참조

2. 문자 효과
① FLOWER BOX (Arial, Bold, 14pt, C0M0Y0K0)
② Flower Seeds (Times New Roman, Bold, 12pt, C40M70Y100K50)

출력형태

M40Y80, M80Y90, C50Y100,
C80M10Y100K20

C30M40Y60, C30M60Y80K30,
[Stroke] C40M70Y100K50, 1pt

[Group]

[Pattern]

C30M50Y70K10,
C40M60Y90K40,
C20M40Y100 → M20Y40,
[Stroke] C0M0Y0K0, 1pt

C20M40Y70, Opacity 80%, M20Y30,
C40M60Y80K20, C40M70Y100K50
[Stroke] C40M70Y100K50, 1pt

문제 ❶	기본 툴 활용
작업과정	① 새 작업 파일 만들기 ➡ ② 견본색 그룹 만들기 ➡ ③ 병 오브젝트 만들기 ➡ ④ 잎 오브젝트 만들기 ➡ ⑤ 꽃 오브젝트 만들기 ➡ ⑥ 파일 저장
완성이미지	PART03₩수험번호-성명-1.ai

01 새 작업 파일 만들기

01 새 작업 파일을 만들기 위하여 [File(파일)]-[New(새로 만들기)]([Ctrl]+[N])를 선택하고 'Width : 100mm, Height : 80mm, Units : Millimeters, Color Mode : CMYK'를 설정하여 새 작업 파일을 만듭니다.

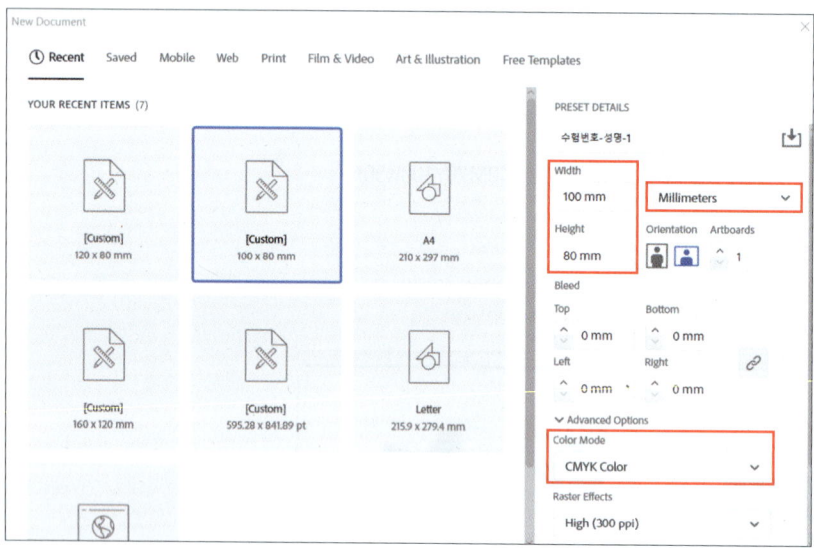

02 작업환경을 선택하기 위하여 [Window(창)]-[Workspace(작업 영역)]를 선택합니다. [Essentials Classic(필수 클래식)]을 선택하고 작업 영역을 초기화하기 위하여 [Reset Essentials Classic(필수 클래식 재설정)]으로 재설정합니다.

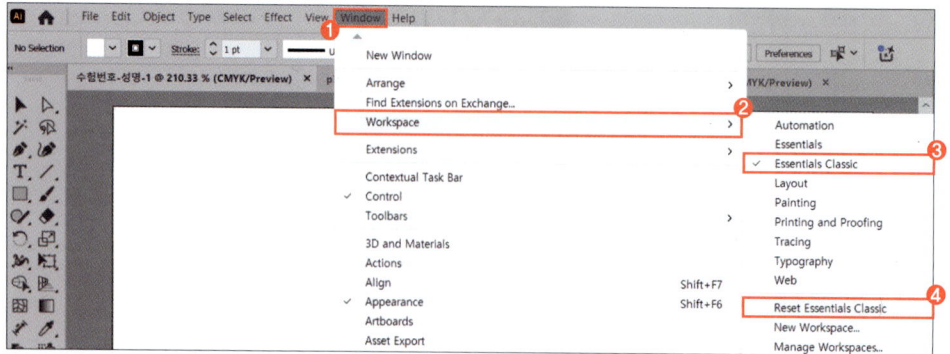

03 작업의 유용성을 위해 우측 패널을 확장합니다.

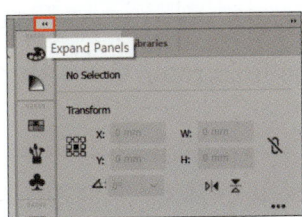 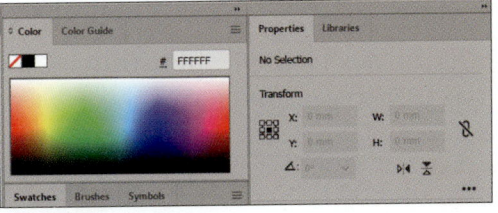

04 [View(보기)]–[Rulers(눈금자)]–[Show Rulers(눈금자 표시)](Ctrl+R)를 선택하여 눈금자를 표시합니다.

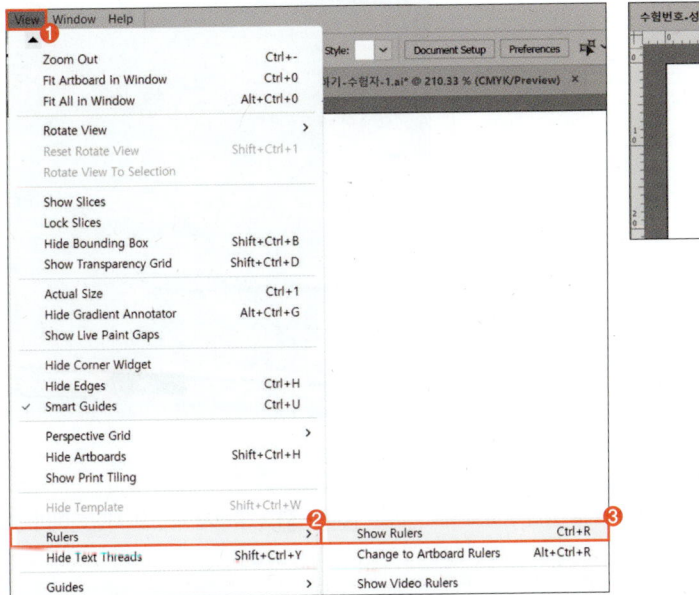 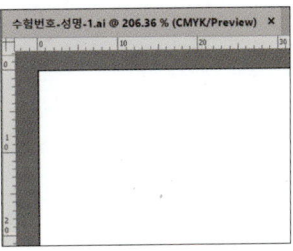

> **기적의 TIP**
>
> - 눈금자의 좌측 상단 원점이 (0,0)인 것을 확인합니다. 안내선을 만들면서 실수로 원점이 바뀌었다면 눈금자가 교차되는 좌측 상단 사각형 영역을 더블 클릭하여 (0,0)으로 초기화시킵니다.
> - 안내선의 편집은 [View(보기)]–[Guides(안내선)]–[Unlock Guides(안내선 잠금 풀기)](Alt+Ctrl+;)를 선택하고 잠금을 해제한 후 Selection Tool( ) 또는 Direct Selection Tool( )로 선택하여 이동, 삭제가 가능합니다.
> - 편집 후 반드시 [View(보기)]–[Guides(안내선)]–[Lock Guides(안내선 잠그기)] (Alt+Ctrl+;)를 선택하고 잠금을 해야 안내선이 고정되어 오브젝트와 함께 편집되지 않습니다.

05 작업 파일을 저장하기 위하여 [File(파일)]-[Save as(다른이름으로 저장)]([Shift]+[Ctrl]+[S])을 선택하여 '저장 위치 : 내PC₩문서₩GTQ, 파일 이름 : 수험번호-성명-1, 파일 형식 : Adobe Illustrator(*.AI)'로 저장합니다. [Illustrator Options(Illustrator 옵션)] 창이 뜨면 [OK(확인)]를 누르고 옵션 창을 닫습니다.

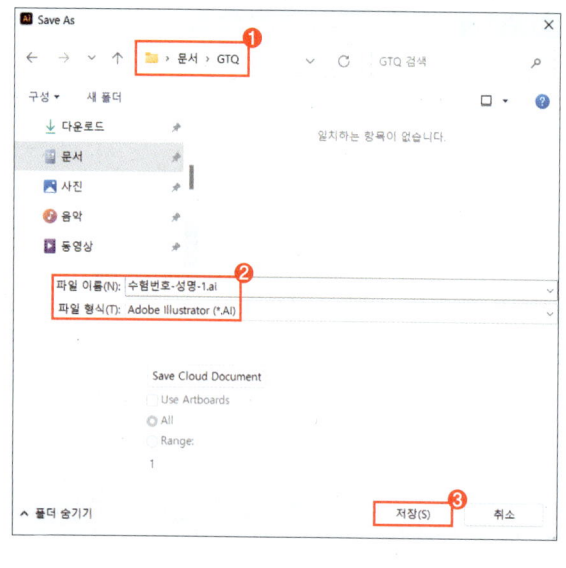
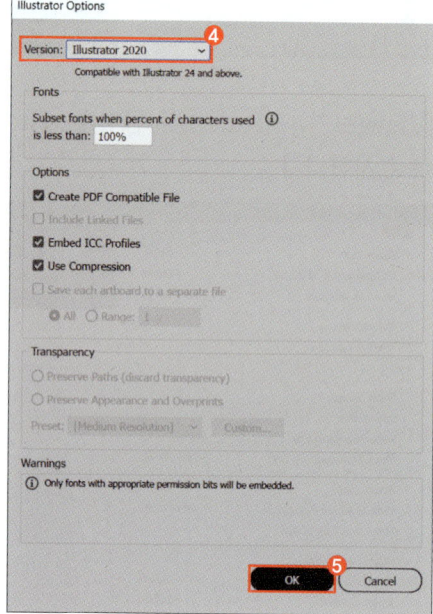

> **기적의 TIP**
>
> 시험장에 따라 컴퓨터의 상태가 다를 수 있으므로 작업 중에도 주기적으로 [Ctrl]+[S]를 눌러서 파일을 저장하여야 문제 발생을 줄일 수 있습니다.

02 견본색 그룹 만들기

01 오브젝트에 적용할 색상을 견본으로 미리 만들어두고 오브젝트를 제작하면 견본에서 색을 선택하여 바로 적용할 수 있습니다. Swatches(견본) 패널 우측 하단에서 New Group(새 색상 견본 그룹, ▭)을 선택하여 새로운 그룹을 만들고 그룹의 이름을 GTQ라고 입력합니다.

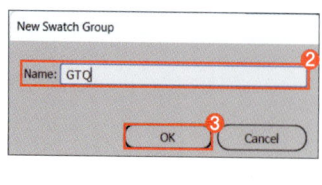

02 만들어진 그룹을 클릭하고 New Swatch(새 견본, ▣)를 선택하여 문제에서 제시하는 색상값을 입력합니다. 반복하여 모든 색상을 견본 그룹에 만듭니다.

 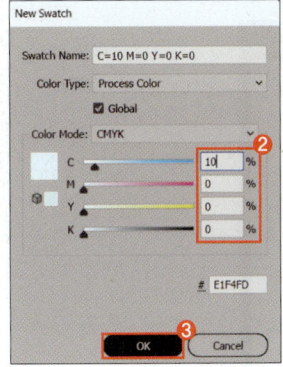 

> **기적의 TIP**
> - 색상 견본을 만드는 방법은 지정된 것이 아니므로 다른 방식을 활용할 수도 있습니다.
> - 견본을 Swatches(견본) 패널에 만들지 않고 사각형이나 원과 같은 도형을 만들어서 색상을 지정한 후 아트보드의 한쪽에 나열하여 둡니다.
> - 개체를 만들고 색을 채울 때 Eyedropper Tool(스포이드 툴, ✎)로 견본으로 만든 도형에서 색을 뽑아 적용할 수 있습니다.

03 Gradient(그레이디언트) 패널에서 색상을 클릭하여 Gradient Slider(그라디언트 슬라이더)를 활성화하고, 좌측 하단과 우측 하단 Color Stop(색상 중지점)을 더블 클릭하여 색상값을 입력합니다. 생성된 그라디언트를 Swatches(견본) 패널의 GTQ 그룹으로 드래그하여 추가합니다.

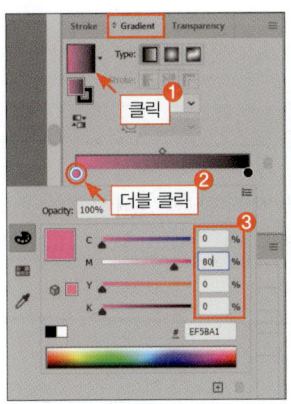 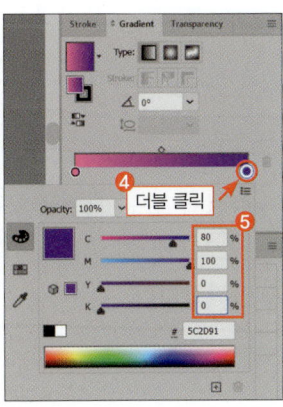 

> **기적의 TIP**
> 최신 버전이 아닌 경우 그라디언트 색상을 만들기 위하여 Color Stop(색상 중지점)을 더블 클릭했을 때 CMYK가 모두 보이지 않고 K만 보일 수 있습니다. 우측의 옵션 메뉴 버튼을 누르고 CMYK로 변경한 후 CMYK 값을 입력합니다.

03 병 오브젝트 만들기

01 병 오브젝트를 배치할 안내선을 눈금자에서 드래그하여 아트보드에 보여지도록 설정합니다.

02 병의 몸통을 만들기 위하여 Rounded Rectangle Tool(둥근 사각형 도구, ▢)을 선택하고 아트보드를 클릭한 후 'Width(폭) : 33mm, Height(높이) : 26mm, Corner Radius(모퉁이 반경) : 4mm'를 입력합니다. Swatches(견본) 패널에서 'Fill(칠) : C10, Stroke(선) : None(없음)'으로 지정하고 안내선에 맞추어 배치합니다.

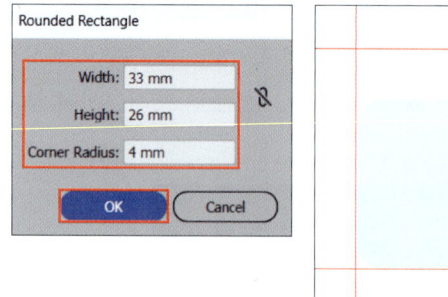

03 반사광을 만들기 위하여 Selection Tool(선택 도구, ▶)로 둥근 사각형을 선택하고 [Object(오브젝트)]-[Path(패스)]-[Offset Path(오프셋 패스)]를 선택합니다. Offset Path(오프셋 패스) 창에서 'Offset(이동) : -1mm'를 입력합니다.

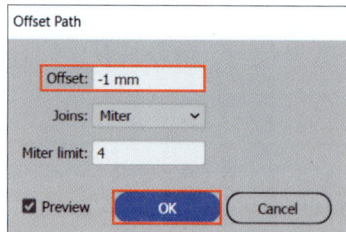

04 축소 이동된 둥근 사각형을 Swatches(견본) 패널에서 'Fill(칠) : C0M0Y0K0'으로 지정하고 Alt 를 누른 채 드래그하여 왼쪽 아래로 복사합니다.

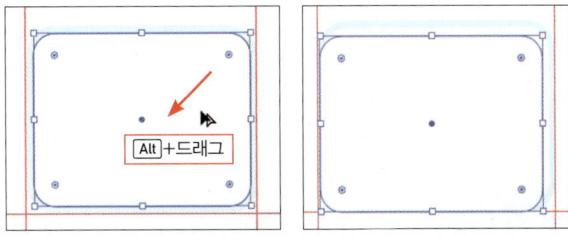

05 Selection Tool(선택 도구, ▶)로 두 개의 흰색 둥근 사각형을 선택하고 Pathfinder(패스파인더) 패널에서 Minus Front(앞면 오브젝트 제외, ◳)를 선택하여 불필요한 부분은 삭제합니다.

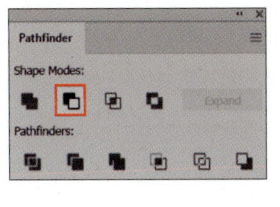 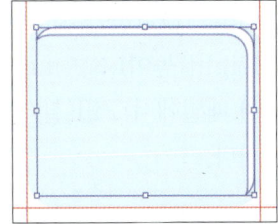

06 라벨을 만들기 위하여 Polygon Tool(다각형 도구, ⬡)을 선택하고 아트보드를 클릭한 후 'Radius(반경) : 4 mm, Sides(면) : 6'을 입력합니다. Swatches(견본) 패널에서 'Fill(칠) : C70M50, Stroke(선) : None(없음)'으로 지정하고 라벨 형태와 같이 좌우로 크기를 조절한 후 병의 중앙에 배치합니다.

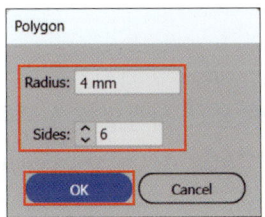 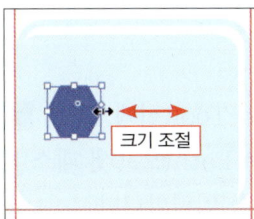 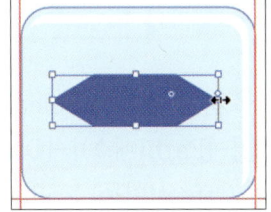

07 라벨 모서리를 둥글게 만들기 위하여 육각형 모서리의 Corner Widget(모퉁이 위젯)을 드래그하면서 조절합니다.

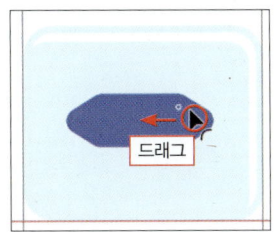

08 Selection Tool(선택 도구, ▶)로 라벨 오브젝트를 선택하고 [Object(오브젝트)]-[Path(패스)]-[Offset Path(오프셋 패스)]를 선택한 후 Offset Path(오프셋 패스) 창에서 'Offset(이동) : −1mm'를 입력합니다. 축소 이동된 오브젝트를 Swatches(견본) 패널에서 'Fill(칠) : C40M10'으로 지정합니다.

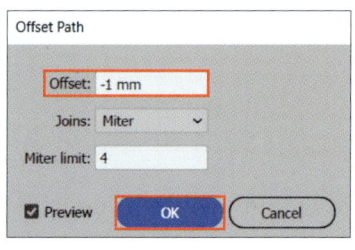  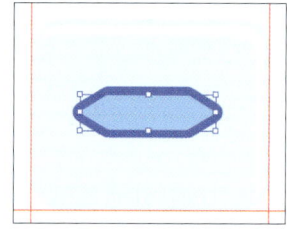

09 손잡이를 만들기 위하여 Rounded Rectangle Tool(둥근 사각형 도구, ▢)을 선택하고 아트보드를 클릭한 후 'Width(폭) : 23mm, Height(높이) : 21mm, Corner Radius(모퉁이 반경) : 5mm'를 입력합니다. Swatches(견본) 패널에서 'Fill(칠) : C10, Stroke(선) : None(없음)'으로 지정하고 안내선에 맞추어 배치합니다.

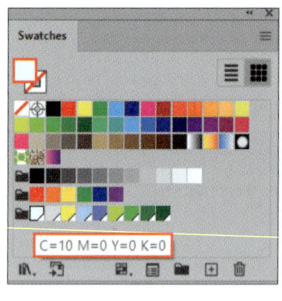 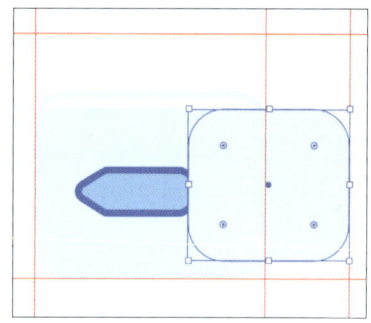

10 같은 간격으로 축소하기 위하여 Selection Tool(선택 도구, ▶)로 둥근 사각형을 선택하고 [Object(오브젝트)]-[Path(패스)]-[Offset Path(오프셋 패스)]를 선택한 후 Offset Path(오프셋 패스) 창에서 'Offset(이동) : −3mm'를 입력합니다.

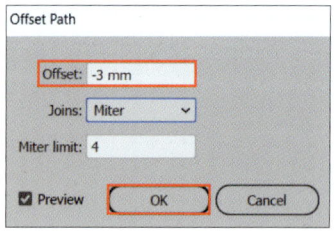 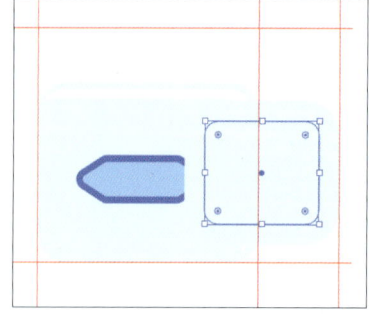

11 손잡이의 구멍을 뚫기 위하여 Selection Tool(선택 도구, ▶)로 두 개의 둥근 사각형을 선택하고 Pathfinder(패스파인더) 패널에서 Minus Front(앞면 오브젝트 제외, ⬚)를 선택하여 불필요한 부분은 삭제합니다.

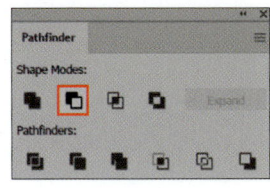
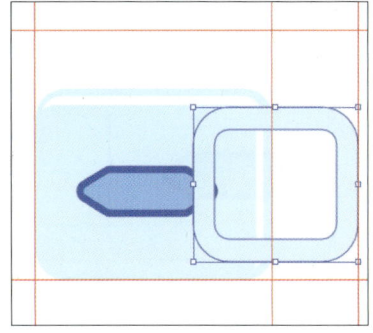

12 손잡이 오브젝트를 클릭하고 [Object(오브젝트)]-[Arrange(정돈)]-[Send to Back(맨 뒤로 보내기)](Shift + Ctrl + [ )을 선택하여 컵보다 손잡이를 뒤로 배치합니다.

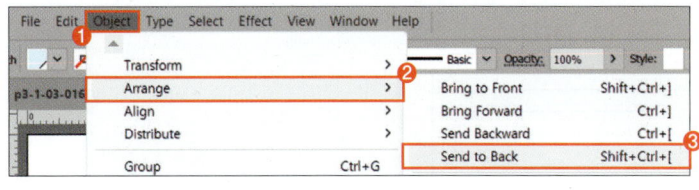
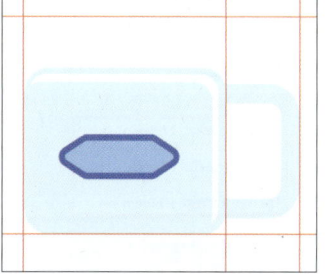

> **기적의 TIP**
>
> • 오브젝트의 순서를 바꾸는 작업은 매우 빈번하게 이루어지므로 단축키를 활용하는 것이 좋습니다.
> • Send to Back(맨 뒤로 보내기)(Shift + Ctrl + [ )과 Bring to Front(맨 앞으로 가져오기)(Shift + Ctrl +])는 한 번만 실행해도 순서가 적용된 것이 바로 확인됩니다.
> • Send Backward(뒤로 보내기)(Ctrl + [ )와 Bring Forward(앞으로 가져오기)(Ctrl +])는 모든 개체에서 한 단계씩 이동하기 때문에 원하는 순서가 될 때까지 반복하여 단축키를 눌러야 합니다.

13 손잡이의 반사광을 만들기 위하여 Selection Tool(선택 도구, ▶)로 손잡이 오브젝트를 선택하고 [Object(오브젝트)]-[Path(패스)]-[Offset Path(오프셋 패스)]를 선택한 후 Offset Path(오프셋 패스) 창에서 'Offset(이동) : −0.5mm'를 입력합니다.

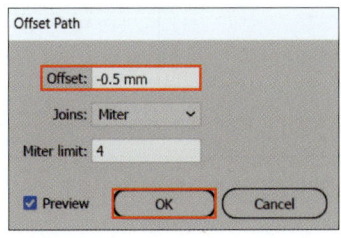
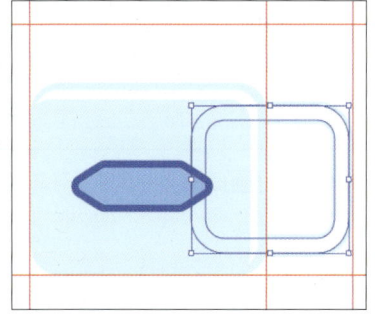

14 축소 이동된 오브젝트를 Swatches(견본) 패널에서 'Fill(칠) : C0M0Y0K0'으로 지정하고 Alt 를 누른 채 드래그하여 복사합니다. 두 개의 오브젝트를 선택하고 Pathfinder(패스파인더) 패널에서 Minus Front(앞면 오브젝트 제외, ▣)를 선택하여 불필요한 부분은 삭제합니다.

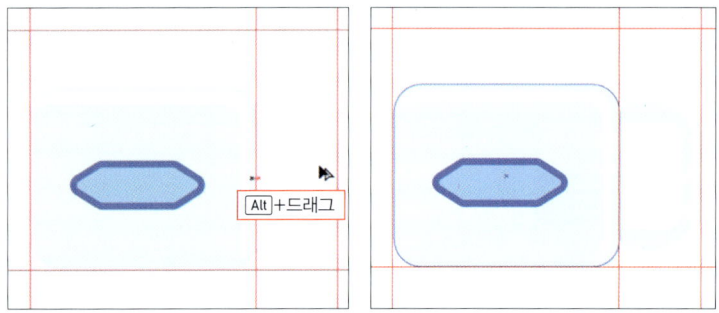

15 병 목을 만들기 위하여 Rounded Rectangle Tool(둥근 사각형 도구, ▣)을 선택하고 아트보드를 클릭한 후 'Width(폭) : 27mm, Height(높이) : 2.5mm, Corner Radius(모퉁이 반경) : 1.25mm'를 입력합니다. Swatches(견본) 패널에서 'Fill(칠) : C10, Stroke(선) : None(없음)으로 지정하고 안내선에 맞추어 배치합니다.

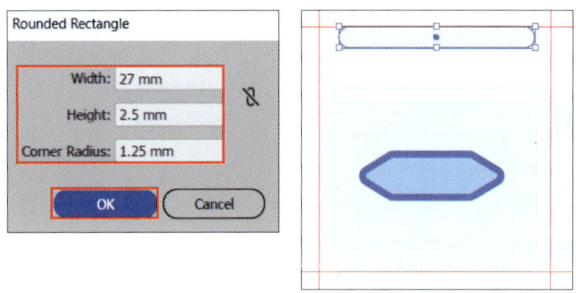

16 Alt 와 Shift 를 누른 채 드래그하여 수직으로 복사합니다. Ctrl + D 를 눌러서 같은 작업을 반복한 후 둥근 사각형들을 선택하고 Pathfinder(패스파인더) 패널에서 Unite(합치기, ▣)를 선택하여 병합합니다.

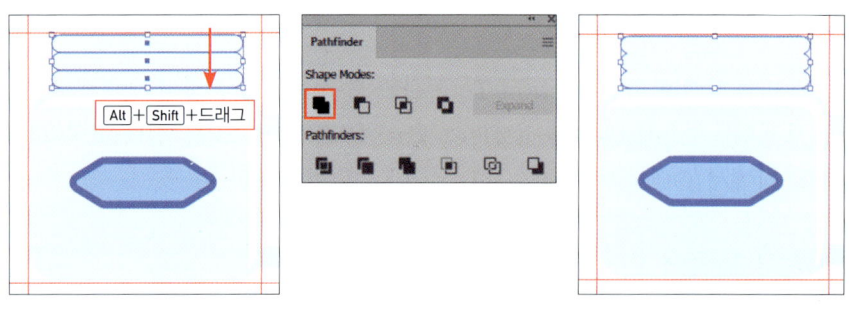

> 📌 **기적의 TIP**
>
> 개체를 선택하고 Alt 를 누른 채 복사할 때 Shift 를 함께 누르면 수직 또는 수평 방향으로 복사할 수 있습니다.

17 병목의 반사광을 만들기 위하여 Selection Tool(선택 도구, ▶)로 병목 오브젝트를 선택하고 Scale Tool(크기 조절 도구, ⬚)을 더블 클릭합니다. Scale(크기 조절) 창에서 Uniform(균일) : 80%'를 입력하고 Copy(복사)를 클릭합니다.

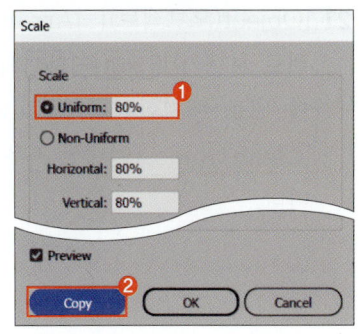

18 축소 복사된 오브젝트를 Swatches(견본) 패널에서 'Fill(칠) : C0M0Y0K0'으로 지정합니다. 오브젝트를 클릭한 후 Alt 를 누른 채 드래그하여 복사합니다.

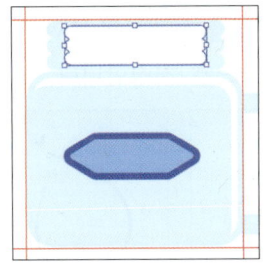 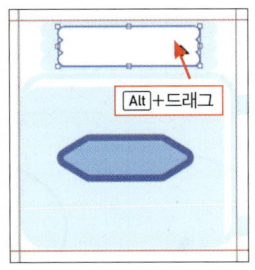

19 두 개의 개체를 선택하고 Pathfinder(패스파인더) 패널에서 Minus Front(앞면 오브젝트 제외, ⬚)을 선택하여 불필요한 부분은 삭제합니다.

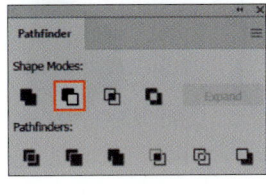 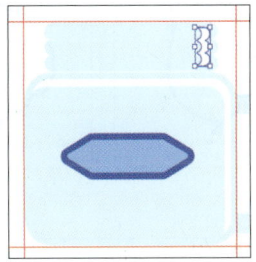

20 그림자를 만들기 위하여 Ellipse Tool(원형 도구, ⬚)을 선택하고 아트보드를 클릭한 후 'Width(폭) : 50mm, Height(높이) : 10mm'를 입력합니다. Swatches(견본) 패널에서 'Fill(칠) : K20, Stroke(선) : None(없음)'으로 지정하고 병의 아래쪽에 배치합니다.

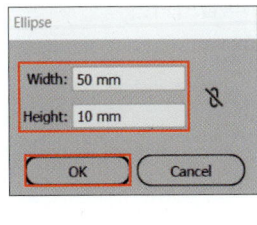 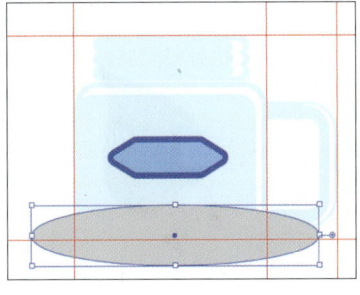

21 [Object(오브젝트)]-[Arrange(정돈)]-[Send to Back(맨 뒤로 보내기)]([Shift]+[Ctrl]+[[ ])을 선택하여 컵보다 그림자를 뒤로 배치합니다. [View(보기)]-[Guides(안내선)]-[Clear Guides(안내선 지우기)]를 선택하여 안내선을 지웁니다.

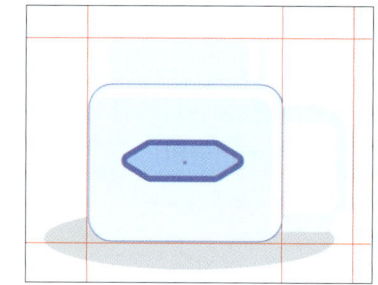

04 잎 오브젝트 만들기

01 Pen Tool(펜 도구, ✐)을 선택하여 잎 모양을 그린 후 Direct Selection Tool(직접 선택 도구, ▷)로 모양을 편집합니다. Selection Tool(선택 도구, ▶)로 잎 개체를 선택하고 Swatches(견본) 패널에서 'Fill(칠) : C90M30Y100, Stroke(선) : None(없음)'으로 지정합니다.

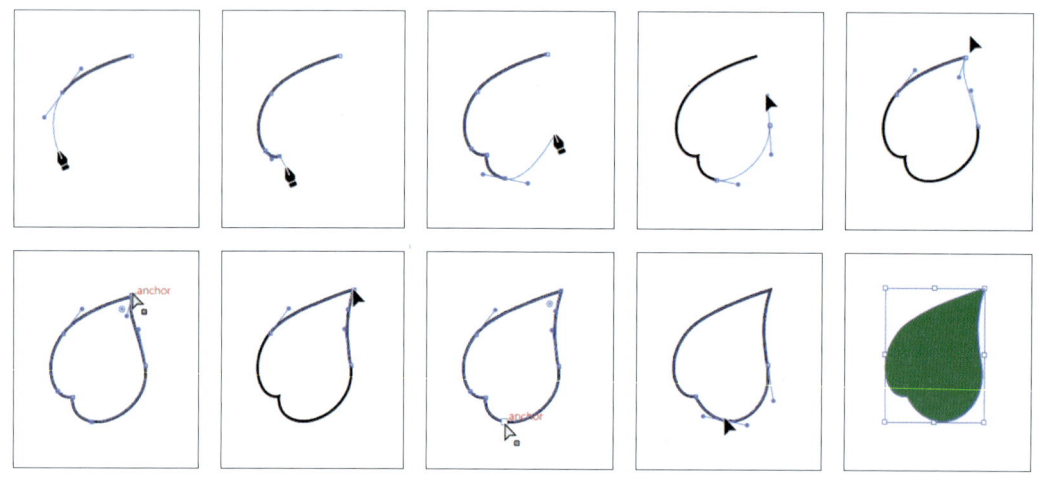

> **기적의 TIP**
>
> Pen Tool(펜 도구, ✐)로 패스를 그릴 때 클릭하면 직선, 드래그하면 곡선이 그려집니다. 그리려는 곡선의 진행 방향이 완전히 다르거나 직선으로 바꾸어야 할 경우에는 마지막 곡선의 고정점을 클릭하여 핸들을 삭제합니다.

02 잎을 양쪽으로 나누기 위하여 Selection Tool(선택 도구, ▶)로 잎 오브젝트를 선택한 후 Knife Tool(칼 도구, ✂)을 선택하여 잎이 분리될 선을 드래그하여 그립니다.

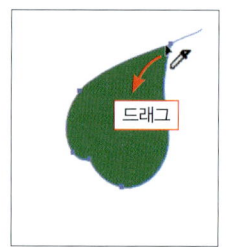 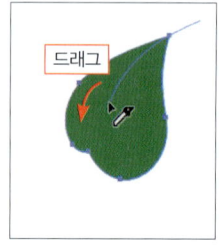 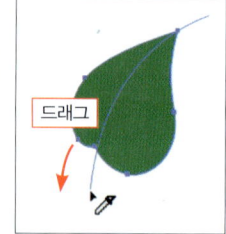

기적의 TIP

- Knife Tool(칼 도구, ✎)로 오브젝트를 분리할 때에는 칼이 오브젝트를 완전히 지나가도록 선을 그려야 합니다.
- 완만한 선으로 오브젝트를 분리할 때 활용하기 좋은 도구이지만 복잡하거나 정교한 모양으로 분리해야 하는 경우라면 Pen Tool(펜 도구, ✎)로 분리할 선을 그린 후 Pathfinder(패스파인더)로 나누는 것이 좋습니다.

03 분리된 잎 오브젝트의 오른쪽 오브젝트를 선택하고 Swatches(견본) 패널에서 'Fill(칠) : C30Y100'으로 지정합니다.

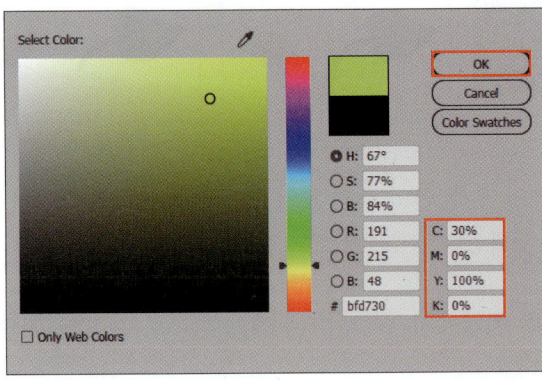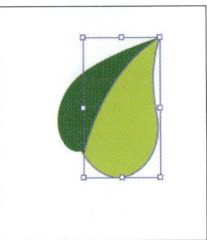

04 Selection Tool(선택 도구, ▶)로 잎 오브젝트를 선택하여 Alt 를 누른 채 드래그하면서 복사하고 적절하게 배치합니다. 오브젝트를 제자리에서 좌우로 반사시키려면 Reflect Tool(반사 도구, ▷◁)을 더블 클릭하고 Reflect(반사) 창에서 'Axis(축) : Vertical(세로)'을 선택합니다.

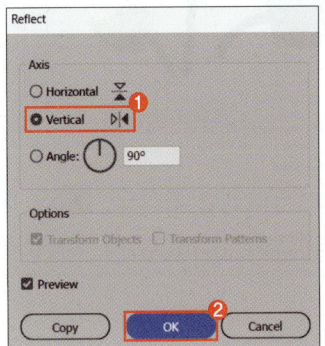

05 좌측 잎의 색을 Swatches(견본) 패널에서 'Fill(칠) : C90M30Y100과 C90M30Y100K30'으로 지정합니다. 우측 잎의 색을 Swatches(견본) 패널에서 'Fill(칠) : C30Y100과 C70Y100'으로 지정합니다.

06 Pen Tool(펜 도구, ✒)을 선택하여 좌측 잎의 줄기 모양을 그린 후 Swatches(견본) 패널에서 'Fill(칠) : None(없음), Stroke(선) : C90M30Y100K30'으로 지정합니다.

07 줄기의 두께를 조절하기 위하여 Stroke(획) 패널에서 'Weight(두께) : 5pt'로 지정하고 Shift + Ctrl + [ ] 을 눌러 순서를 맨 뒤로 보냅니다.

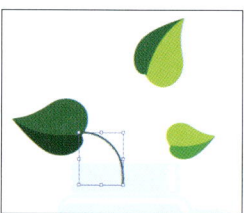 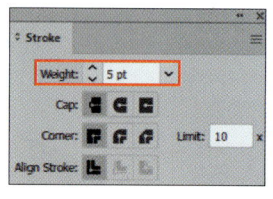 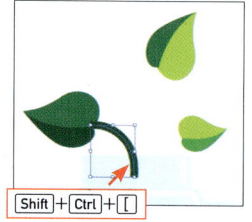 

08 Pen Tool(펜 도구, ✒)을 선택하여 가운데와 우측 잎의 줄기 모양을 그린 후 Swatches(견본) 패널에서 각각 'Stroke(선) : C90M30Y100과 C70Y100'으로 지정합니다.

09 줄기의 두께를 조절하기 위하여 Stroke(획) 패널에서 'Weight(두께) : 4pt'로 지정하고 Shift + Ctrl + [ ] 를 눌러 순서를 맨 뒤로 보냅니다.

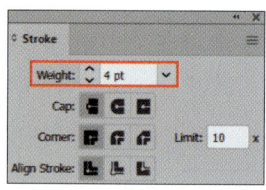  

10 제작한 잎 오브젝트를 Selection Tool(선택 도구, ▶)로 모두 선택하고 Ctrl + G 를 눌러서 그룹으로 묶은 후 [Object(오브젝트)]-[Hide(숨기기)]-[Selection(선택물)](Ctrl + 3)을 클릭하여 보이지 않도록 숨깁니다.

> **기적의 TIP**
>
> • 여러 개의 오브젝트를 제작할 때 먼저 제작이 끝난 오브젝트는 [Object(오브젝트)]-[Lock(잠그기)]-[Selection(선택물)](Ctrl + 2)을 클릭하여 선택되지 않도록 잠그거나 [Object(오브젝트)]-[Hide(숨기기)]-[Selection(선택물)](Ctrl + 3)을 클릭하여 보이지 않게 설정하면 새로운 오브젝트를 만들 때 간섭받지 않을 수 있습니다.
> • 반대로 [Object(오브젝트)]-[Unlock All(모든 잠금 풀기)](Alt + Ctrl + 2)을 클릭하여 모든 개체의 잠금을 풀거나 [Object(오브젝트)]-[Show All(모두 표시)](Alt + Ctrl + 3)을 클릭하여 다시 보이도록 설정할 수 있습니다.

05 꽃 오브젝트 만들기

01 꽃잎 모양을 반만 그려서 좌우로 반사시키면 하나의 꽃잎을 만들 수 있습니다. 반사의 기준이 되는 선을 만들기 위하여 눈금자에서 안내선을 드래그하여 만듭니다. Pen Tool(펜 도구,)을 선택하고 꽃잎의 반을 그린 후 Direct selection Tool(직접 선택 도구,)로 모양을 편집합니다.

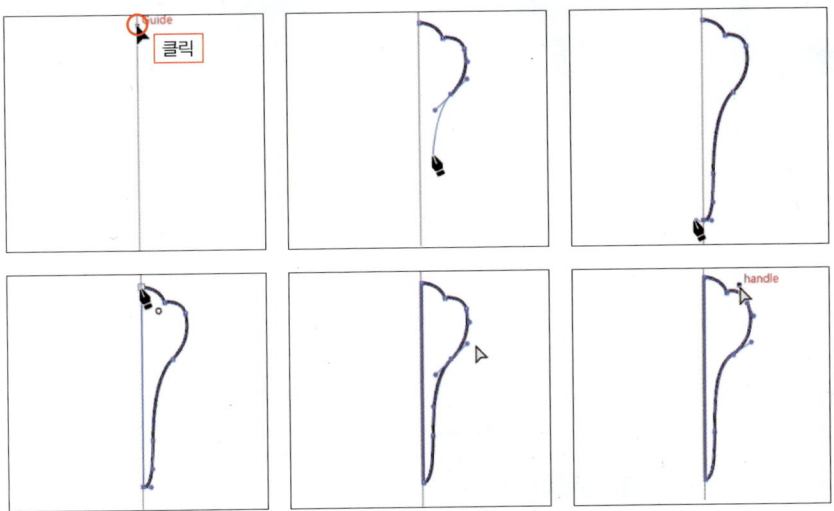

02 Selection Tool(선택 도구,)로 꽃잎 오브젝트를 선택하고 Reflect Tool(반사 도구,)을 선택한 후 Alt 를 누른 채 반사의 기준이 될 안내선을 클릭합니다. 원본 오브젝트와 반사된 오브젝트가 모두 보일 수 있도록 Reflect(반사) 창에서 'Axis(축) : Vertical(세로)'을 선택하고 Copy(복사)를 클릭합니다.

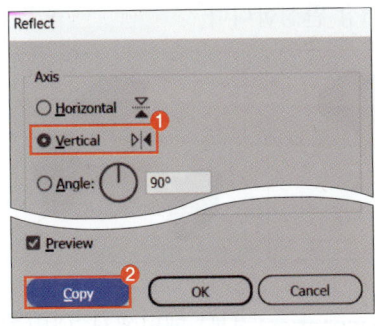 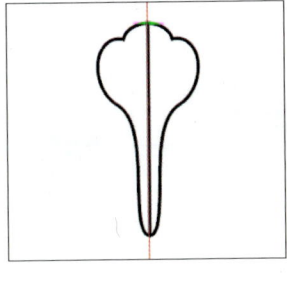

03 반사된 꽃잎 개체들을 선택하고 Pathfinder(패스파인더) 패널에서 Unite(합치기,)를 선택하여 병합합니다.

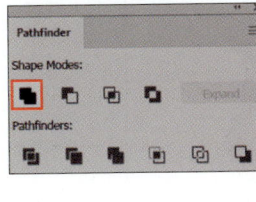 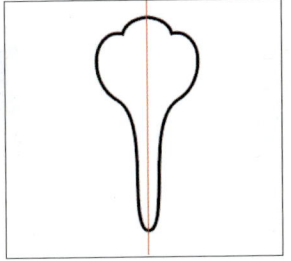

04 Swatches(견본) 패널에서 'Fill(칠) : 보라색 Gradient Swatch, Stroke(선) : None(없음)'으로 지정하고 Gradient Tool(그레이디언트 도구, ■)을 선택하여 그라디언트 방향을 아래에서 위로 드래그합니다. 불필요한 안내선은 [View(보기)]-[Guides(안내선)]-[Clear Guides(안내선 지우기)]를 선택하여 지웁니다.

 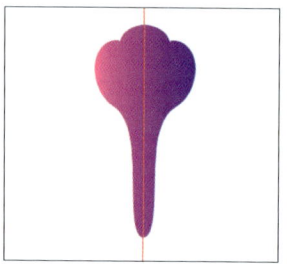 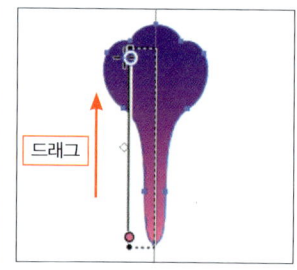

05 Pen Tool(펜 도구, ✎)을 선택하여 꽃잎의 안쪽 무늬를 그리고 Swatches(견본) 패널에서 'Fill(칠) : Y100, Stroke(선) : None(없음)'으로 지정합니다.

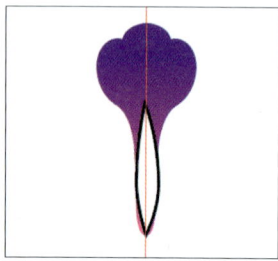  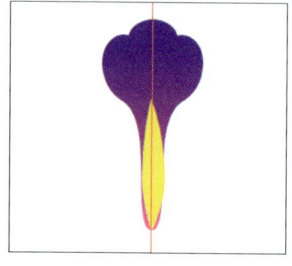

06 Selection Tool(선택 도구, ▶)로 꽃잎 오브젝트를 선택하고 Alt 를 누른 채 드래그하여 복사한 후 출력형태에 따라 배치한 후, 이를 반복하여 꽃잎을 3장 완성합니다.

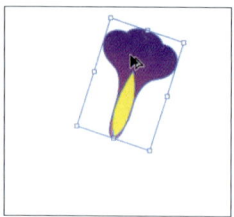 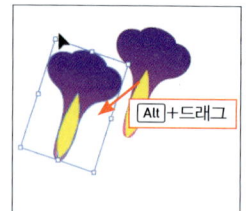  

07 Pen Tool(펜 도구, ✎)을 선택하여 꽃봉우리를 그리고 Swatches(견본) 패널에서 'Fill(칠) : 보라색 Gradient Swatch, Stroke(선) : None(없음)'으로 지정합니다. Gradient Tool(그레이디언트 도구, ■)을 선택하여 그라디언트 방향을 아래에서 위로 드래그합니다.

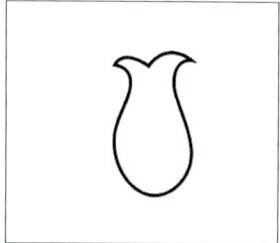  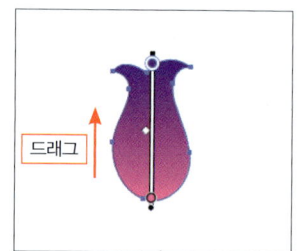

08 꽃잎 오브젝트 위에 꽃봉우리 오브젝트를 배치한 후 꽃잎과 꽃봉우리를 모두 선택하고 [Object(오브젝트)]-[Group(그룹)](Ctrl +G)을 클릭하여 그룹으로 만듭니다.

> **기적의 TIP**
>
> 개체를 완성한 후 그룹으로 묶어 놓으면 나중에 이동하거나 편집하기 위하여 개체를 선택할 때 쉽게 선택할 수 있습니다.

09 Pen Tool(펜 도구, ✎)을 선택하여 줄기를 그린 후 Swatches(견본) 패널에서 'Fill(칠) : None(없음), Stroke(선) : C90M30Y100'으로 지정합니다. 줄기의 두께를 조절하기 위하여 Stroke(획) 패널에서 'Weight(두께) : 3pt'로 지정합니다.

10 Pen Tool(펜 도구, ✎)을 선택하여 줄기의 잎을 그린 후 Swatches(견본) 패널에서 'Fill(칠) : C70Y100, Stroke(선) : None(없음)'으로 지정합니다.

11 Selection Tool(선택 도구, ▶)로 줄기의 잎 오브젝트를 선택하고 Alt 를 누른 채 드래그하여 복사한 후 배치합니다. 반복하여 잎을 3장 완성하고 Shift + Ctrl + [를 눌러 순서를 맨 뒤로 보냅니다.

12 완성한 한 송이의 꽃 오브젝트를 선택하여 Ctrl+G를 눌러 그룹으로 만든 후 Alt를 누른 채 드래그하여 오른쪽으로 복사합니다.

13 오브젝트를 제자리에서 좌우로 반사시키기 위하여 Reflect Tool(반사 도구, ▷|◁)을 더블 클릭하고 Reflect(반사) 창에서 'Axis(축) : Vertical(세로)'을 선택합니다.

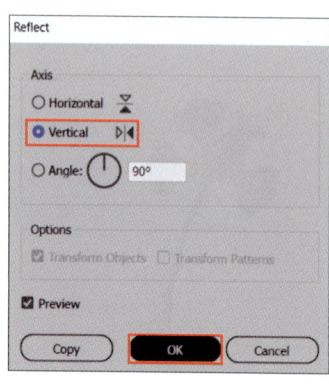 

14 반사된 꽃 오브젝트를 Shift를 누르면서 정비율로 크기 조절한 후 적절하게 배치합니다.

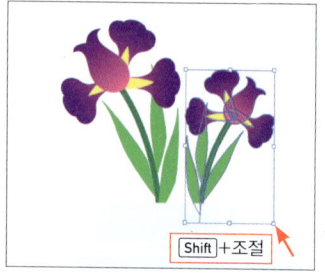

15 [Object(오브젝트)]-[Show All(모두 표시)](Alt+Ctrl+3)을 클릭하여 숨겼던 잎 오브젝트를 다시 보이도록 설정합니다. Selection Tool(선택 도구, ▶)로 잎 오브젝트를 선택하고 Shift+Ctrl+[를 눌러 순서를 맨 뒤로 보냅니다.

06 파일 저장

01 최종적으로 작업 파일의 오브젝트 위치, 순서를 점검하고 불필요한 안내선이 남아있는 경우 [View(보기)]-[Guide(안내선)]-[Clear Guide(안내선 지우기)]를 선택하여 안내선을 지웁니다.

02 [File(파일)]-[Save as(다른이름으로 저장)]([Shift]+[Ctrl]+[S])을 선택하여 '저장 위치 : 내 PCW문서WGTQ, 파일 이름 : 수험번호-성명-1, 파일 형식 : Adobe Illustrator(*.AI)'로 저장합니다. [Illustrator Options(Illustrator 옵션)] 창이 뜨면 [OK(확인)]를 누르고 옵션 창을 닫습니다.

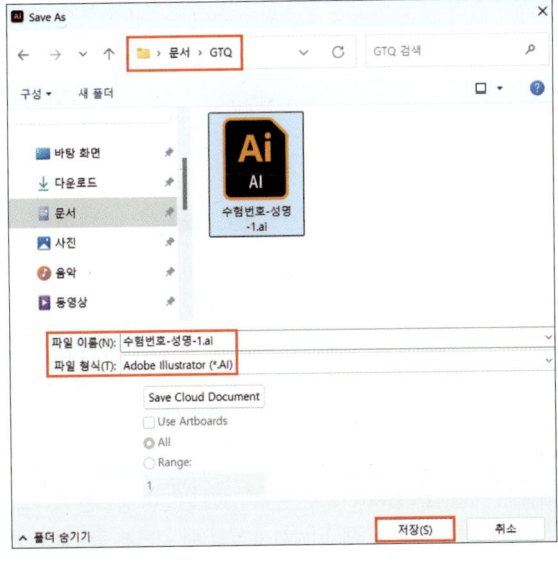
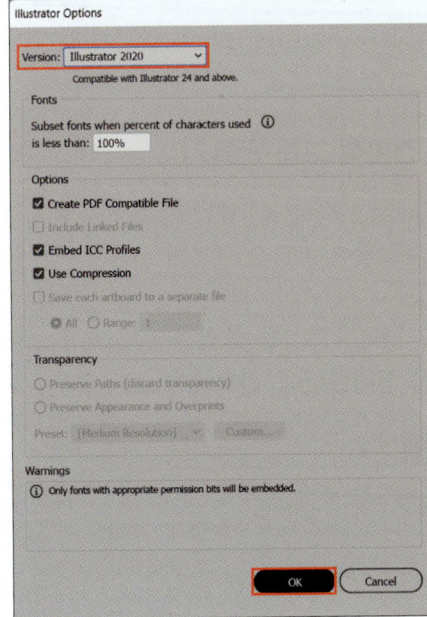

03 답안 저장이 완료되면 [File(파일)]-[Close(닫기)]([Ctrl]+[W])를 선택하여 파일을 닫고 수험 프로그램에서 [답안 전송]을 선택하여 ai 파일을 감독관 컴퓨터로 전송합니다.

문제 ❷	문자와 오브젝트
작업과정	① 새 작업 파일 만들기 ➡ ② 견본색 그룹 만들기 ➡ ③ 브러시 오브젝트 만들기 ➡ ④ 문자 입력하고 변형하기 ➡ ⑤ 물뿌리개 오브젝트 만들기 ➡ ⑥ 수레 오브젝트 만들기 ➡ ⑦ 식물 오브젝트 만들기 ➡ ⑧ 그림자 효과 적용 ➡ ⑨ 파일 저장
완성이미지	PART03₩수험번호-성명-2.ai

01 새 작업 파일 만들기

01 새 작업 파일을 만들기 위하여 [File(파일)]-[New(새로 만들기)]([Ctrl]+[N])를 선택하고 'Width : 100mm, Height : 80mm, Units : Millimeters, Color Mode : CMYK'를 설정하여 새 작업 파일을 만듭니다.

02 [View(보기)]-[Rulers(눈금자)]-[Show Rulers(눈금자 표시)]([Ctrl]+[R])를 선택하여 눈금자를 표시합니다.

03 작업 파일을 저장하기 위하여 [File(파일)]-[Save as(다른이름으로 저장)]([Shift]+[Ctrl]+[S])을 선택하여 '저장 위치 : 내PC₩문서₩GTQ, 파일 이름 : 수험번호-성명-2, 파일 형식 : Adobe Illustrator(*.AI)'로 저장합니다. [Illustrator Options(Illustrator 옵션)] 창이 뜨면 [OK(확인)]를 누르고 옵션 창을 닫습니다.

02 견본색 그룹 만들기

01 Swatches(견본) 패널 우측 하단에서 New Group(새 색상 견본 그룹, ▣)을 선택하여 새로운 그룹을 만들고 그룹의 이름을 GTQ라고 입력합니다.

02 만들어진 그룹을 클릭하고 New Swatch(새 견본, ▣)를 선택하여 문제에서 제시하는 색상값을 입력합니다. 반복하여 모든 색상을 견본 그룹에 만듭니다.

> **기적의 TIP**
>
> 2번, 3번 문제는 제작해야 할 오브젝트가 많기 때문에 모든 색을 미리 Swatches(견본) 패널에 만들어 놓으면 각각의 오브젝트에 해당하는 색을 찾기가 어려울 수 있습니다. 제작하려는 오브젝트에 따라서 필요할 때 견본을 추가하는 것이 좋습니다.

03 브러시 오브젝트 만들기

01 리본 모양 배너를 브러시로 그리기 위하여 Line Segment Tool(선분 도구, ✏️)을 선택하고 Shift 를 누르면서 직선을 그립니다.

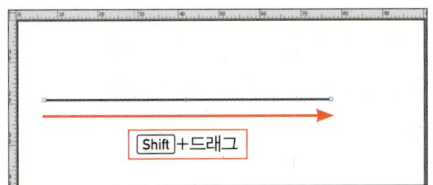

02 Brushes(브러시) 패널 좌측 하단에서 Brush Libraries Menu(브러시 라이브러리 메뉴, 📚)를 선택하고 [Decolative(장식)]-[Decorative_Banners and Seals(장식_배너와 씰)]을 클릭하여 추가 브러시 패널을 불러옵니다. 'Banner 1(배너 1)'을 선택하여 적용하고 배치합니다.

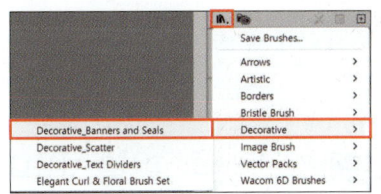 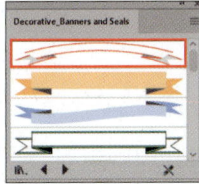 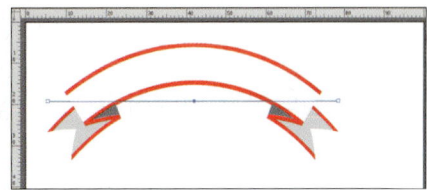

> 📌 **기적의 TIP**
>
> 문제의 지시사항에서 브러시의 이름을 명시하고 있지만 라이브러리 속의 경로는 알려주지 않기 때문에 추가 브러시 패널의 좌측 하단에서 Load Previous Brush Library(이전 브러시 라이브러리 불러오기, ◀)와 Load Next Brush Library(다음 브러시 라이브러리 불러오기, ▶)를 누르면서 찾아야 합니다.

03 수채화 모양을 브러시로 그리기 위하여 Paintbrush Tool(페인트 브러시 도구, 🖌️)을 선택하고 곡선을 그립니다.

04 Brushes(브러시) 패널 좌측 하단에서 Brush Libraries Menu(브러시 라이브러리 메뉴, 📚)를 선택하고 [Artistic(예술)]-[Artistic_Watercolor(예술_수채화 효과)]를 클릭하여 추가 브러시 패널을 불러옵니다. 'Watercolor-Blend(수채화-블렌드)'를 선택하여 적용하고 배치합니다.

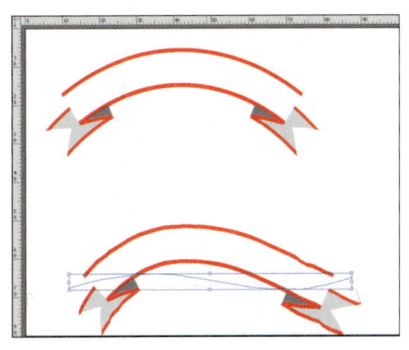 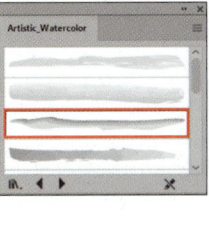 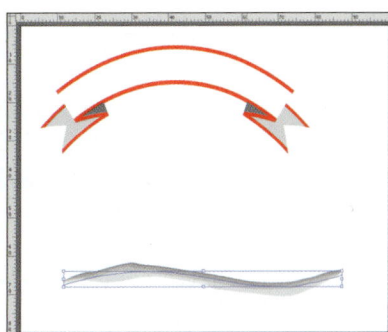

05 브러시 선에 색을 지정하기 위하여 Selection Tool(선택 도구, ▶)로 브러시 오브젝트를 선택하고 Swatches(견본) 패널에서 'Fill(칠) : None(없음), Stroke(선) : C40M70Y100K50'으로 지정합니다. 더 이상 편집이 필요 없는 오브젝트이기 때문에 다음 작업에 방해되지 않도록 모두 선택하여 Ctrl + 2 를 눌러서 잠급니다.

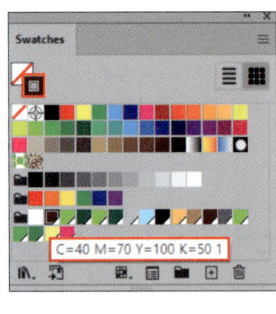
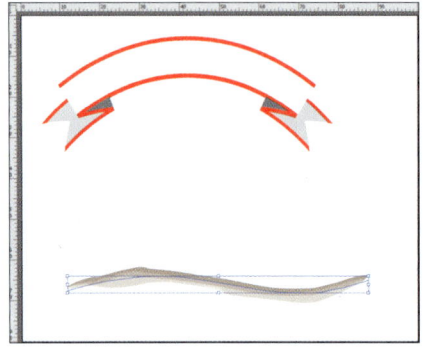

04 문자 입력하고 변형하기

01 곡선 위에 문자를 입력하기 위하여 Pen Tool(펜 도구, ✒)을 선택하고 곡선을 만듭니다. Type on a Path Tool(패스 상의 문자 도구, ✓)을 선택하고 곡선을 클릭하여 'GARDEN-ING'을 입력한 후 Ctrl + A 를 눌러 모두 선택합니다.

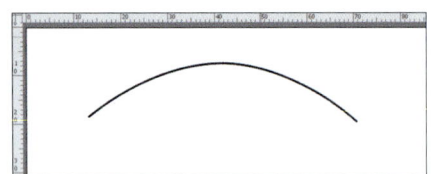

02 상단 옵션 바에서 'Set the Font family(글꼴 군 설정) : Times New Roman, Set the Font style(글꼴 스타일) : Bold, Set the Font size(글꼴 크기) : 20pt, Align Center(가운데 정렬)'로 선택하고 Swatches(견본) 패널에서 'Fill(칠) : C50Y100, Stroke(선) : None(없음)'으로 지정합니다.

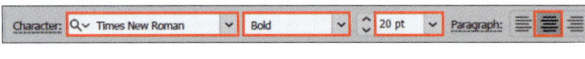
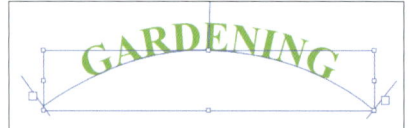

> **기적의 TIP**
>
> 문제의 지시사항에 없는 문자의 크기는 출력형태와 비슷하게 보고 수험자가 임의로 지정합니다.

03 문자를 위, 아래로 분리하여 색을 따로 지정하려면 패스 상태로 만들어서 분리해야 합니다. 문자를 선택하고 [Type(문자)]-[Create outline(윤곽선 만들기)](Shift + Ctrl + O)를 선택하여 패스로 만듭니다.

04 문자가 패스화되면서 그룹으로 묶입니다. 그룹 안에서 분리하는 작업을 하기 위하여 Selection Tool(선택 도구, ▶)로 'GARDENING' 오브젝트를 더블 클릭하고 Isolation Mode(격리 모드)로 전환합니다.

> **기적의 TIP**
>
> - 오브젝트를 Selection Tool(선택 도구, ▶)로 더블 클릭하면 Isolation Mode(격리 모드)로 전환되면서 다른 오브젝트들의 간섭을 받지 않고 작업할 수 있습니다.
> - Isolation Mode(격리 모드)에서 오브젝트를 추가하여 그리면 같은 그룹으로 묶입니다. 의도적으로 Isolation Mode(격리 모드)로 전환한 것이 아니라면 Esc 를 누른 채 Isolation Mode(격리 모드)를 해제합니다.
> - 아트보드의 좌측 상단에서 Isolation Mode(격리 모드)인지 확인할 수 있고 선택한 오브젝트 이외의 나머지 오브젝트들은 색이 흐리게 보입니다.

05 문자 오브젝트를 위, 아래로 분리하기 위하여 Erase Tool(지우개 도구, ◆)을 선택합니다. [와] 를 눌러서 문자를 분리하는 선만큼 작게 지우개의 크기를 조절한 후 문자 오브젝트를 지나가도록 드래그합니다.

06 분리된 아래쪽 오브젝트들을 Selection Tool(선택 도구, ▶)로 Shift 를 누르면서 모두 선택하고 Swatches(견본) 패널에서 'Fill(칠) : C90M30Y90K30, Stroke(선) : None(없음)'으로 지정합니다. Esc 를 누르고 Isolation Mode(격리 모드)를 해제한 후 배너 오브젝트 위에 적절하게 배치합니다.

07 곡선 위에 문자를 입력하기 위하여 Pen Tool(펜 도구, ✎)을 선택하고 곡선을 그립니다. Type on a Path Tool(패스 상의 문자 도구, ⦗)을 선택하고 곡선을 클릭하여 'Gardening Tools'를 입력한 후 Ctrl + A 를 눌러 모두 선택합니다.

08 상단 옵션 바에서 'Set the Font family(글꼴 군 설정) : Arial, Set the Font style(글꼴 스타일) : Regular, Set the Font size(글꼴 크기) : 10pt, Align Center(가운데 정렬)'로 선택하고 Swatches(견본) 패널에서 'Fill(칠) : C90M30Y90K30, Stroke(선) : None(없음)'으로 지정합니다.

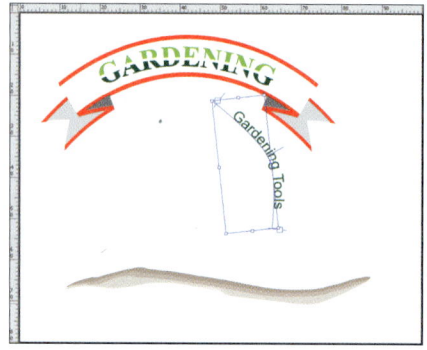

05 물뿌리개 오브젝트 만들기

01 Ellipse Tool(원형 도구, 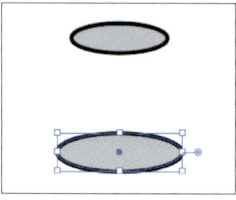)을 선택하고 아트보드를 클릭한 후 'Width(폭) : 10mm, Height(높이) : 3mm'를 입력합니다. Swatches(견본) 패널에서 'Fill(칠) : K20, Stroke(선) : K100'으로 지정한 후 Stroke(획) 패널에서 'Weight(두께) : 1pt'를 확인합니다.

02 원형 오브젝트를 Alt를 누른 채 아래로 드래그합니다. 복사한 후 복사된 아래쪽 타원을 선택하고 Scale Tool(크기 조절 도구,)을 더블 클릭하여 Scale(크기 조절) 창에서 'Uniform(균일) : 130%'를 입력합니다.

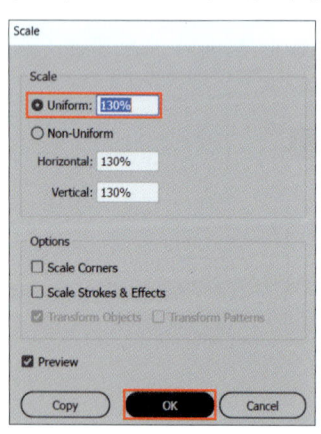

> **기적의 TIP**
>
> Scale Tool(크기 조절 도구,)로 크기를 조절할 때 Scale(크기 조절) 창에서 Scale Strokes & Effects(선, 효과 크기 조절)옵션에 체크하면 선의 두께도 함께 조절됩니다. 크기를 조절할 때 선의 두께가 영향받지 않도록 하려면 Scale Strokes & Effects(선, 효과 크기 조절) 옵션에 체크를 해제합니다.

03 Pen Tool(펜 도구,)을 선택하고 두 개의 타원을 연결하는 사각형을 그립니다. 사각형과 아래쪽 타원을 선택하고 Pathfinder(패스파인더) 패널에서 Unite(합치기,)를 선택하여 병합합니다.

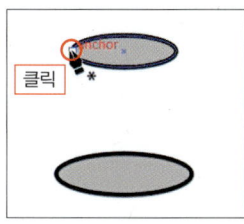 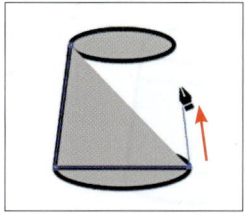  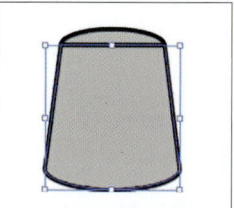

04 물뿌리개의 몸통을 분리하기 위하여 Pen Tool(펜 도구,)을 선택하고 곡선을 그린 후 Alt를 누른 채 아래로 드래그하여 복사합니다. 몸통 오브젝트와 곡선들을 선택하여 Pathfinder (패스파인더) 패널에서 Divide(나누기,)를 선택하여 분리합니다.

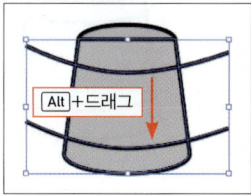 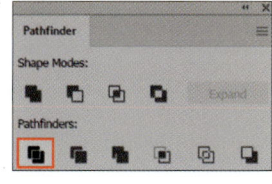 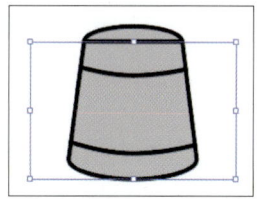

05 분리된 중간 오브젝트를 Direct selection Tool(직접 선택 도구,)로 선택하고 Swatches (견본) 패널에서 'Fill(칠) : C40'으로 지정합니다. Selection Tool(선택 도구,)로 위쪽 타원을 선택하고 Shift + Ctrl +] 를 눌러 순서를 맨 앞으로 배치합니다.

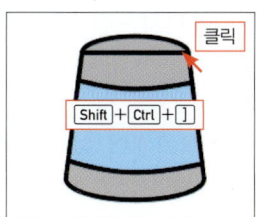 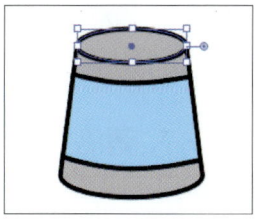

06 꽃잎을 만들기 위하여 Ellipse Tool(원형 도구,)을 선택하고 아트보드를 클릭한 후 'Width(폭) : 1mm, Height(높이) : 3mm'를 입력합니다. Swatches(견본) 패널에서 'Fill(칠) : C0M0Y0K0, Stroke(선) : None(없음)'으로 지정하고 물뿌리개 위로 배치합니다.

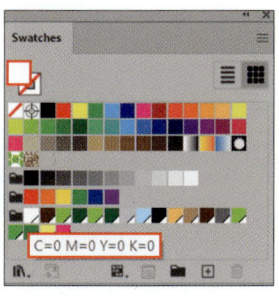 

07 타원을 꽃 모양으로 회전 복사하기 위하여 Rotate Tool(회전 도구)을 선택하고 Alt 를 누른 채 회전의 중심이 될 타원의 아래쪽 고정점을 클릭합니다. Rotate(회전) 창에서 'Angle(각도) : 45°'를 입력하고 Copy(복사)를 클릭합니다.

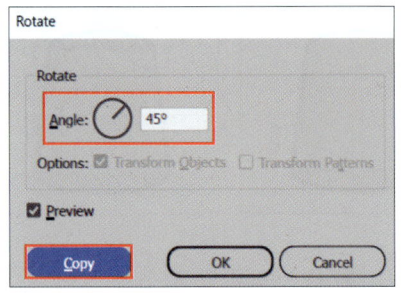

08 같은 작업을 반복하여 꽃잎의 개수를 8개로 완성하기 위하여 Ctrl + D 를 여섯 번 누릅니다.

> **기적의 TIP**
>
> 오브젝트를 복사하거나 이동, 회전하는 등 어떤 작업을 반복할 때 Ctrl + D 를 누르면 누를 때마다 같은 작업이 반복됩니다.

09 손잡이를 만들기 위하여 Ellipse Tool(원형 도구, ⬤)을 선택하고 아트보드를 클릭한 후 'Width(폭) : 10mm, Height(높이) : 11mm'를 입력합니다.

10 타원을 선택하고 Eyedropper Tool(스포이드 도구, ✏)을 선택하여 물뿌리개의 회색 오브젝트를 클릭하면 Fill(칠)과 Stroke(선)가 같은 색으로 적용됩니다.

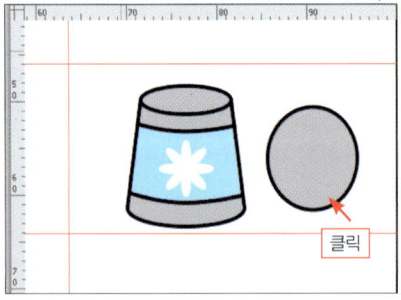

11 타원을 선택하고 Scale Tool(크기 조절 도구,)을 더블 클릭합니다. Scale(크기 조절) 창에서 'Non-Uniform(비균일), Horizontal(가로) : 60%, Vertical(세로) : 90%'를 입력하고 Copy(복사)를 클릭합니다.

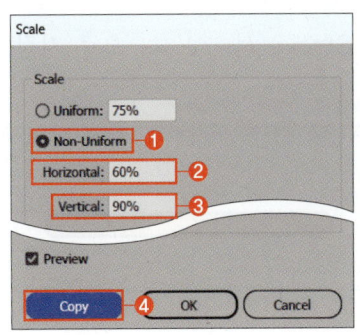 

12 두 개의 타원을 선택하고 Pathfinder(패스파인더) 패널에서 Minus Front(앞면 오브젝트 제외,)를 선택하여 불필요한 부분은 삭제합니다. 손잡이 오브젝트를 적절하게 배치하고 Shift + Ctrl + [를 눌러 순서를 맨 뒤로 보냅니다.

 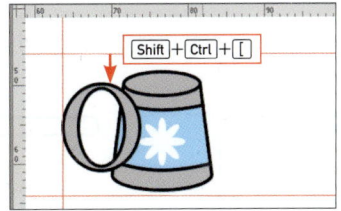 

13 Pen Tool(펜 도구,)을 선택하고 물뿌리개 주둥이를 그립니다. Ellipse Tool(원형 도구,)을 선택 후 드래그하여 물뿌리개 주둥이의 마개를 그린 후 적절하게 배치합니다.

14 물뿌리개의 주둥이와 마개 오브젝트들을 선택하고 Shift + Ctrl + [를 눌러 순서를 맨 뒤로 보냅니다. 완성된 물뿌리개를 Ctrl + G 를 누르고 그룹으로 묶어둡니다.

06 수레 오브젝트 만들기

01 Rounded Rectangle Tool(둥근 사각형 도구, ▢)을 선택하고 아트보드를 클릭한 후 'Width(폭) : 40mm, Height(높이) : 3mm, Corner Radius(모퉁이 반경) : 1.5mm'를 입력합니다. Swatches(견본) 패널에서 'Fill(칠) : M30Y80, Stroke(선) : K100'으로 지정하고 배치합니다.

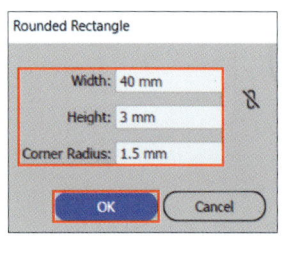

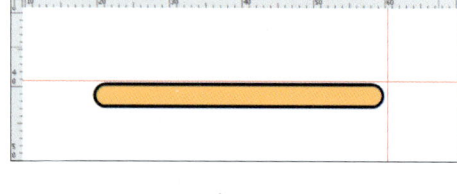

02 Pen Tool(펜 도구, ✎)을 선택하여 수레의 몸통을 그리고 Shift+Ctrl+[ ]를 눌러 순서를 맨 뒤로 보냅니다.

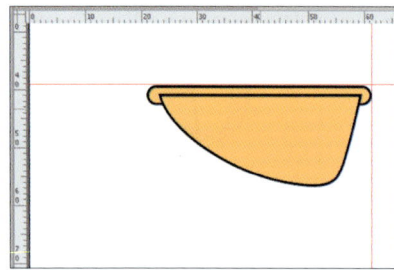
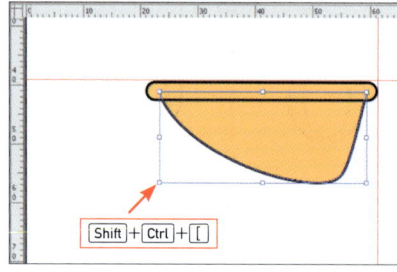

03 바퀴를 만들기 위하여 Ellipse Tool(원형 도구, ◯)을 선택하고 아트보드를 클릭한 후 'Width(폭) : 10mm, Height(높이) : 10mm'를 입력합니다. Swatches(견본) 패널에서 'Fill(칠) : K70, Stroke(선) : K100'으로 지정하고 배치합니다.

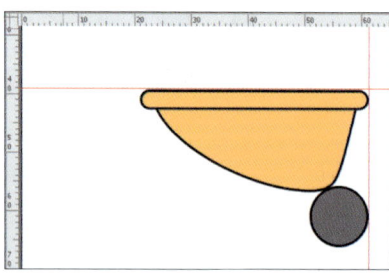

04 타원을 선택하고 Scale Tool(크기 조절 도구,)을 더블 클릭합니다. Scale(크기 조절) 창에서 'Uniform(균일) : 50%'를 입력하고 Copy(복사)를 클릭합니다. 축소 복사된 오브젝트를 Swatches(견본) 패널에서 'Fill(칠) : C50Y100'으로 지정합니다.

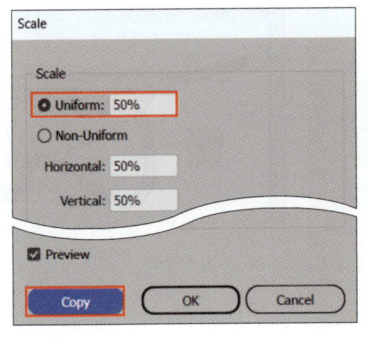 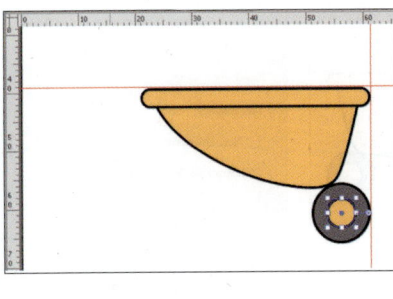

05 프레임을 그리기 위하여 Blob Brush Tool(물방울 브러시 도구)을 선택하고 [와]를 눌러서 프레임의 두께만큼 작게 브러시의 크기를 조절한 후 드래그하면서 그립니다. 프레임 오브젝트를 선택하고 Swatches(견본) 패널에서 'Fill(칠) : C30M50Y70, Stroke(선) : K100'으로 지정하고 배치합니다.

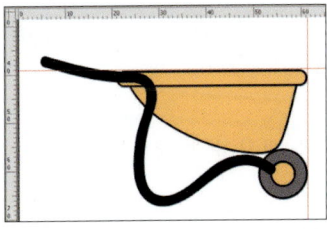  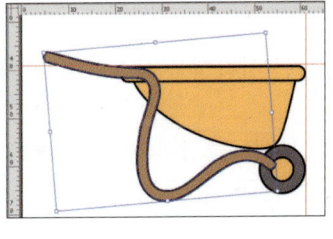

06 프레임 오브젝트를 선택하고 Shift + Ctrl + [를 눌러 순서를 맨 뒤로 보냅니다. 손잡이를 분리하기 위하여 Knife Tool(칼 도구,)을 선택하고 손잡이로 분리될 선을 드래그하여 그립니다. 손잡이 오브젝트를 선택하고 Swatches(견본) 패널에서 'Fill(칠) : C40M70Y100K50'으로 지정합니다.

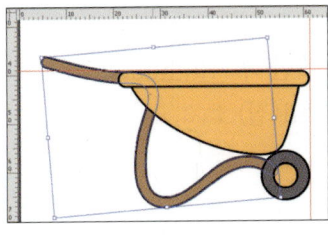  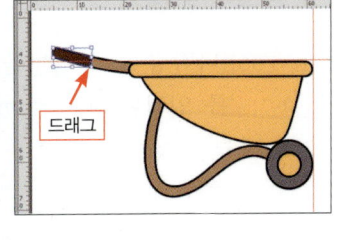

07 화분을 만들기 위하여 Rectangle Tool(사각형 도구,)을 선택하고 아트보드를 클릭한 후 'Width(폭) : 10mm, Height(높이) : 10mm'를 입력합니다. 사각형을 선택하고 Eyedropper Tool(스포이드 도구,)을 선택하여 프레임 오브젝트를 클릭 후, Fill(칠)과 Stroke(선)을 프레임 오브젝트와 같은 색으로 적용합니다.

08 사각형의 아래쪽 두 개의 고정점을 Direct selection Tool(직접 선택 도구,)로 선택하고 Scale Tool(크기 조절 도구,)을 더블 클릭하여 Scale(크기 조절) 창에서 'Uniform(균일) : 80%'를 입력합니다.

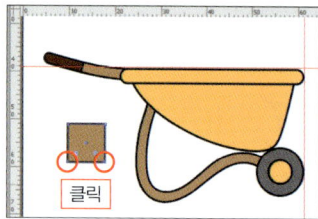 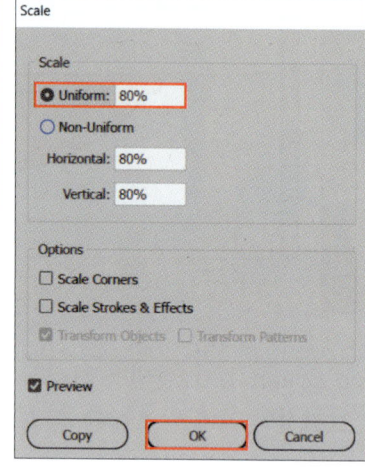 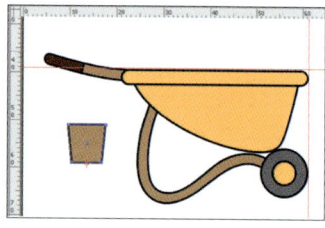

09 Rounded Rectangle Tool(둥근 사각형 도구,)을 선택하고 아트보드를 클릭한 후 'Width(폭) : 10mm, Height(높이) : 2mm, Corner Radius(모퉁이 반경) : 1mm'를 입력합니다. 둥근 사각형을 사각형 위에 배치하여 화분을 완성합니다.

10 화분 오브젝트를 선택하여 Alt 를 누른 채 복사하여 수레 위에 배치한 후 화분 오브젝트들을 선택하고 Shift + Ctrl + [를 눌러 순서를 맨 뒤로 보냅니다.

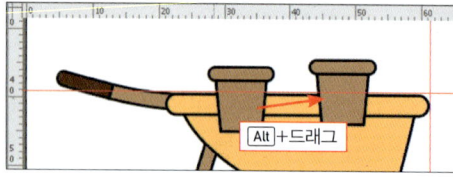 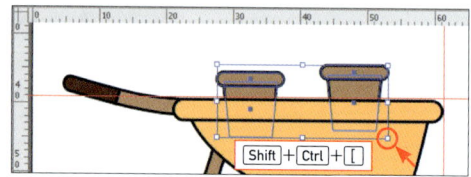

07 식물 오브젝트 만들기

01 Polygon Tool(다각형 도구,)을 선택하고 아트보드를 클릭한 후 'Radius(반경) : 3mm, Sides(면) : 5'를 입력합니다. Swatches(견본) 패널에서 'Fill(칠) : M100, Stroke(선) : None(없음)'으로 지정합니다.

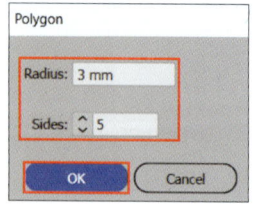 

02 꽃 모양으로 변형하기 위하여 [Effect(효과)]-[Distort & Transform(왜곡과 변형)]-[Pucker & Bloat(오목과 볼록)]을 선택하고 'Bloat(볼록) : 80%'로 입력합니다.

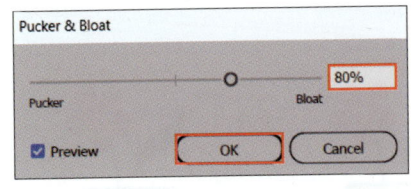 

03 변형한 오각형을 꽃 모양으로 패스화하기 위하여 [Object(오브젝트)]-[Expand Appearance(모양 확장)]를 선택합니다. Ellipse Tool(원형 도구, ◯)을 선택하고 아트보드를 클릭한 후 'Width(폭) : 1mm, Height(높이) : 1mm'를 입력합니다. Swatches(견본) 패널에서 'Fill(칠) : C0M0Y0K0, Stroke(선) : None(없음)'으로 지정하고 꽃 모양 위로 배치합니다.

> **기적의 TIP**
>
> 오브젝트에 효과를 적용한 후 추가로 편집작업이 필요하다면 Expand Appearance(모양 확장)를 적용하여 보이는대로 패스화합니다. 추가로 편집작업이 필요없다면 Expand Appearance(모양 확장)를 적용할 필요는 없습니다.

04 Pen Tool(펜 도구, ✏)을 선택하여 꽃의 중심인 줄기 모양을 그린 후 Swatches(견본) 패널에서 'Fill(칠) : None(없음), Stroke(선) : C70Y100'으로 지정합니다. 줄기의 두께를 조절하기 위하여 Stroke(획) 패널에서 'Weight(두께) : 1pt'로 지정하고 Shift + Ctrl + []을 눌러 순서를 맨 뒤로 보냅니다.

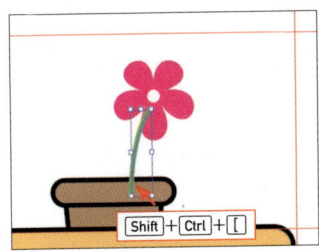 

05 Pen Tool(펜 도구, ✏)을 선택하여 잎 모양을 그린 후 Swatches(견본) 패널에서 'Fill(칠) : None(없음), Stroke(선) : C50Y100'으로 지정합니다.

06 줄기의 두께를 조절하기 위하여 Stroke(획) 패널에서 'Weight(두께) : 4pt'로 지정하고 'Profile(속성) : Width Profile 1'를 선택합니다. [Object(오브젝트)]-[Expand Appearance (모양 확장)]을 선택하여 잎 모양을 패스화합니다.

07 잎 오브젝트를 선택하고 Alt 를 누른 채 드래그하여 복사합니다. Reflect Tool(반사 도구, ▷|◁) 을 더블 클릭하여 Reflect(반사) 창에서 'Axis(축) : Vertical(세로)'을 선택하고 제자리에서 반사합니다. 잎 오브젝트들을 적절하게 배치하고 Shift + Ctrl + [ ] 을 눌러 순서를 맨 뒤로 보냅니다.

 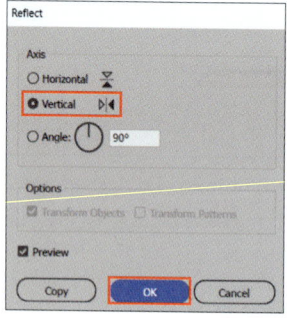  

08 한 송이의 꽃 오브젝트를 Alt 를 누른 채 드래그하여 복사합니다. Reflect Tool(반사 도구, ▷|◁)을 더블 클릭하여 Reflect(반사) 창에서 'Axis(축) : Vertical(세로)'을 선택하고 제자리에서 반사합니다.

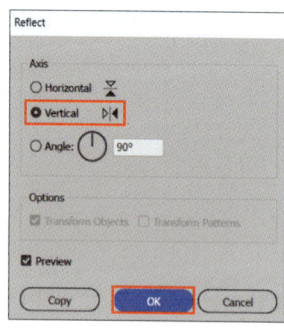 

09 복사된 꽃잎 오브젝트를 선택하여 Swatches(견본) 패널에서 'Fill(칠) : Y80'으로 지정한 후 복사된 잎 오브젝트를 선택하고 Swatches(견본) 패널에서 'Fill(칠) : C80M10Y100'으로 지정합니다.

10 복사된 한 송이의 꽃 오브젝트를 선택하고 Scale Tool(크기 조절 도구,)을 더블 클릭하여 Scale(크기 조절) 창에서 'Uniform(균일) : 80%'를 입력합니다. 적절하게 배치한 꽃 오브젝트들을 모두 선택하고 Shift + Ctrl + [을 눌러 순서를 맨 뒤로 보냅니다.

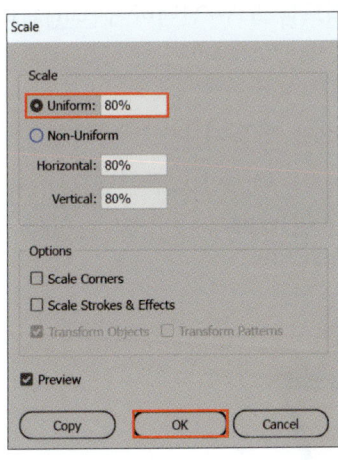

11 꽃 오브젝트들을 Alt 를 누른 채 드래그하여 복사하고 화분에 배치합니다.

12 Pen Tool(펜 도구,)을 선택하고 풀 모양을 그린 후 Swatches(견본) 패널에서 'Fill(칠) : C70Y100, Stroke(선) : None(없음)'으로 지정합니다.

13 Alt를 누른 채 드래그하여 풀 오브젝트를 복사하고 수레에 배치한 후, Shift + Ctrl + [을 눌러 순서를 맨 뒤로 보냅니다.

08 그림자 효과 적용

01 전체적인 그림자를 적용하기 위하여 만들어진 꽃수레 오브젝트를 모두 선택하여 Ctrl + G 를 누르고 그룹으로 묶습니다.

02 [Effect(효과)]-[Stylize(스타일화)]-[Drop Shadow(그림자 만들기)]를 선택하고 Drop Shadow(그림자 효과) 창에서 'Mode(모드) : Multiply(곱하기), Opacity(불투명도) : 75%, X Offset(X 옵셋) : 1mm, Y Offset(Y 옵셋) : 1mm, Blur(흐림 효과) : 1mm'로 지정합니다.

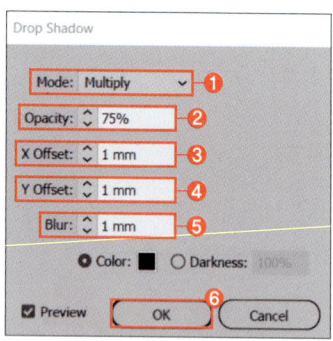 

09 파일 저장

01 최종적으로 작업 파일의 오브젝트 위치, 순서를 점검하고 불필요한 안내선이 남아있는 경우 [View(보기)]-[Guide(안내선)]-[Clear Guide(안내선 지우기)]를 선택하여 안내선을 지웁니다.

02 [File(파일)]-[Save as(다른이름으로 저장)](Shift + Ctrl + S)을 선택하여 '저장 위치 : 내 PC\문서\GTQ, 파일 이름 : 수험번호-성명-2, 파일 형식 : Adobe Illustrator(*.AI)'로 저장합니다. [Illustrator Options(Illustrator 옵션)] 창이 뜨면 [OK(확인)]를 누르고 옵션 창을 닫습니다.

03 답안 저장이 완료되면 [File(파일)]-[Close(닫기)](Ctrl + W)를 선택하여 파일을 닫고 수험 프로그램에서 [답안 전송]을 선택하여 ai 파일을 감독관 컴퓨터로 전송합니다.

문제 ❸	어플리케이션 디자인
작업과정	① 새 작업 파일 만들기 ➡ ② 견본색 그룹 만들기 ➡ ③ 씨앗 패턴 만들기 ➡ ④ 꽃 오브젝트 만들기 ➡ ⑤ 캐리어 오브젝트 만들기 ➡ ⑥ 클리핑 마스크 적용 및 점선 편집하기 ➡ ⑦ 리본 오브젝트 만들기 ➡ ⑧ 봉투 오브젝트 만들기 ➡ ⑨ 패턴 적용 및 점선 편집하기 ➡ ⑩ 파일 저장
완성이미지	PART03₩수험번호-성명-3.ai

01 새 작업 파일 만들기

01 새 작업 파일을 만들기 위하여 [File(파일)]-[New(새로 만들기)](Ctrl + N)를 선택하고 'Width : 120mm, Height : 80mm, Units : Millimeters, Color Mode : CMYK'를 설정하여 새 작업 파일을 만듭니다.

02 [View(보기)]-[Rulers(눈금자)]-[Show Rulers(눈금자 표시)](Ctrl + R)를 선택하여 눈금자를 표시합니다.

03 작업 파일을 저장하기 위하여 [File(파일)]-[Save as(다른이름으로 저장)](Shift + Ctrl + S)을 선택하여 '저장 위치 : 내PC₩문서₩GTQ, 파일 이름 : 수험번호-성명-3, 파일 형식 : Adobe Illustrator(*.AI)'로 저장합니다. [Illustrator Options(Illustrator 옵션)] 창이 뜨면 [OK(확인)]를 누르고 옵션 창을 닫습니다.

02 견본색 그룹 만들기

01 Swatches(견본) 패널 우측 하단에서 New Group(새 색상 견본 그룹, ▣)을 선택하여 새로운 그룹을 만들고 그룹의 이름을 GTQ라고 입력합니다.

02 만들어진 그룹을 클릭하고 New Swatch(새 견본, ▣)를 선택하여 문제에서 제시하는 색상값을 입력합니다. 반복하여 모든 색상을 견본 그룹에 만듭니다.

03 씨앗 패턴 만들기

01 씨앗을 만들기 위하여 Ellipse Tool(원형 도구, ◯)을 선택하고 아트보드를 클릭한 후 'Width(폭) : 8mm, Height(높이) : 12mm'를 입력합니다.

02 Swatches(견본) 패널에서 'Fill(칠) : C30M40Y60, Stroke(선) : None(없음)'으로 지정한 후 Direct Selection Tool(직접 선택 도구, ▷)로 씨앗 모양을 편집합니다.

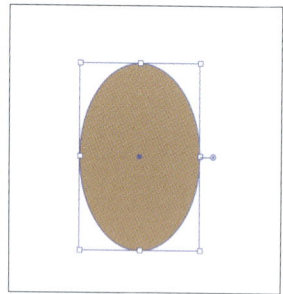 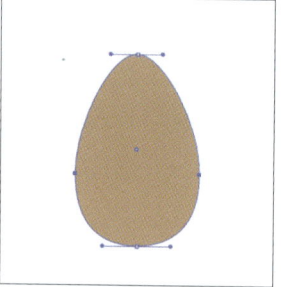

03 Selection Tool(선택 도구, ▶)로 타원을 선택하고 Scale Tool(크기 조절 도구, ⬚)을 더블 클릭합니다. Scale(크기 조절) 창에서 'Non-Uniform(비균일), Horizontal(가로) : 70%, Vertical(세로) : 100%'를 입력하고 Copy(복사)를 클릭합니다. 축소 복사된 타원을 Swatches (견본) 패널에서 'Fill(칠) : C30M60Y80K30'으로 지정합니다.

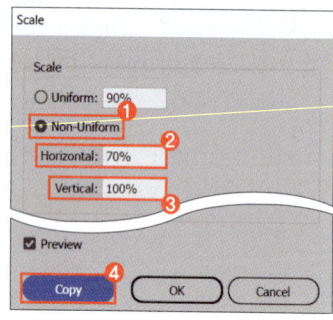  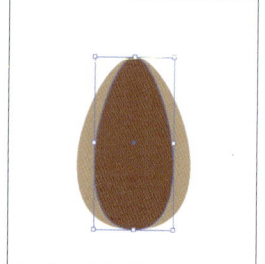

04 축소된 타원을 선택하고 Scale Tool(크기 조절 도구, ⬚)을 더블 클릭합니다. Scale(크기 조절) 창에서 'Non-Uniform(비균일), Horizontal(가로) : 50%, Vertical(세로) : 100%'를 입력하고 Copy(복사)를 클릭합니다. 축소 복사된 타원을 Swatches(견본) 패널에서 'Fill(칠) : C40M70Y100K50'으로 지정합니다.

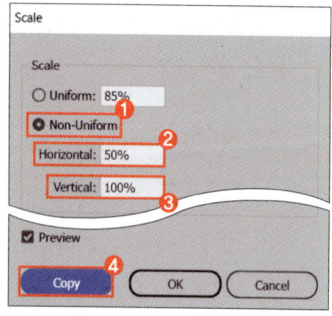  

05 씨앗 오브젝트를 Alt를 누른 채 복사하여 배치합니다. 패턴으로 만들기 위하여 완성한 씨앗 오브젝트들을 선택하고 [Object(오브젝트)]-[Pattern(패턴)]-[Make(만들기)]를 선택합니다. Pattern Options(패턴 옵션) 창에서 'Name(이름) : 씨앗, Tile Type(타일 유형) : Brick by Row(행으로 벽돌형), Width(폭) : 20mm, Height(높이) : 16mm'으로 지정하고 Done(완료)을 클릭합니다.

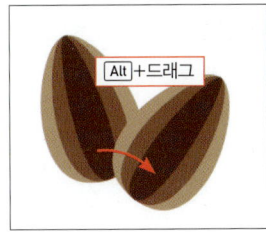
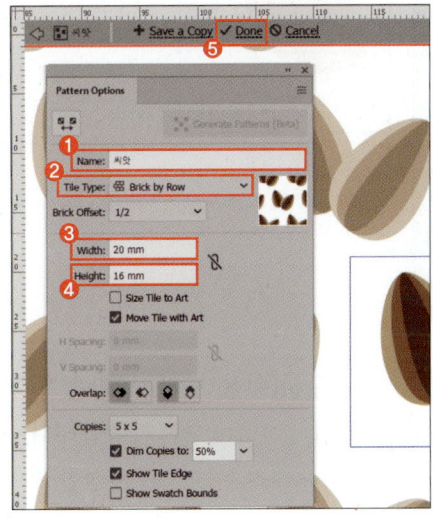

> **기적**의 TIP
>
> 패턴으로 지정할 때 Tile Type(타일 유형)이나 Width(폭), Height(높이)는 출력형태를 참고하여 임의로 지정합니다.

04 꽃 오브젝트 만들기

01 꽃잎을 만들기 위하여 Ellipse Tool(원형 도구, ◯)을 선택하고 아트보드를 클릭한 후 'Width(폭) : 3mm, Height(높이) : 6mm'를 입력합니다. Swatches(견본) 패널에서 'Fill(칠) : M40Y80, Stroke(선) : None(없음)'으로 지정합니다.

02 Alt를 누른 채 복사하여 반복적으로 배치하면서 꽃잎을 완성한 후 Pathfinder(패스파인더) 패널에서 Unite(합치기, ◼)를 선택하여 병합합니다.

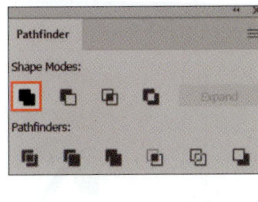
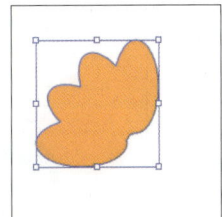

03 병합한 꽃잎을 선택하고 Scale Tool(크기 조절 도구,) 을 더블 클릭합니다. Scale(크기 조절) 창에서 'Uniform(균일) : 60%'를 입력하고 Copy(복사)를 클릭한 후 Swatches(견본) 패널에서 'Fill(칠) : M80Y90'으로 지정합니다.

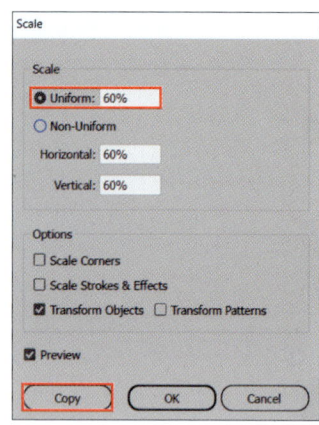
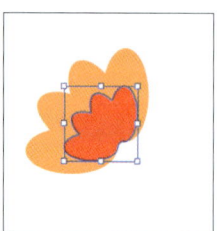

04 꽃받침을 만들기 위하여 Ellipse Tool(원형 도구,) 을 선택하고 아트보드를 클릭한 후 'Width(폭) : 3mm, Height(높이) : 6mm'를 입력합니다. Swatches(견본) 패널에서 'Fill(칠) : C50Y100, Stroke(선) : None(없음)'으로 지정한 후 Alt 를 누른 채 복사하고 출력 형태와 맞게 배치합니다.

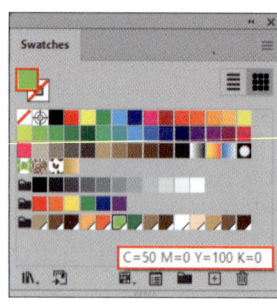

05 줄기를 만들기 위하여 Pen Tool(펜 도구,) 을 선택하고 곡선을 그린 후 Swatches(견본) 패널에서 'Fill(칠) : None(없음), Stroke(선) : C80M10Y100K20'으로 지정합니다. Stroke(획) 패널에서 'Weight(두께) : 2pt'로 지정하고 Shift + Ctrl + [을 눌러 순서를 맨 뒤로 보냅니다.

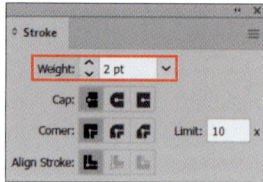
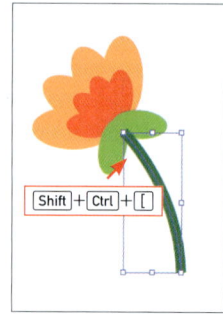

06 줄기를 선택하고 [Object(오브젝트)]-[Expand(확장)]를 클릭하여 패스로 만듭니다.

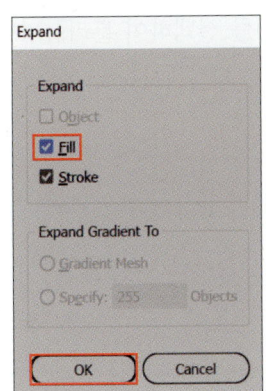 

07 꽃 오브젝트를 Alt 를 누른 채 복사하고 Reflect Tool(반사 도구,)을 더블 클릭하여 Reflect(반사) 창에서 'Axis(축) : Vertical(세로)'을 선택합니다. 복사된 하나의 꽃 오브젝트 는 Shift 를 누른 채 크기를 조절하여 배치합니다.

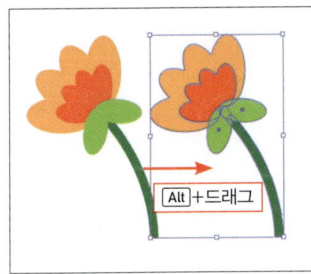  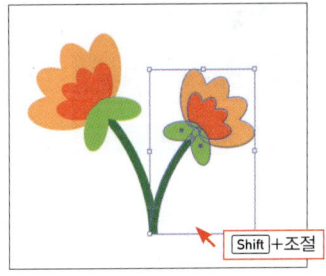

08 잎을 만들기 위하여 Ellipse Tool(원형 도구,)을 선택하고 아트보드를 클릭한 후 'Width (폭) : 4mm, Height(높이) : 8mm'를 입력합니다.

09 Swatches(견본) 패널에서 'Fill(칠) : C80M10Y100K20, Stroke(선) : None(없음)'으로 지 정합니다. 타원을 선택하고 Anchor Point Tool(고정점 도구,)을 선택하여 위쪽과 아래쪽 고정점을 클릭합니다.

  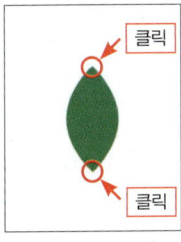

10 잎을 분리하기 위하여 Line Segment Tool(선분 도구, ✏️)로 선을 그린 후 두 개의 오브젝트를 선택하여 Pathfinder(패스파인더) 패널에서 Divide(나누기, ▣)를 선택하여 분리합니다.

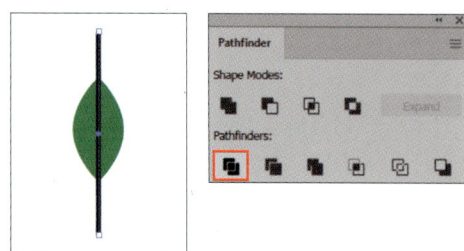

11 Direct Selection(직접 선택 도구, ▷)로 우측 잎을 선택하고 Swatches(견본) 패널에서 'Fill(칠) : C50Y100'으로 지정합니다.

12 잎 오브젝트를 복사하기 위해 Alt 를 누른 채 드래그하여 복사하고 필요한 곳에 배치합니다. 마지막으로 제작한 꽃 오브젝트를 모두 선택하고 Ctrl + G 를 눌러서 그룹으로 묶어둡니다.

05 캐리어 오브젝트 만들기

01 Rounded Rectangle Tool(둥근 사각형 도구, ▢)을 선택하고 아트보드를 클릭한 후 'Width(폭) : 30mm, Height(높이) : 40mm, Corner Radius(모둥이 반경) : 8mm'를 입력합니다. Swatches(견본) 패널에서 'Fill(칠) : Gradient Swatch, Stroke(선) : None(없음)'으로 지정합니다.

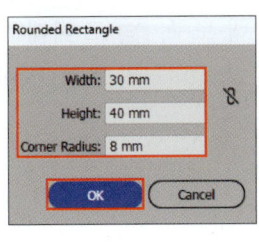 

02 Rectangle Tool(사각형 도구, ▭)을 선택하고 아트보드를 클릭한 후 'Width(폭) : 45mm, Height(높이) : 35mm'를 입력하고 위, 아래로 배치합니다.

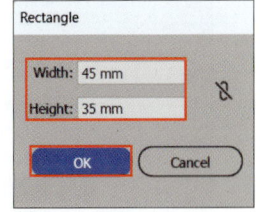

03 두 개의 사각형을 선택하고 Pathfinder(패스파인더) 패널에서 Unite(합치기, ▣)를 선택하여 병합합니다.

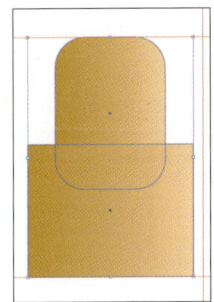 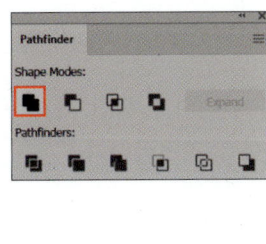 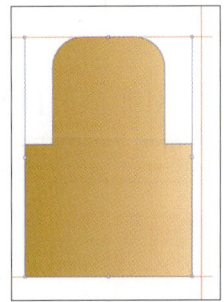

> 📌 **기적의 TIP**
>
> 두 개 이상의 오브젝트를 정렬하거나 동일한 간격으로 배치해야 할 때에는 해당 오브젝트들을 선택하고 상단 Option Bar(옵션 바) 또는 Aligh(정렬) 패널에서 정렬 방법과 분배 방법을 선택하여 배치합니다.

04 Direct Selection Tool(직접 선택 도구, ▷)을 선택하고 좌, 우측 Corner Wedget(모퉁이 위젯)을 Shift 로 누르면서 함께 선택한 후 곡률을 조절합니다.

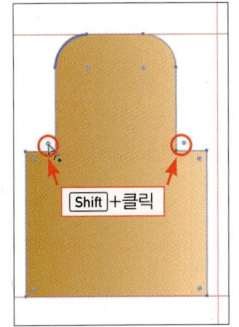 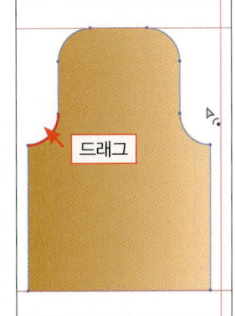

05 캐리어 바닥의 폭을 줄이기 위하여 Direct Selection Tool(직접 선택 도구, ▷)로 아래쪽 두 점을 선택하고 Scale Tool(크기 조절 도구, ▣)을 더블 클릭합니다. Scale(크기 조절) 창에서 'Uniform(균일) : 60%'를 입력하고 OK(확인)를 클릭합니다.

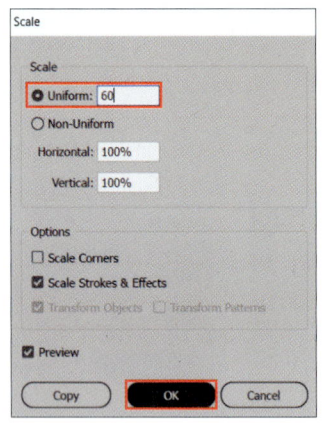 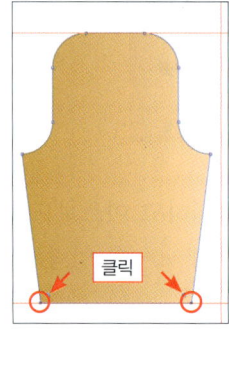

06 Rounded Rectangle Tool(둥근 사각형 도구, ▢)을 선택하고 아트보드를 클릭한 후 'Width(폭) : 20mm, Height(높이) : 25mm, Corner Radius(모퉁이 반경) : 4mm'를 입력합니다.

07 Direct Selection Tool(직접 선택 도구, ▷)을 선택하고 하단 좌, 우측 Corner Wedget(코너 위젯)을 Shift 로 누르면서 함께 선택한 후 곡률을 조절합니다.

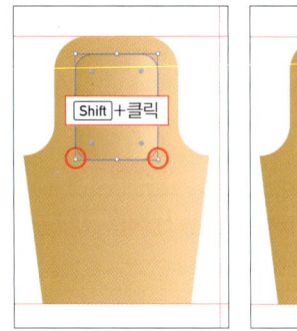 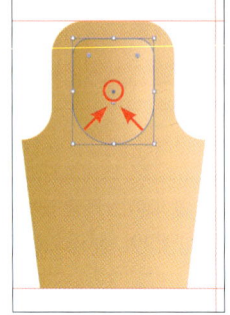

08 조절된 오브젝트들을 선택하여 Pathfinder(패스파인더) 패널에서 Minus Front(앞면 오브젝트 제외, ▣)를 선택하고 불필요한 부분은 삭제합니다.

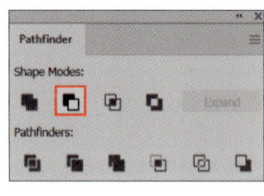 

09 캐리어를 분할할 선을 그리기 위하여 Line Segment Tool(선분 도구, /)을 선택하고 분할하려는 위치에 선을 그린 후 Shift를 누른 채 드래그하여 복사합니다. 오브젝트들을 선택하여 Pathfinder(패스파인더) 패널에서 Divide(나누기, ▣)를 선택하여 분리합니다.

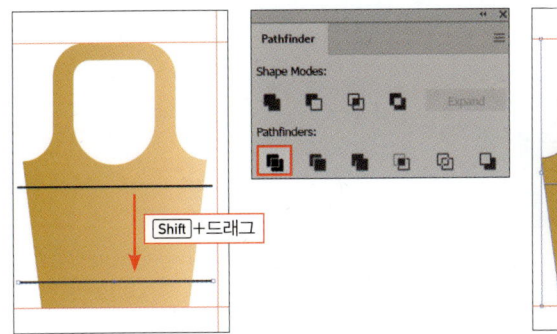
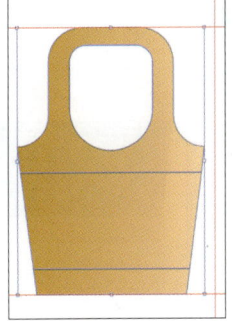

10 Ctrl+Shift+G를 눌러서 그룹을 풀어줍니다. 캐리어의 중간 부분 사각형을 선택하고 Swatches(견본) 패널에서 'Fill(칠) : C40M60Y90K40'으로 지정합니다.

06 클리핑 마스크 적용 및 점선 편집하기

01 캐리어의 중간 부분 사각형 안쪽에 같은 간격으로 선을 만들기 위하여 사각형을 선택하고 [Object(오브젝트)]-[Path(패스)]-[Offset Path(오프셋 패스)]를 클릭하여 Offset Path(오프셋 패스) 창에서 'Offset(이동) : −1mm'로 지정합니다.

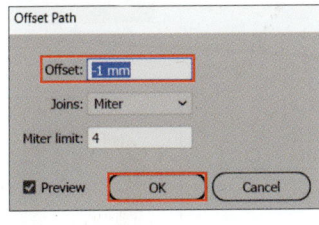
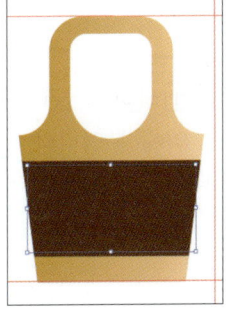

02 축소된 사각형을 선택하고 Swatches(견본) 패널에서 'Fill(칠) : None(없음), Stroke(선) : C0M0Y0K0'으로 지정합니다.

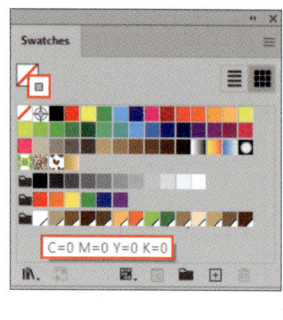 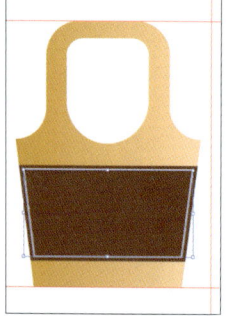

03 실선을 점선으로 만들기 위하여 사각형 선을 선택하고 Stroke(획) 패널에서 'Dashed Line(점선 사용): 체크, dash(점선) : 3pt, gap(간격) : 2pt'로 지정합니다.

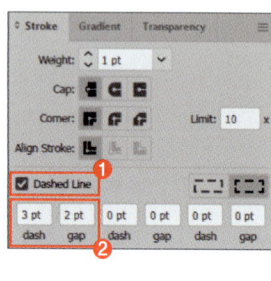 

04 캐리어 위에 꽃을 배치하기 위하여 꽃 오브젝트를 Alt 를 누른 채 드래그하여 캐리어 오브젝트 위에 배치합니다. Shift + Ctrl +] 를 눌러 순서를 맨 앞으로 보내고 반복하여 복사한 후 Shift 를 누른 채 크기를 조절하여 배치합니다.

05 캐리어의 중간 부분 사각형을 선택하고 Ctrl + C 를 눌러서 복사한 후 Ctrl + F 를 눌러서 같은 위치이면서 바로 위에 붙입니다. Shift + Ctrl +] 를 누르고 순서를 맨 앞으로 보냅니다.

06 복사된 사각형만큼 꽃에 클리핑 마스크를 적용하기 위하여 복사된 사각형과 꽃 오브젝트들을 모두 선택하고 [Object(오브젝트)]-[Clipping Mask(클리핑 마스크)]-[Make(만들기)](Ctrl +7)을 누릅니다. 점선을 선택하고 Shift + Ctrl +]를 눌러 순서를 맨 앞으로 보냅니다.

> **기적의 TIP**
>
> 불필요한 부분을 보이지 않도록 주변 정리가 필요할 때 클리핑 마스크로 가려줄 수 있습니다. 맨 앞에 배치되는 하나의 오브젝트를 기준으로 주변을 잘라서 안보이게 하는 기능이기 때문에 맨 앞으로 덮어주는 오브젝트가 그룹으로 묶여 있는 경우에는 클리핑 마스크가 적용되지 않습니다.

07 리본 오브젝트 만들기

01 Pen Tool(펜 도구, ✏️)을 선택하고 왼쪽 리본을 그린 후 Swatches(견본) 패널에서 'Fill(칠) : C40M60Y90K40, Stroke(선) : None(없음)'과 'Fill(칠) : C30M50Y70, Stroke(선) : None(없음)'으로 지정합니다.

02 왼쪽 리본 오브젝트를 선택하고 Reflect Tool(반사 도구, ▷◁)을 선택한 후 Alt 를 누른 채 반사의 기준이 될 오른쪽 고정점을 클릭합니다.

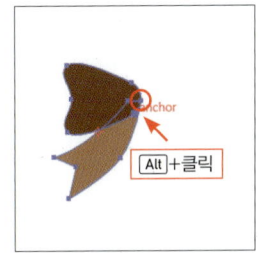

03 원본 오브젝트와 반사된 오브젝트가 모두 보일 수 있도록 Reflect(반사) 창에서 'Axis(축) : Vertical(세로)'을 선택하고 Copy(복사)를 클릭합니다.

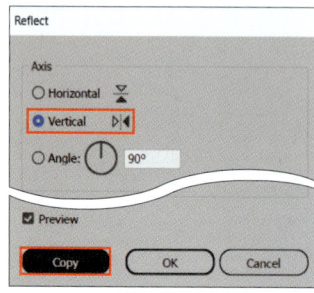 

04 Ellipse Tool(원형 도구, ◯)을 선택하고 리본 안의 매듭을 타원으로 그립니다. Swatches (견본) 패널에서 'Fill(칠) : C30M50Y70과 C40M60Y90K40'으로 지정한 후 출력형태의 위치에 따라 캐리어에 적절하게 배치합니다.

05 문자를 입력하기 위하여 Type Tool(문자 도구, T)을 선택하고 아트보드를 클릭하여 'FLOW-ER BOX'를 입력합니다.

06 상단 옵션 바에서 'Set the Font family(글꼴 군 설정) : Arial, Set the Font style(글꼴 스타일) : Bold, Set the Font size(글꼴 크기) : 14pt'로 Swatches(견본) 패널에서 'Fill(칠) : C0M0Y0K0, Stroke(선) : None(없음)'으로 지정한 후 적절하게 배치합니다.

08 봉투 오브젝트 만들기

01 Ellipse Tool(원형 도구, ◯)을 선택하고 아트보드를 클릭한 후 'Width(폭) : 3mm, Height(높이) : 8mm'를 입력합니다. 타원을 선택하고 Anchor Point Tool(고정점 도구, ◣)로 위쪽과 아래쪽 고정점을 클릭한 후 Swatches(견본) 패널에서 'Fill(칠) : C40M60Y80K20, Stroke(선) : None(없음)'으로 지정합니다.

02 타원을 선택하고 Alt를 누른 채 드래그하여 복사한 후 Swatches(견본) 패널에서 'Fill(칠) : C20M40Y70'으로 지정합니다.

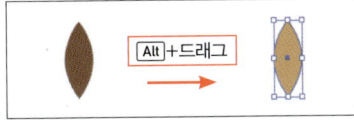
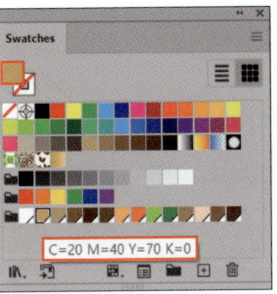

03 Pen Tool(펜 도구, ✏)을 선택하고 두 개의 타원을 연결하는 사각형을 그립니다. 사각형과 우측 타원을 클릭하고 Pathfinder(패스파인더) 패널에서 Unite(합치기, ▣)를 선택하여 병합합니다.

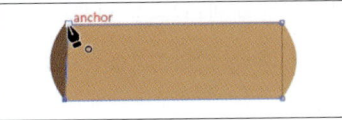
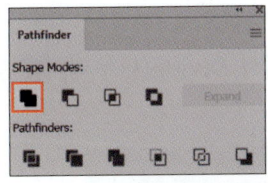
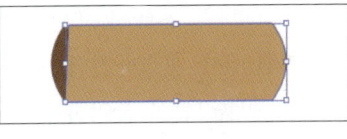

04 병합한 도형의 오른쪽 타원 부분을 Direct Selection Tool(직접 선택 도구, ▷)로 선택하고 Scale Tool(크기 조절 도구, ▣)을 더블 클릭합니다.

05 Scale(크기 조절) 창에서 'Uniform(균일) : 90%'를 입력하여 방향키를 눌러 위치를 조절하고 Shift + Ctrl + [를 눌러서 순서를 맨 뒤로 보냅니다.

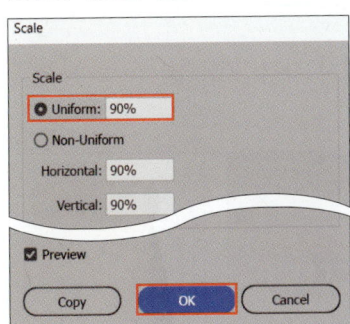
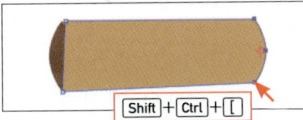
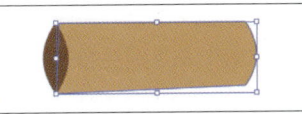

06 꽃 오브젝트를 선택하고 Alt 를 누른 채 드래그하여 봉투 손잡이 위로 배치하고, 이를 반복하여 3개의 꽃 오브젝트를 복사합니다. 크기를 조절한 후 Ctrl + G 를 눌러서 3개의 꽃 오브젝트를 하나의 그룹으로 묶습니다.

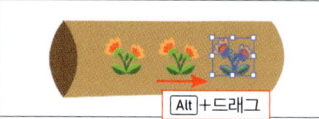 

> **기적의 TIP**
>
> 문제에서 오브젝트들을 그룹으로 묶어주도록 지시하는 경우에는 반드시 그룹화해야 합니다. 지시사항에 없는 경우에는 필요에 따라 그룹으로 묶거나 해제하면서 작업합니다.

07 Pen Tool(펜 도구, ✎)을 선택하여 봉투를 그린 후 Swatches(견본) 패널에서 'Fill(칠) : M20Y30, Stroke(선) : None(없음)'으로 지정합니다.

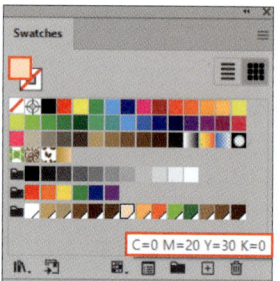

08 Pen Tool(펜 도구, ✎)을 선택하여 분리할 선을 그리고 Swatches(견본) 패널에서 'Fill(칠) : None(없음), Stroke(선) : K100'으로 지정합니다. 아래의 오브젝트들을 모두 선택하여 Pathfinder(패스파인더) 패널에서 Divide(나누기, ▣)를 선택 후 분리하고 Ctrl + Shift + G 를 눌러서 그룹을 풀어줍니다.

 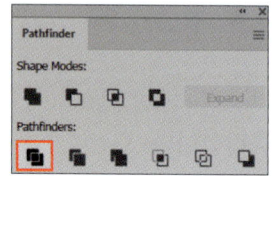 

09 분리된 오브젝트를 따로 선택하고 Swatches(견본) 패널에서 각각 'Fill(칠) : C20M40Y70, C40M60Y80K20, C40M70Y100K50'으로 지정합니다.

09 패턴 적용 및 점선 편집하기

01 봉투 앞면을 선택하여 Ctrl+C를 눌러서 복사한 후 Ctrl+F를 눌러서 같은 위치이면서 바로 위에 붙인 후 Swatches(견본) 패널에서 'Fill(칠) : 씨앗' 패턴으로 지정합니다.

02 패턴의 크기를 줄이고자 Scale Tool(크기 조절 도구,)을 더블 클릭하여 Scale(크기 조절) 창에서 'Uniform(균일) : 25%'를 입력하고 Options(옵션)에서 'Transform Patterns(패턴 변형) : 체크'합니다.

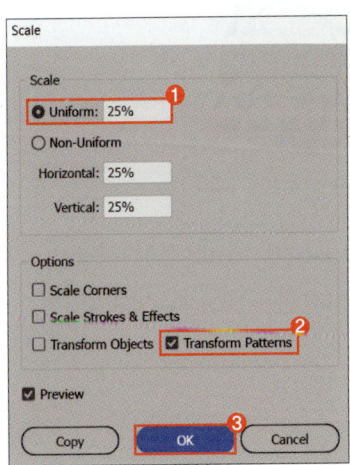 

03 라벨을 만들기 위하여 Ellipse Tool(원형 도구,)을 선택하여 아트보드를 클릭한 후 'Width(폭) : 18mm, Height(높이) : 18mm'를 입력합니다. 라벨은 Swatches(견본) 패널에서 'Fill(칠) : C20M40Y70, Stroke(선) : None(없음)'으로 지정합니다.

04 같은 간격으로 라벨을 겹쳐 축소하기 위하여 타원을 선택 후 [Object(오브젝트)]-[Path(패스)]-[Offset Path(오프셋 패스)]를 클릭하여 Offset Path(오프셋 패스) 창에서 'Offset(이동) : -1mm'로 지정합니다.

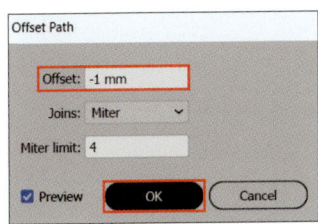 

05 원본 타원 오브젝트를 선택하고 Transparency(투명도) 패널에서 'Opacity(불투명도) : 80%'로 지정합니다.

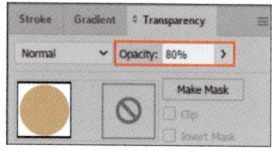

06 복사본 타원을 선택하고 Swatches(견본) 패널에서 'Fill(칠) : None(없음), Stroke(선) : C40M70Y100K50'으로 지정한 후 Stroke(획) 패널에서 'Weight(두께) : 1pt'를 확인합니다.

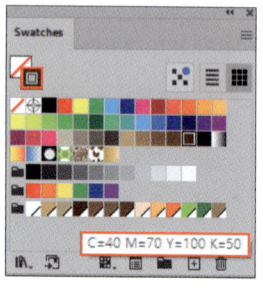
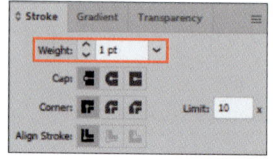

07 실선을 점선으로 만들기 위하여 Stroke(획) 패널에서 'Dashed Line(점선 사용) : 체크, dash(점선) : 5pt, gap(간격) : 2pt, dash(점선) : 2pt, gap(간격) : 2pt'로 지정합니다.

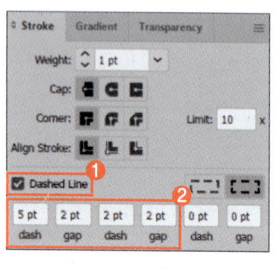

08 문자를 입력하기 위하여 Type Tool(문자 도구, T)을 선택하고 아트보드를 클릭하여 'Flower Seeds'를 입력합니다.

09 상단 옵션 바에서 'Set the Font family(글꼴 군 설정) : Times New Roman, Set the Font style(글꼴 스타일) : Bold, Set the Font size(글꼴 크기) : 12pt, Align Center(가운데 정렬)'로 적용하고 Swatches(견본) 패널에서 'Fill(칠) : C40M70Y100K50, Stroke(선) : None(없음)'으로 지정한 후 출력형태에 따라 적절하게 배치합니다.

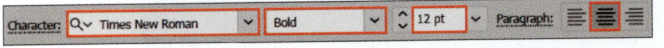

🔟 파일 저장

01 최종적으로 작업 파일의 오브젝트 위치, 순서를 점검하고 불필요한 안내선이 남아있는 경우 [View(보기)]-[Guide(안내선)]-[Clear Guide(안내선 지우기)]를 선택하여 안내선을 지웁니다.

02 [File(파일)]-[Save as(다른 이름으로 저장)](Shift + Ctrl + S)을 선택하여 '저장 위치 : 내 PC\문서\GTQ, 파일 이름 : 수험번호-성명-3, 파일 형식 : Adobe Illustrator(*.AI)'로 저장합니다. [Illustrator Options(Illustrator 옵션)] 창이 뜨면 [OK(확인)]를 누르고 옵션 창을 닫습니다.

03 답안 저장이 완료되면 [File(파일)]-[Close(닫기)](Ctrl + W)를 선택하여 파일을 닫고 수험 프로그램에서 [답안 전송]을 선택하여 ai 파일을 감독관 컴퓨터로 전송합니다.

PART 04

기출 유형 문제

학습 방향

최신 기출문제의 경향을 분석하여 도형 및 펜 도구의 활용뿐 아니라 연필, 브러시 도구로 빠르게 오브젝트를 제작하고 시험시간 내에 완성할 수 있는 다양한 방법을 문제풀이에서 제시하고 있습니다. 패스파인더와 도형구성 도구, 패턴제작과 텍스트 편집 등 오브젝트를 제작하는 기능을 반복하여 연습하세요.

차례

기출 유형 문제 01회	162
기출 유형 문제 02회	204
기출 유형 문제 03회	236
기출 유형 문제 04회	274
기출 유형 문제 05회	310
기출 유형 문제 06회	356
기출 유형 문제 07회	390
기출 유형 문제 08회	432
기출 유형 문제 09회	472
기출 유형 문제 10회	508

기출 유형 문제 01회

급수	문제유형	시험시간	수험번호	성명
2급	A	90분		

수험자 유의사항

- 수험자는 문제지를 받는 즉시 응시하고자 하는 **과목 및 급수가 맞는지 확인**한 후 수험번호와 성명을 작성합니다.
- 파일명은 본인의 "수험번호-성명-문제번호"로 공백 없이 정확히 입력하고 답안폴더(내 PC\문서\GTQ)에 ai 파일 포맷으로 저장해야 하며, '**다른 파일 형식으로 저장하였을 경우**' 0점 처리됩니다.
- 답안문서 파일명이 "수험번호-성명-문제번호"와 일치하지 않거나, 답안 파일을 '**전송**'하지 않는 경우 답안 파일 **미제출로 불합격 처리**됩니다. ※ 답안은 반드시 시험 시간 내에 전송을 완료해야 하며, 전송 시간을 충분히 감안하여 제출해 주시기 바랍니다. (공정한 평가를 위해, 시험 종료 전 전송이 완료된 답안에 한해 채점이 진행됩니다.)
- 수험자 정보와 저장한 파일명, 저장 위치가 다를 경우 전송이 되지 않으므로, 주의하시길 바랍니다.
- 답안 작성 중에도 주기적으로 '저장'과 '답안 전송'을 이용하여 감독위원 PC로 답안을 전송하셔야 합니다. (※ 작업한 내용을 저장하지 않고 답안을 전송할 경우 이전의 저장내용이 전송되오니 이점 반드시 유념하시기 바랍니다.)
- 모든 시험자는 동일한(초기화 된) 환경에서 시험이 시작되며 '**작업환경 설정**'은 시험 시간 내에 진행합니다.
  (시험 시작 전 '작업환경 설정' 불가, 소프트웨어 이상 유무만 확인)
- 답안문서는 지정된 경로 외의 다른 보조기억장치에 저장하는 행위, 지정된 시험 시간 외에 작성된 파일을 활용한 행위, 기타 허용되지 않은 프로그램(이메일, 메신저, 게임, 네트워크, 윈도우계산기, 스톱워치 등) 이용 시 부정행위로 간주되어 **자격기본법 제32조에 의거 본 시험 및 국가공인 자격시험을 2년간 응시할 수 없습니다.**
- 시험 종료 후 제출된 답안은 평가 및 검증을 위해 본부에서 보관되며, **시험의 공정성과 보안 유지를 위해 응시자에게 본인의 답안을 제공하는 것은 허용되지 않습니다.** 이 점 반드시 유의하시기 바랍니다.
- 시험 중 부주의 또는 고의로 시스템을 파손한 경우와 〈수험자 유의사항〉에 기재된 방법대로 이행하지 않아 생기는 불이익은 수험자의 책임임을 알려 드립니다.
- 시험을 완료한 수험자는 최종적으로 저장한 답안파일이 전송되었는지 확인한 후 감독위원의 지시에 따라 문제지를 제출하고 퇴실합니다.

답안 작성요령

- 온라인 답안 작성 절차
  수험자 등록 ⇒ 시험 시작 ⇒ 답안파일 저장 ⇒ 답안 전송 ⇒ 시험 종료
- 배점은 총 100점으로 이루어지며, 점수는 각 문제별로 차등 배분됩니다.
- 각 문제는 제시된 〈조건〉에 맞게 답안을 작성하고, 〈조건〉을 지키지 못했을 경우에는 0점 또는 감점 처리됩니다.
- 문제 〈조건〉에 크기와 색상, 두께의 지정이 없을 경우 〈출력형태〉를 참고하여 작업해 주시기 바랍니다.
- **문제 〈조건〉과 〈출력형태〉에서 차이가 발생할 경우 문제에서 지정한 〈조건〉에 따라 작업해 주시기 바랍니다.**
- 〈조건〉에서 주어진 단위는 'mm(밀리미터)'입니다.
- 눈금자는 작성하지 않으며, 그 외는 출력형태(레이아웃, 색상, 문자, 규격 등)와 같게 작업하십시오.
- 문제 〈조건〉에 서체의 지정이 없을 경우 한글은 굴림이나 돋움, 영문은 Arial로 작업하십시오.
  (단, 그 외에 제시되지 않은 문자 속성을 기본값으로 작성하지 않은 경우는 감점 처리됩니다.)
- Color Mode(색상 모드)는 별도의 처리 조건이 없을 시 CMYK로 작업하십시오.
- 조건에서 제시한 기능을 임의로 합치거나 각 기능에 대한 속성을 해지할 경우 해당 요소는 0점 처리됩니다.

한 국 생 산 성 본 부

문제 ❶ 기본 툴 활용   25점

다음의 《조건》에 따라 아래의 《출력형태》와 같이 작업하시오.

조건			
파일저장규칙	AI	파일명	문서₩GTQ₩수험번호-성명-1.ai
		크기	100 × 80mm

1. 작업 방법
① 도형, 변형 툴과 Pathfinder 기능을 활용하여 오브젝트를 작성한다.
② 그 외 《출력형태》 참조

《출력형태》

K10,
C30M20Y10,
C40M30Y10,
C70M50Y20,
C90M60Y30K10,
M50Y100,
K100
[Stroke] K100, 3pt

| 문제 ❷ | 문자와 오브젝트 | | 35점 |

다음의 《조건》에 따라 아래의 《출력형태》와 같이 작업하시오.

[조건]

파일저장규칙	AI	파일명	문서\GTQ\수험번호-성명-2.ai
		크기	100 × 80mm

1. 작업 방법
① 'SUBMARINE' 문자에 Arial (Bold) 폰트를 적용한다.
② 'Amazing Underwater Exploration' 문자에 Type on a Path Tool을 활용한다.
③ Brush는 《출력형태》를 참고하여 작성한다.
④ Effect는 《출력형태》를 참고하여 작성한다.
⑤ 그 외 《출력형태》 참조

2. 문자 효과
① Amazing Underwater Exploration (Times New Roman, Regular, 10pt, C100Y100)

[출력형태]

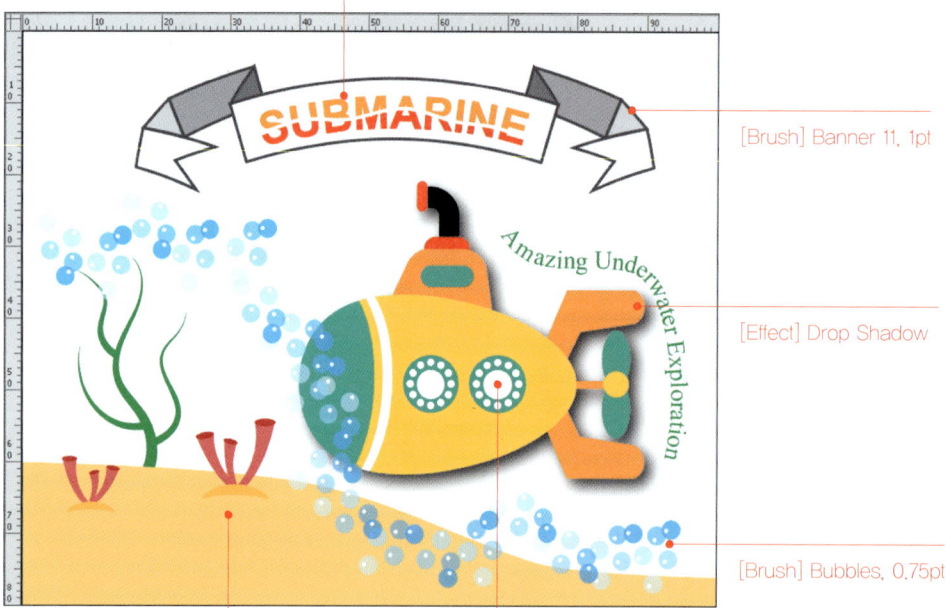

M50Y100, M90Y100
[Brush] Banner 11, 1pt
[Effect] Drop Shadow
[Brush] Bubbles, 0.75pt
M20Y100, M50Y90, M90Y100, C80Y50, K100, C0M0Y0K0
M20Y70, M30Y90, C10M80Y50, C20M100Y100, C100Y100

| 문제 ❸ | 어플리케이션 디자인 | 40점 |

▶ 합격 강의

다음의 《조건》에 따라 아래의 《출력형태》와 같이 작업하시오.

[조건]

| 파일저장규칙 | AI | 파일명 | 문서₩GTQ₩수험번호-성명-3.ai |
| | | 크기 | 120 × 80mm |

1. 작업 방법
① 도형 툴로 오브젝트를 그린 후 Pattern을 활용하여 작성한다. (패턴 등록 : ECO)
② 충전기에 규칙적인 점선, 불규칙한 점선을 설정한다.
③ 충전기에 Pattern을 적용한다.
④ 자동차에 배치된 오브젝트는 정렬, 간격을 일정하게 한 후 Group설정을 한다.
⑤ 그 외 《출력형태》 참조

2. 문자 효과
① Electric Car (Arial, Bold, 12pt, C0M0Y0K0)
② Green Energy (Times New Roman, Bold, 12pt, K100)

[출력형태]

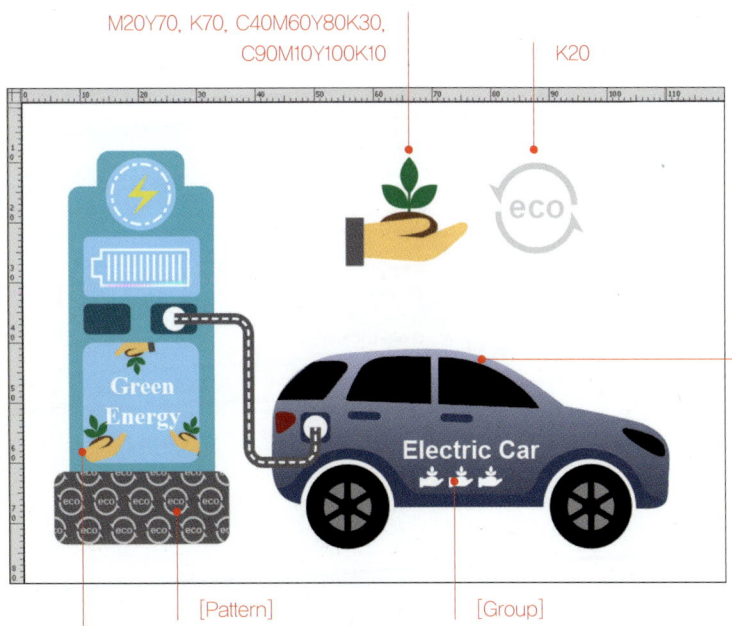

M20Y70, K70, C40M60Y80K30, C90M10Y100K10

K20

[Pattern]

[Group]

K100, K50, C0M0Y0K0, C80M60Y30K20, C20M100Y100K30, C30M20 → C80M60Y40K10

C40, C60Y20, C90M50Y50, K70, C0M0Y0K0, Y100, [Stroke] C0M0Y0K0, 1pt

| 문제 ❶ | 기본 툴 활용 |

| 작업과정 | ① 새 작업 파일 만들기 ➡ ② 견본색 그룹 만들기 ➡ ③ 배경 오브젝트 만들기 ➡ ④ 헬리콥터 동체 오브젝트 만들기 ➡ ⑤ 프로펠러 오브젝트 만들기 ➡ ⑥ 파일 저장 |
| 완성이미지 | PART04₩기출유형문제01회₩수험번호-성명-1.ai |

01 새 작업 파일 만들기

01 새 작업 파일을 만들기 위하여 [File(파일)]-[New(새로 만들기)]([Ctrl]+[N])를 선택하고 'Width : 100mm, Height : 80mm, Units : Millimeters, Color Mode : CMYK'를 설정하여 새 작업 파일을 만듭니다.

02 [View(보기)]-[Rulers(눈금자)]-[Show Rulers(눈금자 표시)]([Ctrl]+[R])를 선택하여 눈금자를 표시합니다.

03 작업 파일을 저장하기 위하여 [File(파일)]-[Save as(다른이름으로 저장)]([Shift]+[Ctrl]+[S])을 선택하여 '저장 위치 : 내PC₩문서₩GTQ, 파일 이름 : 수험번호-성명-1, 파일 형식 : Adobe Illustrator(*.AI)'로 저장합니다. [Illustrator Options(Illustrator 옵션)] 창이 뜨면 [OK(확인)]를 누르고 옵션 창을 닫습니다.

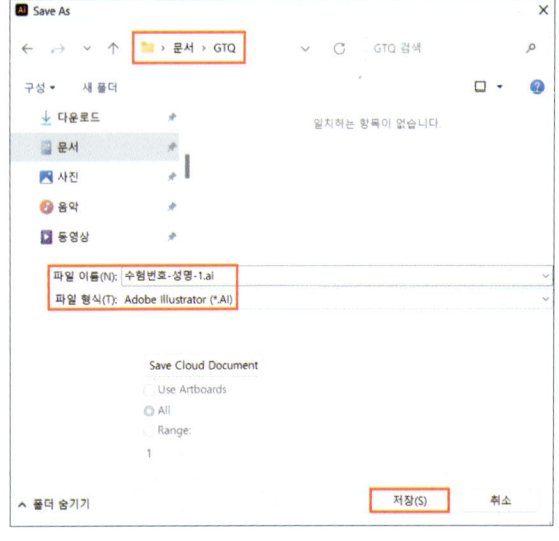
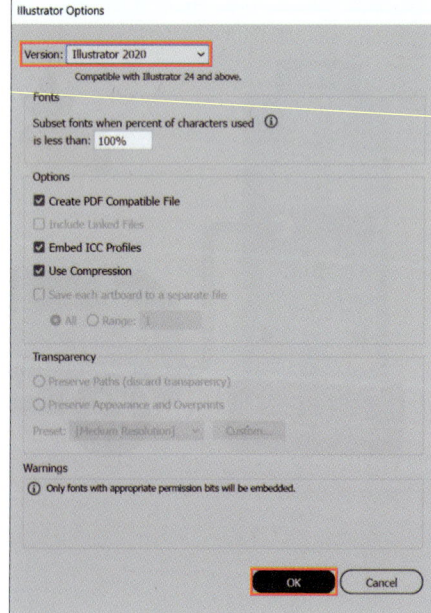

02 견본색 그룹 만들기

01 Swatches(견본) 패널 우측 하단에서 New Group(새 색상 견본 그룹, ▣)을 선택하여 새로운 그룹을 만들고 그룹의 이름을 GTQ라고 입력합니다.

 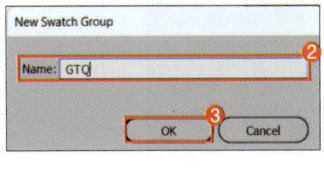

02 만들어진 그룹을 클릭하고 New Swatch(새 견본, ▣)를 선택하여 문제에서 제시하는 색상값을 입력합니다. 반복하여 모든 색상을 견본 그룹에 만듭니다.

 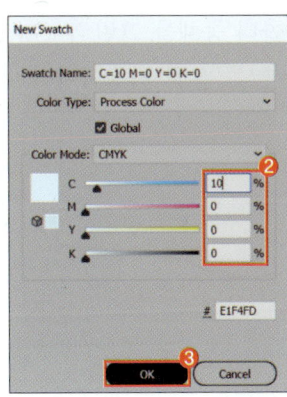 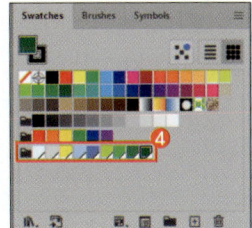

03 배경 오브젝트 만들기

01 배경을 만들기 위하여 Ellipse Tool(원형 도구, ◯)을 선택하고 아트보드를 클릭한 후 'Width(폭) : 40mm, Height(높이) : 30mm'를 입력합니다. Swatches(견본) 패널에서 'Fill(칠) : K10, Stroke(선) : None(없음)'으로 지정하고 배치한 후 Alt를 누른 채 드래그하여 오브젝트를 복사합니다.

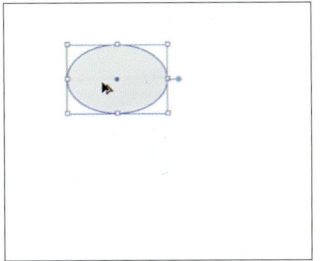 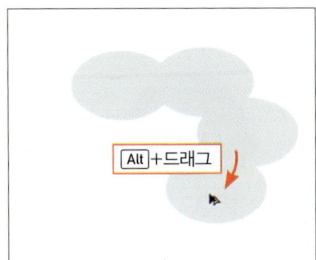 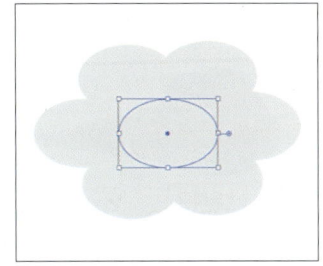

02 타원을 모두 선택하고 Pathfinder(패스파인더) 패널에서 Unite(합치기, ▣)를 선택하여 병합한 후 [Object(오브젝트)]-[Hide(숨기기)]-[Selection(선택물)](Ctrl+3)을 클릭하여 보이지 않게 설정합니다.

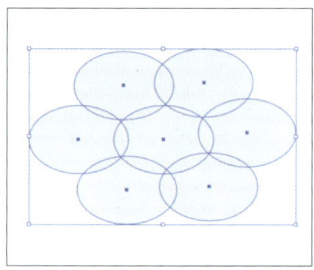 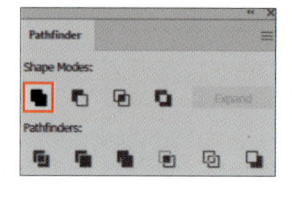 

04 헬리콥터 동체 오브젝트 만들기

01 Pen Tool(펜 도구, ✎)을 선택하여 헬리콥터 동체를 그린 후 Swatches(견본) 패널에서 'Fill(칠) : C30M20Y10, Stroke(선) : None(없음)'으로 지정합니다.

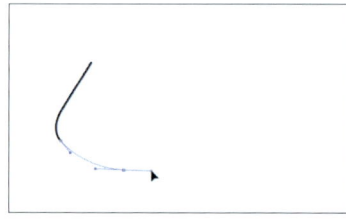 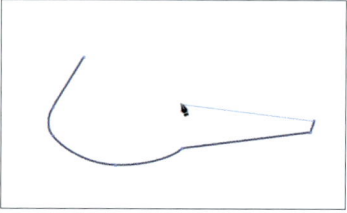

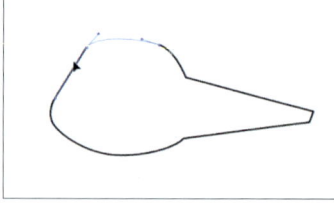 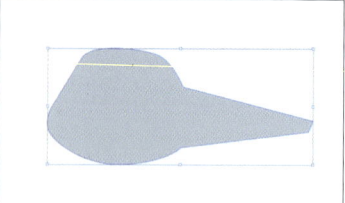

02 동체 오브젝트를 선택한 후 Knife Tool(칼 도구, ✎)을 선택하고 분리될 선을 드래그하여 그립니다. 분리된 우측과 하단 오브젝트를 선택하고 각각 Swatches(견본) 패널에서 'Fill(칠) : C40M30Y10, Fill(칠) : C70M50Y20'으로 지정합니다.

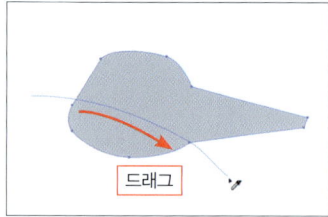 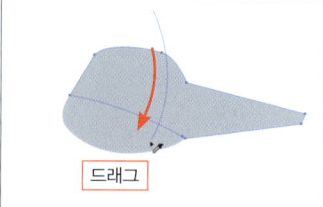 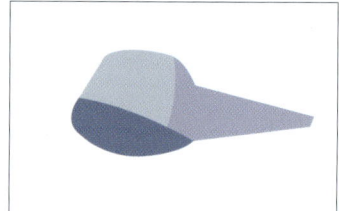

03 헬리콥터 동체에 창문을 만들기 위하여 Rounded Rectangle Tool(둥근 사각형 도구, 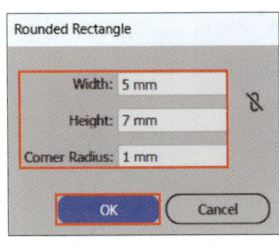)을 선택하고 아트보드를 클릭한 후 'Width(폭) : 5mm, Height(높이) : 7mm, Corner Radius(모퉁이 반경) : 1mm'를 입력합니다. Swatches(견본) 패널에서 'Fill(칠) : C90M60Y30K10, Stroke(선) : None(없음)'으로 지정하고 배치합니다.

04 Direct selection Tool(직접 선택 도구,)로 왼쪽 모서리를 선택하고 Corner Widget(모퉁이 위젯)을 클릭 후 드래그하면서 뾰족하게 조절합니다.

05 창문 오브젝트를 기울이기 위하여 오브젝트를 선택하고 Shear Tool(기울이기 도구,)을 선택한 후 Shear(기울이기) 창에서 'Shear Angle(기울이기 각도) : 10°, Axis(축) : Vertical(세로)'를 선택합니다.

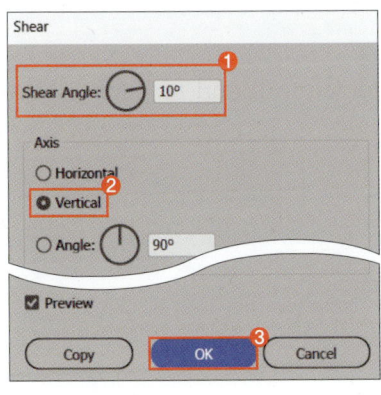
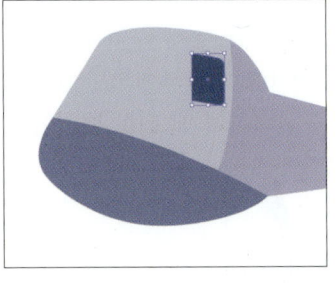

06 Pen Tool(펜 도구,)을 선택하여 더 큰 창문을 그린 후 Swatches(견본) 패널에서 'Fill(칠) : C90M60Y30K10, Stroke(선) : None(없음)'으로 지정합니다.

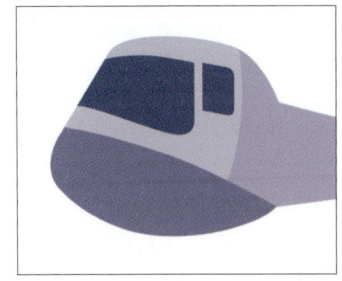

07 창문을 분리할 사각형을 Pen Tool(펜 도구, ✏️)로 그린 후 두 개의 오브젝트를 선택하고 Pathfinder(패스파인더) 패널에서 Minus Front(앞면 오브젝트 제외, ▣)를 선택하여 불필요한 부분은 삭제합니다.

 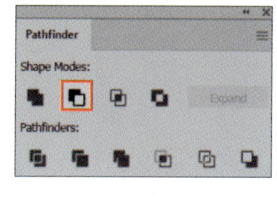 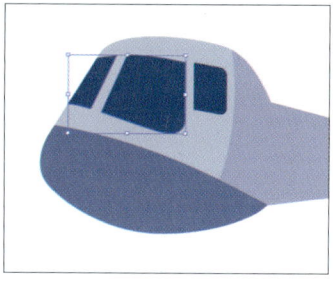

08 Pen Tool(펜 도구, ✏️)을 선택하고 꼬리를 그린 후 Swatches(견본) 패널에서 'Fill(칠) : C70M50Y20, Stroke(선) : None(없음)'으로 지정합니다. 꼬리를 분리할 선을 Pen Tool(펜 도구, ✏️)로 그린 후 두 개의 오브젝트를 선택하고 Pathfinder(패스파인더) 패널에서 Divide(나누기, ▣)를 선택하여 분리합니다.

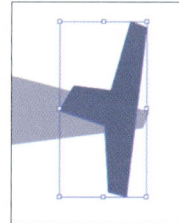  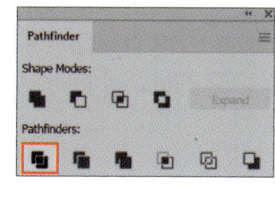

09 분리된 꼬리를 Direct Selection(직접 선택 도구, ▷)로 우측 잎을 선택하고 Swatches(견본) 패널에서 'Fill(칠) : C30M20Y10'으로 지정합니다.

10 꼬리 오브젝트를 선택하고 [Object(오브젝트)]-[Arrange(정돈)]-[Send to Back(맨 뒤로 보내기)]([Shift]+[Ctrl]+[[])을 선택하여 맨 뒤로 배치합니다.

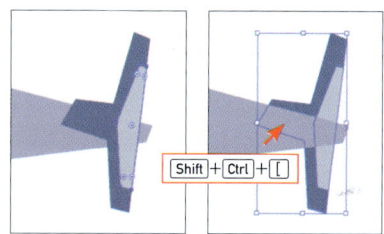

11 Pen Tool(펜 도구, ✏️)을 선택하여 착륙장치를 그린 후 Swatches(견본) 패널에서 'Fill(칠) : None(없음), Stroke(선) : K100'으로 지정합니다. 선을 모두 선택하고 Stroke(획) 패널에서 'Weight(두께) : 3pt'를 지정합니다.

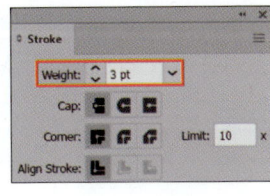

12 왼쪽 착륙장치 오브젝트를 선택하고 Shift+Ctrl+[를 눌러서 헬리콥터 동체의 맨 뒤로 배치합니다.

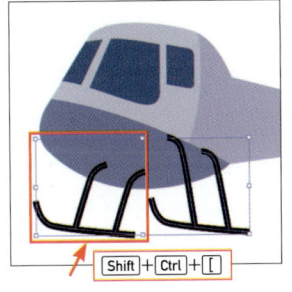

05 프로펠러 오브젝트 만들기

01 Rounded Rectangle Tool(둥근 사각형 도구, ▢)을 선택하고 아트보드를 클릭한 후 'Width(폭) : 20mm, Height(높이) : 20mm, Corner Radius(모퉁이 반경) : 3mm'를 입력합니다. Swatches(견본) 패널에서 'Fill(칠) : C70M50Y20, Stroke(선) : None(없음)'으로 지정하고 배치합니다.

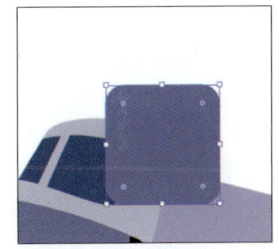

02 Direct Selection Tool(직접 선택 도구, ▷)로 사각형 위쪽만 선택하고 Scale Tool(크기 조절 도구, ⌸)을 더블 클릭한 후 Scale(크기 조절) 창에서 'Uniform(균일) : 80%'를 입력합니다. 사각형을 선택하고 Shift+Ctrl+[를 눌러서 맨 뒤로 배치합니다.

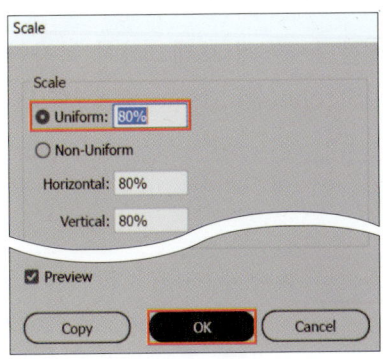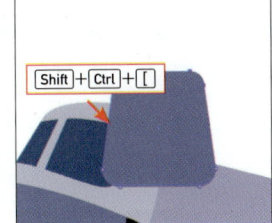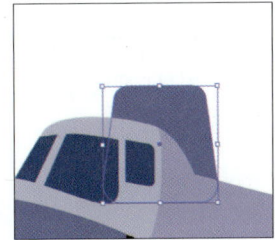

03 사각형을 선택하고 Shear Tool(기울이기 도구,)을 선택하여 Shear(기울이기) 창에서 'Shear Angle(기울이기 각도) : 5°, Axis(축) : Vertical(세로)'를 선택합니다.

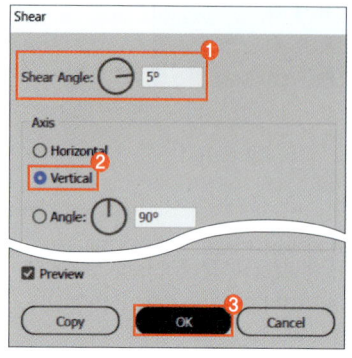 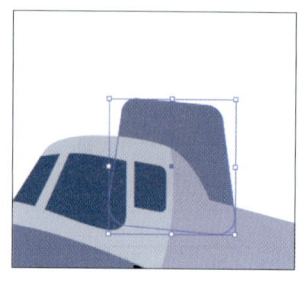

04 Rounded Rectangle Tool(둥근 사각형 도구,)을 선택하고 아트보드를 클릭하여 'Width(폭) : 10mm, Height(높이) : 3mm, Corner Radius(모퉁이 반경) : 1mm'를 입력합니다.

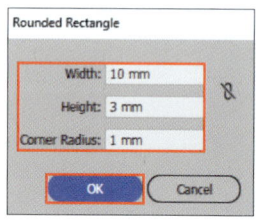 

05 사각형을 선택하고 Shear Tool(기울이기 도구,)을 선택하여 Shear(기울이기) 창에서 'Shear Angle(기울이기 각도) : 5°, Axis(축) : Vertical(세로)'를 선택합니다.

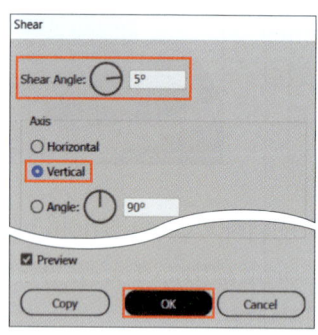 

06 둥근 사각형을 출력형태에 따라 위치를 수정하고 Alt 를 누른 채 드래그하여 복사한 후 Swatches(견본) 패널에서 'Fill(칠) : C90M60Y30K10, Stroke(선) : None(없음)'으로 지정하고 적절하게 배치합니다.

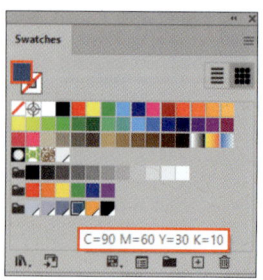 

07 Rectangle Tool(사각형 도구, ▢)을 선택하여 아트보드를 클릭한 후 'Width(폭) : 3mm, Height(높이) : 10mm'를 입력하고 Swatches(견본) 패널에서 'Fill(칠) : C30M20Y10, Stroke(선) : None(없음)'으로 지정합니다.

08 Ellipse Tool(원형 도구, ⬯)을 선택하여 아트보드를 클릭한 후 'Width(폭) : 6mm, Height(높이) : 2mm'를 입력하고, Swatches(견본) 패널에서 'Fill(칠) : M50Y100'으로 지정합니다. 타원을 선택하고 Alt 를 누른 채 드래그하여 복사한 후 두 타원 오브젝트를 모두 선택하여 Shift + Ctrl + [를 눌러서 맨 뒤로 배치합니다.

09 Pen Tool(펜 도구, ✎)을 선택하여 프로펠러를 그린 후 Swatches(견본) 패널에서 'Fill(칠) : K100, Stroke(선) : None(없음)'으로 지정합니다. 프로펠러 오브젝트를 모두 선택하고 Shift + Ctrl + [를 눌러서 맨 뒤로 배치합니다.

 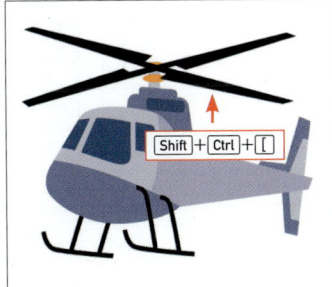 

10 [Object(오브젝트)]-[Show All(모두 표시)](Alt + Ctrl + 3)을 클릭하여 배경 오브젝트를 다시 보이도록 설정하고 Shift + Ctrl + [를 눌러서 맨 뒤로 배치합니다.

06 파일 저장

01 최종적으로 작업 파일의 오브젝트 위치, 순서를 점검하고 불필요한 안내선이 남아있는 경우 [View(보기)]-[Guide(안내선)]-[Clear Guide(안내선 지우기)]를 선택하여 안내선을 지웁니다.

02 [File(파일)]-[Save as(다른이름으로 저장)]([Shift]+[Ctrl]+[S])을 선택하여 '저장 위치 : 내 PC\문서\GTQ, 파일 이름 : 수험번호-성명-1, 파일 형식 : Adobe Illustrator(*.AI)'로 저장합니다. [Illustrator Options(Illustrator 옵션)] 창이 뜨면 [OK(확인)]를 누르고 옵션 창을 닫습니다.

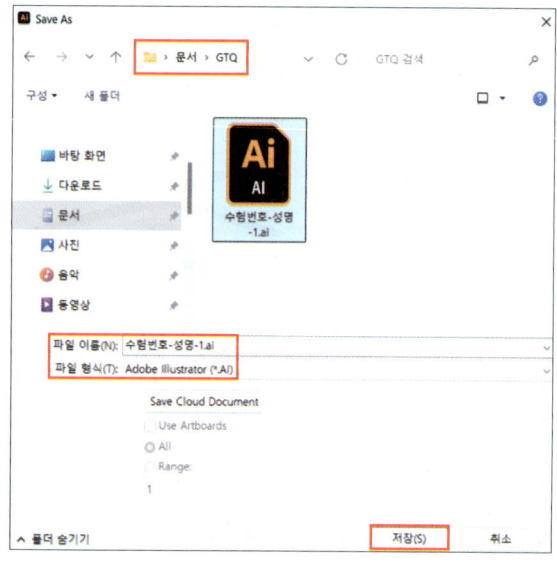
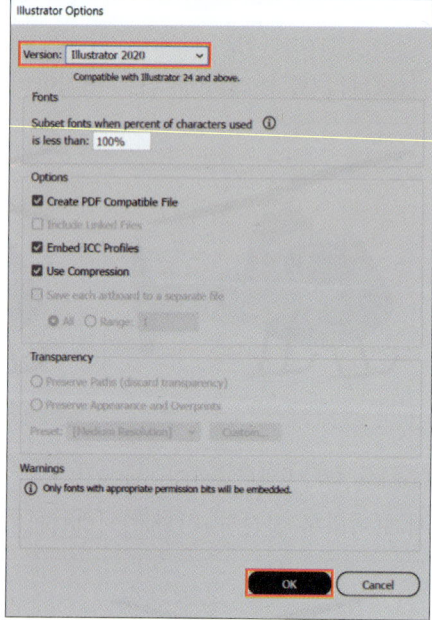

03 답안 저장이 완료되면 [File(파일)]-[Close(닫기)]([Ctrl]+[W])를 선택하여 파일을 닫고 수험 프로그램에서 [답안 전송]을 선택하여 ai 파일을 감독관 컴퓨터로 전송합니다.

문제 ❷	문자와 오브젝트
작업과정	① 새 작업 파일 만들기 ➡ ② 견본색 그룹 만들기 ➡ ③ 해초 언덕 오브젝트 만들기 ➡ ④ 잠수함 오브젝트 만들기 ➡ ⑤ 그림자 효과 적용 ➡ ⑥ 브러시 오브젝트 만들기 ➡ ⑦ 문자 입력하고 변형하기 ➡ ⑧ 파일 저장
완성이미지	PART04₩기출유형문제01회₩수험번호-성명-2.ai

01 새 작업 파일 만들기

01 새 작업 파일을 만들기 위하여 [File(파일)]-[New(새로 만들기)]([Ctrl]+[N])를 선택하고 'Width : 100mm, Height : 80mm, Units : Millimeters, Color Mode : CMYK'를 설정하여 새 작업 파일을 만듭니다.

02 [View(보기)]-[Rulers(눈금자)]-[Show Rulers(눈금자 표시)]([Ctrl]+[R])를 선택하여 눈금자를 표시합니다.

03 작업 파일을 저장하기 위하여 [File(파일)]-[Save as(다른이름으로 저장)]([Shift]+[Ctrl]+[S])을 선택하여 '저장 위치 : 내PC₩문서₩GTQ, 파일 이름 : 수험번호-성명-2, 파일 형식 : Adobe Illustrator(*.AI)'로 저장합니다. [Illustrator Options(Illustrator 옵션)] 창이 뜨면 [OK(확인)]를 누르고 옵션 창을 닫습니다.

02 견본색 그룹 만들기

01 Swatches(견본) 패널 우측 하단에서 New Group(새 색상 견본 그룹, ▣)을 선택하여 새로운 그룹을 만들고 그룹의 이름을 GTQ라고 입력합니다.

02 만들어진 그룹을 클릭하고 New Swatch(새 견본, ▣)를 선택하여 문제에서 제시하는 색상값을 입력합니다. 반복하여 모든 색상을 견본 그룹에 만듭니다.

03 해초 언덕 오브젝트 만들기

01 언덕을 만들기 위하여 Pen Tool(펜 도구, ✎)을 선택하여 언덕을 그린 후 Swatches(견본) 패널에서 'Fill(칠) : M20Y70, Stroke(선) : None(없음)'으로 지정합니다.

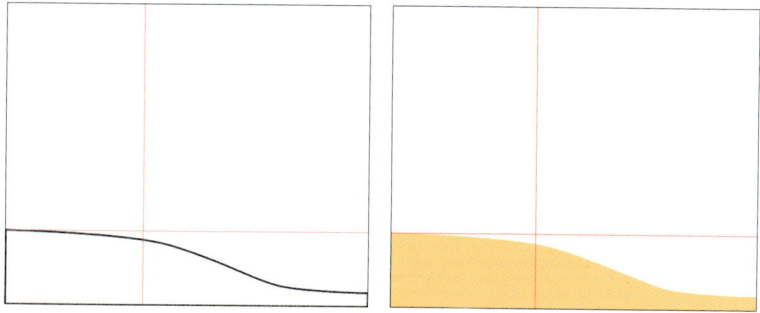

02 줄기를 만들기 위해 Pencil Tool(연필 도구, ✎)을 선택하고 드래그하면서 곡선을 그립니다. 곡선을 선택 해제하고 반복하면서 Pencil Tool(연필 도구, ✎)로 곡선을 그립니다.

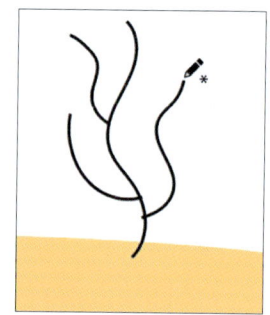

> **기적의 TIP**
>
> Pencil Tool(연필 도구, ✎)로 곡선을 그릴 때 서로 교차되는 선이나 인접되는 선을 추가로 그리려면 이미 그려진 패스를 선택 해제한 후 연필 작업을 해야 합니다. 이미 그려진 패스가 선택된 상태에서 연필 작업을 추가하면 기존의 패스 선과 합쳐집니다.

03 줄기의 두께를 조절하기 위하여 Stroke(획) 패널에서 'Weight(두께) : 3pt'로 지정하고 'Profile(속성) : Width Profile 4'를 선택합니다. 줄기의 색을 지정하기 위하여 Swatches(견본) 패널에서 'Fill(칠) : None(없음), Stroke(선) : C100Y100'으로 지정합니다.

 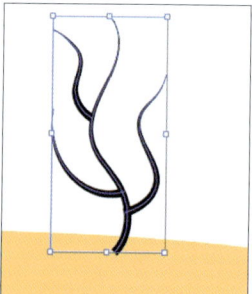 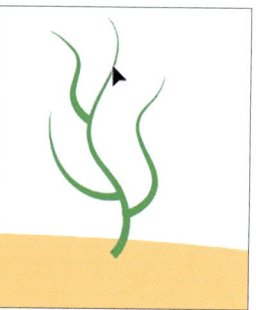

04 가운데 줄기를 선택하여 Stroke(획) 패널에서 'Weight(두께) : 5pt'로 지정한 후 모든 줄기 오브젝트를 선택하고 Shift + Ctrl + [를 눌러서 맨 뒤로 배치합니다.

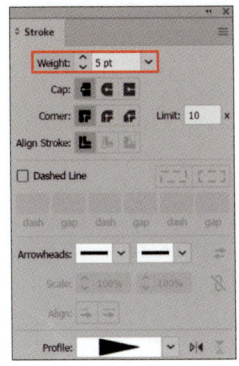 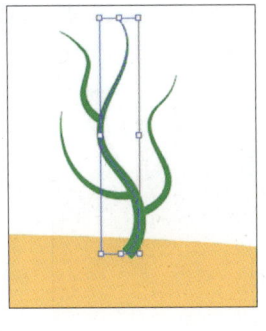

05 해초를 만들기 위하여 Pen Tool(펜 도구,)을 선택하여 해초를 그린 후 Swatches(견본) 패널에서 'Fill(칠) : C10M80Y50, Stroke(선) : None(없음)'으로 지정합니다. Ellipse Tool(원형 도구,)을 선택하고 아트보드를 클릭한 후 'Width(폭) : 3mm, Height(높이) : 1mm'를 입력합니다. Swatches(견본) 패널에서 'Fill(칠) : C20M100Y100'으로 지정하고 적절하게 배치합니다.

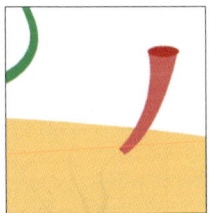

06 완성된 해초에 Reflect Tool(반사 도구,)을 선택한 후 Alt 를 누른 채 해초의 아래쪽 고정점을 클릭합니다. Reflect(반사) 창에서 'Axis(축) : Vertical(세로)'을 선택하고 Copy(복사)를 클릭합니다. 반사된 해초를 Alt 를 누른 채 드래그하여 복사하고 Shift 를 누르면서 크기를 조절한 후 적절하게 배치합니다.

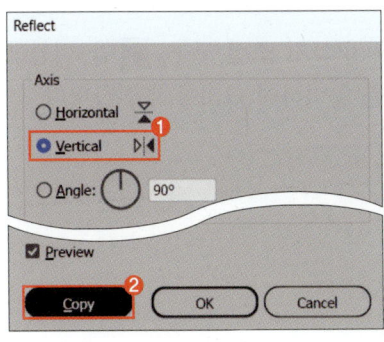 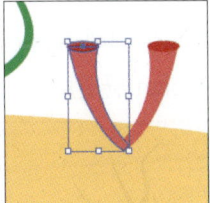 

07 Ellipse Tool(원형 도구,)을 선택하고 아트보드를 클릭한 후 'Width(폭) : 10mm, Height(높이) : 5mm, Width(폭) : 15mm, Height(높이) : 5mm'를 입력하여 두 개의 타원을 만듭니다.

08 위, 아래로 배치한 두 개의 타원을 선택하여 Pathfinder(패스파인더) 패널에서 Minus Front(앞면 오브젝트 제외,)를 선택 후 불필요한 부분은 삭제하고, Swatches(견본) 패널에서 'Fill(칠) : M30Y90, Stroke(선) : None(없음)'으로 지정합니다.

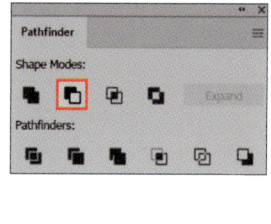 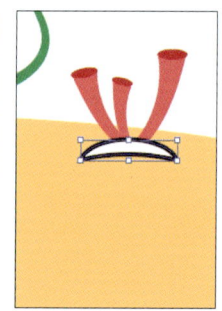 

09 완성한 해초 오브젝트를 선택하여 Alt 를 누른 채 드래그하여 복사한 후 오브젝트를 제자리에서 좌우로 반사하기 위하여 Reflect Tool(반사 도구,)을 더블 클릭하고 Reflect(반사) 창에서 'Axis(축) : Vertical(세로)'을 선택합니다.

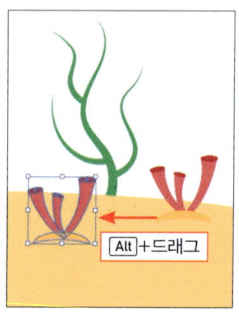 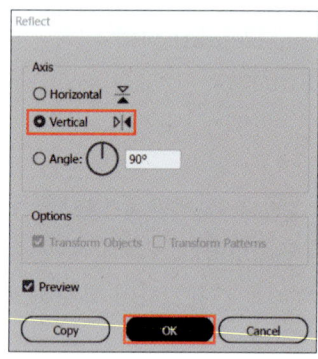 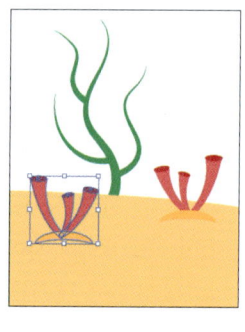

10 복사된 해초 오브젝트의 크기를 조절하기 위해 Scale Tool(크기 조절 도구,)을 더블 클릭한 후, Scale(크기 조절) 창에서 'Uniform(균일) : 70%'를 입력하여 크기를 조절합니다.

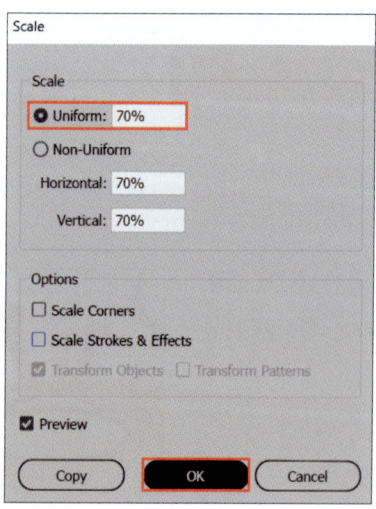 

04 잠수함 오브젝트 만들기

01 잠수함 본체를 만들기 위하여 Ellipse Tool(원형 도구, ⬭)을 선택하고 아트보드를 클릭한 후 'Width(폭) : 40mm, Height(높이) : 25mm'를 입력합니다.

02 Swatches(견본) 패널에서 'Fill(칠) : M20Y100, Stroke(선) : None(없음)'으로 지정하고 적절하게 배치합니다. Direct Selection Tool(직접 선택 도구, ▷)로 타원의 위, 아래쪽 고정점만 선택하고 왼쪽으로 드래그하여 조절합니다.

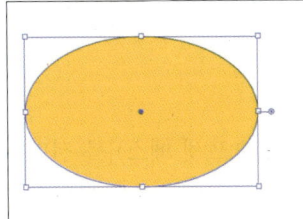 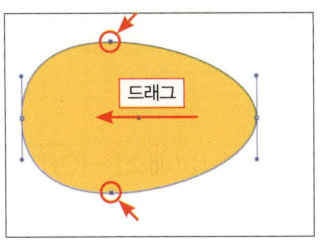

03 본체를 분리할 선을 만들기 위하여 Pen Tool(펜 도구, ✎)을 선택하고 곡선을 그린 후 Swatches(견본) 패널에서 'Fill(칠) : None(없음), Stroke(선) : K100'으로 지정합니다. 곡선을 선택하고 Alt 를 누른 채 드래그하여 복사한 후 잠수함 본체와 복사한 선 모두를 선택합니다.

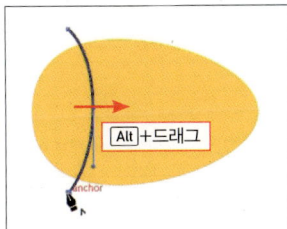 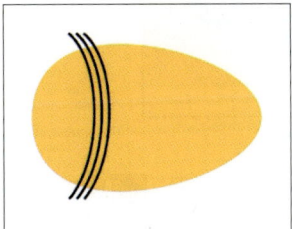

04 Pathfinder(패스파인더) 패널에서 Divide(나누기, ▣)를 선택하여 오브젝트를 분리한 후 Direct Selection Tool(직접 선택 도구, ▷)로 분리된 좌측 오브젝트들을 따로 선택하여 각각 Swatches(견본) 패널에서 'Fill(칠) : C80Y50과 Fill(칠) : C0M0Y0K0'로 지정합니다.

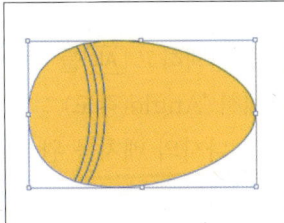 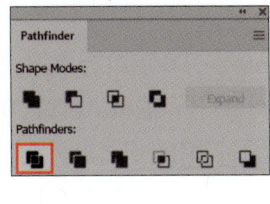 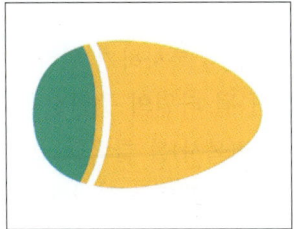

> **기적의 TIP**
> 오브젝트를 패스파인더로 나누면 그룹으로 묶이는데 그룹에서 일부분을 선택할 때 Direct Selection Tool(직접 선택 도구, ▷) 또는 Group Selection Tool(그룹 선택 도구, ▷)로 선택할 수 있습니다.

05 창문을 만들기 위하여 Ellipse Tool(원형 도구, ◎)을 선택하고 아트보드를 클릭한 후 'Width(폭) : 8mm, Height(높이) : 8mm'를 입력합니다. Swatches(견본) 패널에서 'Fill(칠) : C80Y50, Stroke(선) : None(없음)'으로 지정하고 적절하게 배치합니다.

 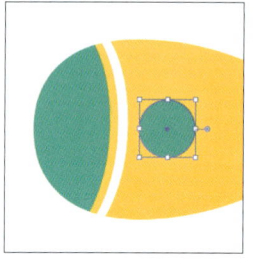

06 타원을 선택하고 [Object(오브젝트)]-[Path(패스)]-[Offset Path(오프셋 패스)]를 선택한 후 Offset Path(오프셋 패스) 창에서 'Offset(이동) : -2mm'를 입력합니다. 축소 이동된 오브젝트를 Swatches(견본) 패널에서 'Fill(칠) : C0M0Y0K0'으로 지정합니다.

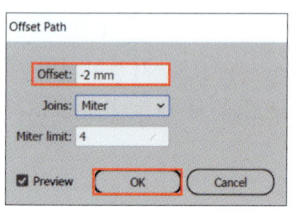 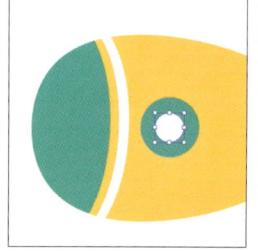

07 나사를 만들기 위하여 Ellipse Tool(원형 도구, ◎)을 선택하고 아트보드를 클릭한 후 'Width(폭) : 1mm, Height(높이) : 1mm'를 입력합니다. Swatches(견본) 패널에서 'Fill(칠) : C0M0Y0K0, Stroke(선) : None(없음)'으로 지정하고 적절하게 배치합니다.

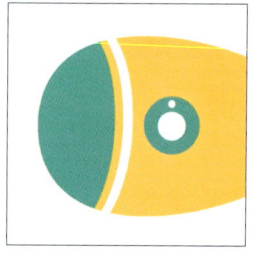

08 타원을 회전하면서 복사하기 위하여 Rotate Tool(회전 도구, ↻)을 선택하고 [Alt]를 누른 채 회전의 중심이 될 타원의 중심점을 클릭합니다. Rotate(회전) 창에서 'Angle(각도) : 30°'를 입력하고 Copy(복사)를 클릭합니다. [Ctrl]+[D]를 반복하여 누르면서 나사의 배치를 완성합니다. 완성한 창 오브젝트를 선택하고 [Alt]를 누른 채 드래그하여 복사합니다.

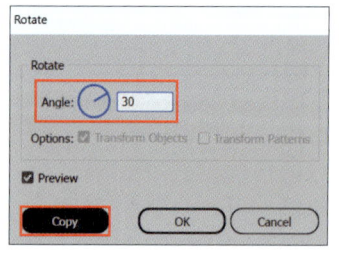 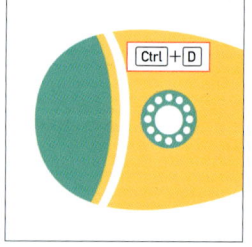 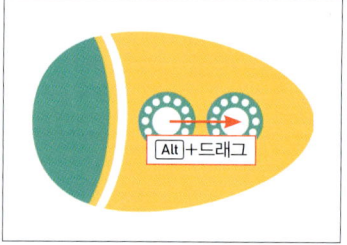

09 Pen Tool(펜 도구, ✎)을 선택하여 잠수함 꼬리를 그린 후 Swatches(견본) 패널에서 'Fill(칠) : M50Y90, Stroke(선) : None(없음)'으로 지정합니다.

 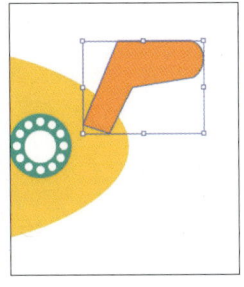

10 오브젝트를 상하로 반사하기 위하여 Reflect Tool(반사 도구, ▷◁)을 선택하고 반사의 기준이 되는 창문의 중심점을 [Alt]를 누른 채 클릭합니다. Reflect(반사) 창에서 'Axis(축) : Horizontal(가로)'을 선택하여 Copy(복사)를 통해 반사한 후 두 오브젝트를 모두 선택하고 [Shift]+[Ctrl]+[[ ]를 눌러서 맨 뒤로 배치합니다.

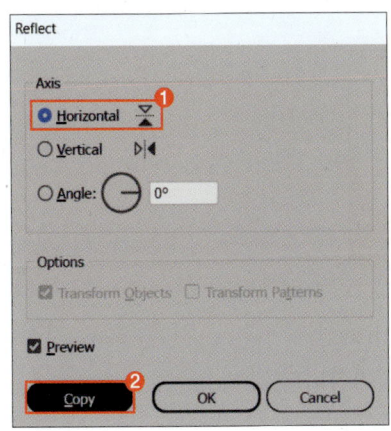 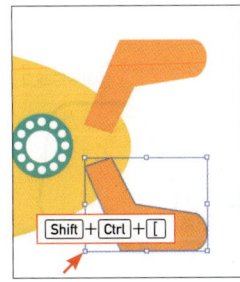 

11 프로펠러를 그리기 위하여 Rectangle Tool(사각형 도구, ▭)을 선택하고 아트보드를 클릭하여 사각형을 그린 후 Swatches(견본) 패널에서 'Fill(칠) : M50Y90, Stroke(선) : None(없음)'으로 지정합니다.

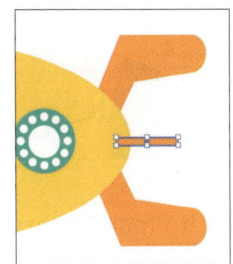

12 계속해서 Ellipse Tool(원형 도구, ⬭)을 선택하고 아트보드를 클릭하여 타원을 그린 후 Swatches(견본) 패널에서 'Fill(칠) : C80Y50'으로 지정합니다.

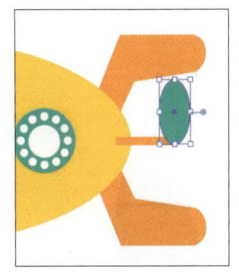

13 타원을 선택하고 Alt 를 누른 채 드래그하여 아래로 복사합니다. Ellipse Tool(원형 도구, ◯)을 선택하고 아트보드를 클릭하여 타원을 그린 후 Swatches(견본) 패널에서 'Fill(칠) : M20Y50'으로 지정합니다. 프로펠러를 이루는 모든 오브젝트들을 선택하고 Shift + Ctrl + [를 눌러서 맨 뒤로 배치합니다.

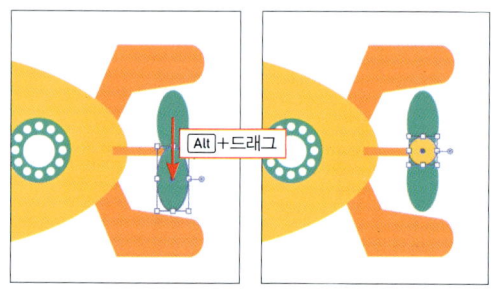

14 Pen Tool(펜 도구, ✒)을 선택하여 잠망경을 그린 후 모서리를 둥글게 하기 위하여 Direct selection Tool(직접 선택 도구, ▷)로 Corner Widget(모퉁이 위젯)을 클릭 후 드래그하면서 둥글게 조절합니다.

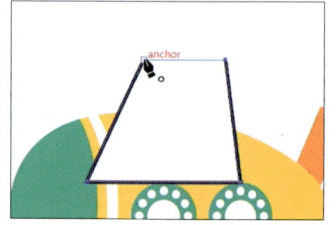 

15 Swatches(견본) 패널에서 'Fill(칠) : M50Y90, Stroke(선) : None(없음)'으로 지정하고 Shift + Ctrl + [를 눌러서 잠만경 오브젝트를 맨 뒤로 배치합니다.

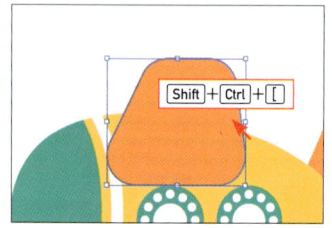 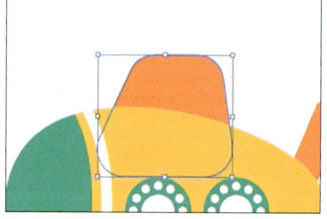

16 Rounded Rectangle Tool(둥근 사각형 도구, ▢)을 선택하고 아트보드를 클릭하여 두 개의 사각형을 그린 후 Swatches(견본) 패널에서 각각 'Fill(칠) : C80Y50와 M90Y100'으로 지정합니다. 빨간 사각형을 선택하고 Shift + Ctrl + [를 눌러서 맨 뒤로 배치합니다.

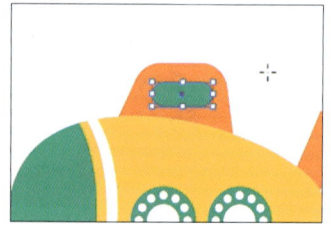 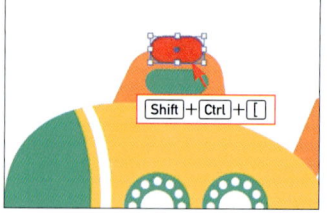 

17 Pen Tool(펜 도구,)을 선택하여 선을 그린 후 모서리를 둥글게 하기 위하여 Direct selection Tool(직접 선택 도구,)로 Corner Widget(모퉁이 위젯)을 클릭 후 드래그하면서 둥글게 조절합니다. Stroke(획) 패널에서 'Weight(두께) : 8pt'로 지정합니다.

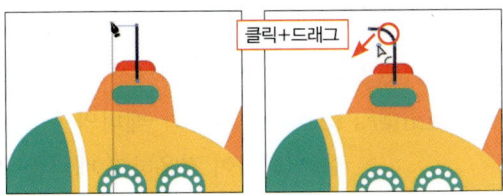 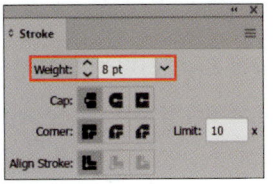 

18 오브젝트를 선택하고 Shift + Ctrl + [를 눌러서 맨 뒤로 배치합니다. Rounded Rectangle Tool(둥근 사각형 도구,)을 선택하고 아트보드를 클릭하여 사각형을 그린 후 Swatches(견본) 패널에서 'Fill(칠) : M90Y100'으로 지정합니다.

05 그림자 효과 적용

01 그림자를 적용하기 위하여 잠수함 오브젝트를 모두 선택 후 [Object(오브젝트)]-[Group(그룹)](Ctrl + G)을 클릭하고 그룹으로 묶습니다.

02 [Effect(효과)]-[Stylize(스타일화)]-[Drop Shadow(그림자 만들기)]를 선택하고 Drop Shadow(그림자 효과) 창에서 'Mode(모드) : Multiply(곱하기), Opacity(불투명도) : 75%, X Offset(X 옵셋) : 1mm, Y Offset(Y 옵셋) : 1mm, Blur(흐림 효과) : 1mm'로 지정합니다.

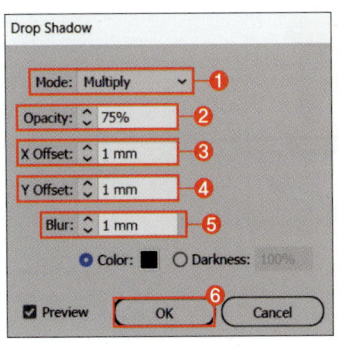 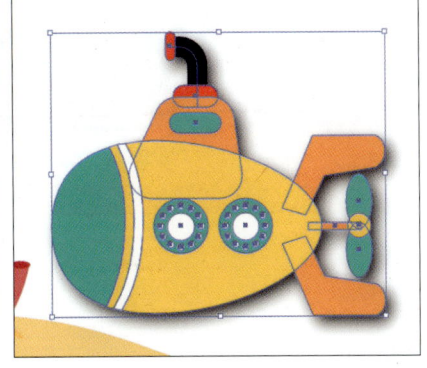

06 브러시 오브젝트 만들기

01 리본 모양 배너를 브러시로 만들기 위하여 Line Segment Tool(선분 도구, ◪)을 선택하고 [Shift]를 누르면서 직선을 그립니다.

02 Brushes(브러쉬) 패널 좌측 하단에서 Brush Libraries Menu(브러쉬 라이브러리 메뉴, ◪)를 선택하고 [Decorative(장식)]-[Decorative_Banners and Seals(장식_배너와 씰)]을 클릭하여 추가 브러쉬 패널을 불러옵니다. 'Banner 1(배너 11)'을 선택하여 적용하고 배치합니다.

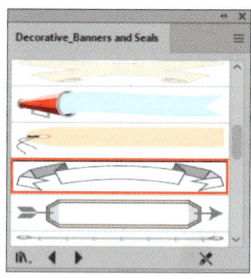
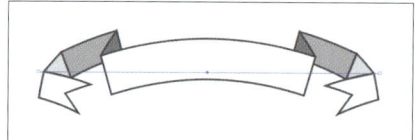

03 물방울 모양을 브러시로 만들기 위하여 Paintbrush Tool(페인트 브러시 도구, ◪)을 선택하고 곡선을 그립니다.

04 Brushes(브러쉬) 패널 좌측 하단에서 Brush Libraries Menu(브러쉬 라이브러리 메뉴, ◪)를 선택하고 [Decorative(장식)]-[Decorative_Scatter(장식_산포)]를 클릭하여 추가 브러쉬 패널을 불러옵니다.

05 'Bubbles(풍선)'를 선택하여 적용하고 배치한 후 Stroke(획) 패널에서 'Weight(두께) : 0.75pt'를 지정합니다.

07 문자 입력하고 변형하기

01 곡선 위에 문자를 입력하기 위하여 Pen Tool(펜 도구,)을 선택하고 곡선을 그립니다. Type on a Path Tool(패스 상의 문자 도구,)을 선택하고 곡선을 클릭하여 'SUBMA-RINE'을 입력한 후 Ctrl + A 를 눌러 모두 선택합니다.

02 상단 옵션 바에서 'Set the Font family(글꼴 군 설정) : Arial, Set the Font style(글꼴 스타일) : Bold, Set the Font size(글꼴 크기) : 18pt, Align Center(가운데 정렬)'로 선택하고 Swatches(견본) 패널에서 'Fill(칠) : M50Y100, Stroke(선) : None(없음)'으로 지정합니다.

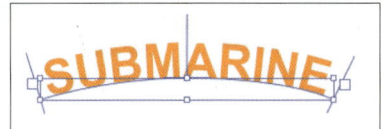

> **기적의 TIP**
> 문제의 지시사항에 없는 문자의 크기는 출력형태와 비슷하게 보고 수험자가 임의로 지정합니다.

03 문자를 패스로 만들기 위해 문자를 선택하고 [Type(문자)]-[Create outline(윤곽선 만들기)] (Shift + Ctrl + O)를 눌러 패스로 만듭니다. 문자가 패스화되면 Selection Tool(선택 도구,)로 'SUBMARINE' 오브젝트를 더블 클릭하여 Isolation Mode(격리 모드)로 전환합니다.

04 문자 오브젝트를 위, 아래로 분리하기 위하여 Erase Tool(지우개 도구,)을 선택합니다. [와] 를 눌러서 문자를 분리하는 선만큼 작게 지우개의 크기를 조절한 후 문자 오브젝트를 지나가도록 드래그합니다.

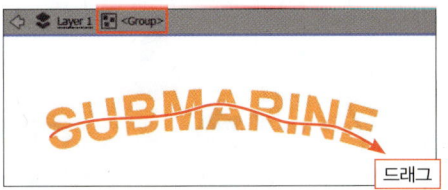

05 분리된 아래쪽 오브젝트들을 Selection Tool(선택 도구,)로 Shift 를 누르면서 모두 선택 후 Swatches(견본) 패널에서 'Fill(칠) : C0M90Y100K0, Stroke(선) : None(없음)'으로 지정합니다. Esc 를 눌러 Isolation Mode(격리 모드)를 해제한 후 배너 오브젝트 위에 적절하게 배치합니다.

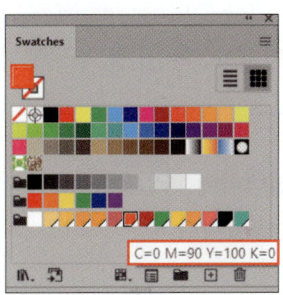

06 곡선 위에 문자를 입력하기 위하여 Pen Tool(펜 도구, ✏️)을 선택하고 원하는 위치에 맞춰 곡선을 그립니다. Type on a Path Tool(패스 상의 문자 도구, ✒️)을 선택하고 곡선을 클릭하여 'Amazing Underwater Exploration'를 입력한 후 Ctrl + A 를 눌러 모두 선택합니다.

07 상단 옵션 바에서 'Set the Font family(글꼴 군 설정) : Times New Roman, Set the Font style(글꼴 스타일) : Regular, Set the Font size(글꼴 크기) : 10pt, Align Center(가운데 정렬)'로 선택하고 Swatches(견본) 패널에서 'Fill(칠) : C100Y100, Stroke(선) : None(없음)'으로 지정합니다.

08 파일 저장

01 최종적으로 작업 파일의 오브젝트 위치, 순서를 점검하고 불필요한 안내선이 남아있는 경우 [View(보기)]-[Guide(안내선)]-[Clear Guide(안내선 지우기)]를 선택하여 안내선을 지웁니다.

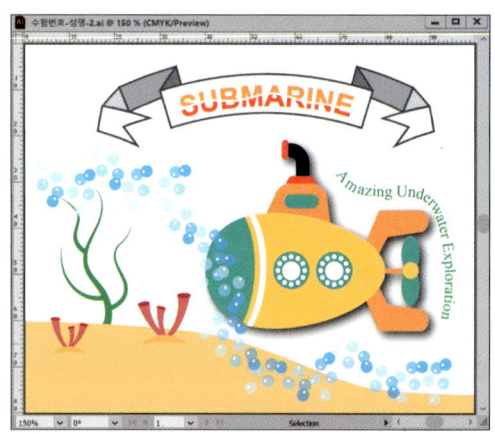

02 [File(파일)]-[Save as(다른이름으로 저장)](Shift + Ctrl + S)을 선택하여 '저장 위치 : 내 PCW문서WGTQ, 파일 이름 : 수험번호-성명-2, 파일 형식 : Adobe Illustrator(*.AI)'로 저장합니다. [Illustrator Options(Illustrator 옵션)] 창이 뜨면 [OK(확인)]를 누르고 옵션 창을 닫습니다.

03 답안 저장이 완료되면 [File(파일)]-[Close(닫기)](Ctrl + W)를 선택하여 파일을 닫고 수험 프로그램에서 [답안 전송]을 선택하여 ai 파일을 감독관 컴퓨터로 전송합니다.

문제 ❸	어플리케이션 디자인
작업과정	① 새 작업 파일 만들기 ➡ ② 견본색 그룹 만들기 ➡ ③ ECO 패턴 만들기 ➡ ④ 손 오브젝트 만들기 ➡ ⑤ 충전기 오브젝트 만들기 ➡ ⑥ 클리핑 마스크 및 패턴 적용 ➡ ⑦ 자동차 오브젝트 만들기 ➡ ⑧ 점선 편집하기 ➡ ⑨ 파일 저장
완성이미지	PART04₩기출유형문제01회₩수험번호-성명-3.ai

01 새 작업 파일 만들기

01 새 작업 파일을 만들기 위하여 [File(파일)]-[New(새로 만들기)]([Ctrl]+[N])를 선택하고 'Width : 120mm, Height : 80mm, Units : Millimeters, Color Mode : CMYK'를 설정하여 새 작업 파일을 만듭니다.

02 [View(보기)]-[Rulers(눈금자)]-[Show Rulers(눈금자 표시)]([Ctrl]+[R])를 선택하여 눈금자를 표시합니다.

03 작업 파일을 저장하기 위하여 [File(파일)]-[Save as(다른이름으로 저장)]([Shift]+[Ctrl]+[S])을 선택하여 '저장 위치 : 내PC₩문서₩GTQ, 파일 이름 : 수험번호-성명-3, 파일 형식 : Adobe Illustrator(*.AI)'로 저장합니다. [Illustrator Options(Illustrator 옵션)] 창이 뜨면 [OK(확인)]를 누르고 옵션 창을 닫습니다.

02 견본색 그룹 만들기

01 Swatches(견본) 패널 우측 하단에서 New Group(새 색상 견본 그룹, 📁)을 선택하여 새로운 그룹을 만들고 그룹의 이름을 GTQ라고 입력합니다.

02 만들어진 그룹을 클릭하고 New Swatch(새 견본, 🔲)를 선택하여 문제에서 제시하는 색상값을 입력합니다. 반복하여 모든 색상을 견본 그룹에 만듭니다.

03 ECO 패턴 만들기

01 둥근 화살을 만들기 위하여 Ellipse Tool(원형 도구, ⬤)을 선택하고 아트보드를 클릭한 후 'Width(폭) : 13mm, Height(높이) : 13mm'를 입력합니다. Swatches(견본) 패널에서 'Fill(칠) : None(없음), Stroke(선) : K20'으로 지정한 후 Stroke(획) 패널에서 'Weight(두께) : 3pt'를 지정합니다.

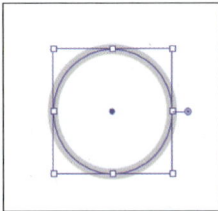

02 반원을 만들기 위하여 Direct Selection Tool(직접 선택 도구,)로 타원의 아래쪽 고정점을 선택하고 Delete 를 눌러서 삭제합니다. 계속해서 [Object(오브젝트)]-[Expand(모양 확장)]를 선택하여 윤곽선으로 만듭니다.

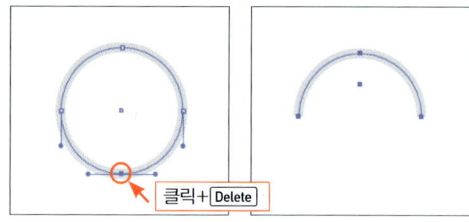
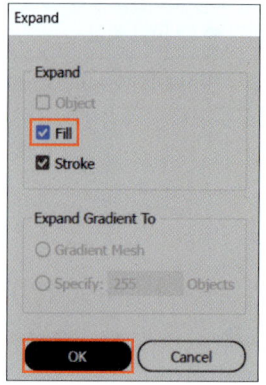
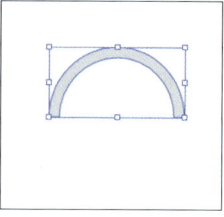

03 화살촉을 만들기 위하여 Pen Tool(펜 도구,)을 선택하고 삼각형을 만듭니다. 반원과 화살촉을 합치기 위하여 두 오브젝트를 모두 선택하고 Shape Builder Tool(도형 구성 도구,)을 선택합니다.

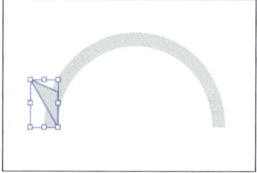
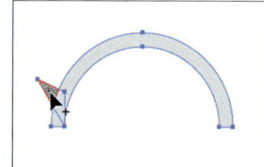
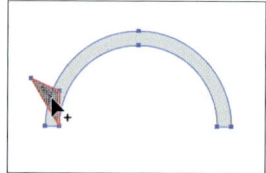

04 합치려는 도형들을 드래그하면서 선택하고 삭제하려는 도형은 Alt 을 눌러 클릭 후 Delete 를 눌러 삭제합니다.

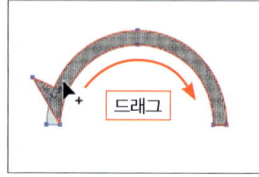
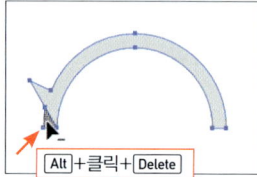
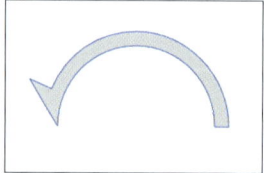

05 둥근 화살 오브젝트를 선택하고 Alt 를 누른 채 드래그하여 복사한 후 출력형태와 같이 회전하여 적절하게 배치합니다.

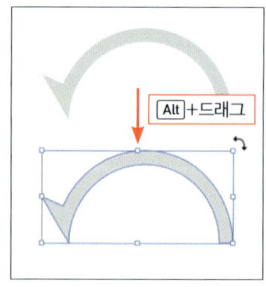
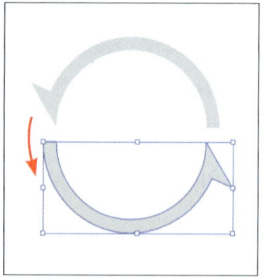

06 문자를 입력하기 위하여 Type Tool(문자 도구, T)을 선택하고 아트보드를 클릭하여 'eco'를 입력합니다.

07 상단 옵션 바에서 'Set the Font family(글꼴 군 설정) : Arial, Set the Font style(글꼴 스타일) : Bold, Set the Font size(글꼴 크기) : 16pt'로 지정하고 Swatches(견본) 패널에서 'Fill(칠) : K20, Stroke(선) : None(없음)'으로 지정한 후 적절하게 배치합니다.

> **기적의 TIP**
>
> 패턴을 제작할 때 입력된 텍스트에 대하여 문제에서 지시하지 않는 경우라면 수험자가 임의로 글꼴과 크기를 설정할 수 있습니다. 다만 답안 작성요령에서 권장하는 글꼴을 기준으로 한글은 굴림이나 돋움, 영문은 Arial을 선택하되 출력 형태와 많이 다르다면 비슷한 글꼴을 찾아서 적용합니다.

08 패턴으로 만들기 위하여 완성한 eco 오브젝트를 선택하고 [Object(오브젝트)]-[Pattern(패턴)]-[Make(만들기)]를 선택합니다.

09 Pattern Options(패턴 옵션) 창에서 'Name(이름) : eco, Tile Type(타일 유형) : Brick by Row(행으로 벽돌형), Width(폭) : 20mm, Height(높이) : 16mm'으로 지정하고 Done(완료)을 클릭합니다.

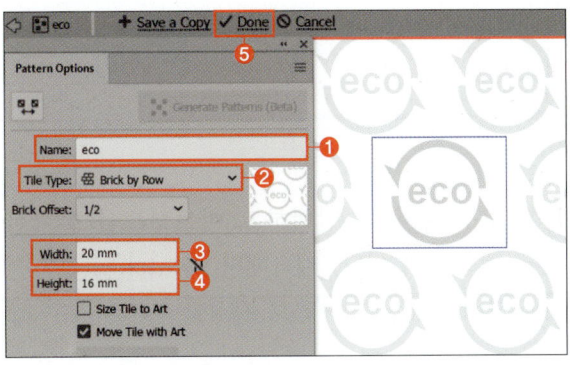

04 손 오브젝트 만들기

01 새싹을 만들기 위하여 Ellipse Tool(원형 도구, ◯)을 선택하여 아트보드를 클릭한 후 'Width(폭) : 3mm, Height(높이) : 6mm'를 입력합니다. Swatches(견본) 패널에서 'Fill(칠) : C90M10Y100K10, Stroke(선) : None(없음)'으로 지정하고 Anchor Point Tool(고정점 도구, ▷)로 위쪽과 아래쪽 고정점을 클릭합니다.

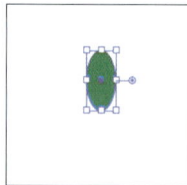 

02 새싹을 선택하고 Alt 를 누른 채 드래그하여 복사한 후 반복합니다. 복사한 여러 개의 새싹들을 출력형태에 따라 적절하게 배치합니다.

03 줄기를 만들기 위하여 Line Segment Tool(선분 도구, ╱)을 선택하고 Shift 를 누르면서 직선을 그립니다. Swatches(견본) 패널에서 'Fill(칠) : None(없음), Stroke(선) : C90M10Y100K10'으로 지정합니다. [Object(오브젝트)]-[Expand(확장)]를 선택하여 윤곽선으로 만듭니다.

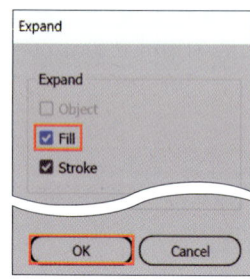 

04 흙을 만들기 위하여 Ellipse Tool(원형 도구, ◯)을 선택하고 아트보드를 클릭한 후 'Width(폭) : 10mm, Height(높이) : 5mm'를 입력합니다. 계속해서 Swatches(견본) 패널에서 'Fill(칠) : C40M60Y80K30, Stroke(선) : None(없음)'으로 지정합니다.

 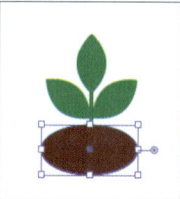

05 옷소매를 만들기 위하여 Rectangle Tool(사각형 도구)을 선택하고 아트보드를 클릭한 후 'Width(폭) : 3mm, Height(높이) : 10mm'를 입력합니다. Swatches(견본) 패널에서 'Fill(칠) : K70, Stroke(선) : None(없음)'으로 지정합니다.

06 Pen Tool(펜 도구, ✏️)을 선택하여 손을 그린 후 Swatches(견본) 패널에서 'Fill(칠) : M20Y70, Stroke(선) : None(없음)'으로 지정합니다. 옷소매 오브젝트를 선택하고 [Object (오브젝트)]-[Arrange(정돈)]-[Bring to Front(맨 앞으로 가져오기)]([Shift]+[Ctrl]+[]])를 눌러서 순서를 맨 앞으로 보냅니다.

 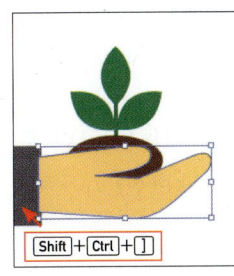 

05 충전기 오브젝트 만들기

01 Rounded Rectangle Tool(둥근 사각형 도구, ▢)을 선택하여 아트보드를 클릭한 후 큰 사각형은 'Width(폭) : 25mm, Height(높이) : 50mm, Corner Radius(모퉁이 반경) : 2mm'를, 작은 사각형은 'Width(폭) : 15mm, Height(높이) : 8mm, Corner Radius(모퉁이 반경) : 2mm'를 입력합니다.

02 Swatches(견본) 패널에서 'Fill(칠) : C60Y20, Stroke(선) : None(없음)'으로 지정하여 위, 아래로 배치한 후 Pathfinder(패스파인더) 패널에서 Unite(합치기, ◩)를 선택하여 병합합니다.

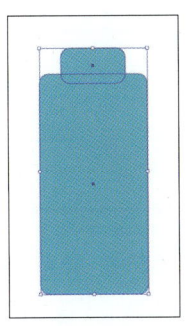 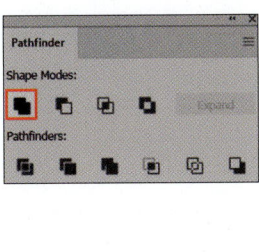 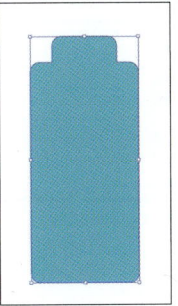

03 Ellipse Tool(원형 도구, ◯)을 선택하여 아트보드를 클릭한 후 'Width(폭) : 12mm, Height(높이) : 12mm'를 입력합니다. Swatches(견본) 패널에서 'Fill(칠) : C40, Stroke(선) : None(없음)'으로 지정합니다.

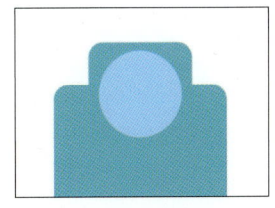

04 타원을 선택하고 [Object(오브젝트)]-[Path(패스)]-[Offset Path(오프셋 패스)]를 선택한 후 Offset Path(오프셋 패스) 창에서 'Offset(이동) : -1mm'를 입력합니다. 축소 이동된 오브젝트를 Swatches(견본) 패널에서 'Fill(칠) : None(없음), Stroke(선) : C0M0Y0K0'으로 지정합니다.

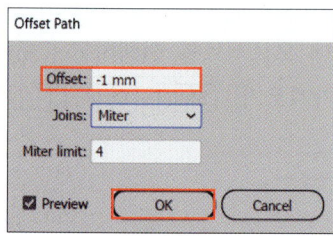

05 Pen Tool(펜 도구,)을 선택하고 전기심벌 오브젝트를 그린 후 Swatches(견본) 패널에서 'Fill(칠) : Y100, Stroke(선) : None(없음)'으로 지정합니다.

06 Rounded Rectangle Tool(둥근 사각형 도구,)을 선택하여 아트보드를 클릭한 후 작은 사각형은 'Width(폭) : 20mm, Height(높이) : 10mm, Corner Radius(모퉁이 반경) : 1mm'를, 큰 사각형은 'Width(폭) : 20mm, Height(높이) : 20mm, Corner Radius(모퉁이 반경) : 1mm'를 입력합니다. Swatches(견본) 패널에서 'Fill(칠) : C40, Stroke(선) : None(없음)'으로 지정하여 위, 아래로 배치합니다.

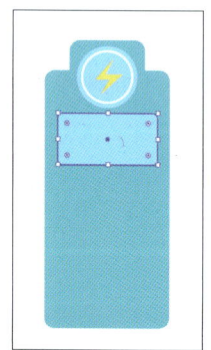
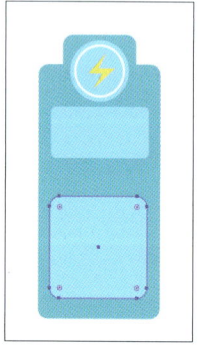

07 Rounded Rectangle Tool(둥근 사각형 도구,)을 선택하여 아트보드를 클릭한 후 'Width(폭) : 8mm, Height(높이) : 5mm, Corner Radius(모퉁이 변경) : 1mm'를 입력합니다.

08 Swatches(견본) 패널에서 'Fill(칠) : C90M50Y50, Stroke(선) : None(없음)'으로 지정하고 Alt를 누른 채 드래그하여 복사합니다.

 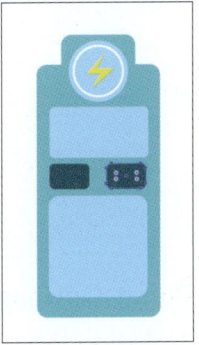

09 Rectangle Tool(사각형 도구, ▭)을 선택하여 아트보드를 클릭한 후 큰 사각형은 'Width(폭) : 15mm, Height(높이) : 6mm'를, 작은 사각형은 'Width(폭) : 3mm, Height(높이) : 3mm'를 입력합니다.

10 Swatches(견본) 패널에서 'Fill(칠) : None(없음), Stroke(선) : C0M0Y0K0'으로 지정하고 출력형태처럼 배치합니다.

11 계속해서 Pathfinder(패스파인더) 패널에서 Unite(합치기, ▪)를 선택하여 두 오브젝트를 병합합니다.

12 Line Segment Tool(선분 도구, ╱)을 선택하여 Shift를 누른 채 직선을 그린 후, Swatches(견본) 패널에서 'Fill(칠) : None(없음), Stroke(선) : C0M0Y0K0'으로 지정합니다.

13 Alt를 누른 채 드래그하여 복사한 두 개의 선을 선택하고 [Object(오브젝트)]-[Bland(블렌드)]-[Make(만들기)]를 클릭하여 두 개의 선 사이를 채웁니다.

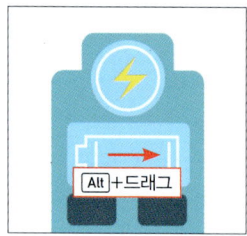 

14 Bland Tool(블렌드 도구,)을 더블 클릭하여 Bland Options(블렌드 옵션) 창에서 'Spacing(간격) : Specified Steps(지정된 단계), 10'으로 지정합니다.

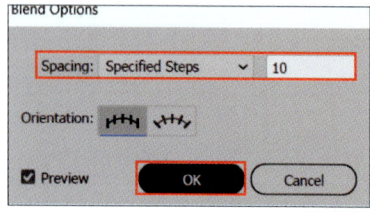 

06 클리핑 마스크 및 패턴 적용

01 손 오브젝트를 선택하고 Ctrl+G를 눌러서 그룹으로 만든 후 Alt를 누른 채 드래그하여 복사합니다. Shift+Ctrl+]를 눌러서 순서를 맨 앞으로 보내고 반복하여 복사한 후 적절하게 배치합니다.

02 좌우로 반전할 오브젝트를 선택하고 Reflect Tool(반사 도구,)을 더블 클릭한 후 Reflect(반사) 창에서 'Axis(축) : Vertical(세로)'을 선택합니다.

 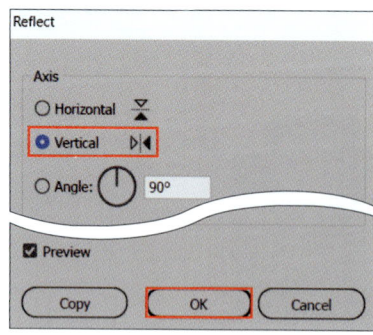 

03 사각형을 선택하여 Ctrl+C를 눌러서 복사한 후 Ctrl+F를 눌러서 같은 위치이면서 바로 위에 붙입니다. Shift+Ctrl+]를 눌러 순서를 맨 앞으로 보냅니다.

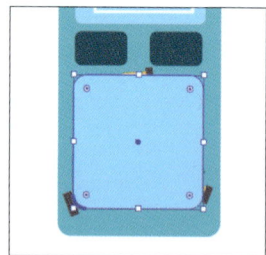

04 복사한 사각형만큼 손 오브젝트에 클리핑 마스크를 적용하기 위하여 복사된 사각형과 손 오브젝트들을 모두 선택하고 [Object(오브젝트)]-[Clipping Mask(클리핑 마스크)]-[Make(만들기)]([Ctrl]+[7])을 누릅니다.

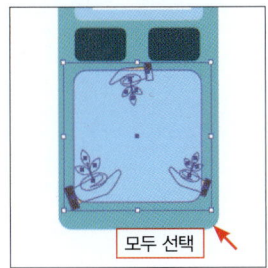 

05 문자를 입력하기 위하여 Type Tool(문자 도구, [T])을 선택하고 아트보드를 클릭하여 'Green Energy'를 입력합니다.

06 상단 옵션 바에서 'Set the Font family(글꼴 군 설정) : Times New Roman, Set the Font style(글꼴 스타일) : Bold, Set the Font size(글꼴 크기) : 12pt, Align Center(가운데 정렬)'로 선택하고 Swatches(견본) 패널에서 'Fill(칠) : C0M0Y0K0, Stroke(선) : None(없음)'으로 지정한 후 적절하게 배치합니다.

07 Rounded Rectangle Tool(둥근 사각형 도구, ▢)을 선택하여 아트보드를 클릭한 후 'Width(폭) : 3mm, Height(높이) : 12mm, Corner Radius(모퉁이 반경) : 2mm'를 입력하고 Swatches(견본) 패널에서 'Fill(칠) : K70, Stroke(선) : None(없음)'으로 지정합니다.

08 패턴으로 채우기 위하여 사각형을 선택하고 [Ctrl]+[C]를 눌러서 복사한 후 [Ctrl]+[F]를 눌러서 같은 위치이면서 바로 위에 붙이고 Swatches(견본) 패널에서 'Fill(칠) : eco' 패턴으로 지정합니다.

09 패턴의 크기를 줄이기 위하여 Scale Tool(크기 조절 도구,)을 더블 클릭하고 Scale(크기 조절) 창에서 'Uniform(균일) : 30%'를 입력하고 Options(옵션)에서 'Transform Patterns (패턴 변형) : 체크'합니다.

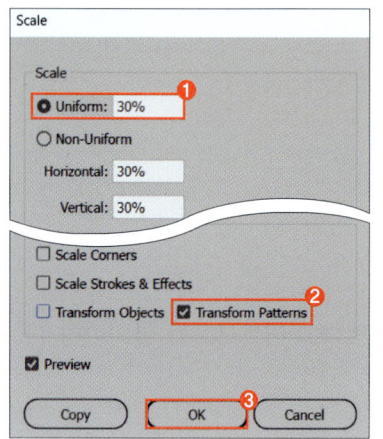

07 자동차 오브젝트 만들기

01 Pen Tool(펜 도구,)을 선택하여 자동차를 그립니다. Ellipse Tool(원형 도구,)을 선택하고 아트보드를 클릭하여 'Width(폭) : 16mm, Height(높이) : 16mm'를 입력 후 Alt 를 누른 채 드래그하여 복사합니다.

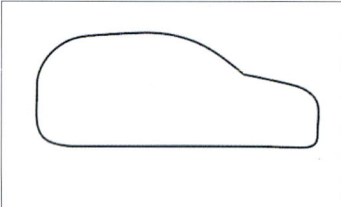
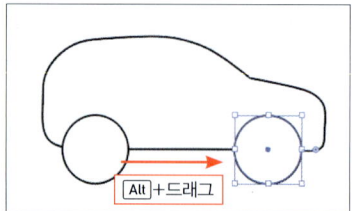

02 두 원형 오브젝트를 모두 선택한 후 Pathfinder(패스파인더) 패널에서 Minus Front(앞면 오브젝트 제외,)를 선택하여 불필요한 부분은 삭제합니다.

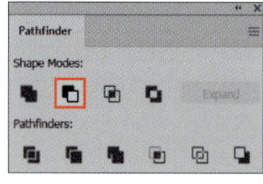
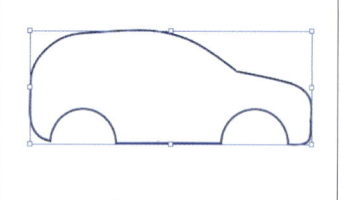

03 Gradient(그레이디언트) 패널에서 그라디언트 색상을 클릭하여 Gradient Slider(그라디언트 슬라이더)를 활성화합니다. Gradient Slider(그라디언트 슬라이더)의 왼쪽 'Color Stop(색상 중지점)'을 더블 클릭하여 C30M20을, 오른쪽 'Color Stop(색상 중지점)'을 더블 클릭하여 C80M60Y40K10을 적용합니다.

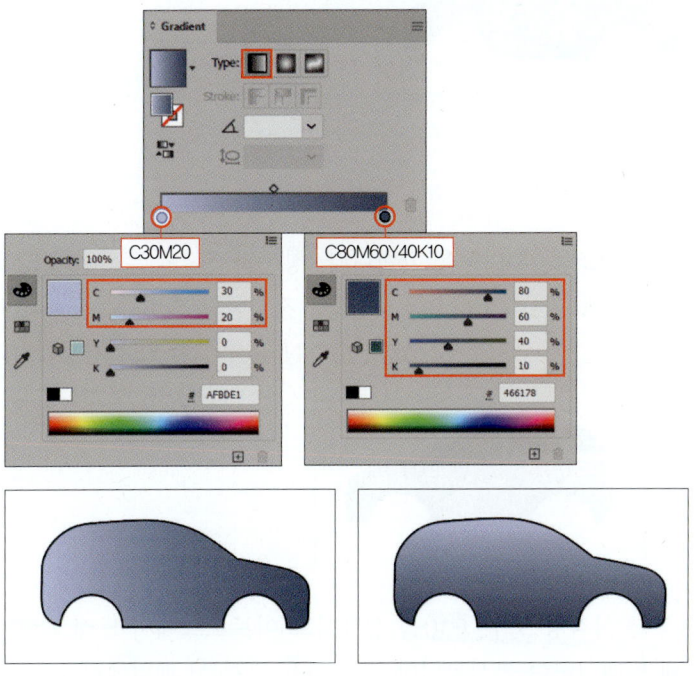

04 이어서 오브젝트를 클릭하여 'Angle(각도) : −90°'를 선택하고 'Stroke(선) : None(없음)'으로 지정합니다.

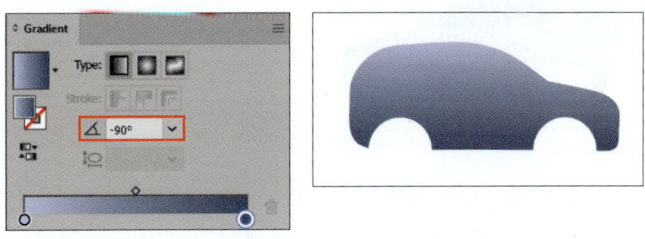

05 Pen Tool(펜 도구, ✒)을 선택하여 자동차를 분리할 곡선을 그립니다. 자동차와 분리할 선을 선택하고 Pathfinder(패스파인더) 패널에서 Divide(나누기, ▣)를 선택하여 분리합니다.

 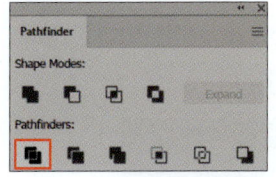 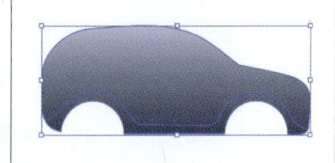

06 Direct Selection Tool(직접 선택 도구, ▷)로 아래쪽 오브젝트를 선택하고 Swatches(견본) 패널에서 'Fill(칠) : C80M60Y30K20'으로 지정합니다.

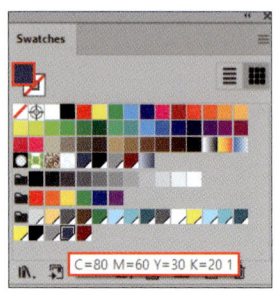

07 Pen Tool(펜 도구, ✎)로 창문과 전조등, 후미등을 그립니다. 창문과 전조등은 Swatches(견본) 패널에서 'Fill(칠) : K100, Stroke(선) : None(없음)'으로 지정하고 후미등은 Swatches(견본) 패널에서 'Fill(칠) : C20M100Y100K30, Stroke(선) : None(없음)'으로 지정합니다.

08 Rounded Rectangle Tool(둥근 사각형 도구, ▢)을 선택하고 아트보드에서 드래그하여 손잡이를 그린 후 Alt 를 누른 채 드래그하여 복사합니다. Swatches(견본) 패널에서 'Fill(칠) : C80M60Y30K20, Stroke(선) : None(없음)'으로 지정합니다.

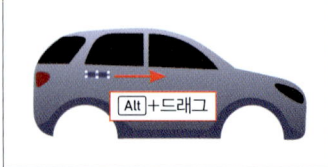

09 바퀴를 만들기 위하여 Ellipse Tool(원형 도구, ◯)을 선택하고 아트보드를 클릭한 후 'Width(폭) : 14mm, Height(높이) : 14mm'를 입력합니다. 계속해서 Swatches(견본) 패널에서 'Fill(칠) : K100, Stroke(선) : None(없음)'으로 지정합니다.

10 [Object(오브젝트)]-[Path(패스)]-[Offset Path(오프셋 패스)]를 선택한 후 Offset Path(오프셋 패스) 창에서 'Offset(이동) : –3mm'를 입력합니다. 축소된 타원을 Swatches(견본) 패널에서 'Fill(칠) : K50'으로 지정합니다.

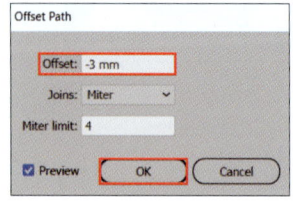

11 반복하여 [Object(오브젝트)]-[Path(패스)]-[Offset Path(오프셋 패스)]를 선택한 후 Offset Path(오프셋 패스) 창에서 'Offset(이동) : -2.5mm'를 입력합니다. 축소된 타원을 선택하고 Swatches(견본) 패널에서 'Fill(칠) : K100'으로 지정합니다.

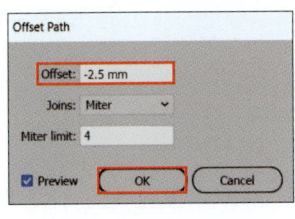 

12 휠을 만들기 위하여 Rectangle Tool(사각형 도구, ▢)을 선택하고 아트보드를 클릭한 후 'Width(폭) : 1mm, Height(높이) : 10mm'를 입력합니다.

13 생성된 휠을 바퀴 오브젝트와 함께 선택하여 Align(정렬) 패널에서 Horizontal Align Center(가로 가운데 정렬, ▯)와 Vertical Align Center(세로 가운데 정렬, ▮)를 선택하여 중심을 맞춥니다.

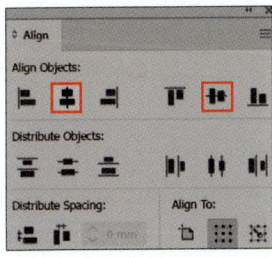 

14 사각형을 선택하고 회전 및 복사하기 위하여 Rotate Tool(회전 도구, ↻)을 더블 클릭한 후 Rotate(회전) 창에서 'Angle(각도) : 60°'를 입력하고 Copy(복사)를 클릭합니다. Ctrl + D 를 반복하여 누른 채 휠의 배치를 완성합니다. 완성한 바퀴 오브젝트를 선택하고 Alt 를 누른 채 드래그하여 복사합니다.

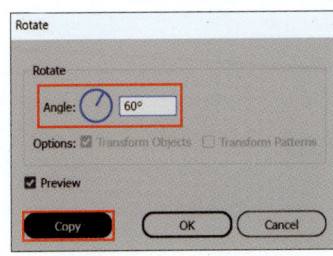  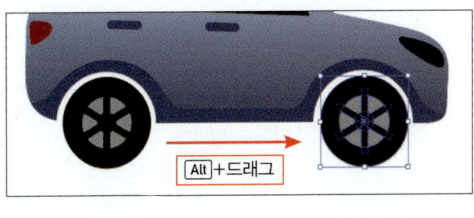

15 손 오브젝트를 선택하여 Alt 를 누른 채 드래그하여 복사하고 [Object(오브젝트)]-[Expand (모양 확장)]를 선택하여 윤곽선으로 만듭니다.

16 Pathfinder(패스파인더) 패널에서 Unite(합치기, ▣)를 선택하여 병합한 후 Shift + Ctrl +] 를 눌러서 순서를 맨 앞으로 보냅니다.

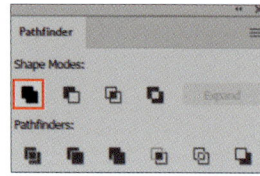 

17 Swatches(견본) 패널에서 'Fill(칠) : C0M0Y0K0'으로 지정하고 자동차 오브젝트 위에 배치합니다. Alt 를 누른 채 드래그하여 반복하여 복사한 후 모든 손 오브젝트들을 선택하여 Ctrl + G 를 눌러 그룹으로 묶습니다.

 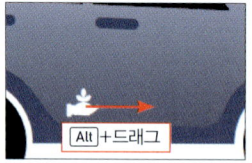 

18 문자를 입력하기 위하여 Type Tool(문자 도구, T)을 선택하고 아트보드를 클릭하여 'Electric Car'를 입력합니다.

19 상단 옵션 바에서 'Set the Font family(글꼴 군 설정) : Arial, Set the Font style(글꼴 스타일) : Bold, Set the Font size(글꼴 크기) : 12pt'로 지정하고 Swatches(견본) 패널에서 'Fill(칠) : C0M0Y0K0, Stroke(선) : None(없음)'으로 지정한 후 적절하게 배치합니다.

> **기적의 TIP**
>
> 패스선 위에 텍스트를 올리는 Type on a Path Tool(패스 상의 문자 도구, ⟨⟩)가 아닌 경우 한 줄로 입력하는 문장은 정렬을 설정하지 않아도 됩니다.

08 점선 편집하기

01 주유구를 만들기 위하여 Rounded Rectangle Tool(둥근 사각형 도구, ■)을 선택하고 아트보드를 클릭한 후 'Width(폭) : 5mm, Height(높이) : 5mm, Corner Radius(모퉁이 반경) : 1mm'를 입력합니다. Swatches(견본) 패널에서 'Fill(칠) : C80M60Y30K20, Stroke(선) : None(없음)'으로 지정하고 배치합니다.

02 Ellipse Tool(원형 도구, ●)을 선택하고 아트보드를 클릭한 후 'Width(폭) : 4mm, Height(높이) : 4mm'를 입력합니다. Swatches(견본) 패널에서 'Fill(칠) : C0M0Y0K0, Stroke(선) : None(없음)'으로 지정하고 배치한 후 Alt 를 누른 채 드래그하여 충전기로 복사합니다.

03 충전케이블을 만들기 위하여 Pen Tool(펜 도구, ✏)을 선택하여 선을 그린 후 Swatches(견본) 패널에서 'Fill(칠) : None(없음), Stroke(선) : K70'으로 지정합니다. 모서리를 둥글게 하기 위하여 Direct selection Tool(직접 선택 도구, ▶)로 Corner Widget(모퉁이 위젯)을 클릭 드래그하면서 둥글게 조절합니다.

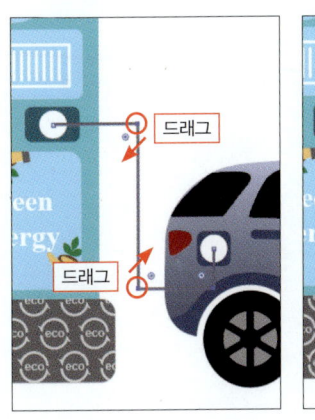 

04 선을 선택하여 Ctrl+C를 눌러서 복사하고 Ctrl+F를 눌러서 같은 위치에서 뒤로 배치한 후 Stroke(획) 패널에서 'Weight(두께) : 5pt'로 지정합니다.

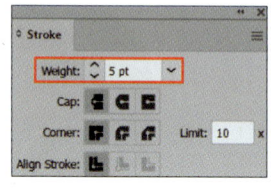

05 앞에 배치된 선을 선택하여 Swatches(견본) 패널에서 'Stroke(선) : C0M0Y0K0'으로 지정합니다.

06 실선을 점선으로 만들기 위하여 Stroke(획) 패널에서 'Dashed Line(점선 사용) : 체크'하고 'dash(점선) : 3pt, gap(간격) : 2pt'로 지정합니다.

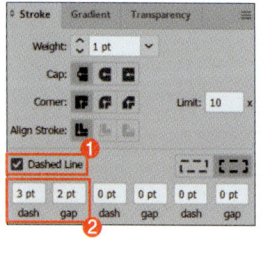

07 충전기의 타원 오브젝트를 선택하고 Stroke(획) 패널에서 'Dashed Line(점선 사용) : 체크'한 후 'dash(점선) : 5pt, gap(간격) : 2pt, dash(점선) : 2pt, gap(간격) : 2pt'로 지정합니다.

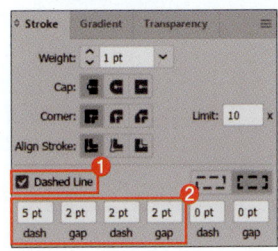

09 파일 저장

01 최종적으로 작업 파일의 오브젝트 위치, 순서를 점검하고 불필요한 안내선이 남아있는 경우 [View(보기)]-[Guide(안내선)]-[Clear Guide(안내선 지우기)]를 선택하여 안내선을 지웁니다.

02 [File(파일)]-[Save as(다른 이름으로 저장)]([Shift]+[Ctrl]+[S])을 선택하여 '저장 위치 : 내 PC₩문서₩GTQ, 파일 이름 : 수험번호-성명-3, 파일 형식 : Adobe Illustrator(*.AI)'로 저장합니다. [Illustrator Options(Illustrator 옵션)] 창이 뜨면 [OK(확인)]를 누르고 옵션 창을 닫습니다.

03 답안 저장이 완료되면 [File(파일)]-[Close(닫기)]([Ctrl]+[W])를 선택하여 파일을 닫고 수험 프로그램에서 [답안 전송]을 선택하여 ai 파일을 감독관 컴퓨터로 전송합니다.

기출 유형 문제 02회

급수	문제유형	시험시간	수험번호	성명
2급	A	90분		

수험자 유의사항

- 수험자는 문제지를 받는 즉시 응시하고자 하는 **과목 및 급수가 맞는지 확인**한 후 수험번호와 성명을 작성합니다.
- 파일명은 본인의 "수험번호-성명-문제번호"로 공백 없이 정확히 입력하고 답안폴더(내 PC₩문서₩GTQ)에 ai 파일 포맷으로 저장해야 하며, '**다른 파일 형식으로 저장하였을 경우**' 0점 처리됩니다.
- 답안문서 파일명이 "수험번호-성명-문제번호"와 일치하지 않거나, 답안 파일을 '**전송**'하지 않는 경우 답안 파일 미제출로 불합격 처리됩니다. ※ 답안은 반드시 시험 시간 내에 전송을 완료해야 하며, 전송 시간을 충분히 감안하여 제출해 주시기 바랍니다. (공정한 평가를 위해, 시험 종료 전 전송이 완료된 답안에 한해 채점이 진행됩니다.)
- 수험자 정보와 저장한 파일명, 저장 위치가 다를 경우 전송이 되지 않으므로, 주의하시길 바랍니다.
- 답안 작성 중에도 **주기적으로 '저장'과 '답안 전송'**을 이용하여 감독위원 PC로 답안을 전송하셔야 합니다. (※ 작업한 내용을 저장하지 않고 답안을 전송할 경우 이전의 저장내용이 전송되오니 이점 반드시 유념하시기 바랍니다.)
- 모든 시험자는 동일한(초기화 된) 환경에서 시험이 시작되며 '작업환경 설정'은 시험 시간 내에 진행합니다. (시험 시작 전 '작업환경 설정' 불가, 소프트웨어 이상 유무만 확인)
- 답안문서는 지정된 경로 외의 다른 보조기억장치에 저장하는 행위, 지정된 시험 시간 외에 작성된 파일을 활용한 행위, 기타 허용되지 않은 프로그램(이메일, 메신저, 게임, 네트워크, 윈도우계산기, 스톱워치 등) 이용 시 부정행위로 간주되어 **자격기본법 제32조에 의거 본 시험 및 국가공인 자격시험을 2년간 응시할 수 없습니다.**
- 시험 종료 후 제출된 답안은 평가 및 검증을 위해 본부에서 보관되며, **시험의 공정성과 보안 유지를 위해 응시자에게 본인의 답안을 제공하는 것은 허용되지 않습니다.** 이 점 반드시 유의하시기 바랍니다.
- 시험 중 부주의 또는 고의로 시스템을 파손한 경우와 〈수험자 유의사항〉에 기재된 방법대로 이행하지 않아 생기는 불이익은 수험자의 책임임을 알려 드립니다.
- 시험을 완료한 수험자는 최종적으로 저장한 답안파일이 전송되었는지 확인한 후 감독위원의 지시에 따라 문제지를 제출하고 퇴실합니다.

답안 작성요령

- 온라인 답안 작성 절차
  수험자 등록 ⇒ 시험 시작 ⇒ 답안파일 저장 ⇒ 답안 전송 ⇒ 시험 종료
- 배점은 총 100점으로 이루어지며, 점수는 각 문제별로 차등 배분됩니다.
- 각 문제는 제시된 〈조건〉에 맞게 답안을 작성하고, 〈조건〉을 지키지 못했을 경우에는 0점 또는 감점 처리됩니다.
- 문제 〈조건〉에 크기와 색상, 두께의 지정이 없을 경우 〈출력형태〉를 참고하여 작업해 주시기 바랍니다.
- **문제 〈조건〉과 〈출력형태〉에서 차이가 발생할 경우 문제에서 지정한 〈조건〉에 따라 작업해 주시기 바랍니다.**
- 〈조건〉에서 주어진 단위는 'mm(밀리미터)'입니다.
- 눈금자는 작성하지 않으며, 그 외는 출력형태(레이아웃, 색상, 문자, 규격 등)와 같게 작업하십시오.
- 문제 〈조건〉에 서체의 지정이 없을 경우 한글은 굴림이나 돋움, 영문은 Arial로 작업하십시오.
  (단, 그 외에 제시되지 않은 문자 속성을 기본값으로 작성하지 않은 경우는 감점 처리됩니다.)
- Color Mode(색상 모드)는 별도의 처리 조건이 없을 시 CMYK로 작업하십시오.
- 조건에서 제시한 기능을 임의로 합치거나 각 기능에 대한 속성을 해지할 경우 해당 요소는 0점 처리됩니다.

한 국 생 산 성 본 부

문제 ① **기본 툴 활용** 25점

다음의 《조건》에 따라 아래의 《출력형태》와 같이 작업하시오.

조건

파일저장규칙	AI	파일명	문서₩GTQ₩수험번호-성명-1.ai
		크기	100 × 80mm

1. 작업 방법
① 도형, 변형 툴과 Pathfinder 기능을 활용하여 오브젝트를 작성한다.
② 그 외 《출력형태》 참조

출력형태

C30M60Y80K30,
M20Y30,
M30Y40,
C20M20Y40,
C40M70Y100K50,
C0M0Y0K0,
K100,
C30,
C100,
C100M100

문제 ❷ 문자와 오브젝트   35점

다음의 《조건》에 따라 아래의 《출력형태》와 같이 작업하시오.

[조건]

파일저장규칙	AI	파일명	문서₩GTQ₩수험번호-성명-2.ai
		크기	100 × 80mm

1. 작업 방법
① 'BOOK DAY' 문자에 Arial (Bold) 폰트를 적용한다.
② 'Let's read a book' 문자에 Type on a Path Tool을 활용한다.
③ Brush는 《출력형태》를 참고하여 작성한다.
④ Effect는 《출력형태》를 참고하여 작성한다.
⑤ 그 외 《출력형태》 참조

2. 문자 효과
① Let's read a book (Times New Roman, Regular, 10pt, K100)

[출력형태]

C30M50Y80K10, C40M60Y90K40

[Brush] Banner 12, 1pt

[Brush] Confetti, 1pt

C90M30Y90K30, C0M0Y0K0,
[Stroke] K100, 1pt

[Effect] Drop Shadow

M80Y90, M30Y80, C40M70Y100K50,
C30M60Y80K20, C100, C30,
C20M30Y40, C0M0Y0K0,
[Stroke] K100, 1pt

| 문제 ❸ | 어플리케이션 디자인 | 40점 |

▶ 합격 강의

다음의 《조건》에 따라 아래의 《출력형태》와 같이 작업하시오.

조건

파일저장규칙	AI	파일명	문서₩GTQ₩수험번호-성명-3.ai
		크기	120 × 80mm

1. 작업 방법
① 도형 툴로 오브젝트를 그린 후 Pattern을 활용하여 작성한다. (패턴 등록 : BOOK)
② 책갈피에 규칙적인 점선, 불규칙한 점선을 설정한다.
③ 쇼핑백에 Pattern을 적용한다.
④ 책갈피에 배치된 오브젝트는 정렬, 간격을 일정하게 한 후 Group 설정을 한다.
⑤ 그 외 《출력형태》 참조

2. 문자 효과
① Reading Time (Arial, Bold, 10pt, C0M0Y0K0)
② BOOK STORE (Times New Roman, Bold, 15pt, K100)

출력형태

M20Y40, K100, Y100, C80M70

C100, C100M100, C0M0Y0K0

[Group]

C100 → C100M100, C0M0Y0K0, Opacity 80%, [Stroke] C0M0Y0K0, 1pt, K50, 3pt

[Pattern]

K20, K40, K70, C0M0Y0K0, Opacity 80%

문제 ❶ 기본 툴 활용

작업과정	① 새 작업 파일 만들기 ➡ ② 견본색 그룹 만들기 ➡ ③ 얼굴 오브젝트 만들기 ➡ ④ 상체 오브젝트 만들기 ➡ ⑤ 하체 오브젝트 만들기 ➡ ⑥ 파일 저장
완성이미지	PART04₩수험번호-성명-1.ai

01 새 작업 파일 만들기

01 새 작업 파일을 만들기 위하여 [File(파일)]-[New(새로 만들기)](Ctrl+N)를 선택하고 'Width : 100mm, Height : 80mm, Units : Millimeters, Color Mode : CMYK'를 설정하여 새 작업 파일을 만듭니다.

02 [View(보기)]-[Rulers(눈금자)]-[Show Rulers(눈금자 표시)](Ctrl+R)를 선택하여 눈금자를 표시합니다.

03 작업 파일을 저장하기 위하여 [File(파일)]-[Save as(다른이름으로 저장)](Shift+Ctrl+S)을 선택하여 '저장 위치 : 내PC₩문서₩GTQ, 파일 이름 : 수험번호-성명-1, 파일 형식 : Adobe Illustrator(*.AI)'로 저장합니다. [Illustrator Options(Illustrator 옵션)] 창이 뜨면 [OK(확인)]를 누르고 옵션 창을 닫습니다.

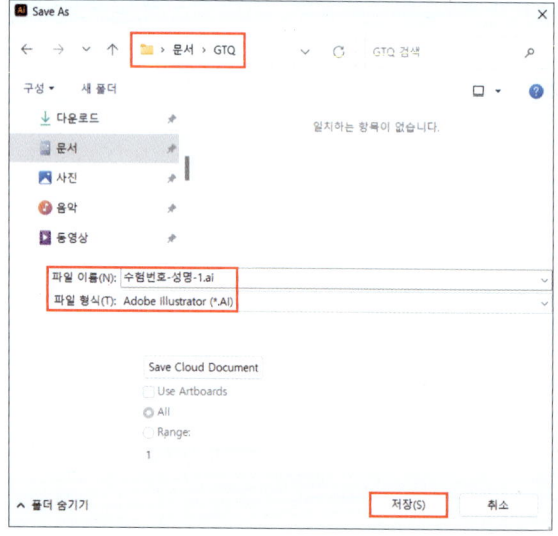 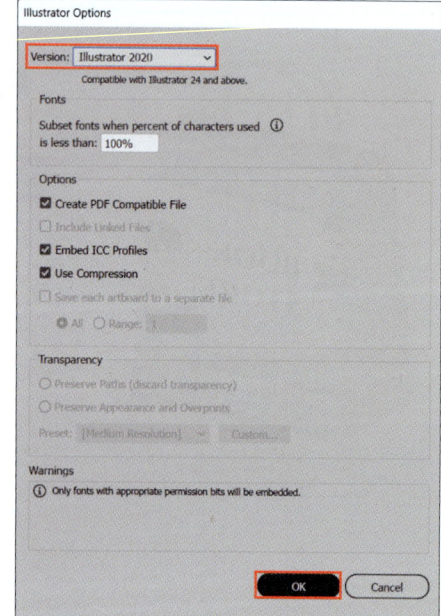

02 견본색 그룹 만들기

01 Swatches(견본) 패널 우측 하단에서 New Group(새 색상 견본 그룹,)을 선택하여 새로운 그룹을 만들고 그룹의 이름을 GTQ라고 입력합니다.

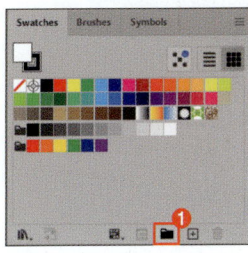 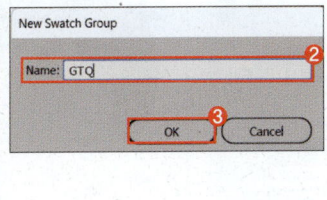

02 만들어진 그룹을 클릭하고 New Swatch(새 견본,)를 선택하여 문제에서 제시하는 색상값을 입력합니다. 반복하여 모든 색상을 견본 그룹에 만듭니다.

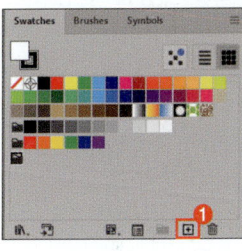 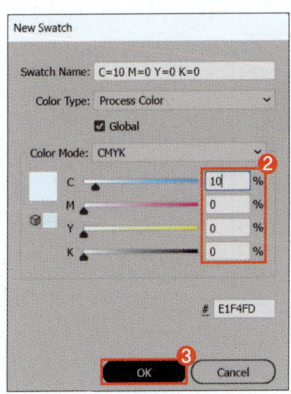 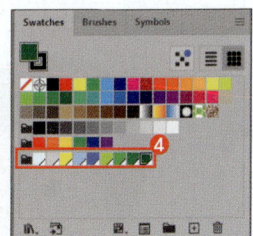

03 얼굴 오브젝트 만들기

01 Pen Tool(펜 도구,)을 선택하여 얼굴을 그린 후 Swatches(견본) 패널에서 'Fill(칠) : M20Y30, Stroke(선) : None(없음)'으로 지정합니다.

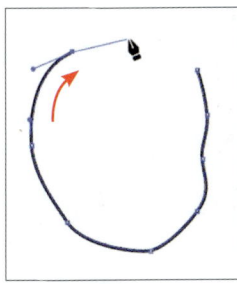  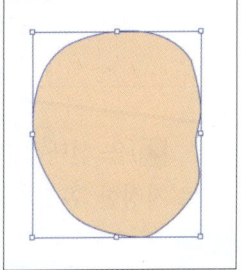

기출 유형 문제 02회 209

02 Pen Tool(펜 도구, ✏️)을 선택하여 머리를 그린 후 Swatches(견본) 패널에서 'Fill(칠) : C30M60Y80K30, Stroke(선) : None(없음)'으로 지정합니다.

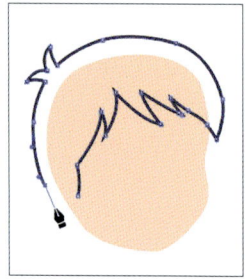  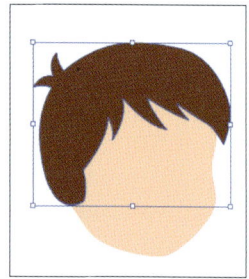

03 Ellipse Tool(원형 도구, ⬭)을 선택하여 눈과 귀를 그린 후 Swatches(견본) 패널에서 눈은 'Fill(칠) : C0M0Y0K0, Stroke(선) : None(없음)', 눈동자는 'Fill(칠) : K100, Stroke(선) : None(없음)'을 귀는 'Fill(칠) : M20Y30, Stroke(선) : None(없음)'으로 지정합니다.

04 완성된 왼쪽 눈 오브젝트를 선택하고 오른쪽 눈 오브젝트도 완성하기 위해 Alt 를 누른 채 드래그하여 복사합니다.

05 Pencil Tool(연필 도구, ✏️)을 선택하고 Swatches(견본) 패널에서 'Fill(칠) : None(없음), Stroke(선) : K100'으로 지정한 후 드래그하면서 순서대로 눈썹과 코, 입, 귀를 그립니다.

06 Shift를 누른 채 곡선을 모두 선택하고 Stroke(획) 패널에서 'Weight(두께) : 1pt'로 지정한 후 'Profile(속성) : Width Profile 1'을 선택합니다. 곡선의 색을 지정하기 위하여 Swatches (견본) 패널에서 'Fill(칠) : None(없음), Stroke(선) : K100'으로 지정합니다.

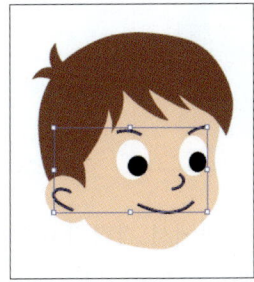 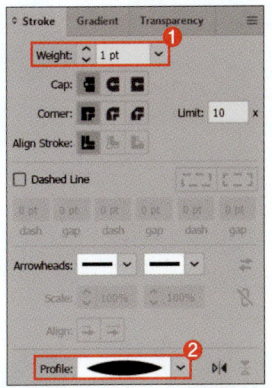 

07 Pen Tool(펜 도구,)을 선택하여 목을 그린 후 Swatches(견본) 패널에서 'Fill(칠) : M30Y40, Stroke(선) : None(없음)'으로 지정합니다. 목 오브젝트를 선택하고 Object(오브젝트)]-[Arrange(정돈)]-[Send to Back(맨 뒤로 보내기)](Shift + Ctrl + [ )을 선택하여 맨 뒤로 배치합니다.

 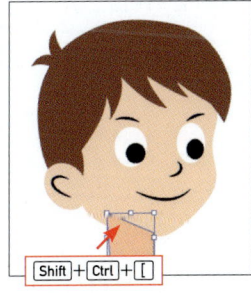 

04 상체 오브젝트 만들기

01 Pen Tool(펜 도구,)을 선택하여 몸통과 소매를 그린 후 Swatches(견본) 패널에서 몸통은 'Fill(칠) : C30, Stroke(선) : None(없음)'으로 소매는 'Fill(칠) : C100, Stroke(선) : None(없음)'으로 지정합니다.

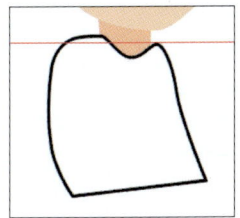 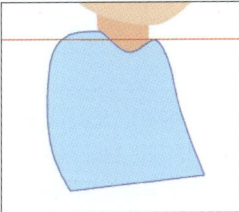  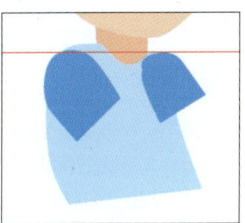

02 오른쪽 소매를 선택하고 [Object(오브젝트)]-[Arrange(정돈)]-[Send to Back(맨 뒤로 보내기)]([Shift]+[Ctrl]+[[])을 선택하여 맨 뒤로 배치합니다.

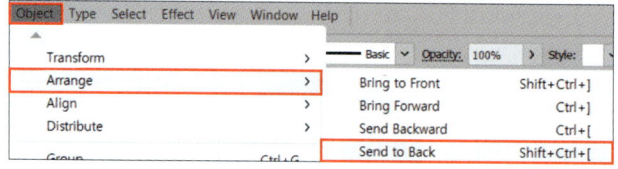 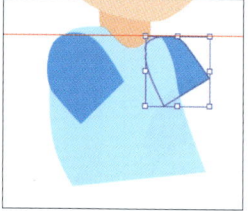

03 Pen Tool(펜 도구, ✏️)을 선택하여 책을 그린 후 Swatches(견본) 패널에서 각각 'Fill(칠) : C30M60Y80K30과 C20M20Y40, C40M70Y100K50'으로 책의 색을 지정합니다.

  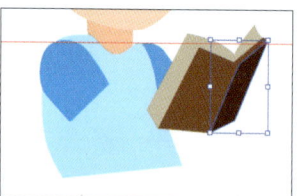

04 Pen Tool(펜 도구, ✏️)을 선택하여 팔을 그린 후 Swatches(견본) 패널에서 'Fill(칠) : M20Y30, Stroke(선) : None(없음)'으로 지정합니다.

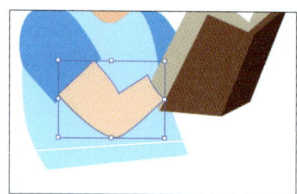

05 손가락을 만들기 위하여 Blob Brush Tool(물방울 브러시 도구, ✏️)을 선택하고 [[]와 []]를 누르면서 브러시의 크기를 손가락 두께만큼 조절하여 드래그하면서 왼쪽과 오른쪽 손가락을 그립니다.

> 📌 **기적의 TIP**
>
> 물방울 브러시 도구는 같은 색으로 드래그하면 합쳐지는 특성을 가지고 있습니다. 펜 도구로 팔을 그린 직후 물방울 브러시 도구를 선택하고 손가락을 드래그하여 그리면 바로 전에 사용했던 색이 적용되기 때문에 팔과 손가락이 합쳐집니다. 만일 옷소매와 손처럼 서로 다른 개체를 그려야 한다면 물방울 브러시 도구를 선택한 후 다른 색을 지정한 다음에 작업하여야 합니다.

06 왼쪽 소매를 선택하고 [Object(오브젝트)]-[Arrange(정돈)]-[Bring to Front(맨 앞으로 보내기)](Shift+Ctrl+])를 선택하여 맨 앞으로 배치합니다.

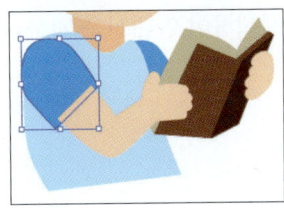 

05 하체 오브젝트 만들기

01 Pen Tool(펜 도구, ✏)을 선택하여 바지와 허벅지를 그린 후 Swatches(견본) 패널에서 바지는 'Fill(칠) : C100M100, Stroke(선) : None(없음)'으로 허벅지는 'Fill(칠) : M30Y40, Stroke(선) : None(없음)'으로 지정합니다.

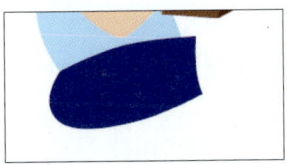 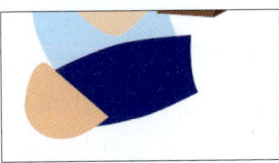 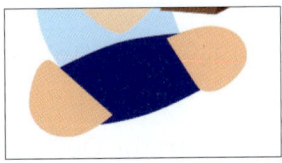

02 오른쪽 허벅지를 선택하여 Shift+Ctrl+[을 선택하여 맨 뒤로 배치합니다. Pen Tool(펜 도구, ✏)을 선택하여 종아리를 그린 후 Swatches(견본) 패널에서 'Fill(칠) : M20Y30, Stroke(선) : None(없음)'으로 지정합니다.

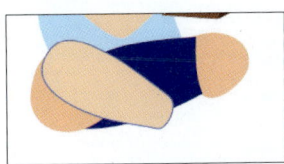 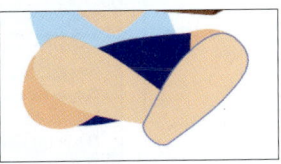

03 발바닥을 만들기 위하여 Swatches(견본) 패널에서 'Fill(칠) : None(없음), Stroke(선) : M30Y40'으로 지정합니다. Blob Brush Tool(물방울 브러시 도구, ✏)을 선택하여 [와]를 누르면서 브러시의 크기를 발가락 두께만큼 조절하고 드래그하면서 그립니다.

 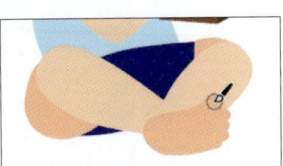

06 파일 저장

01 최종적으로 작업 파일의 오브젝트 위치, 순서를 점검하고 불필요한 안내선이 남아있는 경우 [View(보기)]-[Guide(안내선)]-[Clear Guide(안내선 지우기)]를 선택하여 안내선을 지웁니다.

02 [File(파일)]-[Save as(다른이름으로 저장)]([Shift]+[Ctrl]+[S])을 선택하여 '저장 위치 : 내 PC₩문서₩GTQ, 파일 이름 : 수험번호-성명-1, 파일 형식 : Adobe Illustrator(*.AI)'로 저장합니다. [Illustrator Options(Illustrator 옵션)] 창이 뜨면 [OK(확인)]를 누르고 옵션 창을 닫습니다.

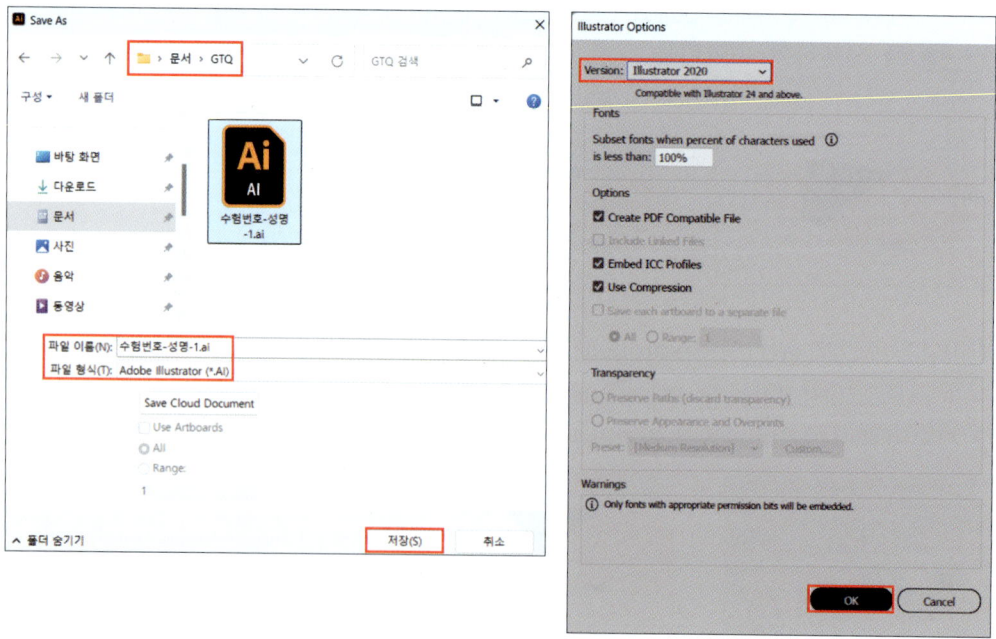

03 답안 저장이 완료되면 [File(파일)]-[Close(닫기)]([Ctrl]+[W])를 선택하여 파일을 닫고 수험 프로그램에서 [답안 전송]을 선택하여 ai 파일을 감독관 컴퓨터로 전송합니다.

문제 ❷	문자와 오브젝트
작업과정	① 새 작업 파일 만들기 ➡ ② 견본색 그룹 만들기 ➡ ③ 펼쳐진 책 오브젝트 만들기 ➡ ④ 쌓여있는 책 오브젝트 만들기 ➡ ⑤ 그림자 효과 적용 ➡ ⑥ 브러시 오브젝트 만들기 ➡ ⑦ 문자 입력하고 변형하기 ➡ ⑧ 파일 저장
완성이미지	PART04₩기출유형문제02회₩수험번호-성명-2.ai

01 새 작업 파일 만들기

01 새 작업 파일을 만들기 위하여 [File(파일)]-[New(새로 만들기)]([Ctrl]+[N])를 선택하고 'Width : 100mm, Height : 80mm, Units : Millimeters, Color Mode : CMYK'를 설정하여 새 작업 파일을 만듭니다.

02 [View(보기)]-[Rulers(눈금자)]-[Show Rulers(눈금자 표시)]([Ctrl]+[R])를 선택하여 눈금자를 표시합니다.

03 작업 파일을 저장하기 위하여 [File(파일)]-[Save as(다른이름으로 저장)]([Shift]+[Ctrl]+[S])을 선택하여 '저장 위치 : 내PC₩문서₩GTQ, 파일 이름 : 수험번호-성명-2, 파일 형식 : Adobe Illustrator(*.AI)'로 저장합니다. [Illustrator Options(Illustrator 옵션)] 창이 뜨면 [OK(확인)]를 누르고 옵션 창을 닫습니다.

02 견본색 그룹 만들기

01 Swatches(견본) 패널 우측 하단에서 New Group(새 색상 견본 그룹, ▣)을 선택하여 새로운 그룹을 만들고 그룹의 이름을 GTQ라고 입력합니다.

02 만들어진 그룹을 클릭하고 New Swatch(새 견본, ▣)를 선택하여 문제에서 제시하는 색상값을 입력합니다. 반복하여 모든 색상을 견본 그룹에 만듭니다.

03 펼쳐진 책 오브젝트 만들기

01 펜으로 그리는 선의 모퉁이와 단면이 둥글게 그려지도록 Stroke(획) 패널에서 'Weight(두께) : 1pt, Cap(단면) : Round Cap(둥근 단면), Corner(모퉁이) : Round Join(둥근 연결)'으로 선택합니다.

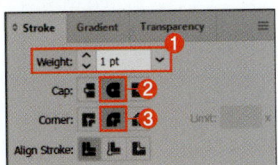

02 Pen Tool(펜 도구, ✎)을 선택하여 책 표지를 그린 후 Swatches(견본) 패널에서 'Fill(칠) : C90M30Y90K30, Stroke(선) : K100'으로 지정합니다.

03 Pen Tool(펜 도구, ✎)을 선택하고 책의 속지를 반복하여 그린 후 Swatches(견본) 패널에서 'Fill(칠) : C0M0Y0K0, Stroke(선) : K100'으로 지정합니다.

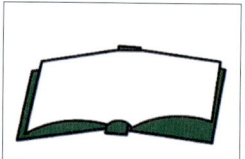

04 쌓여있는 책 오브젝트 만들기

01 Pen Tool(펜 도구, ✎)을 선택하여 책 표지를 그린 후 Swatches(견본) 패널에서 'Fill(칠) : C30M60Y80K20, Stroke(선) : K100'으로 지정합니다.

02 책 표지 오브젝트를 선택한 후 Alt를 누른 채 위로 드래그하여 복사합니다. Pen Tool(펜 도구, ✎)을 선택하여 책 옆면을 그리고 적절하게 배치합니다.

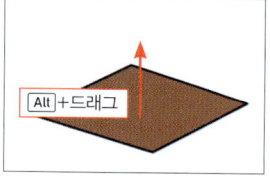

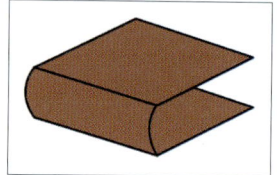

03 Pen Tool(펜 도구, ✎)을 선택하여 곡선 하나를 그립니다. 곡선을 선택하여 Alt를 누른 채 드래그하여 복사한 후 반복합니다.

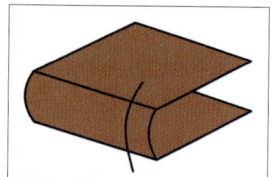
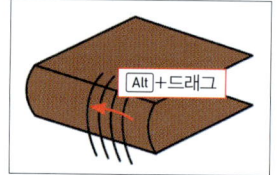

04 곡선과 책 옆면을 같이 선택하고 Pathfinder(패스파인더) 패널에서 Divide(나누기,)를 저장하여 분리합니다.

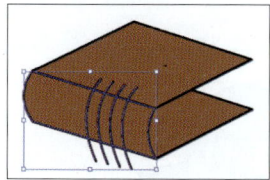 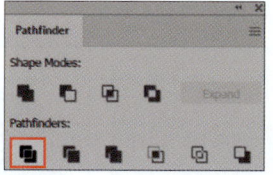 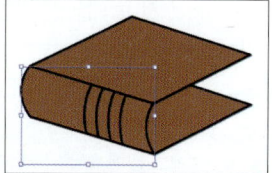

05 Group Selection Tool(그룹 선택 도구)를 누르고 줄무늬 부분만 선택하여 Swatches(견본) 패널에서 'Fill(칠) : C20M30Y40, Stroke(선) : K100'으로 지정합니다.

 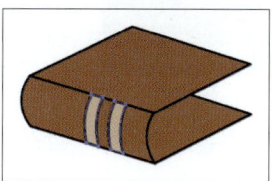

06 Pen Tool(펜 도구,)을 선택하여 책 윗면을 그린 후 Swatches(견본) 패널에서 'Fill(칠) : C0M0Y0K0, Stroke(선) : K100'으로 지정합니다. 책 옆면을 선택하고 Shift + Ctrl +]를 눌러 맨 앞으로 배치한 후 Line Segment Tool(선분 도구,)을 선택하고 직선을 반복하여 그립니다.

 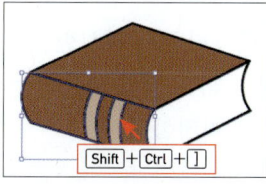 

07 완성한 책을 선택하고 Alt를 누른 채 위로 드래그하면서 복사한 후 크기를 줄입니다. 위에 올려진 책 표지와 줄무늬를 선택하여 Swatches(견본) 패널에서 각각 'Fill(칠) : C100, C30'으로 지정합니다.

08 책을 선택하고 Alt 를 누른 채 위로 드래그하면서 복사한 후 크기를 줄입니다. 좌우로 반전할 책 오브젝트를 선택하고 Reflect Tool(반사 도구, ▶◀)을 더블 클릭한 후 Reflect(반사) 창에서 'Axis(축) : Vertical(세로)'을 선택합니다.

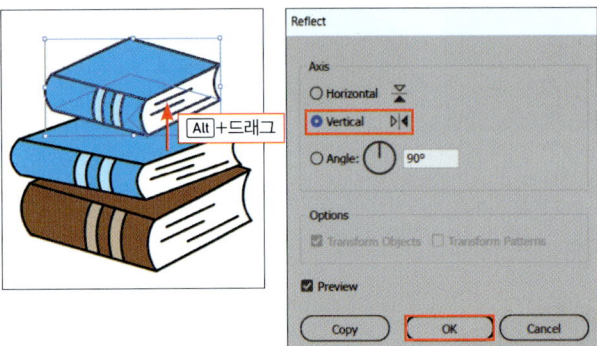

09 책 표지와 줄무늬를 선택하여 Swatches(견본) 패널에서 각각 'Fill(칠) : C40M70Y100K50, C30M60Y80K20'으로 지정합니다.

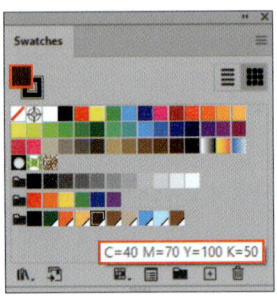

10 책을 선택하고 Alt 를 누른 채 맨 위로 드래그하면서 복사한 후 Shift + Ctrl +] 를 눌러 맨 앞으로 배치합니다. 크기를 조절한 후 맨 위의 책 표지와 줄무늬를 선택하여 Swatches(견본) 패널에서 'Fill(칠) : M80Y90, M30Y80'으로 지정합니다.

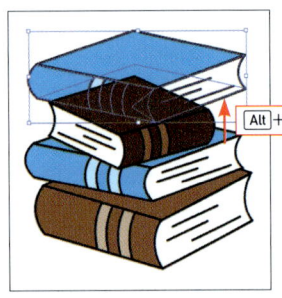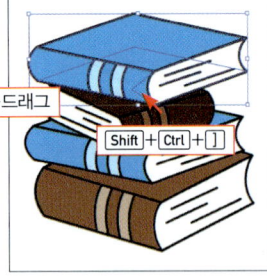

05 그림자 효과 적용

01 그림자를 적용하기 위하여 책 오브젝트를 모두 선택한 후 [Object(오브젝트)]-[Group(그룹)] (Ctrl + G)을 클릭하여 하나의 그룹으로 묶습니다.

02 [Effect(효과)]-[Stylize(스타일화)]-[Drop Shadow(그림자 만들기)]를 선택하고 Drop Shadow(그림자 효과) 창에서 'Mode(모드) : Multiply(곱하기), Opacity(불투명도) : 75%, X Offset(X 옵셋) : 1mm, Y Offset(Y 옵셋) : 1mm, Blur(흐림 효과) : 1mm'로 지정합니다.

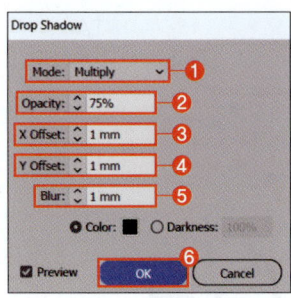 

06 브러시 오브젝트 만들기

01 화살 모양 배너를 브러시로 그리기 위하여 Line Segment Tool(선분 도구,)을 선택하고 Shift 를 누른 채 직선을 그립니다.

02 Brushes(브러시) 패널 좌측 하단에서 Brush Libraries Menu(브러시 라이브러리 메뉴,)를 선택하고 [Decorative(장식)]-[Decorative_Banners and Seals(장식_배너와 씰)]을 클릭하여 추가 브러시 패널을 불러옵니다. 'Banner 12(배너 12)'을 선택하여 적용하고 배치합니다.

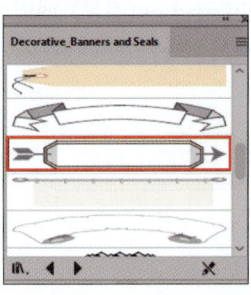 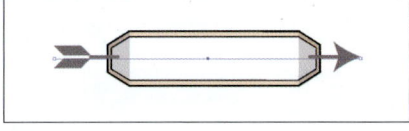

03 색종이 모양을 브러시로 그리기 위하여 Paintbrush Tool(페인트 브러시 도구,)을 선택하고 곡선을 그립니다.

04 Brushes(브러시) 패널 좌측 하단에서 Brush Libraries Menu(브러시 라이브러리 메뉴,)를 선택하고 [Decorative(장식)]-[Decorative_Scatter(장식_산포)를 클릭하여 추가 브러시 패널을 불러옵니다.

05 'Confeti(색종이)'를 선택하여 적용하고 배치한 후 Stroke(획) 패널에서 'Weight(두께) : 1pt'를 지정합니다. 다른 오브젝트들이 가려지지 않도록 Shift + Ctrl + [ ]을 누르고 브러시를 맨 뒤로 배치합니다.

07 문자 입력하고 변형하기

01 문자를 입력하기 위하여 Type Tool(문자 도구, T)을 선택하고 아트보드를 클릭하여 'BOOK DAY'를 입력합니다.

02 상단 옵션 바에서 'Set the Font family(글꼴 군 설정) : Arial, Set the Font style(글꼴 스타일) : Bold, Set the Font size(글꼴 크기) : 18pt'로 지정하고 Swatches(견본) 패널에서 'Fill(칠) : C30M50Y80K10, Stroke(선) : None(없음)'으로 지정합니다.

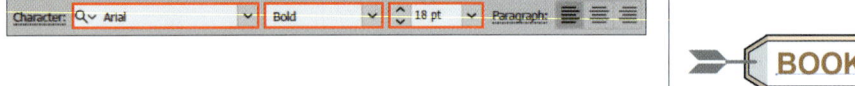 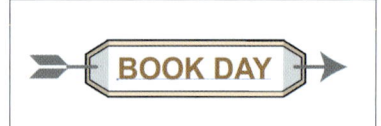

03 문자를 패스로 만들기 위하여 문자를 선택하고 [Type(문자)]-[Create outline(윤곽선 만들기)](Shift + Ctrl + O)를 눌러 패스로 만듭니다. 문자가 패스화되면 Selection Tool(선택 도구, ▶)로 'BOOK DAY' 오브젝트를 더블 클릭하고 Isolation Mode(격리 모드)로 전환합니다.

04 문자 오브젝트를 위, 아래로 분리하기 위하여 Erase Tool(지우개 도구, ◆)을 선택합니다. [와]를 눌러서 문자를 분리하는 선만큼 작게 지우개의 크기를 조절한 후 문자 오브젝트를 지나가도록 드래그합니다.

05 분리된 아래쪽 오브젝트들을 Selection Tool(선택 도구, ▶)로 Shift를 누르면서 모두 선택하고 Swatches(견본) 패널에서 'Fill(칠) : C40M60Y90K40, Stroke(선) : None(없음)'으로 지정합니다. Esc를 누르고 Isolation Mode(격리 모드)를 해제한 후 배너 오브젝트 위에 적절하게 배치합니다.

06 곡선 위에 문자를 입력하기 위하여 Pen Tool(펜 도구, ✒)을 선택하여 곡선을 그립니다. Type on a Path Tool(패스 상의 문자 도구, ⌁)을 선택하고 곡선을 클릭하여 'Let's read a book'을 입력한 후 Ctrl+A를 눌러 모두 선택합니다.

07 상단 옵션 바에서 'Set the Font family(글꼴 군 설정) : Times New Roman, Set the Font style(글꼴 스타일) : Regular, Set the Font size(글꼴 크기) : 10pt, Align Center(가운데 정렬)'로 선택하고 Swatches(견본) 패널에서 'Fill(칠) : K100, Stroke(선) : None(없음)'으로 지정합니다.

08 파일 저장

01 최종적으로 작업 파일의 오브젝트 위치, 순서를 점검하고 불필요한 안내선이 남아있는 경우 [View(보기)]-[Guide(안내선)]-[Clear Guide(안내선 지우기)]를 선택하여 안내선을 지웁니다.

02 [File(파일)]-[Save as(다른이름으로 저장)](Shift+Ctrl+S)을 선택하여 '저장 위치 : 내 PC₩문서₩GTQ, 파일 이름 : 수험번호-성명-2, 파일 형식 : Adobe Illustrator(*.AI)'로 저장합니다. [Illustrator Options(Illustrator 옵션)] 창이 뜨면 [OK(확인)]를 누르고 옵션 창을 닫습니다.

03 답안 저장이 완료되면 [File(파일)]-[Close(닫기)](Ctrl+W)를 선택하여 파일을 닫고 수험 프로그램에서 [답안 전송]을 선택하여 ai 파일을 감독관 컴퓨터로 전송합니다.

문제 ❸	어플리케이션 디자인
작업과정	① 새 작업 파일 만들기 ➡ ② 견본색 그룹 만들기 ➡ ③ 책 패턴 만들기 ➡ ④ 소년 오브젝트 만들기 ➡ ⑤ 쇼핑백 오브젝트 만들기 ➡ ⑥ 클리핑 마스크 및 패턴 적용 ➡ ⑦ 책갈피 오브젝트 만들기 ➡ ⑧ 점선 편집하기 ➡ ⑨ 파일 저장
완성이미지	PART04₩기출유형문제02회₩ 수험번호-성명-3.ai

01 새 작업 파일 만들기

01 새 작업 파일을 만들기 위하여 [File(파일)]-[New(새로 만들기)](Ctrl+N)를 선택하고 'Width : 120mm, Height : 80mm, Units : Millimeters, Color Mode : CMYK'를 설정하여 새 작업 파일을 만듭니다.

02 [View(보기)]–[Rulers(눈금자)]–[Show Rulers(눈금자 표시)](Ctrl+R)를 선택하여 눈금자를 표시합니다.

03 작업 파일을 저장하기 위하여 [File(파일)]–[Save as(다른이름으로 저장)](Shift+Ctrl+S)을 선택하여 '저장 위치 : 내PCW문서WGTQ, 파일 이름 : 수험번호-성명-3, 파일 형식 : Adobe Illustrator(*.AI)'로 저장합니다. [Illustrator Options(Illustrator 옵션)] 창이 뜨면 [OK(확인)]를 누르고 옵션 창을 닫습니다.

02 견본색 그룹 만들기

01 Swatches(견본) 패널 우측 하단에서 New Group(새 색상 견본 그룹, ▣)을 선택하여 새로운 그룹을 만들고 그룹의 이름을 GTQ라고 입력합니다.

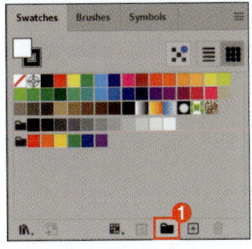 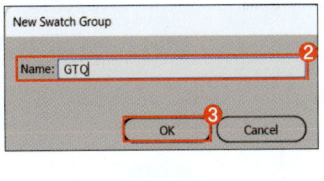

02 만들어진 그룹을 클릭하고 New Swatch(새 견본, ▣)를 선택하여 문제에서 제시하는 색상값을 입력합니다. 반복하여 모든 색상을 견본 그룹에 만듭니다.

 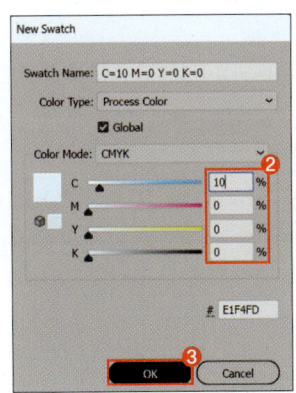 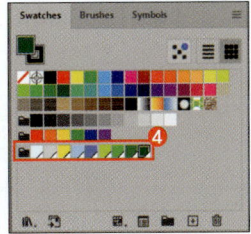

03 책 패턴 만들기

01 Pen Tool(펜 도구,)을 선택하여 종이를 그린 후 Swatches(견본) 패널에서 'Fill(칠) : C100M100, Stroke(선) : None(없음)'으로 지정합니다. Alt 를 누른 채 위로 드래그하여 복사하고 Swatches(견본) 패널에서 'Fill(칠) : C100, Stroke(선) : None(없음)'으로 지정합니다.

 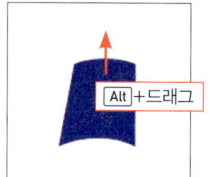 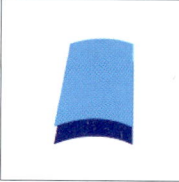

02 Pen Tool(펜 도구,)을 선택하고 곡선을 그린 후 Swatches(견본) 패널에서 'Fill(칠) : None(없음), Stroke(선) : C0M0Y0K0'으로 지정합니다. Alt 를 누른 채 위로 드래그하여 복사하고 크기를 조절합니다.

 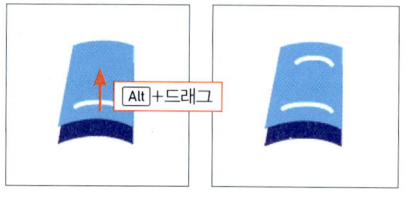

03 두 개의 선을 선택하고 [Object(오브젝트)]-[Bland(블렌드)]-[Make(만들기)]를 클릭하여 두 개의 선 사이를 채웁니다.

04 Bland Tool(블렌드 도구,)을 더블 클릭하여 Bland Options(블렌드 옵션) 창에서 'Spacing(간격) : Specified Steps(지정된 단계), 3'로 지정합니다.

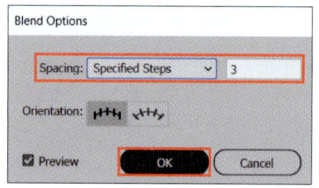 

05 만들어진 오브젝트를 반대쪽도 똑같이 그리기 위해 Reflect Tool(반사 도구,)을 선택한 후 Alt 를 누른 채 책의 아래쪽 고정점을 클릭합니다. Reflect(반사) 창에서 'Axis(축) : Vertical(세로)'을 선택하고 Copy(복사)를 클릭합니다.

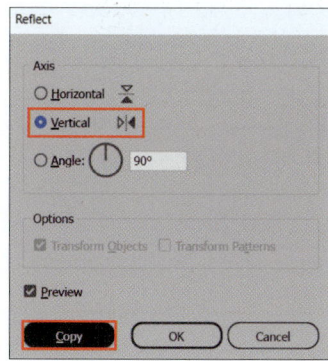
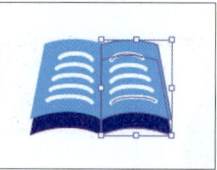

06 패턴으로 만들기 위하여 완성한 책 오브젝트를 선택하고 [Object(오브젝트)]-[Pattern(패턴)]-[Make(만들기)]를 선택합니다. Pattern Options(패턴 옵션) 창에서 'Name(이름) : BOOK, Tile Type(타일 유형) : Grid(격자), Width(폭) : 17mm, Height(높이) : 12mm'으로 지정하고 Done(완료)을 클릭합니다.

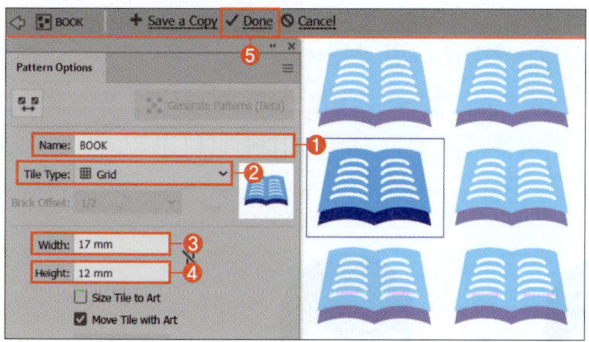

04 소년 오브젝트 만들기

01 Pen Tool(펜 도구,)을 선택하여 얼굴과 머리카락을 그린 후 Swatches(견본) 패널에서 얼굴은 'Fill(칠) : M20Y40, Stroke(선) : None(없음)', 머리카락은 'Fill(칠) : K100, Stroke(선) : None(없음)'으로 지정합니다.

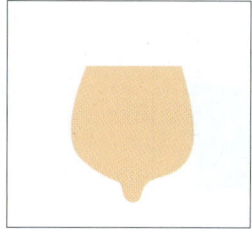
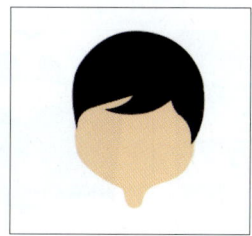

02 Ellipse Tool(원형 도구, ◉)을 선택하여 눈과 귀를 그린 후 Swatches(견본) 패널에서 눈에는 'Fill(칠) : K100, Stroke(선) : None(없음)'을 귀에는 'Fill(칠) : M20Y40, Stroke(선) : None(없음)'으로 지정합니다. 눈과 귀 오브젝트를 선택하고 Alt 를 누른 채 드래그하여 복사합니다.

03 입술을 만들기 위하여 Pencil Tool(연필 도구, ✏)을 선택하고 드래그하면서 곡선을 그린 후 Swatches(견본) 패널에서 'Fill(칠) : None(없음), Stroke(선) : K100'으로 지정합니다.

04 Pen Tool(펜 도구, ✒)을 선택하여 셔츠와 카라를 그린 후 Swatches(견본) 패널에서 셔츠는 'Fill(칠) : Y100, Stroke(선) : None(없음)', 카라는 'Fill(칠) : C80M70, Stroke(선) : None(없음)'으로 지정합니다. 셔츠와 카라를 선택하고 Shift + Ctrl + [눌러 맨 뒤로 보냅니다.

05 Pen Tool(펜 도구, ✒)을 선택하여 책을 그린 후 Swatches(견본) 패널에서 'Fill(칠) : C80M70, Stroke(선) : None(없음)'으로 지정합니다.

06 손을 그리기 위하여 Blob Brush Tool(물방울 브러시 도구,)을 선택하고 Swatches(견본) 패널에서 'Fill(칠) : M20Y40, Stroke(선) : None(없음)'으로 지정합니다. [와] 를 눌러서 손가락 두께만큼 작게 브러시의 크기를 조절한 후 드래그하면서 그립니다.

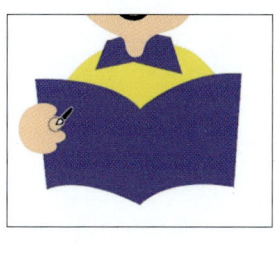

07 손을 선택하고 Alt 를 누른 채 드래그하여 복사한 후 적절하게 배치합니다. 소년 오브젝트를 모두 선택하여 Ctrl + G 를 누르고 그룹으로 묶습니다.

05 쇼핑백 오브젝트 만들기

01 Pen Tool(펜 도구,)을 선택하여 쇼핑백의 앞면, 옆면, 윗면을 그린 후 Swatches(견본) 패널에서 각각 'Fill(칠) : K20, Fill(칠) : K40, Fill(칠) : K70'으로 지정합니다.

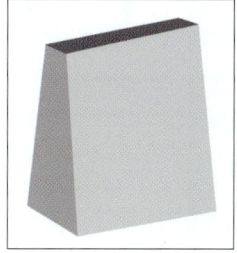

02 손잡이를 만들기 위하여 Rounded Rectangle Tool(둥근 사각형 도구,)을 선택하고 아트보드를 클릭한 후 'Width(폭) : 20mm, Height(높이) : 30mm, Corner Radius(모퉁이 반경) : 8mm'를 입력합니다. 둥근 사각형을 선택하고 Swatches(견본) 패널에서 'Fill(칠) : K40, Stroke(선) : None(없음)'으로 지정합니다.

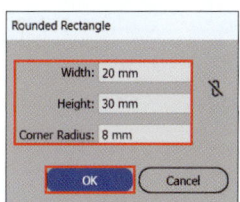

03 [Object(오브젝트)]-[Path(패스)]-[Offset Path(오프셋 패스)]를 선택한 후 Offset Path(오프셋 패스) 창에서 'Offset(이동) : -1mm'를 입력합니다.

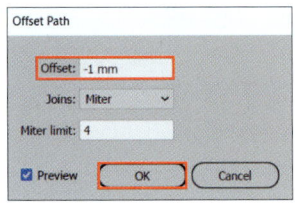

04 두 개의 둥근 사각형을 선택하고 Pathfinder(패스파인더) 패널에서 Minus Front(앞면 오브젝트 제외, 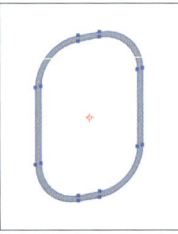)를 선택하여 불필요한 부분은 삭제합니다.

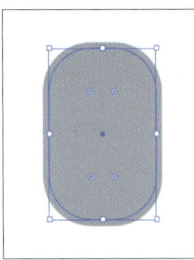 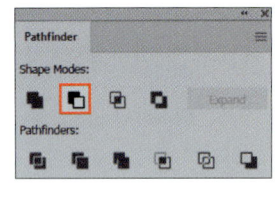 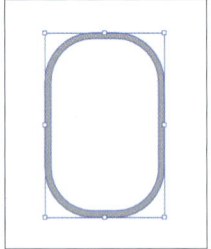

05 손잡이를 기울이기 위하여 Shear Tool(기울이기 도구)을 더블 클릭한 후 Shear(기울이기) 창에서 'Shear Angle(기울이기 각도) : -10°, Axis(축) : Vertical(세로)'를 선택합니다. 쇼핑백 앞면을 선택하고 Shift+Ctrl+]를 선택하여 맨 앞으로 배치합니다.

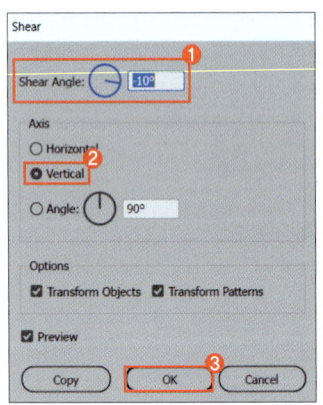 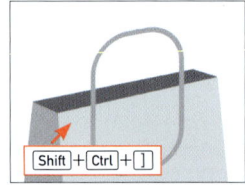 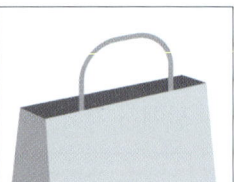

06 쇼핑백 손잡이를 선택하여 Alt를 누른 채 드래그하여 복사한 후 Shift+Ctrl+[를 눌러 맨 뒤로 배치합니다.

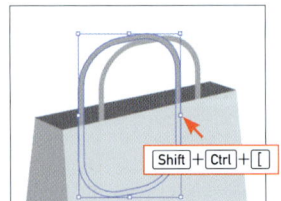 

06 클리핑 마스크 및 패턴 적용

01 쇼핑백 앞면을 선택하고 Ctrl+C를 눌러서 복사한 후 Ctrl+F를 눌러서 같은 위치이면서 바로 위에 붙이고 Swatches(견본) 패널에서 'Fill(칠) : BOOK' 패턴으로 지정합니다.

 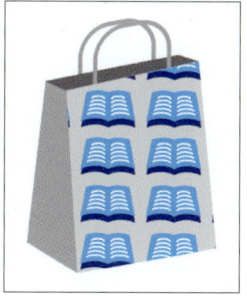

02 패턴의 크기를 줄이기 위하여 Scale Tool(크기 조절 도구,)을 더블 클릭하고 Scale(크기 조절) 창에서 'Uniform(균일) : 60%'를 입력한 후 Options(옵션)에서 'Transform Patterns(패턴 변형) : 체크'합니다.

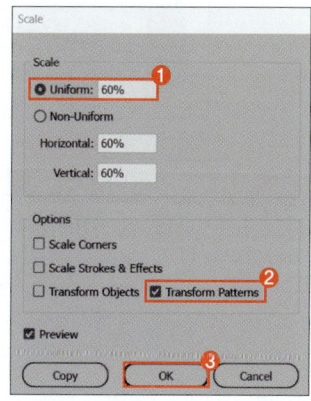

03 패턴의 방향을 돌리기 위하여 Rotate Tool(회전 도구,)을 더블 클릭하고 Rotate(회전) 창에서 'Angle(각도) : 12°'를 입력한 후 Options(옵션)에서 'Transform Patterns(패턴 변형) : 체크'합니다.

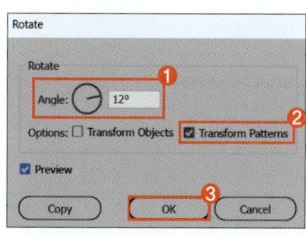 

04 쇼핑백 앞면을 선택하고 Ctrl+C를 눌러서 복사한 후 Ctrl+F를 눌러서 같은 위치이면서 바로 위에 붙입니다. Swatches(견본) 패널에서 'Fill(칠) : C0M0Y0K0'으로 지정하고 Transparency(투명도) 패널에서 'Opacity(불투명도) : 80%'로 지정합니다.

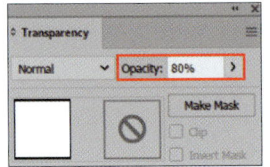
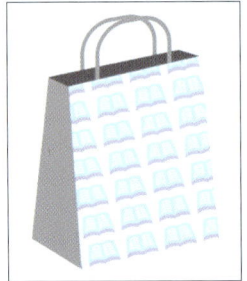

05 쇼핑백 앞면을 분할하기 위하여 Line Segment Tool(선분 도구, ./)을 선택한 후 직선을 그립니다.

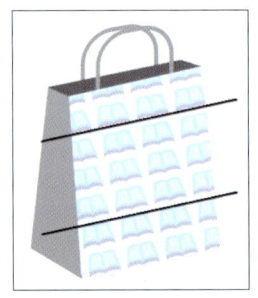

06 투명한 사각형과 선들을 선택하여 Pathfinder(패스파인더) 패널에서 Divide(나누기, ▣)로 분리하고, 불필요한 오브젝트를 Direct selection Tool(직접 선택 도구, ▷)로 선택하여 삭제합니다.

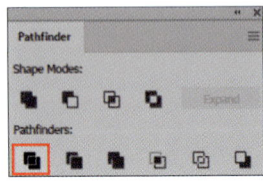

07 소년 오브젝트를 선택하고 Alt를 누른 채 드래그하여 복사 후 Shift+Ctrl+]를 눌러 맨 앞으로 두고 출력형태에 따라 적절하게 배치합니다. 좌우로 반전할 소년 오브젝트를 선택하고 Reflect Tool(반사 도구, ▷◁)을 더블 클릭한 후 Reflect(반사) 창에서 'Axis(축) : Vertical (세로)'을 선택합니다.

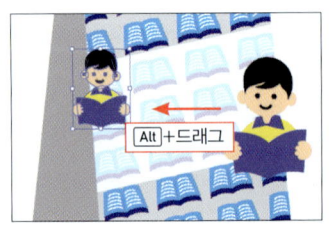
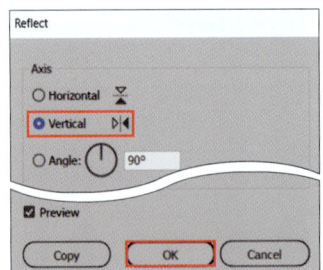

08 투명한 사각형을 선택하고 Ctrl + C 를 눌러서 복사한 후 Ctrl + F 를 눌러서 같은 위치이면서 바로 위에 붙입니다. Shift + Ctrl +] 를 누르고 순서를 맨 앞으로 보냅니다.

09 복사한 사각형만큼 소년 오브젝트에 클리핑 마스크를 적용하기 위하여 복사된 사각형과 소년 오브젝트들을 모두 선택하고 [Object(오브젝트)]-[Clipping Mask(클리핑 마스크)]-[Make(만들기)](Ctrl + 7))을 누릅니다.

10 문자를 입력하기 위하여 Type Tool(문자 도구, T)을 선택하고 아트보드를 클릭하여 'BOOK STORE'를 입력합니다.

11 상단 옵션 바에서 'Set the Font family(글꼴 군 설정) : Times New Roman, Set the Font style(글꼴 스타일) : Bold, Set the Font size(글꼴 크기) : 15pt, Align Left(왼쪽 정렬)'로 지정하고 Swatches(견본) 패널에서 'Fill(칠) : K100, Stroke(선) : None(없음)'으로 지정합니다.

> **기적의 TIP**
> - 상단 옵션 바의 글꼴 스타일을 지정할 때, 왼쪽 정렬이 기본적으로 설정되어 있으므로 자동 설정된 부분은 내용 상 표기하지 않았습니다.
> - 다만 도서에서 확인 가능한 문제에서 2줄 이상의 텍스트를 입력해야 할 경우, 왼쪽 정렬을 표기하였습니다.

12 문자를 기울이기 위하여 Shear Tool(기울이기 도구)을 더블 클릭한 후 Shear(기울이기) 창에서 'Shear Angle(기울이기 각도) : -10°, Axis(축): Vertical(세로)'를 선택합니다.

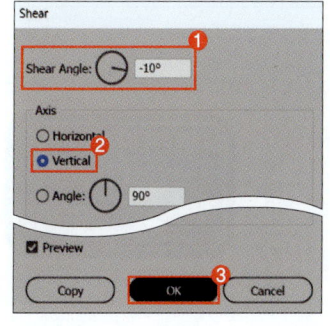  

07 책갈피 오브젝트 만들기

01 Rounded Rectangle Tool(둥근 사각형 도구, ▢)을 선택하고 아트보드를 클릭한 후 'Width(폭) : 36mm, Height(높이) : 22mm, Corner Radius(모퉁이 반경) : 4mm'를 지정합니다.

02 둥근 사각형을 선택하고 Gradient(그레이디언트) 패널에서 그라디언트 색상을 클릭하여 Gradient Slider(그라디언트 슬라이더)를 활성화합니다.

03 Gradient Slider(그라디언트 슬라이더)의 왼쪽 'Color Stop(색상 중지점)'을 더블 클릭하여 C100을, 오른쪽 'Color Stop(색상 중지점)'을 더블 클릭하여 C100M100을 적용합니다. 이어서 'Type(유형) : Radial(방사형)'을 선택하고 'Stroke(선) : None(없음)'으로 지정합니다.

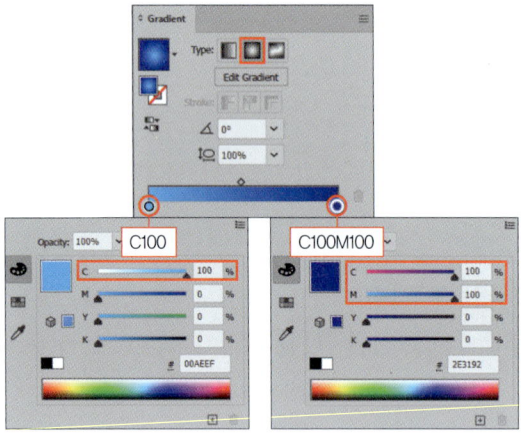

04 둥근 사각형을 눌러 [Object(오브젝트)]-[Path(패스)]-[Offset Path(오프셋 패스)]를 선택한 후 Offset Path(오프셋 패스) 창에서 'Offset(이동) : -1.5mm'를 지정하여 복사합니다. 복사된 사각형을 선택하고 Swatches(견본) 패널에서 'Fill(칠) : None(없음), Stroke(선) : C0M0Y0K0'으로 지정합니다.

 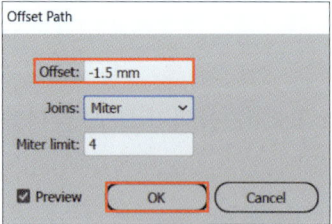 

05 Ellipse Tool(원형 도구, ◯)을 선택하고 아트보드를 클릭한 후 'Width(폭) : 5mm, Height(높이) : 5mm'를 입력합니다.

06 타원과 둥근 사각형을 선택하고 Pathfinder(패스파인더) 패널에서 Minus Front(앞면 오브젝트 제외,)를 선택하여 불필요한 부분은 삭제한 후 Shift + Ctrl + [를 눌러 맨 뒤로 배치합니다.

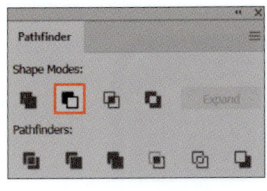 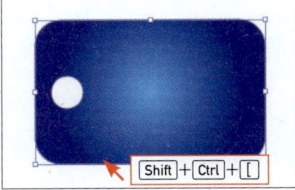 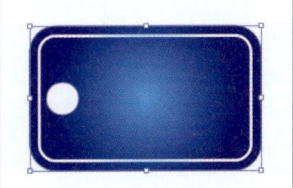

07 Rectangle Tool(사각형 도구,)을 선택하여 아트보드를 클릭한 후 'Width(폭) : 36mm, Height(높이) : 1.5mm'를 입력하고 Swatches(견본) 패널에서 'Fill(칠) : C0M0Y0K0, Stroke(선) : None(없음)'으로 지정합니다.

08 Transparency(투명도) 패널에서 'Opacity(불투명도) : 80%'로 지정하고 Alt 를 누른 채 드래그하여 사각형 오브젝트를 복사합니다.

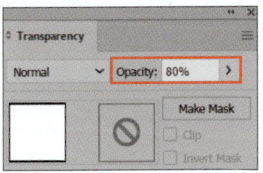 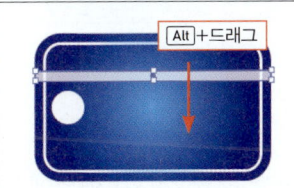 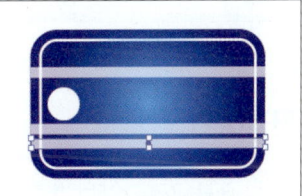

09 소년 오브젝트를 선택하고 Alt 를 누른 채 드래그하여 복사한 후 Shift + Ctrl +] 를 누르고 순서를 맨 앞으로 보냅니다. 크기를 줄일 때 선의 두께에도 적용하기 위하여 Scale Tool(크기 조절 도구,)을 더블 클릭하고 Scale(크기 조절) 창의 Options(옵션)에서 'Scale Strokes & Effects(선, 효과 크기 조절) : 체크'합니다.

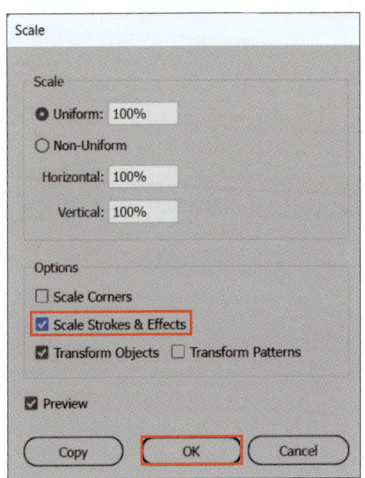

10 소년 오브젝트를 선택하여 Alt 를 누르면서 드래그하여 크기를 줄이고 Shift 를 누른 채 드래그하여 복사한 후 반복합니다. 소년 오브젝트를 모두 선택하고 Ctrl + G 를 눌러 그룹으로 묶습니다.

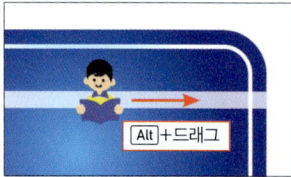 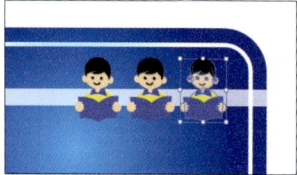 

11 문자를 입력하기 위하여 Type Tool(문자 도구, T)을 선택하고 아트보드를 클릭하여 'Reading Time'을 입력합니다.

12 상단 옵션 바에서 'Set the Font family(글꼴 군 설정) : Arial, Set the Font style(글꼴 스타일) : Bold, Set the Font size(글꼴 크기) : 10pt'로 지정하고 Swatches(견본) 패널에서 'Fill(칠) : C0M0Y0K0, Stroke(선) : None(없음)'으로 지정합니다.

08 점선 편집하기

01 점선으로 편집할 둥근 사각형을 선택하고 Stroke(획) 패널에서 'Dashed Line(점선 사용) : 체크'한 후 'dash(점선) : 5pt, gap(간격) : 2pt, dash(점선) : 2pt, gap(간격) : 2pt'로 지정합니다.

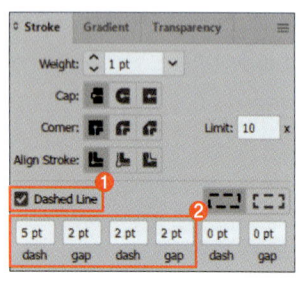 

02 Pencil Tool(연필 도구, ✏)을 선택하여 곡선을 그린 후 Swatches(견본) 패널에서 'Fill(칠) : None(없음), Stroke(선) : K50'으로 지정합니다.

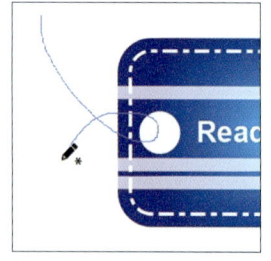 

03 Stroke(획) 패널에서 'Weight(두께) : 3pt, Cap(단면) : Round Cap(둥근 단면), Dashed Line(점선 사용) : 체크'한 후 'dash(점선) : 0pt, gap(간격) : 4pt'로 지정합니다.

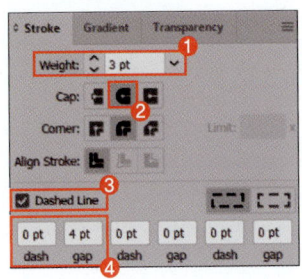 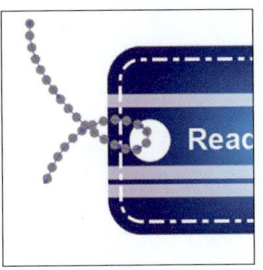

04 패스 선의 일부분을 지우기 위하여 점선을 선택하고 Path Eraser Tool(패스 지우개 도구)를 클릭하여 지워야 할 부분을 드래그하면서 지웁니다.

09 파일 저장

01 최종적으로 작업 파일의 오브젝트 위치, 순서를 점검하고 불필요한 안내선이 남아있는 경우 [View(보기)]-[Guide(안내선)]-[Clear Guide(안내선 지우기)]를 선택하여 안내선을 지웁니다.

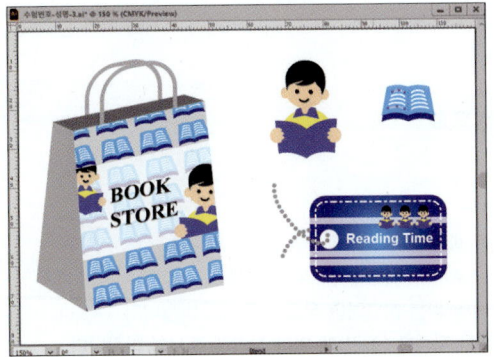

02 [File(파일)]-[Save as(다른이름으로 저장)]([Shift]+[Ctrl]+[S])을 선택하여 '저장 위치 : 내 PC₩문서₩GTQ, 파일 이름 : 수험번호-성명-3, 파일 형식 : Adobe Illustrator(*.AI)'로 저장합니다. [Illustrator Options(Illustrator 옵션)] 창이 뜨면 [OK(확인)]를 누르고 옵션 창을 닫습니다.

03 답안 저장이 완료되면 [File(파일)]-[Close(닫기)]([Ctrl]+[W])를 선택하여 파일을 닫고 수험 프로그램에서 [답안 전송]을 선택하여 ai 파일을 감독관 컴퓨터로 전송합니다.

기출 유형 문제 03회

급수	문제유형	시험시간	수험번호	성명
2급	A	90분		

수험자 유의사항

- 수험자는 문제지를 받는 즉시 응시하고자 하는 **과목 및 급수가 맞는지 확인**한 후 수험번호와 성명을 작성합니다.
- 파일명은 본인의 "수험번호-성명-문제번호"로 공백 없이 정확히 입력하고 답안폴더(내 PC₩문서₩GTQ)에 ai 파일 포맷으로 저장해야 하며, '**다른 파일 형식으로 저장하였을 경우**' 0점 처리됩니다.
- 답안문서 파일명이 "수험번호-성명-문제번호"와 일치하지 않거나, 답안 파일을 '**전송**'하지 않는 경우 답안 파일 미제출로 불합격 처리됩니다. ※ 답안은 반드시 시험 시간 내에 전송을 완료해야 하며, 전송 시간을 충분히 감안하여 제출해 주시기 바랍니다. (공정한 평가를 위해, 시험 종료 전 전송이 완료된 답안에 한해 채점이 진행됩니다.)
- 수험자 정보와 저장한 파일명, 저장 위치가 다를 경우 전송이 되지 않으므로, 주의하시길 바랍니다.
- 답안 작성 중에도 주기적으로 '저장'과 '답안 전송'을 이용하여 감독위원 PC로 답안을 전송하셔야 합니다. (※ 작업한 내용을 저장하지 않고 답안을 전송할 경우 이전의 저장내용이 전송되오니 이점 반드시 유념하시기 바랍니다.)
- 모든 시험자는 동일한(초기화 된) 환경에서 시험이 시작되며 '작업환경 설정'은 시험 시간 내에 진행합니다.
  (시험 시작 전 '작업환경 설정' 불가, 소프트웨어 이상 유무만 확인)
- 답안문서는 지정된 경로 외의 다른 보조기억장치에 저장하는 행위, 지정된 시험 시간 외에 작성된 파일을 활용한 행위, 기타 허용되지 않은 프로그램(이메일, 메신저, 게임, 네트워크, 윈도우계산기, 스톱워치 등) 이용 시 부정행위로 간주되어 **자격기본법 제32조에 의거 본 시험 및 국가공인 자격시험을 2년간 응시할 수 없습니다.**
- 시험 종료 후 제출된 답안은 평가 및 검증을 위해 본부에서 보관되며, **시험의 공정성과 보안 유지를 위해 응시자에게 본인의 답안을 제공하는 것은 허용되지 않습니다.** 이 점 반드시 유의하시기 바랍니다.
- 시험 중 부주의 또는 고의로 시스템을 파손한 경우와 〈수험자 유의사항〉에 기재된 방법대로 이행하지 않아 생기는 불이익은 수험자의 책임임을 알려 드립니다.
- 시험을 완료한 수험자는 최종적으로 저장한 답안파일이 전송되었는지 확인한 후 감독위원의 지시에 따라 문제지를 제출하고 퇴실합니다.

답안 작성요령

- 온라인 답안 작성 절차
  수험자 등록 ⇒ 시험 시작 ⇒ 답안파일 저장 ⇒ 답안 전송 ⇒ 시험 종료
- 배점은 총 100점으로 이루어지며, 점수는 각 문제별로 차등 배분됩니다.
- 각 문제는 제시된 〈조건〉에 맞게 답안을 작성하고, 〈조건〉을 지키지 못했을 경우에는 0점 또는 감점 처리됩니다.
- 문제 〈조건〉에 크기와 색상, 두께의 지정이 없을 경우 〈출력형태〉를 참고하여 작업해 주시기 바랍니다.
- **문제 〈조건〉과 〈출력형태〉에서 차이가 발생할 경우 문제에서 지정한 〈조건〉에 따라 작업해 주시기 바랍니다.**
- 〈조건〉에서 주어진 단위는 'mm(밀리미터)'입니다.
- 눈금자는 작성하지 않으며, 그 외는 출력형태(레이아웃, 색상, 문자, 규격 등)와 같게 작업하십시오.
- 문제 〈조건〉에 서체의 지정이 없을 경우 한글은 굴림이나 돋움, 영문은 Arial로 작업하십시오.
  (단, 그 외에 제시되지 않은 문자 속성을 기본값으로 작성하지 않은 경우는 감점 처리됩니다.)
- Color Mode(색상 모드)는 별도의 처리 조건이 없을 시 CMYK로 작업하십시오.
- 조건에서 제시한 기능을 임의로 합치거나 각 기능에 대한 속성을 해지할 경우 해당 요소는 0점 처리됩니다.

한 국 생 산 성 본 부

| 문제 ❶ | 기본 툴 활용 | | 25점 |

다음의 《조건》에 따라 아래의 《출력형태》와 같이 작업하시오.

[조건]

파일저장규칙	AI	파일명	문서₩GTQ₩수험번호-성명-1.ai
		크기	100 × 80mm

1. 작업 방법
① 도형, 변형 툴과 Pathfinder 기능을 활용하여 오브젝트를 작성한다.
② 그 외 《출력형태》 참조

[출력형태]

C0M0Y0K0 → C10M20,
M90,
M50,
M30,
C20M60,
C0M0Y0K0,
K100,
M20Y20,
C40M60Y90K40

문제 ❷   문자와 오브젝트   35점

다음의 《조건》에 따라 아래의 《출력형태》와 같이 작업하시오.

[조건]

파일저장규칙	AI	파일명	문서₩GTQ₩수험번호-성명-2.ai
		크기	100 × 80mm

1. 작업 방법
① 'WEDDING DAY' 문자에 Times New Roman (Bold) 폰트를 적용한다.
② 'Just Married' 문자에 Type on a Path Tool을 활용한다.
③ Brush는 《출력형태》를 참고하여 작성한다.
④ Effect는 《출력형태》를 참고하여 작성한다.
⑤ 그 외 《출력형태》 참조

2. 문자 효과
① Just Married (Arial, Regular, 12pt, C50M100)

[출력형태]

M30Y50, M10Y30, C40M60Y90K50, K100, C0M0Y0K0, [Stroke] K100, 1pt

[Brush] Dot Rings, 1pt

M30Y80, M50Y100, C20, C30, C50

[Effect] Drop Shadow

[Brush] Banner 6, 1pt

C20M70Y20, C100M100

문제 ③ 어플리케이션 디자인   40점

다음의 《조건》에 따라 아래의 《출력형태》와 같이 작업하시오.

조건

파일저장규칙	AI	파일명	문서\GTQ\수험번호-성명-3.ai
		크기	120 × 80mm

1. 작업 방법
① 도형 툴로 오브젝트를 그린 후 Pattern을 활용하여 작성한다. (패턴 등록 : HEART)
② 카드에 불규칙적인 점선, 스티커에 규칙적인 점선을 설정한다.
③ 전개도에 Pattern을 적용한다.
④ 봉투에 배치된 오브젝트는 정렬, 간격을 일정하게 한 후 Group 설정을 한다.
⑤ 그 외 《출력형태》 참조

2. 문자 효과
① Please celebrate our wedding (Arial, Bold Italic, 8pt, C0M0Y0K0)
② LOVE (Times New Roman, Bold, 8pt, C0M0Y0K0)

출력형태

[Pattern]

C70M100, C30M50

K100

C0M0Y0K0 → M30, M40,
C60M90, C0M0Y0K0,
[Stroke] C0M0Y0K0, 1pt

[Group]

C0M0Y0K0 → M30, M40, M70,
C0M0Y0K0, Opacity 70%,
[Stroke] C0M0Y0K0, 1pt

문제 ❶	기본 툴 활용
작업과정	① 새 작업 파일 만들기 ➡ ② 견본색 그룹 만들기 ➡ ③ 배경 오브젝트 만들기 ➡ ④ 케이크 오브젝트 만들기 ➡ ⑤ 커플 오브젝트 만들기 ➡ ⑥ 파일 저장
완성이미지	PART04₩기출유형문제03회₩수험번호-성명-1.ai

01 새 작업 파일 만들기

01 새 작업 파일을 만들기 위하여 [File(파일)]-[New(새로 만들기)]([Ctrl]+[N])를 선택하고 'Width : 100mm, Height : 80mm, Units : Millimeters, Color Mode : CMYK'를 설정하여 새 작업 파일을 만듭니다.

02 [View(보기)]-[Rulers(눈금자)]-[Show Rulers(눈금자 표시)]([Ctrl]+[R])를 선택하여 눈금자를 표시합니다.

03 작업 파일을 저장하기 위하여 [File(파일)]-[Save as(다른이름으로 저장)]([Shift]+[Ctrl]+[S])을 선택하여 '저장 위치 : 내PC₩문서₩GTQ, 파일 이름 : 수험 번호-성명-1, 파일 형식 : Adobe Illustrator(*.AI)'로 저장합니다. [Illustrator Options(Illustrator 옵션)] 창이 뜨면 [OK(확인)]를 누르고 옵션 창을 닫습니다.

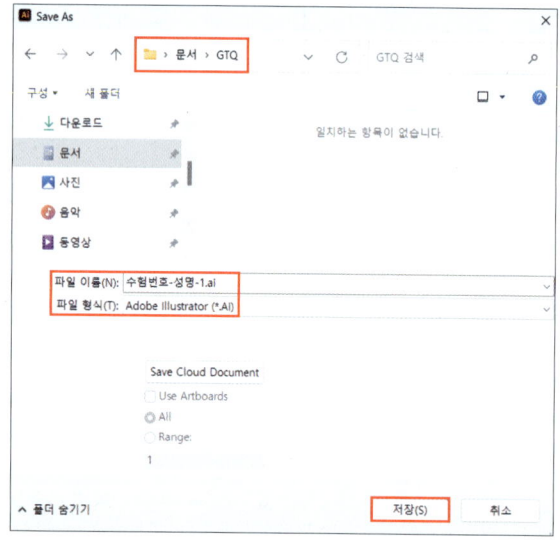
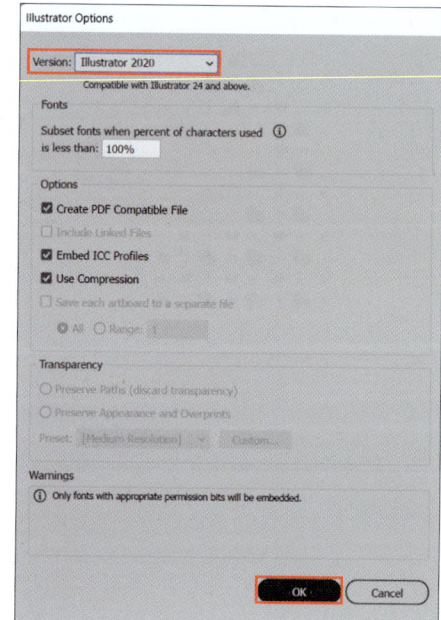

② 견본색 그룹 만들기

01 Swatches(견본) 패널 우측 하단에서 New Group(새 색상 견본 그룹, ▣) 선택하여 새로운 그룹을 만들고 그룹의 이름을 GTQ라고 입력합니다.

 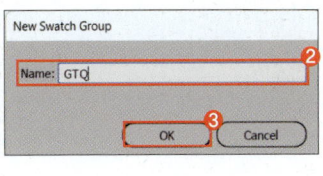

02 만들어진 그룹을 클릭하고 New Swatch(새 견본, ▣)를 선택하여 문제에서 제시하는 색상값을 입력합니다. 반복하여 모든 색상을 견본 그룹에 만듭니다.

 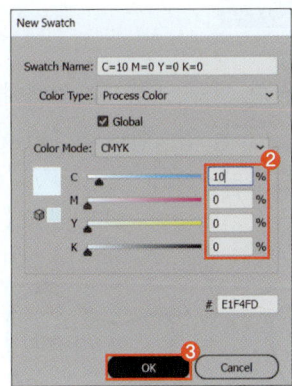 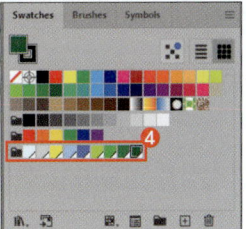

③ 배경 오브젝트 만들기

01 Ellipse Tool(원형 도구, ◉)을 선택하여 아트보드를 클릭한 후 'Width(폭) : 90mm, Height(높이) : 65mm'를 입력합니다.

02 타원을 선택하고 Gradient(그레이디언트) 패널에서 그라디언트 색상을 클릭하여 Gradient Slider(그라디언트 슬라이더)를 활성화합니다.

03 Gradient Slider(그라디언트 슬라이더)의 왼쪽 'Color Stop(색상 중지점)'을 더블 클릭하여 C0M0Y0K0을, 오른쪽 'Color Stop(색상 중지점)'을 더블 클릭하여 C10M20을 적용합니다. 이어서 'Type(유형) : Radial(방사형)'을 선택하고 'Stroke(선) : None(없음)'으로 지정합니다.

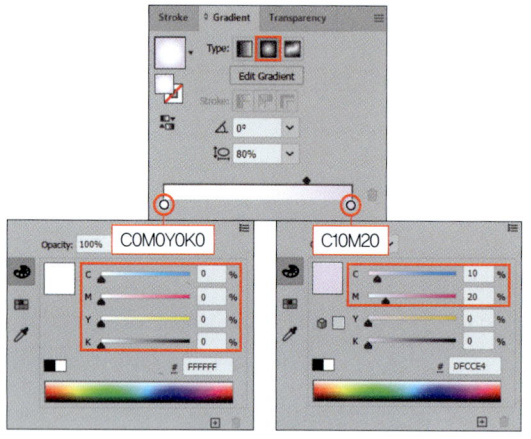

04 하트를 만들기 위하여 Ellipse Tool(원형 도구, ◯)을 선택하고 아트보드를 클릭한 후 'Width(폭) : 10mm, Height(높이) : 10mm'를 입력합니다. Direct selection Tool(직접 선택 도구, ▷)로 고정점을 선택하고 핸들을 조절합니다.

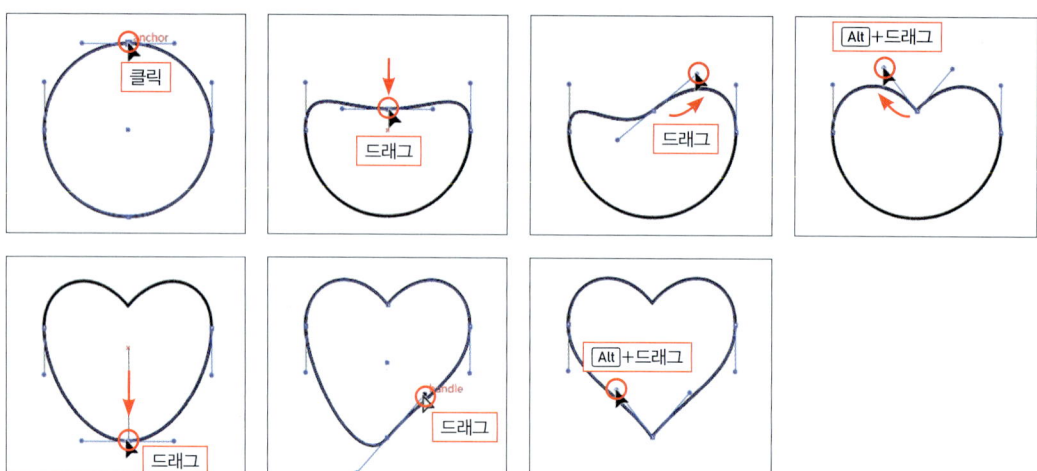

05 하트 오브젝트를 선택하여 Alt 를 누른 채 여러 개의 하트를 복사하고, Swatches(견본) 패널에서 각각 'Fill(칠) : M90과 M50, C0M0Y0K0'으로 색을 지정합니다. 하트 오브젝트를 모두 선택하고 [Object(오브젝트)]-[Lock(잠금)]-[Selection(선택물)]을 눌러 모두 잠급니다.

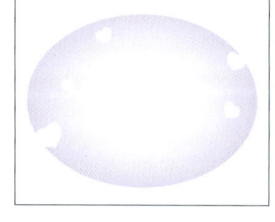  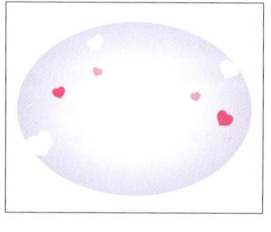

> **기적의 TIP**
>
> 배경 오브젝트를 제작하고 다음 작업을 할 때 배경을 보고 싶지 않다면 [Object(오브젝트)] – [Hide(숨기기)] – [Selection (선택물)]([Ctrl]+[3])을 클릭하여 숨기기 할 수 있습니다. 숨긴 오브젝트를 다시 보려면 [Object(오브젝트)] – [Show All (모두 표시)]([Alt]+[Ctrl]+[3])을 클릭합니다.

04 케이크 오브젝트 만들기

01 Ellipse Tool(원형 도구, ◉)을 선택하고 아트보드를 클릭한 후 'Width(폭) : 40mm, Height(높이) : 8mm'를 입력합니다. Swatches(견본) 패널에서 'Fill(칠) : M90, Stroke(선) : None(없음)'으로 지정하고 [Alt]를 누른 채 아래로 드래그하여 복사합니다.

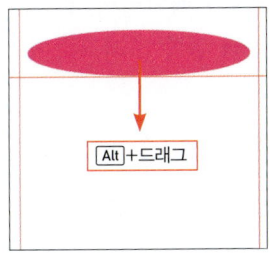 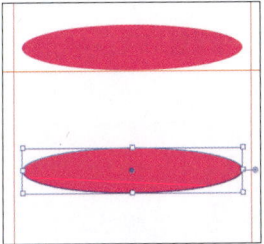

02 Rectangle Tool(사각형 도구, ▢)을 선택하고 두 개의 타원 사이를 사각형으로 채웁니다. 오브젝트를 모두 선택하고 Pathfinder(패스파인더) 패널에서 Unite(합치기), ▣)를 선택하여 병합합니다.

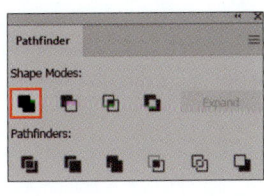 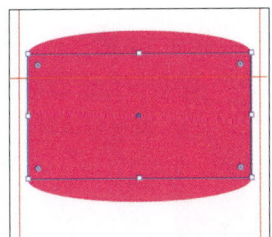

03 Ellipse Tool(원형 도구, ◉)을 선택하여 아트보드를 클릭한 후 'Width(폭) : 40mm, Height(높이) : 8mm'를 입력합니다. Swatches(견본) 패널에서 'Fill(칠) : None(없음), Stroke(선) : K100'으로 지정하고 Direct selection Tool(직접 선택 도구, ▷)로 상단 고정점을 선택한 후 지웁니다. 곡선을 선택하고 [Alt]를 누른 채 아래로 드래그하여 복사합니다.

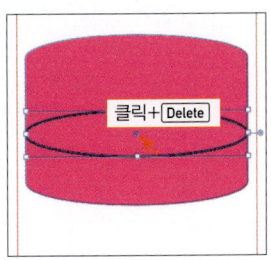 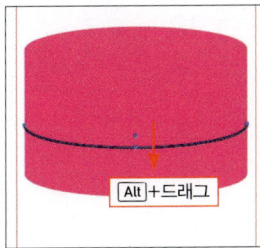 

04 복사된 모든 오브젝트들을 선택하고 Pathfinder(패스파인더) 패널에서 Divide(나누기, ▣)를 선택하여 분리한 후 Direct selection Tool(직접 선택 도구, ▷)로 리본 부분을 Swatches(견본) 패널에서 'Fill(칠) : M50, Stroke(선) : None(없음)'으로 지정합니다.

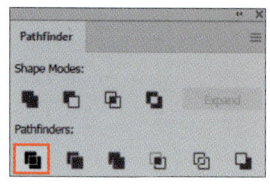 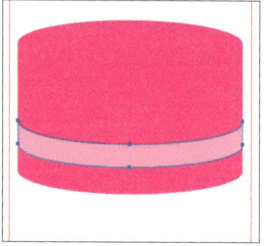

05 Pen Tool(펜 도구, ✎)을 선택하여 리본을 그린 후 Swatches(견본) 패널에서 'Fill(칠) : C20M60, Stroke(선) : None(없음)'으로 지정합니다. Alt 를 누른 채 왼쪽 드래그하여 복사한 후 방향을 돌려 배치합니다.

 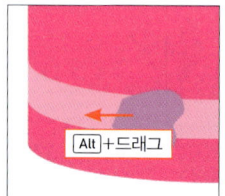 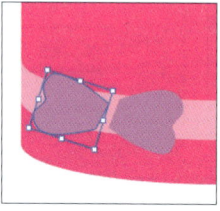

06 두 개의 리본을 선택하고 Scale Tool(크기 조절 도구, ▦)을 더블 클릭하여 Scale(크기 조절) 창에서 'Uniform(균일) : 90%'를 입력한 후 Copy(복사)를 클릭합니다. 복사된 리본을 선택하고 'Fill(칠) : M90, Stroke(선) : None(없음)'으로 지정합니다.

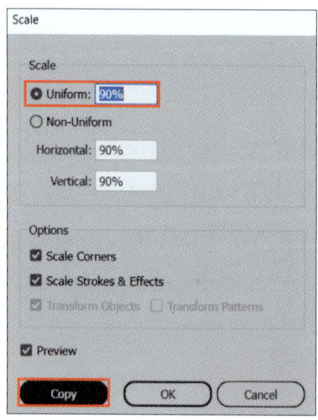 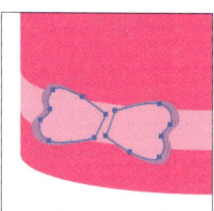

07 Ellipse Tool(원형 도구, 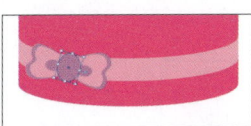)을 선택하고 리본의 타원을 그린 후 Swatches(견본) 패널에서 'Fill(칠) : C20M60, Stroke(선) : None(없음)'으로 지정합니다.

08 케이크 크림을 만들기 위하여 Swatches(견본) 패널에서 'Fill(칠) : None(없음), Stroke(선) : M50'으로 지정하고 Blob Brush Tool(물방울 브러시 도구,)을 선택한 후 [와] 를 누르면서 브러시의 크기를 조절하여 드래그하면서 그립니다.

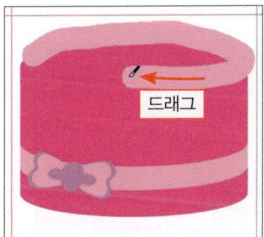 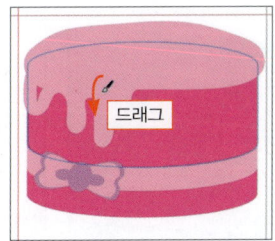 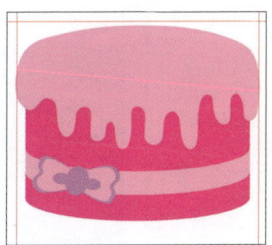

09 Swatches(견본) 패널에서 'Fill(칠) : None(없음), Stroke(선) : C0M0Y0K0'으로 지정하고 Blob Brush Tool(물방울 브러시 도구,)을 선택한 후 [와] 를 누르면서 브러시의 크기를 조절하여 클릭하면서 구슬을 그립니다.

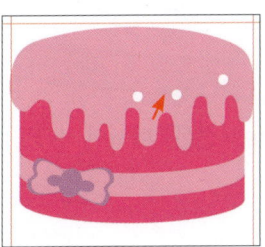 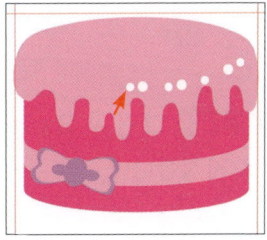 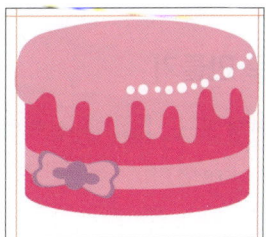

10 Ellipse Tool(원형 도구, )을 선택하여 케이크 윗면을 그린 후 Swatches(견본) 패널에서 'Fill(칠) : M30, Stroke(선) : None(없음)'으로 지정합니다.

11 Pen Tool(펜 도구, ✒)을 선택하고 곡선을 그린 후 Swatches(견본) 패널에서 'Fill(칠) : M30, Stroke(선) : None(없음)'으로 지정합니다. Alt 를 누른 채 오른쪽 드래그하여 복사한 후 크기를 조절합니다.

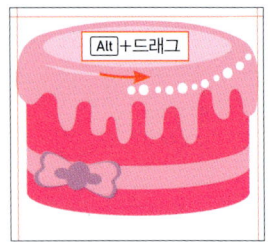 

12 케이크를 선택하고 Alt 를 누른 채 위로 드래그하여 하나의 케이크를 더 추가하고 크기를 조절합니다. 복사한 작은 케이크를 선택하고 Reflect Tool(반사 도구, ▷◁)을 더블 클릭한 후 Reflect(반사) 창에서 'Axis(축) : Vertical(세로)'을 선택합니다.

 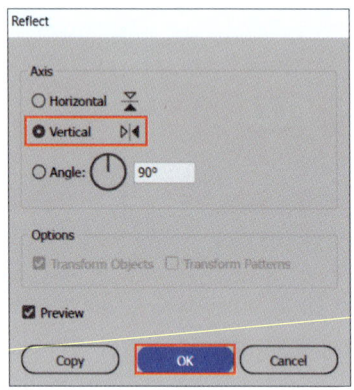 

05 커플 오브젝트 만들기

01 Ellipse Tool(원형 도구, ⬭)을 선택하여 얼굴을 그린 후 Swatches(견본) 패널에서 'Fill(칠) : M20Y20, Stroke(선) : None(없음)'으로 지정합니다.

02 타원을 선택한 후 Knife Tool(칼 도구, ✐)을 선택하고 머리카락으로 분리될 선을 드래그하여 그립니다. 분리된 머리카락 오브젝트를 선택하고 Swatches(견본) 패널에서 'Fill(칠) : K100, Stroke(선) : None(없음)'으로 지정합니다.

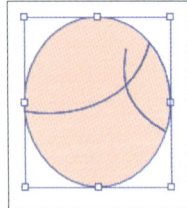 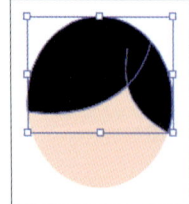

03 Pen Tool(펜 도구, ✏)을 선택하여 목과 턱시도를 그린 후 Swatches(견본) 패널에서 각각 'Fill(칠) : M20Y20과 C0M0Y0K0, K100'으로 지정합니다.

04 얼굴을 선택하고 Alt 를 누른 채 오른쪽으로 드래그 후 복사하여 여자 얼굴 오브젝트를 그리고 크기를 조절합니다.

05 여자의 머리카락 오브젝트를 선택하고 Swatches(견본) 패널에서 'Fill(칠) : C40M60Y90K40, Fill(칠) : None(없음)'으로 지정합니다.

06 Pen Tool(펜 도구, ✏)을 선택하여 여자의 뒷 부분 머리카락과 몸, 드레스를 그린 후 Swatches (견본) 패널에서 각각 'Fill(칠) : C40M60Y90K40과 M20Y20, C0M0Y0K0'으로 지정합니다.

07 여자의 팔을 선택하고 Knife Tool(칼 도구, ✐)을 선택하여 분리할 선을 드래그하여 그립니다. 분리된 손을 선택하고 [Object(오브젝트)]–[Arrange(정돈)]–[Bring to Front(맨 앞으로 가져오기)](Shift + Ctrl +])를 눌러 맨 앞으로 배치합니다.

08 Ellipse Tool(원형 도구, ⬤)을 선택하여 반대쪽 손을 그린 후 Swatches(견본) 패널에서 'Fill(칠) : M20Y20, Stroke(선) : None(없음)'으로 지정합니다.

06 파일 저장

01 최종적으로 작업 파일의 오브젝트 위치, 순서를 점검하고 불필요한 안내선이 남아있는 경우 [View(보기)]–[Guide(안내선)]–[Clear Guide(안내선 지우기)]를 선택하여 안내선을 지웁니다.

02 [File(파일)]–[Save as(다른이름으로 저장)](Shift + Ctrl + S)을 선택하여 '저장 위치 : 내 PC₩문서₩GTQ, 파일 이름 : 수험번호-성명-1, 파일 형식 : Adobe Illustrator(*.AI)'로 저장합니다. [Illustrator Options(Illustrator 옵션)] 창이 뜨면 [OK(확인)]를 누르고 옵션 창을 닫습니다.

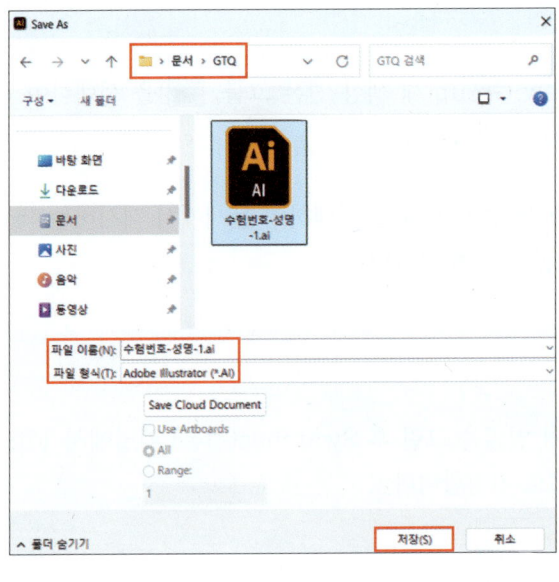
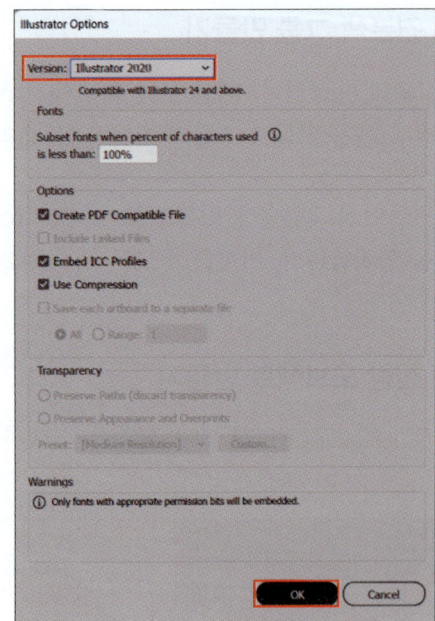

03 답안 저장이 완료되면 [File(파일)]-[Close(닫기)](Ctrl + W)를 선택하여 파일을 닫고 수험 프로그램에서 [답안 전송]을 선택하여 ai 파일을 감독관 컴퓨터로 전송합니다.

문제 ❷	문자와 오브젝트

작업과정	① 새 작업 파일 만들기 ➡ ② 견본색 그룹 만들기 ➡ ③ 신랑 오브젝트 만들기 ➡ ④ 신부 오브젝트 만들기 ➡ ⑤ 반지 오브젝트 제작 및 그림자 효과 적용 ➡ ⑥ 브러시 오브젝트 만들기 ➡ ⑦ 문자 입력하고 변형하기 ➡ ⑧ 파일 저장
완성이미지	PART04₩기출유형문제03회₩수험번호-성명-2.ai

01 새 작업 파일 만들기

01 새 작업 파일을 만들기 위하여 [File(파일)]-[New(새로 만들기)](Ctrl + N)를 선택하고 'Width : 100mm, Height : 80mm, Units : Millimeters, Color Mode : CMYK'를 설정하여 새 작업 파일을 만듭니다.

02 [View(보기)]-[Rulers(눈금자)]-[Show Rulers(눈금자 표시)](Ctrl + R)를 선택하여 눈금자를 표시합니다.

03 작업 파일을 저장하기 위하여 [File(파일)]-[Save as(다른이름으로 저장)](Shift + Ctrl + S)을 선택하여 '저장 위치 : 내PC₩문서₩GTQ, 파일 이름 : 수험번호-성명-2, 파일 형식 : Adobe Illustrator(*.AI)'로 저장합니다. [Illustrator Options(Illustrator 옵션)] 창이 뜨면 [OK(확인)]를 누르고 옵션 창을 닫습니다.

② 견본색 그룹 만들기

01 Swatches(견본) 패널 우측 하단에서 New Group(새 색상 견본 그룹, ▣)을 선택하여 새로운 그룹을 만들고 그룹의 이름을 GTQ라고 입력합니다.

02 만들어진 그룹을 클릭하고 New Swatch(새 견본, ⊞)를 선택하여 문제에서 제시하는 색상값을 입력합니다. 반복하여 모든 색상을 견본 그룹에 만듭니다.

③ 신랑 오브젝트 만들기

01 Ellipse Tool(원형 도구, ◉)을 선택하여 얼굴을 그린 후 Swatches(견본) 패널에서 'Fill(칠) : M30Y50, Stroke(선) : None(없음)'으로 지정합니다.

 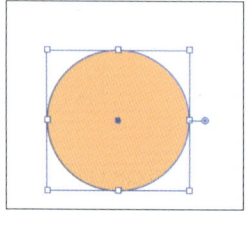

02 Pen Tool(펜 도구, ✎)을 선택하고 머리카락을 그린 후 Swatches(견본) 패널에서 'Fill(칠) : K100, Stroke(선) : None(없음)'으로 지정합니다.

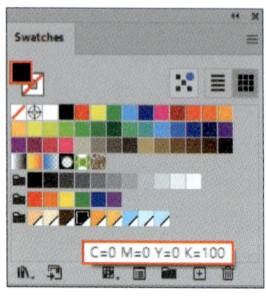 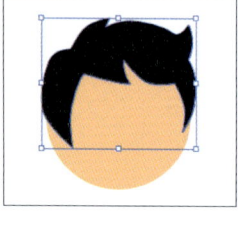

03 Ellipse Tool(원형 도구, ◉)을 선택하여 귀와 눈을 그린 후 Swatches(견본) 패널에서 각각 'Fill(칠) : M30Y50과 K100, C0M0Y0K0'으로 지정합니다.

04 코와 입을 만들기 위하여 Pencil Tool(연필 도구, ✏️)을 선택하고 드래그하면서 곡선을 그린 후 Swatches(견본) 패널에서 'Fill(칠) : None(없음), Stroke(선) : K100'으로 지정합니다.

05 Pen Tool(펜 도구, ✏️)을 선택하여 바지를 그린 후 Swatches(견본) 패널에서 'Fill(칠) : K100, Stroke(선) : None(없음)'으로 지정합니다. Pen Tool(펜 도구, ✏️)을 선택하고 셔츠를 그린 후 Swatches(견본) 패널에서 'Fill(칠) : C0M0Y0K0, Stroke(선) : K100'으로 지정합니다.

06 Rectangle Tool(사각형 도구, ▢)을 선택하여 셔츠 앞섶을 그린 후 Swatches(견본) 패널에서 'Fill(칠) : C0M0Y0K0, Stroke(선) : K100'으로 지정합니다.

07 Pen Tool(펜 도구, )을 선택하여 나비넥타이를 그린 후 Swatches(견본) 패널에서 'Fill(칠) : K100, Stroke(선) : None(없음)'으로 지정합니다.

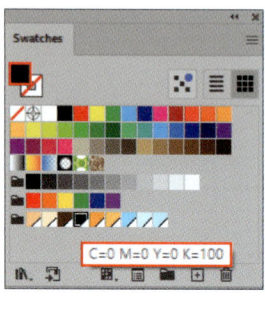 

08 Rectangle Tool(사각형 도구, ▢)을 선택하여 목을 그린 후 Swatches(견본) 패널에서 'Fill(칠) : M30Y50, Stroke(선) : K100'으로 지정합니다. Shift + Ctrl + [ ] 를 눌러 맨 뒤로 보냅니다.

09 손을 만들기 위하여 Swatches(견본) 패널에서 'Fill(칠) : None(없음), Stroke(선) : M10Y30'으로 지정하고 Blob Brush Tool(물방울 브러시 도구, ✏️)을 선택하여 [와] 를 누르면서 브러시의 크기를 조절하여 드래그하면서 그립니다.

10 손을 선택하고 Alt 를 누르면서 오른쪽으로 드래그하여 복사합니다. 복사된 손을 선택하여 Swatches(견본) 패널에서 Fill(칠) : M30Y50, Stroke(선) : None(없음)으로 지정한 후 Reflect Tool(반사 도구,)을 더블 클릭하여 Reflect(반사) 창에서 'Axis(축): Vertical(세로)'을 선택합니다.

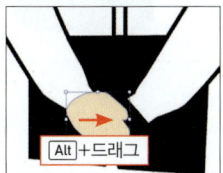  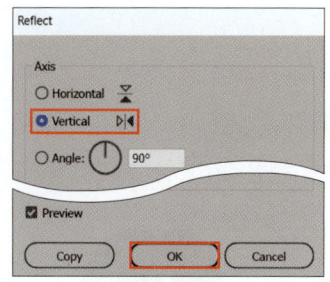 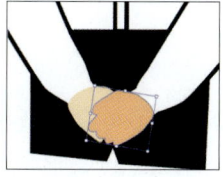

04 신부 오브젝트 만들기

01 머리카락을 만들기 위하여 Swatches(견본) 패널에서 'Fill(칠) : None(없음), Stroke(선) : C40M60Y90K50'으로 지정하고 Blob Brush Tool(물방울 브러시 도구,)을 선택한 후 [와] 를 누르면서 브러시의 크기를 조절하여 드래그하면서 그립니다.

02 Ellipse Tool(원형 도구,)을 선택하고 얼굴을 그린 후 Swatches(견본) 패널에서 'Fill(칠) : M10Y30, Stroke(선) : None(없음)'으로 지정합니다.

 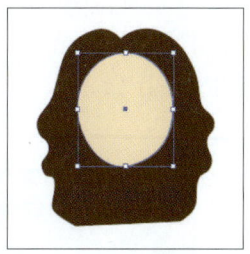

03 Pen Tool(펜 도구, ✏️)을 선택하여 앞머리를 그린 후 Swatches(견본) 패널에서 'Fill(칠) : C40M60Y90K50, Stroke(선) : None(없음)'으로 지정합니다.

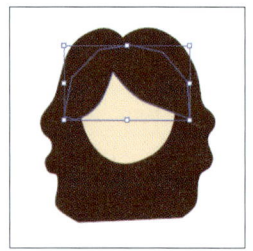

04 Ellipse Tool(원형 도구, ⬭)을 선택하여 귀와 눈을 그린 후 Swatches(견본) 패널에서 귀는 'Fill(칠) : M10Y30', 눈은 'Fill(칠) : K100, C0M0Y0K0'으로 지정합니다.

05 코와 입을 만들기 위하여 Pencil Tool(연필 도구, ✏️)을 선택하고 드래그하면서 곡선을 그린 후 Swatches(견본) 패널에서 'Fill(칠) : None(없음), Stroke(선) : K100'으로 코와 입의 색을 지정합니다.

06 Pen Tool(펜 도구, ✏️)을 선택하여 몸통을 그린 후 Swatches(견본) 패널에서 'Fill(칠) : M10Y30, Stroke(선) : None(없음)'으로 지정합니다. Pen Tool(펜 도구, ✏️)을 선택하고 드레스를 그린 후 Swatches(견본) 패널에서 'Fill(칠) : C0M0Y0K0, Stroke(선) : K100'으로 지정합니다.

  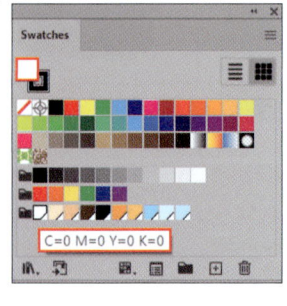 

07 신부 오브젝트를 모두 선택하고 [Object(오브젝트)]-[Arrange(정돈)]-[Send to Back(맨 뒤로 보내기)]([Shift]+[Ctrl]+[[])을 클릭하여 맨 뒤로 배치합니다.

08 신부의 나머지 손을 만들기 위하여 Swatches(견본) 패널에서 'Fill(칠) : None(없음), Stroke(선) : M10Y30'으로 지정하여 Blob Brush Tool(물방울 브러시 도구,)을 선택하고 [[]와 []]를 누르면서 브러시의 크기를 조절하여 드래그하면서 그립니다.

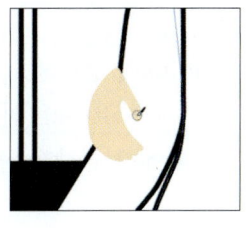 

05 반지 오브젝트 만들기 및 그림자 효과 적용

01 Ellipse Tool(원형 도구,)을 선택하고 아트보드를 클릭한 후 'Width(폭) : 13mm, Height(높이) : 13mm'를 입력한 후 Swatches(견본) 패널에서 'Fill(칠) : M50Y100, Stroke(선) : None(없음)'으로 지정합니다.

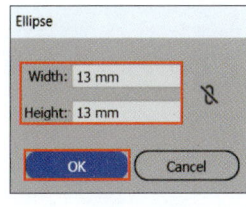 

02 타원을 선택하고 [Object(오브젝트)]-[Path(패스)]-[Offset Path(오프셋 패스)]를 선택한 후 Offset Path(오프셋 패스) 창에서 'Offset(이동) : −1.5mm'를 입력합니다.

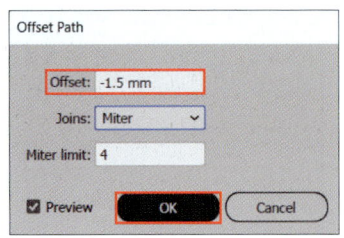 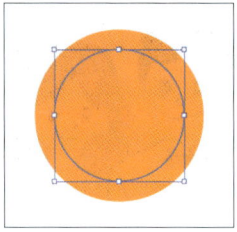

03 두 개의 둥근 사각형을 선택하고 Pathfinder(패스파인더) 패널에서 Minus Front(앞면 오브젝트 제외,)를 선택하여 불필요한 부분은 삭제합니다.

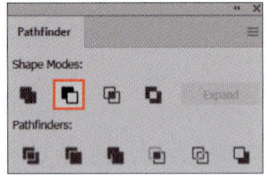 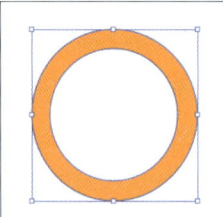

04 Polygon Tool(다각형 도구,)을 선택하여 아트보드를 클릭한 후 'Radius(반경) : 3mm, Sides(면) : 3'을 입력하고 Swatches(견본) 패널에서 'Fill(칠) : M50Y100, Stroke(선) : None(없음)'으로 지정합니다. 만들어진 삼각형 오브젝트를 선택하고 링 위에 적절하게 올린 후 크기를 조절합니다.

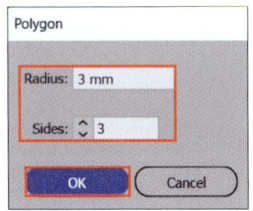 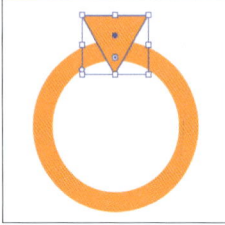 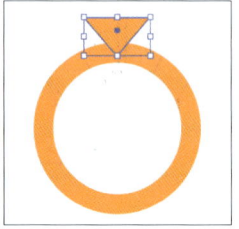

05 Polygon Tool(다각형 도구,)을 선택하여 아트보드를 클릭한 후 'Radius(반경) : 4mm, Sides(면) : 6'을 입력하고 Swatches(견본) 패널에서 'Fill(칠) : C20, Stroke(선) : None(없음)'으로 지정합니다. 육각형 오브젝트를 선택하고 링 위에 올린 후 크기를 조절합니다.

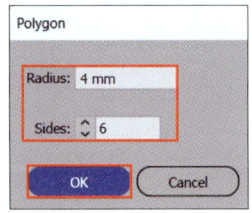 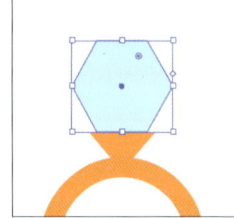 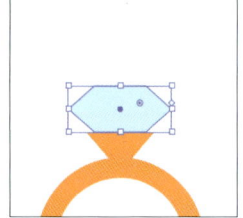

06 보석을 분할하기 위하여 Line Segment Tool(선분 도구, ▨)을 선택한 후 분할선을 그립니다. 보석과 분할선을 모두 선택하고 Pathfinder(패스파인더) 패널에서 Divide(나누기, ▨)를 선택하여 분리합니다.

 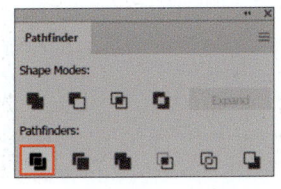 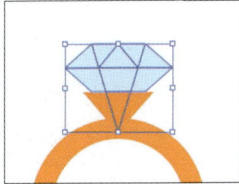

07 Direct selection Tool(직접 선택 도구, ▨)로 각각의 색을 Swatches(견본) 패널에서 'Fill(칠) : C50, Stroke(선) : None(없음)'으로 지정합니다.

08 반지를 선택하고 Alt 를 누른 채 드래그하여 복사 후 크기를 적절하게 조절합니다. 왼쪽의 반지를 선택하고 Swatches(견본) 패널에서 'Fill(칠) : M30Y80, Stroke(선) : None(없음)'으로 지정합니다.

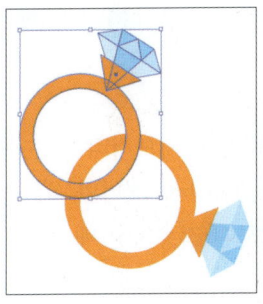  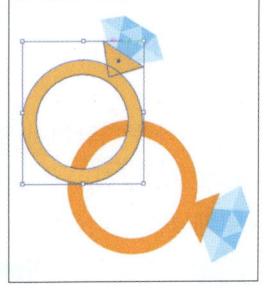

09 두 링의 오브젝트 중간에 끊어주어야 할 링을 선택하고 Eraser Tool(지우개 도구, ▨)을 클릭한 후 드래그하여 지웁니다.

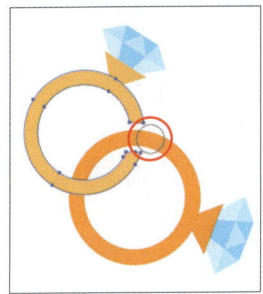 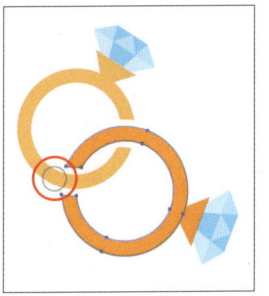

10 그림자를 적용하기 위하여 반지 오브젝트를 모두 선택하고 [Object (오브젝트)]-[Group(그룹)]([Ctrl]+[G])을 클릭하여 그룹으로 만듭니다.

11 [Effect(효과)]-[Stylize(스타일화)]-[Drop Shadow(그림자 만들기)]를 선택하고 Drop Shadow(그림자 효과) 창에서 'Mode(모드) : Multiply(곱하기), Opacity(불투명도) : 75%, X Offset(X 옵셋) : 1mm, Y Offset(Y 옵셋) : 1mm, Blur(흐림 효과) : 1mm'로 지정합니다.

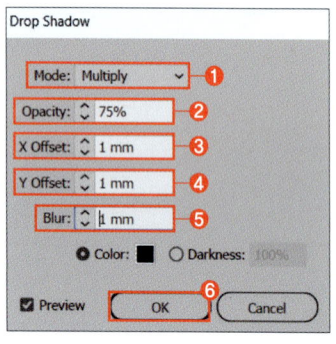

06 브러시 오브젝트 만들기

01 리본 모양 배너를 브러시로 만들기 위하여 Line Segment Tool(선분 도구, ✏)을 선택하고 [Shift]를 누른 채 직선을 그립니다.

02 Brushes(브러시) 패널 좌측 하단에서 Brush Libraries Menu(브러시 라이브러리 메뉴, 📖)를 선택하고 [Decorative(장식)]-[Decorative_Banners and Seals(장식_배너와 씰)]을 클릭하여 추가 브러시 패널을 불러옵니다. 'Banner 6(배너 6)'을 선택하여 적용하고 배치합니다.

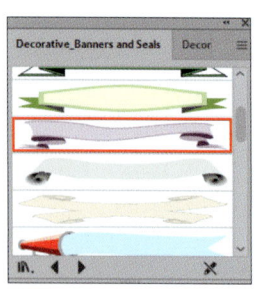
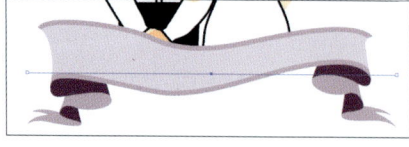

03 점 모양 고리를 브러시로 만들기 위하여 Paintbrush Tool(페인트 브러시 도구, ✏)을 선택하고 곡선을 그립니다.

04 Brushes(브러시) 패널 좌측 하단에서 Brush Libraries Menu(브러시 라이브러리 메뉴,)를 선택하고 [Decorative(장식)]-[Decorative_Scatter(장식_산포)]를 클릭하여 추가 브러시 패널을 불러옵니다.

05 'Dot Rings(점 모양 고리)'를 선택하여 적용하고 배치한 후 Stroke(획) 패널에서 'Weight(두께) : 1pt'를 지정합니다. Shift + Ctrl + [을 누르고 맨 뒤로 배치합니다.

07 문자 입력하고 변형하기

01 곡선 위에 문자를 입력하기 위하여 Pen Tool(펜 도구,)을 선택하여 곡선을 그립니다. Type on a Path Tool(패스 상의 문자 도구,)을 선택하고 곡선을 클릭하여 'WEDDING DAY'을 입력한 후 Ctrl + A 를 눌러 모두 선택합니다.

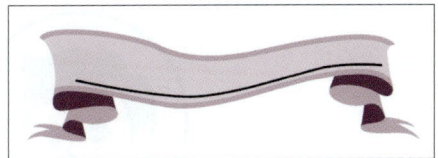

02 상단 옵션 바에서 'Set the Font family(글꼴 군 설정) : Times New Roman, Set the Font style(글꼴 스타일) : Bold, Set the Font size(글꼴 크기) : 18pt, Align Center(가운데 정렬)'로 선택하고 Swatches(견본) 패널에서 'Fill(칠) : C20M70Y20, Stroke(선) : None(없음)'으로 지정합니다.

03 문자를 패스로 만들기 위하여 문자를 선택하고 [Type(문자)]-[Create outline(윤곽선 만들기)](Shift + Ctrl + O)를 선택하여 패스로 만듭니다. 문자가 패스화되면 Selection Tool(선택 도구, ▶)로 'WEDDING DAY' 오브젝트를 더블 클릭하고 Isolation Mode(격리 모드)로 전환합니다.

04 문자 오브젝트를 위, 아래로 분리하기 위하여 Erase Tool(지우개 도구, ◆)을 선택합니다. [와]를 눌러서 문자를 분리하는 선만큼 작게 지우개의 크기를 조절한 후 문자 오브젝트를 지나가도록 드래그합니다.

05 분리된 아래쪽 오브젝트들을 Selection Tool(선택 도구, ▶)로 Shift 를 누르면서 모두 선택하고 Swatches(견본) 패널에서 'Fill(칠) : C100M100, Stroke(선) : None(없음)'으로 지정합니다. Esc 를 눌러 Isolation Mode(격리 모드)를 해제한 후 배너 오브젝트 위에 적절하게 배치합니다.

06 곡선 위에 문자를 입력하기 위하여 Pen Tool(펜 도구, ✒)을 선택하고 곡선을 그립니다. Type on a Path Tool(패스 상의 문자 도구, ✎)을 선택하고 곡선을 클릭하여 'Just Married'을 입력한 후 Ctrl + A 를 눌러 모두 선택합니다.

07 상단 옵션 바에서 'Set the Font family(글꼴 군 설정) : Arial, Set the Font style(글꼴 스타일) : Regular, Set the Font size(글꼴 크기) : 12pt, Align Center(가운데 정렬)'로 선택하고 Swatches(견본) 패널에서 'Fill(칠) : C50M100, Stroke(선) : None(없음)'으로 지정합니다.

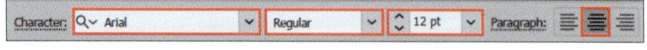

08 파일 저장

01 최종적으로 작업 파일의 오브젝트 위치, 순서를 점검하고 불필요한 안내선이 남아있는 경우 [View(보기)]-[Guide(안내선)]-[Clear Guide(안내선 지우기)]를 선택하여 안내선을 지웁니다.

02 [File(파일)]-[Save as(다른이름으로 저장)](Shift+Ctrl+S)을 선택하여 '저장 위치 : 내 PC₩문서₩GTQ, 파일 이름 : 수험번호-성명-2, 파일 형식 : Adobe Illustrator(*.AI)'로 저장합니다. [Illustrator Options(Illustrator 옵션)] 창이 뜨면 OK를 누르고 옵션 창을 닫습니다.

03 답안 저장이 완료되면 [File(파일)]-[Close(닫기)](Ctrl+W)를 선택하여 파일을 닫고 수험 프로그램에서 [답안 전송]을 선택하여 ai 파일을 감독관 컴퓨터로 전송합니다.

문제 ❸	어플리케이션 디자인
작업과정	① 새 작업 파일 만들기 ➡ ② 견본색 그룹 만들기 ➡ ③ 하트 패턴 만들기 ➡ ④ 나뭇잎 오브젝트 만들기 ➡ ⑤ 편지 오브젝트 만들기 ➡ ⑥ 클리핑 마스크 및 패턴 적용 ➡ ⑦ 봉투 오브젝트 만들기 ➡ ⑧ 점선 편집하기 ➡ ⑨ 파일 저장
완성이미지	PART04₩기출유형문제03회₩수험번호-성명-3.ai

01 새 작업 파일 만들기

01 새 작업 파일을 만들기 위하여 [File(파일)]-[New(새로 만들기)](Ctrl+N)를 선택하고 'Width : 120mm, Height : 80mm, Units : Millimeters, Color Mode : CMYK'를 설정하여 새 작업 파일을 만듭니다.

02 [View(보기)]-[Rulers(눈금자)]-[Show Rulers(눈금자 표시)](Ctrl+R)를 선택하여 눈금자를 표시합니다.

03 작업 파일을 저장하기 위하여 [File(파일)]-[Save as(다른이름으로 저장)](Shift+Ctrl+S)을 선택하여 '저장 위치 : 내PC\문서\GTQ, 파일 이름 : 수험번호-성명-3, 파일 형식 : Adobe Illustrator(*.AI)'로 저장합니다. [Illustrator Options(Illustrator 옵션)] 창이 뜨면 [OK(확인)]를 누르고 옵션 창을 닫습니다.

02 견본색 그룹 만들기

01 Swatches(견본) 패널 우측 하단에서 New Group(새 색상 견본 그룹, 📁)을 선택하여 새로운 그룹을 만들고 그룹의 이름을 GTQ라고 입력합니다.

02 만들어진 그룹을 클릭하고 New Swatch(새 견본, ➕)를 선택하여 문제에서 제시하는 색상값을 입력합니다. 반복하여 모든 색상을 견본 그룹에 만듭니다.

03 하트 패턴 만들기

01 하트를 만들기 위하여 Ellipse Tool(원형 도구, ⬭)을 선택하여 아트보드를 클릭한 후 'Width(폭) : 7mm, Height(높이) : 7mm'를 입력합니다.

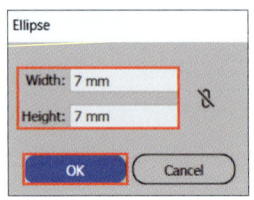 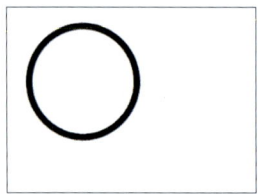

02 Direct selection Tool(직접 선택 도구, ▷)로 고정점을 선택하고 핸들을 조절하여 원 오브젝트를 하트로 편집한 후 Swatches(견본) 패널에서 'Fill(칠) : K100, Stroke(선) : None(없음)'으로 지정합니다. 완성한 하트를 선택하고 Alt를 누른 채 드래그하여 복사합니다.

 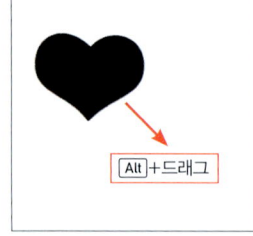 

03 Ellipse Tool(원형 도구, ⬤)을 선택하여 리본의 타원을 그린 후 Swatches(견본) 패널에서 'Fill(칠) : K100, Stroke(선) : None(없음)'으로 지정합니다.

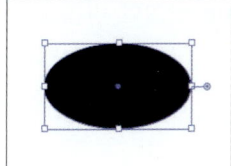

04 타원을 선택하여 Scale Tool(크기 조절 도구, ▦)을 누르고 크기를 줄일 중심점을 선택하기 위하여 Alt 를 누른 채 오른쪽 고정점을 클릭합니다. Scale(크기 조절) 창에서 'Uniform(균일) : 60%'를 입력한 후 Copy(복사)를 클릭합니다.

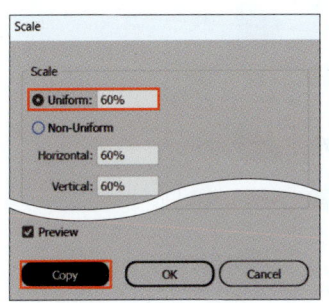
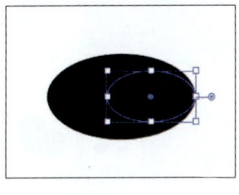

05 작은 타원을 선택하여 적절하게 배치한 후 두 개의 타원을 선택하고 Pathfinder(패스파인더) 패널에서 Minus Front(앞면 오브젝트 제외, ▣)를 선택하여 불필요한 부분은 삭제합니다.

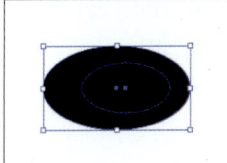
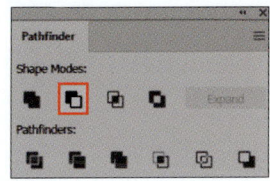
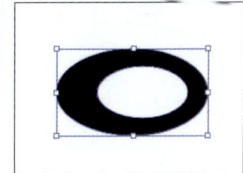

06 Pen Tool(펜 도구, ✎)을 선택하여 리본의 끈을 그린 후 Swatches(견본) 패널에서 'Fill(칠) : K100, Stroke(선) : None(없음)'으로 지정합니다.

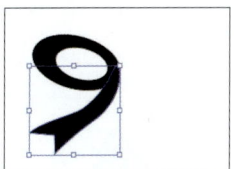

07 리본을 모두 선택하고 Reflect Tool(반사 도구, ▷|◁)을 클릭한 후 Alt 를 누른 채 타원의 오른쪽 고정점을 클릭합니다. Reflect(반사) 창에서 'Axis(축) : Vertical(세로)'을 선택하고 Copy(복사)를 클릭합니다. 반사된 오브젝트를 선택하고 적절하게 이동 및 배치합니다.

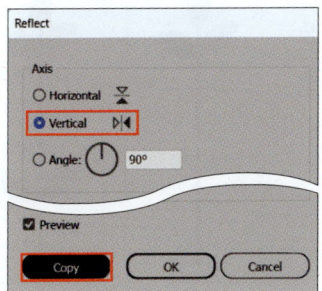
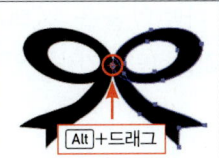

08 완성한 리본을 선택하고 Alt 를 누른 채 드래그하여 복사한 후 적절하게 배치합니다. 모든 오브젝트를 선택하고 패턴으로 만들기 위하여 [Object(오브젝트)]-[Pattern(패턴)]-[Make(만들기)]를 선택합니다.

09 Pattern Options(패턴 옵션) 창에서 'Name(이름) : HEART, Tile Type(타일 유형) : Grid(격자), Width(폭) : 15mm, Height(높이) : 15mm'으로 지정하고 Done(완료)을 클릭합니다.

 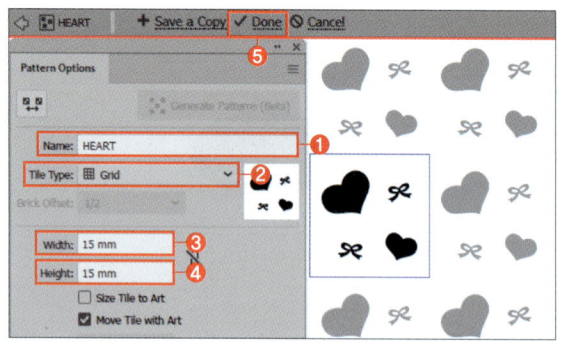

04 나뭇잎 오브젝트 만들기

01 Ellipse Tool(원형 도구, ◯)을 선택하고 아트보드를 클릭한 후 'Width(폭) : 2mm, Height(높이) : 4mm'를 입력하고 Swatches(견본) 패널에서 'Fill(칠) : C70M100, Stroke(선) : None(없음)'으로 지정합니다.

02 Anchor Point Tool(고정점 도구, ⊢)을 선택하고 타원의 위, 아래를 클릭하여 나뭇잎으로 편집합니다. Line Segment Tool(선분 도구, ╱)을 선택한 후 줄기를 그린 후 'Fill(칠) : None(없음), Stroke(선) : C70M100'으로 지정합니다.

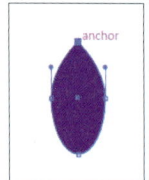 

03 나뭇잎을 선택하고 Alt 를 누른 채 드래그하여 복사한 후 줄기의 위와 아래에 적절하게 배치합니다. 나뭇잎들을 선택하고 [Object(오브젝트)]-[Blend(블렌드)]-[Make(만들기)]를 클릭합니다.

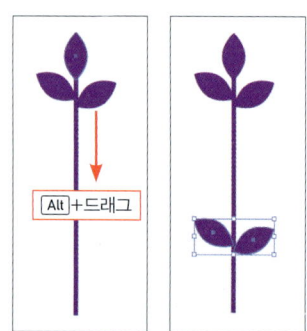

04 나뭇잎의 개수를 맞추기 위하여 Blend Tool(블렌드 도구, 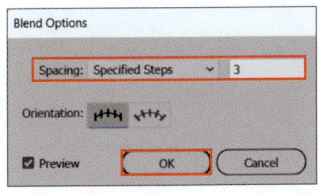)을 더블 클릭하고 Blend Options(블렌드 옵션) 창에서 'Specified Steps(단계) : 3'으로 지정합니다.

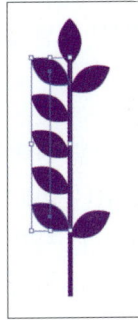

05 오브젝트 모두를 선택하고 [Object(오브젝트)]-[Expand(확장)]를 클릭하여 확장한 후 Pathfinder(패스파인더) 패널에서 Unite(합치기, 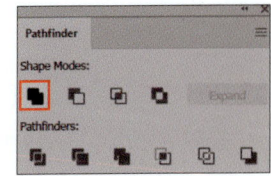)를 선택하여 병합합니다.

06 나뭇잎 오브젝트를 선택하고 [Effect(효과)]-[Warp(변형)]-[Arc(부채꼴)]를 클릭한 후 Warp Options(변형 옵션) 창에서 'Style(스타일) : Arc(부채꼴), Vertical(세로), Bend(구부리기) : 50%'를 선택합니다. [Object(오브젝트)]-[Expand Appearance(모양 확장)]를 클릭하여 확장합니다.

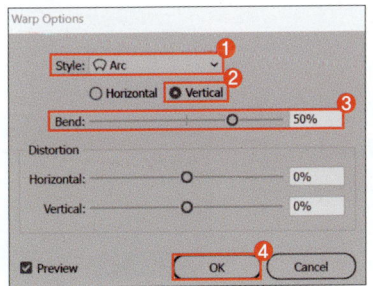
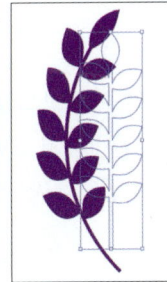

07 나뭇잎 오브젝트를 선택하고 Alt 를 누른 채 드래그하여 복사한 후 크기를 적절하게 배치합니다. 복사한 오른쪽 나뭇잎을 선택하고 Swatches(견본) 패널에서 'Fill(칠) : C30M50, Stroke(선) : None(없음)'으로 지정합니다.

05 편지 오브젝트 만들기

01 Rectangle Tool(사각형 도구, ▢)을 선택하여 아트보드를 클릭한 후 'Width(폭) : 30mm, Height(높이) : 25mm'를 입력 후 Swatches(견본) 패널에서 'Fill(칠) : M70, Stroke(선) : None(없음)'으로 지정합니다.

02 Rounded Rectangle Tool(둥근 사각형 도구, ▢)을 선택하고 아트보드를 클릭한 후 'Width(폭) : 30mm, Height(높이) : 15mm, Corner Radius(모퉁이 반경) : 5mm'를 입력합니다. 사각형 오브젝트의 아래에 위치한 후 Swatches(견본) 패널에서 'Fill(칠) : M40, Stroke(선) : None(없음)'으로 지정합니다.

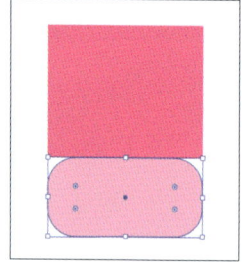

03 Direct selection Tool(직접 선택 도구, ▷)로 위쪽 고정점을 선택하고 Corner Widget(모퉁이 위젯)을 조절합니다.

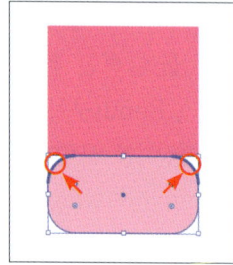 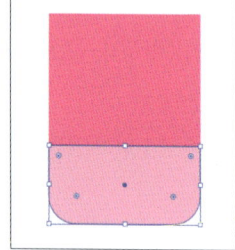

04 Polygon Tool(다각형 도구, ⬡)을 선택하여 아트보드를 클릭한 후 'Radius(반경) : 17mm, Sides(면) : 3'을 입력하고 Swatches(견본) 패널에서 'Fill(칠) : M40, Stroke(선) : None(없음)'으로 지정합니다.

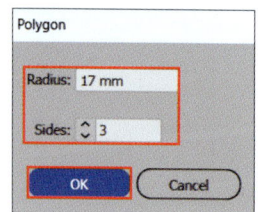

05 Direct selection Tool(직접 선택 도구, ▷)로 위쪽 Corner Widget(모퉁이 위젯)을 선택하고 조절합니다. 조절한 삼각형을 선택하고 Alt 를 누른 채 드래그하여 양 옆 아래에 복사한 후 출력형태에 따라 적절하게 배치합니다.

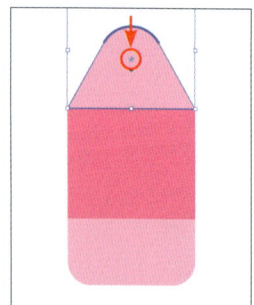 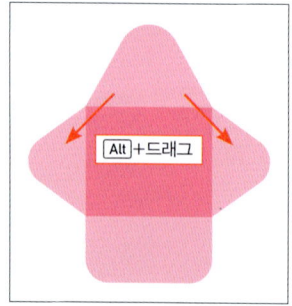

06 왼쪽, 오른쪽 삼각형을 선택하고 Gradient(그레이디언트) 패널에서 그라디언트 색상을 클릭하여 Gradient Slider(그라디언트 슬라이더)를 활성화합니다.

07 Gradient Slider(그라디언트 슬라이더)의 왼쪽 'Color Stop(색상 중지점)'을 더블 클릭하여 C0M0Y0K0을, 오른쪽 'Color Stop(색상 중지점)'을 더블 클릭하여 M30을 적용합니다. 이어서 'Type(유형) : Radial(방사형)'을 선택하고 'Stroke(선) : None(없음)'으로 지정합니다.

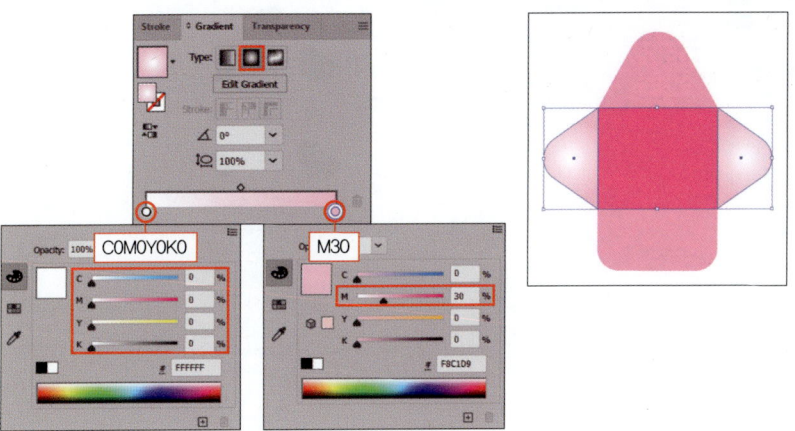

08 축소 복사할 오브젝트를 선택하고 Scale Tool(크기 조절 도구,)을 더블 클릭하여 Scale(크기 조절) 창에서 'Uniform(균일) : 95%'를 입력한 후 Copy(복사)를 클릭합니다.

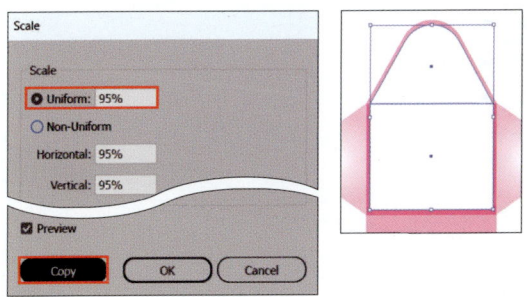

09 복사된 도형을 선택하고 'Fill(칠) : C0M0Y0K0, Stroke(선) : None(없음)'으로 지정한 후 Transparency(투명도) 패널에서 'Opacity(불투명도) : 70%'로 지정합니다.

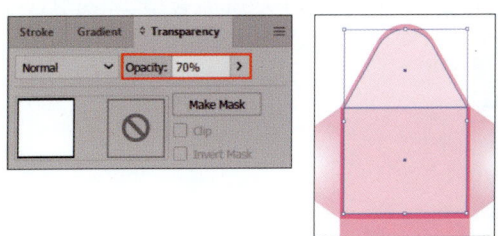

06 클리핑 마스크 및 패턴 적용

01 반투명한 도형을 선택하고 Ctrl+C를 눌러서 복사한 후 Ctrl+F를 눌러서 같은 위치이면서 바로 위에 붙입니다. Swatches(견본) 패널에서 'Fill(칠) : HEART' 패턴으로 지정하고 Transparency(투명도) 패널에서 'Opacity(불투명도) : 100%'로 지정합니다.

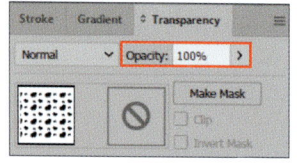

02 패턴의 크기를 줄이기 위하여 Scale Tool(크기 조절 도구,)을 더블 클릭하고 Scale(크기 조절) 창에서 'Uniform(균일) : 40%'를 입력한 후 Options(옵션)에서 'Transform Patterns(패턴 변형) : 체크'합니다.

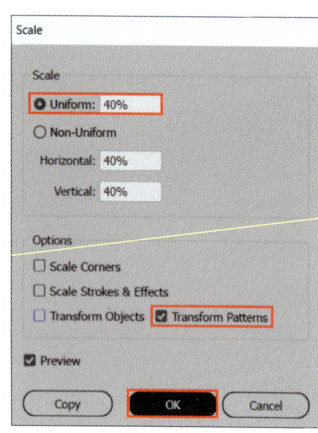

03 Rounded Rectangle Tool(둥근 사각형 도구,)을 선택하고 아트보드를 클릭한 후 'Width(폭) : 28mm, Height(높이) : 22mm, Corner Radius(모퉁이 반경) : 3mm'를 입력합니다. Swatches(견본) 패널에서 'Fill(칠) : M70, Stroke(선) : None(없음)'으로 지정합니다.

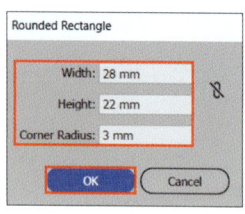

04 사각형을 선택하고 [Object(오브젝트)]-[Path(패스)]-[Offset Path(오프셋 패스)]를 선택한 후 Offset Path(오프셋 패스) 창에서 'Offset(이동) : -1mm'를 입력합니다. 축소된 사각형을 선택하고 Swatches(견본) 패널에서 'Fill(칠) : None(없음), Stroke(선) : C0M0Y0K0'으로 지정합니다.

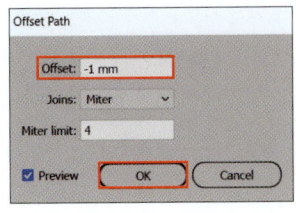 

05 나뭇잎 오브젝트를 선택하고 Alt 를 누른 채 드래그하여 복사한 후 Shift + Ctrl +] 를 눌러 맨 앞으로 배치합니다. 반복하여 배치하고 Reflect Tool(반사 도구, ▷◁)을 더블 클릭한 후 Reflect(반사) 창에서 'Axis(축) : Vertical(세로)'을 선택합니다.

 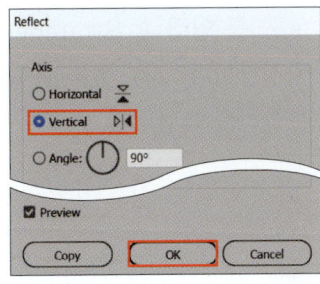  

06 분홍 사각형을 선택하고 Ctrl + C 를 눌러서 복사한 후 Ctrl + F 를 눌러서 같은 위치이면서 바로 위에 붙입니다. Shift + Ctrl +] 를 누르고 순서를 맨 앞으로 보냅니다.

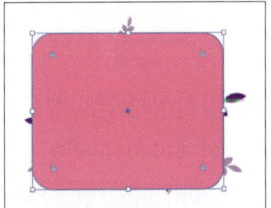

07 복사한 사각형만큼 나뭇잎에 클리핑 마스크를 적용하기 위하여 복사된 사각형과 나뭇잎 오브젝트들을 모두 선택하고 [Object(오브젝트)]-[Clipping Mask(클리핑 마스크)]-[Make(만들기)](Ctrl + 7)을 누릅니다.

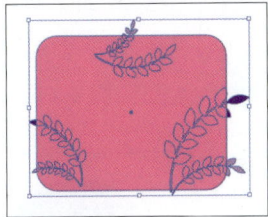 

08 문자를 입력하기 위하여 Type Tool(문자 도구, T)을 선택하고 아트보드를 클릭하여 'Please celebrate our wedding'을 입력합니다.

09 상단 옵션 바에서 'Set the Font family(글꼴 군 설정) : Arial, Set the Font style(글꼴 스타일) : Bold Italic, Set the Font size(글꼴 크기) : 8pt, Align Center(가운데 정렬)'로 지정하고 Swatches(견본) 패널에서 'Fill(칠) : C0M0Y0K0, Stroke(선) : None(없음)'으로 지정합니다.

07 봉투 오브젝트 만들기

01 봉투를 만들기 위하여 Rectangle Tool(사각형 도구, ▢)을 선택하고 아트보드를 클릭한 후 'Width(폭) : 35mm, Height(높이) : 28mm'를 입력 후 Swatches(견본) 패널에서 'Fill(칠) : M40, Stroke(선) : None(없음)'으로 지정합니다. 사각형을 분할하기 위하여 Line Segment Tool(선분 도구, ╱)을 선택한 후 분할선을 그립니다.

02 사각형과 분할선을 모두 선택하고 Pathfinder(패스파인더) 패널에서 Divide(나누기, ▣)를 선택하여 분리한 후 Direct selection Tool(직접 선택 도구, ▶)로 왼쪽, 오른쪽의 색을 Swatches(견본) 패널에서 'Fill(칠) : New Gradient Swatch 4'로 지정합니다.

 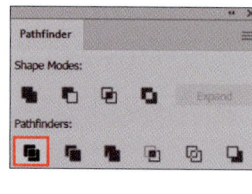  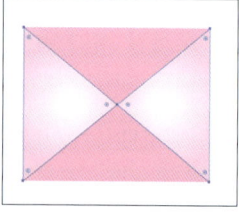

03 Ellipse Tool(원형 도구, ◯)을 선택하고 아트보드를 클릭한 후 'Width(폭) : 15mm, Height(높이) : 15mm'를 입력하고 Swatches(견본) 패널에서 'Fill(칠) : C60M90, Stroke(선) : None(없음)'으로 지정합니다.

04 타원을 선택하고 [Effect(효과)]-[Distort & Transform(왜곡과 변형)]-[Zig Zag(지그재그)]를 클릭한 후 Zig Zag(지그재그) 창에서 'Size(크기) : 0.3mm, Ridges per segment(선분별 이랑) : 5, Smooth(매끄럽게)'로 지정합니다.

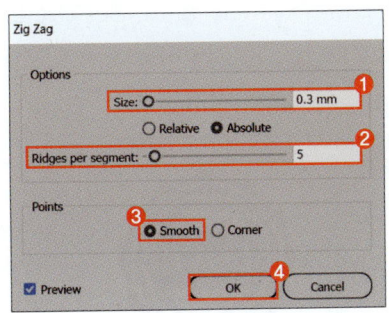
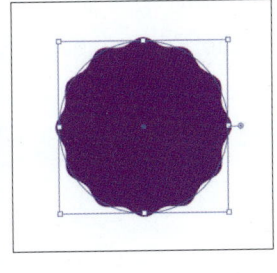

05 Ellipse Tool(원형 도구, 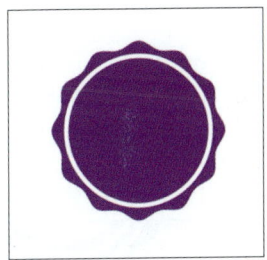)을 선택하여 아트보드를 클릭한 후 'Width(폭) : 13mm, Height(높이) : 13mm'를 입력하고 Swatches(견본) 패널에서 'Fill(칠) : None(없음), Stroke(선) : C0M0Y0K0'으로 지정합니다.

06 타원을 선택하여 [Object(오브젝트)]-[Path(패스)]-[Offset Path(오프셋 패스)]를 선택한 후 Offset Path(오프셋 패스) 창에서 'Offset(이동) : -1mm'를 입력합니다. 반복하여 타원을 만들고 Swatches(견본) 패널에서 'Fill(칠) : C0M0Y0K0, Stroke(선) : None(없음)'으로 지정합니다.

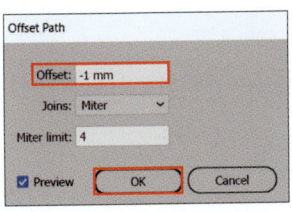

07 Rectangle Tool(사각형 도구, ▬)을 선택하여 텍스트의 배경이 될 사각형을 그리고 Swatches(견본) 패널에서 'Fill(칠) : C60M90, Stroke(선) : None(없음)'으로 지정합니다.

08 문자를 입력하기 위하여 Type Tool(문자 도구, T)을 선택하고 아트보드를 클릭하여 'LOVE'를 입력합니다.

09 상단 옵션 바에서 'Set the Font family(글꼴 군 설정) : Times New Roman, Set the Font style(글꼴 스타일) : Bold, Set the Font size(글꼴 크기) : 8pt'로 지정하고 Swatches(견본) 패널에서 'Fill(칠) : C0M0Y0K0, Stroke(선) : None(없음)'으로 지정합니다.

10 나뭇잎 오브젝트를 선택하고 Alt를 누른 채 드래그하여 복사한 후 Shift+Ctrl+]를 눌러 맨 앞으로 배치합니다. 크기를 조절하고 Swatches(견본) 패널에서 'Fill(칠) : C0M0Y0K0, Stroke(선) : None(없음)'으로 지정합니다.

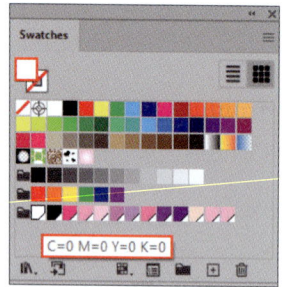

11 Alt를 누른 채 드래그하여 반복해서 복사한 나뭇잎 오브젝트를 모두 선택하고 Ctrl+G를 눌러 그룹으로 묶습니다.

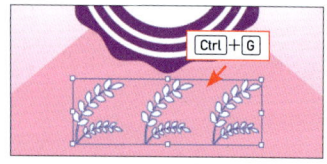

08 점선 편집하기

01 점선으로 편집할 둥근 사각형을 선택하고 Shift+Ctrl+]를 눌러 맨 앞으로 배치합니다. Stroke(획) 패널에서 'Dashed Line(점선 사용) : 체크'한 후 'dash(점선) : 5pt, gap(간격) : 2pt, dash(점선) : 2pt, gap(간격) : 2pt, dash(점선) : 2pt, gap(간격) : 2pt'로 지정합니다.

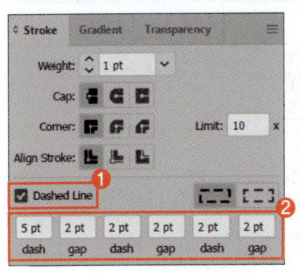 

02 점선으로 편집할 타원을 선택하고 Stroke(획) 패널에서 'Dashed Line(점선 사용) : 체크'한 후 'dash(점선) : 3pt, gap(간격) : 2pt'로 지정합니다.

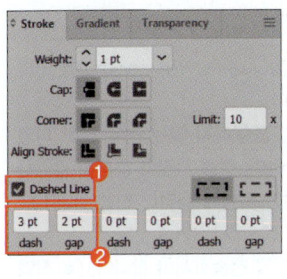 

09 파일 저장

01 최종적으로 작업 파일의 오브젝트 위치, 순서를 점검하고 불필요한 안내선이 남아있는 경우 [View(보기)]-[Guide(안내선)]-[Clear Guide(안내선 지우기)]를 선택하여 안내선을 지웁니다.

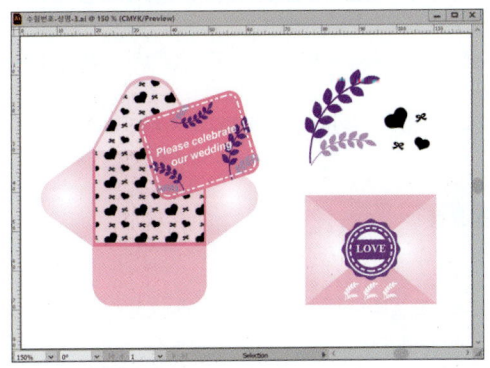

02 [File(파일)]-[Save as(다른이름으로 저장)]([Shift]+[Ctrl]+[S])을 선택하여 '저장 위치 : 내 PCW문서WGTQ, 파일 이름 : 수험번호-성명-3, 파일 형식 : Adobe Illustrator(*.AI)'로 저장합니다. [Illustrator Options(Illustrator 옵션)] 창이 뜨면 [OK(확인)]를 누르고 옵션 창을 닫습니다.

03 답안 저장이 완료되면 [File(파일)]-[Close(닫기)]([Ctrl]+[W])를 선택하여 파일을 닫고 수험 프로그램에서 [답안 전송]을 선택하여 ai 파일을 감독관 컴퓨터로 전송합니다.

기출 유형 문제 04회

급수	문제유형	시험시간	수험번호	성명
2급	A	90분		

수험자 유의사항

- 수험자는 문제지를 받는 즉시 응시하고자 하는 과목 및 급수가 맞는지 확인한 후 수험번호와 성명을 작성합니다.
- 파일명은 본인의 "수험번호-성명-문제번호"로 공백 없이 정확히 입력하고 답안폴더(내 PC₩문서₩GTQ)에 ai 파일 포맷으로 저장해야 하며, '다른 파일 형식으로 저장하였을 경우' 0점 처리됩니다.
- 답안문서 파일명이 "수험번호-성명-문제번호"와 일치하지 않거나, 답안 파일을 '전송'하지 않는 경우 답안 파일 미제출로 불합격 처리됩니다. ※ 답안은 반드시 시험 시간 내에 전송을 완료해야 하며, 전송 시간을 충분히 감안하여 제출해 주시기 바랍니다. (공정한 평가를 위해, 시험 종료 전 전송이 완료된 답안에 한해 채점이 진행됩니다.)
- 수험자 정보와 저장한 파일명, 저장 위치가 다를 경우 전송이 되지 않으므로, 주의하시길 바랍니다.
- 답안 작성 중에도 주기적으로 '저장'과 '답안 전송'을 이용하여 감독위원 PC로 답안을 전송하셔야 합니다. (※ 작업한 내용을 저장하지 않고 답안을 전송할 경우 이전의 저장내용이 전송되오니 이점 반드시 유념하시기 바랍니다.)
- 모든 시험자는 동일한(초기화 된) 환경에서 시험이 시작되며 '작업환경 설정'은 시험 시간 내에 진행합니다. (시험 시작 전 '작업환경 설정' 불가, 소프트웨어 이상 유무만 확인)
- 답안문서는 지정된 경로 외의 다른 보조기억장치에 저장하는 행위, 지정된 시험 시간 외에 작성된 파일을 활용한 행위, 기타 허용되지 않은 프로그램(이메일, 메신저, 게임, 네트워크, 윈도우계산기, 스톱워치 등) 이용 시 부정행위로 간주되어 자격기본법 제32조에 의거 본 시험 및 국가공인 자격시험을 2년간 응시할 수 없습니다.
- 시험 종료 후 제출된 답안은 평가 및 검증을 위해 본부에서 보관되며, 시험의 공정성과 보안 유지를 위해 응시자에게 본인의 답안을 제공하는 것은 허용되지 않습니다. 이 점 반드시 유의하시기 바랍니다.
- 시험 중 부주의 또는 고의로 시스템을 파손한 경우와 〈수험자 유의사항〉에 기재된 방법대로 이행하지 않아 생기는 불이익은 수험자의 책임임을 알려 드립니다.
- 시험을 완료한 수험자는 최종적으로 저장한 답안파일이 전송되었는지 확인한 후 감독위원의 지시에 따라 문제지를 제출하고 퇴실합니다.

답안 작성요령

- 온라인 답안 작성 절차
  수험자 등록 ⇒ 시험 시작 ⇒ 답안파일 저장 ⇒ 답안 전송 ⇒ 시험 종료
- 배점은 총 100점으로 이루어지며, 점수는 각 문제별로 차등 배분됩니다.
- 각 문제는 제시된 〈조건〉에 맞게 답안을 작성하고, 〈조건〉을 지키지 못했을 경우에는 0점 또는 감점 처리됩니다.
- 문제 〈조건〉에 크기와 색상, 두께의 지정이 없을 경우 〈출력형태〉를 참고하여 작업해 주시기 바랍니다.
- **문제 〈조건〉과 〈출력형태〉에서 차이가 발생할 경우 문제에서 지정한 〈조건〉에 따라 작업해 주시기 바랍니다.**
- 〈조건〉에서 주어진 단위는 'mm(밀리미터)'입니다.
- 눈금자는 작성하지 않으며, 그 외는 출력형태(레이아웃, 색상, 문자, 규격 등)와 같게 작업하십시오.
- 문제 〈조건〉에 서체의 지정이 없을 경우 한글은 굴림이나 돋움, 영문은 Arial로 작업하십시오.
  (단, 그 외에 제시되지 않은 문자 속성을 기본값으로 작성하지 않은 경우는 감점 처리됩니다.)
- Color Mode(색상 모드)는 별도의 처리 조건이 없을 시 CMYK로 작업하십시오.
- 조건에서 제시한 기능을 임의로 합치거나 각 기능에 대한 속성을 해지할 경우 해당 요소는 0점 처리됩니다.

한 국 생 산 성 본 부

문제 ① 기본 툴 활용   25점

다음의 《조건》에 따라 아래의 《출력형태》와 같이 작업하시오.

[조건]

파일저장규칙	AI	파일명	문서₩GTQ₩수험번호-성명-1.ai
		크기	100 × 80mm

1. 작업 방법
① 도형, 변형 툴과 Pathfinder 기능을 활용하여 오브젝트를 작성한다.
② 그 외 《출력형태》 참조

[출력형태]

M20Y40, C90M70Y20,
K100, C0M0Y0K0,
C100, K10, M100Y100, Y100,
C100Y100, C40M60Y90K30
C50Y100, M50Y100, K30
[Stroke] K100, 1pt

문제 ❷ 문자와 오브젝트 35점

다음의 《조건》에 따라 아래의 《출력형태》와 같이 작업하시오.

조건

파일저장규칙	AI	파일명	문서₩GTQ₩수험번호-성명-2.ai
		크기	100 × 80mm

1. 작업 방법
① 'Holiday Food' 문자에 Times New Roman (Bold) 폰트를 적용한다.
② 'Rice Cake Soup' 문자에 Type on a Path Tool을 활용한다.
③ Brush는 《출력형태》를 참고하여 작성한다.
④ Effect는 《출력형태》를 참고하여 작성한다.
⑤ 그 외 《출력형태》 참조

2. 문자 효과
① Rice Cake Soup (Arial, Regular, 10pt, C40M70Y90K50)

출력형태

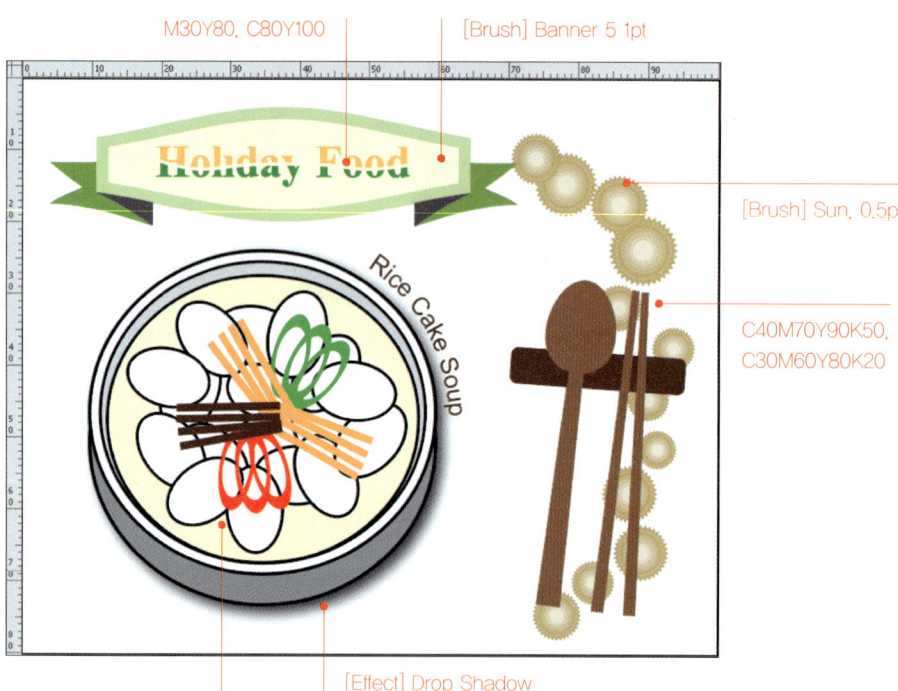

| 문제 ❸ | 어플리케이션 디자인 | 40점 |

다음의 《조건》에 따라 아래의 《출력형태》와 같이 작업하시오.

조건

파일저장규칙	AI	파일명	문서₩GTQ₩수험번호-성명-3.ai
		크기	120 × 80mm

1. 작업 방법
① 도형 툴로 오브젝트를 그린 후 Pattern을 활용하여 작성한다. (패턴 등록 : tradition)
② 복주머니에 규칙적인 점선, 보자기에 불규칙적인 점선을 설정한다.
③ 보자기에 Pattern을 적용한다.
④ 보자기에 배치된 오브젝트는 정렬, 간격을 일정하게 한 후 Group 설정을 한다.
⑤ 그 외 《출력형태》 참조

2. 문자 효과
① Traditional Pattern (Arial, Bold Italic, 8pt, C60M90)
② Happy New Year (Times New Roman, Bold, 10pt, C100M100)

출력형태

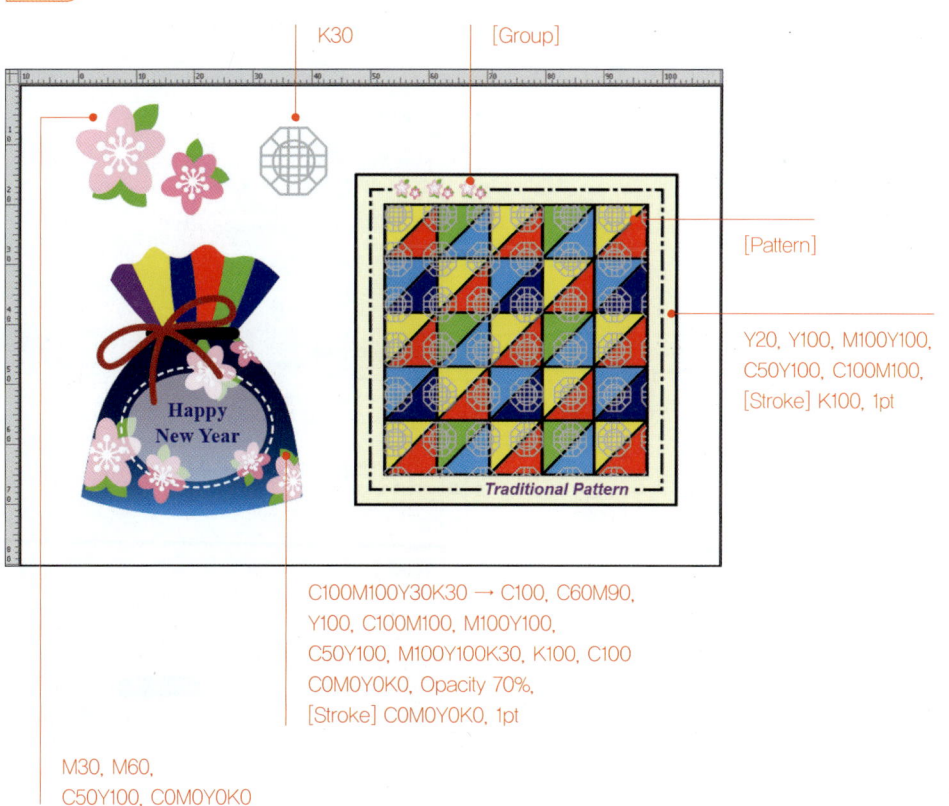

문제 ❶	기본 툴 활용
작업과정	① 새 작업 파일 만들기 ➡ ② 견본색 그룹 만들기 ➡ ③ 얼굴 오브젝트 만들기 ➡ ④ 한복 오브젝트 만들기 ➡ ⑤ 팽이 오브젝트 만들기 ➡ ⑥ 파일 저장
완성이미지	PART04₩기출유형문제04회₩수험번호-성명-1.ai

01 새 작업 파일 만들기

01 새 작업 파일을 만들기 위하여 [File(파일)]-[New(새로 만들기)]([Ctrl]+[N])를 선택하고 'Width : 100mm, Height : 80mm, Units : Millimeters, Color Mode : CMYK'를 설정하여 새 작업 파일을 만듭니다.

02 [View(보기)]-[Rulers(눈금자)]-[Show Rulers(눈금자 표시)]([Ctrl]+[R])를 선택하여 눈금자를 표시합니다.

03 작업 파일을 저장하기 위하여 [File(파일)]-[Save as(다른이름으로 저장)]([Shift]+[Ctrl]+[S])을 선택하여 '저장 위치 : 내PC₩문서₩GTQ, 파일 이름 : 수험번호-성명-1, 파일 형식 : Adobe Illustrator(*.AI)'로 저장합니다. [Illustrator Options(Illustrator 옵션)] 창이 뜨면 [OK(확인)]를 누르고 옵션 창을 닫습니다.

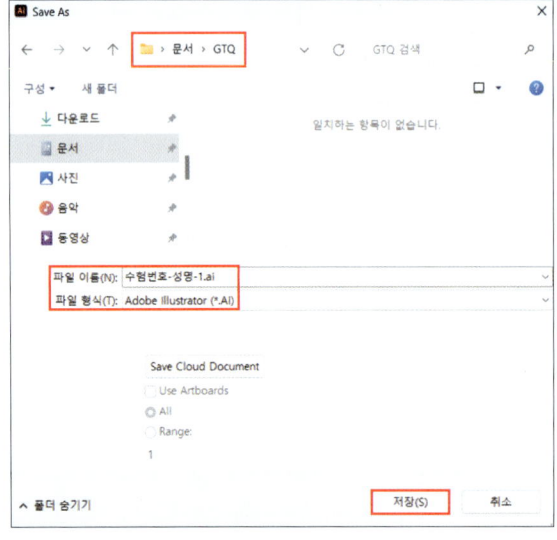
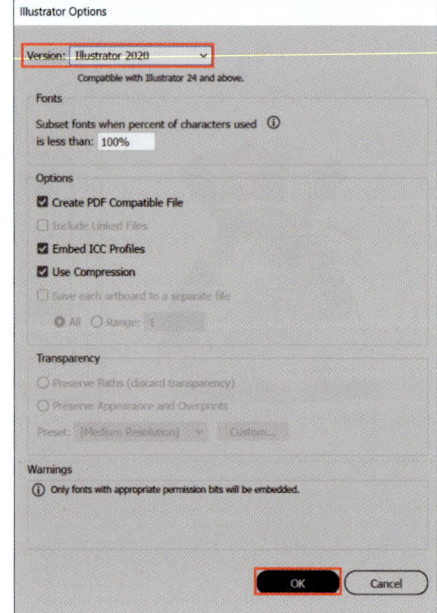

02 견본색 그룹 만들기

01 Swatches(견본) 패널 우측 하단에서 New Group(새 색상 견본 그룹, 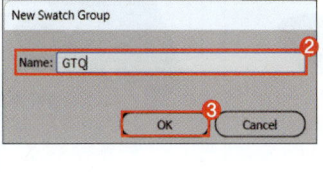)을 선택하여 새로운 그룹을 만들고 그룹의 이름을 GTQ라고 입력합니다.

02 만들어진 그룹을 클릭하고 New Swatch(새 견본,)를 선택하여 문제에서 제시하는 색상값을 입력합니다. 반복하여 모든 색상을 견본 그룹에 만듭니다.

 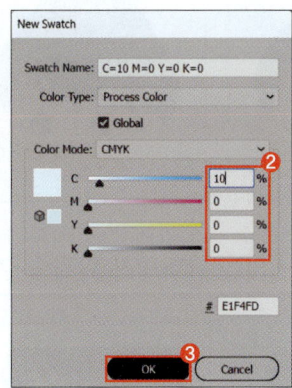 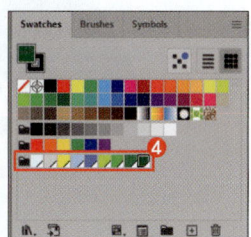

03 얼굴 오브젝트 만들기

01 Ellipse Tool(원형 도구,)을 선택하고 아트보드를 클릭한 후 'Width(폭) : 16mm, Height(높이) : 15mm'를 입력합니다. Swatches(견본) 패널에서 'Fill(칠) : M20Y40, Stroke(선) : None(없음)'으로 지정합니다. Pen Tool(펜 도구,)을 선택하고 머리카락을 그린 후 Swatches(견본) 패널에서 'Fill(칠) : K100, Stroke(선) : None(없음)'으로 지정합니다.

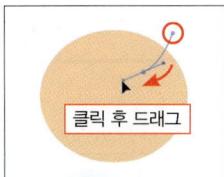 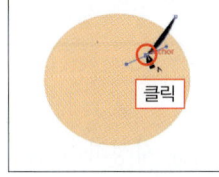  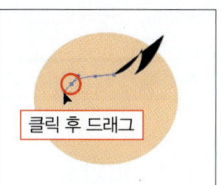

02 Pen Tool(펜 도구, ✐)을 선택하여 모자를 그린 후 Swatches(견본) 패널에서 'Fill(칠) : C90M70Y20, Stroke(선) : None(없음)'으로 지정합니다.

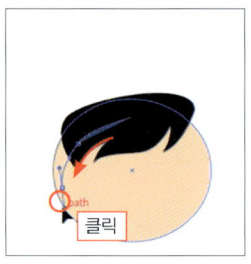 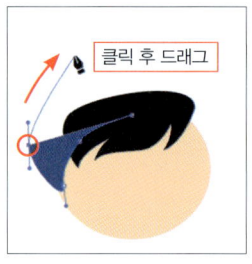 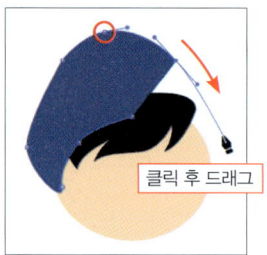 

03 Ellipse Tool(원형 도구, ⬭)을 선택하여 귀와 눈을 그린 후 Swatches(견본) 패널에서 'Fill(칠) : M20Y40과 K100, C0M0Y0K0'으로 지정합니다.

04 Ellipse Tool(원형 도구, ⬭)을 선택하여 입을 나타내기 위해 두 개의 타원을 그린 후 출력형태에 맞춰 겹칩니다.

05 Pathfinder(패스파인더) 패널에서 Minus Front(앞면 오브젝트 제외, ▣)를 선택하여 불필요한 부분은 삭제합니다. Swatches(견본) 패널에서 'Fill(칠) : M100Y100'으로 지정합니다.

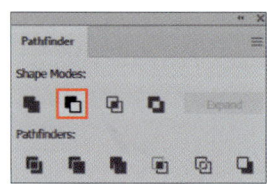 

06 Pencil Tool(연필 도구, ✐)을 선택하고 곡선의 색을 지정하기 위하여 Swatches(견본) 패널에서 'Fill(칠) : None(없음), Stroke(선) : K100'으로 지정한 후 드래그하면서 눈썹과 코를 그립니다.

07 Shift 를 누르면서 곡선을 모두 선택하고 Stroke(획) 패널에서 'Weight(두께) : 1pt'로 지정하고 'Profile(속성) : Width Profile 1'을 선택합니다.

08 Rectangle Tool(사각형 도구, ▢)을 선택하여 목을 그리고 Swatches(견본) 패널에서 'Fill(칠) : M20Y40, Stroke(선) : None(없음)'으로 지정한 후 [Object(오브젝트)]-[Arrange(정돈)]-[Send to Back(맨 뒤로 보내기)](Shift + Ctrl + [ )을 선택하여 맨 뒤로 배치합니다.

09 Pen Tool(펜 도구, ✎)을 선택하고 모자를 그립니다. Swatches(견본) 패널에서 'Fill(칠) : C90M70Y20, Stroke(선) : None(없음)'으로 지정한 후 Shift + Ctrl + [를 누르고 맨 뒤로 배치합니다.

04 한복 오브젝트 만들기

01 Pen Tool(펜 도구, ✏️)을 선택하여 저고리를 그린 후 Swatches(견본) 패널에서 'Fill(칠) : C100, Stroke(선) : None(없음)'으로 지정합니다.

 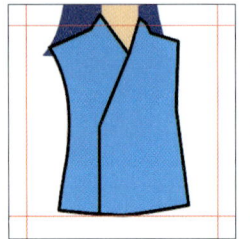 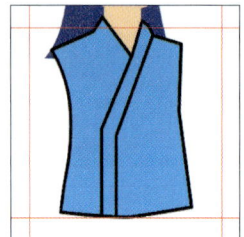 

02 Pen Tool(펜 도구, ✏️)을 선택하여 왼쪽 소매를 그린 후 Knife Tool(칼 도구, 🔪)을 선택하여 색동으로 분리할 선을 드래그하여 그립니다.

03 분리된 색동 오브젝트를 선택하고 Swatches(견본) 패널에서 'Fill(칠) : C100Y100과 Y100, M100Y100, K10'으로 지정합니다.

  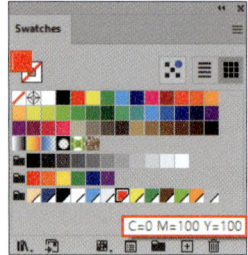 

04 소매를 모두 선택하고 Shift+Ctrl+[ ]를 눌러 맨 뒤로 배치합니다. 계속해서 Pen Tool(펜 도구, ✏️)을 선택하여 오른쪽 소매를 그린 후 Knife Tool(칼 도구, 🔪)을 선택하여 색동으로 분리할 선을 드래그하여 그립니다.

05 분리된 색동 오브젝트를 선택하고 Swatches(견본) 패널에서 'Fill(칠) : C100Y100과 Y100, M100Y100, K10'으로 지정합니다. 소매를 모두 선택하고 Shift+Ctrl+[ ]를 눌러 맨 뒤로 배치합니다.

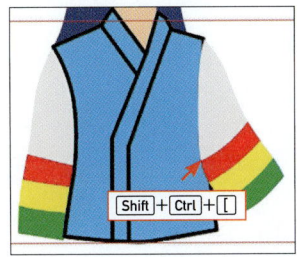 

06 Pen Tool(펜 도구, ✎)을 선택하여 고름을 그린 후 Swatches(견본) 패널에서 'Fill(칠) : C100, Stroke(선) : None(없음)'으로 지정합니다. Rounded Rectangle Tool(둥근 사각형 도구, ▢)을 선택하고 매듭을 제작합니다.

07 Pen Tool(펜 도구, ✎)을 선택하고 바지를 그린 후 Swatches(견본) 패널에서 'Fill(칠) : C40M60Y90K30, Stroke(선) : K100'으로 지정합니다. 바지를 선택하고 Shift+Ctrl+[ ]를 눌러 맨 뒤로 배치합니다.

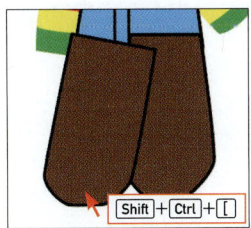 

08 Pen Tool(펜 도구, ✎)을 선택하여 다리와 신발을 그린 후 Swatches(견본) 패널에서 다리는 'Fill(칠) : M20Y40, Stroke(선) : None(없음)', 신발은 'Fill(칠) : K100, Stroke(선) : None(없음)'으로 지정합니다. 다리와 신발을 선택하고 Shift+Ctrl+[ ]를 눌러 맨 뒤로 배치합니다.

09 손을 그리기 위하여 Swatches(견본) 패널에서 'Fill(칠) : None(없음), Stroke(선) : M20Y40'으로 지정하고 Blob Brush Tool(물방울 브러시 도구)을 선택합니다. ⟦[⟧와 ⟦]⟧를 눌러서 손가락 두께만큼 작게 브러시의 크기를 조절한 후 드래그하면서 그립니다.

 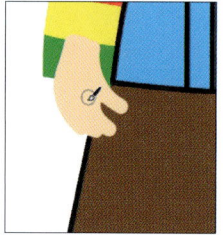

10 ⟦Ctrl⟧+⟦[⟧를 반복하여 누르면서 소매 뒤로 배치합니다. 왼쪽의 손 오브젝트를 선택하고 ⟦Alt⟧를 누른 채 드래그하여 복사 후 오른쪽에 적절하게 배치합니다.

05 팽이 오브젝트 만들기

01 Rectangle Tool(사각형 도구, ▭)을 선택하여 막대를 그리고 Swatches(견본) 패널에서 'Fill(칠) : M50Y100, Stroke(선) : None(없음)'으로 지정합니다.

02 Pen Tool(펜 도구, ✒)을 선택하여 팽이채 곡선을 그린 후 Stroke(획) 패널에서 'Weight(두께) : 5pt'로 지정합니다.

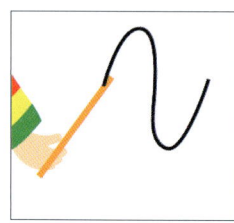 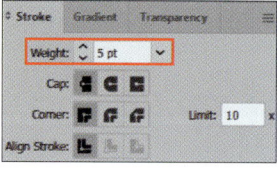

03 팽이채 곡선 오브젝트를 클릭하여 Swatches(견본) 패널에서 'Fill(칠) : None(없음), Stroke(선) : K30'으로 지정합니다.

04 Ellipse Tool(원형 도구, ◯)을 선택하고 아트보드를 클릭한 후 'Width(폭) : 20mm, Height(높이) : 10mm'를 입력합니다. Swatches(견본) 패널에서 'Fill(칠) : C50Y100, Stroke(선) : None(없음)'으로 지정합니다.

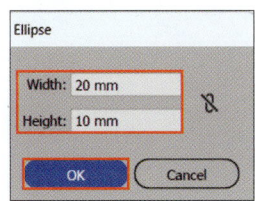 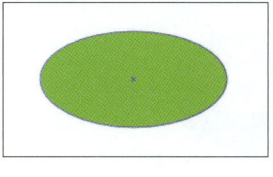

05 타원을 선택하여 Scale Tool(크기 조절 도구, ▦)을 더블 클릭하여 Scale(크기 조절) 창에서 'Uniform(균일) : 70%'를 입력하고 Copy(복사)를 클릭합니다.

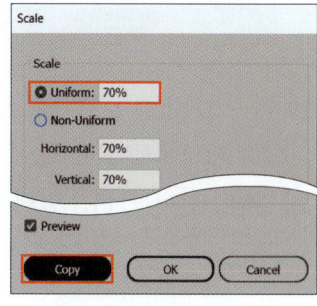

06 새로 만들어진 축소된 타원을 선택하여 Swatches(견본) 패널에서 'Fill(칠) : M100Y100, Stroke(선) : None(없음)'으로 지정합니다.

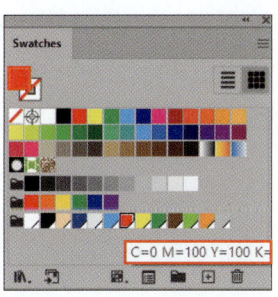 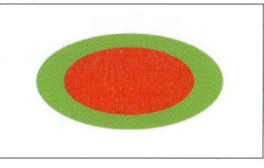

07 축소된 타원을 선택하여 Scale Tool(크기 조절 도구, ▦)을 더블 클릭합니다. Scale(크기 조절) 창에서 'Uniform(균일) : 70%'를 입력하고 Copy(복사)를 클릭한 후 Swatches(견본) 패널에서 'Fill(칠) : C100'으로 지정합니다.

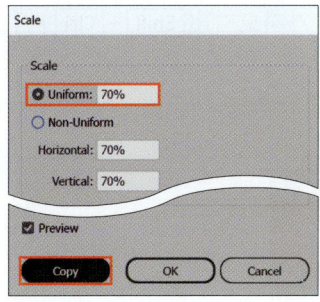  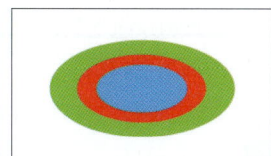

08 타원을 선택하고 Alt 를 누른 채 아래로 드래그하여 복사한 후 Scale Tool(크기 조절 도구,)을 더블 클릭합니다. Scale(크기 조절) 창에서 'Uniform(균일) : 90%'를 입력하고 Swatches(견본) 패널에서 'Fill(칠) : C90M70Y20'으로 지정합니다.

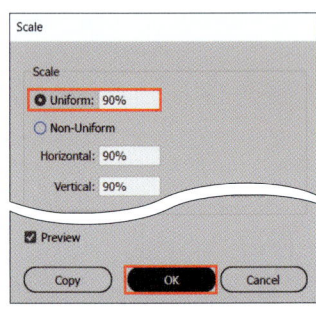

09 Pen Tool(펜 도구,)을 선택하여 두 개의 타원을 연결하는 사각형을 그린 후 Swatches(견본) 패널에서 'Fill(칠) : C90M70Y20'으로 지정합니다. 사각형과 아래쪽 타원을 선택하고 Shift + Ctrl + [ ] 를 눌러 맨 뒤로 배치합니다.

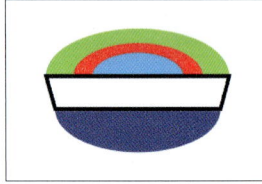
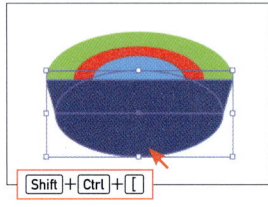
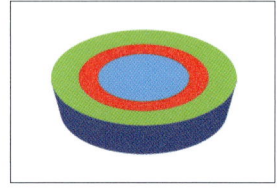

10 Ellipse Tool(원형 도구,)을 선택하고 아트보드를 클릭한 후 'Width(폭) : 2mm, Height(높이) : 1mm'로 입력합니다. 타원을 선택하고 Alt 를 누른 채 아래로 드래그하여 복사합니다.

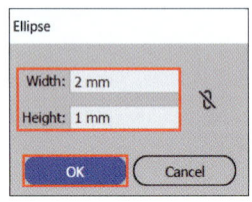
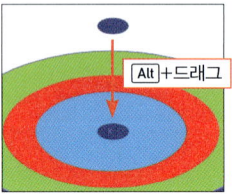

11 Pen Tool(펜 도구,)을 선택하여 두 개의 타원을 연결하는 사각형을 그린 후 Swatches(견본) 패널에서 'Fill(칠) : Y100과 M50Y100'으로 지정합니다. 위쪽 타원을 선택하고 [Object(오브젝트)]-[Arrange(정돈)]-[Bring to Front(맨 앞으로 가져오기)](Shift + Ctrl +])를 눌러 맨 앞으로 배치합니다.

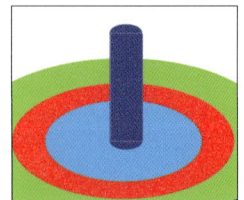
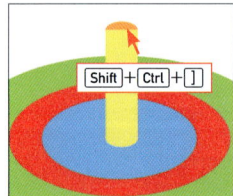
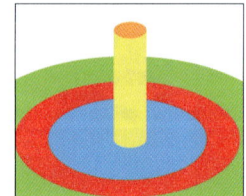

12 막대를 선택하고 Alt 를 누른 채 아래로 드래그하여 복사한 후 Shift + Ctrl + [를 눌러 맨 뒤로 배치합니다. 타원의 아래 고정점을 Direct Selection Tool(직접 선택 도구, ▷)로 선택하고 아래로 드래그하면서 편집합니다.

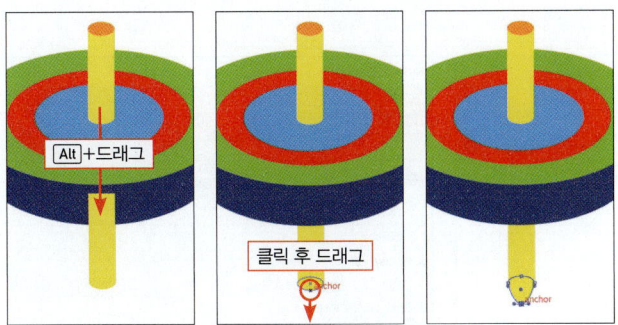

13 완성한 팽이를 선택하고 Alt 를 눌러 드래그하여 복사한 후 크기를 조절하여 배치하고 오브젝트별로 각각의 색을 지정합니다. 색상 번호의 경우 원본 팽이의 색을 참고하여 출력형태와 같이 입력합니다.

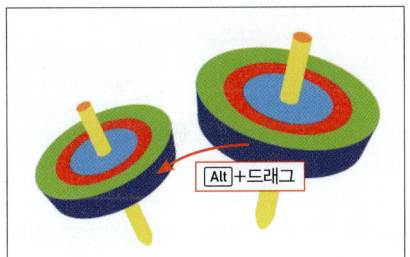 

06 파일 저장

01 최종적으로 작업 파일의 오브젝트 위치, 순서를 점검하고 불필요한 안내선이 남아있는 경우 [View(보기)]-[Guide(안내선)]-[Clear Guide(안내선 지우기)]를 선택하여 안내선을 지웁니다.

02 [File(파일)]-[Save as(다른이름으로 저장)](Shift+Ctrl+S)을 선택하여 '저장 위치 : 내 PC\문서\GTQ, 파일 이름 : 수험번호-성명-1, 파일 형식 : Adobe Illustrator(*.AI)'로 저장합니다. [Illustrator Options(Illustrator 옵션)] 창이 뜨면 [OK(확인)]를 누르고 옵션 창을 닫습니다.

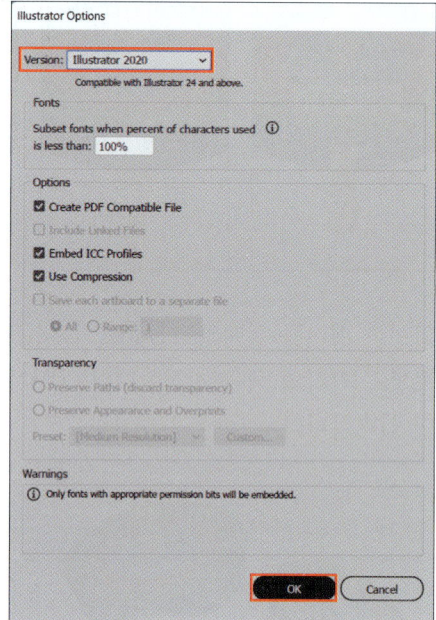

03 답안 저장이 완료되면 [File(파일)]-[Close(닫기)](Ctrl+W)를 선택하여 파일을 닫고 수험 프로그램에서 [답안 전송]을 선택하여 ai 파일을 감독관 컴퓨터로 전송합니다.

문제 ❷ 문자와 오브젝트

작업과정	① 새 작업 파일 만들기 ➡ ② 견본색 그룹 만들기 ➡ ③ 수저 오브젝트 만들기 ➡ ④ 떡국 오브젝트 만들기 ➡ ⑤ 그림자 효과 적용 ➡ ⑥ 브러시 오브젝트 만들기 ➡ ⑦ 문자 입력하고 변형하기 ➡ ⑧ 파일 저장
완성이미지	PART04\기출유형문제04회\수험번호-성명-2.ai

01 새 작업 파일 만들기

01 새 작업 파일을 만들기 위하여 [File(파일)]-[New(새로 만들기)](Ctrl+N)를 선택하고 'Width : 100mm, Height : 80mm, Units : Millimeters, Color Mode : CMYK'를 설정하여 새 작업 파일을 만듭니다.

02 [View(보기)]-[Rulers(눈금자)]-[Show Rulers(눈금자 표시)](Ctrl+R)를 선택하여 눈금자를 표시합니다.

03 작업 파일을 저장하기 위하여 [File(파일)]-[Save as(다른이름으로 저장)](Shift + Ctrl + S)을 선택하여 '저장 위치 : 내PC\문서\GTQ, 파일 이름 : 수험번호-성명-2, 파일 형식 : Adobe Illustrator(*.AI)'로 저장합니다. [Illustrator Options(Illustrator 옵션)] 창이 뜨면 [OK(확인)]를 누르고 옵션 창을 닫습니다.

02 견본색 그룹 만들기

01 Swatches(견본) 패널 우측 하단에서 New Group(새 색상 견본 그룹, ▨)을 선택하여 새로운 그룹을 만들고 그룹의 이름을 GTQ라고 입력합니다.

02 만들어진 그룹을 클릭하고 New Swatch(새 견본, ▣)를 선택하여 문제에서 제시하는 색상값을 입력합니다. 반복하여 모든 색상을 견본 그룹에 만듭니다.

03 수저 오브젝트 만들기

01 수저받침을 만들기 위하여 Rounded Rectangle Tool(둥근 사각형 도구, ▢)을 선택하고 아트보드를 클릭한 후 'Width(폭) : 25mm, Height(높이) : 5mm, Corner Radius(모퉁이 반경) : 1mm'를 입력합니다. Swatches(견본) 패널에서 'Fill(칠) : C40M70Y90K50, Stroke(선) : None(없음)'으로 지정합니다.

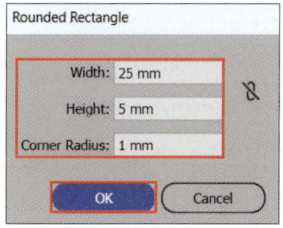
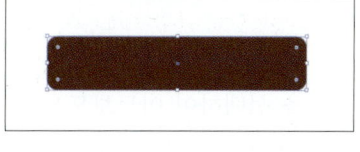

02 Ellipse Tool(원형 도구, ⬭)을 선택하고 아트보드를 클릭한 후 'Width(폭) : 13mm, Height(높이) : 10mm'로 입력합니다. Swatches(견본) 패널에서 'Fill(칠) : C30M60Y80K20, Stroke(선) : None(없음)'으로 지정합니다.

03 Direct Selection Tool(직접 선택 도구, ▷)을 선택하고 위쪽과 아래쪽 고정점을 선택하여 오른쪽으로 드래그하면서 편집합니다.

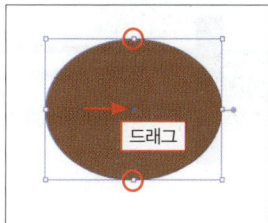

04 수저 손잡이를 만들기 위하여 Rectangle Tool(사각형 도구, ▢)을 선택하여 아트보드를 클릭한 후 'Width(폭) : 35mm, Height(높이) : 2mm'를 입력하고 Swatches(견본) 패널에서 'Fill(칠) : C30M60Y80K20, Stroke(선) : None(없음)'으로 지정합니다.

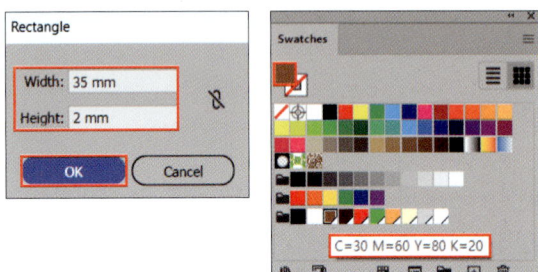

05 Direct Selection Tool(직접 선택 도구, ▷)을 선택하고 오른쪽 고정점을 모두 선택한 후 Scale Tool(크기 조절 도구, ▦)을 더블 클릭합니다. Scale(크기 조절) 창에서 'Uniform(균일) : 170%'를 입력합니다.

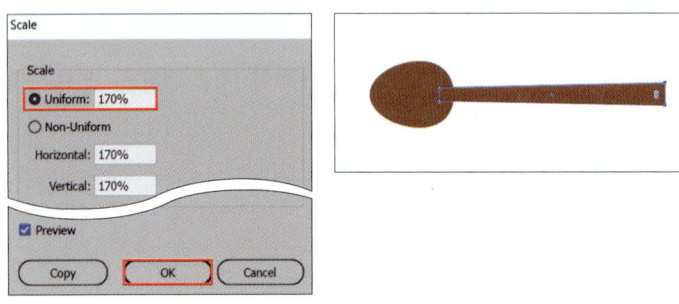

06 Rectangle Tool(사각형 도구, ▢)을 선택하여 아트보드를 클릭한 후 'Width(폭) : 45mm, Height(높이) : 1mm'를 입력하고 Swatches(견본) 패널에서 'Fill(칠) : C30M60Y80K20, Stroke(선) : None(없음)'으로 지정하여 젓가락 한 쪽 오브젝트를 그립니다.

07 Direct Selection Tool(직접 선택 도구, ▷)을 선택하고 오른쪽 고정점을 모두 선택한 후 Scale Tool(크기 조절 도구, ▦)을 더블 클릭합니다.

08 Scale(크기 조절) 창에서 'Uniform(균일) : 170%'를 입력합니다. 사각형을 선택하고 Alt 를 누른 채 드래그하여 복사 후 이전에 그려두었던 수저받침 위에 수저와 젓가락 오브젝트를 적절하게 배치합니다.

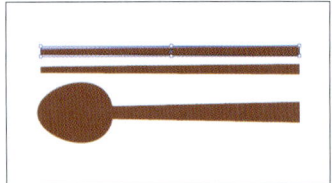 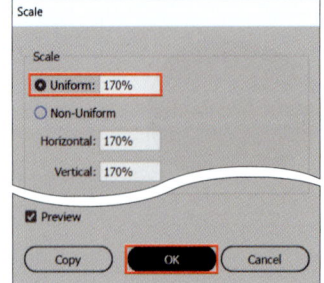 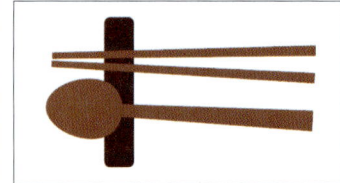

04 떡국 오브젝트 만들기

01 그릇을 만들기 위하여 Ellipse Tool(원형 도구, ◯)을 선택하고 아트보드를 클릭한 후 'Width(폭) : 50mm, Height(높이) : 45mm'로 입력합니다. Swatches(견본) 패널에서 'Fill(칠) : K50, Stroke(선) : K100'으로 지정합니다.

02 타원을 선택하고 Alt 를 누른 채 위로 드래그하여 복사하고 Swatches(견본) 패널에서 'Fill(칠) : C0M0Y0K0'으로 지정합니다.

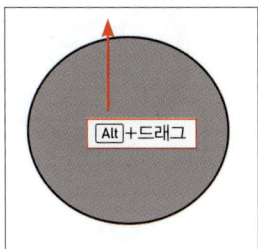

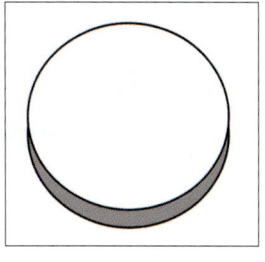

03 복사한 타원을 선택하고 [Object(오브젝트)]-[Path(패스)]-[Offset Path(오프셋 패스)]를 선택한 후 Offset Path(오프셋 패스) 창에서 'Offset(이동) : −1.5mm'를 입력합니다. 축소된 타원을 선택하고 Swatches(견본) 패널에서 'Fill(칠) : K50'으로 지정합니다.

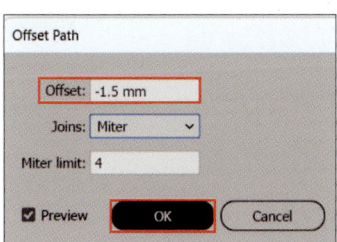

04 Ellipse Tool(원형 도구, ◯)을 선택하고 아트보드를 클릭한 후 'Width(폭) : 45mm, Height(높이) : 40mm'로 입력합니다. Swatches(견본) 패널에서 'Fill(칠) : Y30, Stroke(선) : K100'으로 지정합니다.

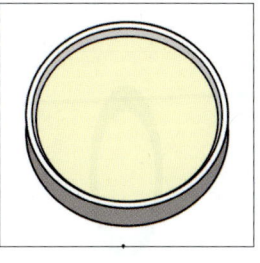

05 떡을 만들기 위하여 Ellipse Tool(원형 도구, ◉)을 선택하고 아트보드를 클릭한 후 'Width(폭) : 8mm, Height(높이) : 12mm'로 입력합니다. Swatches(견본) 패널에서 'Fill(칠) : C0M0Y0K0, Stroke(선) : K100'으로 지정합니다.

06 타원을 선택하고 Alt 를 누른 채 드래그하여 복사한 후 배치합니다. 계속해서 떡을 복사하여 오브젝트를 구성합니다.

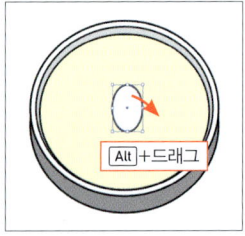 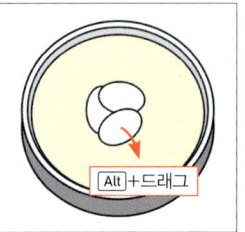  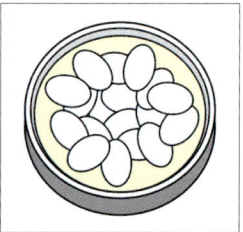

07 고추를 만들기 위하여 Ellipse Tool(원형 도구, ◉)을 선택하고 아트보드를 클릭한 후 'Width(폭) : 5mm, Height(높이) : 12mm'로 입력합니다. Swatches(견본) 패널에서 'Fill(칠) : C70Y100, Stroke(선) : None(없음)'으로 지정합니다.

08 타원을 선택하고 Scale Tool(크기 조절 도구, ▦)을 더블 클릭합니다. Scale(크기 조절) 창에서 'Non-Uniform(비균일), Horizontal(가로) : 80%, Vertical(세로) : 70%'를 입력하여 Copy(복사)합니다.

 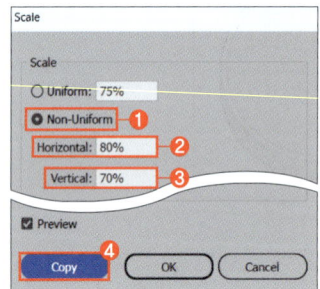

09 그려진 두 개의 타원을 모두 선택하고 Pathfinder(패스파인더) 패널에서 Minus Front(앞면 오브젝트 제외, ▦)를 선택하여 불필요한 부분은 삭제합니다.

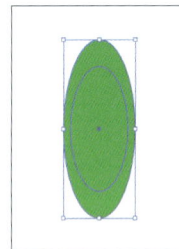 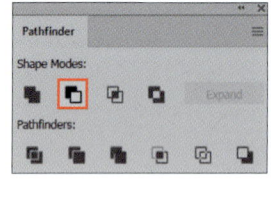 

10 고추를 선택하고 Alt 를 누른 채 드래그하여 복사한 후 반복합니다. 고추를 모두 선택하고 [Object(오브젝트)]-[Group(그룹)](Ctrl + G)을 클릭하여 그룹으로 묶습니다. 묶인 그룹을 선택하고 Alt 를 누른 채 드래그하여 복사한 후 Swatches(견본) 패널에서 'Fill(칠) : M100Y100'으로 지정합니다.

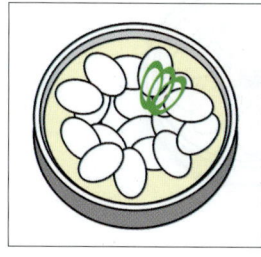 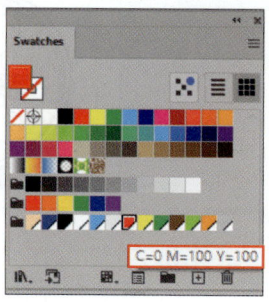 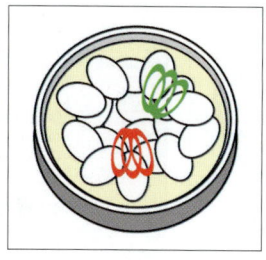

11 지단을 만들기 위하여 Rectangle Tool(사각형 도구, ▢)을 선택하고 아트보드를 클릭한 후 'Width(폭) : 15mm, Height(높이) : 1.5mm'를 입력하고 Swatches(견본) 패널에서 'Fill(칠) : M40Y80, Stroke(선) : None(없음)'으로 지정합니다. 사각형을 선택하여 Alt 를 누른 채 드래그하여 복사한 후 배치하고 Ctrl + G 를 눌러 그룹으로 묶습니다.

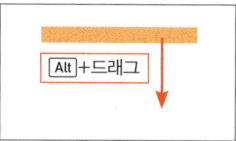 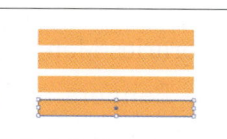 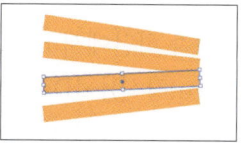

12 네 개의 사각형 오브젝트를 그룹으로 묶은 하나의 지단을 선택하고 Alt 를 누른 채 드래그하여 복사한 후, Swatches(견본) 패널에서 'Fill(칠) : C40M70Y90K50'으로 지정합니다.

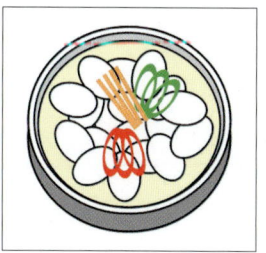 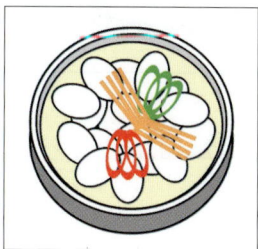 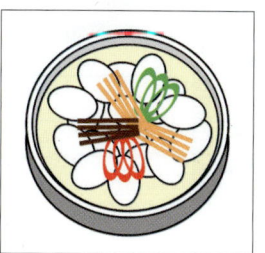

05 그림자 효과 적용

01 그림자를 적용하기 위하여 떡국 오브젝트를 모두 선택하고 Ctrl + G 를 눌러 그룹으로 묶습니다.

02 [Effect(효과)]-[Stylize(스타일화)]-[Drop Shadow(그림자 만들기)]를 선택하고 Drop Shadow(그림자 효과) 창에서 'Mode(모드) : Multiply(곱하기), Opacity(불투명도) : 75%, X Offset(X 옵셋) : 1mm, Y Offset(Y 옵셋) : 1mm, Blur(흐림 효과) : 1mm'로 지정합니다.

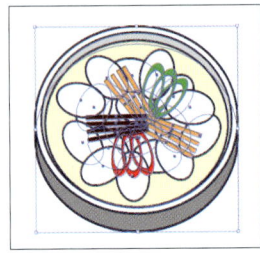
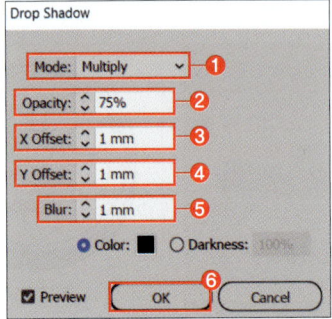

06 브러시 오브젝트 만들기

01 리본 모양 배너를 브러시로 그리기 위하여 Line Segment Tool(선분 도구,)을 선택하고 Shift 를 누르면서 직선을 그립니다.

02 Brushes(브러시) 패널 좌측 하단에서 Brush Libraries Menu(브러시 라이브러리 메뉴,)를 선택하고 [Decorative(장식)]-[Decorative_Banners and Seals(장식_배너와 씰)]을 클릭하여 추가 브러시 패널을 불러옵니다. 'Banner 5(배너 5)'를 선택하여 적용하고 배치합니다.

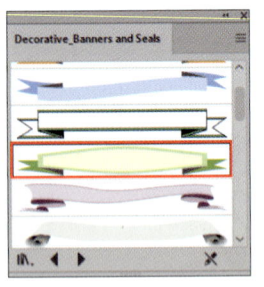
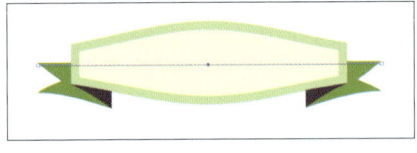

03 태양 모양을 브러시로 만들기 위하여 Paintbrush Tool(페인트 브러시 도구,)을 선택하고 곡선을 그립니다.

04 Brushes(브러시) 패널 좌측 하단에서 Brush Libraries Menu(브러시 라이브러리 메뉴,)를 선택하고 [Decorative(장식)]-[Decorative_Scatter(장식_산포)]를 클릭하여 추가 브러시 패널을 불러옵니다.

05 'Sun(태양)'을 선택하여 적용하고 배치한 후 Stroke(획) 패널에서 'Weight(두께) : 0.5pt'를 지정합니다. Shift + Ctrl + []을 누르고 맨 뒤로 배치합니다.

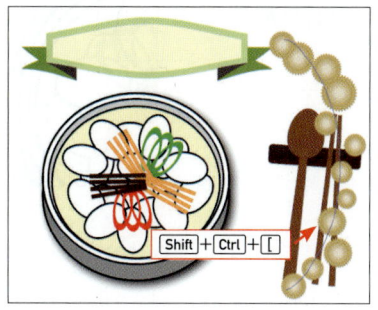 

07 문자 입력하고 변형하기

01 문자를 입력하기 위하여 Type Tool(문자 도구, T)을 선택하고 아트보드를 클릭하여 'Holiday Food'를 입력합니다.

02 상단 옵션 바에서 'Set the Font family(글꼴 군 설정) : Times New Roman, Set the Font style(글꼴 스타일) : Bold, Set the Font size(글꼴 크기) : 18pt'로 지정하고 Swatches(견본) 패널에서 'Fill(칠) : M30Y80, Stroke(선) : None(없음)'으로 지정합니다.

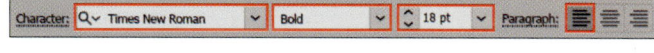 

03 문자를 패스로 만들기 위하여 문자를 선택하고 [Type(문자)]-[Create outline(윤곽선 만들기)](Shift + Ctrl + O)를 선택하여 패스로 만듭니다. Selection Tool(선택 도구, ▶)로 'Holiday Food' 오브젝트를 더블 클릭하고 Isolation Mode(격리 모드)로 전환합니다.

04 문자 오브젝트를 위, 아래로 분리하기 위하여 Erase Tool(지우개 도구, ◆)을 선택하고, []와 []를 눌러서 지우개의 크기를 조절한 후 문자 오브젝트를 지나가도록 드래그합니다.

05 분리된 아래쪽 오브젝트들을 Selection Tool(선택 도구, ▶)로 Shift 를 누르면서 모두 선택하고 Swatches(견본) 패널에서 'Fill(칠) : C80Y100K10, Stroke(선) : None(없음)'으로 지정합니다. Esc 를 누르고 Isolation Mode(격리 모드)를 해제한 후 배너 오브젝트 위에 적절하게 배치합니다.

06 곡선 위에 문자를 입력하기 위하여 Pen Tool(펜 도구,)을 선택하고 곡선을 그립니다. Type on a Path Tool(패스 상의 문자 도구,)을 선택하고 곡선을 클릭하여 'Rice Cake Soup'을 입력한 후 Ctrl+A를 눌러 모두 선택합니다.

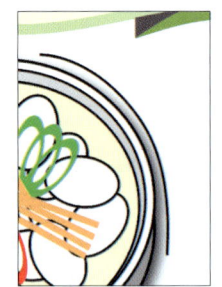

07 상단 옵션 바에서 'Set the Font family(글꼴 군 설정) : Arial, Set the Font style(글꼴 스타일) : Regular, Set the Font size(글꼴 크기) : 10pt, Align Center(가운데 정렬)'로 선택하고 Swatches(견본) 패널에서 'Fill(칠) : C40M70Y90K50, Stroke(선) : None(없음)'으로 지정합니다.

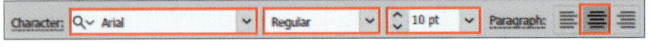

08 파일 저장

01 최종적으로 작업 파일의 오브젝트 위치, 순서를 점검하고 불필요한 안내선이 남아있는 경우 [View(보기)]-[Guide(안내선)]-[Clear Guide(안내선 지우기)]를 선택하여 안내선을 지웁니다.

02 [File(파일)]-[Save as(다른이름으로 저장)]([Shift]+[Ctrl]+[S])을 선택하여 '저장 위치 : 내 PC₩문서₩GTQ, 파일 이름 : 수험번호-성명-2, 파일 형식 : Adobe Illustrator(*.AI)'로 저장합니다. [Illustrator Options(Illustrator 옵션)] 창이 뜨면 [OK(확인)]를 누르고 옵션 창을 닫습니다.

03 답안 저장이 완료되면 [File(파일)]-[Close(닫기)]([Ctrl]+[W])를 선택하여 파일을 닫고 수험 프로그램에서 [답안 전송]을 선택하여 ai 파일을 감독관 컴퓨터로 전송합니다.

문제 ❸	어플리케이션 디자인
작업과정	① 새 작업 파일 만들기 ➡ ② 견본색 그룹 만들기 ➡ ③ 전통문양 패턴 만들기 ➡ ④ 매화 오브젝트 만들기 ➡ ⑤ 복주머니 오브젝트 만들기 및 클리핑 마스크 ➡ ⑥ 보자기 오브젝트 만들기 및 패턴 ➡ ⑦ 점선 편집하기 ➡ ⑧ 파일 저장
완성이미지	PART04₩기출유형문제04회₩수험번호-성명-3.ai

01 새 작업 파일 만들기

01 새 작업 파일을 만들기 위하여 [File(파일)]-[New(새로 만들기)]([Ctrl]+[N])를 선택하고 'Width : 120mm, Height : 80mm, Units : Millimeters, Color Mode : CMYK'를 설정하여 새 작업 파일을 만듭니다.

02 [View(보기)]-[Rulers(눈금자)]-[Show Rulers(눈금자 표시)]([Ctrl]+[R])를 선택하여 눈금자를 표시합니다.

03 작업 파일을 저장하기 위하여 [File(파일)]-[Save as(다른이름으로 저장)]([Shift]+[Ctrl]+[S])을 선택하여 '저장 위치 : 내PC₩문서₩GTQ, 파일 이름 : 수험번호-성명-3, 파일 형식 : Adobe Illustrator(*.AI)'로 저장합니다. [Illustrator Options(Illustrator 옵션)] 창이 뜨면 [OK(확인)]를 누르고 옵션 창을 닫습니다.

02 견본색 그룹 만들기

01 Swatches(견본) 패널 우측 하단에서 New Group(새 색상 견본 그룹, ▣)을 선택하여 새로운 그룹을 만들고 그룹의 이름을 GTQ라고 입력합니다.

02 만들어진 그룹을 클릭하고 New Swatch(새 견본, ▣)를 선택하여 문제에서 제시하는 색상값을 입력합니다. 반복하여 모든 색상을 견본 그룹에 만듭니다.

03 전통문양 패턴 만들기

01 Polygon Tool(다각형 도구, ◯)을 선택하고 아트보드를 클릭한 후 'Radius(반경) : 6mm, Sides(면) : 8'을 입력합니다. 팔각형을 선택하고 Swatches(견본) 패널에서 'Fill(칠) : None(없음), Stroke(선) : K30'으로 지정합니다.

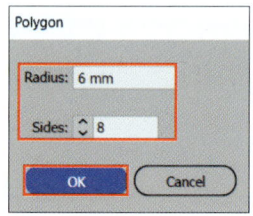  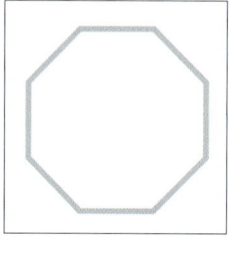

02 Ellipse Tool(원형 도구, ◯)을 선택하고 아트보드를 클릭한 후 'Width(폭) : 7mm, Height(높이) : 7mm'로 입력합니다.

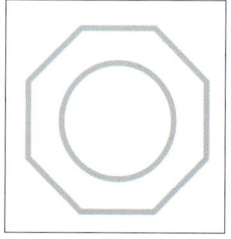

03 Rectangle Tool(사각형 도구, ▢)을 선택하고 아트보드를 클릭한 후 'Width(폭) : 4.7mm, Height(높이) : 4.7mm'를 입력합니다. 오브젝트를 모두 선택하고 Align(정렬) 패널에서 Horizontal Align Center(가로 가운데 정렬, ▤)와 Vertical Align Center(세로 가운데 정렬, ▥)를 선택하여 중심을 맞춥니다.

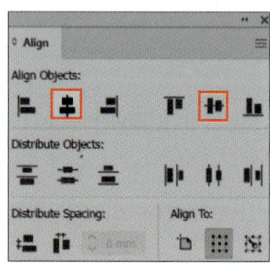 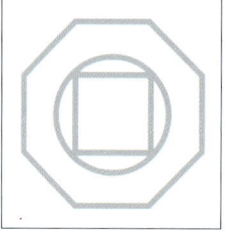

04 Line Segment Tool(선분 도구, ╱)을 선택하고 Shift 를 누르면서 직선을 그립니다. 직선을 선택하고 Alt 를 누른 채 드래그하여 복사합니다.

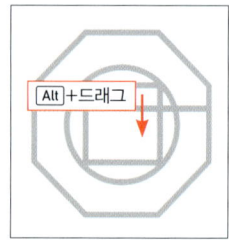 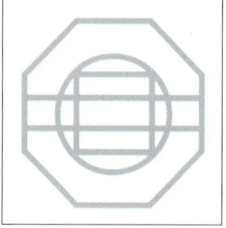

05 두 개의 선을 선택하여 Rotate Tool(회전 도구,)을 더블 클릭한 후 Rotate(회전) 창에서 'Angle(각도) : 90°'를 입력하고 Copy(복사)를 클릭합니다.

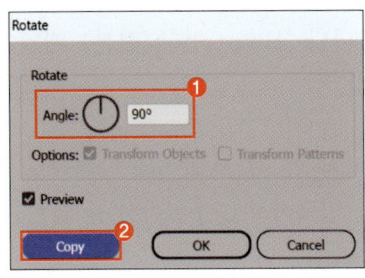
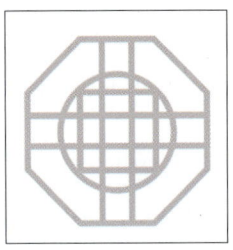

06 Line Segment Tool(선분 도구,)을 선택하고 Shift 를 누르면서 대각선을 그립니다. 대각선을 선택하고 Rotate Tool(회전 도구,)을 클릭한 후 Alt 를 누른 채 원의 중심점을 클릭합니다. Rotate(회전) 창에서 'Angle(각도) : 90°'를 입력하고 Copy(복사)를 클릭한 후 Ctrl + D 를 눌러 회전 및 복사를 반복합니다.

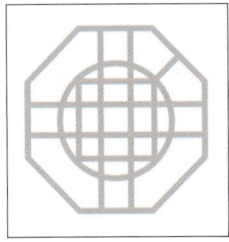
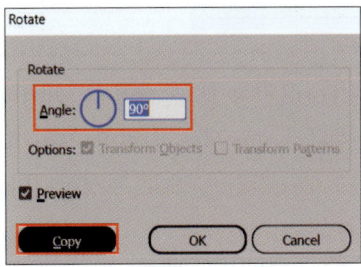
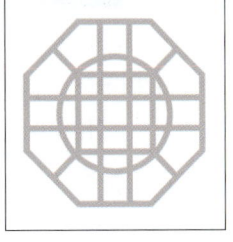

07 패턴으로 만들기 위하여 전통문양을 선택하고 [Object(오브젝트)]-[Pattern(패턴)]-[Make(만들기)]를 선택합니다.

08 Pattern Options(패턴 옵션) 창에서 'Name(이름) : tradition, Tile Type(타일 유형) : Grid(격자), Width(폭) : 15mm, Height(높이) : 15mm'으로 지정하고 Done(완료)을 클릭합니다.

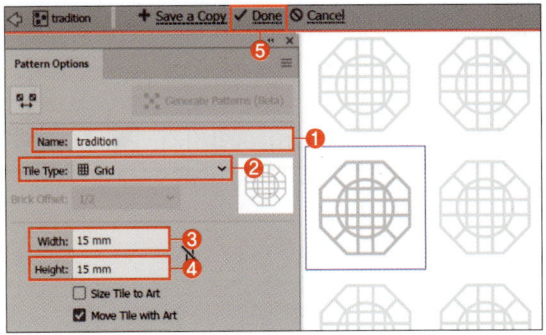

04 매화 오브젝트 만들기

01 꽃잎을 만들기 위하여 Ellipse Tool(원형 도구, ◯)을 선택하고 아트보드를 클릭한 후 'Width(폭) : 5mm, Height(높이) : 8mm'로 입력합니다. Swatches(견본) 패널에서 'Fill(칠) : M30, Stroke(선) : None(없음)'으로 지정합니다.

02 타원을 선택하고 Rotate Tool(회전 도구, ↻)을 클릭한 후 Alt 를 누른 채 원의 아래쪽 고정점을 클릭합니다. Rotate(회전) 창에서 'Angle(각도) : 72'를 입력하고 Copy(복사)를 클릭한 후 Ctrl + D 를 눌러 회전 복사를 반복합니다.

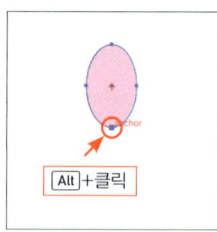
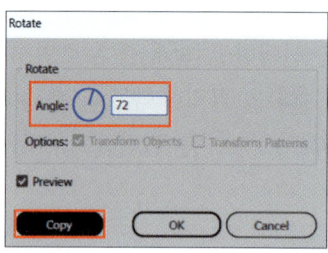
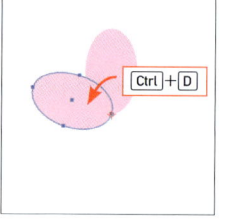

03 꽃의 수술을 만들기 위하여 Ellipse Tool(원형 도구, ◯)을 선택하고 아트보드를 클릭한 후 'Width(폭) : 1.5mm, Height(높이) : 1.5mm'로 입력합니다. Swatches(견본) 패널에서 'Fill(칠) : C0M0Y0K0, Stroke(선) : None(없음)'으로 지정합니다.

04 Line Segment Tool(선분 도구, ╱)을 선택하고 Shift 를 누른 채 직선을 그립니다. Swatches(견본) 패널에서 'Fill(칠) : None(없음), Stroke(선) : C0M0Y0K0'으로 지정한 후 [Object(오브젝트)]-[Expand(확장)]를 선택합니다.

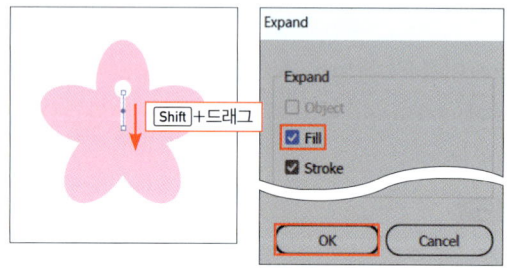

05 타원과 막대를 선택하고 Pathfinder(패스파인더) 패널에서 Unite(합치기, ▣)를 선택하여 병합합니다.

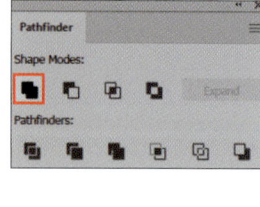

06 꽃의 중심이 될 가로와 세로 안내선을 만듭니다. 꽃의 수술을 선택하고 Rotate Tool(회전 도구,)을 클릭한 후 Alt 를 누르면서 안내선 교차점을 클릭합니다. Rotate(회전) 창에서 'Angle(각도) : 36°'를 입력하고 Copy(복사)를 클릭합니다.

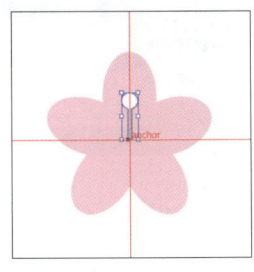 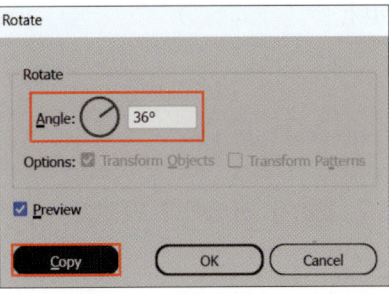 

07 회전 복사된 오브젝트를 선택하고 Scale Tool(크기 조절 도구,)을 클릭한 후 Alt 를 누르면서 안내선 교차점을 클릭합니다. Scale(크기 조절) 창에서 'Uniform(균일) : 75%'를 입력합니다.

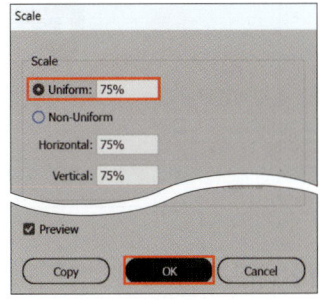

08 두 개의 수술을 선택하고 Rotate Tool(회전 도구,)을 클릭한 후 Alt 를 누르면서 안내선 교차점을 클릭합니다. Rotate(회전) 창에서 'Angle(각도) : 72°'를 입력하고 Copy(복사)를 클릭한 후 Ctrl + D 를 눌러 회전 및 복사를 반복합니다.

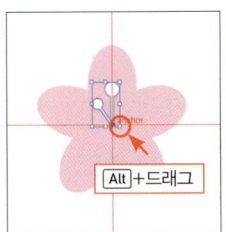 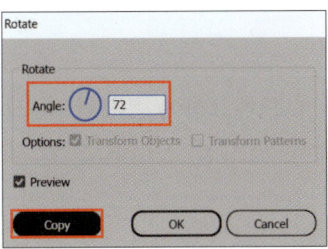  

09 Ellipse Tool(원형 도구,)을 선택하고 아트보드를 클릭한 후 'Width(폭) : 2mm, Height(높이) : 2mm'로 입력합니다. Swatches(견본) 패널에서 'Fill(칠) : C0M0Y0K0, Stroke(선) : None(없음)'으로 지정합니다. 타원을 선택하고 꽃의 중심에 배치합니다.

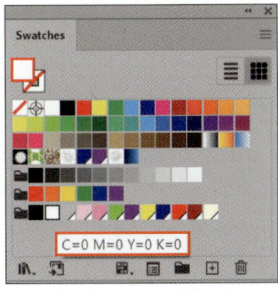 

10 잎을 만들기 위하여 Ellipse Tool(원형 도구, ◯)을 선택하고 아트보드를 클릭한 후 'Width(폭) : 4mm, Height(높이) : 7mm'로 입력합니다. Swatches(견본) 패널에서 'Fill(칠) : C70Y100, Stroke(선) : None(없음)'으로 지정합니다.

11 Anchor Point Tool(고정점 도구, ▷)을 선택하고 타원의 위, 아래를 클릭하여 나뭇잎으로 편집합니다.

12 나뭇잎 오브젝트를 선택하고 Alt를 누른 채 드래그하여 복사한 후 Shift+Ctrl+[ ]을 누르고 맨 뒤로 배치합니다.

13 오브젝트를 모두 선택하고 Alt를 누른 채 드래그하여 복사한 후 크기를 조절합니다. 복사한 꽃을 선택하고 Swatches(견본) 패널에서 'Fill(칠) : M60'으로 지정합니다. 모두 선택하고 Ctrl+G를 눌러 그룹으로 묶습니다.

05 복주머니 오브젝트 만들기 및 클리핑 마스크

01 Pen Tool(펜 도구, ✏️)을 선택하고 복주머니와 분리할 선을 그립니다. 모두 선택하고 Pathfinder(패스파인더) 패널에서 Divide(나누기, ⬚)를 선택하여 분리합니다.

 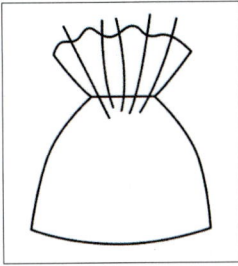 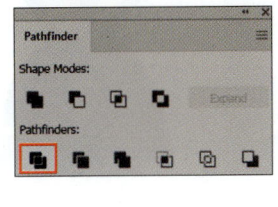 

02 Group Selection Tool(그룹 선택 도구, ▸)을 선택하고 색동 부분별로 Swatches(견본) 패널에서 각각 'Fill(칠) : C60M90과 Y100, C100M100, M100Y100, C50Y100'으로 지정합니다.

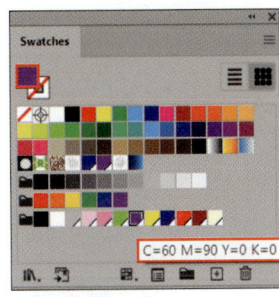 

03 복주머니 오브젝트를 선택하고 [Object(오브젝트)]-[Ungroup(그룹 풀기)]을 클릭합니다. 주머니를 선택하고 Gradient(그레이디언트) 패널에서 그라디언트 색상을 클릭하여 Gradient Slider(그라디언트 슬라이더)를 활성화합니다.

04 Gradient Slider(그라디언트 슬라이더)의 왼쪽 'Color Stop(색상 중지점)'을 더블 클릭하여 C100M100Y30K30을, 오른쪽 'Color Stop(색상 중지점)'을 더블 클릭하여 C100을 적용합니다.

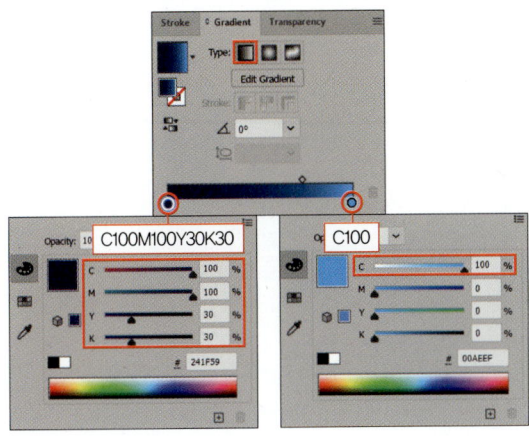

05 이어서 'Angle(각도) : −90˚'를 선택하고 Swatches(견본) 패널에서 'Stroke(선) : None(없음)'으로 지정합니다.

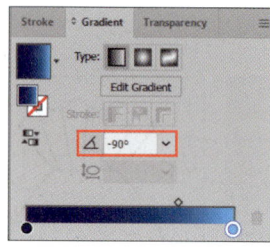 

06 매화 오브젝트를 선택하고 Alt를 누른 채 드래그하여 복사하고 Shift + Ctrl +]를 눌러 맨 앞으로 배치합니다. 반복하여 배치하고 Shift를 누르면서 크기를 조절합니다.

07 주머니를 선택하고 Ctrl + C를 눌러서 복사한 후 Ctrl + F를 눌러서 같은 위치이면서 바로 위에 붙입니다. Shift + Ctrl +]를 누르고 순서를 맨 앞으로 보냅니다.

08 복사한 주머니만큼 매화에 클리핑 마스크를 적용하기 위하여 복사된 주머니와 매화 오브젝트들을 모두 선택하고 [Object(오브젝트)]-[Clipping Mask(클리핑 마스크)]-[Make(만들기)] (Ctrl + 7)을 누릅니다.

09 Ellipse Tool(원형 도구, ◯)을 선택하고 아트보드를 클릭한 후 'Width(폭) : 26mm, Height(높이) : 20mm'로 입력합니다. Swatches(견본) 패널에서 'Fill(칠) : None(없음), Stroke(선) : C0M0Y0K0'으로 지정합니다.

10 타원을 선택하고 [Object(오브젝트)]-[Path(패스)]-[Offset Path(오프셋 패스)]를 선택한 후 Offset Path(오프셋 패스) 창에서 'Offset(이동) : −1mm'를 입력합니다.

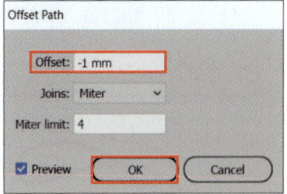

11 축소된 타원을 선택하고 Swatches(견본) 패널에서 'Fill(칠) : C0M0Y0K0, Stroke(선) : None(없음)'으로 지정한 후 Transparency(투명도) 패널에서 'Opacity(불투명도) : 70%'로 지정합니다.

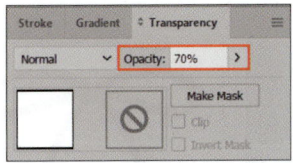

12 문자를 입력하기 위하여 Type Tool(문자 도구, T)을 선택하고 아트보드를 클릭하여 'Happy New Year'를 입력합니다.

13 상단 옵션 바에서 'Set the Font family(글꼴 군 설정) : Times New Roman, Set the Font style(글꼴 스타일) : Bold, Set the Font size(글꼴 크기) : 10pt, Align Center(가운데 정렬)'로 지정하고 Swatches(견본) 패널에서 'Fill(칠) : C100M100, Stroke(선) : None(없음)'으로 지정합니다.

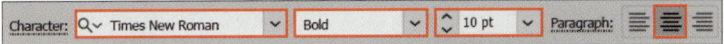

14 Rounded Rectangle Tool(둥근 사각형 도구, ▢)을 선택하고 아트보드를 클릭한 후 'Width(폭) : 25mm, Height(높이) : 5mm, Corner Radius(모퉁이 반경) : 1mm'를 입력합니다. Swatches(견본) 패널에서 'Fill(칠) : K100, Stroke(선) : None(없음)'으로 지정합니다.

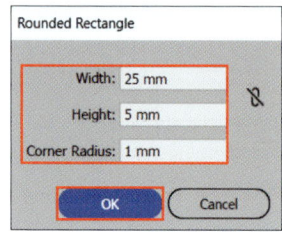

15 Pen Tool(펜 도구, ✏)을 선택하고 리본선을 그립니다. 리본선을 선택하고 Reflect Tool(반사 도구, ▷|◁)을 클릭한 후 Alt 를 누른 채 고리의 끝부분을 클릭합니다. Reflect(반사) 창에서 'Axis(축) : Vertical(세로)'을 선택하고 Copy(복사)를 누릅니다.

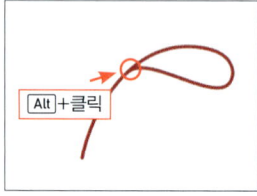
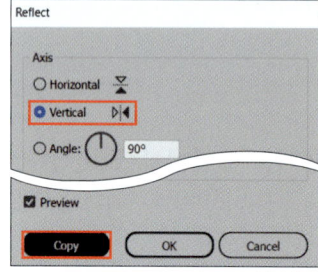

16 리본을 모두 선택하고 Stroke(획) 패널에서 'Weight(두께) : 3pt, Cap(단면) : Round Cap(둥근 단면)'으로 지정합니다.

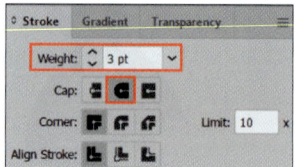

06 보자기 오브젝트 만들기 및 패턴

01 Rectangle Tool(사각형 도구, ▢)을 선택하여 아트보드를 클릭한 후 'Width(폭) : 55mm, Height(높이) : 55mm'를 입력하고 Swatches(견본) 패널에서 'Fill(칠) : Y20, Stroke(선) : K100'으로 지정합니다.

02 사각형을 선택하고 [Object(오브젝트)]-[Path(패스)]-[Offset Path(오프셋 패스)]를 선택한 후 Offset Path(오프셋 패스) 창에서 'Offset(이동) : -2.5mm'를 입력합니다.

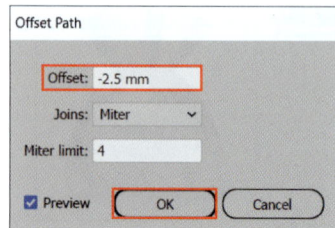
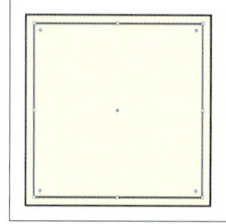

03 Rectangular Grid Tool(사각형 격자 도구, ▦)을 선택하고 아트보드를 클릭한 후 'Width(폭) : 45mm, Height(높이) : 45mm, Horizontal Dividers Number(가로 분할자 수) : 4, Vertical Dividers Number(세로 분할자 수) : 4, Use Outside Rectangle As Frame(프레임으로 외부 사각형 사용)'과 'Fill Grid(격자 채우기) : 체크'합니다. Line Segment Tool(선분 도구, ╱)을 선택하고 격자에 대각선을 반복하여 그립니다.

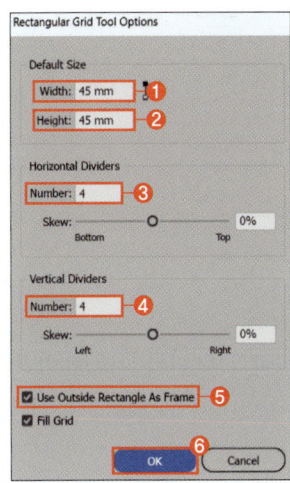 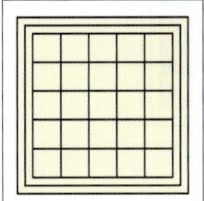 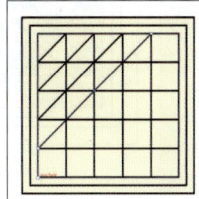 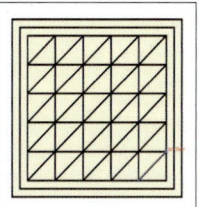

04 격자에 색을 채우기 위하여 격자와 선을 선택하고 [Object(오브젝트)]-[Live Paint(라이브 페인트)]-[Make(만들기)]를 클릭합니다. Live Paint Bucket(라이브 페인트 통, ▦)을 선택하고 각각의 격자에 해당하는 색을 채웁니다.

  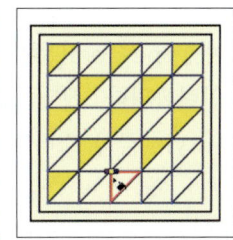 

05 Rectangle Tool(사각형 도구, ▢)을 선택하여 아트보드를 클릭한 후 'Width(폭) : 45mm, Height(높이) : 45mm'를 입력하고 Swatches(견본) 패널에서 'Fill(칠) : tradition' 패턴으로 지정합니다.

 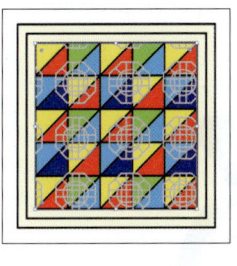

06 패턴의 크기를 줄이기 위하여 Scale Tool(크기 조절 도구,)을 더블 클릭하고 Scale(크기 조절) 창에서 'Uniform(균일) : 50%'를 입력하고 Options(옵션)에서 'Transform Patterns (패턴 변형) : 체크'합니다.

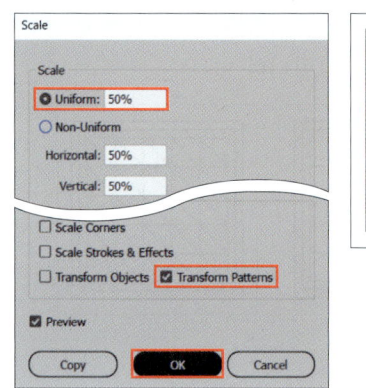

07 매화 오브젝트를 선택하여 Alt 를 누른 채 드래그하여 복사하고 Shift + Ctrl +] 를 눌러 맨 앞으로 배치합니다. 반복하여 배치하고 Shift 를 누르면서 크기를 조절한 후 세 개를 모두 선택하고 Ctrl + G 를 눌러 그룹으로 묶습니다.

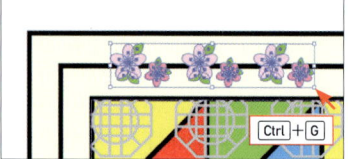

08 문자를 입력하기 위하여 Type Tool(문자 도구,)을 선택하고 아트보드를 클릭하여 'Traditional Pattern'을 입력합니다. 상단 옵션 바에서 'Set the Font family(글꼴 군 설정) : Arial, Set the Font style(글꼴 스타일) : Bold Italic, Set the Font size(글꼴 크기) : 8pt, Align Center(가운데 정렬)'로 지정하고 Swatches(견본) 패널에서 'Fill(칠) : C60M90, Stroke(선) : None(없음)'으로 지정한 후 적절하게 배치합니다.

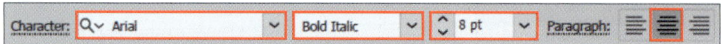

07 점선 편집하기

01 복주머니의 실선을 점선으로 만들기 위하여 타원선을 선택하고 Stroke(획) 패널에서 'Dashed Line(점선 사용) : 체크'하고 'dash(점선) : 3pt, gap(간격) : 2pt'로 지정합니다.

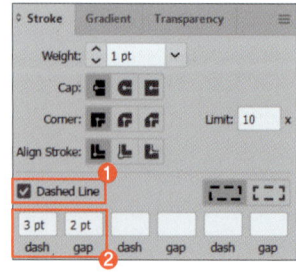

02 보자기의 실선을 점선으로 만들기 위하여 사각형을 선택하고 Stroke(획) 패널에서 'Dashed Line(점선 사용) : 체크'하고 'dash(점선) : 10pt, gap(간격) : 2pt, dash(점선) : 2pt, gap(간격) : 2pt'로 지정합니다.

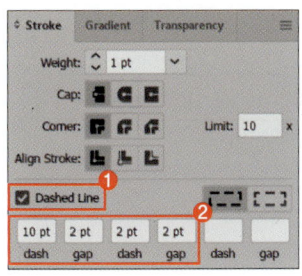 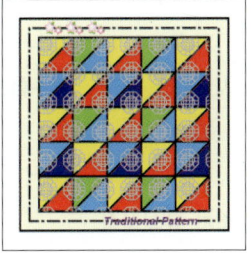

03 오브젝트를 지나가는 점선을 지우기 위하여 점선 사각형을 선택하고 Path Eraser Tool(패스 지우개 도구, ✐)을 클릭합니다. 지워야 하는 부분을 드래그하면서 삭제합니다.

08 파일 저장

01 최종적으로 작업 파일의 오브젝트 위치, 순서를 점검하고 불필요한 안내선이 남아있는 경우 [View(보기)]-[Guide(안내선)]-[Clear Guide(안내선 지우기)]를 선택하여 안내선을 지웁니다.

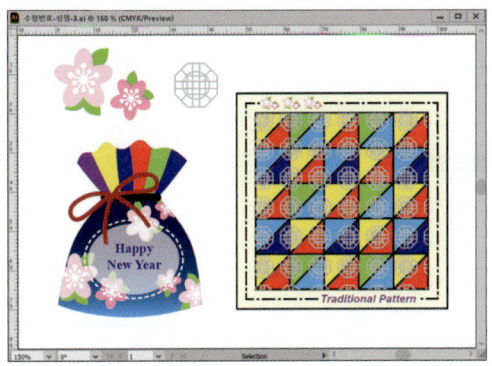

02 [File(파일)]-[Save as(다른이름으로 저장)]([Shift]+[Ctrl]+[S])을 선택하여 '저장 위치 : 내 PC₩문서₩GTQ, 파일 이름 : 수험번호-성명-3, 파일 형식 : Adobe Illustrator(*.AI)'로 저장합니다. [Illustrator Options(Illustrator 옵션)] 창이 뜨면 [OK(확인)]를 누르고 옵션 창을 닫습니다.

03 답안 저장이 완료되면 [File(파일)]-[Close(닫기)]([Ctrl]+[W])를 선택하여 파일을 닫고 수험 프로그램에서 [답안 전송]을 선택하여 ai 파일을 감독관 컴퓨터로 전송합니다.

기출 유형 문제 05회

급수	문제유형	시험시간	수험번호	성명
2급	A	90분		

수험자 유의사항

- 수험자는 문제지를 받는 즉시 응시하고자 하는 **과목 및 급수가 맞는지 확인**한 후 수험번호와 성명을 작성합니다.
- 파일명은 본인의 "수험번호-성명-문제번호"로 공백 없이 정확히 입력하고 답안폴더(내 PC₩문서₩GTQ)에 ai 파일 포맷으로 저장해야 하며, '**다른 파일 형식으로 저장하였을 경우**' 0점 처리됩니다.
- 답안문서 파일명이 "수험번호-성명-문제번호"와 일치하지 않거나, 답안 파일을 '**전송**'하지 않는 경우 답안 파일 미제출로 불합격 처리됩니다. ※ 답안은 반드시 시험 시간 내에 전송을 완료해야 하며, 전송 시간을 충분히 감안하여 제출해 주시기 바랍니다. (공정한 평가를 위해, 시험 종료 전 전송이 완료된 답안에 한해 채점이 진행됩니다.)
- 수험자 정보와 저장한 파일명, 저장 위치가 다를 경우 전송이 되지 않으므로, 주의하시길 바랍니다.
- 답안 작성 중에도 주기적으로 '**저장**'과 '**답안 전송**'을 이용하여 감독위원 PC로 답안을 전송하셔야 합니다. (※ 작업한 내용을 저장하지 않고 답안을 전송할 경우 이전의 저장내용이 전송되오니 이점 반드시 유념하시기 바랍니다.)
- 모든 시험자는 동일한(초기화 된) 환경에서 시험이 시작되며 '작업환경 설정'은 시험 시간 내에 진행합니다. (시험 시작 전 '작업환경 설정' 불가, 소프트웨어 이상 유무만 확인)
- 답안문서는 지정된 경로 외의 다른 보조기억장치에 저장하는 행위, 지정된 시험 시간 외에 작성된 파일을 활용한 행위, 기타 허용되지 않은 프로그램(이메일, 메신저, 게임, 네트워크, 윈도우계산기, 스톱워치 등) 이용 시 부정행위로 간주되어 **자격기본법 제32조에 의거 본 시험 및 국가공인 자격시험을 2년간 응시할 수 없습니다.**
- 시험 종료 후 제출된 답안은 평가 및 검증을 위해 본부에서 보관되며, **시험의 공정성과 보안 유지를 위해 응시자에게 본인의 답안을 제공하는 것은 허용되지 않습니다.** 이 점 반드시 유의하시기 바랍니다.
- 시험 중 부주의 또는 고의로 시스템을 파손한 경우와 〈수험자 유의사항〉에 기재된 방법대로 이행하지 않아 생기는 불이익은 수험자의 책임임을 알려 드립니다.
- 시험을 완료한 수험자는 최종적으로 저장한 답안파일이 전송되었는지 확인한 후 감독위원의 지시에 따라 문제지를 제출하고 퇴실합니다.

답안 작성요령

- 온라인 답안 작성 절차
  수험자 등록 ⇒ 시험 시작 ⇒ 답안파일 저장 ⇒ 답안 전송 ⇒ 시험 종료
- 배점은 총 100점으로 이루어지며, 점수는 각 문제별로 차등 배분됩니다.
- 각 문제는 제시된 〈조건〉에 맞게 답안을 작성하고, 〈조건〉을 지키지 못했을 경우에는 0점 또는 감점 처리됩니다.
- 문제 〈조건〉에 크기와 색상, 두께의 지정이 없을 경우 〈출력형태〉를 참고하여 작업해 주시기 바랍니다.
- **문제 〈조건〉과 〈출력형태〉에서 차이가 발생할 경우 문제에서 지정한 〈조건〉에 따라 작업해 주시기 바랍니다.**
- 〈조건〉에서 주어진 단위는 'mm(밀리미터)'입니다.
- 눈금자는 작성하지 않으며, 그 외는 출력형태(레이아웃, 색상, 문자, 규격 등)와 같게 작업하십시오.
- 문제 〈조건〉에 서체의 지정이 없을 경우 한글은 굴림이나 돋움, 영문은 Arial로 작업하십시오.
  (단, 그 외에 제시되지 않은 문자 속성을 기본값으로 작성하지 않은 경우는 감점 처리됩니다.)
- Color Mode(색상 모드)는 별도의 처리 조건이 없을 시 CMYK로 작업하십시오.
- 조건에서 제시한 기능을 임의로 합치거나 각 기능에 대한 속성을 해지할 경우 해당 요소는 0점 처리됩니다.

한 국 생 산 성 본 부

문제 ❶ 기본 툴 활용 25점

다음의 《조건》에 따라 아래의 《출력형태》와 같이 작업하시오.

조건

파일저장규칙	AI	파일명	문서₩GTQ₩수험번호-성명-1.ai
		크기	100 × 80mm

1. 작업 방법
① 도형, 변형 툴과 Pathfinder 기능을 활용하여 오브젝트를 작성한다.
② 그 외 《출력형태》 참조

출력형태

Y30,
M100Y100,
K30,
C0M0Y0K0,
C50Y100,
C80M10Y100K10,
C30M60Y80K30,
K100
[Stroke] K100, 1pt

| 문제 ❷ | 문자와 오브젝트 | 35점 |

다음의 《조건》에 따라 아래의 《출력형태》와 같이 작업하시오.

조건

파일저장규칙	AI	파일명	문서₩GTQ₩수험번호-성명-2.ai
		크기	100 × 80mm

1. 작업 방법
① 'Happy Holiday' 문자에 Times New Roman (Bold) 폰트를 적용한다.
② 'Christmas Present' 문자에 Type on a Path Tool을 활용한다.
③ Brush는 《출력형태》를 참고하여 작성한다.
④ Effect는 《출력형태》를 참고하여 작성한다.
⑤ 그 외 《출력형태》 참조

2. 문자 효과
① Christmas Present (Arial, Bold, 10pt, C80M10Y100K10)

출력형태

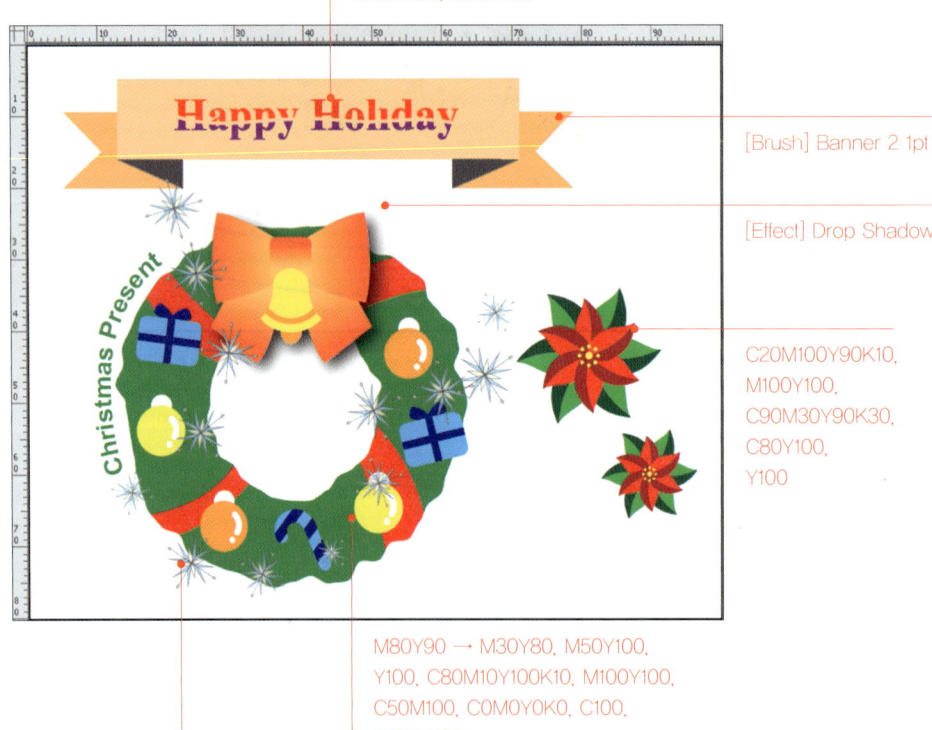

M100Y100, C50M100

[Brush] Banner 2 1pt

[Effect] Drop Shadow

C20M100Y90K10,
M100Y100,
C90M30Y90K30,
C80Y100,
Y100

M80Y90 → M30Y80, M50Y100,
Y100, C80M10Y100K10, M100Y100,
C50M100, C0M0Y0K0, C100,
C100M100

[Brush] Snowflake, 0.5pt

| 문제 ❸ | 어플리케이션 디자인 | 40점 |

다음의 《조건》에 따라 아래의 《출력형태》와 같이 작업하시오.

조건

파일저장규칙	AI	파일명	문서₩GTQ₩수험번호-성명-3.ai
		크기	120 × 80mm

1. 작업 방법
① 도형 툴로 오브젝트를 그린 후 Pattern을 활용하여 작성한다. (패턴 등록 : COOKIE)
② 선물상자에 규칙적인 점선, 케이크에 불규칙적인 점선을 설정한다.
③ 선물자루에 Pattern을 적용한다.
④ 썰매에 배치된 오브젝트는 정렬, 간격을 일정하게 한 후 Group 설정을 한다.
⑤ 그 외 《출력형태》 참조

2. 문자 효과
① Season's Greetings (Arial, Ragular, 8pt, C0M0Y0K0)
② Sweet Cake (Times New Roman, Bold, 10pt, C0M0Y0K0)

출력형태

C30M50Y80K10,
C0M0Y0K0

Y100, C0M0Y0K0,
C90M30Y90K30, C50Y100,
M50Y100, M100Y100,
C20M100Y100K20,
[Stroke] K100, 1pt

[Pattern]

M100Y100 → C30M100Y100K30,
Y100, C40M70Y100K50,
C80M10Y100K10, M50Y100

[Group]

C20M40Y60, C40M70Y100K50,
K100, M100Y100,
C0M0Y0K0, Opacity 50%
[Stroke] K100, C0M0Y0K0, 1pt

문제 ❶ 기본 툴 활용

작업과정	① 새 작업 파일 만들기 ➡ ② 견본색 그룹 만들기 ➡ ③ 배경 오브젝트 만들기 ➡ ④ 산타 오브젝트 만들기 ➡ ⑤ 눈사람 오브젝트 만들기 ➡ ⑥ 파일 저장
완성이미지	PART04₩기출유형문제05회₩수험번호-성명-1.ai

01 새 작업 파일 만들기

01 새 작업 파일을 만들기 위하여 [File(파일)]-[New(새로 만들기)](Ctrl + N)를 선택하고 'Width : 100mm, Height : 80mm, Units : Millimeters, Color Mode : CMYK'를 설정하여 새 작업 파일을 만듭니다.

02 [View(보기)]-[Rulers(눈금자)]-[Show Rulers(눈금자 표시)](Ctrl + R)를 선택하여 눈금자를 표시합니다.

03 작업 파일을 저장하기 위하여 [File(파일)]-[Save as(다른이름으로 저장)](Shift + Ctrl + S)을 선택하여 '저장 위치 : 내PC₩문서₩GTQ, 파일 이름 : 수험번호-성명-1, 파일 형식 : Adobe Illustrator(*.AI)'로 저장합니다. [Illustrator Options(Illustrator 옵션)] 창이 뜨면 [OK(확인)]를 누르고 옵션 창을 닫습니다.

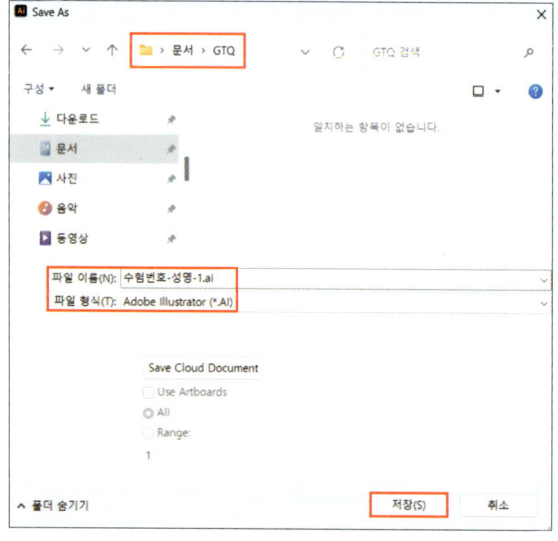
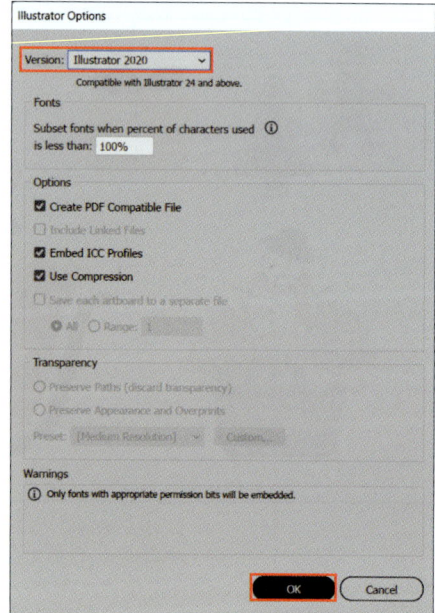

02 견본색 그룹 만들기

01 Swatches(견본) 패널 우측 하단에서 New Group(새 색상 견본 그룹, ▣)을 선택하여 새로운 그룹을 만들고 그룹의 이름을 GTQ라고 입력합니다.

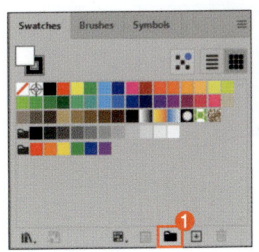 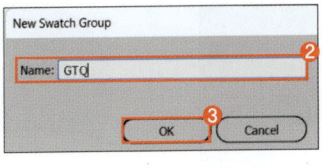

02 만들어진 그룹을 클릭하고 New Swatch(새 견본, ➕)를 선택하여 문제에서 제시하는 색상값을 입력합니다. 반복하여 모든 색상을 견본 그룹에 만듭니다.

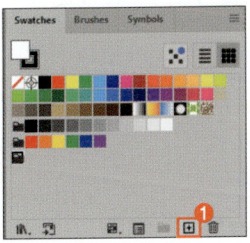 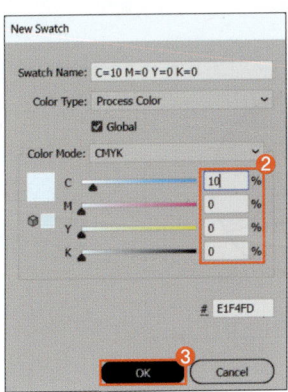 

03 배경 오브젝트 만들기

01 Ellipse Tool(원형 도구, ◯)을 선택하고 아트보드를 클릭한 후 'Width(폭) : 55mm, Height(높이) : 55mm'를 입력합니다. Swatches(견본) 패널에서 'Fill(칠) : K30, Stroke(선) : K100'으로 지정합니다.

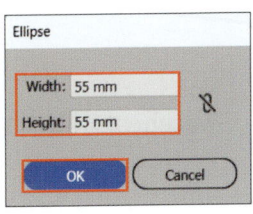  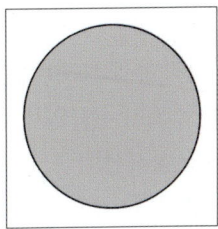

02 분리할 선을 만들기 위하여 Ellipse Tool(원형 도구, ◉)을 선택하고 아트보드를 클릭한 후 'Width(폭) : 80mm, Height(높이) : 30mm'를 입력합니다. Swatches(견본) 패널에서 'Fill(칠) : C0M0Y0K0, Stroke(선) : K100'으로 지정합니다.

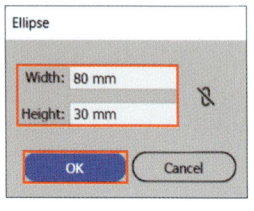  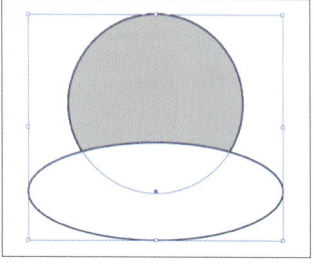

03 두 개의 타원을 선택하고 Pathfinder(패스파인더) 패널에서 Divide(나누기, ▣)를 선택하여 분리합니다. Group Selection Tool(그룹 선택 도구, ▶)로 불필요한 부분을 선택한 후 삭제합니다.

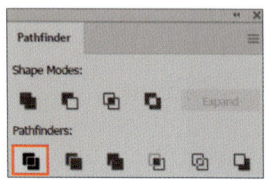 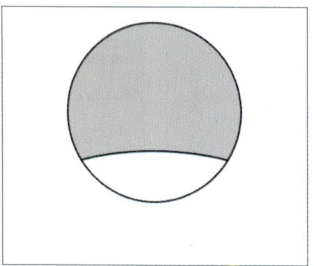

04 Rounded Rectangle Tool(둥근 사각형 도구, ▢)을 선택하고 아트보드를 클릭한 후 작은 사각형 오브젝트는 'Width(폭) : 45mm, Height(높이) : 8mm, Corner Radius(모퉁이 반경) : 1mm'를 입력합니다.

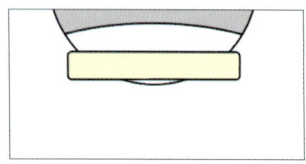

05 계속해서 추가로 큰 사각형 오브젝트는 'Width(폭) : 60mm, Height(높이) : 8mm, Corner Radius(모퉁이 반경) : 1mm'를 입력하고 위와 아래로 배치합니다. Swatches(견본) 패널에서 'Fill(칠) : Y30, Stroke(선) : K100'으로 지정합니다.

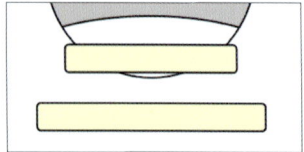

06 Rectangle Tool(사각형 도구, ▭)을 선택하고 위, 아래의 둥근 사각형 사이를 채우는 사각형을 그린 후 Swatches(견본) 패널에서 'Fill(칠) : M100Y100, Stroke(선) : K100'으로 지정합니다.

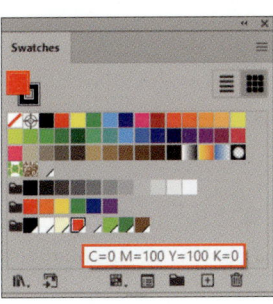
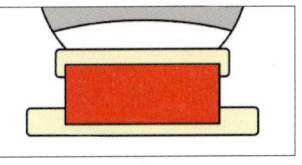

07 두 개의 둥근 사각형을 선택하고 [Object(오브젝트)]-[Arrange(정돈)]-[Bring to Front(맨 앞으로 가져오기)](Shift + Ctrl +]])를 선택하여 맨 앞으로 배치합니다.

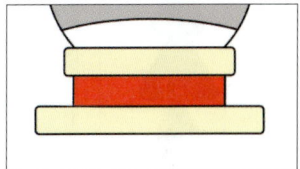

08 사각형을 모두 선택하고 [Effect(효과)]-[Warp(변형)]-[Arc(부채꼴)]을 클릭합니다. Warp Options(변형 옵션) 창에서 'Style(스타일) : Arc(부채꼴), Bend(구부리기) : -15%'를 지정합니다.

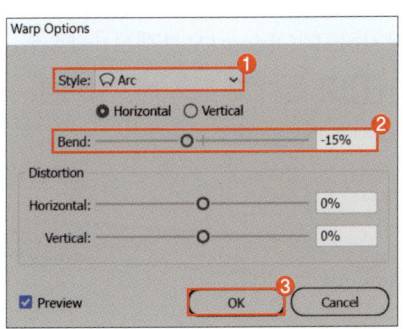
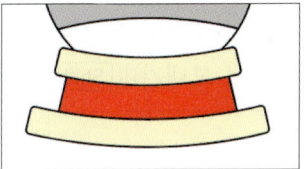

09 Polygon Tool(다각형 도구, ⬢)을 선택하고 아트보드를 클릭한 후 'Radius(반경) : 5mm, Sides(면) : 3'을 입력하고 Swatches(견본) 패널에서 'Fill(칠) : C80M10Y100K10, Stroke(선) : None(없음)'으로 지정합니다.

10 Direct selection Tool(직접 선택 도구, ▷)로 Corner Widget(모퉁이 위젯)을 드래그하면서 둥글게 조절합니다.

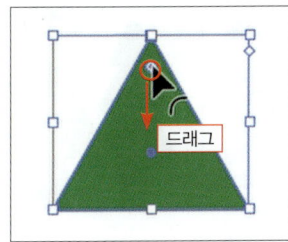
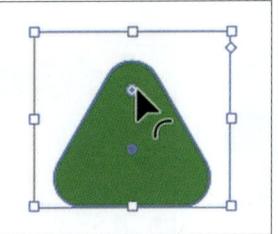

11 삼각형.을 선택하여 Alt 를 누른 채 아래로 드래그하여 복사하고 Scale Tool(크기 조절 도구,)을 더블 클릭한 후 Scale(크기 조절) 창에서 'Uniform(균일) : 130%'를 입력합니다.

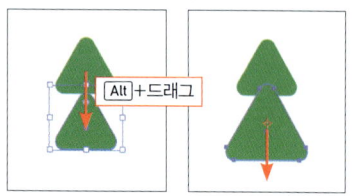

12 복사한 삼각형을 선택하여 Alt 를 누른 채 아래로 드래그하여 복사하고 Scale Tool(크기 조절 도구,)을 더블 클릭한 후 Scale(크기 조절) 창에서 'Uniform(균일) : 130%'를 입력합니다.

 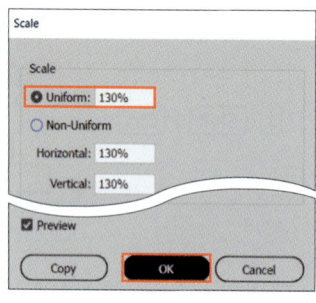 

13 Rectangle Tool(사각형 도구,)을 선택하고 아트보드를 클릭한 후 'Width(폭) : 4mm, Height(높이) : 10mm'를 입력하고 Swatches(견본) 패널에서 'Fill(칠) : C30M60Y80K30, Stroke(선) : None(없음)'으로 지정합니다. 기둥으로 배치하고 [Object(오브젝트)]-[Arrange(정돈)]-[Send to Back(맨 뒤로 보내기)](Shift + Ctrl + [ )을 눌러 맨 뒤로 배치합니다.

14 나무 오브젝트를 모두 선택하여 Alt 를 누른 채 드래그하여 복사하고 크기를 조절한 후 Swatches(견본) 패널에서 'Fill(칠) : C50Y100, Stroke(선) : None(없음)'으로 지정합니다. 나무를 선택하고 [Object(오브젝트)]-[Group(그룹)](Ctrl + G)을 클릭하여 그룹으로 묶습니다.

15 타원을 선택하여 [Object(오브젝트)]-[Ungroup(그룹 풀기)]을 클릭한 후 나무 오브젝트를 선택하고 Ctrl + [를 누릅니다. 반복하면서 하얀 눈 언덕 뒤로 순서를 배치합니다.

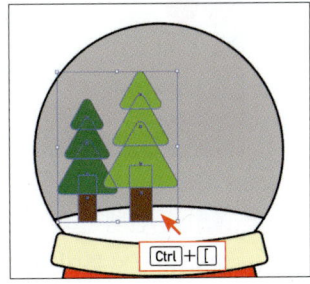 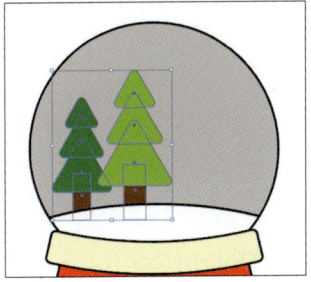

16 Blob Brush Tool(물방울 브러시 도구)을 선택하고 Swatches(견본) 패널에서 'Fill(칠) : None(없음), Stroke(선) : C0M0Y0K0'으로 지정합니다. [와] 를 눌러서 눈송이 크기만큼 브러시의 크기를 조절한 후 클릭하면서 그립니다.

04 산타 오브젝트 만들기

01 얼굴을 만들기 위하여 Ellipse Tool(원형 도구, ⬤)을 선택하고 아트보드를 클릭한 후 'Width(폭) : 10mm, Height(높이) : 10mm'를 입력합니다. Swatches(견본) 패널에서 'Fill(칠) : Y30, Stroke(선) : None(없음)'으로 지정합니다.

02 수염을 만들기 위하여 Ellipse Tool(원형 도구, ⬤)을 선택하고 아트보드를 클릭한 후 'Width(폭) : 6mm, Height(높이) : 6mm'를 입력합니다. Swatches(견본) 패널에서 'Fill(칠) : C0M0Y0K0, Stroke(선) : None(없음)'으로 지정하고 Alt 를 누른 채 드래그하여 복사합니다.

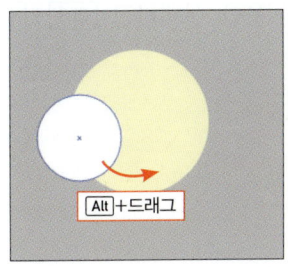 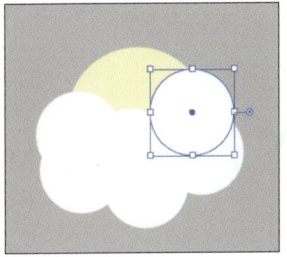

03 Ellipse Tool(원형 도구, ◉)을 선택하여 눈과 코를 그린 후 Swatches(견본) 패널에서 눈은 'Fill(칠) : K100', 코는 'M100Y100'으로 지정합니다.

04 모자를 만들기 위하여 Rounded Rectangle Tool(둥근 사각형 도구, ◉)을 선택하고 아트보드를 클릭한 후 'Width(폭) : 12mm, Height(높이) : 2mm, Corner Radius(모퉁이 반경) : 1mm'를 입력 후 Swatches(견본) 패널에서 'Fill(칠) : C0M0Y0K0, Stroke(선) : K100'으로 지정합니다.

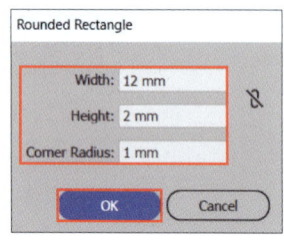 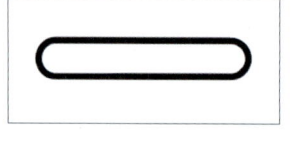

05 둥근 사각형을 선택하고 [Effect(효과)]-[Warp(변형)]-[Arc(부채꼴)]을 클릭합니다. Warp Options(변형 옵션) 창에서 'Style(스타일) : Arc(부채꼴), Bend(구부리기) : 15%'를 지정합니다. 변형된 사각형을 선택하고 [Object(오브젝트)]-[Expand Appearance (모양 확장)]를 클릭합니다.

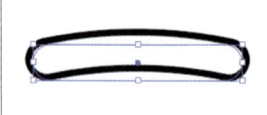 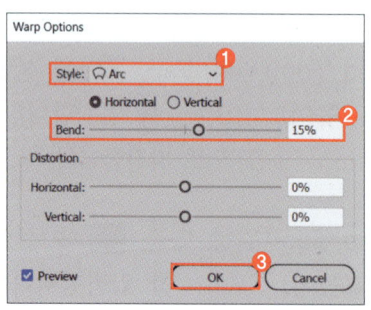 

06 Pen Tool(펜 도구, ✒)을 선택하여 모자와 윗옷을 그린 후 Swatches(견본) 패널에서 'Fill(칠) : M100Y100, Stroke(선) : K100'으로 지정합니다. 모자와 옷을 선택하고 Ctrl+[를 눌러 순서에 맞게 배치합니다.

07 Ellipse Tool(원형 도구, ◯)을 선택하여 모자 방울과 단추를 그린 후 Swatches(견본) 패널에서 'Fill(칠) : C0M0Y0K0, Stroke(선) : K100'으로 지정합니다.

08 모자솜을 선택하고 Alt를 누른 채 드래그하여 아래로 복사한 후 윗옷에 맞도록 방향을 돌립니다. Scale Tool(크기 조절 도구, ▦)을 더블 클릭한 후 Scale(크기 조절) 창에서 'Uniform(균일) : 150%'를 입력합니다.

  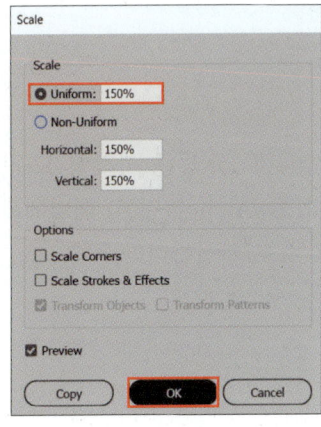 

09 복사된 Pen Tool(펜 도구, ✎)을 선택하고 바지와 선물 주머니를 그린 후 Swatches(견본) 패널에서 'Fill(칠) : M100Y100, Stroke(선) : K100'으로 지정합니다. 계속해서 Ctrl+[를 반복하여 누르면서 순서에 맞도록 뒤로 배치합니다.

10 Pen Tool(펜 도구,)을 선택하여 신발을 그린 후 Swatches(견본) 패널에서 'Fill(칠) : K100, Stroke(선) : None(없음)'으로 지정합니다.

11 Pen Tool(펜 도구,)을 선택하고 소매와 장갑을 그린 후 Swatches(견본) 패널에서 'Fill(칠) : M100Y100, Stroke(선) : K100'으로 지정합니다.

12 Rounded Rectangle Tool(둥근 사각형 도구,)을 선택하고 소매와 바지의 솜을 그린 후 Swatches(견본) 패널에서 'Fill(칠) : C0M0Y0K0, Stroke(선) : K100'으로 지정합니다.

05 눈사람 오브젝트 만들기

01 Ellipse Tool(원형 도구,)을 선택하고 아트보드를 클릭한 후 큰 원형 오브젝트는 'Width(폭) : 13mm, Height(높이) : 13mm'를, 작은 원형 오브젝트는 'Width(폭) : 9mm, Height(높이) : 9mm'를 입력합니다. Swatches(견본) 패널에서 'Fill(칠) : C0M0Y0K0, Stroke(선) : K100'으로 지정하고 위와 아래로 배치합니다.

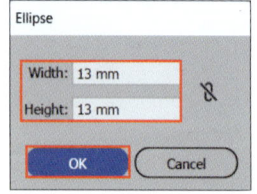 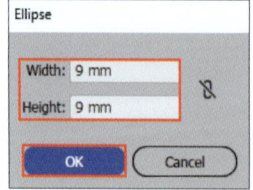 

02 모자를 만들기 위하여 Rounded Rectangle Tool(둥근 사각형 도구, 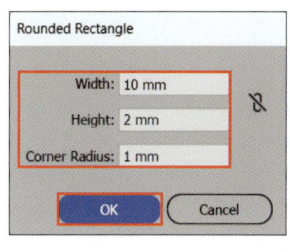)을 선택하고 아트보드를 클릭한 후 'Width(폭) : 10mm, Height(높이) : 2mm, Corner Radius(모퉁이 반경) : 1mm'를 입력하고 Swatches(견본) 패널에서 'Fill(칠) : C0M0Y0K0, Stroke(선) : K100'으로 지정합니다.

03 둥근 사각형을 선택하고 [Effect(효과)]-[Warp(변형)]-[Arc(부채꼴)]을 클릭합니다. Warp Options(변형 옵션) 창에서 'Style(스타일) : Arc(부채꼴), Bend(구부리기) : 15%'를 지정합니다. 변형된 사각형을 선택하고 [Object(오브젝트)]-[Expand Appearance(모양 확장)]를 클릭합니다.

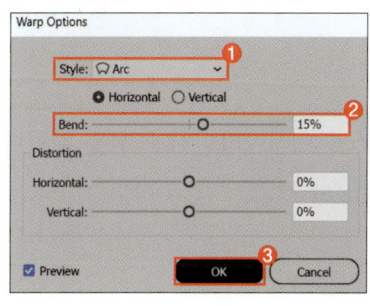 

04 Pen Tool(펜 도구, )을 선택하여 모자를 그린 후 Swatches(견본) 패널에서 'Fill(칠) : M100Y100, Stroke(선) : K100'으로 지정합니다. 모자를 선택하고 Ctrl+[를 눌러 순서에 맞게 배치합니다.

05 Ellipse Tool(원형 도구, ◉)을 선택하여 모자 방울을 그린 후 Swatches(견본) 패널에서 'Fill(칠) : C0M0Y0K0, Stroke(선) : K100'으로 지정합니다.

06 Ellipse Tool(원형 도구, ◉)을 선택하여 눈을 그린 후 Swatches(견본) 패널에서 'Fill(칠) : K100, Stroke(선) : None(없음)'으로 지정합니다. 눈 오브젝트를 선택하고 Alt 를 누른 채 드래그하여 복사를 반복하면서 눈과 단추를 출력형태처럼 완성합니다.

07 입을 만들기 위하여 Pencil Tool(연필 도구, ✏)을 선택하고 드래그하면서 곡선을 그립니다. Swatches(견본) 패널에서 'Fill(칠) : None(없음), Stroke(선) : K100'으로 지정합니다.

06 파일 저장

01 최종적으로 작업 파일의 오브젝트 위치, 순서를 점검하고 불필요한 안내선이 남아있는 경우 [View(보기)]-[Guide(안내선)]-[Clear Guide(안내선 지우기)]를 선택하여 안내선을 지웁니다.

02 [File(파일)]-[Save as(다른 이름으로 저장)]([Shift]+[Ctrl]+[S])을 선택하여 '저장 위치 : 내 PC₩문서₩GTQ, 파일 이름 : 수험번호-성명-1, 파일 형식 : Adobe Illustrator(*.AI)'로 저장합니다. [Illustrator Options(Illustrator 옵션)] 창이 뜨면 [OK(확인)]를 누르고 옵션 창을 닫습니다.

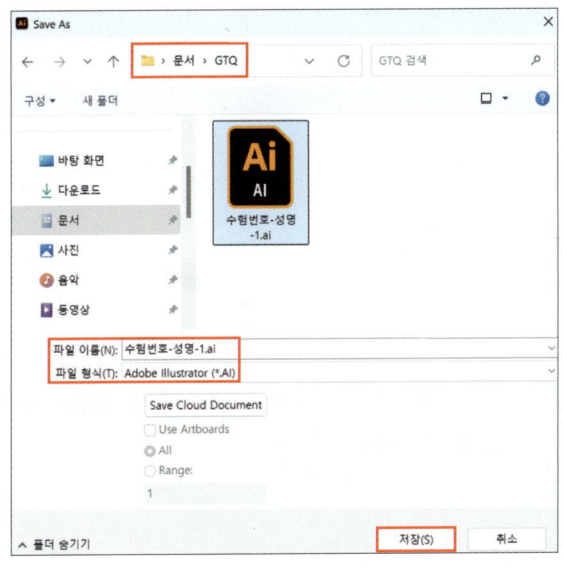
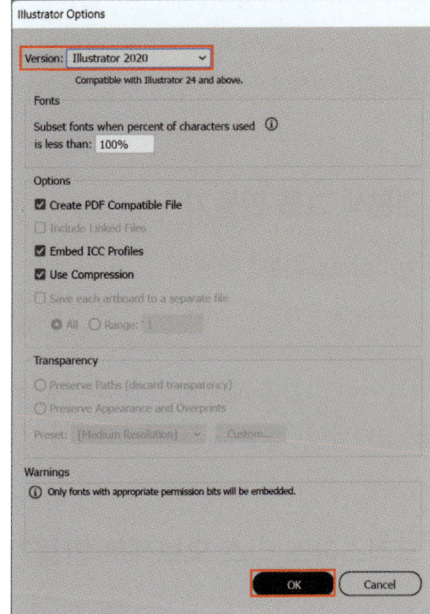

03 답안 저장이 완료되면 [File(파일)]-[Close(닫기)]([Ctrl]+[W])를 선택하여 파일을 닫고 수험 프로그램에서 [답안 전송]을 선택하여 ai 파일을 감독관 컴퓨터로 전송합니다.

문제 ❷	문자와 오브젝트
작업과정	① 새 작업 파일 만들기 ➡ ② 견본색 그룹 만들기 ➡ ③ 크리스마스 리스 오브젝트 만들기 ➡ ④ 리본 오브젝트 만들기 및 그림자 효과 적용 ➡ ⑤ 포인세티아 오브젝트 만들기 ➡ ⑥ 브러시 오브젝트 만들기 ➡ ⑦ 문자 입력하고 변형하기 ➡ ⑧ 파일 저장
완성이미지	PART04₩기출유형문제05회₩수험번호-성명-2.ai

01 새 작업 파일 만들기

01 새 작업 파일을 만들기 위하여 [File(파일)]-[New(새로 만들기)]([Ctrl]+[N])를 선택하고 'Width : 100mm, Height : 80mm, Units : Millimeters, Color Mode : CMYK'를 설정하여 새 작업 파일을 만듭니다.

02 [View(보기)]-[Rulers(눈금자)]-[Show Rulers(눈금자 표시)](Ctrl + R)를 선택하여 눈금자를 표시합니다.

03 작업 파일을 저장하기 위하여 [File(파일)]-[Save as(다른이름으로 저장)](Shift + Ctrl + S)을 선택하여 '저장 위치 : 내PC\문서\GTQ, 파일 이름 : 수험번호-성명-2, 파일 형식 : Adobe Illustrator(*.AI)'로 저장합니다. Illustrator Options(Illustrator 옵션) 창이 뜨면 [OK(확인)]를 누르고 옵션 창을 닫습니다.

02 견본색 그룹 만들기

01 Swatches(견본) 패널 우측 하단에서 New Group(새 색상 견본 그룹,)을 선택하여 새로운 그룹을 만들고 그룹의 이름을 GTQ라고 입력합니다.

02 만들어진 그룹을 클릭하고 New Swatch(새 견본,)를 선택하여 문제에서 제시하는 색상값을 입력합니다. 반복하여 모든 색상을 견본 그룹에 만듭니다.

03 크리스마스 리스 오브젝트 만들기

01 Ellipse Tool(원형 도구,)을 선택하고 아트보드를 클릭한 후 'Width(폭) : 50mm, Height(높이) : 50mm'를 입력합니다. Swatches(견본) 패널에서 'Fill(칠) : C80M10Y100K10, Stroke(선) : None(없음)'으로 지정합니다.

02 타원을 선택하고 [Object(오브젝트)]-[Path(패스)]-[Offset Path(오프셋 패스)]를 클릭한 후 Offset Path(오프셋 패스) 창에서 'Offset(이동) : -12mm'를 입력합니다.

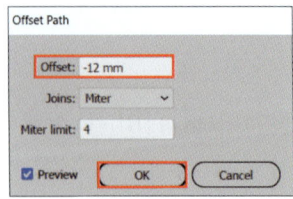 

03 두 개의 타원 오브젝트를 모두 선택하고 Pathfinder(패스파인더) 패널에서 Minus Front(앞면 오브젝트 제외, 🗇)를 선택하여 불필요한 부분은 삭제합니다.

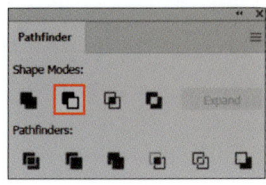
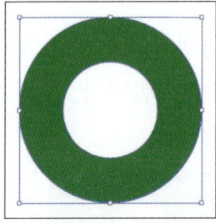

04 타원을 선택하고 [Effect(효과)]-[Distort & Transform(왜곡과 변형)]-[Roughen((거칠게 하기)]을 클릭합니다. Roughen(거칠게 하기) 창에서 'Size(크기) : 2%, Smooth(매끄럽게)'를 지정합니다. 변형된 타원을 선택하고 [Object(오브젝트)]-[Expand Appearance(모양 확장)]를 클릭합니다.

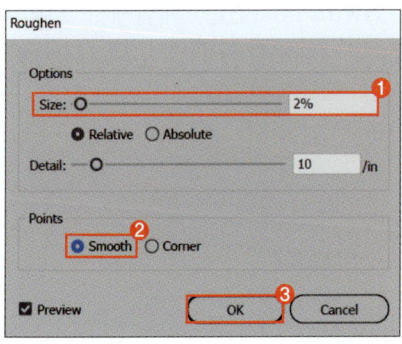

05 타원을 선택하고 Knife Tool(칼 도구, ✂)을 클릭한 후 분리될 선을 드래그하여 그립니다. Shift를 누르면서 리본조각을 선택하고 Swatches(견본) 패널에서 'Fill(칠) : M100Y100, Stroke(선) : None(없음)'으로 지정합니다.

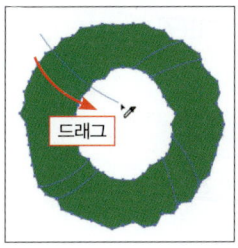
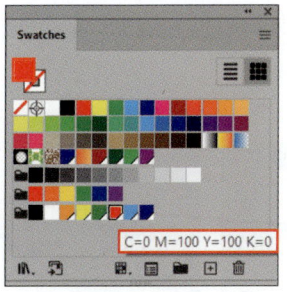

06 방울을 만들기 위하여 Ellipse Tool(원형 도구, ⬤)을 선택하고 아트보드를 클릭한 후 'Width(폭) : 3mm, Height(높이) : 3mm'와 'Width(폭) : 7mm, Height(높이) : 7mm'를 입력합니다.

07 Swatches(견본) 패널에서 'Fill(칠) : C0M0Y0K0과 M50Y100, Stroke(선) : None(없음)'으로 지정하고 위, 아래로 배치합니다.

08 Blob Brush Tool(물방울 브러시 도구)을 선택하고 Swatches(견본) 패널에서 'Fill(칠) : None(없음), Stroke(선) : C0M0Y0K0'으로 지정합니다. [와] 를 눌러서 반사광 크기만큼 브러시의 크기를 조절한 후 클릭하면서 그립니다.

09 방울을 선택하고 Alt 를 누른 채 드래그하여 복사한 후 Swatches(견본) 패널에서 'Fill(칠) : Y100, Stroke(선) : None(없음)'으로 지정합니다. 방울을 선택하고 Alt 를 누른 채 드래그하여 복사하고 반복하면서 배치합니다.

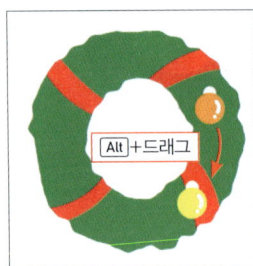 

10 선물을 만들기 위하여 Rounded Rectangle Tool(둥근 사각형 도구, ▢)을 선택하고 아트보드를 클릭한 후 'Width(폭) : 8mm, Height(높이) : 6mm, Corner Radius(모퉁이 반경) : 1mm'를 입력하여 Swatches(견본) 패널에서 'Fill(칠) : C100, Stroke(선) : None(없음)'으로 지정합니다.

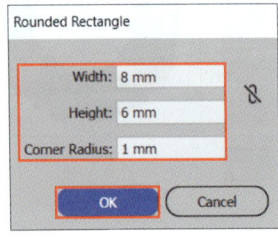 

11 Rectangle Tool(사각형 도구, ▢)을 선택하여 아트보드를 클릭한 후 'Width(폭) : 8mm, Height(높이) : 1mm'과 'Width(폭) : 1mm, Height(높이) : 6mm'를 입력합니다.

12 Swatches(견본) 패널에서 'Fill(칠) : C100M100, Stroke(선) : None(없음)'으로 지정하여 리본띠를 배치합니다.

13 Pen Tool(펜 도구, ✎)을 선택하여 리본을 그린 후 Swatches(견본) 패널에서 'Fill(칠) : C100M100, Stroke(선) : None(없음)'으로 지정합니다.

14 선물 오브젝트를 선택하고 [Object(오브젝트)]-[Group(그룹)]([Ctrl]+[G])을 클릭하여 그룹으로 묶은 후 [Alt]를 누른 채 드래그하여 복사합니다.

15 지팡이를 만들기 위하여 Pen Tool(펜 도구, ✎)을 선택하고 선을 그린 후 Swatches(견본) 패널에서 'Fill(칠) : None(없음), Stroke(선) : C100'으로 지정합니다.

16 선을 선택하고 Stroke(획) 패널에서 'Weight(두께) : 5pt, Cap(단면) : Round Cap(둥근 단면)'으로 지정합니다.

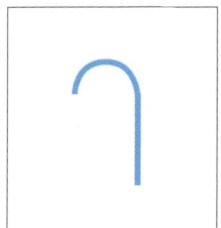 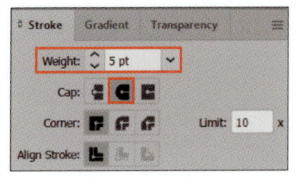 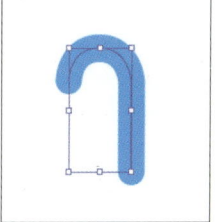

17 [Object(오브젝트)]-[Expand Appearance(모양 확장)]를 클릭한 후 [Object(오브젝트)]-[Expand(확장)]를 클릭하여 지팡이 선을 면으로 확장합니다.

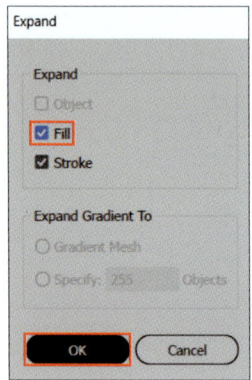 

18 Line Segment Tool(선분 도구,)를 선택하고 지팡이를 나눌 대각선을 그립니다. 선을 선택하고 Alt를 누른 채 드래그하여 복사한 후 Ctrl+D를 눌러 반복합니다.

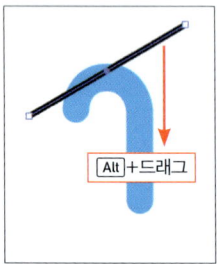 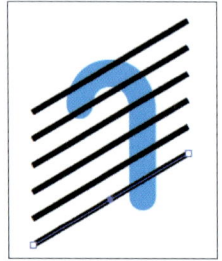

19 지팡이와 선을 모두 선택하고 Pathfinder(패스파인더) 패널에서 Divide(나누기,)를 선택하여 분리합니다. Group Selection Tool(그룹 선택 도구,)을 선택하고 색을 변경할 부분을 선택한 후 Swatches(견본) 패널에서 'Fill(칠) : C100M100'으로 지정합니다.

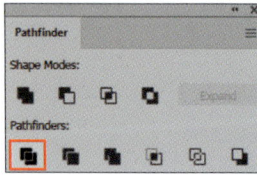  

04 리본 오브젝트 만들기 및 그림자 효과 적용

01 Pen Tool(펜 도구, ✏️)을 선택하여 리본 오브젝트를 만들기 위해 왼쪽 리본을 그리고 리본을 반사할 안내선을 드래그하여 만듭니다.

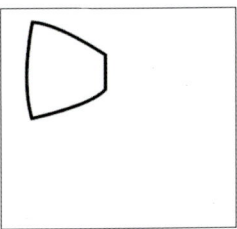 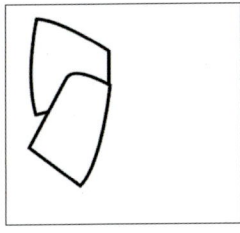 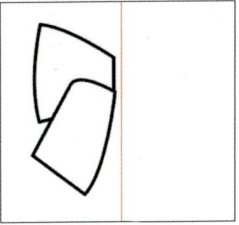

02 리본을 선택하고 Reflect Tool(반사 도구, ▶️◀)을 선택한 후 반사의 기준이 되는 안내선을 Alt 를 누르면서 클릭합니다. Reflect(반사) 창에서 'Axis(축) : Vertical(세로)'을 선택하고 Copy (복사)를 클릭합니다. 리본 꼬리만 선택하고 Shift + Ctrl + [를 눌러서 맨 뒤에 배치합니다.

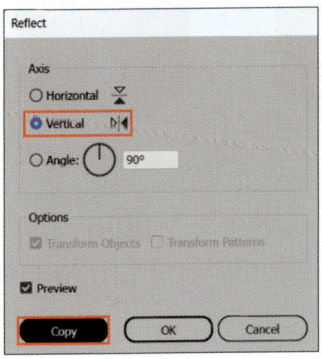 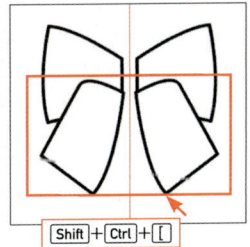 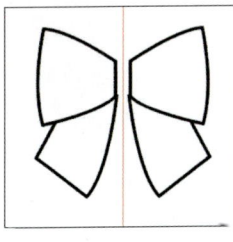

03 Rounded Rectangle Tool(둥근 사각형 도구, ▢)을 선택하고 아트보드를 클릭한 후 'Width(폭) : 6mm, Height(높이) : 6mm, Corner Radius(모퉁이 반경) : 1mm'를 입력하여 적절하게 배치합니다.

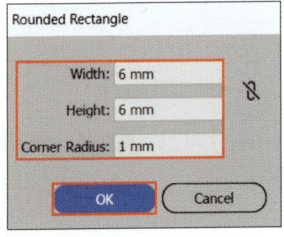 

04 리본 오브젝트로 그려진 도형들을 모두 선택하고 Gradient(그레이디언트) 패널에서 그라디언트 색상을 클릭한 후 Gradient Slider(그라디언트 슬라이더)를 활성화합니다.

05 Gradient Slider(그라디언트 슬라이더)의 왼쪽 'Color Stop(색상 중지점)'을 더블 클릭하여 M80Y90을, 오른쪽 'Color Stop(색상 중지점)'을 더블 클릭하여 M30Y80을 입력합니다.

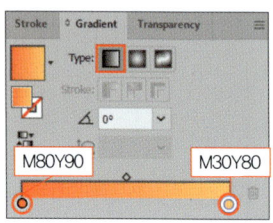 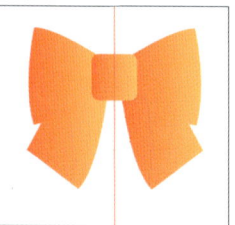

06 그라디언트 방향을 지정하기 위하여 오른쪽 리본 조각을 선택하고 Gradient Tool(그레이디언트 도구, ▣)을 클릭한 후 오른쪽에서 왼쪽으로 드래그합니다. 각각의 조각을 선택하고 그라디언트 방향을 맞춰 드래그합니다.

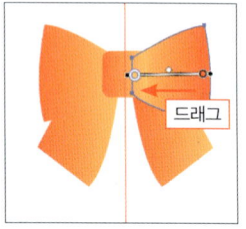 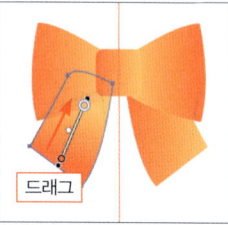 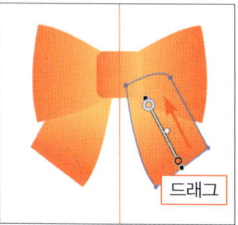 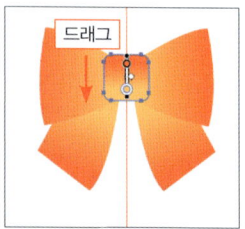

07 Pen Tool(펜 도구, ✐)을 선택하여 종을 그린 후 Reflect Tool(반사 도구, ▷◁)을 선택한 후 Alt 를 누른 채 반사의 기준이 되는 안내선을 클릭합니다. Reflect(반사) 창에서 'Axis(축) : Vertical(세로)'을 선택하고 Copy(복사)를 클릭합니다.

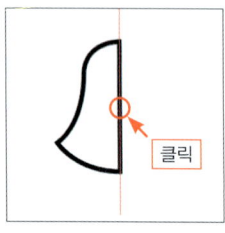 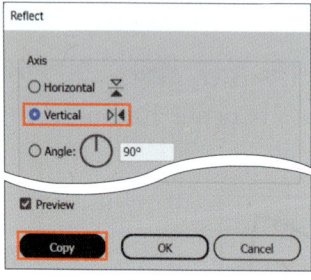 

08 모든 오브젝트를 선택하고 Pathfinder(패스파인더) 패널에서 Unite(합치기, ▣)를 선택하여 병합합니다. 종을 선택하고 Swatches(견본) 패널에서 'Fill(칠) : Y100, Stroke(선) : None(없음)'으로 지정합니다.

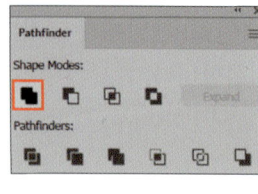 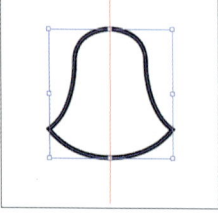

09 줄무늬를 만들기 위하여 Ellipse Tool(원형 도구, 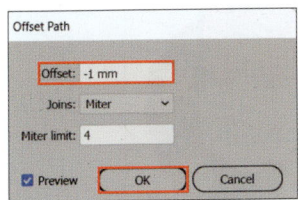)을 선택하고 타원을 그린 후 Swatches(견본) 패널에서 'Fill(칠) : None(없음), Stroke(선) : K100'으로 지정합니다.

10 타원을 선택하고 [Object(오브젝트)]-[Path(패스)]-[Offset Path(오프셋 패스)]를 클릭한 후 Offset Path(오프셋 패스) 창에서 'Offset(이동) : -1mm'를 입력합니다.

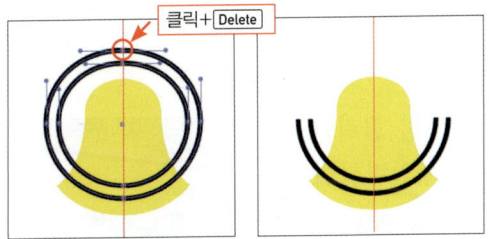

11 두 개의 타원을 선택하고 Direct selection Tool(직접 선택 도구,)로 타원의 위쪽 고정점을 선택하고 삭제합니다.

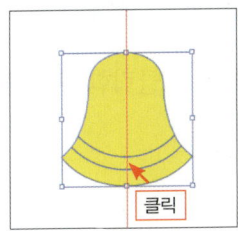 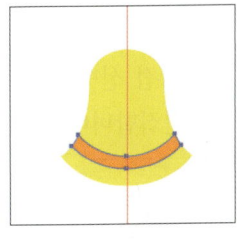

12 Group Selection Tool(그룹 선택 도구,)을 선택하고 종 오브젝트 가운데의 줄무늬를 선택한 후 Swatches(견본) 패널에서 'Fill(칠) : M50Y100'으로 지정합니다.

13 Ellipse Tool(원형 도구,)을 선택하고 아트보드를 클릭한 후 'Width(폭) : 3mm, Height(높이) : 3mm'를 입력합니다. Swatches (견본) 패널에서 'Fill(칠) : M50Y100, Stroke(선) : None(없음)'으로 지정한 후 Shift + Ctrl + [를 눌러서 맨 뒤로 배치합니다.

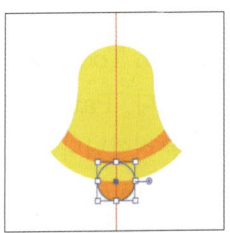

14 리본과 종을 선택하고 `Ctrl`+`G`를 눌러 그룹으로 묶은 후 [Effect(효과)]-[Stylize(스타일화)]-[Drop Shadow(그림자 만들기)]를 선택하여 Drop Shadow(그림자 효과) 창에서 'Mode(모드) : Multiply(곱하기), Opacity(불투명도) : 75%, X Offset(X 옵셋) : 1mm, Y Offset(Y 옵셋) : 1mm, Blur(흐림 효과) : 1mm'로 지정합니다.

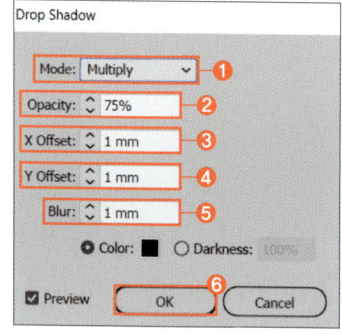

05 포인세티아 오브젝트 만들기

01 Ellipse Tool(원형 도구, ◯)을 선택하고 아트보드를 클릭한 후 'Width(폭) : 4mm, Height(높이) : 8mm'를 입력합니다. Swatches(견본) 패널에서 'Fill(칠) : M100Y100, Stroke(선) : None(없음)'으로 지정합니다.

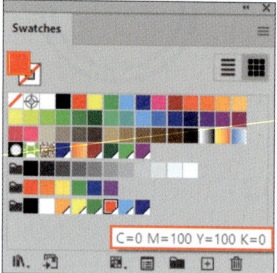

02 Direct selection Tool(직접 선택 도구, ▷)을 선택하고 타원의 고정점을 클릭한 후 핸들을 조절하여 꽃잎 모양으로 편집합니다.

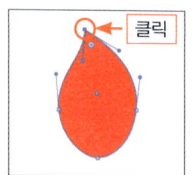
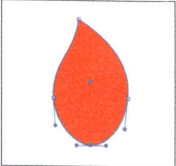

03 Pen Tool(펜 도구, ✎)을 선택하고 꽃잎을 분할하는 선을 그린 후 모든 오브젝트들을 선택합니다. Pathfinder(패스파인더) 패널에서 Divide(나누기, ▣)를 선택하여 오브젝트를 반으로 분리합니다. Group Selection Tool(그룹 선택 도구, ▷)을 선택하여 오른쪽 꽃잎을 클릭한 후 Swatches(견본) 패널에서 'Fill(칠) : C20M100Y90K10'으로 지정합니다.

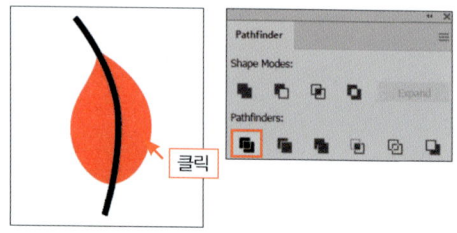

04 꽃잎을 회전하기 위한 안내선을 만든 후 꽃잎을 선택하고 Rotate Tool(회전 도구)을 클릭합니다. Alt 를 누른 채 안내선 교차점을 클릭한 후 Rotate(회전) 창에서 'Angle(각도, ⟲) : 60°'를 입력하고 Copy(복사)를 클릭합니다. Ctrl + D 를 눌러 회전 복사를 반복합니다.

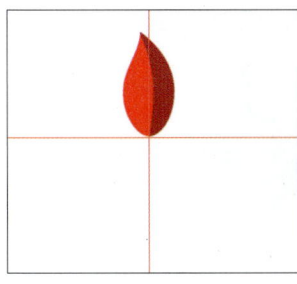
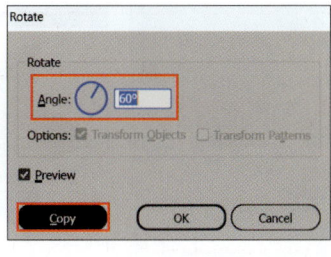
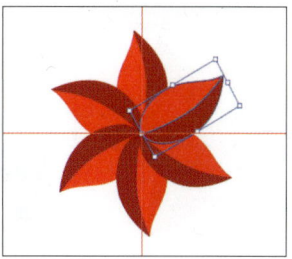

05 꽃을 선택하고 Rotate Tool(회전 도구, ⟲)을 더블 클릭한 후 Rotate(회전) 창에서 'Angle(각도) : 30°'를 입력하고 Copy(복사)를 클릭합니다.

06 회전 복사된 꽃을 선택하고 Scale Tool(크기 조절 도구, ▦)을 더블 클릭한 후 Scale(크기 조절) 창에서 'Uniform(균일) : 130%'를 입력합니다. 확대된 꽃을 Selection Tool(선택 도구, ▶)로 더블 클릭하여 Isolation Mode(격리 모드)로 전환합니다.

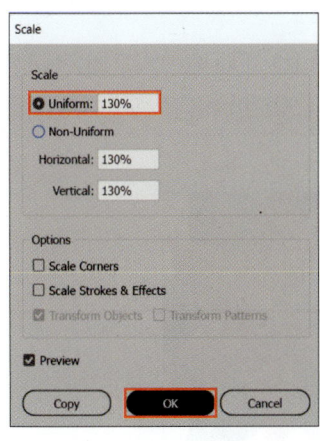

기적의 TIP

- 그룹으로 묶인 오브젝트를 선택하고 더블 클릭하면 Isolation Mode(격리 모드)로 진입하여 다른 오브젝트의 간섭이 없는 독립적인 공간에서 작업할 수 있습니다.
- Esc를 눌러 Isolation Mode(격리 모드)를 해제할 수 있습니다.

07 Magic Wand Tool(자동 선택 도구,)을 선택하고 밝은 빨강색 꽃잎을 클릭한 후 Swatches (견본) 패널에서 'Fill(칠) : C80Y100'으로 지정합니다. 계속해서 짙은 빨강색 꽃잎을 클릭한 후 Swatches(견본) 패널에서 'Fill(칠) : C90M30Y90K30'으로 지정합니다.

08 Esc를 누르고 Isolation Mode(격리 모드)를 해제한 후 녹색 꽃잎을 선택하고 Shift + Ctrl + [ ]를 눌러서 맨 뒤로 배치합니다.

09 Ellipse Tool(원형 도구,)을 선택하고 아트보드를 클릭한 후 'Width(폭) : 1mm, Height(높이) : 1mm'와 'Width(폭) : 0.5mm, Height(높이) : 0.5mm'를 입력합니다.

10 Swatches(견본) 패널에서 'Fill(칠) : Y100, Stroke(선) : None(없음)'으로 지정합니다. 타원을 선택하고 출력형태에 맞도록 꽃 오브젝트의 가운데 쪽에 배치합니다.

11 작은 타원을 선택하고 Rotate Tool(회전 도구,)을 클릭합니다. Alt를 누른 채 안내선 교차점을 클릭한 후 Rotate(회전) 창에서 'Angle(각도,) : 45'를 입력하고 Copy(복사)를 클릭합니다. Ctrl + D를 눌러 회전 복사를 반복합니다.

 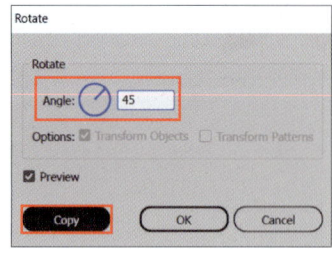 

12 꽃을 모두 선택하고 Ctrl+G를 눌러 그룹으로 묶은 후 Alt를 누른 채 드래그하여 복사합니다. 복사한 꽃을 선택하고 크기와 위치를 조절하고 출력형태와 같이 배치합니다.

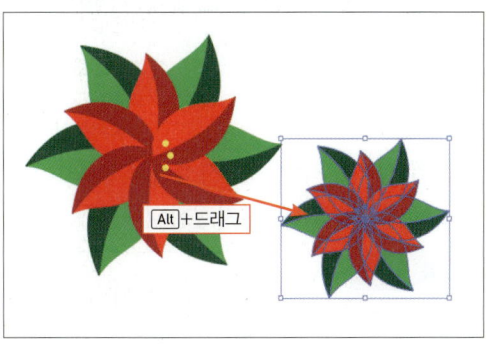

06 브러시 오브젝트 만들기

01 리본 모양 배너를 브러시로 만들기 위하여 Line Segment Tool(선분 도구, /)을 선택하고 Alt를 누르면서 직선을 그립니다.

02 Brushes(브러시) 패널 좌측 하단에서 Brush Libraries Menu(브러시 라이브러리 메뉴,)를 선택하고 [Decorative(장식)]-[Decorative_Banners and Seals(장식_배너와 씰)]을 클릭하여 추가 브러시 패널을 불러옵니다. 'Banner 2(배너 2)'를 선택하여 적용하고 배치합니다.

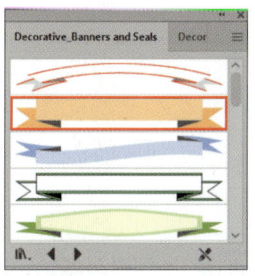 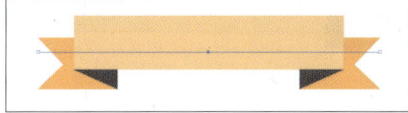

03 눈송이 모양을 브러시로 만들기 위하여 Paintbrush Tool(페인트 브러시 도구,)을 선택하고 곡선을 그립니다.

04 Brushes(브러시) 패널 좌측 하단에서 Brush Libraries Menu(브러시 라이브러리 메뉴,)를 선택하고 [Decorative(장식)]-[Decorative_Scatter(장식_산포)]를 클릭하여 추가 브러시 패널을 불러옵니다. 'Snowflake(눈송이)'을 선택하여 적용하고 배치한 후 Stroke(획) 패널에서 'Weight(두께) : 0.5pt'를 지정합니다.

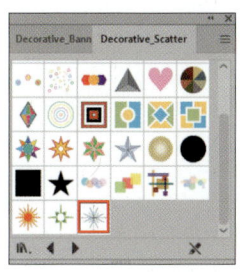  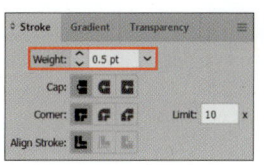 

07 문자 입력하고 변형하기

01 문자를 입력하기 위하여 Type Tool(문자 도구, T)을 선택하고 아트보드를 클릭하여 'Happy Holiday'를 입력합니다.

02 상단 옵션 바에서 'Set the Font family(글꼴 군 설정) : Times New Roman, Set the Font style(글꼴 스타일) : Bold, Set the Font size(글꼴 크기) : 18pt'로 지정하고 Swatches(견본) 패널에서 'Fill(칠) : M100Y100, Stroke(선) : None(없음)'으로 지정합니다.

03 문자를 패스로 만들기 위하여 문자를 선택하고 [Type(문자)]-[Create outline(윤곽선 만들기)](Shift + Ctrl + O)를 선택하여 패스로 만듭니다. 문자가 패스화되면 Selection Tool(선택 도구, ▶)로 'Happy Holiday' 오브젝트를 더블 클릭하고 Isolation Mode(격리 모드)로 전환합니다.

04 문자 오브젝트를 위, 아래로 분리하기 위하여 Erase Tool(지우개 도구, ◆)을 선택합니다. [와] 를 눌러서 문자를 분리하는 선만큼 작게 지우개의 크기를 조절한 후 문자 오브젝트를 지나가도록 드래그합니다.

05 분리된 아래쪽 오브젝트들을 Selection Tool(선택 도구, ▶)로 Shift 를 누르면서 모두 선택하고 Swatches(견본) 패널에서 'Fill(칠) : C50M100, Stroke(선) : None(없음)'으로 지정합니다. Esc 를 누르고 Isolation Mode(격리 모드)를 해제한 후 배너 오브젝트 위에 적절하게 배치합니다.

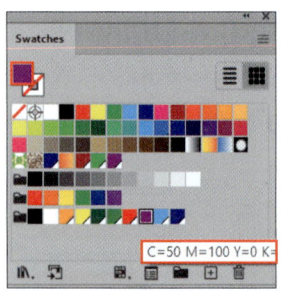 

06 곡선 위에 문자를 입력하기 위하여 Pen Tool(펜 도구,)을 선택하고 곡선을 제작합니다. Type on a Path Tool(패스 상의 문자 도구,)을 선택하고 곡선을 클릭하여 'Christmas Present'를 입력한 후 Ctrl+A를 눌러 모두 선택합니다.

07 상단 옵션 바에서 'Set the Font family(글꼴 군 설정) : Arial, Set the Font style(글꼴 스타일) : Bold, Set the Font size(글꼴 크기) : 10pt, Align Center(가운데 정렬)'로 선택하고 Swatches(견본) 패널에서 'Fill(칠) : C80M10Y100K10, Stroke(선) : None(없음)'으로 지정합니다.

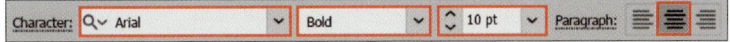

08 파일 저장

01 최종적으로 작업 파일의 오브젝트 위치, 순서를 점검하고 불필요한 안내선이 남아있는 경우 [View(보기)]-[Guide(안내선)]-[Clear Guide(안내선 지우기)]를 선택하여 안내선을 지웁니다.

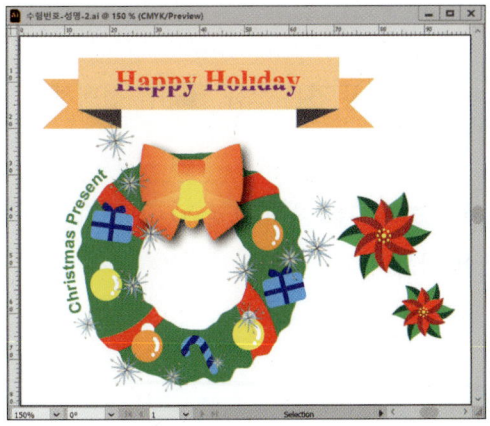

02 [File(파일)]-[Save as(다른이름으로 저장)](Shift+Ctrl+S)을 선택하여 '저장 위치 : 내 PC\문서\GTQ, 파일 이름 : 수험번호-성명-2, 파일 형식 : Adobe Illustrator(*.AI)'로 저장합니다. [Illustrator Options(Illustrator 옵션)] 창이 뜨면 [OK(확인)]를 누르고 옵션 창을 닫습니다.

03 답안 저장이 완료되면 [File(파일)]-[Close(닫기)](Ctrl+W)를 선택하여 파일을 닫고 수험 프로그램에서 [답안 전송]을 선택하여 ai 파일을 감독관 컴퓨터로 전송합니다.

문제 ❸	어플리케이션 디자인
작업과정	① 새 작업 파일 만들기 ➡ ② 견본색 그룹 만들기 ➡ ③ 쿠키 패턴 만들기 ➡ ④ 선물 오브젝트 만들기 ➡ ⑤ 썰매 오브젝트 만들기 ➡ ⑥ 클리핑 마스크 및 패턴 적용 ➡ ⑦ 컵케이크 오브젝트 만들기 ➡ ⑧ 파일 저장
완성이미지	PART04₩기출유형문제05회₩수험번호-성명-3.ai

01 새 작업 파일 만들기

01 새 작업 파일을 만들기 위하여 [File(파일)]-[New(새로 만들기)](Ctrl+N)를 선택하고 'Width : 120mm, Height : 80mm, Units : Millimeters, Color Mode : CMYK'를 설정하여 새 작업 파일을 만듭니다.

02 [View(보기)]-[Rulers(눈금자)]-[Show Rulers(눈금자 표시)](Ctrl+R)를 선택하여 눈금자를 표시합니다.

03 작업 파일을 저장하기 위하여 [File(파일)]-[Save as(다른이름으로 저장)](Shift+Ctrl+S)을 선택하여 '저장 위치 : 내PC₩문서₩GTQ, 파일 이름 : 수험번호-성명-3, 파일 형식 : Adobe Illustrator(*.AI)'로 저장합니다. [Illustrator Options(Illustrator 옵션)] 창이 뜨면 [OK(확인)]를 누르고 옵션 창을 닫습니다.

02 견본색 그룹 만들기

01 Swatches(견본) 패널 우측 하단에서 New Group(새 색상 견본 그룹,)을 선택하여 새로운 그룹을 만들고 그룹의 이름을 GTQ라고 입력합니다.

02 만들어진 그룹을 클릭하고 New Swatch(새 견본,)를 선택하여 문제에서 제시하는 색상값을 입력합니다. 반복하여 모든 색상을 견본 그룹에 만듭니다.

03 쿠키 패턴 만들기

01 Polygon Tool(다각형 도구,)을 선택하고 아트보드를 클릭한 후 'Radius(반경) : 4mm, Sides(면) : 3'을 입력하고 Swatches(견본) 패널에서 'Fill(칠) : C30M50Y80K10, Stroke(선) : None(없음)'으로 지정합니다.

02 Direct selection Tool(직접 선택 도구, 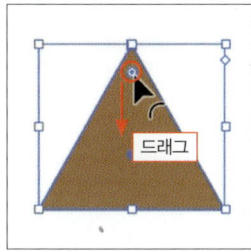)로 Corner Widget(모퉁이 위젯)을 드래그하면서 둥글게 조절합니다.

03 삼각형을 선택하여 Alt 를 누른 채 아래로 드래그하여 복사하고 Scale Tool(크기 조절 도구, 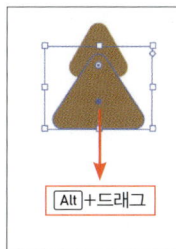)을 더블 클릭한 후 Scale(크기 조절) 창에서 'Non-Uniform(비균일), Horizontal(가로) : 150%, Vertical(세로) : 130%'를 입력합니다. 복사한 삼각형을 선택하고 Alt 를 누른 채 아래로 드래그하여 복사하고 크기 조절을 반복합니다.

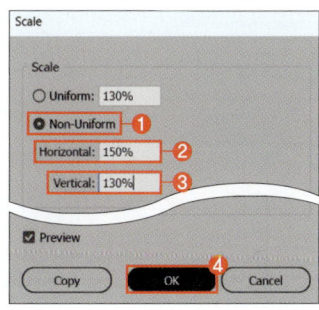
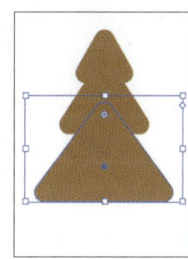

04 Rounded Rectangle Tool(둥근 사각형 도구, )을 선택하여 아트보드를 클릭한 후 'Width(폭) : 5mm, Height(높이) : 5mm, Corner Radius(모퉁이 반경) : 1mm'를 입력합니다.

05 Swatches(견본) 패널에서 'Fill(칠) : C30M50Y80K10, Stroke(선) : None(없음)'으로 지정하여 나무 기둥으로 배치한 후 모두 선택하고 Pathfinder(패스파인더) 패널에서 Unite(합치기, 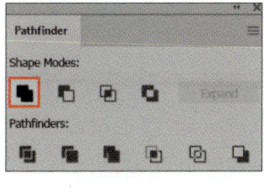)를 선택하여 병합합니다.

06 병합한 나무를 선택하여 [Object(오브젝트)]-[Path(패스)]-[Offset Path(오프셋 패스)]를 클릭한 후 Offset Path(오프셋 패스) 창에서 'Offset(이동) : −0.7mm'를 입력합니다.

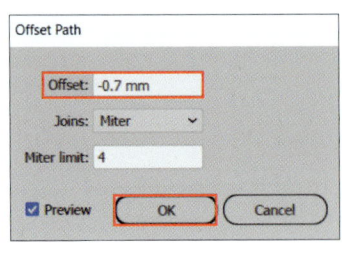 

07 축소된 나무를 선택하고 Swatches(견본) 패널에서 'Fill(칠) : None(없음), Stroke(선) : C0M0Y0K0'으로 지정한 후 Stroke(획) 패널에서 'Weight(두께) : 1pt'를 지정합니다.

08 Ellipse Tool(원형 도구, ◯)을 선택하고 아트보드를 클릭한 후 'Width(폭) : 7mm, Height(높이) : 7mm'를 입력합니다. Swatches(견본) 패널에서 'Fill(칠) : C30M50Y80K10, Stroke(선) : None(없음)'으로 지정하고 진저브레드를 반사할 안내선을 드래그하여 만듭니다.

 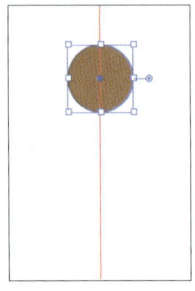

09 Pen Tool(펜 도구, ✎)을 선택하여 팔과 다리를 그린 후 Reflect Tool(반사 도구, ▷|◁)을 선택한 후 반사의 기준이 되는 안내선을 Alt 를 누른 채 클릭합니다. Reflect(반사) 창에서 'Axis(축) : Vertical(세로)'을 선택하고 Copy(복사)를 클릭합니다.

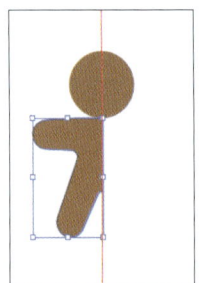 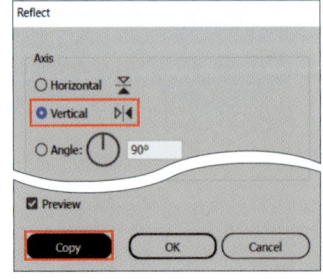 

10 오브젝트들을 모두 선택하고 Pathfinder(패스파인더) 패널에서 Unite(합치기, 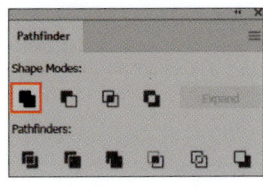)를 선택하여 하나로 병합합니다.

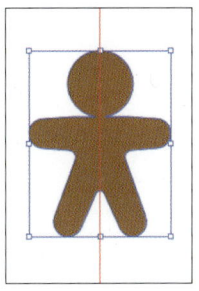

11 Direct selection Tool(직접 선택 도구, 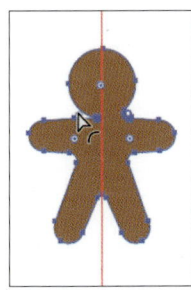)로 목 부분의 Corner Widget(모퉁이 위젯)을 더블 클릭한 후 Corner(모퉁이) 창에서 'Corner(모퉁이) : Round(둥글게), Radius(반경) : 0.5mm'로 지정합니다.

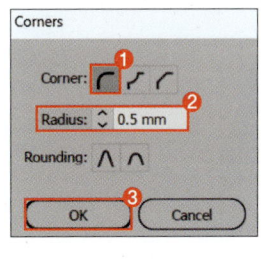

12 진저브레드를 선택하고 [Object(오브젝트)]–[Path(패스)]–[Offset Path(오프셋 패스)]를 클릭한 후 Offset Path(오프셋 패스) 창에서 'Offset(이동) : −0.7mm'를 입력합니다.

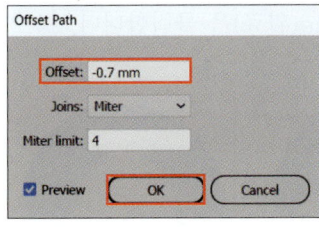
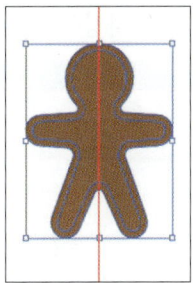

13 축소된 진저브레드를 선택하고 Swatches(견본) 패널에서 'Fill(칠) : None(없음), Stroke(선) : C0M0Y0K0'으로 지정한 후 Stroke(획) 패널에서 'Weight(두께) : 1pt'를 지정합니다.

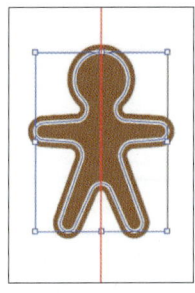

14 Ellipse Tool(원형 도구, ◯)을 선택하여 눈을 그린 후 Swatches(견본) 패널에서 'Fill(칠) : C0M0Y0K0, Stroke(선) : None(없음)'으로 지정합니다. Alt 를 누른 채 드래그하여 복사 후, 이를 반복하여 눈과 단추를 완성합니다.

15 입을 만들기 위하여 Pencil Tool(연필 도구, ✏)을 선택하고 드래그하면서 곡선을 그립니다. Swatches(견본) 패널에서 'Fill(칠) : None(없음), Stroke(선) : C0M0Y0K0'으로 지정합니다.

16 패턴으로 만들기 위하여 나무와 진저브레드를 선택하고 [Object(오브젝트)]-[Pattern(패턴)]-[Make(만들기)]를 선택합니다. Pattern Options(패턴 옵션) 창에서 'Name(이름) : COOKIE, Tile Type(타일 유형) : Grid(격자)' 지정하고 Done(완료)을 클릭합니다.

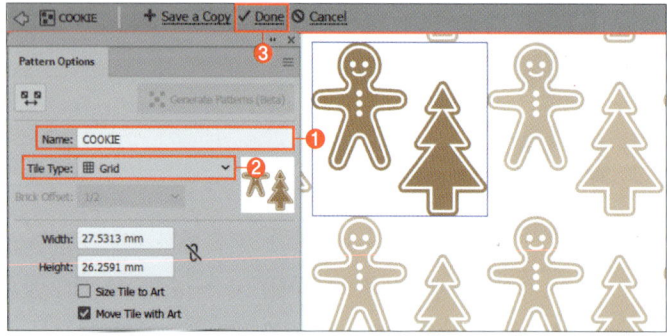

04 선물 오브젝트 만들기

01 Rounded Rectangle Tool(둥근 사각형 도구, ▢)을 선택하고 아트보드를 클릭한 후 'Width(폭) : 18mm, Height(높이) : 13mm, Corner Radius(모퉁이 반경) : 1mm'를 입력합니다. Swatches(견본) 패널에서 'Fill(칠) : Y100, Stroke(선) : None(없음)'으로 지정한 후 Direct selection Tool(직접 선택 도구, ▷)로 좌측 하단을 선택하고 우측으로 드래그합니다.

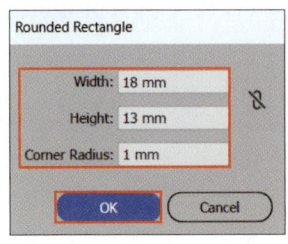 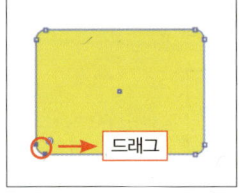 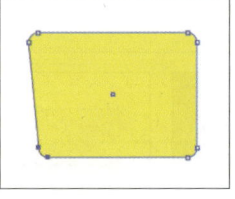

02 줄무늬를 그리기 위하여 Line Segment Tool(선분 도구, ╱)을 선택하고 대각선을 그립니다. 선을 선택하고 Alt 를 누른 채 드래그하여 복사한 후 Ctrl + D 를 누르면서 반복합니다.

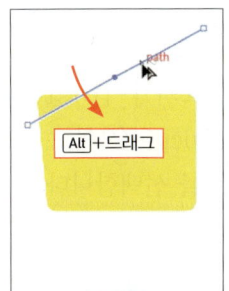 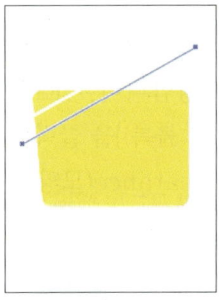

03 선을 모두 선택하고 [Object(오브젝트)]-[Expand(확장)]를 클릭하여 선을 면으로 확장합니다. 모든 오브젝트를 클릭하고 Pathfinder(패스파인더) 패널에서 Divide(나누기, ▣)를 선택하여 분리합니다. Group Selection Tool(그룹 선택 도구, ▷)로 불필요한 부분을 선택한 후 삭제합니다.

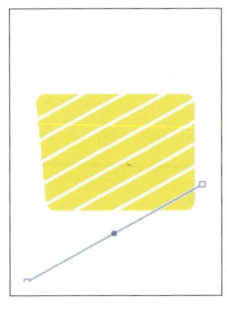 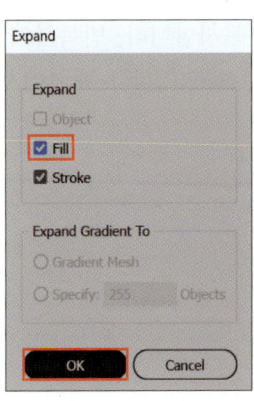 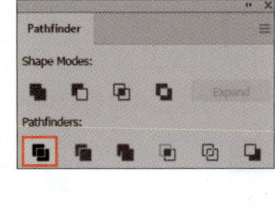 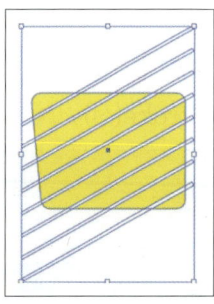

04 Line Segment Tool(선분 도구, ▱)을 선택하고 선을 그린 후 Swatches(견본) 패널에서 'Fill(칠) : None(없음), Stroke(선) : K100'으로 지정합니다.

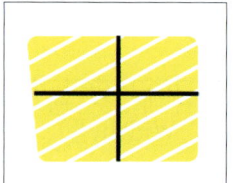

05 Stroke(획) 패널에서 'Dashed Line(점선 사용) : 체크'하고 'dash(점선) : 3pt, gap(간격) : 2pt'로 지정합니다.

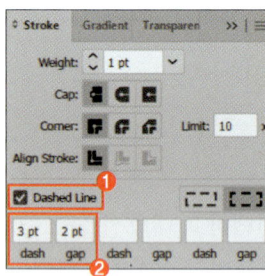 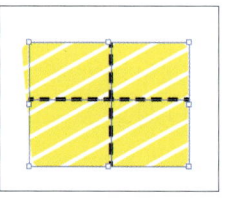

06 Pen Tool(펜 도구, ✒)을 선택하여 그린 후 Swatches(견본) 패널에서 'Fill(칠) : C90M30Y90K30, Stroke(선) : None(없음)'으로 지정합니다. [Effect(효과)]-[Distort & Transform(왜곡과 변형)]-[Pucker & Bloat(오목과 볼록)]을 클릭하고 'Pucker(오목) : -20%'으로 지정한 후 [Object(오브젝트)]-[Expand Appearance(모양 확장)]를 선택합니다.

 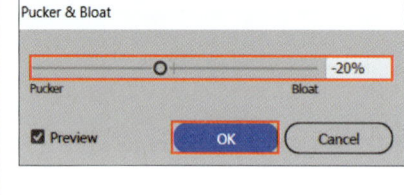 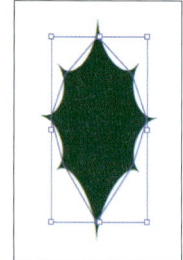 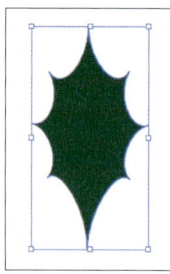

07 나뭇잎을 선택하고 Alt 를 누른 채 드래그하여 복사합니다. 반복하여 선물 오브젝트 위에 배치하고 그 중 하나의 나뭇잎 오브젝트는 Swatches(견본) 패널에서 'Fill(칠) : C50Y100, Stroke(선) : None(없음)'으로 지정합니다.

08 Ellipse Tool(원형 도구, ◯)을 선택하고 아트보드를 클릭한 후 'Width(폭) : 3mm, Height(높이) : 3mm'를 입력합니다. Alt를 누른 채 드래그하여 복사합니다. 반복하여 배치하고 Swatches(견본) 패널에서 'Fill(칠) : M100Y100와 M50Y100, C20M100Y100K20'으로 지정합니다.

05 썰매 오브젝트 만들기

01 Pen Tool(펜 도구, ✎)을 선택하여 썰매를 그린 후 Gradient(그레이디언트) 패널에서 그라디언트 색상을 클릭하여 Gradient Slider(그라디언트 슬라이더)를 활성화합니다.

02 Gradient Slider(그라디언트 슬라이더)의 왼쪽 'Color Stop(색상 중지점)'을 더블 클릭하여 M100Y100을, 오른쪽 'Color Stop(색상 중지점)'을 더블 클릭하여 C30M100Y100K30을 적용합니다.

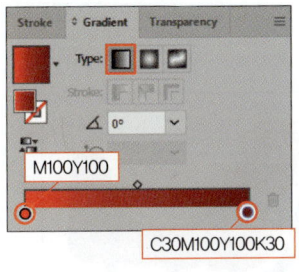 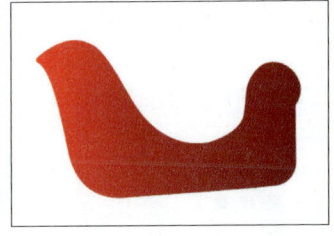

03 썰매를 선택하고 Alt를 누른 채 드래그하여 복사한 후 Swatches(견본) 패널에서 'Fill(칠) : None(없음), Stroke(선) : Y100'으로 지정합니다.

04 Direct selection Tool(직접 선택 도구, ▷)로 불필요한 부분을 Delete 를 눌러 삭제한 후 Stroke(획) 패널에서 'Weight(두께) : 7pt, Cap(단면) : Round Cap(둥근 단면)'으로 지정합니다.

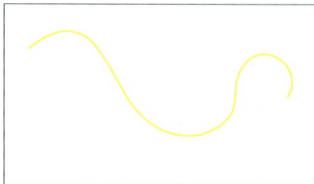 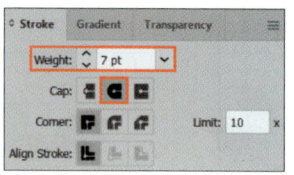 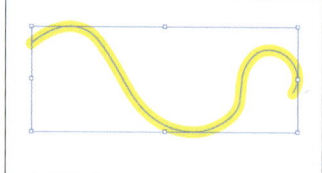

05 [Object(오브젝트)]-[Expand Appearance(모양 확장)]을 클릭한 후 [Object(오브젝트)]-[Expand(확장)]를 클릭하여 선을 면으로 확장합니다.

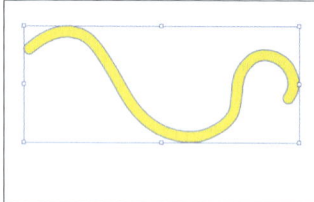 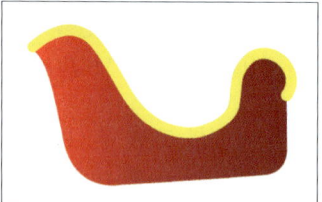

06 Pen Tool(펜 도구, ✏)을 선택하여 썰매 다리를 그린 후 Swatches(견본) 패널에서 'Fill(칠) : None(없음), Stroke(선) : C40M70Y100K50'으로 지정합니다.

07 Stroke(획) 패널에서 'Weight(두께) : 7pt, Cap(단면) : Round Cap(둥근 단면)'으로 지정합니다.

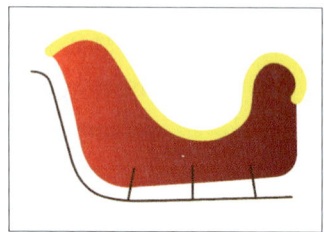 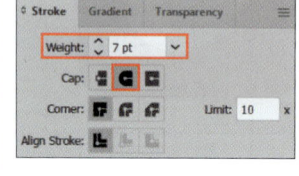 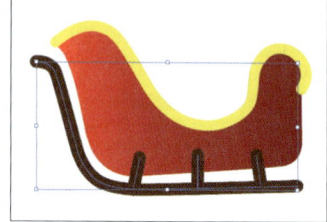

08 [Object(오브젝트)]-[Expand(확장)]를 선택하여 선을 면으로 확장한 후 Shift + Ctrl + [를 눌러서 맨 뒤로 배치합니다.

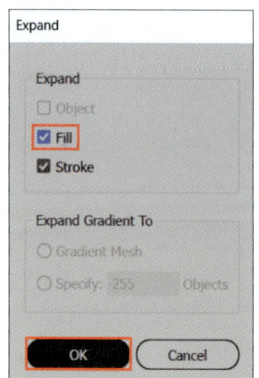  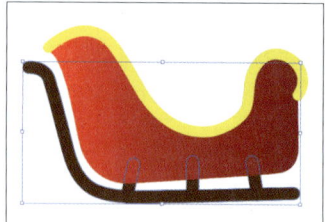

06 클리핑 마스크 및 패턴 적용

01 Pen Tool(펜 도구, ✐)을 선택하여 선물 주머니를 그린 후 Swatches(견본) 패널에서 'Fill(칠) : C80M10Y100K10, Stroke(선) : None(없음)'으로 지정합니다.

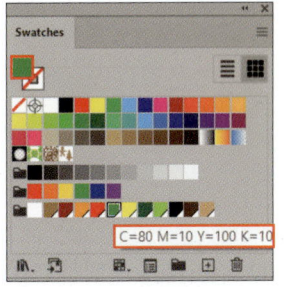

02 선물 오브젝트를 선택하고 [Alt]를 누른 채 드래그하여 복사한 후 [Shift]+[Ctrl]+[]]를 눌러 맨 앞으로 배치합니다. 반복하여 출력형태에 따라 여러 개를 배치하고 [Shift]를 누른 채 크기를 조절합니다.

03 주머니를 선택하고 [Ctrl]+[C]를 눌러서 복사한 후 [Ctrl]+[F]를 눌러서 같은 위치이면서 바로 위에 붙입니다. [Shift]+[Ctrl]+[]]를 누르고 순서를 맨 앞으로 보냅니다.

04 복사한 주머니만큼 선물에 클리핑 마스크를 적용하기 위하여 복사된 주머니와 선물 오브젝트들을 모두 선택하고 [Object(오브젝트)]-[Clipping Mask(클리핑 마스크)]-[Make(만들기)]([Ctrl]+[7])을 누릅니다.

05 Pencil Tool(연필 도구, ✎)을 선택하고 리본의 색을 지정하기 위하여 Swatches(견본) 패널에서 'Fill(칠) : None(없음), Stroke(선) : C40M70Y100K50'으로 지정한 후 드래그하면서 리본을 그립니다. Stroke(획) 패널에서 'Weight(두께) : 2pt, Cap(단면) : Round Cap(둥근 단면)'으로 지정합니다. 모두 선택하고 [Shift]+[Ctrl]+[[]를 눌러서 맨 뒤로 배치합니다.

 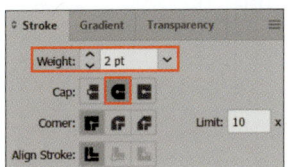 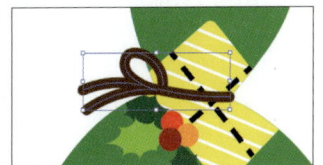

06 주머니를 선택하고 Alt 를 누른 채 드래그하여 복사한 후 Swatches(견본) 패널에서 'Fill(칠) : M50Y100, Stroke(선) : None(없음)'으로 지정합니다.

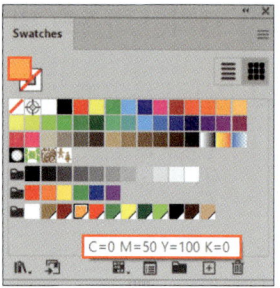

07 주머니를 선택하고 Ctrl + C 를 눌러서 복사한 후 Ctrl + F 를 눌러서 같은 위치이면서 바로 위에 붙입니다. Swatches(견본) 패널에서 'Fill(칠) : COOKIE' 패턴으로 지정합니다.

08 패턴의 크기를 줄이기 위하여 Scale Tool(크기 조절 도구,)을 더블 클릭하고 Scale(크기 조절) 창에서 'Uniform(균일) : 30%'를 입력하고 Options(옵션)에서 'Transform Patterns(패턴 변형) : 체크'합니다. 녹색 주머니 리본을 선택하고 Alt 를 누르면서 드래그하여 복사한 후 주황색 주머니를 모두 선택하고 Shift + Ctrl + [를 눌러서 맨 뒤로 배치합니다.

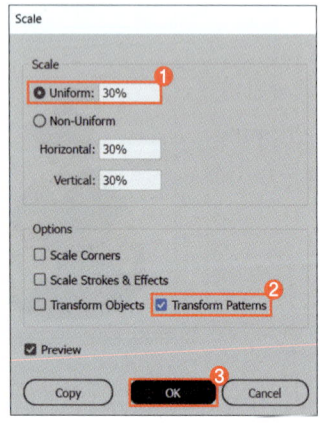  

09 선물 오브젝트를 선택하고 Alt 를 누른 채 드래그하여 복사하고 Shift + Ctrl +] 를 눌러 맨 앞으로 배치합니다. 반복하여 배치하고 Shift 를 누르면서 크기를 조절한 후 세 개를 모두 선택하고 Ctrl + G 를 눌러 그룹으로 묶습니다.

 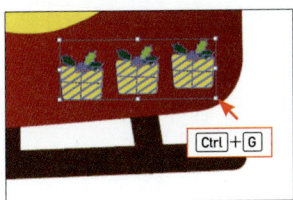

10 문자를 입력하기 위하여 Type Tool(문자 도구, T)을 선택하고 아트보드를 클릭하여 'Season's Greetings'을 입력합니다.

11 상단 옵션 바에서 'Set the Font family(글꼴 군 설정) : Arial, Set the Font style(글꼴 스타일) : Regular, Set the Font size(글꼴 크기) : 8pt'로 지정하고 Swatches(견본) 패널에서 'Fill(칠) : C0M0Y0K0, Stroke(선) : None(없음)'으로 지정한 후 적절하게 배치합니다.

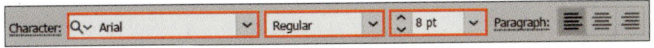 

07 컵케이크 오브젝트 만들기

01 Rounded Rectangle Tool(둥근 사각형 도구, ▭)을 선택하여 아트보드를 클릭한 후 'Width(폭) : 25mm, Height(높이) : 20mm, Corner Radius(모퉁이 반경) : 3mm'를 입력합니다. Swatches(견본) 패널에서 'Fill(칠) : C40M70Y100K50, Stroke(선) : None(없음)'으로 지정합니다.

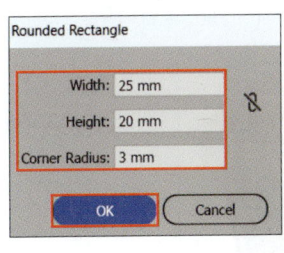 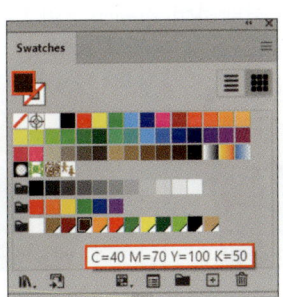

02 Direct selection Tool(직접 선택 도구, ▷)로 하단을 모두 선택한 후 Scale Tool(크기 조절 도구, ▯)을 더블 클릭하고 Scale(크기 조절) 창에서 'Uniform(균일) : 80%'를 입력합니다.

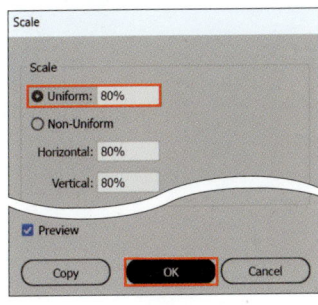 

03 사각형을 선택하고 [Object(오브젝트)]-[Path(패스)]-[Offset Path(오프셋 패스)]를 클릭한 후 Offset Path(오프셋 패스) 창에서 'Offset(이동) : -1mm'를 입력합니다.

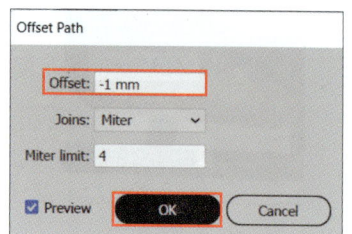

04 축소된 사각형을 선택하고 Swatches(견본) 패널에서 'Fill(칠) : None(없음), Stroke(선) : C0M0Y0K0'으로 지정합니다.

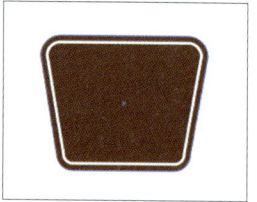

05 Stroke(획) 패널에서 'Weight(두께) : 1pt, Dashed Line(점선 사용) : 체크'하고 'dash(점선) : 5pt, gap(간격) : 3pt, dash(점선) : 1pt, gap(간격) : 3pt'로 지정합니다.

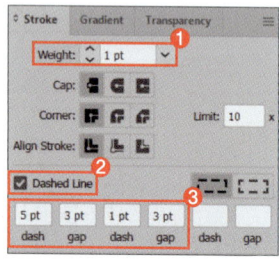 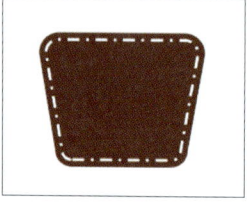

06 Swatches(견본) 패널에서 'Fill(칠) : C20M40Y60, Stroke(선) : None(없음)'으로 지정한 후 Curvature Tool(곡률 도구,)을 선택하여 컵케이크의 위쪽 부분을 그립니다.

07 눈사람을 만들기 위하여 Ellipse Tool(원형 도구,)을 선택하고 아트보드를 클릭한 후 눈사람 몸통 오브젝트는 'Width(폭) : 12mm, Height(높이) : 12mm로, 눈사람 얼굴 오브젝트는 Width(폭) : 7mm, Height(높이) : 7mm'를 입력합니다.

08 눈사람의 얼굴, 몸통 오브젝트 둘 다 Swatches(견본) 패널에서 'Fill(칠) : C0M0Y0K0, Stroke(선) : K100'으로 지정하여 위, 아래로 배치합니다.

09 모자를 만들기 위하여 Ellipse Tool(원형 도구, ◯)을 선택하고 아트보드를 클릭한 후 'Width(폭) : 10mm, Height(높이) : 3mm'를 입력합니다.

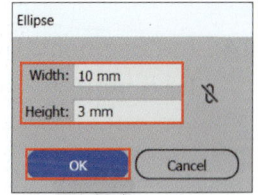

10 Rounded Rectangle Tool(둥근 사각형 도구, ◯)을 선택하고 아트보드를 클릭한 후 'Width(폭) : 5mm, Height(높이) : 3mm, Corner Radius(모퉁이 반경) : 1mm'를 입력합니다. 타원과 사각형을 선택하고 Swatches(견본) 패널에서 'Fill(칠) : K100, Stroke(선) : None(없음)'으로 지정합니다.

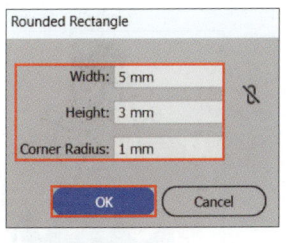 

11 Ellipse Tool(원형 도구, ◯)을 선택하여 아트보드를 클릭한 후 'Width(폭) : 10mm, Height(높이) : 5mm'를 입력하여 목도리의 위쪽 부분을 그립니다.

12 Swatches(견본) 패널에서 'Fill(칠) : M100Y100, Stroke(선) : None(없음)'으로 지정하고 Ctrl + [를 누르면서 얼굴 뒤로 배치합니다. 계속해서 Pen Tool(펜 도구, ✎)을 선택하여 나머지 목도리를 그립니다.

13 Ellipse Tool(원형 도구, ◉)을 선택하여 눈을 그린 후 Swatches(견본) 패널에서 'Fill(칠) : K100, Stroke(선) : None(없음)'으로 지정합니다. Alt 를 누른 채 오른쪽으로 드래그하여 복사합니다. 복사를 반복하여 눈과 단추를 완성합니다.

14 Line Segment Tool(선분 도구, ╱)을 선택하여 입과 두 손을 그린 후 Swatches(견본) 패널에서 'Fill(칠) : None(없음), Stroke(선) : K100'으로 지정합니다.

15 Ellipse Tool(원형 도구, ◉)을 선택하여 케이크 크림을 그린 후 Swatches(견본) 패널에서 'Fill(칠) : C20M40Y60, Stroke(선) : None(없음)'으로 지정하고 출력형태와 같이 배치합니다.

16 Rectangle Tool(사각형 도구, ▭)을 선택하여 아트보드를 클릭한 후 'Width(폭) : 30mm, Height(높이) : 6mm'를 입력하고 Swatches(견본) 패널에서 'Fill(칠) : C0M0Y0K0, Stroke(선) : None(없음)'으로 지정합니다. Transparency(투명도) 패널에서 'Opacity(불투명도) : 50%'로 지정합니다.

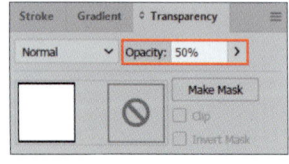 

17 문자를 입력하기 위하여 Type Tool(문자 도구, T)을 선택하고 아트보드를 클릭하여 'Sweet Cake'을 입력합니다.

18 상단 옵션 바에서 'Set the Font family(글꼴 군 설정) : Times New Roman, Set the Font style(글꼴 스타일) : Bold, Set the Font size(글꼴 크기) : 10pt'로 지정하고 Swatches(견본) 패널에서 'Fill(칠) : C0M0Y0K0, Stroke(선) : None(없음)'으로 지정합니다.

08 파일 저장

01 최종적으로 작업 파일의 오브젝트 위치, 순서를 점검하고 불필요한 안내선이 남아있는 경우 [View(보기)]-[Guide(안내선)]-[Clear Guide(안내선 지우기)]를 선택하여 안내선을 지웁니다.

02 [File(파일)]-[Save as(다른이름으로 저장)](Shift+Ctrl+S)을 선택하여 '저장 위치 : 내 PC₩문서₩GTQ, 파일 이름 : 수험번호-성명-3, 파일 형식 : Adobe Illustrator(*.AI)'로 저장합니다. [Illustrator Options(Illustrator 옵션)] 창이 뜨면 [OK(확인)]를 누르고 옵션 창을 닫습니다.

03 답안 저장이 완료되면 [File(파일)]-[Close(닫기)](Ctrl+W)를 선택하여 파일을 닫고 수험 프로그램에서 [답안 전송]을 선택하여 ai 파일을 감독관 컴퓨터로 전송합니다.

기출 유형 문제 06회

급수	문제유형	시험시간	수험번호	성명
2급	A	90분		

수험자 유의사항

- 수험자는 문제지를 받는 즉시 응시하고자 하는 **과목 및 급수가 맞는지 확인**한 후 수험번호와 성명을 작성합니다.
- 파일명은 본인의 "수험번호-성명-문제번호"로 공백 없이 정확히 입력하고 답안폴더(내 PC₩문서₩GTQ)에 ai 파일 포맷으로 저장해야 하며, '**다른 파일 형식으로 저장하였을 경우**' 0점 처리됩니다.
- 답안문서 파일명이 "수험번호-성명-문제번호"와 일치하지 않거나, 답안 파일을 '**전송'하지 않는 경우 답안 파일 미제출로 불합격 처리**됩니다. ※ 답안은 반드시 시험 시간 내에 전송을 완료해야 하며, 전송 시간을 충분히 감안하여 제출해 주시기 바랍니다. (공정한 평가를 위해, 시험 종료 전 전송이 완료된 답안에 한해 채점이 진행됩니다.)
- 수험자 정보와 저장한 파일명, 저장 위치가 다를 경우 전송이 되지 않으므로, 주의하시길 바랍니다.
- 답안 작성 중에도 주기적으로 '저장'과 '답안 전송'을 이용하여 감독위원 PC로 답안을 전송하셔야 합니다. (※ 작업한 내용을 저장하지 않고 답안을 전송할 경우 이전의 저장내용이 전송되오니 이점 반드시 유념하시기 바랍니다.)
- 모든 시험자는 동일한(초기화 된) 환경에서 시험이 시작되며 '작업환경 설정'은 시험 시간 내에 진행합니다.
  (시험 시작 전 '작업환경 설정' 불가, 소프트웨어 이상 유무만 확인)
- 답안문서는 지정된 경로 외의 다른 보조기억장치에 저장하는 행위, 지정된 시험 시간 외에 작성된 파일을 활용한 행위, 기타 허용되지 않은 프로그램(이메일, 메신저, 게임, 네트워크, 윈도우계산기, 스톱워치 등) 이용 시 부정행위로 간주되어 **자격기본법 제32조에 의거 본 시험 및 국가공인 자격시험을 2년간 응시할 수 없습니다.**
- 시험 종료 후 제출된 답안은 평가 및 검증을 위해 본부에서 보관되며, **시험의 공정성과 보안 유지를 위해 응시자에게 본인의 답안을 제공하는 것은 허용되지 않습니다.** 이 점 반드시 유의하시기 바랍니다.
- 시험 중 부주의 또는 고의로 시스템을 파손한 경우와 〈수험자 유의사항〉에 기재된 방법대로 이행하지 않아 생기는 불이익은 수험자의 책임임을 알려 드립니다.
- 시험을 완료한 수험자는 최종적으로 저장한 답안파일이 전송되었는지 확인한 후 감독위원의 지시에 따라 문제지를 제출하고 퇴실합니다.

답안 작성요령

- 온라인 답안 작성 절차
  수험자 등록 ⇒ 시험 시작 ⇒ 답안파일 저장 ⇒ 답안 전송 ⇒ 시험 종료
- 배점은 총 100점으로 이루어지며, 점수는 각 문제별로 차등 배분됩니다.
- 각 문제는 제시된 〈조건〉에 맞게 답안을 작성하고, 〈조건〉을 지키지 못했을 경우에는 0점 또는 감점 처리됩니다.
- 문제 〈조건〉에 크기와 색상, 두께의 지정이 없을 경우 〈출력형태〉를 참고하여 작업해 주시기 바랍니다.
- **문제 〈조건〉과 〈출력형태〉에서 차이가 발생할 경우 문제에서 지정한 〈조건〉에 따라 작업해 주시기 바랍니다.**
- 〈조건〉에서 주어진 단위는 'mm(밀리미터)'입니다.
- 눈금자는 작성하지 않으며, 그 외는 출력형태(레이아웃, 색상, 문자, 규격 등)와 같게 작업하십시오.
- 문제 〈조건〉에 서체의 지정이 없을 경우 한글은 굴림이나 돋움, 영문은 Arial로 작업하십시오.
  (단, 그 외에 제시되지 않은 문자 속성을 기본값으로 작성하지 않은 경우는 감점 처리됩니다.)
- Color Mode(색상 모드)는 별도의 처리 조건이 없을 시 CMYK로 작업하십시오.
- 조건에서 제시한 기능을 임의로 합치거나 각 기능에 대한 속성을 해지할 경우 해당 요소는 0점 처리됩니다.

한 국 생 산 성 본 부

| 문제 ❶ | 기본 툴 활용 | 25점 |

다음의 《조건》에 따라 아래의 《출력형태》와 같이 작업하시오.

조건

파일저장규칙	AI	파일명	문서₩GTQ₩수험번호-성명-1.ai
		크기	100 × 80mm

1. 작업 방법

① 도형, 변형 툴과 Pathfinder 기능을 활용하여 오브젝트를 작성한다.
② 그 외 《출력형태》 참조

출력형태

C50Y100 →
C90M30Y90K30,
K100,
M20Y40,
M30Y60,
K40,
C20M50,
C70M100

문제 ❷ 문자와 오브젝트   35점

다음의 《조건》에 따라 아래의 《출력형태》와 같이 작업하시오.

[조건]

파일저장규칙	AI	파일명	문서₩GTQ₩수험번호-성명-2.ai
		크기	100 × 80mm

1. 작업 방법
① 'HEALTH' 문자에 Arial (Bold) 폰트를 적용한다.
② 'Work out at the gym' 문자에 Type on a Path Tool을 활용한다.
③ Brush는 《출력형태》를 참고하여 작성한다.
④ Effect는 《출력형태》를 참고하여 작성한다.
⑤ 그 외 《출력형태》 참조

2. 문자 효과
① Work out at the gym (Times New Roman, Bold, 12pt, C90M30Y90K30)

[출력형태]

C100, C100M100

[Brush] Banner 3 1pt

K100, K80, K60, C100

[Brush] 4pt, Star, 1pt

[Effect] Drop Shadow

K100, K80, C50Y100, C80Y100, Y90, M40Y90

문제 ❸ 어플리케이션 디자인　　　　　　　　40점

다음의 《조건》에 따라 아래의 《출력형태》와 같이 작업하시오.

> 조건

파일저장규칙	AI	파일명	문서\GTQ\수험번호-성명-3.ai
		크기	120 × 80mm

1. 작업 방법
① 도형 툴로 오브젝트를 그린 후 Pattern을 활용하여 작성한다. (패턴 등록 : WATER)
② 물병에 규칙적인 점선, 프로틴에 불규칙적인 점선을 설정한다.
③ 물병에 Pattern을 적용한다.
④ 프로틴에 배치된 오브젝트는 정렬, 간격을 일정하게 한 후 Group 설정을 한다.
⑤ 그 외 《출력형태》 참조

2. 문자 효과
① Sports Water Bottle (Arial, Ragular, 10pt, C0M0Y0K0)
② PROTEIN Choco (Times New Roman, Bold, 14pt, 10pt, C0M0Y0K0)

> 출력형태

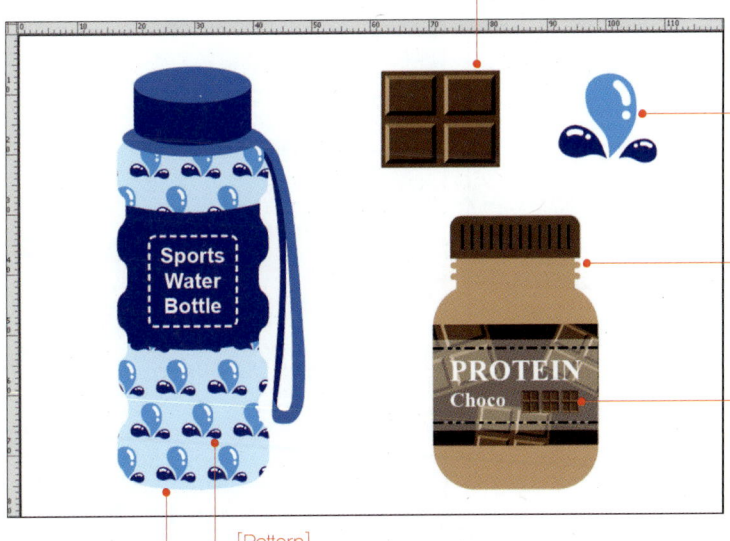

C40M60Y90K40, C20M40Y60,
C30M50Y80K10, C50M70Y80K70

C100, C100M100, C0M0Y0K0

C20M40Y60, C40M60Y90K40,
C50M70Y80K70,
C0M0Y0K0, Opacity 50%,
[Stroke] K100, 1pt
[Group]

[Pattern]
C20, C80M50, C100M100,
[Stroke] C0M0Y0K0, 1pt

| 문제 ❶ | 기본 툴 활용 |

작업과정	① 새 작업 파일 만들기 ➡ ② 견본색 그룹 만들기 ➡ ③ 배경 오브젝트 만들기 ➡ ④ 사람 오브젝트 만들기 ➡ ⑤ 파일 저장
완성이미지	PART04₩기출유형문제06회₩수험번호-성명-1.ai

01 새 작업 파일 만들기

01 새 작업 파일을 만들기 위하여 [File(파일)]-[New(새로 만들기)]([Ctrl]+[N])를 선택하고 'Width : 100mm, Height : 80mm, Units : Millimeters, Color Mode : CMYK'를 설정하여 새 작업 파일을 만듭니다.

02 [View(보기)]-[Rulers(눈금자)]-[Show Rulers(눈금자 표시)]([Ctrl]+[R])를 선택하여 눈금자를 표시합니다.

03 작업 파일을 저장하기 위하여 [File(파일)]-[Save as(다른이름으로 저장)]([Shift]+[Ctrl]+[S])을 선택하여 '저장 위치 : 내PC₩문서₩GTQ, 파일 이름 : 수험번호-성명-1, 파일 형식 : Adobe Illustrator(*.AI)'로 저장합니다. [Illustrator Options(Illustrator 옵션)] 창이 뜨면 [OK(확인)]를 누르고 옵션 창을 닫습니다.

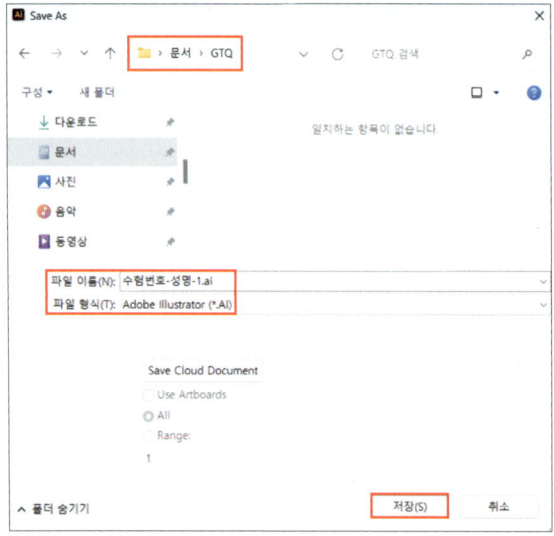
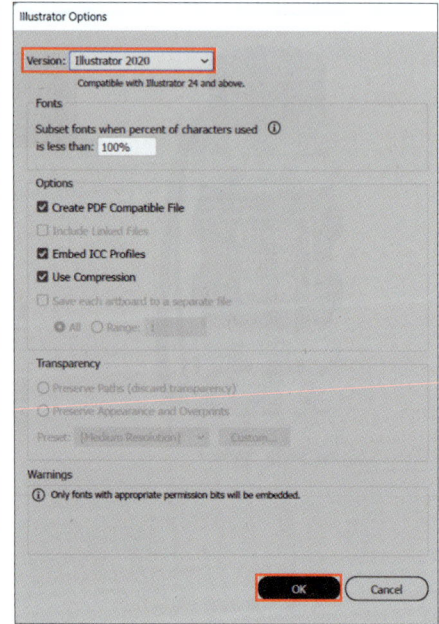

02 견본색 그룹 만들기

01 Swatches(견본) 패널 우측 하단에서 New Group(새 색상 견본 그룹,)을 선택하여 새로운 그룹을 만들고 그룹의 이름을 GTQ라고 입력합니다.

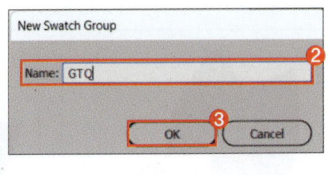

02 만들어진 그룹을 클릭하고 New Swatch(새 견본,)를 선택하여 문제에서 제시하는 색상값을 입력합니다. 반복하여 모든 색상을 견본 그룹에 만듭니다.

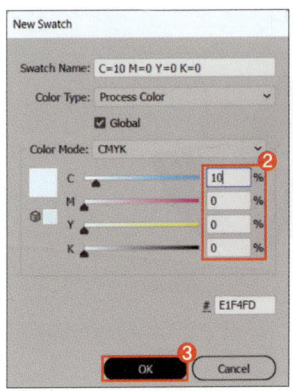

03 배경 오브젝트 만들기

01 Ellipse Tool(원형 도구,)을 선택하고 아트보드를 클릭한 후 'Width(폭) : 30mm, Height(높이) : 53mm'를 입력합니다. Swatches(견본) 패널에서 'Fill(칠) : C70M100, Stroke(선) : None(없음)'으로 지정합니다.

02 Anchor Point Tool(고정점 도구,)을 선택하여 타원의 위를 클릭하고 Direct selection Tool(직접 선택 도구,)로 좌, 우측 고정점을 선택하고 아래로 드래그하여 모양을 조절합니다.

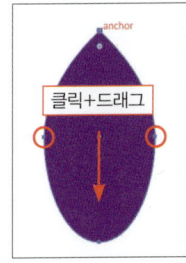
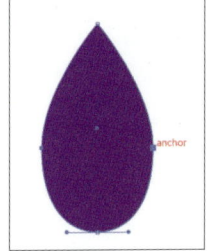

03 타원을 선택하고 Rotate Tool(회전 도구,)을 클릭합니다. Alt 를 누른 채 타원의 아래 고정점을 클릭한 후 'Rotate(회전) 창 : Angle(각도) : 30°'를 입력하고 Copy(복사)를 클릭합니다. Ctrl + D 를 눌러 회전 및 복사를 세 번 반복합니다. 모두 선택하고 출력형태와 같이 회전 배치합니다.

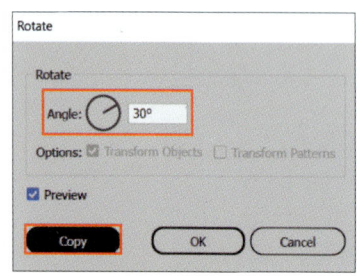
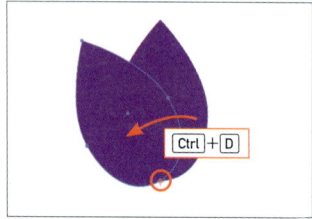

04 회전 배치하고 색을 변경할 부분을 선택한 후 Swatches(견본) 패널에서 'Fill(칠) : C20M50, Stroke(선) : None(없음)'으로 지정합니다.

05 Ellipse Tool(원형 도구, ⬭)을 선택하고 아트보드를 클릭한 후 'Width(폭) : 75mm, Height(높이) : 20mm'를 입력합니다. Gradient(그레이디언트) 패널에서 그라디언트 색상을 클릭한 후 Gradient Slider(그라디언트 슬라이더)를 활성화합니다.

06 Gradient Slider(그라디언트 슬라이더)의 왼쪽 'Color Stop(색상 중지점)'을 더블 클릭하여 C50Y100을, 오른쪽 'Color Stop(색상 중지점)'을 더블 클릭하여 C90M30Y90K30을 적용합니다. 이어서 'Type(유형) : Radial(방사형)'을 선택하고 'Stroke(선) : None(없음)'으로 지정합니다.

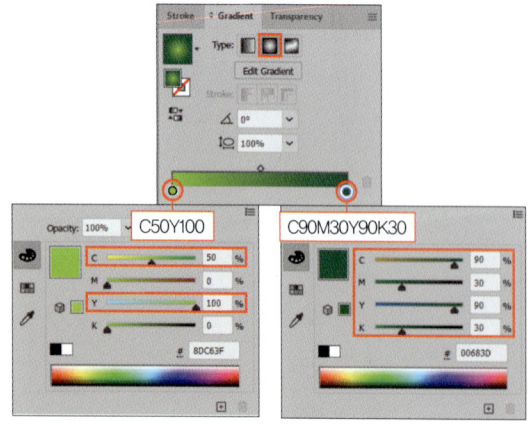

07 타원을 선택하고 [Object(오브젝트)]-[Arrange(정돈)]-[Send to Back(맨 뒤로 보내기)] (Shift+Ctrl+[)을 눌러 맨 뒤로 배치합니다.

04 사람 오브젝트 만들기

01 Pen Tool(펜 도구, ✏️)을 선택하고 얼굴을 그린 후 Swatches(견본) 패널에서 'Fill(칠) : M20Y40, Stroke(선) : None(없음)'으로 지정합니다. Pen Tool(펜 도구, ✏️)을 선택하고 머리를 그린 후 Swatches(견본) 패널에서 'Fill(칠) : K100, Stroke(선) : None(없음)'으로 지정합니다.

 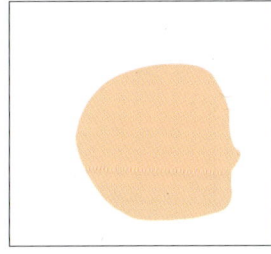 

02 곡선의 색을 Swatches(견본) 패널에서 'Fill(칠) : None(없음), Stroke(선) : K100'으로 지정하고 Pencil Tool(연필 도구, ✏️)을 선택한 후 드래그하면서 눈과 입을 그립니다.

03 Shift를 누른 채 곡선을 모두 선택하고 Stroke(획) 패널에서 'Weight(두께) : 1pt, Cap(단면) : Round Cap(둥근 단면)'으로 지정합니다.

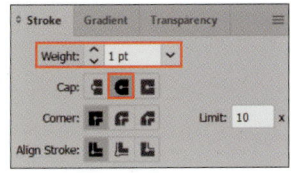 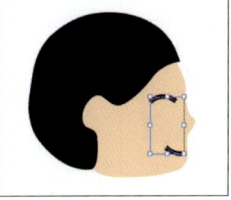

04 Pen Tool(펜 도구, ✎)을 선택하여 몸을 그린 후 Swatches(견본) 패널에서 'Fill(칠) : M20Y40, Stroke(선) : None(없음)'으로 지정합니다. Pen Tool(펜 도구, ✎)을 선택하고 요가복으로 분리할 선을 그린 후 Swatches(견본) 패널에서 'Fill(칠) : None(없음), Stroke(선) : K100'으로 지정합니다.

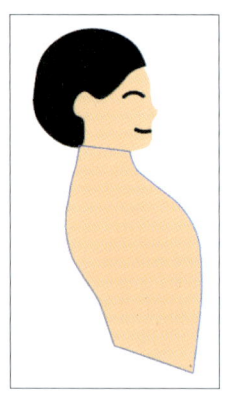 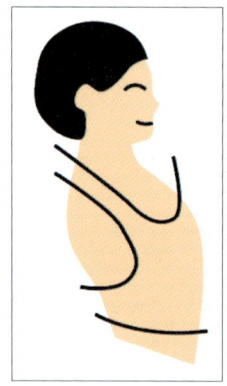

05 그려진 모든 선을 선택하고 Pathfinder(패스파인더) 패널에서 Divide(나누기, ▣)를 선택하여 몸과 요가복의 선을 분리한 후 요가복의 색을 Swatches(견본) 패널에서 'Fill(칠) : K40'으로 지정합니다.

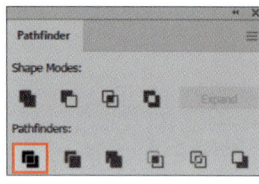 

06 Pen Tool(펜 도구, ✎)을 선택하여 왼쪽 팔을 그린 후 Swatches(견본) 패널에서 'Fill(칠) : M20Y40, Stroke(선) : None(없음)'으로 지정합니다.

07 Pen Tool(펜 도구, ✎)을 선택하고 오른쪽 팔을 그린 후 Swatches(견본) 패널에서 'Fill(칠) : M30Y60, Stroke(선) : None(없음)'으로 지정합니다. 오른쪽 팔을 선택하고 Shift + Ctrl + [ ] 를 눌러 맨 뒤로 배치합니다.

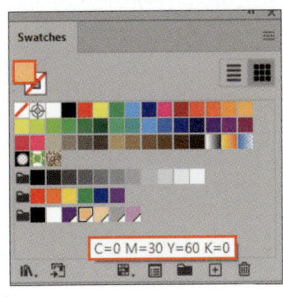  

08 Pen Tool(펜 도구, ✎)을 선택하고 왼쪽 다리를 그린 후 Swatches(견본) 패널에서 'Fill(칠) : K100, Stroke(선) : None(없음)'으로 지정합니다. Pen Tool(펜 도구, ✎)을 선택하고 오른쪽 다리를 그린 후 Swatches(견본) 패널에서 'Fill(칠) : K100, Stroke(선) : None(없음)'으로 지정합니다.

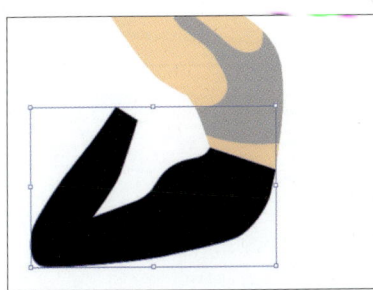 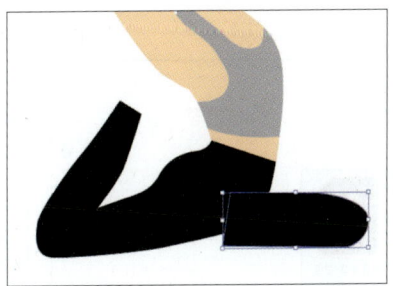

09 Pen Tool(펜 도구, ✎)을 선택하고 왼쪽 발을 그린 후 Swatches(견본) 패널에서 'Fill(칠) : M30Y60, Stroke(선) : None(없음)'으로 지정합니다. Pen Tool(펜 도구, ✎)을 선택하고 오른쪽 발을 그린 후 Swatches(견본) 패널에서 'Fill(칠) : M30Y60, Stroke(선) : None(없음)'으로 지정합니다.

05 파일 저장

01 최종적으로 작업 파일의 오브젝트 위치, 순서를 점검하고 불필요한 안내선이 남아있는 경우 [View(보기)]-[Guide(안내선)]-[Clear Guide(안내선 지우기)]를 선택하여 안내선을 지웁니다.

02 [File(파일)]-[Save as(다른이름으로 저장)]([Shift]+[Ctrl]+[S])을 선택하여 '저장 위치 : 내 PC₩문서₩GTQ, 파일 이름 : 수험번호-성명-1, 파일 형식 : Adobe Illustrator(*.AI)'로 저장합니다. [Illustrator Options(Illustrator 옵션)] 창이 뜨면 [OK(확인)]를 누르고 옵션 창을 닫습니다.

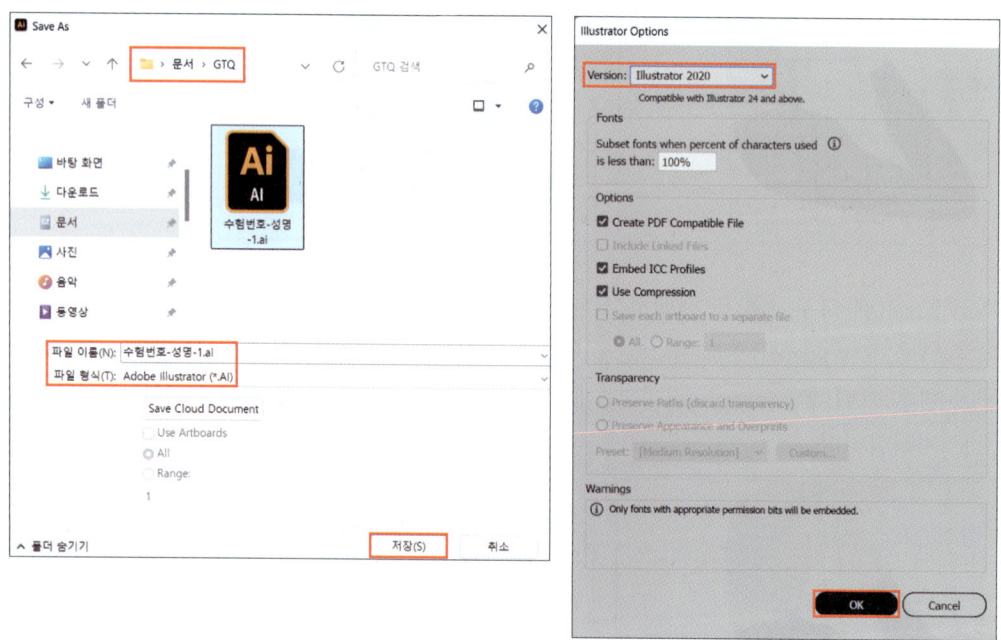

03 답안 저장이 완료되면 [File(파일)]-[Close(닫기)]([Ctrl]+[W])를 선택하여 파일을 닫고 수험 프로그램에서 [답안 전송]을 선택하여 ai 파일을 감독관 컴퓨터로 전송합니다.

문제 ❷	문자와 오브젝트
작업과정	① 새 작업 파일 만들기 ➡ ② 견본색 그룹 만들기 ➡ ③ 운동기구 오브젝트 만들기 ➡ ④ 케틀벨 오브젝트 만들기 및 그림자 효과 적용 ➡ ⑤ 브러시 오브젝트 만들기 ➡ ⑥ 문자 입력하고 변형하기 ➡ ⑦ 파일 저장
완성이미지	PART04₩기출유형문제06회₩수험번호-성명-2.ai

01 새 작업 파일 만들기

01 새 작업 파일을 만들기 위하여 [File(파일)]-[New(새로 만들기)]([Ctrl]+[N])를 선택하고 'Width : 100mm, Height : 80mm, Units : Millimeters, Color Mode : CMYK'를 설정하여 새 작업 파일을 만듭니다.

02 [View(보기)]-[Rulers(눈금자)]-[Show Rulers(눈금자 표시)]([Ctrl]+[R])를 선택하여 눈금자를 표시합니다.

03 작업 파일을 저장하기 위하여 [File(파일)]-[Save as(다른이름으로 저장)]([Shift]+[Ctrl]+[S])을 선택하여 '저장 위치 : 내PC₩문서₩GTQ, 파일 이름 : 수험번호-성명-2, 파일 형식 : Adobe Illustrator(*.AI)'로 저장합니다. [Illustrator Options(Illustrator 옵션)] 창이 뜨면 [OK(확인)]를 누르고 옵션 창을 닫습니다.

02 견본색 그룹 만들기

01 Swatches(견본) 패널 우측 하단에서 New Group(새 색상 견본 그룹, ▣)을 선택하여 새로운 그룹을 만들고 그룹의 이름을 GTQ라고 입력합니다.

02 만들어진 그룹을 클릭하고 New Swatch(새 견본, ▣)를 선택하여 문제에서 제시하는 색상값을 입력합니다. 반복하여 모든 색상을 견본 그룹에 만듭니다.

03 운동기구 오브젝트 만들기

01 Ellipse Tool(원형 도구, ◎)을 선택하고 아트보드를 클릭한 후 각각 'Width(폭) : 20mm, Height(높이) : 20mm'와 'Width(폭) : 18mm, Height(높이) : 18mm, Width(폭) : 16mm, Height(높이) : 16mm, Width(폭) : 6mm, Height(높이) : 6mm, Width(폭) : 3mm, Height(높이) : 3mm'를 순서대로 입력합니다.

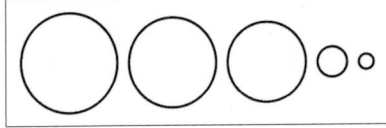

02 그려진 원을 모두 선택하고 Align(정렬) 패널에서 Horizontal Align Center(가로 가운데 정렬,), Vertical Align Center (세로 가운데 정렬,)를 선택하여 중심을 맞춥니다.

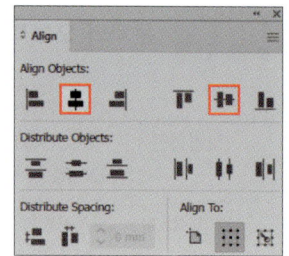

03 출력형태와 같이 타원을 선택하고 Swatches(견본) 패널에서 'Fill(칠) : K60과 K80, Stroke (선) : None(없음)'으로 지정합니다.

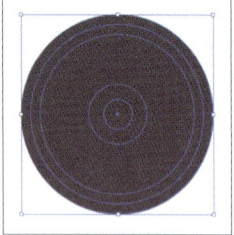 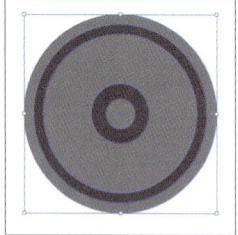

04 18mm 타원을 선택하고 Alt 를 누른 채 드래그하여 복사한 후 Swatches(견본) 패널에서 'Fill(칠) : C100'으로 지정합니다. 파란 타원을 선택하고 [Object(오브젝트)]-[Arrange(정돈)]-[Send Backward(뒤로 보내기)](Ctrl + [ )을 눌러 한 단계 뒤로 배치합니다.

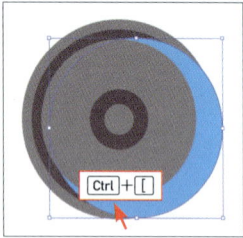 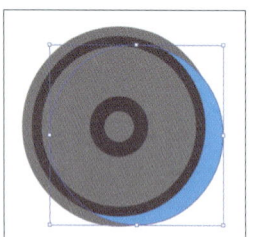

05 Pen Tool(펜 도구,)을 선택하여 운동기구 윤곽을 그린 후 Swatches(견본) 패널에서 'Fill(칠) : K60, Stroke(선) : None(없음)'으로 지정하고 Shift + Ctrl + [를 눌러 맨 뒤로 배치합니다.

 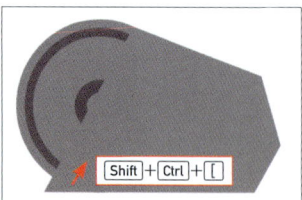 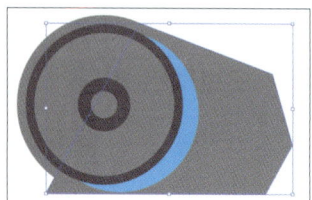

06 Pen Tool(펜 도구,)을 선택하여 운동기구 음영을 그린 후 Swatches(견본) 패널에서 'Fill(칠) : K80과 C100'으로 지정합니다.

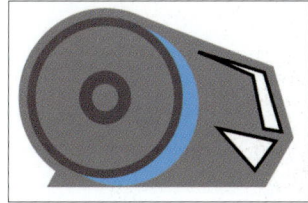 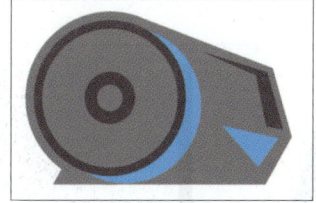

07 받침을 만들기 위하여 Rectangle Tool(사각형 도구,)을 선택하여 아트보드를 클릭한 후 'Width(폭) : 32mm, Height(높이) : 3mm'를 입력하고 Swatches(견본) 패널에서 'Fill(칠) : K80, Stroke(선) : None(없음)'으로 지정합니다.

08 Rounded Rectangle Tool(둥근 사각형 도구,)을 선택하여 아트보드를 클릭한 후 'Width(폭) : 5mm, Height(높이) : 4mm, Corner Radius(모퉁이 반경) : 1mm'를 입력하고 Swatches(견본) 패널에서 'Fill(칠) : K100, Stroke(선) : None(없음)'으로 지정합니다. 둥근 사각형을 선택하고 Alt 를 누른 채 드래그하여 복사한 후 적절하게 배치합니다.

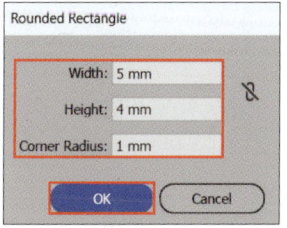 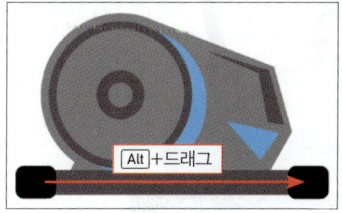

09 Pen Tool(펜 도구,)을 선택하고 운동기구 프레임을 그린 후 Swatches(견본) 패널에서 'Fill(칠) : K100, Stroke(선) : None(없음)'으로 지정합니다. 프레임 오브젝트를 선택하고 Shift + Ctrl + [를 눌러 맨 뒤로 배치합니다.

 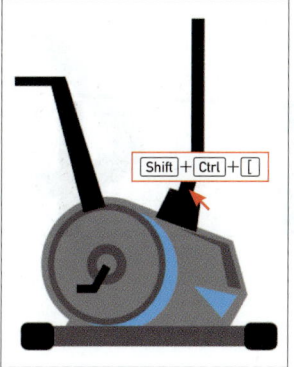 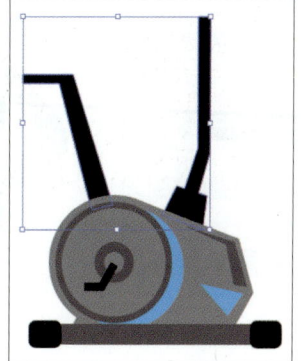

10 Rectangle Tool(사각형 도구, ▣)과 Rounded Rectangle Tool(둥근 사각형 도구, ▣)을 선택하여 운동기구 부속품을 그린 후 Swatches(견본) 패널에서 'Fill(칠) : K100, Stroke(선) : None(없음)'으로 지정합니다.

11 Pen Tool(펜 도구, ✏)을 선택하고 운동기구 안장 프레임을 그린 후 Swatches(견본) 패널에서 'Fill(칠) : K60, Stroke(선) : None(없음)'으로 지정합니다.

12 Blob Brush Tool(물방울 브러시 도구)을 선택하여 Swatches(견본) 패널에서 'Fill(칠) : None(없음) Stroke(선) : K80'으로 지정합니다. [와] 를 눌러서 손잡이 두께만큼 브러쉬의 크기를 조절한 후 클릭하면서 그린 후 Shift + Ctrl + [를 눌러 맨 뒤로 배치합니다.

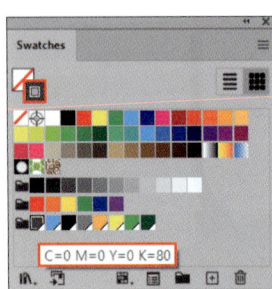

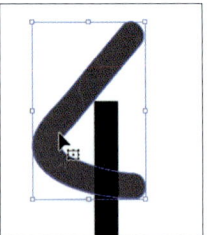

13 손잡이를 선택하고 Alt 를 누른 채 드래그하여 복사한 후 Swatches(견본) 패널에서 'Fill(칠) : K60'으로 지정합니다. 복사한 손잡이를 선택하고 Object(오브젝트)]-[Arrange(정돈)]-[Bring to Front(맨 앞으로 가져오기)](Shift + Ctrl +])를 선택하여 맨 앞으로 배치합니다.

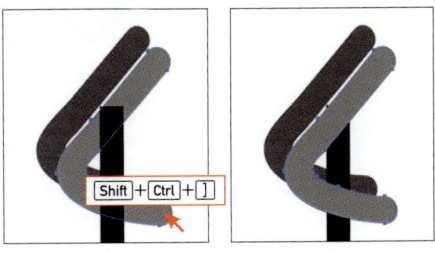

04 케틀벨 오브젝트 만들기 및 그림자 효과 적용

01 Ellipse Tool(원형 도구, ◯)을 선택하고 아트보드를 클릭한 후 'Width(폭) : 12mm, Height(높이) : 12mm'를 입력하고 Swatches(견본) 패널에서 'Fill(칠) : C50Y100, Stroke(선) : None(없음)'으로 지정합니다.

02 타원을 선택하고 Scale Tool(크기 조절 도구, ▦)을 더블 클릭하여 Scale(크기 조절) 창에서 'Uniform(균일) : 40%'를 입력하고 Copy(복사)를 클릭합니다.

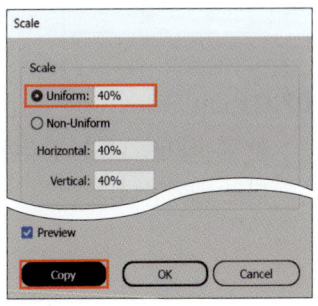

03 축소 복사된 타원을 선택하고 Swatches(견본) 패널에서 'Fill(칠) : C80Y100'으로 지정합니다.

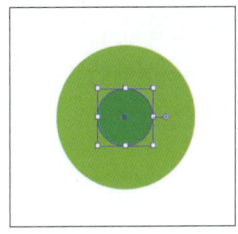

04 Pen Tool(펜 도구, ✐)을 선택하여 곡선을 그린 후 Swatches(견본) 패널에서 'Fill(칠) : None(없음), Stroke(선) : C80Y100'으로 지정합니다.

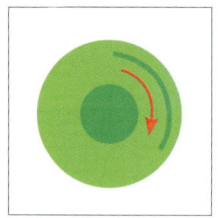

05 Stroke(획) 패널에서 'Weight(두께) : 2pt'로 지정하고 'Profile(속성) : Width Profile 1'을 선택합니다. 곡선을 선택하고 [Object(오브젝트)]-[Expand Appearance(모양 확장)]을 클릭하여 곡선을 면으로 확장합니다.

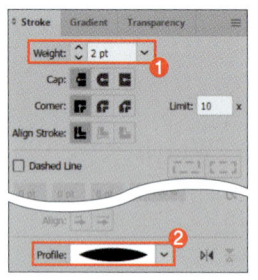 

06 Line Segment Tool(선분 도구, ╱)을 선택하고 타원을 분리할 선을 그립니다. 선과 타원을 선택하고 Pathfinder(패스파인더) 패널에서 Divide(나누기, ▣)를 선택하여 분리합니다.

 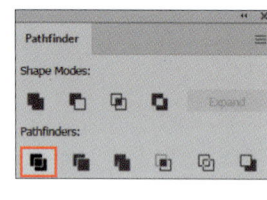 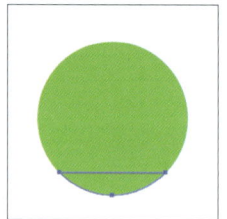

07 Group Selection Tool(그룹 선택 도구, ▶)로 불필요한 부분을 선택한 후 삭제합니다. 분리된 타원을 선택하고 Shift + Ctrl + [를 눌러 맨 뒤로 배치합니다.

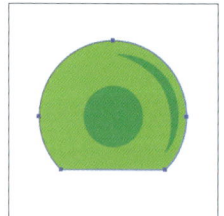

08 손잡이를 반사할 안내선을 드래그하여 만들고 Pen Tool(펜 도구, ✐)을 선택한 후 손잡이 곡선을 그립니다. Swatches(견본) 패널에서 'Fill(칠) : None(없음), Stroke(선) : K100'으로 지정합니다.

09 곡선을 선택하고 Reflect Tool(반사 도구,)을 선택한 후 반사의 기준이 되는 안내선을 Alt 를 누른 채 클릭합니다. Reflect(반사) 창에서 'Axis(축) : Vertical(세로)'을 선택하고 Copy(복사)를 클릭합니다.

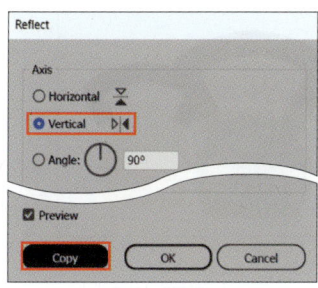 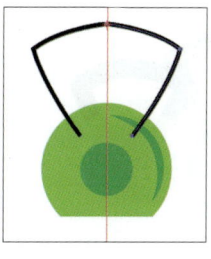

10 두 개의 곡선을 선택하고 [Object(오브젝트)]-[Path(패스)]-[Join(연결)]을 클릭한 후 Stroke(획) 패널에서 'Weight(두께) : 7pt, Corner(모퉁이) : Round Corner(둥근 연결)'로 지정합니다.

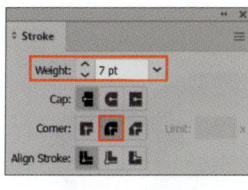 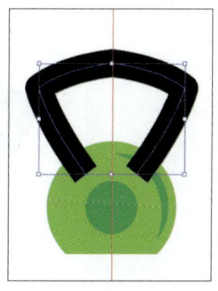

11 [Object(오브젝트)]-[Expand(확장)]를 클릭하여 손잡이 선을 면으로 확장합니다. 손잡이를 선택하고 Knife Tool(칼 도구,)을 클릭한 후 분리될 선을 드래그하여 그립니다.

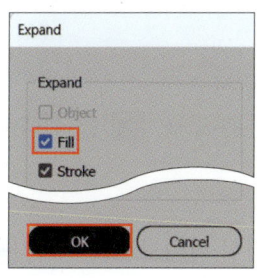 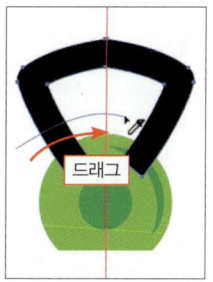

12 손잡이 조각을 선택하고 Swatches(견본) 패널에서 'Fill(칠) : C50Y100, Stroke(선) : None(없음)'으로 지정한 후 Shift + Ctrl + [를 눌러 맨 뒤로 배치합니다.

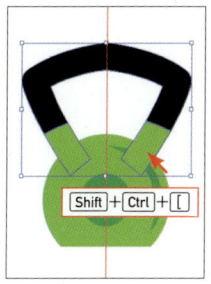 

13 케틀벨을 선택하고 Alt 를 누른 채 드래그하여 복사한 후 크기를 조절하여 배치합니다. 복사한 케틀벨을 클릭하여 출력형태와 같이 Swatches(견본) 패널에서 'Fill(칠) : Y90과 M40Y90'으로 지정합니다.

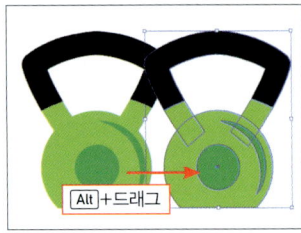  

14 케틀벨 오브젝트를 모두 선택하고 [Object(오브젝트)]-[Group(그룹)](Ctrl + G)을 클릭하여 그룹으로 묶습니다. Effect(효과)]-[Stylize(스타일화)]-[Drop Shadow(그림자 만들기)]를 선택하고 Drop Shadow(그림자 효과) 창에서 'Mode(모드) : Multiply(곱하기), Opacity(불투명도) : 75%, X Offset(X 옵셋) : 1mm, Y Offset(Y 옵셋) : 1mm, Blur(흐림 효과) : 1mm'로 지정합니다.

 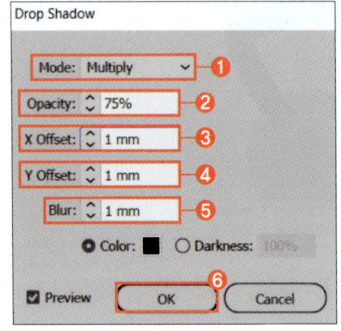 

05 브러시 오브젝트 만들기

01 리본 모양 배너를 브러시로 그리기 위하여 Line Segment Tool(선분 도구, /)을 선택하고 Shift 를 누르면서 직선을 그립니다.

02 Brushes(브러쉬) 패널 좌측 하단에서 Brush Libraries Menu(브러쉬 라이브러리 메뉴, [ ])를 선택하고 [Decorative(장식)]-[Decorative_Banners and Seals(장식_배너와 씰)]을 클릭하여 추가 브러쉬 패널을 불러옵니다. 'Banner 3(배너 3)'를 선택하여 적용하고 배치합니다.

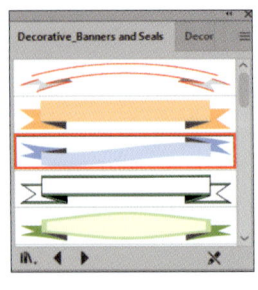 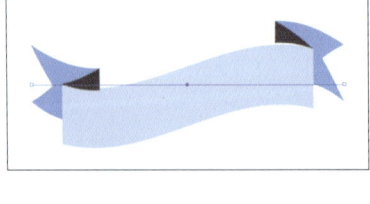

03 별 모양을 브러시로 그리기 위하여 Paintbrush(페인트 브러시 도구,)을 선택하고 곡선을 그립니다.

04 Brushes(브러쉬) 패널 좌측 하단에서 Brush Libraries Menu(브러쉬 라이브러리 메뉴,)를 선택하고 [Decorative(장식)]-[Decorative_Scatter(장식_산포)]를 클릭하여 추가 브러쉬 패널을 불러옵니다. '4pt. Star(4pt. 별)'을 선택하여 적용하고 배치한 후 Stroke(획) 패널에서 'Weight(두께) : 0.5pt'를 지정합니다.

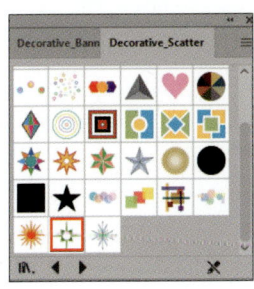  

06 문자 입력하고 변형하기

01 문자를 입력하기 위하여 Type Tool(문자 도구,)을 선택하고 아트보드를 클릭하여 'HEALTH'를 입력합니다.

02 상단 옵션 바에서 'Set the Font family(글꼴 군 설정) : Arial, Set the Font style(글꼴 스타일) : Bold, Set the Font size(글꼴 크기) : 18pt'로 지정하고 Swatches(견본) 패널에서 'Fill(칠) : C100, Stroke(선) : None(없음)'으로 지정합니다.

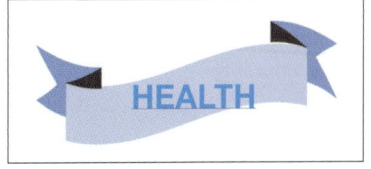

03 문자를 패스로 만들기 위하여 문자를 선택하고 [Type(문자)]-[Create outline(윤곽선 만들기)](Shift + Ctrl + O)를 선택하여 패스로 만듭니다. 문자가 패스화되면 Selection Tool(선택 도구,)로 'HEALTH' 오브젝트를 더블 클릭하고 Isolation Mode(격리 모드)로 전환합니다.

04 문자 오브젝트를 위, 아래로 분리하기 위하여 Erase Tool(지우개 도구, ◆)을 선택합니다. [와]를 눌러서 문자를 분리하는 선만큼 작게 지우개의 크기를 조절한 후 문자 오브젝트를 지나가도록 드래그합니다.

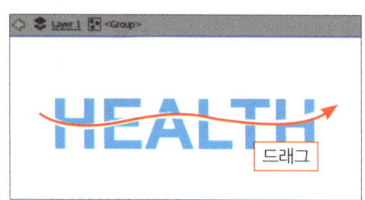

05 분리된 아래쪽 오브젝트들을 Selection Tool(선택 도구, ▶)로 Shift 를 누르면서 모두 선택하고 Swatches(견본) 패널에서 'Fill(칠) : C100M100, Stroke(선) : None(없음)'으로 지정합니다. Esc 를 눌러 Isolation Mode(격리 모드)를 해제한 후 배너 오브젝트 위에 적절하게 배치합니다.

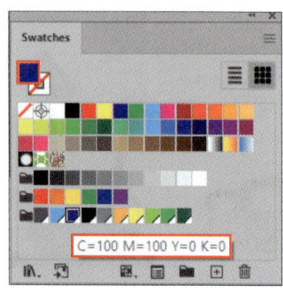 

06 곡선 위에 문자를 입력하기 위하여 Pen Tool(펜 도구, ✏)을 선택하고 곡선을 그립니다. Type on a Path Tool(패스 상의 문자 도구, ✓)을 선택하고 곡선을 클릭하여 'Work out at the gym'를 입력한 후 Ctrl + A 를 눌러 모두 선택합니다.

07 상단 옵션 바에서 'Set the Font family(글꼴 군 설정) : Times New Roman, Set the Font style(글꼴 스타일) : Bold, Set the Font size(글꼴 크기) : 12pt, Align Center(가운데 정렬)'로 선택하고 Swatches(견본) 패널에서 'Fill(칠) : C90M30Y90K30, Stroke(선) : None(없음)'으로 지정합니다.

07 파일 저장

01 최종적으로 작업 파일의 오브젝트 위치, 순서를 점검하고 불필요한 안내선이 남아있는 경우 [View(보기)]-[Guide(안내선)]-[Clear Guide(안내선 지우기)]를 선택하여 안내선을 지웁니다.

02 [File(파일)]-[Save as(다른이름으로 저장)]([Shift]+[Ctrl]+[S])을 선택하여 '저장 위치 : 내 PC₩문서₩GTQ, 파일 이름 : 수험번호-성명-2, 파일 형식 : Adobe Illustrator(*.AI)'로 저장합니다. [Illustrator Options(Illustrator 옵션)] 창이 뜨면 [OK(확인)]를 누르고 옵션 창을 닫습니다.

03 답안 저장이 완료되면 [File(파일)]-[Close(닫기)]([Ctrl]+[W])를 선택하여 파일을 닫고 수험 프로그램에서 [답안 전송]을 선택하여 ai 파일을 감독관 컴퓨터로 전송합니다.

문제 ❸	어플리케이션 디자인
작업과정	① 새 작업 파일 만들기 ➡ ② 견본색 그룹 만들기 ➡ ③ 물방울 패턴 만들기 ➡ ④ 초콜릿 오브젝트 만들기 ➡ ⑤ 물병 오브젝트 만들기 및 패턴 적용 ➡ ⑥ 프로틴 오브젝트 만들기 및 클리핑 마스크 ➡ ⑦ 점선 편집하기 ➡ ⑧ 파일 저장
완성이미지	PART04₩기출유형문제06회₩수험번호-성명-3.ai

01 새 작업 파일 만들기

01 새 작업 파일을 만들기 위하여 [File(파일)]-[New(새로 만들기)]([Ctrl]+[N])를 선택하고 'Width : 120mm, Height : 80mm, Units : Millimeters, Color Mode : CMYK'를 설정하여 새 작업 파일을 만듭니다.

02 [View(보기)]-[Rulers(눈금자)]-[Show Rulers(눈금자 표시)]([Ctrl]+[R])를 선택하여 눈금자를 표시합니다.

03 작업 파일을 저장하기 위하여 [File(파일)]-[Save as(다른이름으로 저장)](Shift + Ctrl + S)을 선택하여 '저장 위치 : 내PC₩문서₩GTQ, 파일 이름 : 수험번호-성명-3, 파일 형식 : Adobe Illustrator(*.AI)'로 저장합니다. [Illustrator Options(Illustrator 옵션)] 창이 뜨면 [OK(확인)]를 누르고 옵션 창을 닫습니다.

02 견본색 그룹 만들기

01 Swatches(견본) 패널 우측 하단에서 New Group(새 색상 견본 그룹, ▣)을 선택하여 새로운 그룹을 만들고 그룹의 이름을 GTQ라고 입력합니다.

02 만들어진 그룹을 클릭하고 New Swatch(새 견본, ▣)를 선택하여 문제에서 제시하는 색상값을 입력합니다. 반복하여 모든 색상을 견본 그룹에 만듭니다.

03 물방울 패턴 만들기

01 Ellipse Tool(원형 도구, ◯)을 선택하여 아트보드를 클릭한 후 'Width(폭) : 8mm, Height(높이) : 14mm'를 입력하고 Swatches(견본) 패널에서 'Fill(칠) : C100, Stroke(선) : None(없음)'으로 지정합니다.

02 Direct selection Tool(직접 선택 도구, ▷)로 좌측 고정점을 클릭한 채 Shift 를 누르고, 이어서 우측 고정점을 선택 후 위로 드래그하여 모양을 조절합니다. 계속해서 핸들을 조절하여 물방울 모양으로 편집합니다.

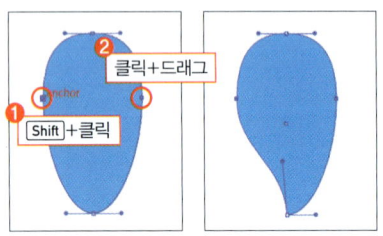
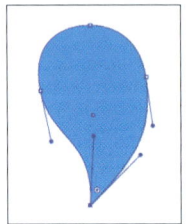

03 Blob Brush Tool(물방울 브러시 도구)을 선택하고 Swatches(견본) 패널에서 'Fill(칠) : None(없음) Stroke(선) : C0M0Y0K0'으로 지정합니다. [와] 를 눌러서 손잡이 두께만큼 브러쉬의 크기를 조절한 후 드래그하면서 반사광을 그립니다.

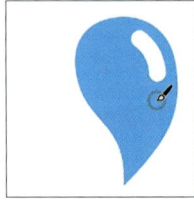

04 그려진 오브젝트를 모두 선택하고 Alt 를 누른 채 드래그하여 복사한 후 크기를 조절하여 배치합니다. 복사한 물방울을 선택하고 Swatches(견본) 패널에서 'Fill(칠) : C100M100'으로 지정합니다.

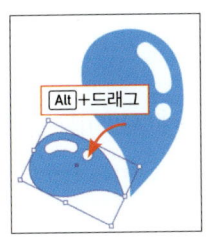

05 복사한 물방울을 선택하고 Reflect Tool(반사 도구,)을 선택한 후 큰 물방울의 아래쪽 점을 Alt 를 누른 채 클릭합니다. Reflect(반사) 창에서 'Axis(축) : Vertical(세로)'을 선택하고 Copy(복사)를 클릭합니다. 반사한 물방울을 선택하고 크기를 조절합니다.

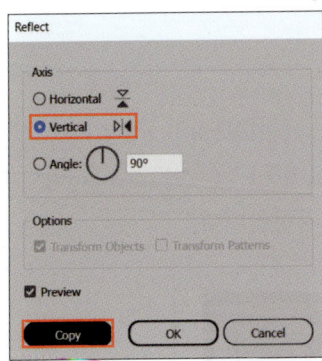
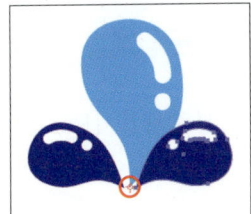
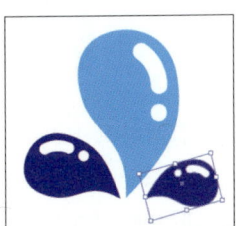

06 패턴으로 만들기 위하여 물방울을 선택하고 [Object(오브젝트)]-[Pattern(패턴)]-[Make(만들기)]를 선택합니다. Pattern Options(패턴 옵션) 창에서 'Name(이름) : WATER, Tile Type(타일 유형) : Brick by Row(행으로 벽돌형), Width(폭) : 22mm, Height(높이) : 18mm'으로 지정하고 Done(완료)을 클릭합니다.

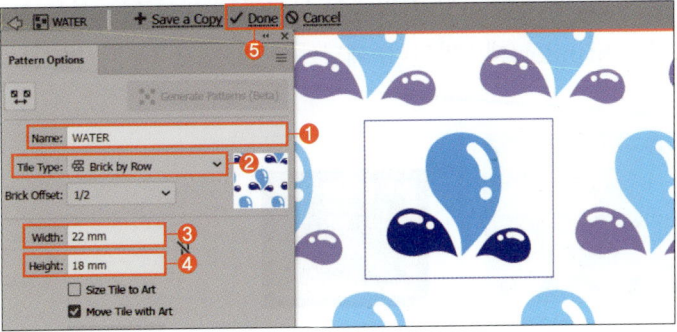

기출 유형 문제 06회 **379**

04 초콜릿 오브젝트 만들기

01 Rectangle Tool(사각형 도구, ▭)을 선택하고 아트보드를 클릭한 후 'Width(폭) : 10mm, Height(높이) : 8mm'를 입력하고 Swatches(견본) 패널에서 'Fill(칠) : C40M60Y90K40, Stroke(선) : None(없음)'으로 지정합니다.

02 사각형을 선택하고 [Object(오브젝트)]-[Path(패스)]-[Offset Path(오프셋 패스)]를 클릭한 후 Offset Path(오프셋 패스) 창에서 'Offset(이동) : -0.7mm'를 입력하고 Swatches(견본) 패널에서 'Fill(칠) : C20M40Y60'으로 지정합니다.

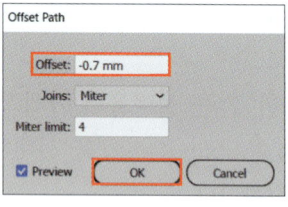  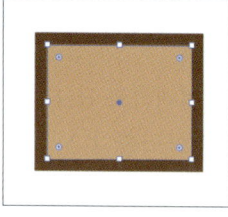

03 축소된 사각형을 선택하고 [Object(오브젝트)]-[Path(패스)]-[Offset Path(오프셋 패스)]를 클릭한 후 Offset Path(오프셋 패스) 창에서 'Offset(이동) : -0.7mm'를 입력하고 Swatches(견본) 패널에서 'Fill(칠) : C40M60Y90K40'으로 지정합니다.

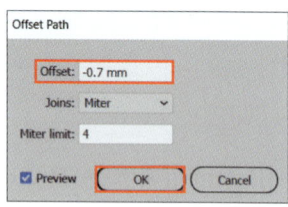  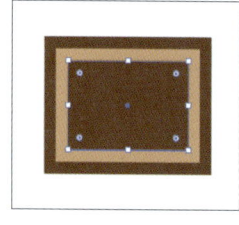

04 Line Segment Tool(선분 도구, ╱)을 선택하고 사각형의 모서리를 이어주는 선을 그립니다. 오브젝트를 모두 선택하고 Pathfinder(패스파인더) 패널에서 Divide(나누기, ▣)를 선택하여 분리합니다.

 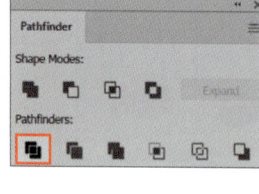 

05 Group Selection Tool(그룹 선택 도구,)로 선택하여 Swatches (견본) 패널에서 'Fill(칠) : C30M50Y80K10과 C50M70Y80K70'으로 출력형태와 같이 지정합니다. 모두 선택하고 Ctrl + G 를 눌러 그룹으로 묶습니다.

06 초콜릿을 선택하고 Alt 를 누른 채 드래그하여 복사를 반복하며 초콜릿을 완성합니다.

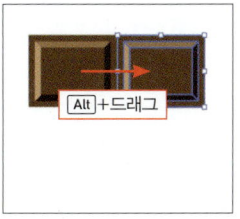 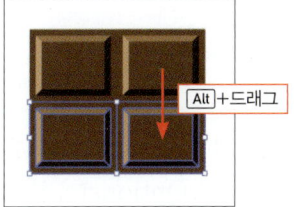

05 물병 오브젝트 만들기 및 패턴 적용

01 물병을 반사할 안내선을 드래그하여 만들고 Pen Tool(펜 도구,)을 선택한 후 물병을 그립니다. 물병을 선택하고 Reflect Tool(반사 도구,)을 선택한 후 안내선을 Alt 를 누른 채 클릭합니다. Reflect(반사) 창에서 'Axis(축) : Vertical(세로)'을 선택하고 Copy(복사)를 클릭합니다.

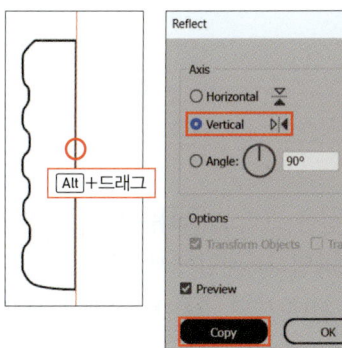 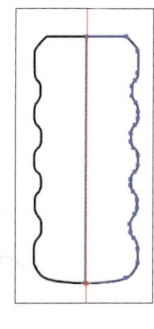

02 오브젝트를 모두 선택하고 Pathfinder(패스파인더) 패널에서 Unite(합치기,)를 선택하여 병합한 후 Swatches(견본) 패널에서 'Fill(칠) : C20, Stroke(선) : None(없음)'으로 지정합니다.

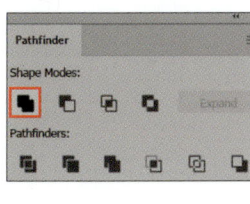 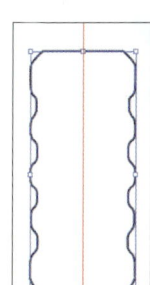 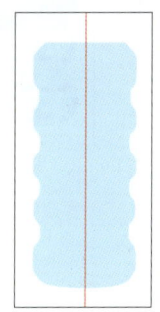

03 물병을 선택하고 Ctrl+C를 눌러서 복사한 후 Ctrl+F를 눌러서 같은 위치이면서 바로 위에 붙입니다. Swatches(견본) 패널에서 'Fill(칠) : WATER' 패턴으로 지정합니다.

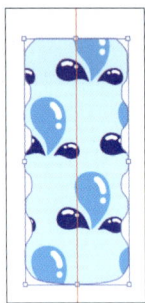 

04 패턴의 크기를 줄이기 위하여 Scale Tool(크기 조절 도구, 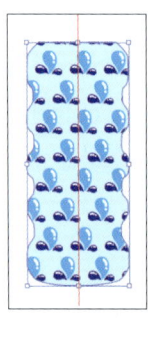)을 더블 클릭하고 Scale(크기 조절) 창에서 'Uniform(균일) : 40%'를 입력하고 Options(옵션)에서 'Transform Patterns (패턴 변형) : 체크'합니다.

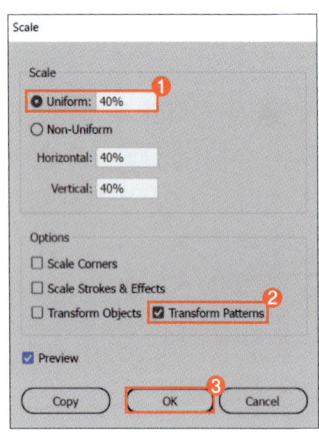

05 Pen Tool(펜 도구, 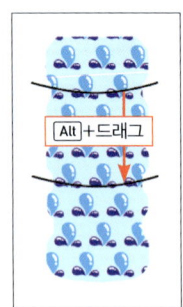)을 선택한 후 라벨을 분리하기 위한 선을 그리고 Alt를 누른 채 드래그 하여 복사합니다. 선과 물병을 선택하고 Pathfinder(패스파인더) 패널에서 Divide(나누기, 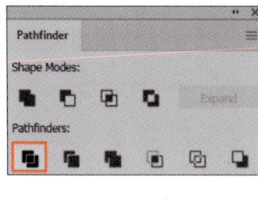)를 선택하여 분리합니다. Group Selection Tool(그룹 선택 도구, 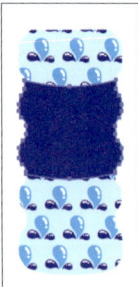)로 라벨 부분을 선택하고 Swatches(견본) 패널에서 'Fill(칠) : C100M100'으로 지정합니다.

06 Rounded Rectangle Tool(둥근 사각형 도구, ▣)을 선택하여 아트보드를 클릭한 후 'Width(폭) : 15mm, Height(높이) : 15mm, Corner Radius(모퉁이 반경) : 1mm'를 입력하고 Swatches(견본) 패널에서 'Fill(칠) : None(없음), Stroke(선) : C0M0Y0K0'으로 지정합니다.

 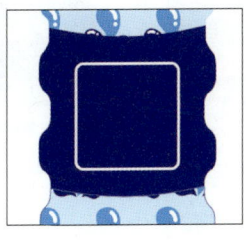

07 문자를 입력하기 위하여 Type Tool(문자 도구, T)을 선택하고 아트보드를 클릭하여 'Sports Water Bottle'을 입력합니다.

08 상단 옵션 바에서 'Set the Font family(글꼴 군 설정) : Arial, Set the Font style(글꼴 스타일) : Bold, Set the Font size(글꼴 크기) : 10pt, Align Center(가운데 정렬)'로 지정하고 Swatches(견본) 패널에서 'Fill(칠) : C0M0Y0K0, Stroke(선) : None(없음)'으로 지정합니다.

09 Ellipse Tool(원형 도구, ◯)을 선택하고 아트보드를 클릭한 후 'Width(폭) : 24mm, Height(높이) : 6mm'를 입력하고 Swatches(견본) 패널에서 'Fill(칠) : C80M50, Stroke(선) : None(없음)'으로 지정합니다.

10 Ellipse Tool(원형 도구, ◯)을 선택하여 아트보드를 클릭한 후 'Width(폭) : 20mm, Height(높이) : 6mm'를 입력하고 Swatches(견본) 패널에서 'Fill(칠) : C100M100, Stroke(선) : None(없음)'으로 지정합니다. 작은 타원을 선택하고 Alt 를 누른 채 위로 드래그하여 복사합니다.

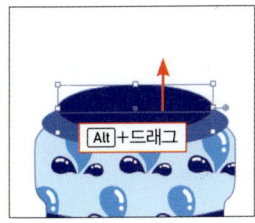 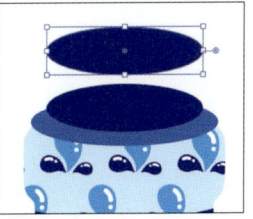

11 Rectangle Tool(사각형 도구, ▢)을 선택하고 두 개의 타원 사이를 채우는 사각형을 그립니다. 상단의 타원을 선택하고 Shift+Ctrl+]를 눌러 맨 앞으로 배치한 후 Swatches(견본) 패널에서 'Fill(칠) : C80M50'으로 지정합니다.

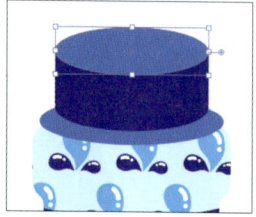

12 Pen Tool(펜 도구, ✒)을 선택하여 밴드를 그리고 Swatches(견본) 패널에서 각각 'Fill(칠) : C80M50과 C100M100, Stroke(선) : None(없음)'으로 지정합니다.

06 프로틴 오브젝트 만들기 및 클리핑 마스크

01 Rounded Rectangle Tool(둥근 사각형 도구, ▢)을 선택하여 아트보드를 클릭한 후 'Width(폭) : 28mm, Height(높이) : 34mm, Corner Radius(모퉁이 반경) : 7mm'를 입력하고 Swatches(견본) 패널에서 'Fill(칠) : C20M40Y60, Stroke(선) : None(없음)'으로 지정합니다.

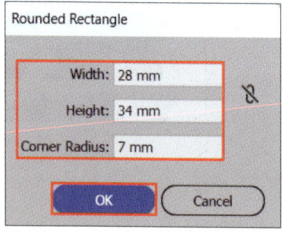
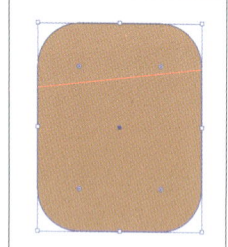

02 Rounded Rectangle Tool(둥근 사각형 도구, ▢)을 선택하고 아트보드를 클릭한 후 'Width(폭) : 22mm, Height(높이) : 1mm, Corner Radius(모퉁이 반경) : 0.5mm'를 입력합니다. Alt를 누른 채 위로 드래그하여 복사합니다.

03 Rectangle Tool(사각형 도구, ▢)을 선택하여 아트보드를 클릭한 후 'Width(폭) : 20mm, Height(높이) : 7mm'를 입력하고 Swatches(견본) 패널에서 'Fill(칠) : C20M40Y60, Stroke(선) : None(없음)'으로 지정합니다.

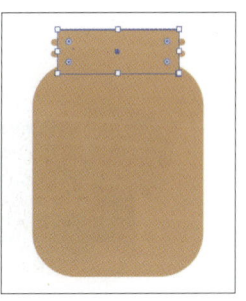

04 Rectangle Tool(사각형 도구, ▢)을 선택하여 아트보드를 클릭한 후 'Width(폭) : 28mm, Height(높이) : 20mm'를 입력하고 Swatches(견본) 패널에서 'Fill(칠) : C50M70Y80K70, Stroke(선) : None(없음)'으로 지정합니다.

05 초콜릿을 선택하고 Alt를 누른 채 드래그하여 복사한 후 Shift + Ctrl +]를 눌러 맨 앞으로 배치합니다. 반복하여 초콜릿을 복사하고 배치합니다.

06 라벨을 선택하고 Ctrl + C 를 눌러서 복사한 후 Ctrl + F 를 눌러서 같은 위치이면서 바로 위에 붙입니다. Shift + Ctrl +] 를 누르고 순서를 맨 앞으로 보냅니다.

07 복사한 라벨만큼 초콜릿에 클리핑 마스크를 적용하기 위하여 복사된 라벨과 초콜릿 오브젝트들을 모두 선택하고 [Object(오브젝트)]-[Clipping Mask(클리핑 마스크)]-[Make(만들기)] (Ctrl + 7)을 누릅니다.

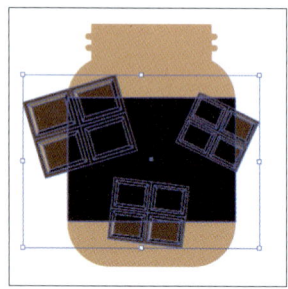 

08 Rectangle Tool(사각형 도구, ▣)을 선택하고 아트보드를 클릭한 후 'Width(폭) : 28mm, Height(높이) : 15mm'를 입력하고 Swatches(견본) 패널에서 'Fill(칠) : C0M0Y0K0, Stroke(선) : None(없음)'으로 지정합니다. Transparency(투명도) 패널에서 'Opacity(불투명도) : 50%'로 지정합니다.

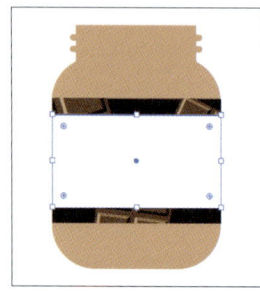 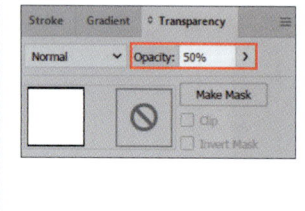 

09 문자를 입력하기 위하여 Type Tool(문자 도구, T)을 선택하고 아트보드를 클릭하여 'PROTEIN Choco'를 입력합니다.

10 상단 옵션 바에서 'Set the Font family(글꼴 군 설정) : Times New Roman, Set the Font style(글꼴 스타일) : Bold, Set the Font size(글꼴 크기) : 14pt와 10pt, Align Left(왼쪽 정렬)'로 지정하고 Swatches(견본) 패널에서 'Fill(칠) : C0M0Y0K0, Stroke(선) : None(없음)'으로 지정합니다.

11 초콜릿을 선택하고 [Alt]를 누른 채 드래그하여 복사한 후 [Shift]+[Ctrl]+[]]를 눌러 맨 앞으로 배치합니다. 반복하여 초콜릿을 복사하고 배치합니다. 초콜릿을 모두 선택하고 [Ctrl]+[G]를 눌러 그룹으로 묶습니다.

12 Rounded Rectangle Tool(둥근 사각형 도구, ▢)을 선택하여 아트보드를 클릭한 후 'Width(폭) : 22mm, Height(높이) : 7mm, Corner Radius(모퉁이 반경) : 2mm'를 입력하고 Swatches(견본) 패널에서 'Fill(칠) : C40M60Y90K40, Stroke(선) : None(없음)'으로 지정합니다.

13 Direct selection Tool(직접 선택 도구, ▷)로 아래쪽 Corner Widget(모퉁이 위젯)을 드래그하면서 뾰족하게 조절합니다.

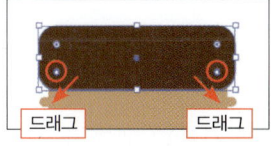 

14 Line Segment Tool(선분 도구, ╱)을 선택하고 줄무늬를 그리고 Swatches(견본) 패널에서 'Fill(칠) : None(없음), Stroke(선) : K100'으로 지정합니다. 선을 선택하고 [Alt]를 누르면서 드래그하여 복사합니다.

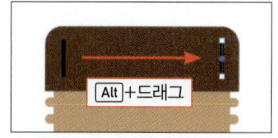

15 두 개의 선을 선택하고 [Object(오브젝트)]-[Blend(블렌드)]-[Make(만들기)]를 클릭합니다. Blend Tool(블렌드 도구, ▩)을 더블 클릭하고 Blend(블렌드) 창에서 'Spacing(간격) : Specified Steps(지정된 단계) : 10'으로 지정합니다.

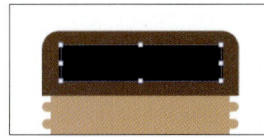 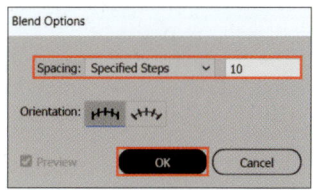 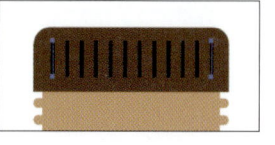

07 점선 편집하기

01 Line Segment Tool(선분 도구, ▨)을 선택하여 라벨선을 그리고 Swatches(견본) 패널에서 'Fill(칠) : None(없음), Stroke(선) : K100'으로 지정합니다.

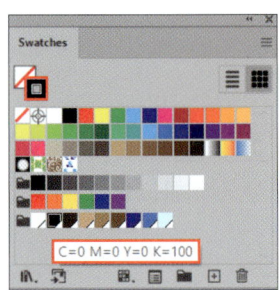 

02 Stroke(획) 패널에서 'Dashed Line(점선 사용) : 체크'하고 'dash(점선) : 5pt, gap(간격) : 2pt, dash(점선) : 2pt, gap(간격) : 2pt, dash(점선) : 2pt, gap(간격) : 2pt'로 지정합니다.

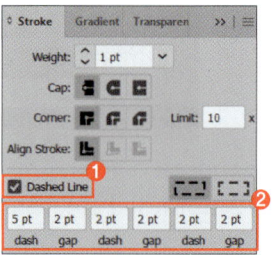

03 계속해서 위쪽의 점선을 선택하고 Alt 를 누른 채 드래그하여 아래쪽 점선을 복사합니다.

04 물병 라벨의 선을 선택하여 Stroke(획) 패널에서 'Dashed Line(점선 사용) : 체크'하고 'dash(점선) : 3pt, gap(간격) : 2pt'로 지정합니다.

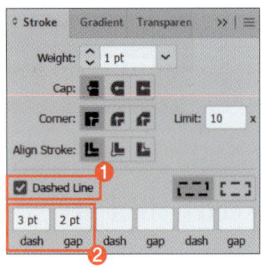 

08 파일 저장

01 최종적으로 작업 파일의 오브젝트 위치, 순서를 점검하고 불필요한 안내선이 남아있는 경우 [View(보기)]-[Guide(안내선)]-[Clear Guide(안내선 지우기)]를 선택하여 안내선을 지웁니다.

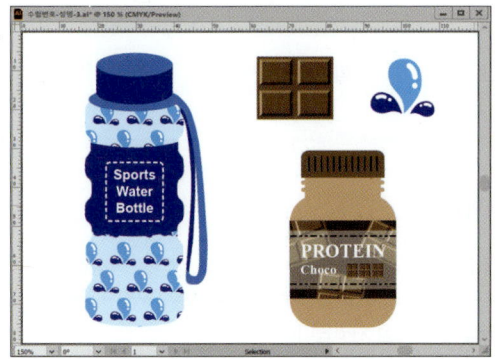

02 [File(파일)]-[Save as(다른이름으로 저장)](Shift + Ctrl + S)을 선택하여 '저장 위치 : 내 PC₩문서₩GTQ, 파일 이름 : 수험번호-성명-3, 파일 형식 : Adobe Illustrator(*.AI)'로 저장합니다. [Illustrator Options(Illustrator 옵션)] 창이 뜨면 [OK(확인)]를 누르고 옵션 창을 닫습니다.

03 답안 저장이 완료되면 [File(파일)]-[Close(닫기)](Ctrl + W)를 선택하여 파일을 닫고 수험 프로그램에서 [답안 전송]을 선택하여 ai 파일을 감독관 컴퓨터로 전송합니다.

기출 유형 문제 07회

급수	문제유형	시험시간	수험번호	성명
2급	A	90분		

수험자 유의사항

- 수험자는 문제지를 받는 즉시 응시하고자 하는 <u>과목 및 급수가 맞는지 확인</u>한 후 수험번호와 성명을 작성합니다.
- 파일명은 본인의 "수험번호–성명–문제번호"로 공백 없이 정확히 입력하고 답안폴더(내 PC₩문서₩GTQ)에 ai 파일 포맷으로 저장해야 하며, '**다른 파일 형식으로 저장하였을 경우**' 0점 처리됩니다.
- 답안문서 파일명이 "수험번호–성명–문제번호"와 일치하지 않거나, 답안 파일을 '**전송**'**하지 않는 경우 답안 파일 미제출로 불합격** 처리됩니다. ※ 답안은 반드시 시험 시간 내에 전송을 완료해야 하며, 전송 시간을 충분히 감안하여 제출해 주시기 바랍니다. (공정한 평가를 위해, 시험 종료 전 전송이 완료된 답안에 한해 채점이 진행됩니다.)
- 수험자 정보와 저장한 파일명, 저장 위치가 다를 경우 전송이 되지 않으므로, 주의하시길 바랍니다.
- 답안 작성 중에도 주기적으로 '**저장**'과 '**답안 전송**'을 이용하여 감독위원 PC로 답안을 전송하셔야 합니다. (※ 작업한 내용을 저장하지 않고 답안을 전송할 경우 이전의 저장내용이 전송되오니 이점 반드시 유념하시기 바랍니다.)
- 모든 시험자는 동일한(초기화 된) 환경에서 시험이 시작되며 '작업환경 설정'은 시험 시간 내에 진행합니다.
  (시험 시작 전 '작업환경 설정' 불가, 소프트웨어 이상 유무만 확인)
- 답안문서는 지정된 경로 외의 다른 보조기억장치에 저장하는 행위, 지정된 시험 시간 외에 작성된 파일을 활용한 행위, 기타 허용되지 않은 프로그램(이메일, 메신저, 게임, 네트워크, 윈도우계산기, 스톱워치 등) 이용 시 부정행위로 간주되어 <u>자격기본법 제32조에 의거 본 시험 및 국가공인 자격시험을 2년간 응시할 수 없습니다.</u>
- 시험 종료 후 제출된 답안은 평가 및 검증을 위해 본부에서 보관되며, <u>시험의 공정성과 보안 유지를 위해 응시자에게 본인의 답안을 제공하는 것은 허용되지 않습니다.</u> 이 점 반드시 유의하시기 바랍니다.
- 시험 중 부주의 또는 고의로 시스템을 파손한 경우와 〈수험자 유의사항〉에 기재된 방법대로 이행하지 않아 생기는 불이익은 수험자의 책임임을 알려 드립니다.
- 시험을 완료한 수험자는 최종적으로 저장한 답안파일이 전송되었는지 확인한 후 감독위원의 지시에 따라 문제지를 제출하고 퇴실합니다.

답안 작성요령

- 온라인 답안 작성 절차
  수험자 등록 ⇒ 시험 시작 ⇒ 답안파일 저장 ⇒ 답안 전송 ⇒ 시험 종료
- 배점은 총 100점으로 이루어지며, 점수는 각 문제별로 차등 배분됩니다.
- 각 문제는 제시된 〈조건〉에 맞게 답안을 작성하고, 〈조건〉을 지키지 못했을 경우에는 0점 또는 감점 처리됩니다.
- 문제 〈조건〉에 크기와 색상, 두께의 지정이 없을 경우 〈출력형태〉를 참고하여 작업해 주시기 바랍니다.
- **문제 〈조건〉과 〈출력형태〉에서 차이가 발생할 경우 문제에서 지정한 〈조건〉에 따라 작업해 주시기 바랍니다.**
- 〈조건〉에서 주어진 단위는 'mm(밀리미터)'입니다.
- 눈금자는 작성하지 않으며, 그 외는 출력형태(레이아웃, 색상, 문자, 규격 등)와 같게 작업하십시오.
- 문제 〈조건〉에 서체의 지정이 없을 경우 한글은 굴림이나 돋움, 영문은 Arial로 작업하십시오.
  (단, 그 외에 제시되지 않은 문자 속성을 기본값으로 작성하지 않은 경우는 감점 처리됩니다.)
- Color Mode(색상 모드)는 별도의 처리 조건이 없을 시 CMYK로 작업하십시오.
- 조건에서 제시한 기능을 임의로 합치거나 각 기능에 대한 속성을 해지할 경우 해당 요소는 0점 처리됩니다.

한 국 생 산 성 본 부

문제 ① 기본 툴 활용 25점

다음의 《조건》에 따라 아래의 《출력형태》와 같이 작업하시오.

조건

파일저장규칙	AI	파일명	문서₩GTQ₩수험번호-성명-1.ai
		크기	100 × 80mm

1. 작업 방법
① 도형, 변형 툴과 Pathfinder 기능을 활용하여 오브젝트를 작성한다.
② 그 외 《출력형태》 참조

출력형태

Y30,
M30Y80,
M60Y100,
C20M80Y100K20,
K50, K70, K90,
C70Y100,
C90M30Y90K30,
M100Y100, M30Y60,
C40M70Y100K50,
K100,
C0M0Y0K0
[Stroke] K100, 1pt

문제 ❷ 문자와 오브젝트　　　　　　　　　　　　　　　35점

다음의 《조건》에 따라 아래의 《출력형태》와 같이 작업하시오.

조건

파일저장규칙	AI	파일명	문서₩GTQ₩수험번호-성명-2.ai
		크기	100 × 80mm

1. 작업 방법
① 'VIDEO GAME' 문자에 Arial (Bold) 폰트를 적용한다.
② 'Playing with the computer' 문자에 Type on a Path Tool을 활용한다.
③ Brush는 《출력형태》를 참고하여 작성한다.
④ Effect는 《출력형태》를 참고하여 작성한다.
⑤ 그 외 《출력형태》 참조

2. 문자 효과
① Playing with the computer (Times New Roman, Bold, 10pt, C90M30Y90K30)

출력형태

M50Y100, C90M30Y90K30
[Brush] Banner 5 1pt
M20Y40, C0M0Y0K0, K30, K50, K90, Y100, M100Y50, C100Y100, C100
[Brush] Flowers, 1pt
C50, C80M30Y30
[Effect] Drop Shadow

문제 ❸ 어플리케이션 디자인   40점

다음의 《조건》에 따라 아래의 《출력형태》와 같이 작업하시오.

조건

파일저장규칙	AI	파일명	문서₩GTQ₩수험번호-성명-3.ai
		크기	120 × 80mm

1. 작업 방법
① 도형 툴로 오브젝트를 그린 후 Pattern을 활용하여 작성한다. (패턴 등록 : USB)
② 봉투에 규칙적인 점선, 불규칙적인 점선을 설정한다.
③ 봉투에 Pattern을 적용한다.
④ 봉투에 배치된 오브젝트는 정렬, 간격을 일정하게 한 후 Group 설정을 한다.
⑤ 그 외 《출력형태》 참조

2. 문자 효과
① Wireless Mouse (Arial, Italic, 10pt, K100)
② GAMING COMPUTER (Times New Roman, Bold, 12pt, C0M0Y0K0)

출력형태

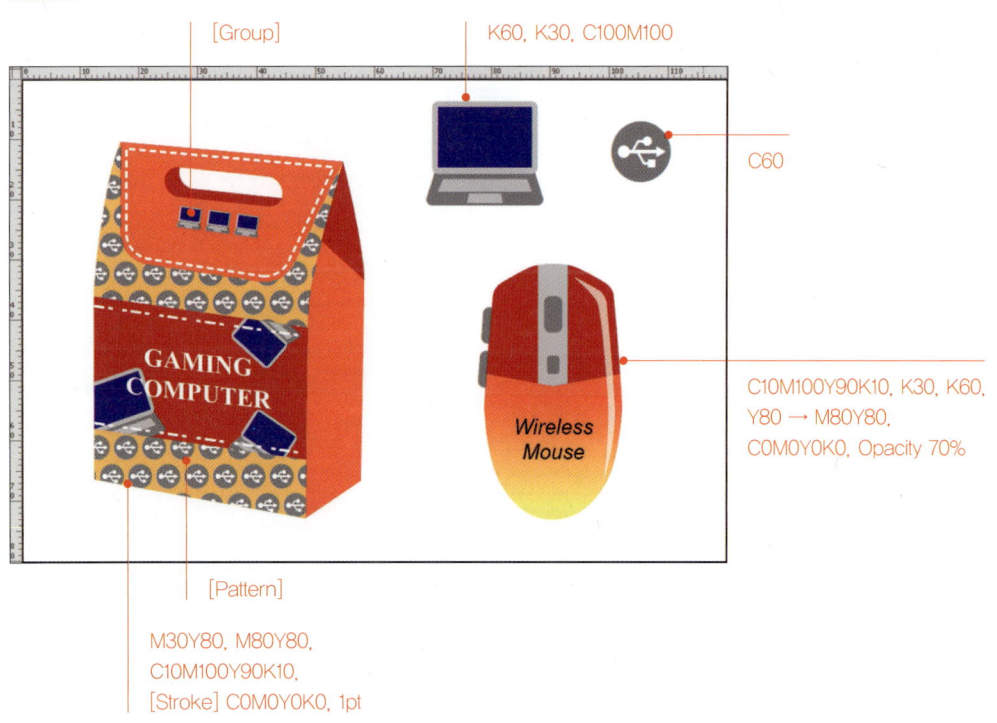

문제 ❶	기본 툴 활용
작업과정	① 새 작업 파일 만들기 ➡ ② 견본색 그룹 만들기 ➡ ③ 배경 오브젝트 만들기 ➡ ④ 사람 오브젝트 만들기 ➡ ⑤ 컴퓨터 오브젝트 만들기 ➡ ⑥ 파일 저장
완성이미지	PART04₩기출유형문제07회₩수험번호-성명-1.ai

01 새 작업 파일 만들기

01 새 작업 파일을 만들기 위하여 [File(파일)]-[New(새로 만들기)]([Ctrl]+[N])를 선택하고 'Width : 100mm, Height : 80mm, Units : Millimeters, Color Mode : CMYK'를 설정하여 새 작업 파일을 만듭니다.

02 [View(보기)]-[Rulers(눈금자)]-[Show Rulers(눈금자 표시)]([Ctrl]+[R])를 선택하여 눈금자를 표시합니다.

03 작업 파일을 저장하기 위하여 [File(파일)]-[Save as(다른이름으로 저장)]([Shift]+[Ctrl]+[S])을 선택하여 '저장 위치 : 내PC₩문서₩GTQ, 파일 이름 : 수험번호-성명-1, 파일 형식 : Adobe Illustrator(*.AI)'로 저장합니다. [Illustrator Options(Illustrator 옵션)] 창이 뜨면 [OK(확인)]를 누르고 옵션 창을 닫습니다.

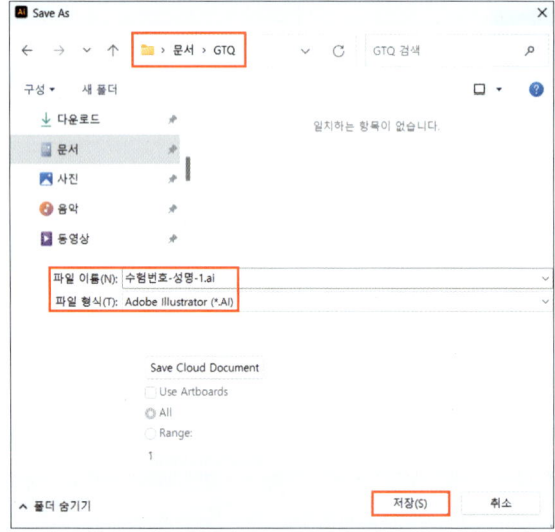
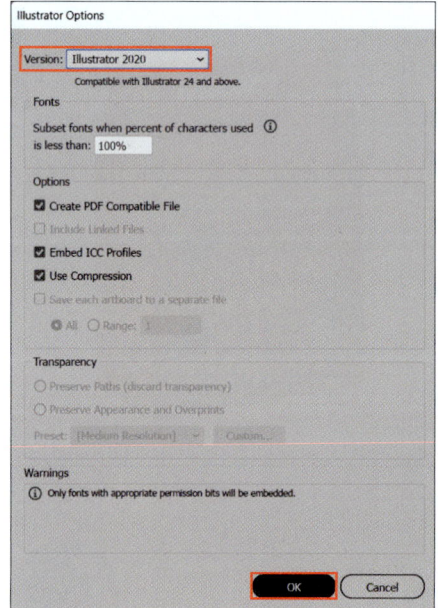

02 견본색 그룹 만들기

01 Swatches(견본) 패널 우측 하단에서 New Group(새 색상 견본 그룹,)을 선택하여 새로운 그룹을 만들고 그룹의 이름을 GTQ라고 입력합니다.

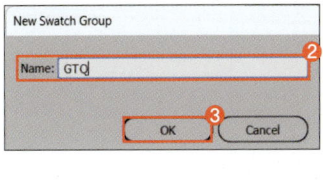

02 만들어진 그룹을 클릭하고 New Swatch(새 견본,)를 선택하여 문제에서 제시하는 색상값을 입력합니다. 반복하여 모든 색상을 견본 그룹에 만듭니다.

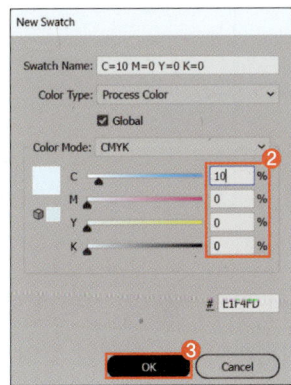

03 배경 오브젝트 만들기

01 Swatches(견본) 패널에서 'Fill(칠) : Y30, Stroke(선) : None(없음)'으로 지정한 후 Curvature Tool(곡률 도구,)을 선택하고 클릭하면서 배경을 그립니다. Direct selection Tool(직접 선택 도구,)로 고정점을 선택하여 모양을 편집한 후 [Object(오브젝트)]-[Lock(잠금)]-[Selection(선택물)]을 클릭합니다.

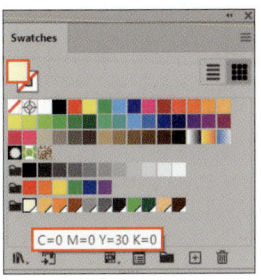
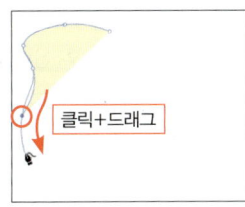
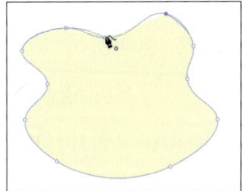
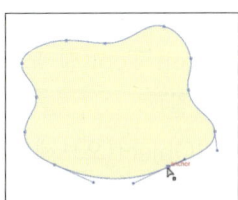

02 Rectangle Tool(사각형 도구, ▭)을 선택하고 아트보드를 클릭한 후 'Width(폭) : 68mm, Height(높이) : 12mm'를 입력하고 Swatches(견본) 패널에서 'Fill(칠) : M60Y100, Stroke(선) : None(없음)'으로 지정합니다.

 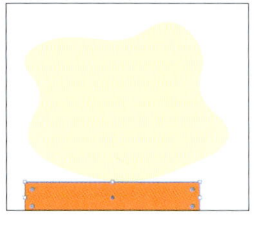

03 사각형을 선택하여 Alt 를 누른 채 드래그하여 복사하고 Swatches(견본) 패널에서 'Fill(칠) : M30Y80'으로 지정합니다.

 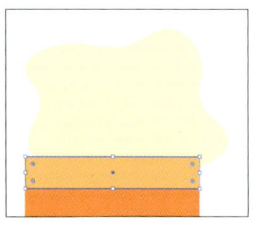

04 사각형을 선택하여 Shear Tool(기울이기 도구, ▱)을 클릭한 후 Shear(기울이기) 창에서 'Shear Angle(기울이기 각도) : 40°'로 지정하여 출력형태와 같이 배치합니다.

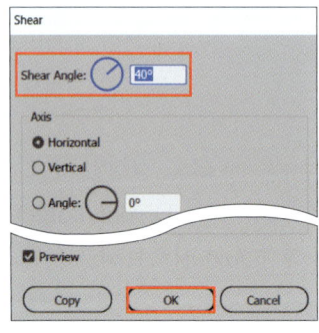 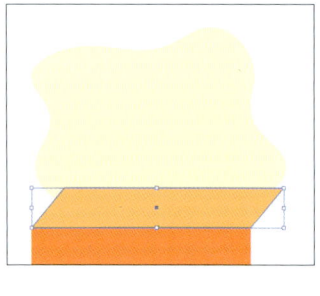

05 Pen Tool(펜 도구, ✎)을 선택하여 책상의 옆면을 그린 후 Swatches(견본) 패널에서 'Fill(칠) : C20M80Y100K20, Stroke(선) : None(없음)'으로 지정합니다. 모두 선택하고 [Object(오브젝트)]-[Group(그룹)](Ctrl + G)을 클릭하여 그룹으로 묶습니다.

06 Rounded Rectangle Tool(둥근 사각형 도구, ▢)을 선택하고 아트보드를 클릭한 후 각각 'Width(폭) : 28mm, Height(높이) : 28mm, Corner Radius(모퉁이 반경) : 3mm'와 'Width(폭) : 23mm, Height(높이) : 10mm, Corner Radius(모퉁이 반경) : 2mm'를 입력하고 위, 아래로 배치합니다. 두 개의 사각형을 선택하고 Swatches(견본) 패널에서 'Fill(칠) : K90, Stroke(선) : None(없음)'으로 지정합니다.

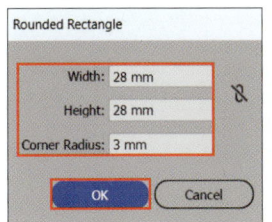 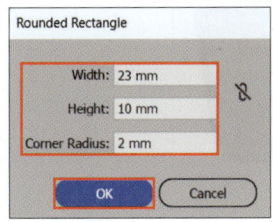 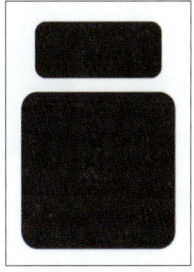

07 Rectangle Tool(사각형 도구, ▢)을 선택하여 아트보드를 클릭한 후 'Width(폭) : 12mm, Height(높이) : 5mm'를 입력하고 둥근 사각형 사이에 배치합니다. 그려진 오브젝트를 모두 선택하고 Pathfinder(패스파인더) 패널에서 Unite(합치기, ▣)를 선택하여 병합합니다.

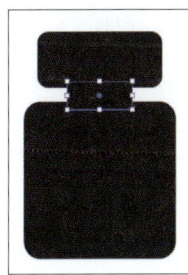 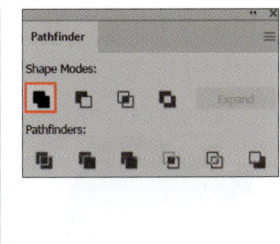 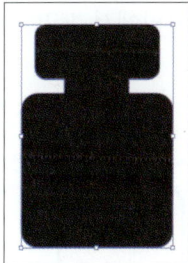

08 의자를 선택하고 Alt를 누른 채 드래그하여 복사하고 Swatches(견본) 패널에서 'Fill(칠) : K70'으로 지정합니다.

 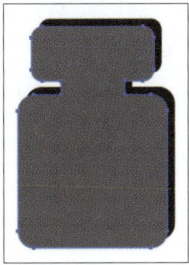

09 오브젝트를 모두 선택하고 Shear Tool(기울이기 도구,)을 클릭한 후 Shear(기울이기) 창에서 'Shear Angle(기울이기 각도) : 10'로 지정합니다. [Object(오브젝트)]-[Arrange(정돈)]-[Send Backward(뒤로 보내기)]([Ctrl]+[[ ])를 클릭하고 반복하여 책상 뒤로 배치합니다.

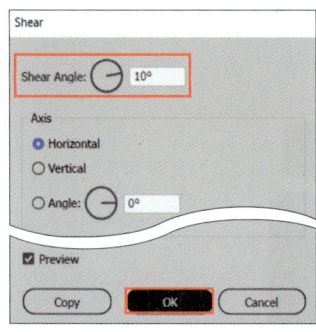

04 사람 오브젝트 만들기

01 Pen Tool(펜 도구,)을 선택하여 얼굴과 목을 그린 후 Swatches(견본) 패널에서 'Fill(칠) : M30Y60, Stroke(선) : K100'으로 지정합니다. Pen Tool(펜 도구,)을 선택하고 머리카락을 그린 후 Swatches(견본) 패널에서 'Fill(칠) : C40M70Y100K50, Stroke(선) : None(없음)'으로 지정합니다.

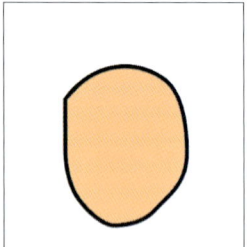
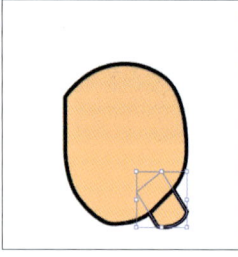

02 Ellipse Tool(원형 도구,)을 선택하여 아트보드를 클릭한 후 'Width(폭) : 8mm, Height(높이) : 9mm'를 입력합니다. Swatches(견본) 패널에서 'Fill(칠) : C20M80Y100K20'으로 지정하고 적절하게 배치한 후 [Alt]를 누른 채 드래그하여 복사하여 적절하게 배치합니다.

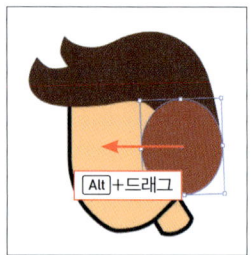

03 복사한 타원을 선택하고 [Object(오브젝트)]-[Arrange(정돈)]-[Send Backward(뒤로 보내기)]([Ctrl]+[[ ])를 반복적으로 선택하여 얼굴보다 뒤로 배치합니다.

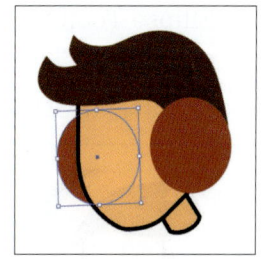

04 Ellipse Tool(원형 도구, ◯)을 선택하고 아트보드를 클릭한 후 'Width(폭) : 7mm, Height(높이) : 9mm'를 입력합니다. 타원을 선택하고 Swatches(견본) 패널에서 'Fill(칠) : M60Y100'으로 지정합니다.

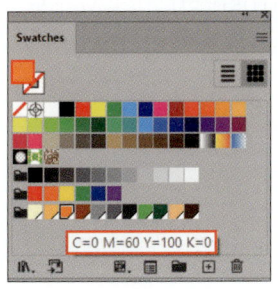 

05 Ellipse Tool(원형 도구, ◯)을 선택하고 아트보드를 클릭한 후 'Width(폭) : 4mm, Height(높이) : 6mm'를 입력합니다. 타원을 선택하여 Swatches(견본) 패널에서 'Fill(칠) : M30Y80'으로 지정하고 적절하게 배치합니다.

 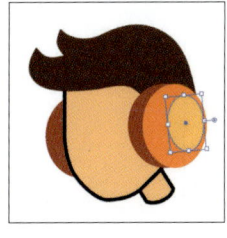

06 Pen Tool(펜 도구, ✒)을 선택하여 헤드셋을 그린 후 Swatches(견본) 패널에서 'Fill(칠) : M60Y100, Stroke(선) : None(없음)'으로 지정합니다. [Ctrl]+[[ ]를 눌러 순서를 뒤로 보냅니다.

07 Ellipse Tool(원형 도구, ◯)을 선택하고 눈을 그린 후 Swatches(견본) 패널에서 'Fill(칠) : C0M0Y0K0, Stroke(선) : None(없음)'과 'Fill(칠) : K100, Stroke(선) : None(없음)'을 지정합니다. 눈 오브젝트를 선택하고 Alt 를 누른 채 드래그하여 복사합니다.

08 곡선의 색을 Swatches(견본) 패널에서 'Fill(칠) : None(없음), Stroke(선) : K100'으로 지정하고 Pencil Tool(연필 도구, ✏)을 선택한 후 드래그하면서 눈썹과 코를 그립니다.

09 Shift 를 누르면서 곡선을 모두 선택하고 Stroke(획) 패널에서 'Weight(두께) : 1pt'로 지정하고 'Profile(속성) : Width Profile 1'을 선택합니다.

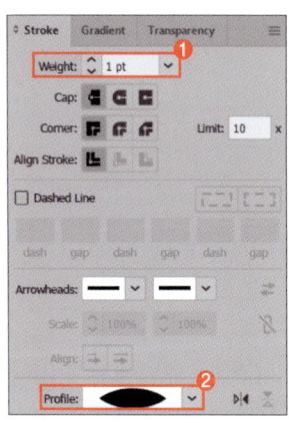 

10 Pen Tool(펜 도구, ✒)을 선택하고 입을 그린 후 Swatches(견본) 패널에서 'Fill(칠) : M100Y100, Stroke(선) : None(없음)'으로 지정합니다. 오브젝트를 모두 선택하고 Ctrl + G 을 눌러 그룹으로 묶습니다.

11 Pen Tool(펜 도구, ✒)을 선택하여 옷을 그린 후 Swatches(견본) 패널에서 'Fill(칠) : C70Y100, Stroke(선) : K100'으로 지정합니다. 옷을 선택하고 Shift + Ctrl + [를 눌러 맨 뒤로 배치합니다.

12 Pen Tool(펜 도구, ✒)을 선택하여 목 부분을 분리할 곡선을 그린 후 곡선과 옷을 함께 선택하고 Pathfinder(패스파인더) 패널에서 Divide(나누기, ▣)를 선택하여 분리합니다.

 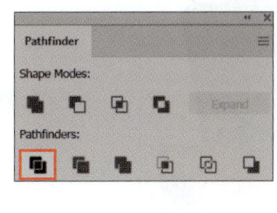

13 Group Selection Tool(그룹 선택 도구, ▶)로 분리된 조각을 선택하고 Swatches(견본) 패널에서 'Fill(칠) : C90M30Y90K30'으로 지정합니다. 옷을 선택하고 Shift + Ctrl + [를 눌러 맨 뒤로 배치합니다.

14 Pen Tool(펜 도구, ✒)을 선택하여 팔을 그린 후 Swatches(견본) 패널에서 'Fill(칠) : C70Y100, Stroke(선) : K100'으로 지정합니다.

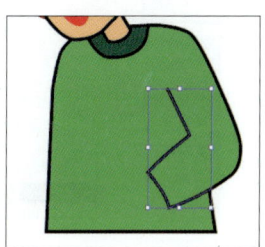

15 Pen Tool(펜 도구, ✏️)을 선택하고 손을 그린 후 Swatches(견본) 패널에서 'Fill(칠) : M30Y60, Stroke(선) : K100'으로 지정합니다. 손 오브젝트를 선택하고 Ctrl+[를 눌러 출력형태와 같이 옷소매 뒤로 배치합니다.

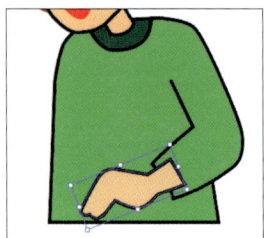 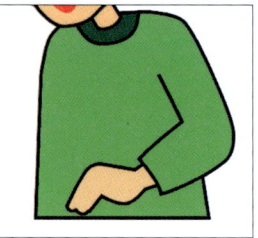

16 옷을 선택하고 Ctrl+[를 눌러 순서를 오브젝트들을 출력형태에 맞게 뒤로 보내는 작업을 반복하여 책상 뒤로 배치합니다.

05 컴퓨터 오브젝트 만들기

01 Rectangle Tool(사각형 도구, ▭)을 선택하여 아트보드를 클릭한 후 'Width(폭) : 23mm, Height(높이) : 5mm'를 입력하고 Swatches(견본) 패널에서 'Fill(칠) : K50, Stroke(선) : None(없음)'으로 지정합니다.

02 사각형을 선택하고 Shear Tool(기울이기 도구, ◰)을 클릭한 후 Shear(기울이기) 창에서 'Shear Angle(기울이기 각도) : 40°'로 지정합니다. Alt를 누른 채 위로 드래그하여 복사합니다.

 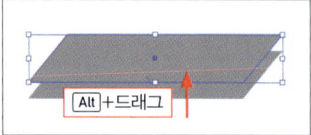

03 Rectangle Tool(사각형 도구, ▢)을 선택하고 두 개의 사각형 사이를 채우는 사각형을 그린 후 Swatches(견본) 패널에서 'Fill(칠) : K70, Stroke(선) : None(없음)'으로 지정합니다.

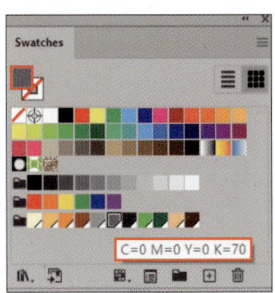 

04 Pen Tool(펜 도구, ✏)을 선택하고 옆면을 그린 후 Swatches(견본) 패널에서 'Fill(칠) : K90, Stroke(선) : None(없음)'으로 지정합니다. 모두 선택하고 Ctrl+G를 눌러 그룹으로 묶습니다.

 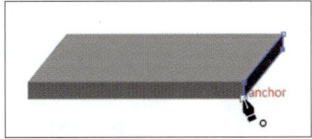

05 사각형 그룹을 선택하고 Alt를 누른 채 드래그하여 복사합니다. Direct selection Tool(직접 선택 도구, ▷)로 복사했던 아래 쪽 사각형의 오른쪽 부분을 선택하고 모양을 편집합니다.

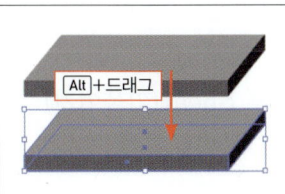 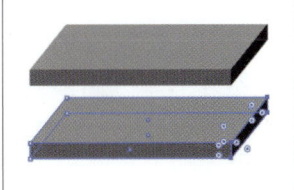 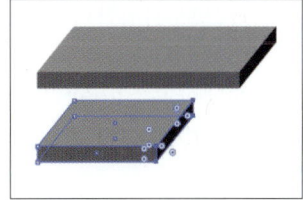

06 Rectangle Tool(사각형 도구, ▢)을 선택하여 아트보드를 클릭한 후 'Width(폭) : 6mm, Height(높이) : 10mm'를 입력하고 Swatches(견본) 패널에서 'Fill(칠) : K70, Stroke(선) : None(없음)'으로 지정합니다.

07 사각형을 선택하고 Shear Tool(기울이기 도구,)을 클릭한 후 Shear(기울이기) 창에서 'Shear Angle(기울이기 각도) : −10°'로 지정합니다. Alt 를 누른 채 위로 드래그하여 복사합니다.

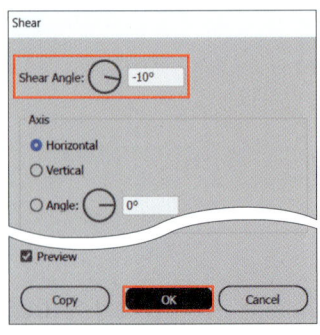 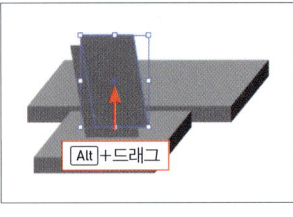

08 Pen Tool(펜 도구,)을 선택하여 윗면과 옆면을 그린 후 Swatches(견본) 패널에서 'Fill(칠) : K50과 K90, Stroke(선) : None(없음)'으로 지정합니다.

 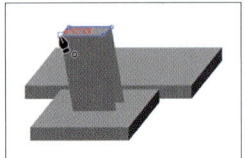  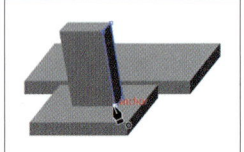

09 Rectangle Tool(사각형 도구,)을 선택하고 아트보드를 클릭한 후 'Width(폭) : 30mm, Height(높이) : 20mm'를 입력하고 Swatches(견본) 패널에서 'Fill(칠) : K70, Stroke(선) : None(없음)'으로 지정합니다.

10 사각형을 선택하고 Shear Tool(기울이기 도구,)을 클릭한 후 Shear(기울이기) 창에서 'Shear Angle(기울이기 각도) : −10°'로 지정합니다. Alt 를 누른 채 위로 드래그하여 복사합니다.

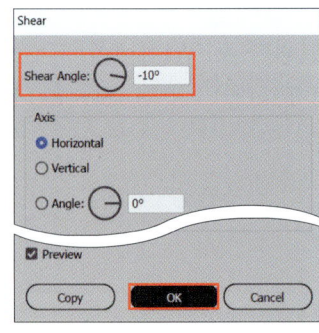 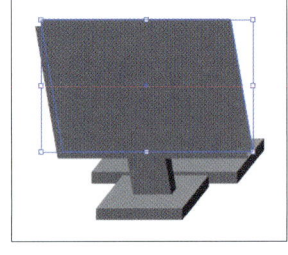

11 Pen Tool(펜 도구, ✐)을 선택하여 윗면과 옆면을 그린 후 Swatches(견본) 패널에서 'Fill(칠) : K50과 K90, Stroke(선) : None(없음)'으로 지정합니다.

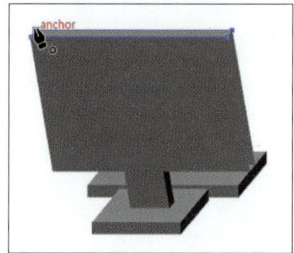 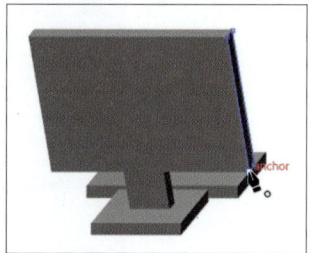

12 모니터를 선택하고 Ctrl+[를 눌러 순서를 뒤로 보냅니다. 손과 팔을 선택하고 Ctrl+] 를 여러 번 눌러 출력형태와 같이 순서를 앞으로 보냅니다.

06 파일 저장

01 최종적으로 작업 파일의 오브젝트 위치, 순서를 점검하고 불필요한 안내선이 남아있는 경우 [View(보기)]-[Guide(안내선)]-[Clear Guide(안내선 지우기)]를 선택하여 안내선을 지웁니다.

02 [File(파일)]-[Save as(다른이름으로 저장)](Shift+Ctrl+S)을 선택하여 '저장 위치 : 내 PC\문서\GTQ, 파일 이름 : 수험번호-성명-1, 파일 형식 : Adobe Illustrator(*.AI)'로 저장합니다. [Illustrator Options(Illustrator 옵션)] 창이 뜨면 [OK(확인)]를 누르고 옵션 창을 닫습니다.

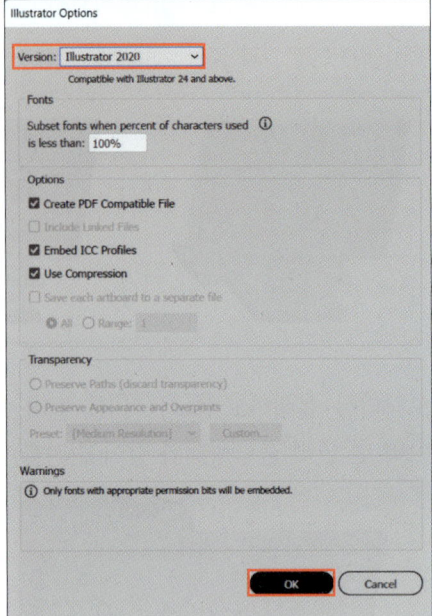

03 답안 저장이 완료되면 [File(파일)]-[Close(닫기)](Ctrl + W)를 선택하여 파일을 닫고 수험 프로그램에서 [답안 전송]을 선택하여 ai 파일을 감독관 컴퓨터로 전송합니다.

문제 ❷	문자와 오브젝트

작업과정	① 새 작업 파일 만들기 ➡ ② 견본색 그룹 만들기 ➡ ③ 조이스틱 오브젝트 만들기 및 그림자 효과 적용 ➡ ④ 손 오브젝트 만들기 ➡ ⑤ 헤드셋 오브젝트 만들기 ➡ ⑥ 브러시 오브젝트 만들기 ➡ ⑦ 문자 입력하고 변형하기 ➡ ⑧ 파일 저장
완성이미지	PART04₩기출유형문제07회₩수험번호-성명-2.ai

01 새 작업 파일 만들기

01 새 작업 파일을 만들기 위하여 [File(파일)]-[New(새로 만들기)](Ctrl + N)를 선택하고 'Width : 100mm, Height : 80mm, Units : Millimeters, Color Mode : CMYK'를 설정하여 새 작업 파일을 만듭니다.

02 [View(보기)]-[Rulers(눈금자)]-[Show Rulers(눈금자 표시)](Ctrl + R)를 선택하여 눈금자를 표시합니다.

03 작업 파일을 저장하기 위하여 [File(파일)]-[Save as(다른이름으로 저장)](Shift + Ctrl + S)을 선택하여 '저장 위치 : 내PCW문서WGTQ, 파일 이름 : 수험번호-성명-2, 파일 형식 : Adobe Illustrator(*.AI)'로 저장합니다. [Illustrator Options(Illustrator 옵션)] 창이 뜨면 [OK(확인)]를 누르고 옵션 창을 닫습니다.

02 견본색 그룹 만들기

01 Swatches(견본) 패널 우측 하단에서 New Group(새 색상 견본 그룹, ▣)을 선택하여 새로운 그룹을 만들고 그룹의 이름을 GTQ라고 입력합니다.

02 만들어진 그룹을 클릭하고 New Swatch(새 견본, ▣)를 선택하여 문제에서 제시하는 색상값을 입력합니다. 반복하여 모든 색상을 견본 그룹에 만듭니다.

03 조이스틱 오브젝트 만들기 및 그림자 효과 적용

01 반사의 기준이 되는 안내선을 드래그하여 만든 후 Pen Tool(펜 도구, ✎)을 선택하고 조이스틱을 그립니다. 조이스틱을 클릭하여 Swatches(견본) 패널에서 'Fill(칠) : K50, Stroke(선) : None(없음)'으로 지정합니다.

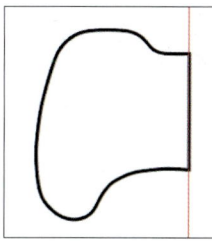 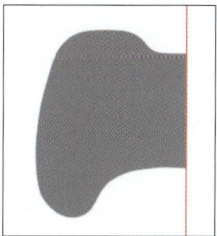

02 Knife Tool(칼 도구, ✎)을 선택하고 장식으로 분리할 선을 드래그하여 그립니다. 분리된 장식 오브젝트를 선택하고 Swatches(견본) 패널에서 'Fill(칠) : K90'으로 지정합니다.

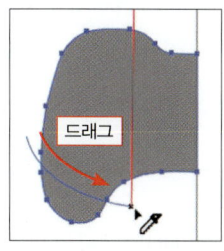 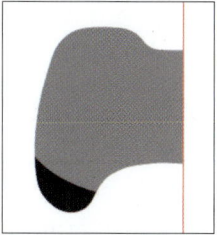

03 Ellipse Tool(원형 도구, ●)을 선택하고 아트보드를 클릭한 후 'Width(폭) : 12mm, Height(높이) : 12mm'와 'Width(폭) : 9mm, Height(높이) : 9mm'를 입력합니다.

04 타원을 선택하고 Swatches(견본) 패널에서 'Fill(칠) : K30, Stroke(선) : None(없음)'으로 지정한 후 위, 아래로 배치합니다.

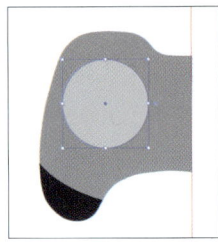 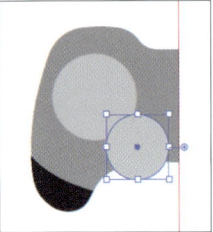

05 작은 타원을 선택하고 [Object(오브젝트)]-[Path(패스)]-[Offset Path(오프셋 패스)]를 선택한 후 Offset Path(오프셋 패스) 창에서 'Offset(이동) : −2mm'를 입력합니다. 축소된 타원을 선택하고 Swatches(견본) 패널에서 'Fill(칠) : K90, Stroke(선) : None(없음)'으로 지정합니다.

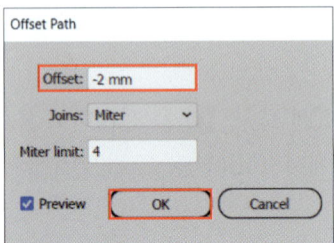 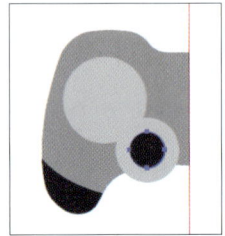

06 Rounded Rectangle Tool(둥근 사각형 도구, ▣)을 선택하고 아트보드를 클릭한 후 'Width(폭) : 5mm, Height(높이) : 3mm, Corner Radius(모퉁이 반경) : 1mm'를 입력합니다.

07 Swatches(견본) 패널에서 'Fill(칠) : K90, Stroke(선) : None(없음)'으로 지정한 사각형을 선택하고 Shift+Ctrl+[ ]를 눌러 맨 뒤로 배치합니다.

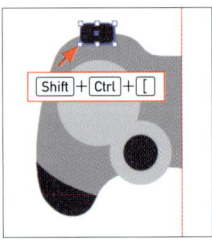 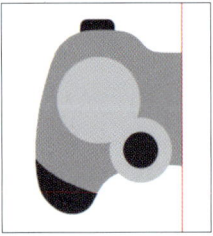

08 오브젝트를 모두 선택하고 Reflect Tool(반사 도구, ▷◁)을 클릭합니다. Alt를 누른 채 안내선을 클릭한 후 Reflect(반사) 창에서 'Axis(축) : Vertical(세로)'을 선택하고 Copy(복사)를 누릅니다.

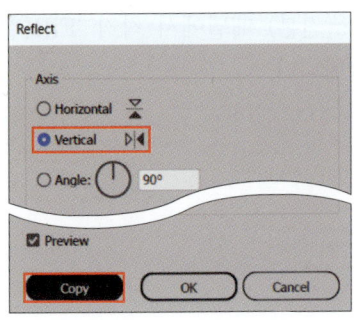 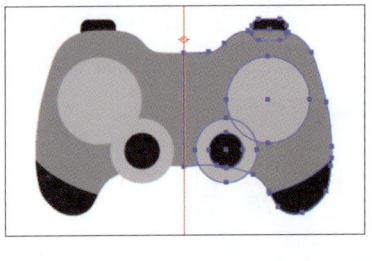

09 Rounded Rectangle Tool(둥근 사각형 도구, ▢)을 선택하여 아트보드를 클릭한 후 'Width(폭) : 2.5mm, Height(높이) : 7mm, Corner Radius(모퉁이 반경) : 0.5mm'를 입력하고 Swatches(견본) 패널에서 'Fill(칠) : K90, Stroke(선) : None(없음)'으로 지정합니다.

10 사각형을 선택하여 Rotate Tool(회전 도구, ↻)을 더블 클릭한 후 Rotate(회전) 창에서 'Angle(각도) : 90°'를 입력하고 Copy(복사)를 클릭합니다.

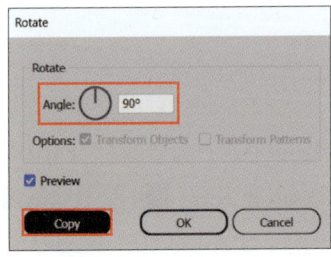 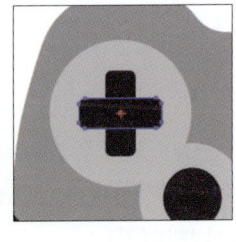

11 Ellipse Tool(원형 도구, ◯)을 선택하고 아트보드를 클릭한 후 'Width(폭) : 3mm, Height(높이) : 3mm'를 입력합니다. 타원을 선택하고 Swatches(견본) 패널에서 'Fill(칠) : Y100, Stroke(선) : None(없음)'으로 지정한 후 Rotate Tool(회전 도구, ↻)을 선택합니다.

12 [Alt]를 누른 채 원의 중심점을 클릭한 후 Rotate(회전) 창에서 'Angle(각도) : 90°'를 입력하고 Copy(복사)를 클릭합니다.

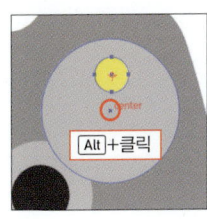 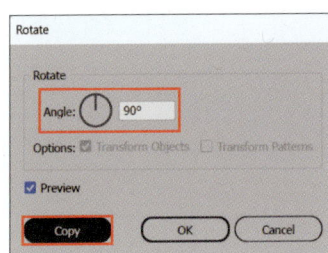 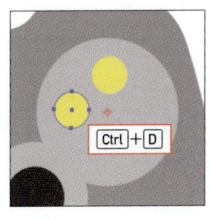

13 Ctrl+D를 눌러 회전 및 복사를 반복합니다. Swatches(견본) 패널에서 각각 'Fill(칠) : M100Y50과 C100, C100Y100'으로 출력형태와 같이 지정합니다.

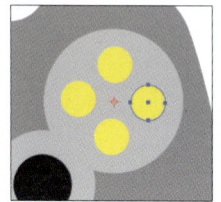 

14 그림자를 적용하기 위하여 조이스틱 오브젝트를 모두 선택하고 Ctrl+G를 눌러 그룹으로 묶습니다. [Effect(효과)]-[Stylize(스타일화)]-[Drop Shadow(그림자 만들기)]를 선택하고 Drop Shadow(그림자 효과) 창에서 'Mode(모드) : Multiply(곱하기), Opacity(불투명도) : 75%, X Offset(X 옵셋) : 1mm, Y Offset(Y 옵셋) : 1mm, Blur(흐림 효과) : 1mm'로 지정합니다.

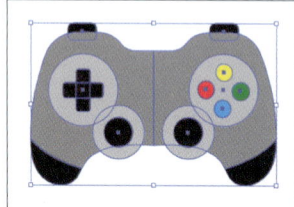 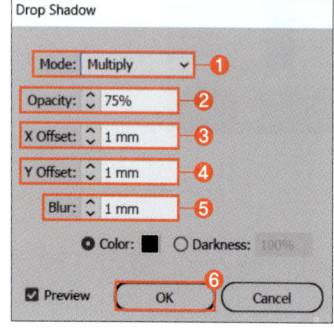 

04 손 오브젝트 만들기

01 Pen Tool(펜 도구,)을 선택하고 손을 그린 후 Swatches(견본) 패널에서 'Fill(칠) : C20M40, Stroke(선) : None(없음)'으로 지정합니다. Pen Tool(펜 도구,)을 선택하여 손톱을 그린 후 Swatches(견본) 패널에서 'Fill(칠) : C0M0Y0K0, Stroke(선) : None(없음)'으로 지정합니다.

 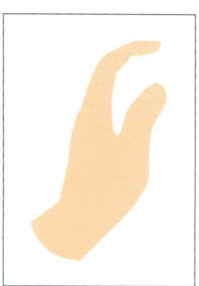 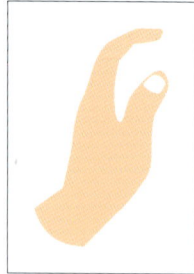

02 손을 선택하고 Alt 를 누른 채 드래그하여 복사한 후 Reflect Tool(반사 도구, ▷◁)을 더블 클릭합니다. Reflect(반사) 창에서 'Axis(축) : Vertical(세로)'을 선택하고 출력형태와 같이 배치합니다.

 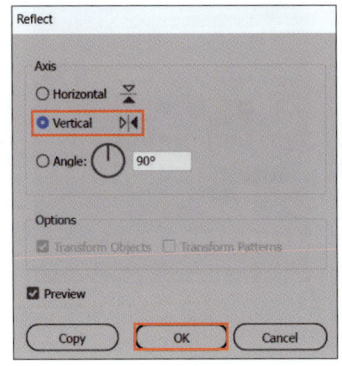 

05 헤드셋 오브젝트 만들기

01 Rounded Rectangle Tool(둥근 사각형 도구, ▢)을 선택하여 아트보드를 클릭한 후 'Width(폭) : 2.5mm, Height(높이) : 11mm, Corner Radius(모퉁이 반경) : 1mm'를 입력하고 Swatches(견본) 패널에서 'Fill(칠) : C50, Stroke(선) : None(없음)'으로 지정합니다.

02 사각형을 선택하여 Scale Tool(크기 조절 도구, ▦)을 더블 클릭하고 Scale(크기 조절) 창에서 'Uniform(균일) : 90%'를 입력하고 Copy(복사)를 클릭합니다.

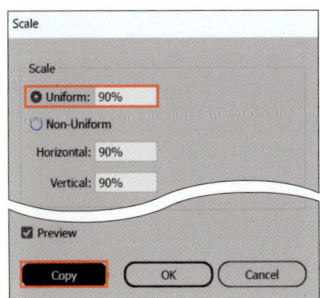

03 복사된 사각형을 선택하고 Swatches(견본) 패널에서 'Fill(칠) : C80M30Y30'으로 지정한 후 Direct selection Tool(직접 선택 도구, ▷)로 오른쪽 Corner Widget(모퉁이 위젯)을 선택하고 드래그하면서 뾰족하게 조절합니다.

 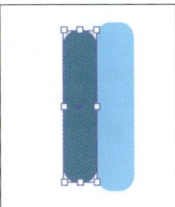 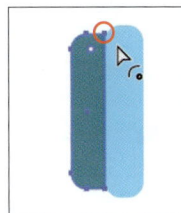

04 복사된 사각형을 선택하여 Scale Tool(크기 조절 도구, 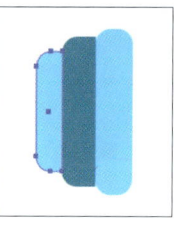)을 더블 클릭하고 Scale(크기 조절) 창에서 'Uniform(균일) : 80%'를 입력하고 Copy(복사)를 클릭합니다. 복사된 사각형을 선택하고 Swatches(견본) 패널에서 'Fill(칠) : C50'으로 지정합니다.

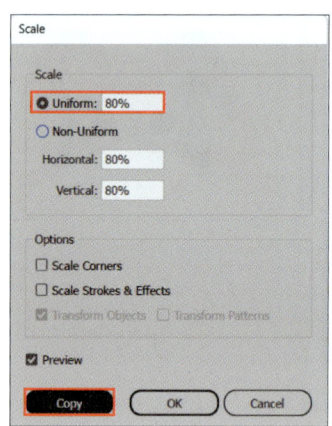

05 오브젝트를 모두 선택하고 Alt 를 누른 채 드래그하여 복사한 후 출력형태와 같이 배치합니다. Pen Tool(펜 도구, )을 선택하고 밴드를 그린 후 Swatches(견본) 패널에서 'Fill(칠) : C50, Stroke(선) : None(없음)'으로 지정합니다.

06 브러시 오브젝트 만들기

01 리본 모양 배너를 브러시로 만들기 위하여 Line Segment Tool(선분 도구, 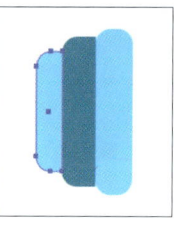)을 선택하고 Shift 를 누르면서 직선을 그립니다.

02 Brushes(브러쉬) 패널 좌측 하단에서 Brush Libraries Menu(브러쉬 라이브러리 메뉴, 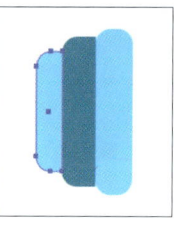)를 선택하고 [Decorative(장식)]-[Decorative_Banners and Seals(장식_배너와 씰)]을 클릭하여 추가 브러쉬 패널을 불러옵니다. 'Banner 5(배너 5)'를 선택하여 적용하고 배치합니다.

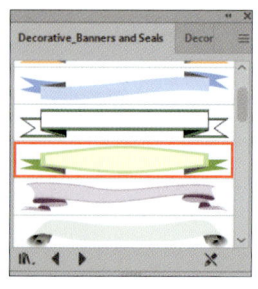
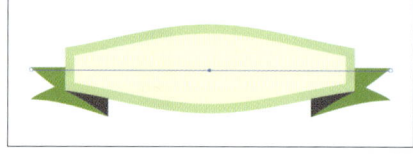

03 꽃 모양을 브러시로 만들기 위하여 Paintbrush Tool(페인트 브러시 도구,)을 선택하고 곡선을 그립니다.

04 Brushes(브러쉬) 패널 좌측 하단에서 Brush Libraries Menu(브러쉬 라이브러리 메뉴,)를 선택하고 [Borders(테두리)]-[Borders_Novelty(테두리_새문양)]를 클릭하여 추가 브러쉬 패널을 불러옵니다. 'Flowers(꽃)'를 선택하여 적용하고 배치한 후 Stroke(획) 패널에서 'Weight(두께) : 1pt'를 지정합니다.

07 문자 입력하고 변형하기

01 문자를 입력하기 위하여 Type Tool(문자 도구,)을 선택하고 아트보드를 클릭하여 'VIDEO GAME'을 입력합니다.

02 상단 옵션 바에서 'Set the Font family(글꼴 군 설정) : Arial, Set the Font style(글꼴 스타일) : Bold, Set the Font size(글꼴 크기) : 18pt'로 지정하고 Swatches(견본) 패널에서 'Fill(칠) : M50Y100, Stroke(선) : None(없음)'으로 지정합니다.

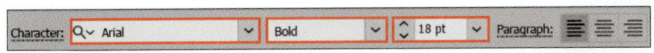 

03 문자를 패스로 만들기 위하여 문자를 선택하고 [Type(문자)]-[Create outline(윤곽선 만들기)](Shift + Ctrl + O)를 선택하여 패스로 만듭니다. 문자가 패스화되면 Selection Tool(선택 도구,)로 'VIDEO GAME' 문자를 더블 클릭하고 Isolation Mode(격리 모드)로 전환합니다.

04 문자 오브젝트를 위, 아래로 분리하기 위하여 Erase Tool(지우개 도구, ◆)을 선택합니다. []와 []를 눌러서 문자를 분리하는 선만큼 작게 지우개의 크기를 조절한 후 문자 오브젝트를 지나가도록 드래그합니다.

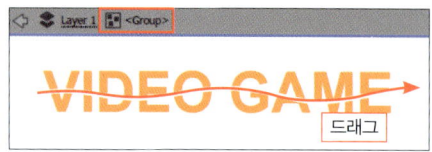

05 분리된 하단의 오브젝트를 Selection Tool(선택 도구, ▶)로 Shift 를 누른 채 모두 선택하고 Swatches(견본) 패널에서 'Fill(칠) : C90M30Y90K30, Stroke(선) : None(없음)'으로 지정합니다. Esc 를 눌러 Isolation Mode(격리 모드)를 해제한 후 배너 오브젝트 위에 적절하게 배치합니다.

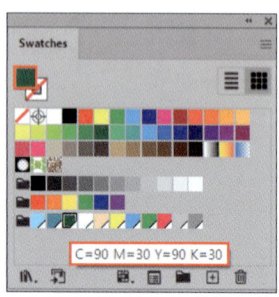 

06 곡선 위에 문자를 입력하기 위하여 Pen Tool(펜 도구, ✎)을 선택하고 곡선을 그립니다. Type on a Path Tool(패스 상의 문자 도구, ⤴)을 선택하고 곡선을 클릭하여 'Playing with the computer'를 입력한 후 Ctrl + A 를 눌러 모두 선택합니다.

07 상단 옵션 바에서 'Set the Font family(글꼴 군 설정) : Times New Roman, Set the Font style(글꼴 스타일) : Regular, Set the Font size(글꼴 크기) : 10pt, Align Center(가운데 정렬)'로 선택하고 Swatches(견본) 패널에서 'Fill(칠) : C90M30Y90K30, Stroke(선) : None(없음)'으로 지정합니다.

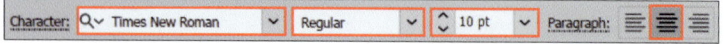

08 파일 저장

01 최종적으로 작업 파일의 오브젝트 위치, 순서를 점검하고 불필요한 안내선이 남아있는 경우 [View(보기)]–[Guide(안내선)]–[Clear Guide(안내선 지우기)]를 선택하여 안내선을 지웁니다.

02 [File(파일)]–[Save as(다른이름으로 저장)]([Shift]+[Ctrl]+[S])을 선택하여 '저장 위치 : 내 PC\문서\GTQ, 파일 이름 : 수험번호-성명-2, 파일 형식 : Adobe Illustrator(*.AI)'로 저장합니다. [Illustrator Options(Illustrator 옵션)] 창이 뜨면 [OK(확인)]를 누르고 옵션 창을 닫습니다.

03 답안 저장이 완료되면 [File(파일)]–[Close(닫기)]([Ctrl]+[W])를 선택하여 파일을 닫고 수험 프로그램에서 [답안 전송]을 선택하여 ai 파일을 감독관 컴퓨터로 전송합니다.

문제 ❸	어플리케이션 디자인
작업과정	① 새 작업 파일 만들기 ➡ ② 견본색 그룹 만들기 ➡ ③ USB 패턴 만들기 ➡ ④ 모니터 오브젝트 만들기 ➡ ⑤ 마우스 오브젝트 만들기 ➡ ⑥ 봉투 오브젝트 만들기 ➡ ⑦ 클리핑 마스크 및 패턴 적용 ➡ ⑧ 점선 편집하기 ➡ ⑨ 파일 저장
완성이미지	PART04\기출유형문제07회\수험번호-성명-3.ai

01 새 작업 파일 만들기

01 새 작업 파일을 만들기 위하여 [File(파일)]–[New(새로 만들기)]([Ctrl]+[N])를 선택하고 'Width : 120mm, Height : 80mm, Units : Millimeters, Color Mode : CMYK'를 설정하여 새 작업 파일을 만듭니다.

02 [View(보기)]–[Rulers(눈금자)]–[Show Rulers(눈금자 표시)]([Ctrl]+[R])를 선택하여 눈금자를 표시합니다.

03 작업 파일을 저장하기 위하여 [File(파일)]-[Save as(다른이름으로 저장)](Shift + Ctrl + S) 을 선택하여 '저장 위치 : 내PC₩문서₩GTQ, 파일 이름 : 수험번호-성명-3, 파일 형식 : Adobe Illustrator(*.AI)'로 저장합니다. [Illustrator Options(Illustrator 옵션)] 창이 뜨면 [OK(확인)]를 누르고 옵션 창을 닫습니다.

02 견본색 그룹 만들기

01 Swatches(견본) 패널 우측 하단에서 New Group(새 색상 견본 그룹,)을 선택하여 새로운 그룹을 만들고 그룹의 이름을 GTQ라고 입력합니다.

02 만들어진 그룹을 클릭하고 New Swatch(새 견본,)를 선택하여 문제에서 제시하는 색상값을 입력합니다. 반복하여 모든 색상을 견본 그룹에 만듭니다.

03 USB 패턴 만들기

01 Ellipse Tool(원형 도구,)을 선택하여 아트보드를 클릭한 후 큰 원형 오브젝트는 'Width(폭) : 10mm, Height(높이) : 10mm', 작은 원형 오브젝트는 'Width(폭) : 2mm, Height(높이) : 2mm'를 입력합니다. Swatches(견본) 패널에서 각각 'Fill(칠) : K60과 C0M0Y0K0, Stroke(선) : None(없음)'으로 지정합니다.

 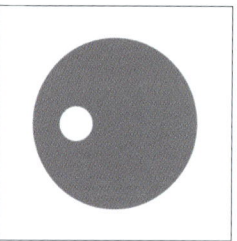

02 Rectangle Tool(사각형 도구,)을 선택하여 아트보드를 클릭한 후 'Width(폭) : 5mm, Height(높이) : 0.5mm'를 입력하고 Swatches(견본) 패널에서 'Fill(칠) : C0M0Y0K0, Stroke(선) : None(없음)'으로 지정한 후 출력형태와 같이 배치합니다.

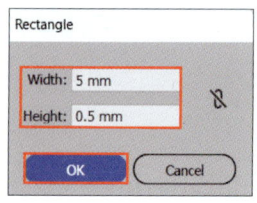 

03 Polygon Tool(다각형 도구, 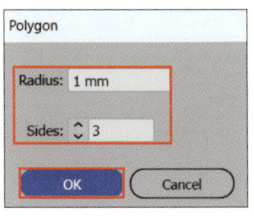)을 선택하여 아트보드를 클릭한 후 'Radius(반경) : 1mm, Sides(면) : 3'을 입력하고 Swatches(견본) 패널에서 'Fill(칠) : C0M0Y0K0, Stroke(선) : None(없음)'으로 지정합니다.

04 Pen Tool(펜 도구, 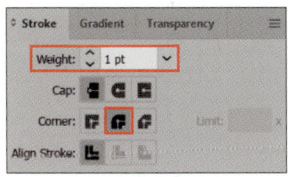)을 선택하여 선을 그린 후 Swatches(견본) 패널에서 'Fill(칠) : None(없음), Stroke(선) : C0M0Y0K0'으로 지정합니다.

05 선을 모두 선택하고 Stroke(획) 패널에서 'Weight(두께) : 1pt, Corner(모퉁이) : Round Corner(둥근 연결)'로 지정한 후 [Object(오브젝트)]-[Expand(확장)]을 클릭하여 선을 면으로 확장합니다.

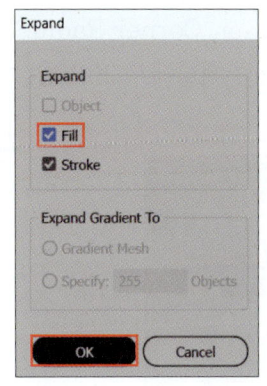

06 Ellipse Tool(원형 도구, )을 선택하여 아트보드를 클릭한 후 'Width(폭) : 1.5mm, Height(높이) : 1.5mm'를 입력합니다. 타원을 선택하고 Swatches(견본) 패널에서 'Fill(칠) : C0M0Y0K0, Stroke(선) : None(없음)'으로 지정합니다.

07 Rectangle Tool(사각형 도구, )을 선택하여 아트보드를 클릭한 후 'Width(폭) : 1.2mm, Height(높이) : 1.2mm'를 입력하고 Swatches(견본) 패널에서 'Fill(칠) : C0M0Y0K0, Stroke(선) : None(없음)'으로 지정한 후 출력형태와 같이 배치합니다.

08 패턴을 만들기 위하여 물방울을 선택하고 [Object(오브젝트)]-[Pattern(패턴)]-[Make(만들기)]를 선택합니다. Pattern Options(패턴 옵션) 창에서 'Name(이름) : USB, Tile Type(타일 유형) : Brick by Row(행으로 벽돌형), Width(폭) : 12mm, Height(높이) : 12mm'으로 지정하고 Done(완료)을 클릭합니다.

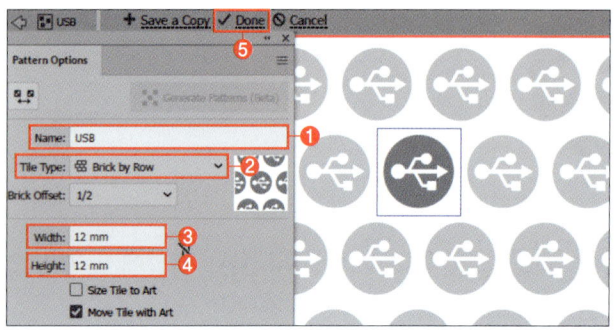

04 모니터 오브젝트 만들기

01 Rounded Rectangle Tool(둥근 사각형 도구, ◻)을 선택하고 아트보드를 클릭한 후 'Width(폭) : 20mm, Height(높이) : 8mm, Corner Radius(모퉁이 반경) : 1mm'를 입력합니다. 사각형을 선택하고 Swatches(견본) 패널에서 'Fill(칠) : K60, Stroke(선) : None(없음)'으로 지정합니다.

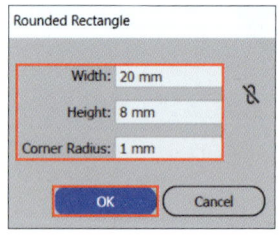 

02 Direct selection Tool(직접 선택 도구, ▷)로 사각형의 위쪽 고정점을 Shift 를 누른 채 동시에 선택하고 Scale Tool(크기 조절 도구, ▦)을 더블 클릭한 후 Scale(크기 조절) 창에서 'Uniform(균일) : 80%'를 입력합니다.

 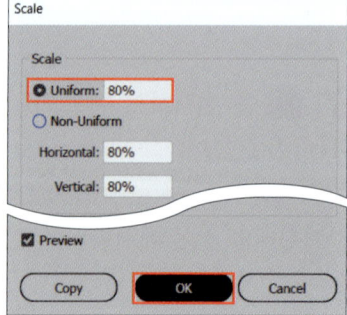 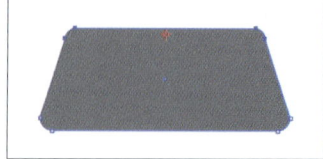

03 Rectangle Tool(사각형 도구, ▢)을 선택하여 아트보드를 클릭한 후 각각 'Width(폭) : 16mm, Height(높이) : 2mm'와 'Width(폭) : 6mm, Height(높이) : 1.5mm'를 입력하고 Swatches(견본) 패널에서 'Fill(칠) : K30, Stroke(선) : None(없음)'으로 지정한 후 출력형태와 같이 배치합니다.

04 Direct selection Tool(직접 선택 도구, ▷)로 사각형의 위쪽 고정점을 동시에 선택하고 Scale Tool(크기 조절 도구, ▦)을 더블 클릭한 후 Scale(크기 조절) 창에서 'Uniform(균일) : 90%'를 입력합니다.

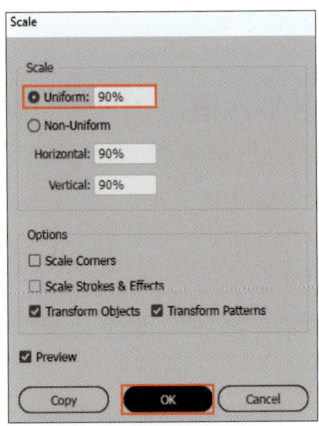
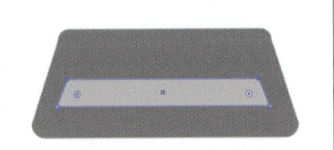
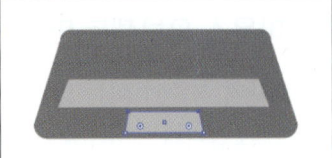

05 Rounded Rectangle Tool(둥근 사각형 도구, ▢)을 선택하고 아트보드를 클릭한 후 'Width(폭) : 18mm, Height(높이) : 12mm, Corner Radius(모퉁이 반경) : 1mm'를 입력합니다. Swatches(견본) 패널에서 'Fill(칠) : K30, Stroke(선) : None(없음)'으로 지정합니다.

06 Rectangle Tool(사각형 도구, ▢)을 선택하고 아트보드를 클릭한 후 'Width(폭) : 16mm, Height(높이) : 10mm'를 입력하고 Swatches(견본) 패널에서 'Fill(칠) : C100M100, Stroke(선) : None(없음)'으로 지정한 후 출력형태와 같이 배치합니다. 오브젝트를 모두 선택하고 Ctrl + G 를 눌러 그룹으로 묶습니다.

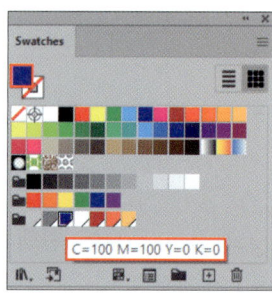

05 마우스 오브젝트 만들기

01 반사의 기준이 되는 안내선을 드래그하여 만든 후 Pen Tool(펜 도구, ✒)을 선택하고 마우스를 그립니다. Swatches(견본) 패널에서 'Fill(칠) : C10M100Y90K10, Stroke(선) : None(없음)'으로 지정한 후 Reflect Tool(반사 도구, ▷|◁)을 클릭합니다.

02 Alt 를 누른 채 안내선을 클릭한 후 Reflect(반사) 창에서 'Axis(축) : Vertical(세로)'을 선택하고 Copy(복사)를 누릅니다. 오브젝트를 모두 선택하고 Pathfinder(패스파인더) 패널에서 Unite(합치기, ◨)를 선택하여 병합합니다.

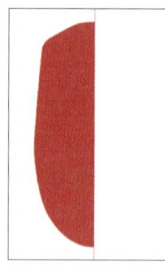
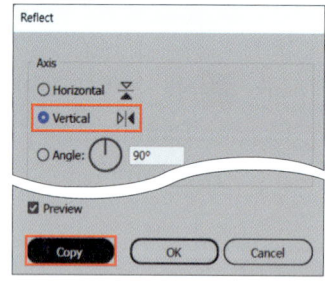
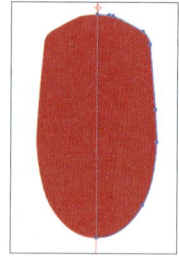
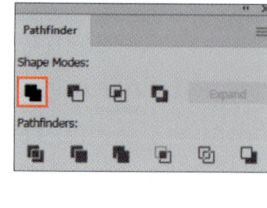

03 마우스를 선택하여 Alt 를 누른 채 드래그하여 복사한 후 Swatches(견본) 패널에서 'Fill(칠) : C0M0Y0K0'으로 지정하고 Transparency(투명도) 패널에서 'Opacity(불투명도) : 70%'로 지정합니다.

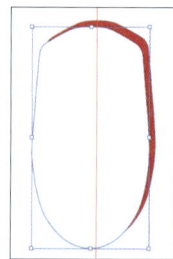
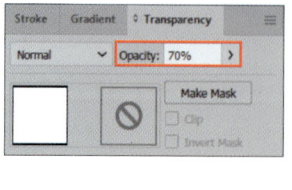
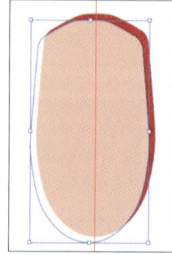

04 Pen Tool(펜 도구,)을 선택하고 마우스를 분리하기 위한 선을 그립니다. 선과 복사한 마우스를 선택하고 Pathfinder(패스파인더) 패널에서 Divide(나누기,)를 클릭하여 분리한 후 Group Selection Tool(그룹 선택 도구,)로 불필요한 부분을 선택하고 삭제합니다.

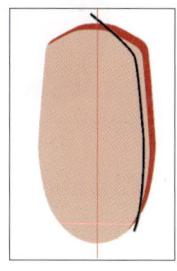
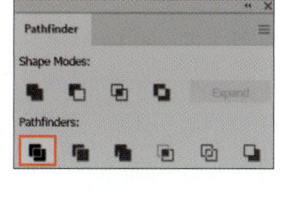
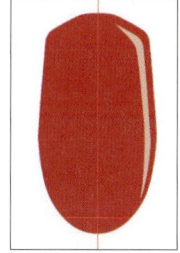

05 Line Segment Tool(선분 도구,)을 선택하여 마우스를 분리하기 위한 선을 그리고 Swatches(견본) 패널에서 'Fill(칠) : None(없음), Stroke(선) : K100'으로 지정한 후 Reflect Tool(반사 도구,)을 클릭합니다.

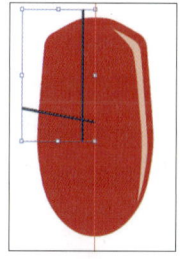

06 Alt 를 누른 채 안내선을 클릭한 후 Reflect(반사) 창에서 'Axis(축) : Vertical(세로)'을 선택하고 Copy(복사)를 누릅니다.

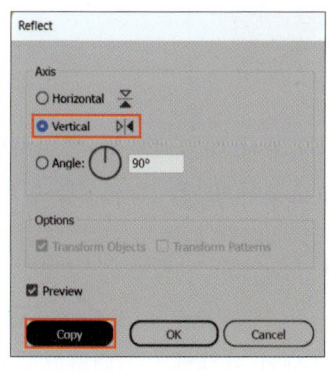
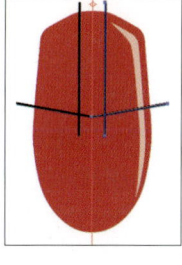

07 Shift 를 누르면서 선과 빨간색 마우스를 선택하고 Pathfinder(패스파인더) 패널에서 Divide(나누기,)를 클릭하여 분리합니다.

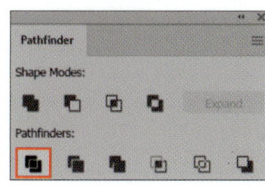
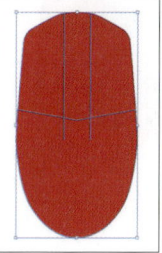

08 Group Selection Tool(그룹 선택 도구, 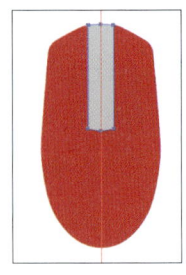)로 마우스의 가운데 버튼을 선택하고 Swatches(견본) 패널에서 'Fill(칠) : K30'으로 지정합니다.

09 Group Selection Tool(그룹 선택 도구,)로 마우스의 아래쪽을 선택하고 Gradient(그레이디언트) 패널에서 그라디언트 색상을 클릭한 후 Gradient Slider(그라디언트 슬라이더)를 활성화합니다.

10 Gradient Slider(그라디언트 슬라이더)의 왼쪽 'Color Stop'을 더블 클릭하여 Y80을, 오른쪽 'Color Stop'을 더블 클릭하여 M80Y80을 적용합니다. 이어서 'Angle(각도) : 90°'를 지정하여 출력형태와 같이 그라디언트 방향을 맞춘 후 마우스를 선택하고 Shift+Ctrl+[ ]를 선택하여 맨 뒤로 배치합니다.

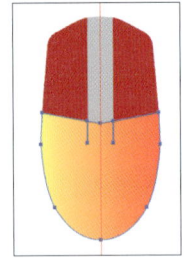
Y80
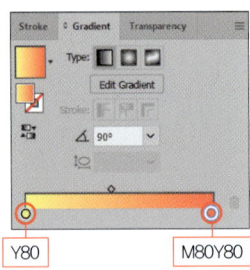
M80Y80
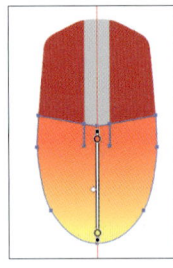

11 Rounded Rectangle Tool(둥근 사각형 도구,)을 선택하여 아트보드를 클릭한 후 'Width(폭) : 3mm, Height(높이) : 6mm, Corner Radius(모퉁이 반경) : 1mm'를 입력합니다.

12 Swatches(견본) 패널에서 'Fill(칠) : K60, Stroke(선) : None(없음)'으로 지정한 후 Alt 를 누른 채 드래그하여 복사하고 마우스 왼쪽으로 배치합니다. 복사된 사각형을 선택하고 Shift +Ctrl+[ ]를 선택하여 맨 뒤로 배치합니다.

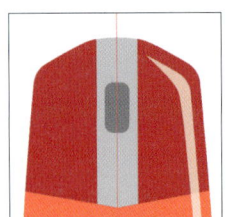
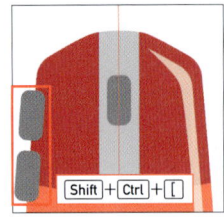
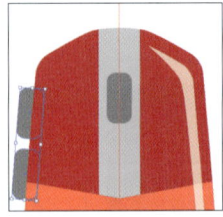

13 Rounded Rectangle Tool(둥근 사각형 도구, ▢)을 선택하고 아트보드를 클릭한 후 'Width(폭) : 2mm, Height(높이) : 3mm, Corner Radius(모퉁이 반경) : 0.5mm'를 입력하고 적절하게 배치합니다.

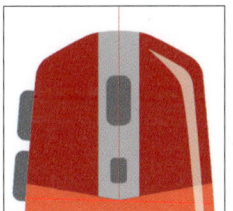

14 문자를 입력하기 위하여 Type Tool(문자 도구, T)을 선택하고 아트보드를 클릭하여 'Wireless Mouse'를 입력합니다.

15 상단 옵션 바에서 'Set the Font family(글꼴 군 설정) : Arial, Set the Font style(글꼴 스타일) : Italic, Set the Font size(글꼴 크기) : 10pt, Align Center(가운데 정렬)'로 지정하고 Swatches(견본) 패널에서 'Fill(칠) : K100, Stroke(선) : None(없음)'으로 지정합니다.

06 봉투 오브젝트 만들기

01 Pen Tool(펜 도구, ✒)을 선택하여 봉투 앞면을 그린 후 Swatches(견본) 패널에서 'Fill(칠) : M30Y80, Stroke(선) : None(없음)'으로 지정합니다.

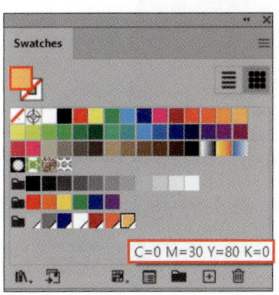
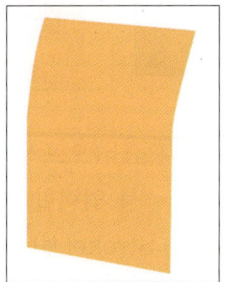

02 Pen Tool(펜 도구, ✒)을 선택하여 봉투 옆면을 그린 후 Swatches(견본) 패널에서 'Fill(칠) : M80Y80, Stroke(선) : None(없음)'으로 지정하고 Shift+Ctrl+[를 선택하여 맨 뒤로 배치합니다.

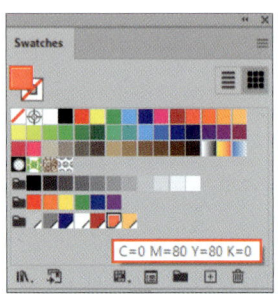 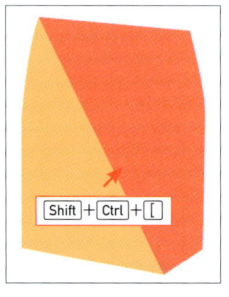 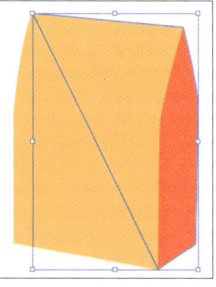

03 Pen Tool(펜 도구, ✒)을 선택하여 봉투 앞면을 분할할 선을 그린 후 Swatches(견본) 패널에서 'Fill(칠) : None(없음), Stroke(선) : K100'으로 지정합니다. Direct selection Tool(직접 선택 도구, ▷)로 Corner Widget(모퉁이 위젯)을 선택하고 드래그하면서 둥글게 조절합니다.

 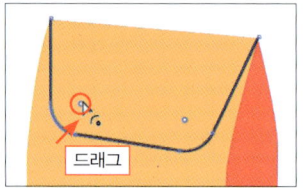

04 선과 봉투를 선택하고 Pathfinder(패스파인더) 패널에서 Divide(나누기, ▣)를 클릭하여 분리한 후 [Object(오브젝트)]-[Ungroup(그룹 해제)](Shift+Ctrl+G)를 클릭합니다. 분리된 손잡이를 선택하고 Swatches(견본) 패널에서 'Fill(칠) : M80Y80'으로 지정합니다.

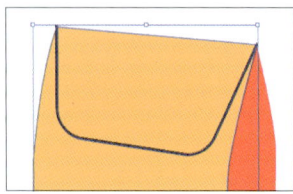 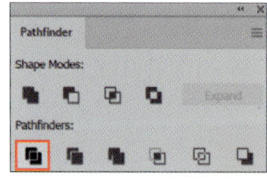 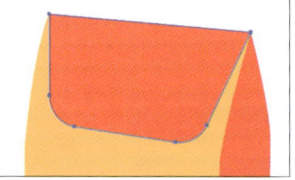

05 [Object(오브젝트)]-[Path(패스)]-[Offset Path(오프셋 패스)]를 선택한 후 Offset Path(오프셋 패스) 창에서 'Offset(이동) : -1mm'를 입력합니다. 축소된 손잡이를 선택하고 Swatches(견본) 패널에서 'Fill(칠) : None(없음), Stroke(선) : C0M0Y0K0'으로 지정합니다.

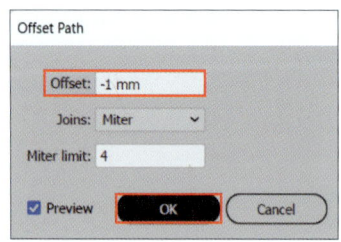 

06 Rounded Rectangle Tool(둥근 사각형 도구, ▢)을 선택하여 아트보드를 클릭한 후 'Width(폭) : 20mm, Height(높이) : 5mm, Corner Radius(모퉁이 반경) : 2.5mm'를 입력합니다. 둥근 사각형을 선택하고 Shear Tool(기울이기 도구, ⬚)을 더블 클릭한 후 Shear(기울이기) 창에서 'Shear Angle(기울이기 각도) : 6°, Axis(축) : Vertical(세로)'로 지정합니다.

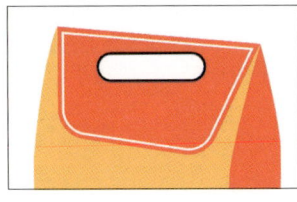 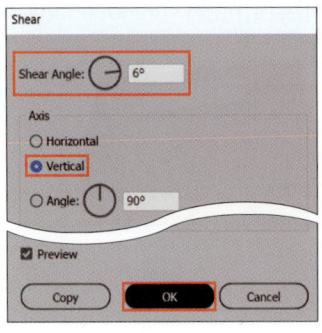 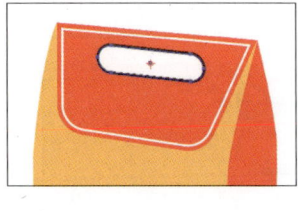

07 손잡이와 둥근 사각형을 선택하고 Pathfinder(패스파인더) 패널에서 Minus Front(앞면 오브젝트 제외, ⬚)를 선택하여 불필요한 부분은 삭제합니다.

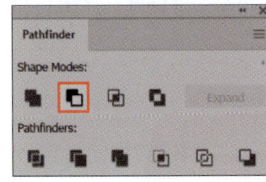 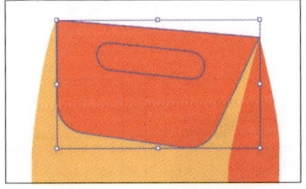

08 Pen Tool(펜 도구, ✎)을 선택하여 봉투 옆면을 분할할 선을 그린 후 Swatches(견본) 패널에서 'Fill(칠) : None(없음), Stroke(선) : K100'으로 지정합니다. 선과 봉투 옆면을 선택하고 Pathfinder(패스파인더) 패널에서 Divide(나누기, ⬚)를 클릭하여 분리한 후 Shift + Ctrl + G 를 눌러 그룹을 해제합니다.

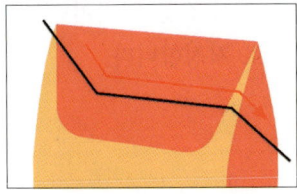 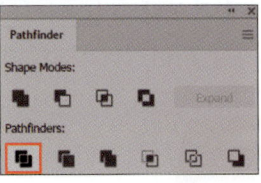

09 분리된 윗면을 선택하여 Swatches(견본) 패널에서 'Fill(칠) : C10M100Y90K10'으로 지정한 후 봉투 옆면을 모두 선택하고 Shift + Ctrl + [를 눌러 맨 뒤로 배치합니다.

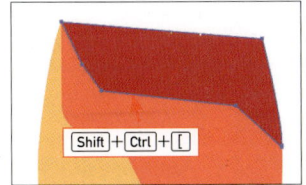 

10 Rounded Rectangle Tool(둥근 사각형 도구, ▢)을 선택하여 아트보드를 클릭한 후 'Width(폭) : 20mm, Height(높이) : 5mm, Corner Radius(모퉁이 반경) : 2.5mm'를 입력합니다.

11 둥근 사각형을 선택하고 Shear Tool(기울이기 도구, ⬚)을 더블 클릭한 후 Shear(기울이기) 창에서 'Shear Angle(기울이기 각도) : 6°, Axis(축) : Vertical(세로)'로 지정합니다.

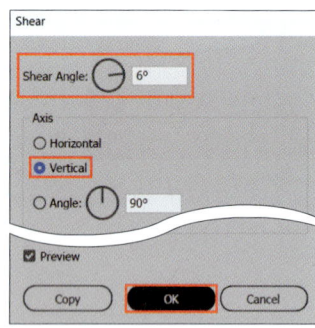 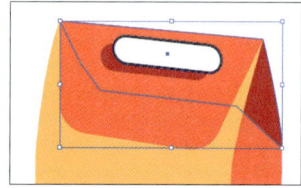

12 뒷면과 둥근 사각형을 선택하고 Pathfinder(패스파인더) 패널에서 Minus Front(앞면 오브젝트 제외, ⬚)를 선택하여 불필요한 부분은 삭제합니다. 뒷면을 선택하고 Shift+Ctrl+[를 눌러 맨 뒤로 배치합니다.

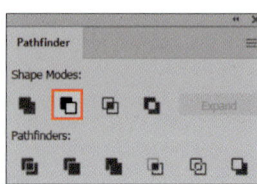 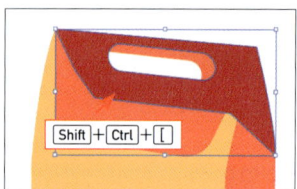 

07 클리핑 마스크 및 패턴 적용

01 봉투 앞면을 선택하여 Ctrl+C를 눌러서 복사한 후 Ctrl+F를 눌러서 같은 위치이면서 바로 위에 붙입니다. Swatches(견본) 패널에서 'Fill(칠) : USB' 패턴으로 지정합니다.

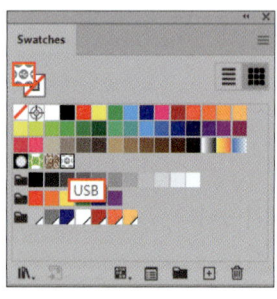 

02 패턴의 크기를 줄이기 위하여 Scale Tool(크기 조절 도구, )을 더블 클릭하고 Scale(크기 조절) 창에서 'Uniform(균일) : 40%'를 입력하고 Options(옵션)에서 'Transform Patterns (패턴 변형) : 체크'합니다.

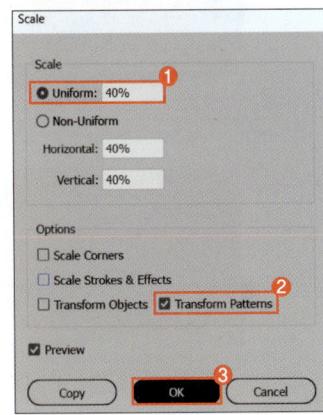

03 Line Segment Tool(선분 도구, 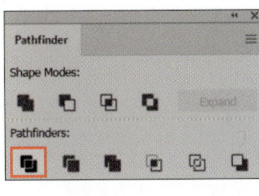)을 선택하고 앞면을 분할할 선을 그린 후 선을 선택하고 Alt 를 누르면서 복사합니다.

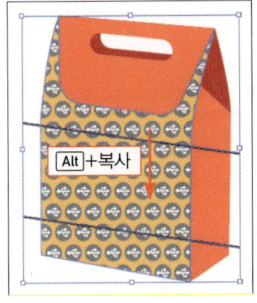

04 선과 앞면을 선택하고 Pathfinder(패스파인더) 패널에서 Divide(나누기, )를 선택하여 분리한 후 Shift + Ctrl + G 를 눌러 그룹을 해제합니다. 분리된 라벨을 선택하고 Swatches(견본) 패널에서 'Fill(칠) : C10M100Y90K10'으로 지정합니다.

기출 유형 문제 07회 427

05 컴퓨터 오브젝트를 선택하고 Alt를 누른 채 드래그하여 복사한 후 [Object(오브젝트)]-[Arrange(정돈)]-[Bring to Front(맨 앞으로 가져오기)](Shift+Ctrl+])를 클릭하여 맨 앞으로 배치합니다. 반복하여 컴퓨터를 복사하고 배치합니다.

06 라벨을 선택하고 Ctrl+C를 눌러서 복사한 후 Ctrl+F를 눌러서 같은 위치이면서 바로 위에 붙입니다. Shift+Ctrl+]를 누르고 순서를 맨 앞으로 보냅니다.

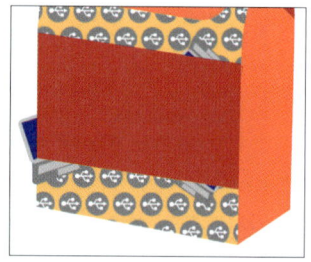

07 복사한 라벨만큼 컴퓨터에 클리핑 마스크를 적용하기 위하여 복사된 라벨과 컴퓨터 오브젝트들을 모두 선택하고 [Object(오브젝트)]-[Clipping Mask(클리핑 마스크)]-[Make(만들기)](Ctrl+7)을 누릅니다.

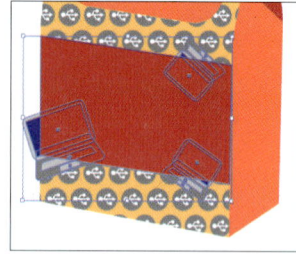 

08 문자를 입력하기 위하여 Type Tool(문자 도구, T)을 선택하고 아트보드를 클릭하여 'VIDEO GAME'을 입력합니다.

09 상단 옵션 바에서 'Set the Font family(글꼴 군 설정) : Times New Roman, Set the Font style(글꼴 스타일) : Bold, Set the Font size(글꼴 크기) : 12pt, Align Center(가운데 정렬)'로 지정하고 Swatches(견본) 패널에서 'Fill(칠) : C0M0Y0K0, Stroke(선) : None(없음)'으로 지정합니다.

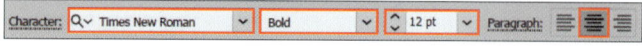

10 문자를 선택하고 Shear Tool(기울이기 도구,)을 더블 클릭한 후 Shear(기울이기) 창에서 'Shear Angle(기울이기 각도) : 6°, Axis(축) : Vertical(세로)'로 지정합니다.

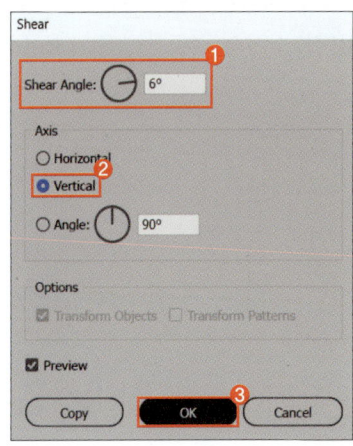

11 컴퓨터 오브젝트를 선택하여 Alt를 누른 채 복사한 후 [Object(오브젝트)]-[Arrange(정돈)]-[Bring to Front(맨 앞으로 가져오기)](Shift+Ctrl+])를 선택하여 맨 앞으로 배치합니다.

12 컴퓨터 오브젝트의 크기를 줄일 때 모퉁이 크기도 조절하기 위하여 Scale Tool(크기 조절 도구,)을 더블 클릭하고 Scale(크기 조절) 창에서 'Scale Corners(모퉁이 크기 조절) : 체크'합니다.

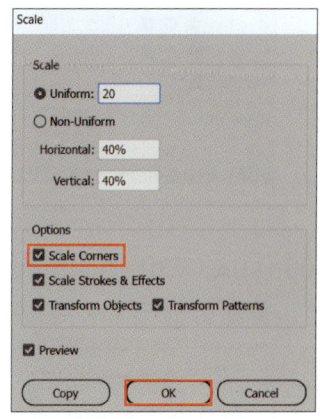

13 컴퓨터 오브젝트를 선택하고 크기와 방향을 조절하여 배치한 후 Alt를 누른 채 복사합니다. 세 개의 컴퓨터 오브젝트를 모두 선택하고 Ctrl+G를 눌러 그룹으로 묶습니다.

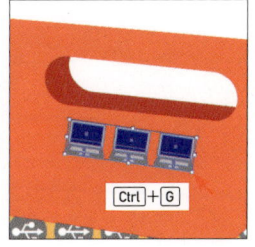

08 점선 편집하기

01 Line Segment Tool(선분 도구, ✏️)을 선택하고 점선으로 만들 선을 그린 후 선을 선택하고 Alt 를 누른 채 복사합니다. Swatches(견본) 패널에서 'Fill(칠) : None(없음), Stroke(선) : C0M0Y0K0'으로 지정합니다.

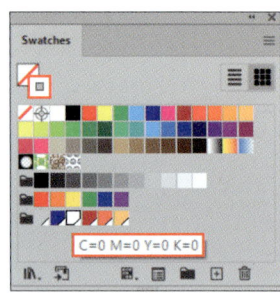

02 두 개의 선을 선택하여 Stroke(획) 패널에서 'Dashed Line(점선 사용) : 체크'하고 'dash(점선) : 5pt, gap(간격) : 2pt, dash(점선) : 2pt, gap(간격) : 5pt, dash(점선) : 2pt, gap(간격) : 2pt'로 지정합니다.

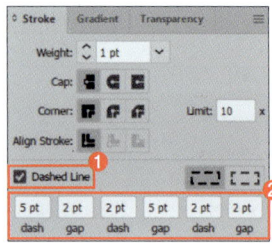

03 [View(보기)]-[Outline(윤곽선)]을 클릭하고 점선으로 만들 선을 선택한 후 Shift + Ctrl +] 를 눌러 맨 앞으로 배치합니다. [View(보기)]-[GPU Preview(GPU 미리 보기)]를 클릭합니다.

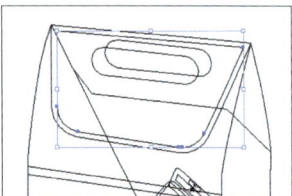

04 선을 선택하고 Stroke(획) 패널에서 'Dashed Line(점선 사용) : 체크'하고 'dash(점선) : 3pt, gap(간격) : 2pt'로 지정합니다.

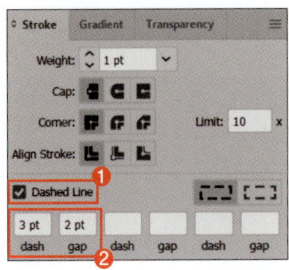

> **기적의 TIP**
> - 오브젝트를 선택할 때 크기나 배치된 순서에 따라 선택이 되지 않는 경우에는 [View(보기)]–[Outline(윤곽선)]을 선택하여 윤곽선 형태로 보면서 선택할 수 있습니다.
> - 다시 미리 보기 형태로 보려면 [View(보기)]–[GPU Preview(GPU 미리 보기)]를 클릭합니다.

09 파일 저장

01 최종적으로 작업 파일의 오브젝트 위치, 순서를 점검하고 불필요한 안내선이 남아있는 경우 [View(보기)]–[Guide(안내선)]–[Clear Guide(안내선 지우기)]를 선택하여 안내선을 지웁니다.

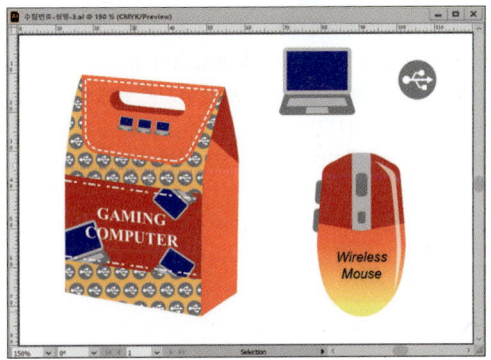

02 [File(파일)]–[Save as(다른이름으로 저장)]([Shift]+[Ctrl]+[S])을 선택하여 '저장 위치 : 내 PC\문서\GTQ, 파일 이름 : 수험번호-성명-3, 파일 형식 : Adobe Illustrator(*.AI)'로 저장합니다. [Illustrator Options(Illustrator 옵션)] 창이 뜨면 [OK(확인)]를 누르고 옵션 창을 닫습니다.

03 답안 저장이 완료되면 [File(파일)]–[Close(닫기)]([Ctrl]+[W])를 선택하여 파일을 닫고 수험 프로그램에서 [답안 전송]을 선택하여 ai 파일을 감독관 컴퓨터로 전송합니다.

기출 유형 문제 08회

급수	문제유형	시험시간	수험번호	성명
2급	A	90분		

수험자 유의사항

- 수험자는 문제지를 받는 즉시 응시하고자 하는 **과목 및 급수가 맞는지 확인**한 후 수험번호와 성명을 작성합니다.
- 파일명은 본인의 "수험번호-성명-문제번호"로 공백 없이 정확히 입력하고 답안폴더(내 PC₩문서₩GTQ)에 ai 파일 포맷으로 저장해야 하며, **'다른 파일 형식으로 저장하였을 경우'** 0점 처리됩니다.
- 답안문서 파일명이 "수험번호-성명-문제번호"와 일치하지 않거나, 답안 파일을 **'전송'하지 않는 경우 답안 파일 미제출로 불합격 처리**됩니다. ※ 답안은 반드시 시험 시간 내에 전송을 완료해야 하며, 전송 시간을 충분히 감안하여 제출해 주시기 바랍니다. (공정한 평가를 위해, 시험 종료 전 전송이 완료된 답안에 한해 채점이 진행됩니다.)
- 수험자 정보와 저장한 파일명, 저장 위치가 다를 경우 전송이 되지 않으므로, 주의하시길 바랍니다.
- 답안 작성 중에도 주기적으로 **'저장'과 '답안 전송'**을 이용하여 감독위원 PC로 답안을 전송하셔야 합니다. (※ 작업한 내용을 저장하지 않고 답안을 전송할 경우 이전의 저장내용이 전송되오니 이점 반드시 유념하시기 바랍니다.)
- 모든 시험자는 동일한(초기화 된) 환경에서 시험이 시작되며 '작업환경 설정'은 시험 시간 내에 진행합니다.
  (시험 시작 전 '작업환경 설정' 불가, 소프트웨어 이상 유무만 확인)
- 답안문서는 지정된 경로 외의 다른 보조기억장치에 저장하는 행위, 지정된 시험 시간 외에 작성된 파일을 활용한 행위, 기타 허용되지 않은 프로그램(이메일, 메신저, 게임, 네트워크, 윈도우계산기, 스톱워치 등) 이용 시 부정행위로 간주되어 **자격기본법 제32조에 의거 본 시험 및 국가공인 자격시험을 2년간 응시할 수 없습니다.**
- 시험 종료 후 제출된 답안은 평가 및 검증을 위해 본부에서 보관되며, **시험의 공정성과 보안 유지를 위해 응시자에게 본인의 답안을 제공하는 것은 허용되지 않습니다.** 이 점 반드시 유의하시기 바랍니다.
- 시험 중 부주의 또는 고의로 시스템을 파손한 경우와 〈수험자 유의사항〉에 기재된 방법대로 이행하지 않아 생기는 불이익은 수험자의 책임임을 알려 드립니다.
- 시험을 완료한 수험자는 최종적으로 저장한 답안파일이 전송되었는지 확인한 후 감독위원의 지시에 따라 문제지를 제출하고 퇴실합니다.

답안 작성요령

- 온라인 답안 작성 절차
  수험자 등록 ⇒ 시험 시작 ⇒ 답안파일 저장 ⇒ 답안 전송 ⇒ 시험 종료
- 배점은 총 100점으로 이루어지며, 점수는 각 문제별로 차등 배분됩니다.
- 각 문제는 제시된 〈조건〉에 맞게 답안을 작성하고, 〈조건〉을 지키지 못했을 경우에는 0점 또는 감점 처리됩니다.
- 문제 〈조건〉에 크기와 색상, 두께의 지정이 없을 경우 〈출력형태〉를 참고하여 작업해 주시기 바랍니다.
- **문제 〈조건〉과 〈출력형태〉에서 차이가 발생할 경우 문제에서 지정한 〈조건〉에 따라 작업해 주시기 바랍니다.**
- 〈조건〉에서 주어진 단위는 'mm(밀리미터)'입니다.
- 눈금자는 작성하지 않으며, 그 외는 출력형태(레이아웃, 색상, 문자, 규격 등)와 같이 작업하십시오.
- 문제 〈조건〉에 서체의 지정이 없을 경우 한글은 굴림이나 돋움, 영문은 Arial로 작업하십시오.
  (단, 그 외에 제시되지 않은 문자 속성을 기본값으로 작성하지 않은 경우는 감점 처리됩니다.)
- Color Mode(색상 모드)는 별도의 처리 조건이 없을 시 CMYK로 작업하십시오.
- 조건에서 제시한 기능을 임의로 합치거나 각 기능에 대한 속성을 해지할 경우 해당 요소는 0점 처리됩니다.

한 국 생 산 성 본 부

| 문제 ❶ | 기본 툴 활용 | | 25점 |

다음의 《조건》에 따라 아래의 《출력형태》와 같이 작업하시오.

조건

파일저장규칙	AI	파일명	문서₩GTQ₩수험번호-성명-1.ai
		크기	100 × 80mm

1. 작업 방법
① 도형, 변형 툴과 Pathfinder 기능을 활용하여 오브젝트를 작성한다.
② 그 외 《출력형태》 참조

출력형태

C30M60Y80K30,
C40M70Y100K50,
M30Y60,
M10Y80,
C20M100Y100,
M50Y100,
K100, K70, K30,
C0M0Y0K0,
[Stroke] K100, 1pt

문제 ❷ 문자와 오브젝트   35점

다음의 《조건》에 따라 아래의 《출력형태》와 같이 작업하시오.

조건

파일저장규칙	AI	파일명	문서\GTQ\수험번호-성명-2.ai
		크기	100 × 80mm

1. 작업 방법
① 'FISHING BOAT' 문자에 Arial (Bold) 폰트를 적용한다.
② 'Relax and heal with fishing' 문자에 Type on a Path Tool을 활용한다.
③ Brush는 《출력형태》를 참고하여 작성한다.
④ Effect는 《출력형태》를 참고하여 작성한다.
⑤ 그 외 《출력형태》 참조

2. 문자 효과
① Relax and heal with fishing (Times New Roman, Bold, 10pt, C70M100)

출력형태

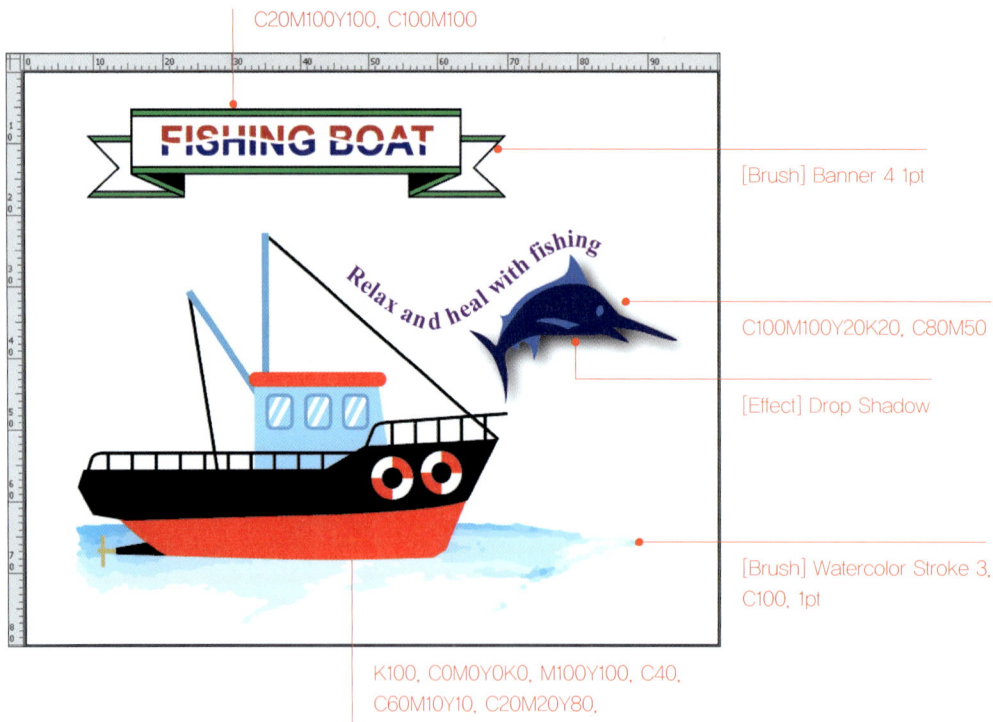

문제 ❸ 어플리케이션 디자인   40점

다음의 《조건》에 따라 아래의 《출력형태》와 같이 작업하시오.

조건

파일저장규칙	AI	파일명	문서₩GTQ₩수험번호-성명-3.ai
		크기	120 × 80mm

1. 작업 방법
① 도형 툴로 오브젝트를 그린 후 Pattern을 활용하여 작성한다. (패턴 등록 : fishhook)
② 장화에 규칙적인 점선, 불규칙적인 점선을 설정한다.
③ 장화에 Pattern을 적용한다.
④ 장화에 배치된 오브젝트는 정렬, 간격을 일정하게 한 후 Group 설정을 한다.
⑤ 그 외 《출력형태》 참조

2. 문자 효과
① FLASHLIGHT (Arial, Bold, 11pt, C0M0Y0K0)
② Fishing Boots (Times New Roman, Bold, 10pt, K100)

출력형태

| 문제 ❶ | 기본 툴 활용 |

작업과정	① 새 작업 파일 만들기 ➡ ② 견본색 그룹 만들기 ➡ ③ 사람 오브젝트 만들기 ➡ ④ 낚시대 오브젝트 만들기 ➡ ⑤ 물고기 오브젝트 만들기 ➡ ⑥ 파일 저장
완성이미지	PART04₩기출유형문제08회₩수험번호-성명-1.ai

01 새 작업 파일 만들기

01 새 작업 파일을 만들기 위하여 [File(파일)]-[New(새로 만들기)](Ctrl+N)를 선택하고 'Width : 100mm, Height : 80mm, Units : Millimeters, Color Mode : CMYK'를 설정하여 새 작업 파일을 만듭니다.

02 [View(보기)]-[Rulers(눈금자)]-[Show Rulers(눈금자 표시)](Ctrl+R)를 선택하여 눈금자를 표시합니다.

03 작업 파일을 저장하기 위하여 [File(파일)]-[Save as(다른이름으로 저장)](Shift+Ctrl+S)을 선택하여 '저장 위치 : 내PC₩문서₩GTQ, 파일 이름 : 수험번호-성명-1, 파일 형식 : Adobe Illustrator(*.AI)'로 저장합니다. [Illustrator Options(Illustrator 옵션)] 창이 뜨면 [OK(확인)]를 누르고 옵션 창을 닫습니다.

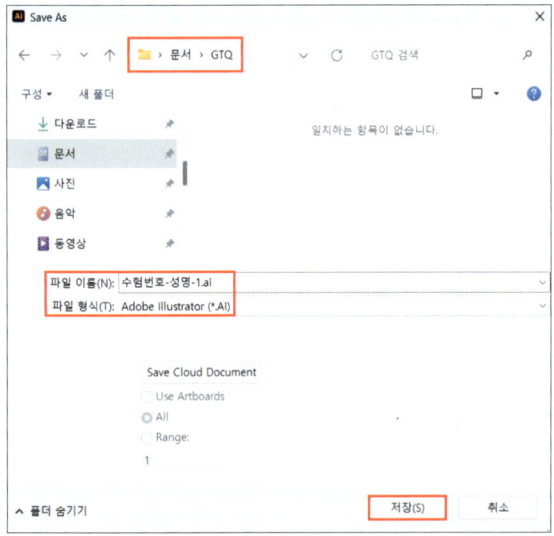
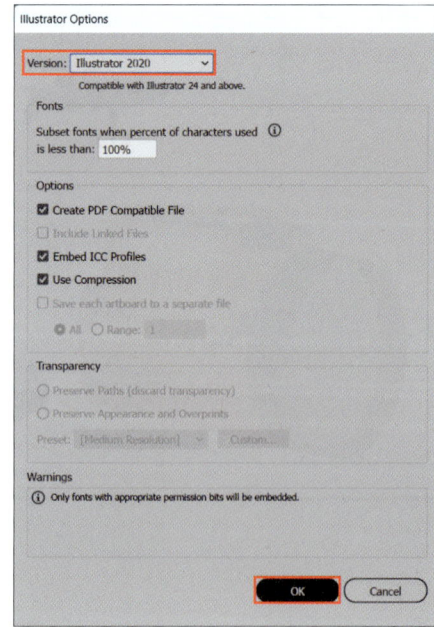

02 견본색 그룹 만들기

01 Swatches(견본) 패널 우측 하단에서 New Group(새 색상 견본 그룹,)을 선택하여 새로운 그룹을 만들고 그룹의 이름을 GTQ라고 입력합니다.

02 만들어진 그룹을 클릭하고 New Swatch(새 견본,)를 선택하여 문제에서 제시하는 색상값을 입력합니다. 반복하여 모든 색상을 견본 그룹에 만듭니다.

03 사람 오브젝트 만들기

01 Pen Tool(펜 도구,)을 선택하여 얼굴을 그린 후 Swatches(견본) 패널에서 'Fill(칠) : M30Y60, Stroke(선) : None(없음)'으로 지정합니다.

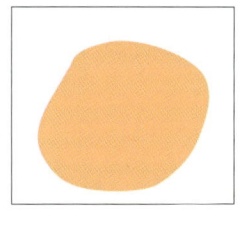

02 Pen Tool(펜 도구,)을 선택하여 머리카락을 그린 후 Swatches(견본) 패널에서 'Fill(칠) : C40M70Y100K50, Stroke(선) : None(없음)'으로 지정합니다.

03 Ellipse Tool(원형 도구,)을 선택하여 귀를 그린 후 Swatches(견본) 패널에서 'Fill(칠) : M30Y60, Stroke(선) : None(없음)'으로 지정하고 Direct selection Tool(직접 선택 도구,)을 선택하여 모양을 조절합니다.

04 Ellipse Tool(원형 도구, ◯)을 선택하여 눈과 눈동자를 그린 후 Swatches(견본) 패널에서 'Fill(칠) : K100, Stroke(선) : None(없음)'과 'Fill(칠) : C0M0Y0K0, Stroke(선) : None(없음)'을 지정합니다. 눈 오브젝트를 선택하고 Alt 를 누른 채 클릭 후 드래그하여 복사합니다.

05 곡선의 색을 지정하기 위하여 Swatches(견본) 패널에서 'Fill(칠) : None(없음), Stroke(선) : K100'으로 지정한 후 Pencil Tool(연필 도구, ✏)을 선택하고 드래그하면서 코와 입, 귀를 그립니다.

06 Shift 를 누르면서 곡선을 모두 선택하고 Stroke(획) 패널에서 'Weight(두께) : 1pt, Cap(단면) : Round Cap(둥근 단면)'으로 지정합니다.

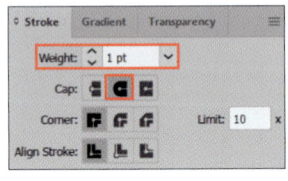 

07 모자를 만들기 위하여 Ellipse Tool(원형 도구, ◯)을 선택하고 아트보드를 클릭한 후 'Width(폭) : 15mm, Height(높이) : 12mm'와 'Width(폭) : 26mm, Height(높이) : 10mm'를 입력하고 위, 아래로 배치합니다. Swatches(견본) 패널에서 'Fill(칠) : C30M60Y80K30, Stroke(선) : None(없음)'으로 지정한 후, 큰 타원을 선택하고 Alt 를 누르면서 아래로 드래그하여 복사합니다.

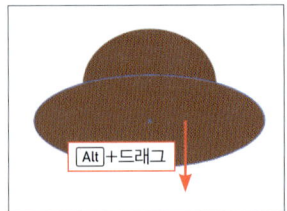 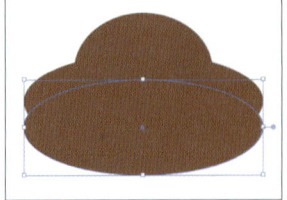

08 Swatches(견본) 패널에서 'Fill(칠) : None(없음), Stroke(선) : K100'으로 지정합니다. Direct selection Tool(직접 선택 도구, ▷)로 타원의 아래쪽 고정점을 선택하고 Delete 를 눌러 삭제합니다.

 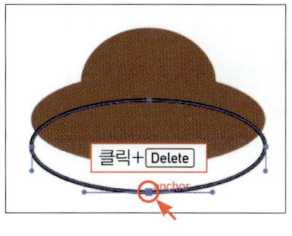 

09 곡선을 선택하고 Alt 를 누른 채 위로 드래그하여 복사한 후 복사한 곡선과 작은 타원을 선택하고 Pathfinder(패스파인더) 패널에서 Divide(나누기, ▣)를 클릭하여 분리합니다.

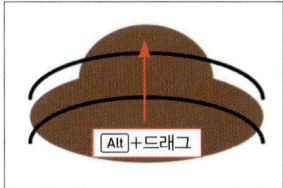 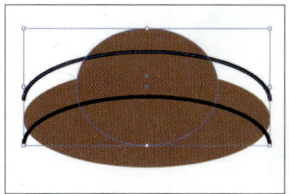 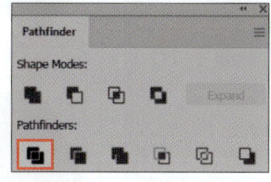

10 분리된 아래쪽 타원을 선택하고 Swatches(견본) 패널에서 'Fill(칠) : C20M100Y100'으로 지정한 후 [Object(오브젝트)]-[Arrange(정돈)]-[Send to Back(맨 뒤로 보내기)](Shift + Ctrl + [ )을 클릭하여 맨 뒤로 배치합니다.

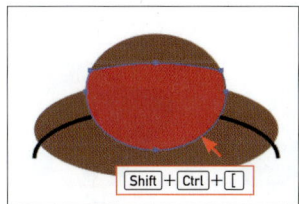 

11 곡선과 큰 타원을 선택하고 Pathfinder(패스파인더) 패널에서 Divide(나누기, ▣)를 클릭하여 분리한 후 [Object(오브젝트)]-[Ungroup(그룹 풀기)](Shift + Ctrl + G)을 클릭하여 그룹을 해제합니다.

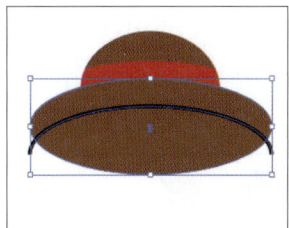 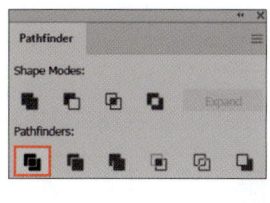 

12 모자를 선택하여 출력형태와 같이 배치한 후 분리된 모자를 선택하고 Shift + Ctrl + [ ] 를 눌러 맨 뒤로 배치합니다.

13 Pen Tool(펜 도구, ✒)을 선택하여 옷을 그린 후 Swatches(견본) 패널에서 'Fill(칠) : C30M60Y80K30, Stroke(선) : None(없음)'으로 지정합니다.

14 Pen Tool(펜 도구, ✒)을 선택하여 소매를 그린 후 Swatches(견본) 패널에서 'Fill(칠) : M10Y80, Stroke(선) : None(없음)'으로 지정합니다. 오른쪽 소매를 선택하고 Shift + Ctrl + [ ] 를 눌러 맨 뒤로 배치합니다.

15 손을 만들기 위하여 Blob Brush Tool(물방울 브러시 도구)을 선택하고 Swatches(견본) 패널에서 'Fill(칠) : M30Y60, Stroke(선) : None(없음)'으로 지정합니다. [와] 를 눌러서 손가락 두께만큼 작게 브러쉬의 크기를 조절한 후 드래그하면서 그립니다.

 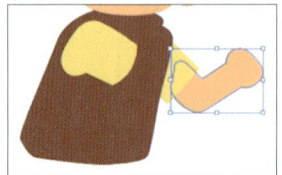 

16 손을 선택하고 [Object(오브젝트)]-[Arrange(정돈)]-[Send Backward(뒤로 보내기)](Ctrl+[)를 클릭하여 순서에 맞게 뒤로 배치합니다.

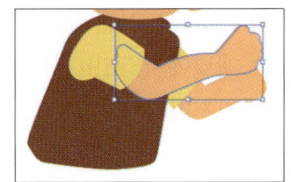

17 Pen Tool(펜 도구, ✎)을 선택하여 셔츠 밑단을 그린 후 Swatches(견본) 패널에서 'Fill(칠) : M10Y80, Stroke(선) : None(없음)'으로 지정하고 Shift+Ctrl+[를 눌러 맨 뒤로 배치합니다.

18 Pen Tool(펜 도구, ✎)을 선택하여 바지를 그린 후 Swatches(견본) 패널에서 'Fill(칠) : C40M70Y100K50, Stroke(선) : None(없음)'으로 지정하고 Shift+Ctrl+[를 눌러 맨 뒤로 배치합니다.

19 Pen Tool(펜 도구, ✎)을 선택하여 목과 발목을 그린 후 Swatches(견본) 패널에서 'Fill(칠) : M30Y60, Stroke(선) : None(없음)'으로 지정하고 순서에 맞게 배치합니다.

20 Pen Tool(펜 도구,)을 선택하여 신발을 그린 후 Swatches(견본) 패널에서 'Fill(칠) : C20M100Y100, Stroke(선) : None(없음)'으로 지정합니다.

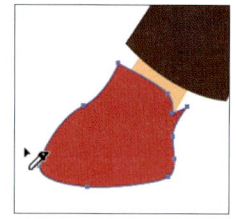

21 신발을 선택하고 Knife Tool(칼 도구,)을 클릭한 후 분리할 선을 드래그하여 그립니다. 신발 밑창을 선택하고 Swatches(견본) 패널에서 'Fill(칠) : K70'으로 지정합니다.

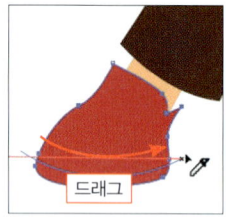 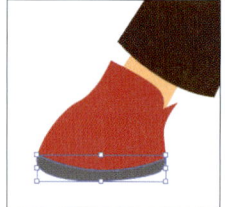

04 낚시대 오브젝트 만들기

01 낚시대를 만들기 위하여 Pen Tool(펜 도구,)을 선택하고 곡선을 그린 후 Swatches(견본) 패널에서 'Fill(칠) : None(없음), Stroke(선) : C40M70Y100K50'로 지정합니다. 선을 선택하고 Stroke(획) 패널에서 'Weight(두께) : 2pt'를 지정합니다.

 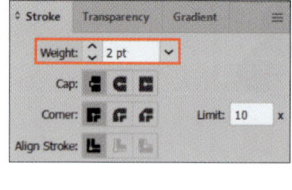 

02 선을 선택하고 Width Tool(폭 도구,)을 클릭한 후 곡선의 끝부분에서 두께를 넓게 조절합니다. [Object(오브젝트)]-[Expand Appearance(모양 확장)]를 클릭하여 낚시대 선을 면으로 확장합니다.

03 Pen Tool(펜 도구,)을 선택하여 곡선을 그린 후 Swatches(견본) 패널에서 'Fill(칠) : None(없음), Stroke(선) : K100'으로 지정합니다. 곡선과 낚시대를 선택하고 Shift + Ctrl + [를 눌러 맨 뒤로 배치합니다.

04 낚시릴을 만들기 위하여 Ellipse Tool(원형 도구,)을 선택하고 아트보드를 클릭한 후 'Width(폭) : 3mm, Height(높이) : 4mm'를 입력합니다.

05 Swatches(견본) 패널에서 'Fill(칠) : K30, Stroke(선) : None(없음)'으로 지정합니다. 타원을 선택하여 Alt 를 누른 채 드래그하여 복사하고 Shift + Ctrl + [를 눌러 맨 뒤로 배치합니다.

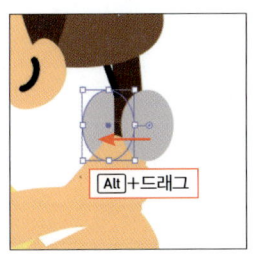

06 Ellipse Tool(원형 도구,)을 선택하고 아트보드를 클릭한 후 'Width(폭) : 1.5mm, Height(높이) : 2mm'를 입력하고 Swatches(견본) 패널에서 'Fill(칠) : K70, Stroke(선) : None(없음)'으로 지정합니다.

07 Rectangle Tool(사각형 도구, ▢)을 선택하여 낚시릴 손잡이를 그린 후 Swatches(견본) 패널에서 'Fill(칠) : K70, Stroke(선) : None(없음)'으로 지정합니다.

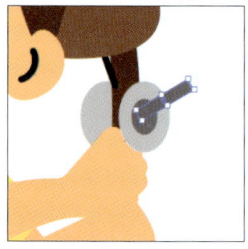 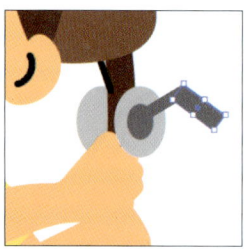

08 낚시대 손잡이를 만들기 위하여 Rounded Rectangle Tool(둥근 사각형 도구, ▢)을 선택하고 아트보드를 클릭한 후 'Width(폭) : 2.5mm, Height(높이) : 10mm, Corner Radius(모퉁이 반경) : 1.25mm'를 입력합니다.

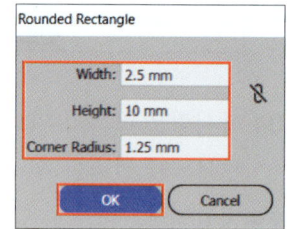

09 둥근 사각형을 선택하고 Swatches(견본) 패널에서 'Fill(칠) : K100, Stroke(선) : None(없음)'으로 지정한 후 Ctrl+[를 눌러 순서에 맞게 뒤로 배치합니다.

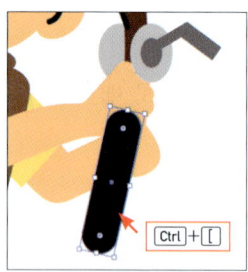 

05 물고기 오브젝트 만들기

01 Pen Tool(펜 도구, ✏)을 선택하여 물고기를 그린 후 Swatches(견본) 패널에서 'Fill(칠) : M50Y100, Stroke(선) : None(없음)'으로 지정합니다.

 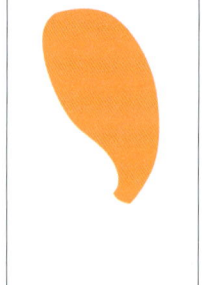

02 Pen Tool(펜 도구, ✏️)을 선택하고 지느러미를 그린 후 Swatches(견본) 패널에서 'Fill(칠) : C20M100Y100, Stroke(선) : None(없음)'으로 지정합니다. 지느러미 오브젝트를 출력형태에 맞게 Ctrl+[혹은 Ctrl+]를 눌러 배치합니다.

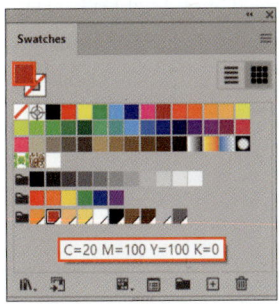  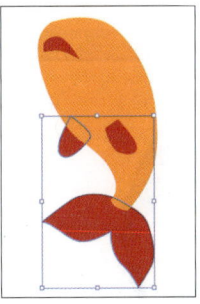

03 Ellipse Tool(원형 도구, ⬤)을 선택하여 눈과 눈동자를 그린 후 Swatches(견본) 패널에서 'Fill(칠) : K100, Stroke(선) : None(없음)'과 'Fill(칠) : C0M0Y0K0, Stroke(선) : None(없음)'을 지정합니다.

04 곡선의 색을 지정하기 위하여 Swatches(견본) 패널에서 Fill(칠) : None(없음), Stroke(선) : K100으로 지정한 후 Pencil Tool(연필 도구, ✏️)을 선택하고 드래그하면서 곡선을 그립니다.

06 파일 저장

01 최종적으로 작업 파일의 오브젝트 위치, 순서를 점검하고 불필요한 안내선이 남아있는 경우 [View(보기)]-[Guide(안내선)]-[Clear Guide(안내선 지우기)]를 선택하여 안내선을 지웁니다.

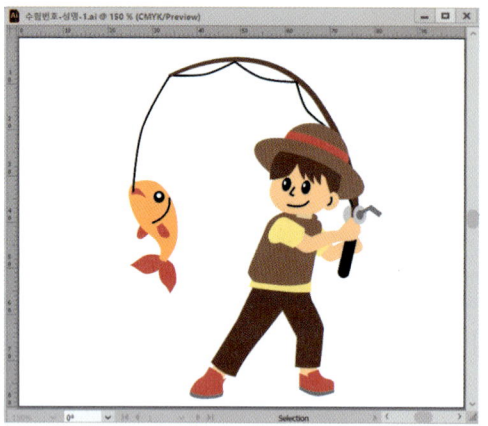

02 [File(파일)]-[Save as(다른이름으로 저장)]([Shift]+[Ctrl]+[S])을 선택하여 '저장 위치 : 내 PC₩문서₩GTQ, 파일 이름 : 수험번호-성명-1, 파일 형식 : Adobe Illustrator(*.AI)'로 저장합니다. [Illustrator Options(Illustrator 옵션)] 창이 뜨면 [OK(확인)]를 누르고 옵션 창을 닫습니다.

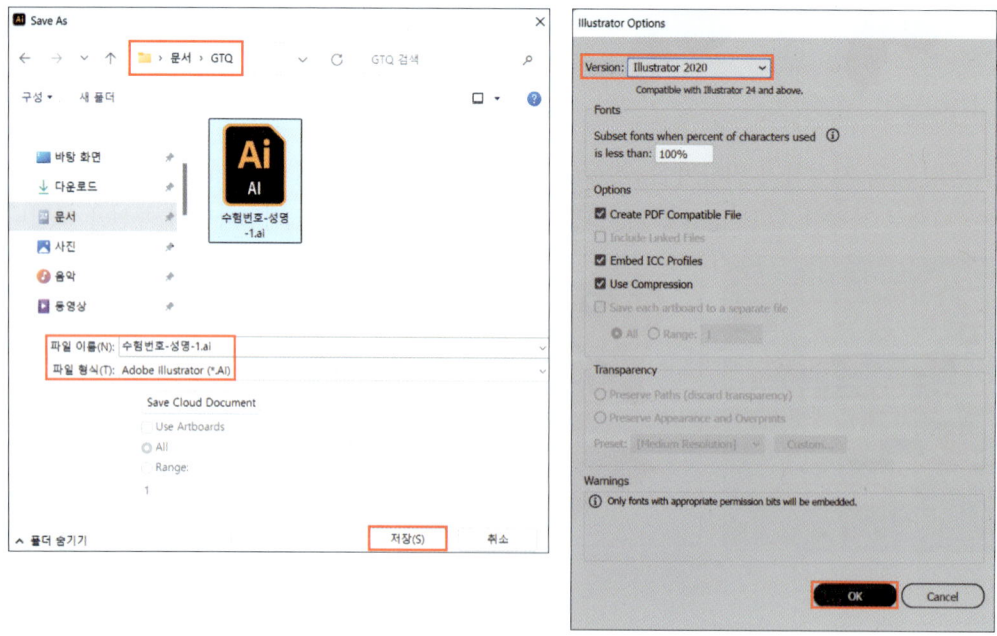

03 답안 저장이 완료되면 [File(파일)]-[Close(닫기)]([Ctrl]+[W])를 선택하여 파일을 닫고 수험 프로그램에서 [답안 전송]을 선택하여 ai 파일을 감독관 컴퓨터로 전송합니다.

문제 ❷	문자와 오브젝트
작업과정	① 새 작업 파일 만들기 ➡ ② 견본색 그룹 만들기 ➡ ③ 배 오브젝트 만들기 ➡ ④ 청새치 오브젝트 만들기 및 그림자 효과 적용 ➡ ⑤ 브러시 오브젝트 만들기 ➡ ⑥ 문자 입력하고 변형하기 ➡ ⑦ 파일 저장
완성이미지	PART04₩기출유형문제08회₩수험번호-성명-2.ai

01 새 작업 파일 만들기

01 새 작업 파일을 만들기 위하여 [File(파일)]-[New(새로 만들기)]([Ctrl]+[N])를 선택하고 'Width : 100mm, Height : 80mm, Units : Millimeters, Color Mode : CMYK'를 설정하여 새 작업 파일을 만듭니다.

02 [View(보기)]-[Rulers(눈금자)]-[Show Rulers(눈금자 표시)]([Ctrl]+[R])를 선택하여 눈금자를 표시합니다.

03 작업 파일을 저장하기 위하여 [File(파일)]-[Save as(다른이름으로 저장)]([Shift]+[Ctrl]+[S])을 선택하여 '저장 위치 : 내PC₩문서₩GTQ, 파일 이름 : 수험번호-성명-2, 파일 형식 : Adobe Illustrator(*.AI)'로 저장합니다. [Illustrator Options(Illustrator 옵션)] 창이 뜨면 [OK(확인)]를 누르고 옵션 창을 닫습니다.

02 견본색 그룹 만들기

01 Swatches(견본) 패널 우측 하단에서 New Group(새 색상 견본 그룹, ▣)을 선택하여 새로운 그룹을 만들고 그룹의 이름을 GTQ라고 입력합니다.

02 만들어진 그룹을 클릭하고 New Swatch(새 견본, ▣)를 선택하여 문제에서 제시하는 색상값을 입력합니다. 반복하여 모든 색상을 견본 그룹에 만듭니다.

03 배 오브젝트 만들기

01 Rectangle Tool(사각형 도구, ▢)을 선택하여 아트보드를 클릭한 후 'Width(폭) : 20mm, Height(높이) : 14mm'를 입력하고 Swatches(견본) 패널에서 'Fill(칠) : C40, Stroke(선) : None(없음)'으로 지정합니다.

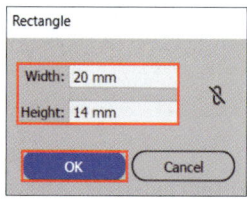 

02 Direct selection Tool(직접 선택 도구, ▷)을 클릭하고 우측 상단 모서리를 선택하여 왼쪽으로 드래그하여 모양을 조절합니다.

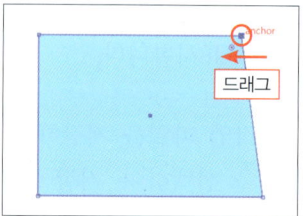

03 Rounded Rectangle Tool(둥근 사각형 도구, ▢)을 선택하고 아트보드를 클릭한 후 'Width(폭) : 20mm, Height(높이) : 2mm, Corner Radius(모퉁이 반경) : 1mm'를 입력합니다.

04 둥근 사각형을 선택하고 'Width(폭) : 4mm, Height(높이) : 5mm, Corner Radius(모퉁이 반경) : 1mm'를 입력합니다. Swatches(견본) 패널에서 'Fill(칠) : M100Y100, Stroke(선) : None(없음)'과 'Fill(칠) : C60M10Y10, Stroke(선) : None(없음)'으로 지정합니다.

05 둥근 사각형을 선택하고 [Object(오브젝트)]-[Path(패스)]-[Offset Path(오프셋 패스)]를 선택한 후 Offset Path(오프셋 패스) 창에서 'Offset(이동) : -0.5mm'를 입력합니다. 축소된 사각형을 선택하여 Swatches(견본) 패널에서 'Fill(칠) : C40'으로 지정합니다.

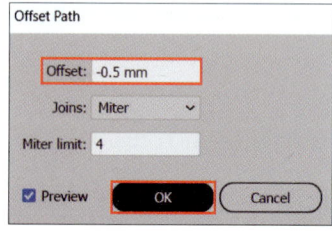 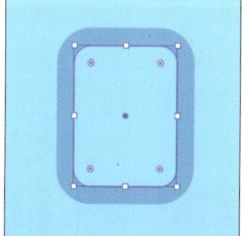

06 Pen Tool(펜 도구, ✏️)을 선택하여 분리할 대각선을 그린 후 Swatches(견본) 패널에서 'Fill(칠) : None(없음), Stroke(선) : K100'으로 지정합니다. 대각선을 선택하고 Alt 를 누른 채 드래그하여 복사를 반복합니다.

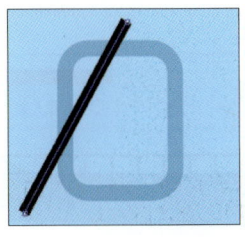  

07 대각선과 작은 사각형을 선택하고 Pathfinder(패스파인더) 패널에서 Divide(나누기, ▣)를 선택하여 분리합니다. Group Selection Tool(그룹 선택 도구, ▷)을 클릭하고 반사광을 선택한 후 Swatches(견본) 패널에서 'Fill(칠) : C0M0Y0K0'으로 지정합니다. 창문을 선택하고 Alt 를 누르면서 드래그하여 복사합니다.

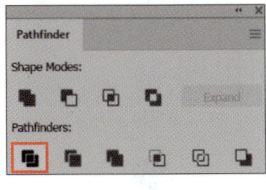 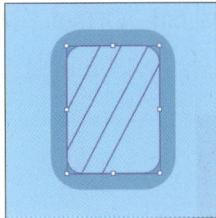 

08 Pen Tool(펜 도구, ✏️)을 선택하여 배를 그린 후 Swatches(견본) 패널에서 'Fill(칠) : K100, Stroke(선) : None(없음)'으로 지정합니다. Pen Tool(펜 도구, ✏️)을 선택하고 프레임을 그린 후 Swatches(견본) 패널에서 'Fill(칠) : None(없음), Stroke(선) : K100'으로 지정합니다.

09 Line Segment Tool(선분 도구, /)을 선택하고 프레임 양쪽 끝선을 제작합니다. 두 개의 선을 Shift 를 누른 채 선택하고 [Object(오브젝트)]-[Blend(블렌드)]-[Make(만들기)]를 클릭합니다. Blend Tool(블렌드 도구)을 더블 클릭하고 Blend(블렌드) 창에서 'Spacing(간격) : Specified Steps(지정된 단계), 3'으로 지정합니다.

 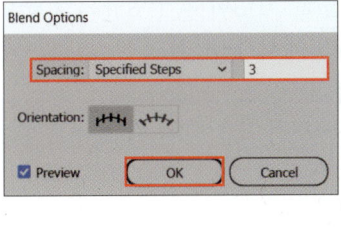 

기출 유형 문제 08회 449

10 Line Segment Tool(선분 도구, /)을 선택하고 프레임 양쪽 끝선을 그립니다. 두 개의 선을 Shift를 누르면서 선택하고 [Object(오브젝트)]-[Blend(블렌드)]-[Make(만들기)]를 클릭합니다. Blend Tool(블렌드 도구)을 더블 클릭하고 Blend(블렌드) 창에서 'Spacing(간격) : Specified Steps(지정된 단계), 8'로 지정합니다.

 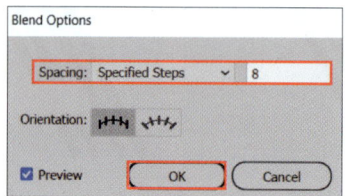 

11 Ellipse Tool(원형 도구, ○)을 선택하여 아트보드를 클릭한 후 'Width(폭) : 6mm, Height(높이) : 6mm'를 입력하고 Swatches(견본) 패널에서 'Fill(칠) : C0M0Y0K0, Stroke(선) : None(없음)'으로 지정합니다.

12 타원을 선택하고 [Object(오브젝트)]-[Path(패스)]-[Offset Path(오프셋 패스)]를 클릭한 후 Offset Path(오프셋 패스) 창에서 'Offset(이동) : -1.5mm'를 입력합니다.

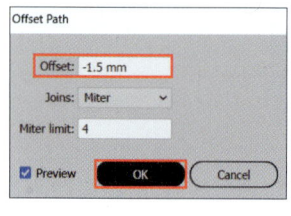 

13 두 개의 타원을 선택하고 Pathfinder(패스파인더) 패널에서 Minus Front(앞면 오브젝트 제외, ◨)를 클릭하여 불필요한 부분은 삭제합니다.

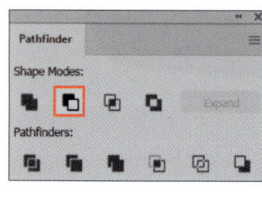 

14 Line Segment Tool(선분 도구, /)을 선택하고 구명튜브를 분리할 선을 그린 후 Swatches(견본) 패널에서 'Fill(칠) : None(없음), Stroke(선) : C100'으로 지정합니다.

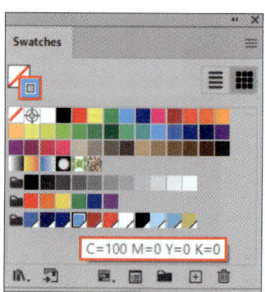

15 타원과 선을 모두 선택하고 Align(정렬) 패널에서 Horizontal Align Center(가로 가운데 정렬,)와 Vertical Align Center(세로 가운데 정렬,)를 선택하여 중심을 맞춥니다.

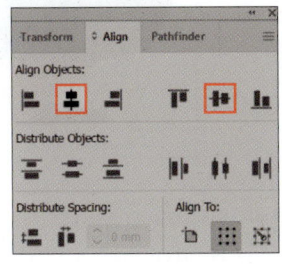 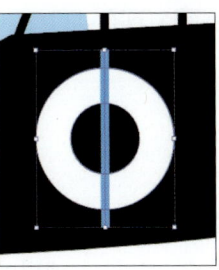

16 선을 선택하고 Rotate Tool(회전 도구)을 더블 클릭한 후 Rotate(회전) 창에서 'Angle(각도) : 90°'를 입력하고 Copy(복사)를 클릭합니다. 타원과 선들을 선택하고 Pathfinder(패스파인더) 패널에서 Divide(나누기,)를 선택하여 분리합니다.

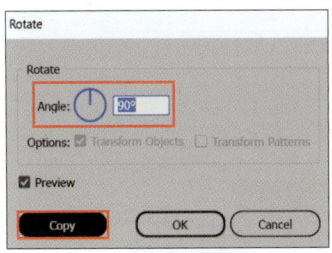 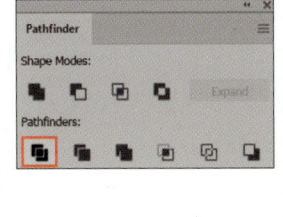 

17 Group Selection Tool(그룹 선택 도구,)을 클릭하고 출력형태와 같이 선택한 후 Swatches(견본) 패널에서 'Fill(칠) : M100Y100'으로 지정합니다. 구명튜브를 선택하고 Alt 를 누른 채 드래그하여 복사합니다.

18 Pen Tool(펜 도구,)을 선택하여 배 하단을 그린 후 Swatches(견본) 패널에서 'Fill(칠) : M100Y100, Stroke(선) : None(없음)'과 'Fill(칠) : K100, Stroke(선) : None(없음)'으로 지정합니다. 배 하단을 선택하고 Shift + Ctrl + [를 눌러 맨 뒤로 배치합니다.

19 Rounded Rectangle Tool(둥근 사각형 도구, ▢)을 선택하고 프로펠러를 그리고 Swatches(견본) 패널에서 'Fill(칠) : C20M20Y80, Stroke(선) : None(없음)'으로 지정한 후 Shift+Ctrl+[ ]를 눌러 맨 뒤로 배치합니다.

20 Rectangle Tool(사각형 도구, ▢)을 선택하여 아트보드를 클릭한 후 'Width(폭) : 1mm, Height(높이) : 20mm'를 입력하고 Swatches(견본) 패널에서 'Fill(칠) : C60M10Y10, Stroke(선) : None(없음)'으로 지정합니다.

21 사각형을 선택하고 Alt를 누른 채 드래그하여 복사한 후 출력형태와 같이 배치하고 Shift+Ctrl+[ ]를 눌러 맨 뒤로 배치합니다.

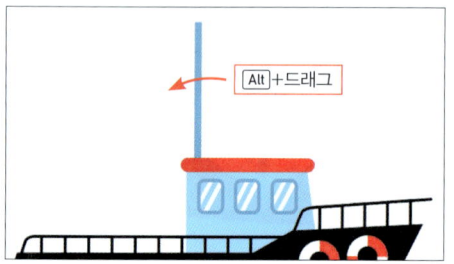 

22 Line Segment Tool(선분 도구, ╱)을 선택하고 연결선을 그린 후 Swatches(견본) 패널에서 'Fill(칠) : None(없음), Stroke(선) : K100'으로 지정합니다.

04 청새치 오브젝트 만들기 및 그림자 효과 적용

01 Pen Tool(펜 도구, ✐)을 선택하여 청새치 오브젝트를 그린 후 Swatches(견본) 패널에서 'Fill(칠) : C100M100Y20K20, Stroke(선) : None(없음)'으로 지정합니다.

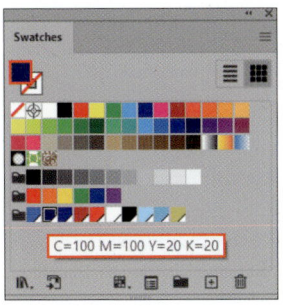

02 Pen Tool(펜 도구, ✐)을 선택하여 청새치의 지느러미를 그린 후 Swatches(견본) 패널에서 'Fill(칠) : C80M50, Stroke(선) : None(없음)'으로 지정합니다. 위, 아래 지느러미를 선택하고 Shift + Ctrl + [를 눌러 맨 뒤로 배치합니다.

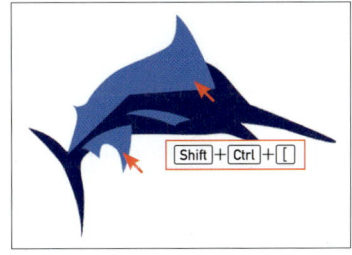

03 Ellipse Tool(원형 도구, ⬭)을 선택하여 눈을 그린 후 Swatches(견본) 패널에서 'Fill(칠) : C80M50, Stroke (선) : None(없음)'을 지정합니다.

04 오브젝트를 모두 선택하고 [Object(오브젝트)]-[Group(그룹)](Ctrl + G)을 클릭하여 그룹으로 묶습니다.

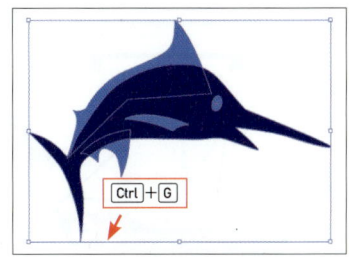

05 Effect(효과)]-[Stylize(스타일화)]-[Drop Shadow(그림자 만들기)]를 선택하고 Drop Shadow(그림자 효과) 창에서 'Mode(모드) : Multiply(곱하기), Opacity(불투명도) : 75%, X Offset(X 옵셋) : 1mm, Y Offset(Y 옵셋) : 1mm, Blur(흐림 효과) : 1mm'로 지정합니다.

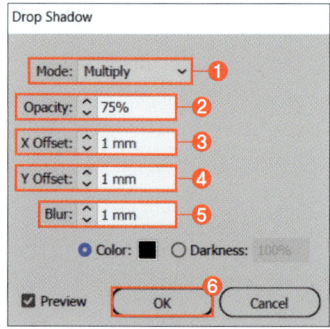 

05 브러시 오브젝트 만들기

01 리본 모양 배너를 브러시로 만들기 위하여 Line Segment Tool(선분 도구,)을 선택하고 Shift 를 누르면서 직선을 그립니다.

02 Brushes(브러쉬) 패널 좌측 하단에서 Brush Libraries Menu(브러쉬 라이브러리 메뉴,)를 선택하고 [Decorative(장식)]-[Decorative_Banners and Seals(장식_배너와 씰)]을 클릭하여 추가 브러쉬 패널을 불러옵니다. 'Banner 4(배너 4)'를 선택하여 적용하고 배치합니다.

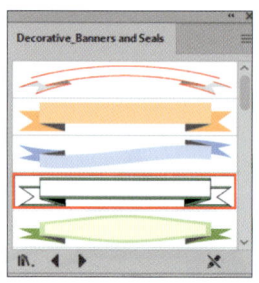 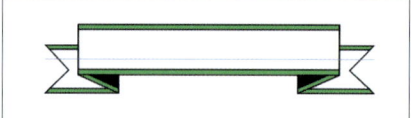

03 수채화 붓 모양을 브러시로 만들기 위하여 Paintbrush Tool(페인트 브러시 도구,)을 선택하고 곡선을 그립니다.

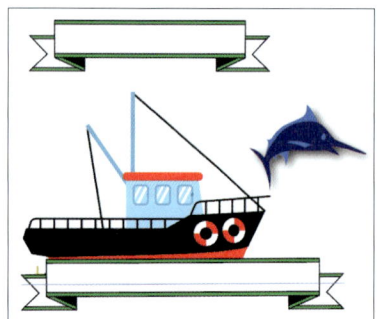

04 Brushes(브러쉬) 패널 좌측 하단에서 Brush Libraries Menu(브러쉬 라이브러리 메뉴,)를 선택하고 [Artistic(예술)]-[Artistic_Watercolor(예술_수채화 효과)]를 클릭하여 추가 브러쉬 패널을 불러옵니다. 'Watercolor_Stroke 3(수채화 선 3)'을 선택하여 적용하고 배치한 후 Stroke(획) 패널에서 'Weight(두께) : 1pt'를 지정합니다.

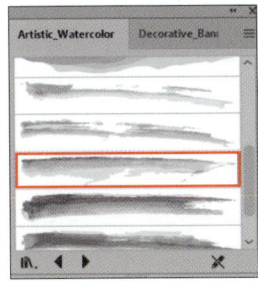

05 수채화 선을 선택하고 Swatches(견본) 패널에서 'Fill(칠) : None(없음), Stroke(선) : C100'로 지정한 후 Shift+Ctrl+[ ]를 눌러 맨 뒤로 배치합니다.

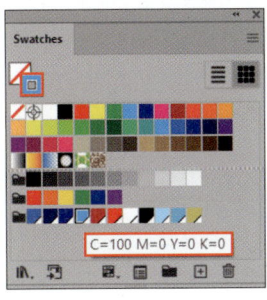

06 문자 입력하고 변형하기

01 문자를 입력하기 위하여 Type Tool(문자 도구,)을 선택하고 아트보드를 클릭하여 'FISH-ING BOAT'를 입력합니다.

02 상단 옵션 바에서 'Set the Font family(글꼴 군 설정) : Arial, Set the Font style(글꼴 스타일) : Bold, Set the Font size(글꼴 크기) : 16pt'로 지정하고 Swatches(견본) 패널에서 'Fill(칠) : C20M100Y100, Stroke(선) : None(없음)'으로 지정합니다.

03 문자를 패스로 만들기 위하여 클릭 후 [Type(문자)]-[Create outline(윤곽선 만들기)](Shift +Ctrl+O)를 선택하여 패스로 만듭니다. 문자가 패스화되면 Selection Tool(선택 도구, )로 'FISHING BOAT' 오브젝트를 더블 클릭하고 Isolation Mode(격리 모드)로 전환합니다.

04 문자 오브젝트를 위, 아래로 분리하기 위하여 Erase Tool(지우개 도구,)을 선택합니다. [와]를 눌러서 문자를 분리하는 선만큼 작게 지우개의 크기를 조절한 후 문자 오브젝트를 지나가도록 드래그합니다.

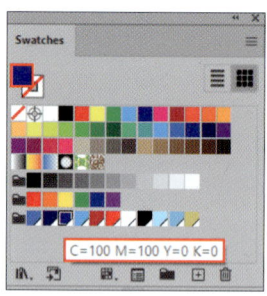

05 분리된 아래쪽 오브젝트들을 Selection Tool(선택 도구,)로 Shift 를 누른 채 모두 선택하고 Swatches(견본) 패널에서 'Fill(칠) : C100M100, Stroke(선) : None(없음)'으로 지정합니다. Esc 를 누르고 Isolation Mode(격리 모드)를 해제한 후 배너 오브젝트 위에 적절하게 배치합니다.

06 곡선 위에 문자를 입력하기 위하여 Pen Tool(펜 도구,)을 선택하고 곡선을 그립니다.

07 Type on a Path Tool(패스 상의 문자 도구,)을 선택하고 곡선을 클릭하여 'Relax and heal with fishing'를 입력한 후 Ctrl+A 를 눌러 모두 선택합니다.

08 상단 옵션 바에서 'Set the Font family(글꼴 군 설정) : Times New Roman, Set the Font style(글꼴 스타일) : Bold, Set the Font size(글꼴 크기) : 10pt, Align Center(가운데 정렬)'로 선택하고 Swatches(견본) 패널에서 'Fill(칠) : C70M100, Stroke(선) : None(없음)'으로 지정합니다.

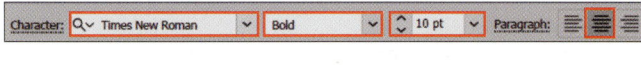

07 파일 저장

01 최종적으로 작업 파일의 오브젝트 위치, 순서를 점검하고 불필요한 안내선이 남아있는 경우 [View(보기)]-[Guide(안내선)]-[Clear Guide(안내선 지우기)]를 선택하여 안내선을 지웁니다.

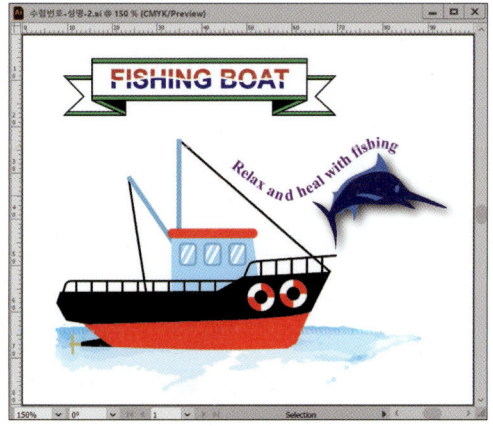

02 [File(파일)]-[Save as(다른 이름으로 저장)]([Shift]+[Ctrl]+[S])을 선택하여 '저장 위치 : 내 PC₩문서₩GTQ, 파일 이름 : 수험번호-성명-2, 파일 형식 : Adobe Illustrator(*.AI)'로 저장합니다. [Illustrator Options(Illustrator 옵션)] 창이 뜨면 [OK(확인)]를 누르고 옵션 창을 닫습니다.

03 답안 저장이 완료되면 [File(파일)]-[Close(닫기)]([Ctrl]+[W])를 선택하여 파일을 닫고 수험 프로그램에서 [답안 전송]을 선택하여 ai 파일을 감독관 컴퓨터로 전송합니다.

문제 ❸	어플리케이션 디자인
작업과정	① 새 작업 파일 만들기 ➡ ② 견본색 그룹 만들기 ➡ ③ 낚시바늘 패턴 만들기 ➡ ④ 물고기 미끼 오브 젝트 만들기 ➡ ⑤ 장화 오브젝트 만들기 및 패턴 적용 ➡ ⑥ 랜턴 오브젝트 만들기 및 클리핑 마스크 ➡ ⑦ 점선 편집하기 ➡ ⑧ 파일 저장
완성이미지	PART04₩기출유형문제08회₩수험번호-성명-3.ai

01 새 작업 파일 만들기

01 새 작업 파일을 만들기 위하여 [File(파일)]-[New(새로 만들기)](Ctrl + N)를 선택하고 'Width : 120mm, Height : 80mm, Units : Millimeters, Color Mode : CMYK'를 설정하여 새 작업 파일을 만듭니다.

02 [View(보기)]-[Rulers(눈금자)]-[Show Rulers(눈금자 표시)](Ctrl + R)를 선택하여 눈금자를 표시합니다.

03 작업 파일을 저장하기 위하여 [File(파일)]-[Save as(다른이름으로 저장)](Shift + Ctrl + S)을 선택하여 '저장 위치 : 내PC₩문서₩GTQ, 파일 이름 : 수험번호-성명-3, 파일 형식 : Adobe Illustrator(*.AI)'로 저장합니다. [Illustrator Options(Illustrator 옵션)] 창이 뜨면 [OK(확인)]를 누르고 옵션 창을 닫습니다.

02 견본색 그룹 만들기

01 Swatches(견본) 패널 우측 하단에서 New Group(새 색상 견본 그룹, ▣)을 선택하여 새로운 그룹을 만들고 그룹의 이름을 GTQ라고 입력합니다.

02 만들어진 그룹을 클릭하고 New Swatch(새 견본, ▣)를 선택하여 문제에서 제시하는 색상값을 입력합니다. 반복하여 모든 색상을 견본 그룹에 만듭니다.

03 낚시바늘 패턴 만들기

01 Pen Tool(펜 도구, ▨)을 선택하여 낚시바늘을 그린 후 Swatches(견본) 패널에서 'Fill(칠) : None(없음), Stroke(선) : K30'으로 지정합니다.

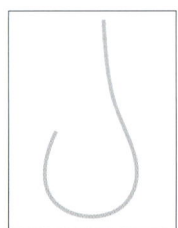

02 Stroke(획) 패널에서 'Weight(두께) : 3pt'를 지정하고 [Object(오브젝트)]-[Expand(확장)]를 클릭하여 낚시바늘 선을 면으로 확장합니다.

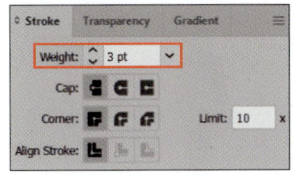 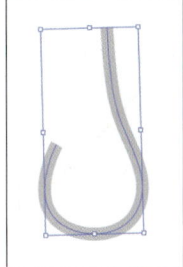 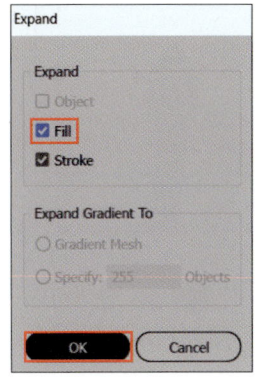 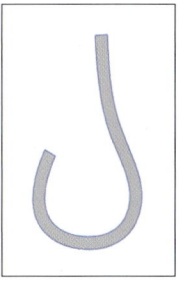

03 Pen Tool(펜 도구, ✎)을 선택하여 바늘 끝을 그린 후 Swatches(견본) 패널에서 'Fill(칠) : None(없음), Stroke(선) : K30'으로 지정합니다.

04 Ellipse Tool(원형 도구, ◯)을 선택하여 바늘귀를 그린 후 Swatches(견본) 패널에서 'Fill(칠) : K30, Stroke(선) : None(없음)'을 지정합니다.

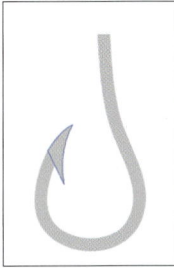 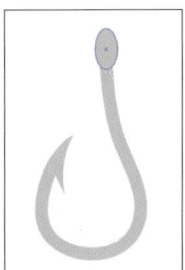

05 오브젝트를 모두 선택하고 Pathfinder(패스파인더) 패널에서 Unite(합치기, ▣)를 선택하여 병합합니다.

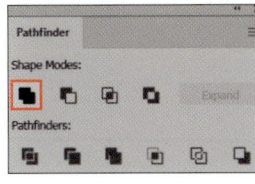 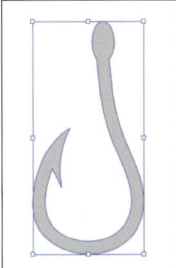

06 Direct selection Tool(직접 선택 도구,)로 Corner Widget(모퉁이 위젯)을 드래그하면서 모퉁이를 둥글게 조절합니다.

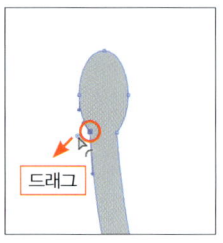 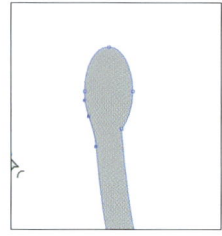 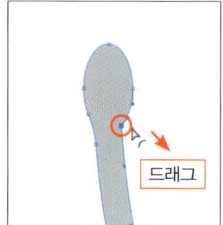 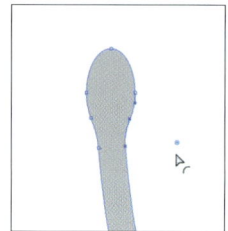

07 Ellipse Tool(원형 도구,)을 선택하여 바늘구멍을 그린 후 Swatches(견본) 패널에서 'Fill(칠) : C0M0Y0K0, Stroke(선) : None(없음)'을 지정합니다.

08 바늘과 바늘구멍을 모두 선택하고 Pathfinder(패스파인더) 패널에서 Minus Front(앞면 오브젝트 제외,)를 선택하여 불필요한 부분은 삭제합니다.

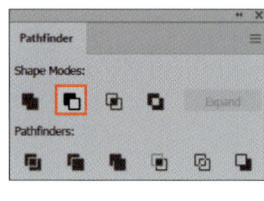 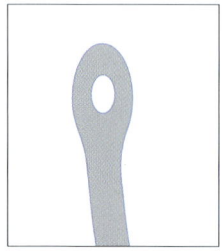

09 패턴으로 만들기 위하여 낚시바늘을 선택하고 [Object(오브젝트)]-[Pattern(패턴)]-[Make(만들기)]를 선택합니다. Pattern Options(패턴 옵션) 창에서 'Name(이름) : fishhook, Tile Type(타일 유형) : Hex by Column(열로 육각형), Width(폭) : 20mm, Height(높이) : 25mm'으로 지정하고 Done(완료)을 클릭합니다.

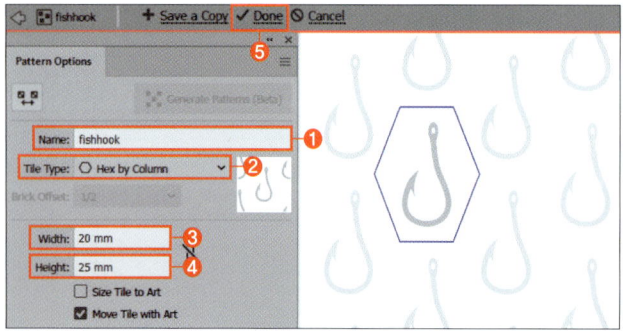

04 물고기 미끼 오브젝트 만들기

01 Pencil Tool(연필 도구, ✏️)을 선택하고 물고기를 그린 후 Swatches(견본) 패널에서 'Fill(칠) : C50M100, Stroke(선) : None(없음)'으로 지정합니다.

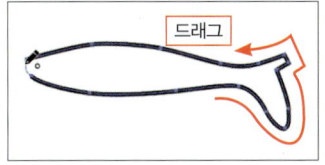 

02 Pencil Tool(연필 도구, ✏️)을 선택하여 지느러미를 그린 후 Swatches(견본) 패널에서 'Fill(칠) : K100, Stroke(선) : None(없음)'으로 지정합니다. 모두 선택하여 Shift + Ctrl + [ ] 를 눌러 맨 뒤로 배치합니다.

 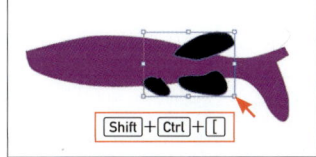 

03 Ellipse Tool(원형 도구, ⬭)을 선택하여 눈과 구슬을 그린 후 Swatches(견본) 패널에서 'Fill(칠) : C0M0Y0K0, Stroke(선) : None(없음)'과 'Fill(칠) : K100, Stroke(선) : None(없음)'을 지정하고 배치합니다. 이후 구슬 오브젝트에서 선택하고 Shift + Ctrl + [ ] 를 눌러 맨 뒤로 배치합니다.

04 비늘을 만들기 위하여 Rectangle Tool(사각형 도구, ▢)을 선택하고 직사각형을 그린 후 Swatches(견본) 패널에서 'Fill(칠) : K100, Stroke(선) : None(없음)'으로 지정합니다.

05 Direct selection Tool(직접 선택 도구, ▷)로 Shift 를 누른 채 오른쪽 고정점들을 선택하고 [Object(오브젝트)]-[Path(패스)]-[Average(평균점 연결)]을 클릭합니다.

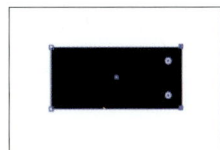 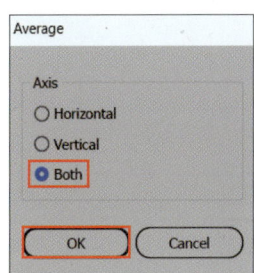 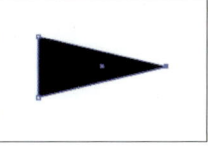

06 비늘을 선택하고 Alt를 누른 채 드래그하여 복사합니다. 복사를 반복하여 출력형태와 같이 비늘을 배치합니다.

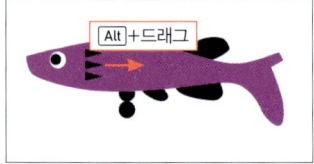  

07 바늘을 반사할 안내선을 드래그하여 만들고 Pen Tool(펜 도구,)을 선택한 후 바늘을 그립니다. Swatches(견본) 패널에서 'Fill(칠) : K100, Stroke(선) : None(없음)'으로 지정합니다.

08 Reflect Tool(반사 도구,)을 클릭한 후 Alt를 누른 채 안내선을 클릭합니다. Reflect(반사) 창에서 'Axis(축) : Vertical(세로)'을 선택하고 Copy(복사)를 클릭합니다.

 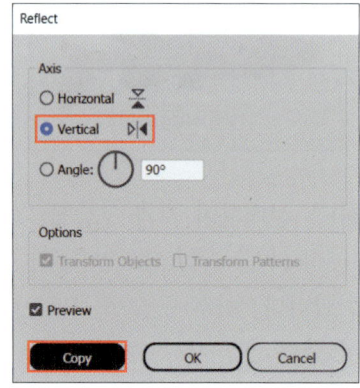 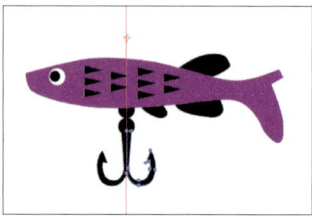

09 복사한 낚시바늘을 선택하고 Alt를 누른 채 드래그하여 복사하고 출력형태와 같이 배치한 후 Shift+Ctrl+[를 눌러 맨 뒤로 배치합니다. 모두 선택하고 Ctrl+G를 눌러 그룹으로 묶습니다.

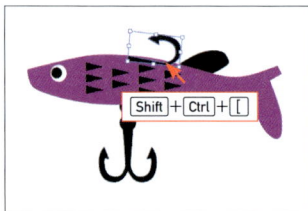 

05 장화 오브젝트 만들기 및 패턴 적용

01 Pen Tool(펜 도구,)을 선택하여 장화를 그린 후 Swatches(견본) 패널에서 'Fill(칠) : C80M50, Stroke(선) : None(없음)'으로 지정합니다.

02 분리할 선을 그리기 위하여 Swatches(견본) 패널에서 'Fill(칠) : None(없음), Stroke(선) : K100'으로 지정하고 Pen Tool(펜 도구,)을 선택한 후 장화의 윗단과 밑창으로 나눌 선을 그립니다.

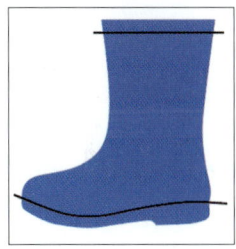

03 모두 선택하고 Pathfinder(패스파인더) 패널에서 Divide(나누기,)를 클릭하여 분리한 후 Shift + Ctrl + G 를 눌러 그룹을 해제합니다. 장화의 윗단과 밑창을 선택한 후 Swatches(견본) 패널에서 'Fill(칠) : C100M100Y30K30'으로 지정합니다.

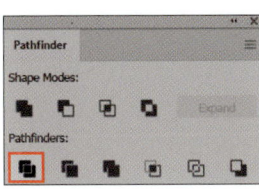  

04 장화를 선택하고 Ctrl + C 를 눌러서 복사한 후 Ctrl + F 를 눌러서 같은 위치이면서 바로 위에 붙입니다. Swatches(견본) 패널에서 'Fill(칠) : fishhook' 패턴으로 지정합니다.

05 패턴의 크기를 줄이기 위하여 Scale Tool(크기 조절 도구,)을 더블 클릭하고 Scale(크기 조절) 창에서 'Uniform(균일) : 35%'를 입력하고 Options(옵션)에서 'Transform Patterns (패턴 변형) : 체크'합니다.

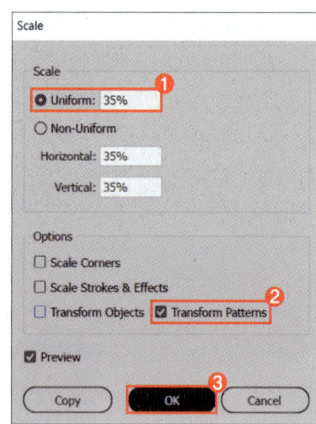

06 Ellipse Tool(원형 도구,)을 선택하여 아트보드를 클릭한 후 'Width(폭) : 22mm, Height(높이) : 16mm'를 입력하고 Swatches(견본) 패널에서 'Fill(칠) : C0M0Y0K0, Stroke(선) : None(없음)'으로 지정합니다.

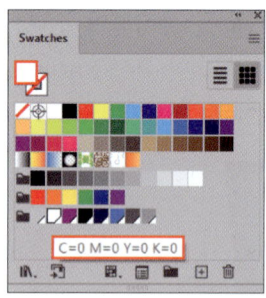

07 타원을 선택하고 [Object(오브젝트)]-[Path(패스)]-[Offset Path(오프셋 패스)]를 선택한 후 Offset Path(오프셋 패스) 창에서 'Offset(이동) : -1mm'를 입력합니다.

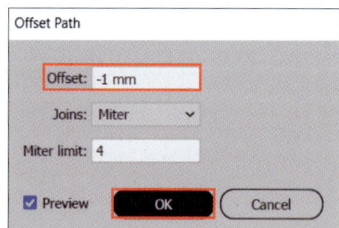

08 축소된 타원을 선택하고 Swatches(견본) 패널에서 'Fill(칠) : None(없음), Stroke(선) : C100M100Y30K30'으로 지정합니다.

09 큰 타원 오브젝트를 선택하고 Transparency(투명도) 패널에서 'Opacity(불투명도) : 80%'로 지정합니다.

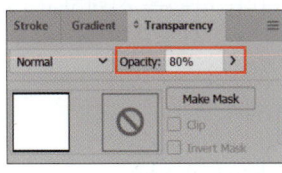 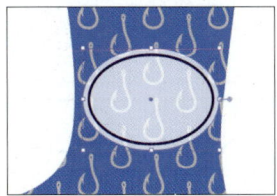

10 물고기 미끼 오브젝트를 선택하고 Alt 를 누른 채 드래그하여 복사한 후 [Object(오브젝트)]-[Arrange(정돈)]-[Bring to Front(맨 앞으로 가져오기)](Shift + Ctrl +])를 선택하여 맨 앞으로 배치합니다.

11 적절한 크기로 조절하고 Alt 를 누른 채 드래그하여 복사를 반복하여 출력형태와 같이 배치한 후 Ctrl + G 를 눌러 그룹으로 묶습니다.

 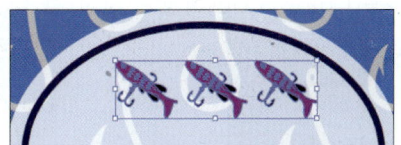

12 문자를 입력하기 위하여 Type Tool(문자 도구, T)을 선택하고 아트보드를 클릭하여 'Fishing Boots'을 입력합니다.

13 상단 옵션 바에서 'Set the Font family(글꼴 군 설정) : Times New Roman, Set the Font style(글꼴 스타일) : Bold, Set the Font size(글꼴 크기) : 10pt, Align Center(가운데 정렬)'로 지정하고 Swatches(견본) 패널에서 'Fill(칠) : K100, Stroke(선) : None(없음)'으로 지정합니다.

06 랜턴 오브젝트 만들기 및 클리핑 마스크

01 Ellipse Tool(원형 도구, ◯)을 선택하여 아트보드를 클릭한 후 'Width(폭) : 20mm, Height(높이) : 33mm'를 입력하고 출력형태와 같이 배치합니다.

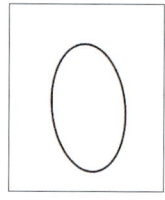

02 Pen Tool(펜 도구, ✒)을 선택하고 랜턴의 본체와 손잡이를 그립니다. 타원을 선택하고 Shift + Ctrl +]를 눌러 맨 앞으로 배치합니다.

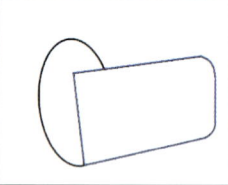 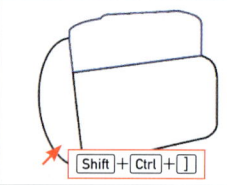 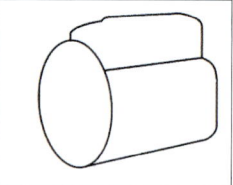

03 랜턴의 손잡이를 선택하고 Gradient(그레이디언트) 패널에서 그라디언트 색상을 클릭한 후 Gradient Slider(그라디언트 슬라이더)를 활성화합니다.

04 Gradient Slider(그라디언트 슬라이더)의 왼쪽 'Color Stop(색상 중지점)'을 더블 클릭하여 M80Y100을, 오른쪽 'Color Stop(색상 중지점)'을 더블 클릭하여 M30Y80을 적용합니다.

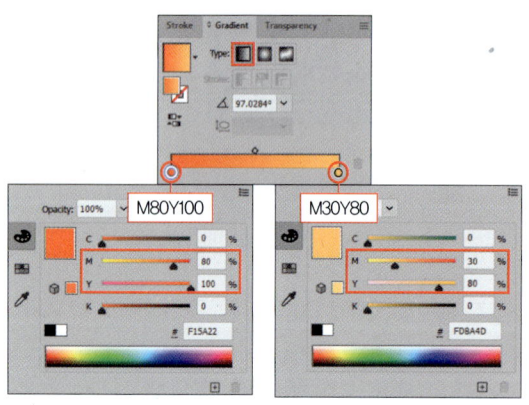 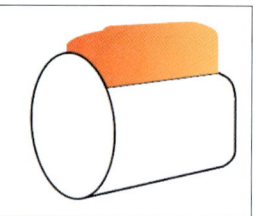

05 Gradient Tool(그레이디언트 도구, ▣)을 선택하고 아래에서 위로 드래그하여 그라디언트 방향을 조절합니다. 랜턴의 본체를 선택하고 반복합니다.

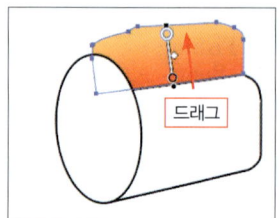 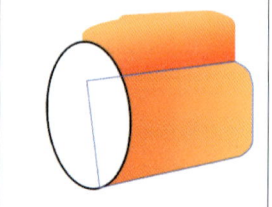 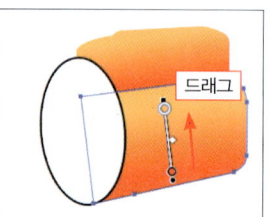

06 타원을 선택하고 Alt 를 누른 채 드래그하여 복사한 후 Pen Tool(펜 도구, ✐)을 선택하고 두 개의 타원 사이를 채우는 사각형을 그립니다.

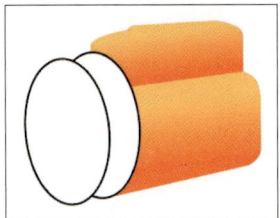 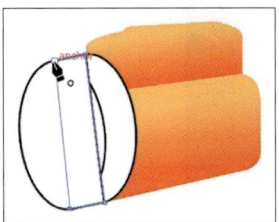

07 왼쪽 타원을 선택하고 Shift + Ctrl +] 를 눌러 맨 앞으로 배치합니다. 타원과 사각형을 모두 선택하고 Swatches(견본) 패널에서 'Fill(칠) : K80, Stroke(선) : None(없음)'으로 지정합니다.

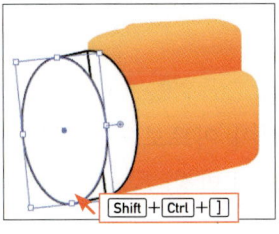  

08 왼쪽 타원을 선택하여 Scale Tool(크기 조절 도구, ▣)을 더블 클릭하고 Scale(크기 조절) 창에서 'Uniform(균일) : 95%'를 입력하고 Copy(복사)를 클릭합니다. 축소 복사된 타원을 선택하고 Swatches(견본) 패널에서 'Fill(칠) : K50'으로 지정한 후 출력형태와 같이 배치합니다.

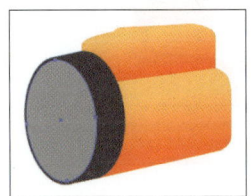 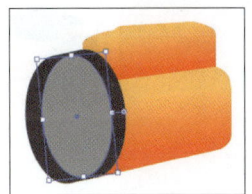

09 왼쪽 타원과 축소된 타원을 선택하고 Pathfinder(패스파인더) 패널에서 Divide(나누기, ▣)를 클릭하여 분리한 후 Direct selection Tool(직접 선택 도구, ▶)로 오른쪽 조각을 선택하고 삭제합니다.

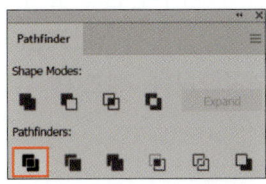  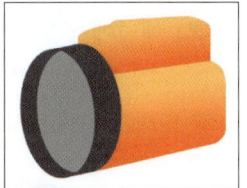

10 Pen Tool(펜 도구,)을 선택하여 랜턴의 버튼을 선으로 그립니다. 버튼 선과 랜턴 손잡이를 선택하고 Pathfinder(패스파인더) 패널에서 Divide(나누기,)를 클릭하여 분리합니다.

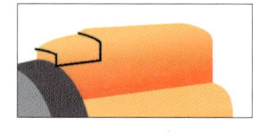
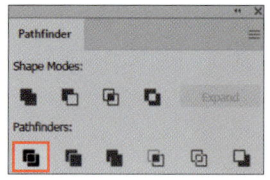

11 Direct selection Tool(직접 선택 도구,)로 버튼을 선택하고 Swatches(견본) 패널에서 'Fill(칠) : K80'으로 지정합니다. 랜턴 손잡이와 버튼을 선택하고 [Shift]+[Ctrl]+[[ ]를 눌러 순서를 맨 뒤로 보냅니다.

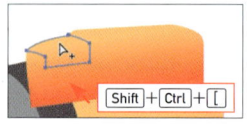
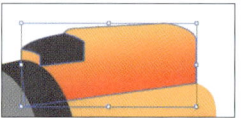

12 Rounded Rectangle Tool(둥근 사각형 도구,)을 선택하여 아트보드를 클릭한 후 'Width(폭) : 18mm, Height(높이) : 6mm, Corner Radius(모퉁이 반경) : 3mm'를 입력합니다.

13 둥근 사각형을 선택하여 Swatches(견본) 패널에서 'Fill(칠) : C0M0Y0K0, Stroke(선) : None(없음)'으로 지정한 후 Shear Tool(기울이기 도구,)을 클릭하고 Shear(기울이기) 창에서 'Shear Angle(기울이기 각도) : -6°, Axis(축) : Vertical(세로)'을 선택합니다.

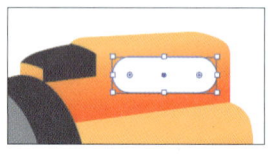
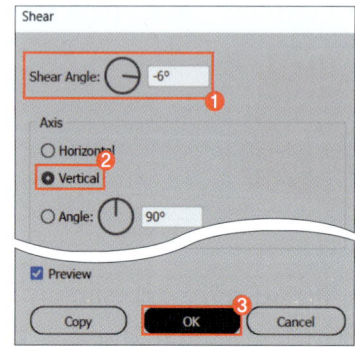
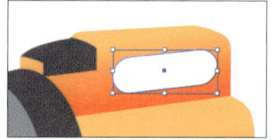

14 Rounded Rectangle Tool(둥근 사각형 도구,)을 선택하여 손잡이 무늬와 렌즈 옆 무늬를 그린 후 Swatches(견본) 패널에서 'Fill(칠) : K80, Stroke(선) : None(없음)'과 'Fill(칠) : K100, Stroke(선) : None(없음)'으로 지정하고 출력형태와 같이 배치합니다. 렌즈 옆 무늬를 선택하고 [Alt]를 누른 채 드래그하여 복사를 반복합니다.

15 물고기 미끼 오브젝트를 선택하고 Alt 를 누른 채 드래그하여 복사한 후 [Object(오브젝트)]-[Arrange(정돈)]-[Bring to Front(맨 앞으로 가져오기)](Shift + Ctrl +])를 클릭하여 맨 앞으로 배치합니다.

16 반복하여 물고기 미끼 오브젝트를 복사하고 배치합니다. 랜턴의 본체를 선택하고 Ctrl + C 를 눌러서 복사한 후 Ctrl + F 를 눌러서 같은 위치이면서 바로 위에 붙입니다. Shift + Ctrl +] 를 누르고 순서를 맨 앞으로 보냅니다.

 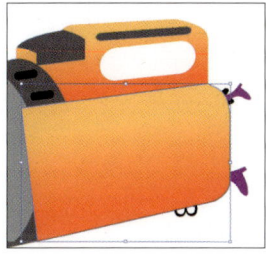 

17 복사한 랜턴의 본체만큼 물고기 미끼에 클리핑 마스크를 적용하기 위하여 복사된 랜턴의 본체와 물고기 미끼 오브젝트들을 모두 선택하고 [Object(오브젝트)]-[Clipping Mask(클리핑 마스크)]-[Make(만들기)](Ctrl + 7)을 누릅니다. Ctrl + [를 눌러 순서에 맞게 뒤로 배치합니다.

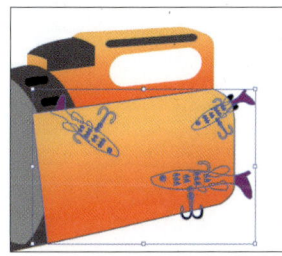 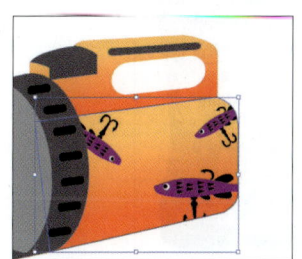

18 문자를 입력하기 위하여 Type Tool(문자 도구, T)을 선택하고 아트보드를 클릭하여 'FLASHLIGHT'를 입력합니다.

19 상단 옵션 바에서 'Set the Font family(글꼴 군 설정) : Arial, Set the Font style(글꼴 스타일) : Bold, Set the Font size(글꼴 크기) : 11pt'로 지정하고 Swatches(견본) 패널에서 'Fill(칠) : C0M0Y0K0, Stroke(선) : None(없음)'으로 지정합니다.

20 문자 오브젝트를 선택하고 Shear Tool(기울이기 도구,) 을 클릭한 후 Shear(기울이기) 창에서 'Shear Angle(기울이기 각도) : −8°, Axis(축) : Vertical(세로)'을 선택합니다.

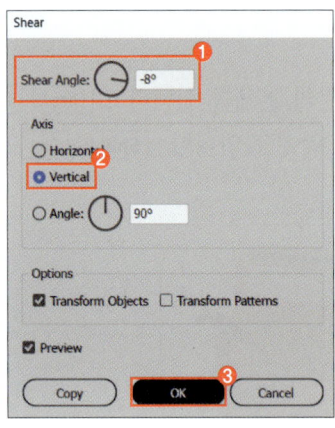

07 점선 편집하기

01 장화의 타원을 선택하고 Stroke(획) 패널에서 'Dashed Line(점선 사용) : 체크'하고 'dash(점선) : 3pt, gap(간격) : 2pt'로 지정합니다.

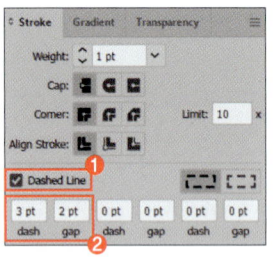

02 Line Segment Tool(선분 도구,) 을 선택하여 점선으로 만들 선을 그린 후 Swatches(견본) 패널에서 'Fill(칠) : None(없음), Stroke(선) : C100M100Y30K30'으로 지정합니다.

03 Stroke(획) 패널에서 'Dashed Line(점선 사용) : 체크'하고 'dash(점선) : 5pt, gap(간격) : 2pt, dash(점선) : 2pt, gap(간격) : 2pt, dash(점선) : 2pt, gap(간격) : 2pt'로 지정합니다.

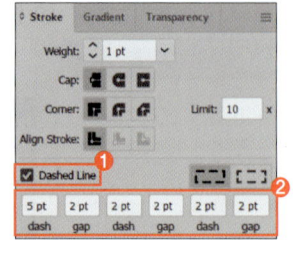

04 장화 밑창을 선택하고 Alt 를 누른 채 드래그하여 복사합니다. 복사된 장화 밑창을 선택하고 Eyedropper Tool(스포이드 도구, ✎)을 클릭한 후 점선이 적용된 직선을 클릭합니다.

05 Direct selection Tool(직접 선택 도구, ▷)로 불필요한 부분을 삭제하고 출력형태와 같이 배치합니다.

08 파일 저장

01 최종적으로 작업 파일의 오브젝트 위치, 순서를 점검하고 불필요한 안내선이 남아있는 경우 [View(보기)]-[Guide(안내선)]-[Clear Guide(안내선 지우기)]를 선택하여 안내선을 지웁니다.

02 [File(파일)]-[Save as(다른이름으로 저장)](Shift + Ctrl + S)을 선택하여 '저장 위치 : 내 PC\문서\GTQ, 파일 이름 : 수험번호-성명-3, 파일 형식 : Adobe Illustrator(*.AI)'로 저장합니다. [Illustrator Options(Illustrator 옵션)] 창이 뜨면 [OK(확인)]를 누르고 옵션 창을 닫습니다.

03 답안 저장이 완료되면 [File(파일)]-[Close(닫기)](Ctrl + W)를 선택하여 파일을 닫고 수험 프로그램에서 [답안 전송]을 선택하여 ai 파일을 감독관 컴퓨터로 전송합니다.

기출 유형 문제 09회

급수	문제유형	시험시간	수험번호	성명
2급	A	90분		

수험자 유의사항

- 수험자는 문제지를 받는 즉시 응시하고자 하는 **과목 및 급수가 맞는지 확인**한 후 수험번호와 성명을 작성합니다.
- 파일명은 본인의 "수험번호-성명-문제번호"로 공백 없이 정확히 입력하고 답안폴더(내 PC\문서\GTQ)에 ai 파일 포맷으로 저장해야 하며, '**다른 파일 형식으로 저장하였을 경우**' 0점 처리됩니다.
- 답안문서 파일명이 "수험번호-성명-문제번호"와 일치하지 않거나, 답안 파일을 '**전송**'하지 않는 경우 답안 파일 미제출로 불합격 처리됩니다. ※ 답안은 반드시 시험 시간 내에 전송을 완료해야 하며, 전송 시간을 충분히 감안하여 제출해 주시기 바랍니다. (공정한 평가를 위해, 시험 종료 전 전송이 완료된 답안에 한해 채점이 진행됩니다.)
- 수험자 정보와 저장한 파일명, 저장 위치가 다를 경우 전송이 되지 않으므로, 주의하시길 바랍니다.
- 답안 작성 중에도 주기적으로 '저장'과 '답안 전송'을 이용하여 감독위원 PC로 답안을 전송하셔야 합니다. (※ 작업한 내용을 저장하지 않고 답안을 전송할 경우 이전의 저장내용이 전송되오니 이점 반드시 유념하시기 바랍니다.)
- 모든 시험자는 동일한(초기화 된) 환경에서 시험이 시작되며 '작업환경 설정'은 시험 시간 내에 진행합니다.
  (시험 시작 전 '작업환경 설정' 불가, 소프트웨어 이상 유무만 확인)
- 답안문서는 지정된 경로 외의 다른 보조기억장치에 저장하는 행위, 지정된 시험 시간 외에 작성된 파일을 활용한 행위, 기타 허용되지 않은 프로그램(이메일, 메신저, 게임, 네트워크, 윈도우계산기, 스톱워치 등) 이용 시 부정행위로 간주되어 **자격기본법 제32조에 의거 본 시험 및 국가공인 자격시험을 2년간 응시할 수 없습니다.**
- 시험 종료 후 제출된 답안은 평가 및 검증을 위해 본부에서 보관되며, **시험의 공정성과 보안 유지를 위해 응시자에게 본인의 답안을 제공하는 것은 허용되지 않습니다.** 이 점 반드시 유의하시기 바랍니다.
- 시험 중 부주의 또는 고의로 시스템을 파손한 경우와 〈수험자 유의사항〉에 기재된 방법대로 이행하지 않아 생기는 불이익은 수험자의 책임임을 알려 드립니다.
- 시험을 완료한 수험자는 최종적으로 저장한 답안파일이 전송되었는지 확인한 후 감독위원의 지시에 따라 문제지를 제출하고 퇴실합니다.

답안 작성요령

- 온라인 답안 작성 절차
  수험자 등록 ⇒ 시험 시작 ⇒ 답안파일 저장 ⇒ 답안 전송 ⇒ 시험 종료
- 배점은 총 100점으로 이루어지며, 점수는 각 문제별로 차등 배분됩니다.
- 각 문제는 제시된 〈조건〉에 맞게 답안을 작성하고, 〈조건〉을 지키지 못했을 경우에는 0점 또는 감점 처리됩니다.
- 문제 〈조건〉에 크기와 색상, 두께의 지정이 없을 경우 〈출력형태〉를 참고하여 작업해 주시기 바랍니다.
- **문제 〈조건〉과 〈출력형태〉에서 차이가 발생할 경우 문제에서 지정한 〈조건〉에 따라 작업해 주시기 바랍니다.**
- 〈조건〉에서 주어진 단위는 'mm(밀리미터)'입니다.
- 눈금자는 작성하지 않으며, 그 외는 출력형태(레이아웃, 색상, 문자, 규격 등)와 같게 작업하십시오.
- 문제 〈조건〉에 서체의 지정이 없을 경우 한글은 굴림이나 돋움, 영문은 Arial로 작업하십시오.
  (단, 그 외에 제시되지 않은 문자 속성을 기본값으로 작성하지 않은 경우는 감점 처리됩니다.)
- Color Mode(색상 모드)는 별도의 처리 조건이 없을 시 CMYK로 작업하십시오.
- 조건에서 제시한 기능을 임의로 합치거나 각 기능에 대한 속성을 해지할 경우 해당 요소는 0점 처리됩니다.

한 국 생 산 성 본 부

문제 ① 기본 툴 활용　　　　　　　　　　25점

다음의 《조건》에 따라 아래의 《출력형태》와 같이 작업하시오.

[조건]

파일저장규칙	AI	파일명	문서₩GTQ₩수험번호-성명-1.ai
		크기	100 × 80mm

1. 작업 방법
① 도형, 변형 툴과 Pathfinder 기능을 활용하여 오브젝트를 작성한다.
② 그 외 《출력형태》 참조

[출력형태]

C10, C50, C70,
C100M100,
M20Y40,
M30Y50,
C40M70Y100K50,
K100, K50,
C0M0Y0K0

문제 ❷ 문자와 오브젝트   35점

다음의 《조건》에 따라 아래의 《출력형태》와 같이 작업하시오.

조건

파일저장규칙	AI	파일명	문서₩GTQ₩수험번호-성명-2.ai
		크기	100 × 80mm

1. 작업 방법
① 'SUMMER BEACH' 문자에 Arial (Bold) 폰트를 적용한다.
② 'Enjoy Summer Vacation' 문자에 Type on a Path Tool을 활용한다.
③ Brush는 《출력형태》를 참고하여 작성한다.
④ Effect는 《출력형태》를 참고하여 작성한다.
⑤ 그 외 《출력형태》 참조

2. 문자 효과
① Enjoy Summer Vacation (Times New Roman, Bold, 10pt, C50M100)

출력형태

C100, C100M100

[Brush] Banner 9 1pt

M20Y40, C40M70Y100K50, M90Y90, K100, Y90, M40Y90, C100, C50, [Stroke] K100, 1pt

[Brush] Bubbles, 0.75pt

[Effect] Drop Shadow

C100M100, K100, C0M0Y0K0, C50M100

문제 ③ 어플리케이션 디자인　　　　　　　　　　40점

다음의 《조건》에 따라 아래의 《출력형태》와 같이 작업하시오.

조건

파일저장규칙	AI	파일명	문서₩GTQ₩수험번호-성명-3.ai
		크기	120 × 80mm

1. 작업 방법
① 도형 툴로 오브젝트를 그린 후 Pattern을 활용하여 작성한다. (패턴 등록 : watermelon)
② 가방에 규칙적인 점선, 수영복에 불규칙적인 점선을 설정한다.
③ 가방에 Pattern을 적용한다.
④ 수영복에 배치된 오브젝트는 정렬, 간격을 일정하게 한 후 Group 설정을 한다.
⑤ 그 외 《출력형태》 참조

2. 문자 효과
① Waterproof (Arial, Bold, 10pt, C40M70Y100K50)
② Swim Suit (Times New Roman, Bold, 10pt, C0M0Y0K0)

출력형태

문제 ❶	기본 툴 활용

작업과정	① 새 작업 파일 만들기 ➡ ② 견본색 그룹 만들기 ➡ ③ 배경과 튜브 오브젝트 만들기 ➡ ④ 사람 오브젝트 만들기 ➡ ⑤ 파일 저장
완성이미지	PART04₩기출유형문제09회₩수험번호-성명-1.ai

01 새 작업 파일 만들기

01 새 작업 파일을 만들기 위하여 [File(파일)]-[New(새로 만들기)]([Ctrl]+[N])를 선택하고 'Width : 100mm, Height : 80mm, Units : Millimeters, Color Mode : CMYK'를 설정하여 새 작업 파일을 만듭니다.

02 [View(보기)]-[Rulers(눈금자)]-[Show Rulers(눈금자 표시)]([Ctrl]+[R])를 선택하여 눈금자를 표시합니다.

03 작업 파일을 저장하기 위하여 [File(파일)]-[Save as(다른이름으로 저장)]([Shift]+[Ctrl]+[S])을 선택하여 '저장 위치 : 내PC₩문서₩GTQ, 파일 이름 : 수험번호-성명-1, 파일 형식 : Adobe Illustrator(*.AI)'로 저장합니다. [Illustrator Options(Illustrator 옵션)] 창이 뜨면 [OK(확인)]를 누르고 옵션 창을 닫습니다.

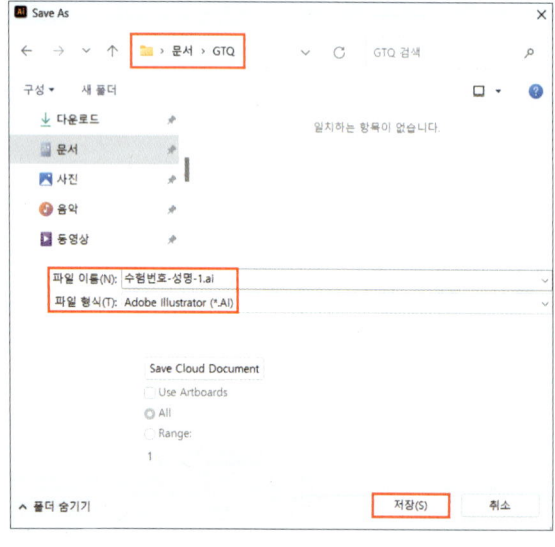
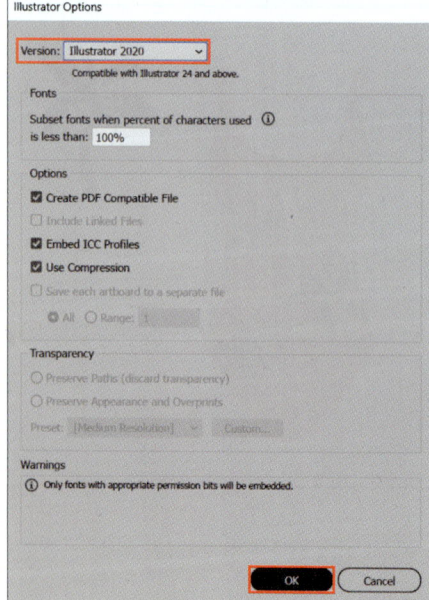

02 견본색 그룹 만들기

01 Swatches(견본) 패널 우측 하단에서 New Group(새 색상 견본 그룹, ▥)을 선택하여 새로운 그룹을 만들고 그룹의 이름을 GTQ라고 입력합니다.

02 만들어진 그룹을 클릭하고 New Swatch(새 견본, ⊞)를 선택하여 문제에서 제시하는 색상값을 입력합니다. 반복하여 모든 색상을 견본 그룹에 만듭니다.

03 배경과 튜브 오브젝트 만들기

01 배경을 만들기 위하여 Blob Brush Tool(물방울 브러시 도구)을 선택하여 Swatches(견본) 패널에서 'Fill(칠) : C10, Stroke(선) : None(없음)'으로 지정합니다. [와] 를 눌러서 브러쉬의 크기를 조절한 후 드래그하면서 그립니다.

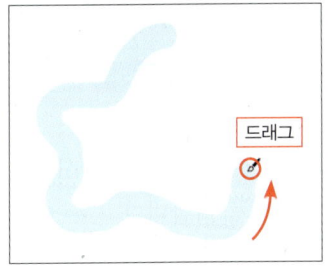  

02 완성한 배경을 선택하고 [Object(오브젝트)]-[Lock(잠금)]-[Selection(선택물)]을 클릭하여 잠급니다.

03 튜브를 만들기 위하여 Ellipse Tool(원형 도구, ◯)을 선택하고 아트보드를 클릭한 후 'Width(폭) : 56mm, Height(높이) : 32mm'를 입력합니다.

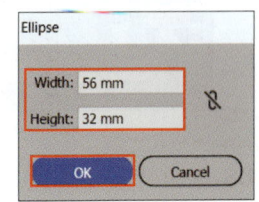

04 Swatches(견본) 패널에서 'Fill(칠) : C70, Stroke(선) : None(없음)'으로 지정하고 Alt 를 누른 채 위로 드래그하여 복사합니다. 복사한 타원을 선택하고 Swatches(견본) 패널에서 'Fill(칠) : None(없음), Stroke(선) : K100'으로 지정한 후 Direct selection Tool(직접 선택 도구, ▷)로 타원의 윗쪽 고정점을 선택하여 삭제합니다.

 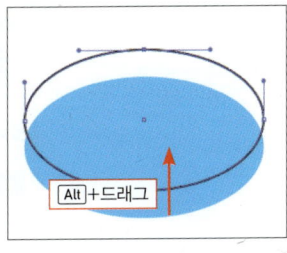 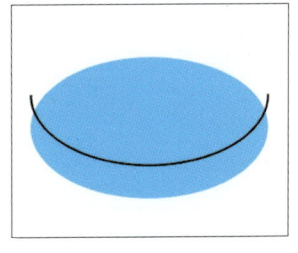

05 곡선과 타원을 선택하고 Pathfinder(패스파인더) 패널에서 Divide(나누기,)를 클릭하여 분리한 후 Group Selection Tool(그룹 선택 도구,)로 분리된 위쪽 타원을 선택하고 Swatches(견본) 패널에서 'Fill(칠) : C50'으로 지정합니다.

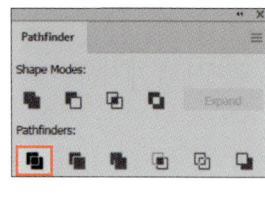 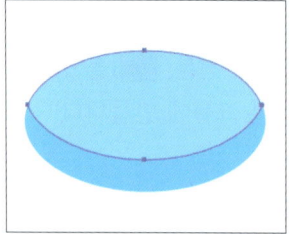

06 튜브 손잡이를 만들기 위하여 Rounded Rectangle Tool(둥근 사각형 도구,)을 선택하고 아트보드를 클릭한 후 'Width(폭) : 10mm, Height(높이) : 8mm, Corner Radius(모퉁이 반경) : 2mm'를 입력합니다.

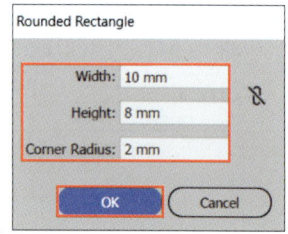

07 둥근 사각형을 선택하고 Swatches(견본) 패널에서 'Fill(칠) : C100M100, Stroke(선) : None(없음)'으로 지정한 후 Scale Tool(크기 조절 도구,)을 더블 클릭합니다.

08 Scale(크기 조절) 창에서 'Uniform(균일) : 70%'를 입력하고 Options(옵션)에서 'Scale Corners(모퉁이 크기 조절) : 체크' 한 후 Copy(복사)를 클릭합니다.

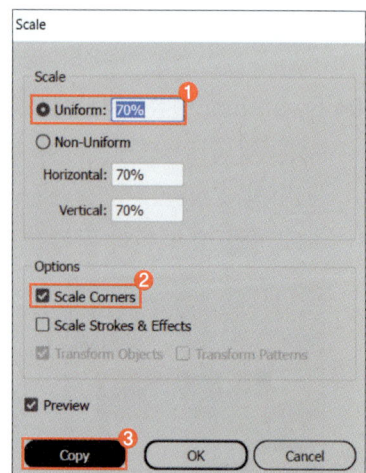

09 두 개의 사각형을 선택하고 Pathfinder(패스파인더) 패널에서 Minus Front(앞면 오브젝트 제외, ▣)를 클릭하여 불필요한 부분은 삭제합니다.

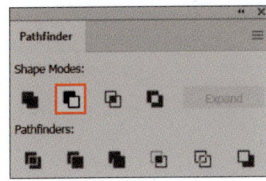 

10 Line Segment Tool(선분 도구, ╱)을 선택하고 손잡이를 나눌 선을 그립니다. 선과 손잡이를 선택하고 Pathfinder(패스파인더) 패널에서 Divide(나누기, ▣)를 클릭하여 분리한 후 Group Selection Tool(그룹 선택 도구, ▶)로 불필요한 사각형을 선택하고 삭제합니다.

 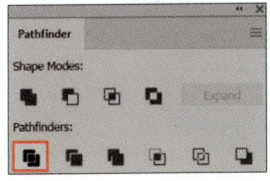 

11 손잡이를 선택하고 Shear Tool(기울이기 도구, ☞)을 더블 클릭한 후 Shear(기울이기) 창에서 'Shear Angle(기울이기 각도) : −10°, Axis(축) : Vertical(세로)'을 선택합니다.

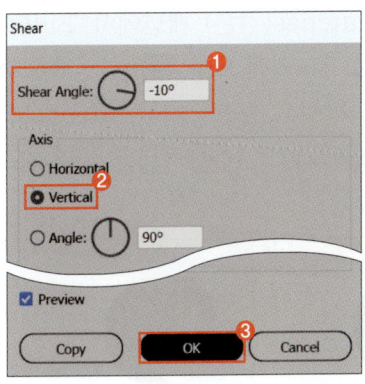 

12 Ellipse Tool(원형 도구, ◯)을 선택하여 아트보드를 클릭한 후 'Width(폭) : 5mm, Height (높이) : 2mm'를 입력합니다. Swatches(견본) 패널에서 'Fill(칠) : C70, Stroke(선) : None(없음)'으로 지정하고 Shear Tool(기울이기 도구, ☞)을 더블 클릭한 후 Shear(기울이기) 창에서 'Shear Angle(기울이기 각도) : −10°, Axis(축) : Vertical(세로)'을 선택합니다.

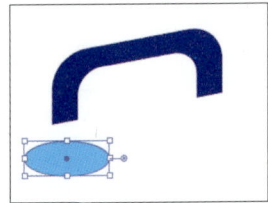 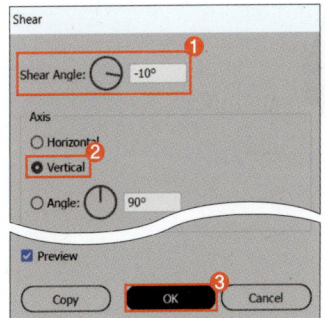 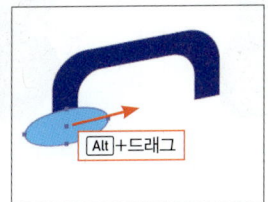

13 타원을 선택하고 Alt 를 누른 채 복사하여 출력형태와 같이 배치합니다. 손잡이를 선택하고 [Object(오브젝트)]-[Arrange(정돈)]-[Bring to Front(맨 앞으로 가져오기)](Shift + Ctrl +])를 클릭하여 맨 앞으로 배치합니다.

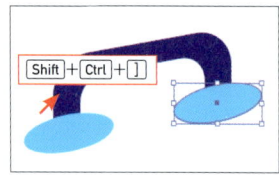 

14 손잡이를 모두 선택하여 [Object(오브젝트)]-[Group(그룹)](Ctrl + G)을 클릭하여 그룹으로 묶은 후 Alt 를 누른 채 드래그하여 복사하고 출력형태와 같이 배치합니다.

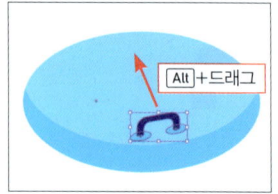 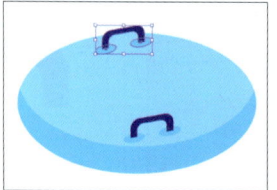

04 사람 오브젝트 만들기

01 Pen Tool(펜 도구, ✐)을 선택하여 얼굴을 그린 후 Swatches(견본) 패널에서 'Fill(칠) : M20Y40, Stroke(선) : None(없음)'으로 지정합니다. Pen Tool(펜 도구, ✐)을 선택하고 머리카락을 그린 후 Swatches(견본) 패널에서 'Fill(칠) : C40M70Y100K50, Stroke(선) : None(없음)'으로 지정합니다. 반복하여 나머지 머리카락을 그리고 Ctrl + [를 눌러 순서에 맞게 뒤로 배치합니다.

   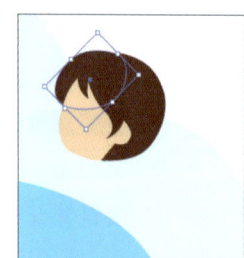

 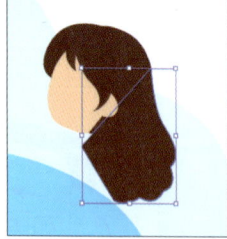

02 Ellipse Tool(원형 도구, ◯)을 선택하여 눈을 그린 후 Swatches(견본) 패널에서 'Fill(칠) : K100, Stroke(선) : None(없음)'과 'Fill(칠) : C0M0Y0K0, Stroke(선) : None(없음)'으로 지정하고 Alt를 누른 채 복사하여 배치합니다.

03 곡선의 색을 지정하기 위하여 Swatches(견본) 패널에서 'Fill(칠) : None(없음), Stroke(선) : K100'으로 지정하고 Pencil Tool(연필 도구, ✏)을 선택하여 드래그하면서 눈썹과 코, 입을 그립니다.

 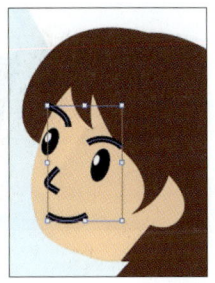

04 Shift를 누르면서 그려진 눈썹과 코, 입의 곡선을 모두 선택하고 Stroke(획) 패널에서 'Weight(두께) : 1pt'로 지정하고 'Profile(속성) : Width Profile 1'을 선택합니다.

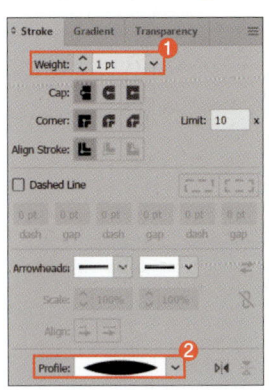 

05 Pen Tool(펜 도구, ✒)을 선택하여 상체를 그린 후 Swatches(견본) 패널에서 'Fill(칠) : M20Y40, Stroke(선) : None(없음)'으로 지정합니다. Pen Tool(펜 도구, ✒)을 선택하고 수영복 상의를 그린 후 Swatches(견본) 패널에서 'Fill(칠) : C100M100, Stroke(선) : None(없음)'으로 지정합니다.

 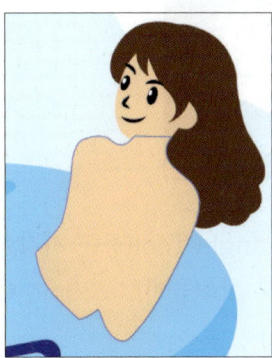 

06 Pen Tool(펜 도구, ）을 선택하여 손을 그린 후 Swatches(견본) 패널에서 'Fill(칠) : M30Y50, Stroke(선) : None(없음)'으로 지정합니다. Pen Tool(펜 도구, ）을 선택하고 수영복 하의를 그린 후 Swatches(견본) 패널에서 'Fill(칠) : C100M100, Stroke(선) : None(없음)'으로 지정합니다.

07 Pen Tool(펜 도구, ）을 선택하여 손을 그린 후 Swatches(견본) 패널에서 'Fill(칠) : M30Y50, Stroke(선) : None(없음)'으로 지정합니다. 손을 선택하고 Ctrl+[를 눌러 순서에 맞게 뒤로 배치합니다.

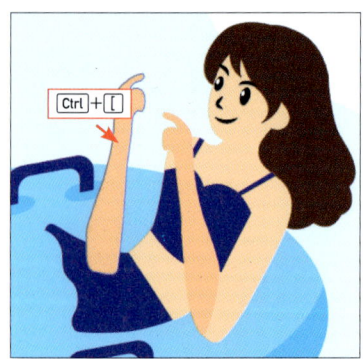 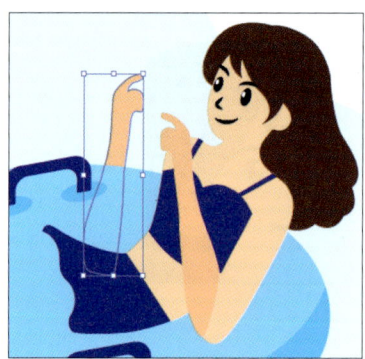

08 Pen Tool(펜 도구, ）을 선택하고 어깨를 그린 후 Swatches(견본) 패널에서 'Fill(칠) : M20Y40, Stroke(선) : None(없음)'으로 지정합니다. Ctrl+[를 눌러 순서에 맞게 뒤로 배치합니다.

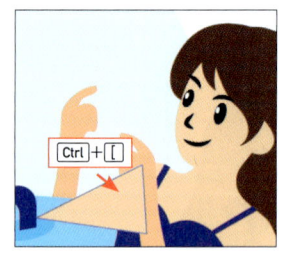 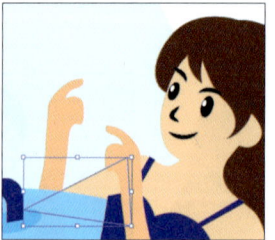

09 핸드폰을 만들기 위하여 Rounded Rectangle Tool(둥근 사각형 도구, ）을 선택하여 아트보드를 클릭한 후 'Width(폭) : 5mm, Height(높이) : 10mm, Corner Radius(모퉁이 반경) : 1mm'를 입력합니다.

10 둥근 사각형을 선택하고 Swatches(견본) 패널에서 'Fill(칠) : K50, Stroke(선) : None(없음)'으로 지정합니다.

11 핸드폰을 선택하고 Shear Tool(기울이기 도구,)을 더블 클릭한 후 Shear(기울이기) 창에서 'Shear Angle(기울이기 각도) : 20°, Axis(축) : Vertical(세로)'을 선택합니다. 핸드폰을 선택하고 Ctrl + [를 눌러 순서에 맞게 뒤로 배치합니다.

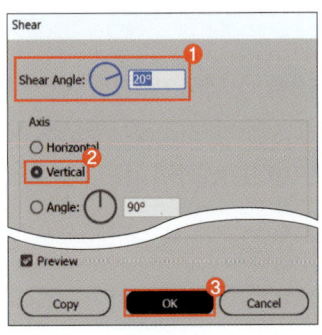 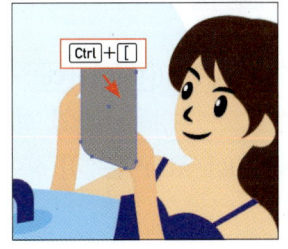 

12 Pen Tool(펜 도구,)을 선택하여 다리를 그린 후 Swatches(견본) 패널에서 각각 'Fill(칠) : M30Y50, Stroke(선) : None(없음)'과 'Fill(칠) : M20Y40, Stroke(선) : None(없음)'으로 지정합니다.

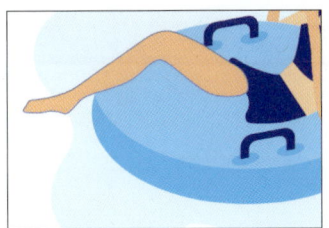 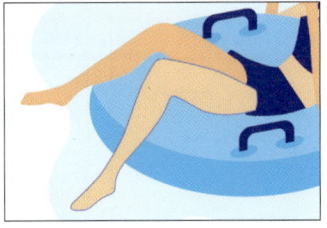

13 수영복 하의를 선택하고 [Object(오브젝트)]-[Arrange(정돈)]-[Bring to Front(맨 앞으로 보내기)](Shift + Ctrl +])를 선택하여 맨 앞으로 배치합니다.

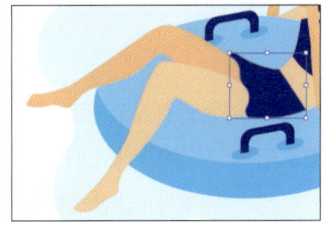

05 파일 저장

01 최종적으로 작업 파일의 오브젝트 위치, 순서를 점검하고 불필요한 안내선이 남아있는 경우 [View(보기)]-[Guide(안내선)]-[Clear Guide(안내선 지우기)]를 선택하여 안내선을 지웁니다.

02 [File(파일)]-[Save as(다른이름으로 저장)](Shift+Ctrl+S)을 선택하여 '저장 위치 : 내 PC\문서\GTQ, 파일 이름 : 수험번호-성명-1, 파일 형식 : Adobe Illustrator(*.AI)'로 저장합니다. [Illustrator Options(Illustrator 옵션)] 창이 뜨면 [OK(확인)]를 누르고 옵션 창을 닫습니다.

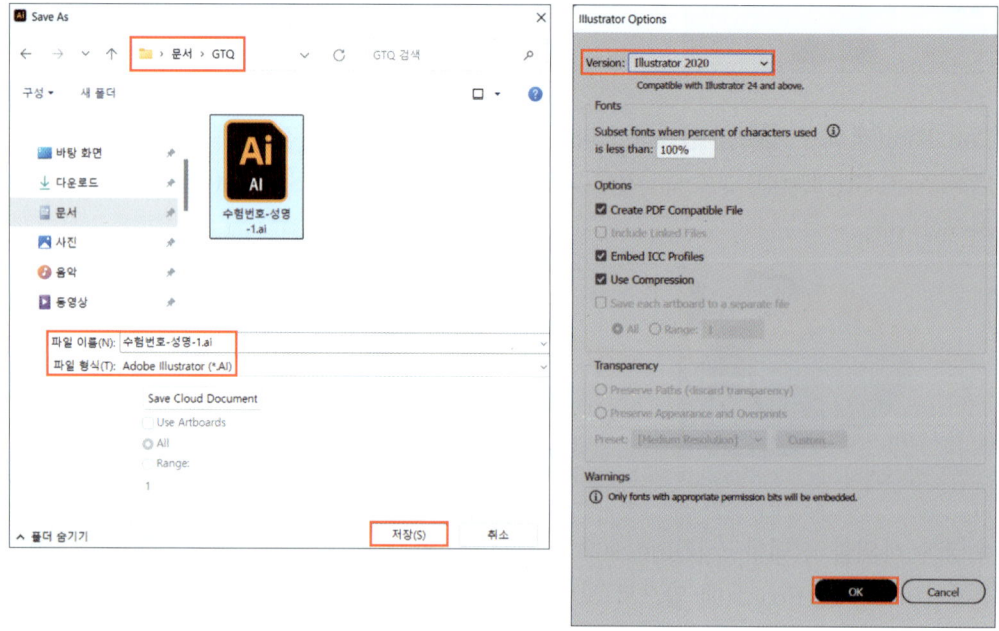

03 답안 저장이 완료되면 [File(파일)]-[Close(닫기)](Ctrl+W)를 선택하여 파일을 닫고 수험 프로그램에서 [답안 전송]을 선택하여 ai 파일을 감독관 컴퓨터로 전송합니다.

문제 ❷	문자와 오브젝트

작업과정	① 새 작업 파일 만들기 ➡ ② 견본색 그룹 만들기 ➡ ③ 바다와 물고기 오브젝트 만들기 ➡ ④ 오리배 오브젝트 만들기 ➡ ⑤ 사람 오브젝트 만들기 및 그림자 효과 적용 ➡ ⑥ 브러시 오브젝트 만들기 ➡ ⑦ 문자 입력하고 변형하기 ➡ ⑧ 파일 저장
완성이미지	PART04₩기출유형문제09회₩수험번호-성명-2.ai

01 새 작업 파일 만들기

01 새 작업 파일을 만들기 위하여 [File(파일)]-[New(새로 만들기)]([Ctrl]+[N])를 선택하고 'Width : 100mm, Height : 80mm, Units : Millimeters, Color Mode : CMYK'를 설정하여 새 작업 파일을 만듭니다.

02 [View(보기)]-[Rulers(눈금자)]-[Show Rulers(눈금자 표시)]([Ctrl]+[R])를 선택하여 눈금자를 표시합니다.

03 작업 파일을 저장하기 위하여 [File(파일)]-[Save as(다른이름으로 저장)]([Shift]+[Ctrl]+[S])을 선택하여 '저장 위치 : 내PC₩문서₩GTQ, 파일 이름 : 수험번호-성명-2, 파일 형식 : Adobe Illustrator(*.AI)'로 저장합니다. [Illustrator Options(Illustrator 옵션)] 창이 뜨면 [OK(확인)]를 누르고 옵션 창을 닫습니다.

02 견본색 그룹 만들기

01 Swatches(견본) 패널 우측 하단에서 New Group(새 색상 견본 그룹, 📁)을 선택하여 새로운 그룹을 만들고 그룹의 이름을 GTQ라고 입력합니다.

02 만들어진 그룹을 클릭하고 New Swatch(새 견본, ➕)를 선택하여 문제에서 제시하는 색상값을 입력합니다. 반복하여 모든 색상을 견본 그룹에 만듭니다.

03 바다와 물고기 오브젝트 만들기

01 Pen Tool(펜 도구, ✒)을 선택하여 바다를 그린 후 Swatches(견본) 패널에서 'Fill(칠) : C50, Stroke(선) : None(없음)'과 'Fill(칠) : C100, Stroke(선) : None(없음)'으로 지정합니다. 오브젝트를 모두 선택하고 [Object(오브젝트)]-[Lock(잠금)]-[Selection(선택물)]을 클릭하여 잠급니다.

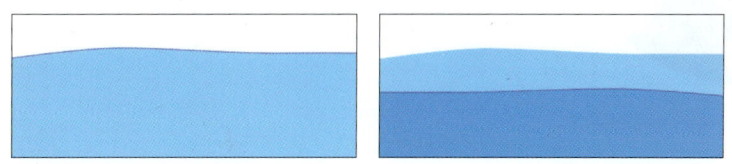

02 Pen Tool(펜 도구, ✐)을 선택하여 물고기를 그린 후 Swatches(견본) 패널에서 'Fill(칠) : C100M100, Stroke(선) : None(없음)'으로 지정합니다.

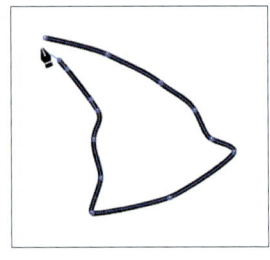  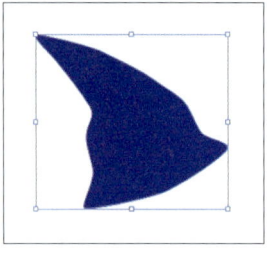

03 Pen Tool(펜 도구, ✐)을 선택하고 지느러미를 그린 후 Swatches(견본) 패널에서 'Fill(칠) : K100, Stroke(선) : None(없음)'으로 지정합니다. 꼬리 지느러미를 선택하고 [Object(오브젝트)]-[Arrange(정돈)]-[Send to Back(맨 뒤로 보내기)](Shift + Ctrl + [ )을 눌러 맨 뒤로 배치합니다.

 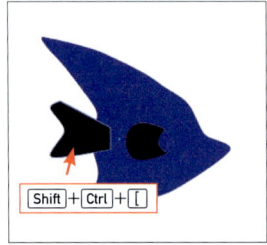 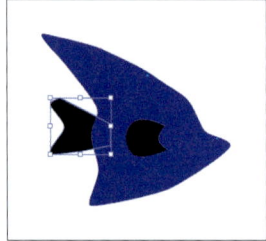

04 Ellipse Tool(원형 도구, ◯)을 선택하여 눈을 그린 후 Swatches(견본) 패널에서 'Fill(칠) : C0M0Y0K0, Stroke(선) : None(없음)'과 'Fill(칠) : K100, Stroke(선) : None(없음)'으로 지정합니다.

05 모두 선택하고 Ctrl + G 를 눌러 그룹으로 묶은 후 Alt 를 누른 채 드래그하여 복사합니다.

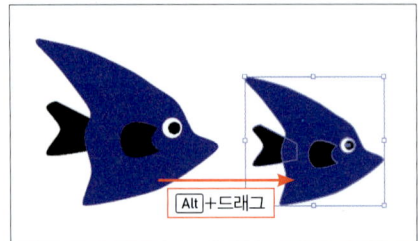

06 Group Selection Tool(그룹 선택 도구, ▶)로 복사된 물고기의 몸통을 선택하고 Swatches (견본) 패널에서 'Fill(칠) : C50M100'으로 지정합니다.

04 오리배 오브젝트 만들기

01 Pen Tool(펜 도구, ✎)을 선택하여 오리의 머리를 그린 후 Swatches(견본) 패널에서 'Fill(칠) : Y90, Stroke(선) : None(없음)'으로 지정합니다.

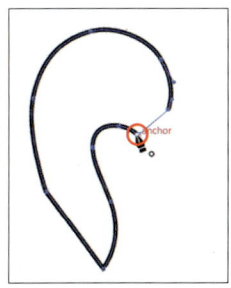  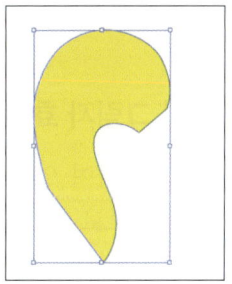

02 Pen Tool(펜 도구, ✎)을 선택하여 오리의 부리를 그린 후 Swatches (견본) 패널에서 'Fill(칠) : M40Y90, Stroke(선) : None(없음)'으로 지정하고 Shift + Ctrl + [을 눌러 맨 뒤로 배치합니다.

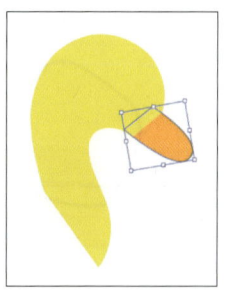

03 Ellipse Tool(원형 도구, ◯)을 선택하여 눈을 그린 후 Swatches(견본) 패널에서 'Fill(칠) : K100, Stroke(선) : None(없음)'으로 지정합니다.

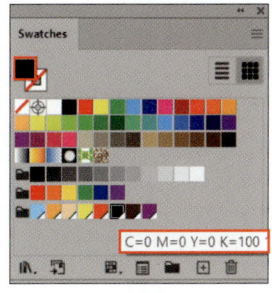 

04 Pen Tool(펜 도구, ✐)을 선택하여 오리의 몸을 그린 후 Swatches(견본) 패널에서 'Fill(칠) : Y90, Stroke(선) : None(없음)'으로 지정합니다.

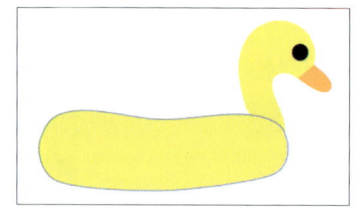

05 Pen Tool(펜 도구, ✐)을 선택하여 오리의 날개를 그린 후 Swatches(견본) 패널에서 'Fill(칠) : M40Y90, Stroke(선) : None(없음)'으로 지정합니다.

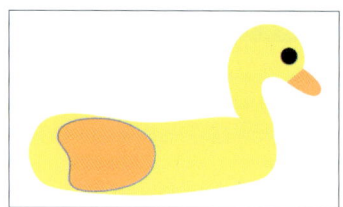

05 사람 오브젝트 만들기 및 그림자 효과 적용

01 Pen Tool(펜 도구, ✐)을 선택하여 얼굴을 그린 후 Swatches(견본) 패널에서 'Fill(칠) : M20Y40, Stroke(선) : K100'으로 지정합니다. Pen Tool(펜 도구, ✐)을 선택하고 머리카락을 그린 후 Swatches(견본) 패널에서 'Fill(칠) : C40M70Y100K50, Stroke(선) : None(없음)'으로 지정합니다.

02 Ellipse Tool(원형 도구, ◯)을 선택하여 귀를 그린 후 Swatches(견본) 패널에서 'Fill(칠) : M20Y40, Stroke(선) : None(없음)'으로 지정하고 Direct selection Tool(직접 선택 도구, ▷)로 편집합니다.

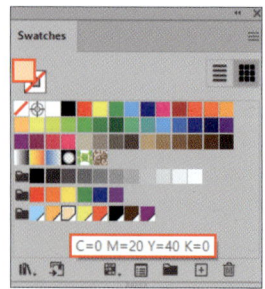
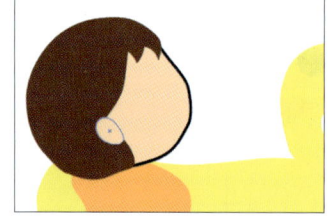

03 Star Tool(별 도구, ☆)을 선택하고 아트보드를 클릭한 후 'Radius 1(반경 1) : 5mm, Radius 2(반경 2) : 2.5mm, Points(포인트) : 5'를 입력합니다.

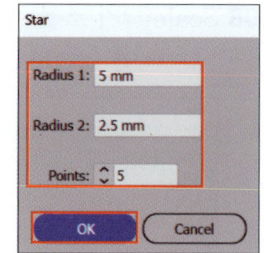

04 Swatches(견본) 패널에서 'Fill(칠) : M90Y90, Stroke(선) : None(없음)'으로 지정하고 Corner Widget(모퉁이 위젯)을 드래그하면서 둥글게 조절합니다.

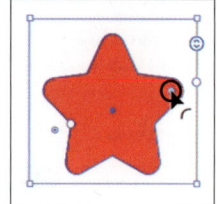

05 별을 선택하고 [Object(오브젝트)]-[Path(패스)]-[Offset Path(오프셋 패스)]를 클릭한 후 Offset Path(오프셋 패스) 창에서 'Offset(이동) : −0.7mm'를 입력합니다.

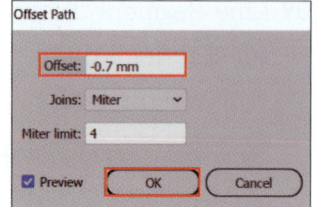

06 축소된 별을 선택하고 Swatches(견본) 패널에서 'Fill(칠) : K100'으로 지정합니다. 모두 선택하고 Alt 를 누른 채 드래그하여 복사합니다.

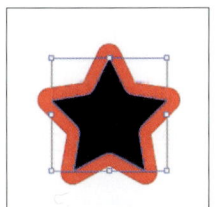
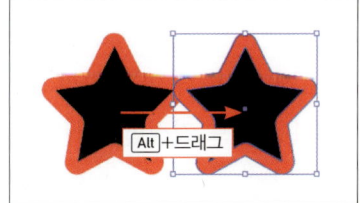

07 복사된 별을 선택하고 Scale Tool(크기 조절 도구, ⬚)을 더블 클릭한 후 Scale(크기 조절) 창에서 'Uniform(균일) : 90%'를 입력합니다. 모두 선택하고 Ctrl + G 를 눌러 그룹으로 묶은 후 Scale Tool(크기 조절 도구, ⬚)을 더블 클릭합니다.

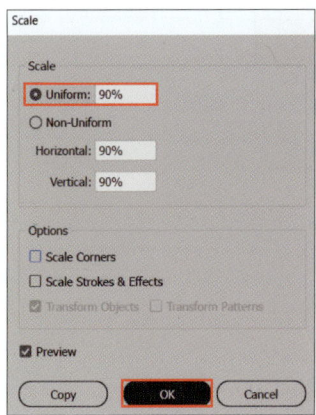
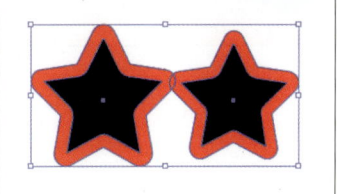

08 Scale(크기 조절) 창에서 'Non-Uniform(비균일), Horizontal(가로) : 60%, Vertical(세로) : 100%'를 입력하고 Options(옵션)에서 'Scale Conrners(모퉁이 크기 조절) : 체크'합니다.

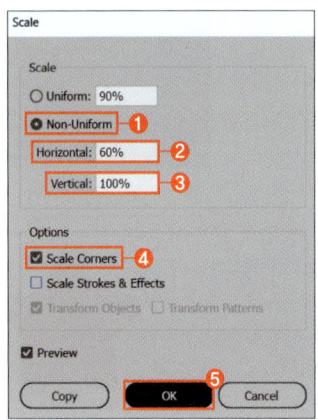
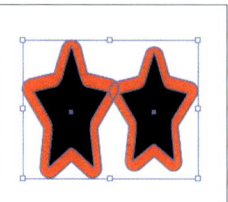

09 Line Segment Tool(선분 도구,)을 선택하여 안경다리를 선으로 그린 후 Swatches(견본) 패널에서 'Fill(칠) : None(없음), Stroke(선) : M90Y90'으로 지정하고 Stroke(획) 패널에서 'Weight(두께) : 2pt'로 지정합니다.

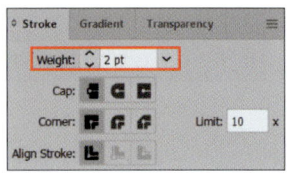
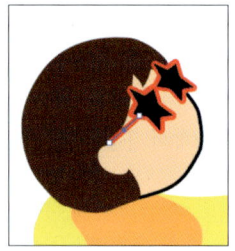

10 Pencil Tool(연필 도구,)을 선택하고 드래그하면서 입을 그린 후 Swatches(견본) 패널에서 'Fill(칠) : None(없음), Stroke(선) : K100'으로 지정합니다. 얼굴을 모두 선택하고 Shift +Ctrl+[]을 눌러 맨 뒤로 배치합니다.

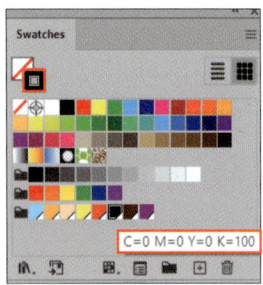
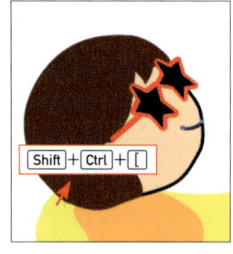
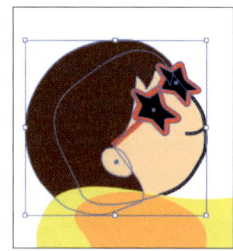

11 Pen Tool(펜 도구, ✏️)을 선택하여 손을 그린 후 Swatches(견본) 패널에서 'Fill(칠) : M20Y40, Stroke(선) : K100'으로 지정합니다. Pen Tool(펜 도구, ✏️)을 선택하고 수영복을 그린 후 Swatches(견본) 패널에서 'Fill(칠) : M90Y90, Stroke(선) : K100'으로 지정하고 Shift + Ctrl + [을 눌러 맨 뒤로 배치합니다.

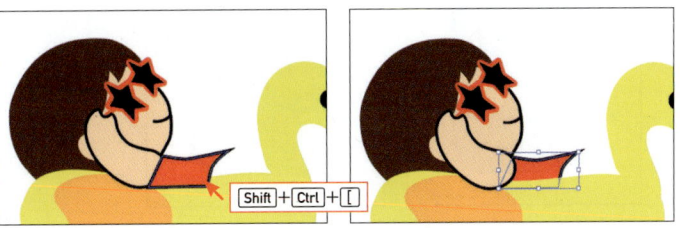

12 Pen Tool(펜 도구, ✏️)을 선택하여 다리를 그린 후 Swatches(견본) 패널에서 'Fill(칠) : M20Y40, Stroke(선) : K100'으로 지정합니다. 다리와 오리의 머리를 선택하고 Shift + Ctrl + [을 눌러 맨 뒤로 배치합니다.

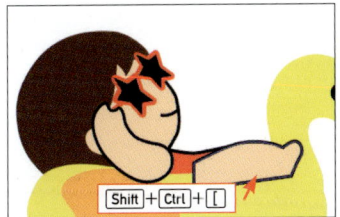
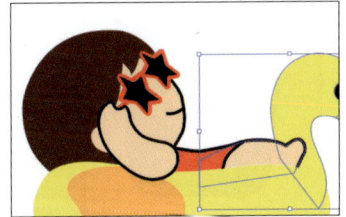

13 손을 선택하고 Alt 를 누른 채 드래그하여 복사한 후 Reflect Tool(반사 도구, ▶◀)을 더블 클릭합니다. Reflect(반사) 창에서 'Axis(축) : Vertical(세로)'을 선택하고 출력형태와 같이 배치한 후 Shift + Ctrl + [을 눌러 맨 뒤로 배치합니다.

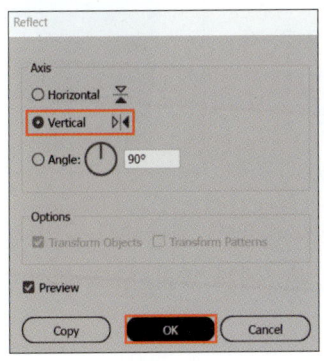
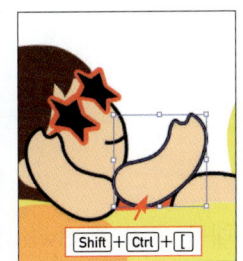
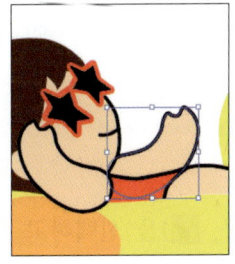

14 컵을 만들기 위하여 Rounded Rectangle Tool(둥근 사각형 도구, ▢)을 선택하고 아트보드를 클릭한 후 'Width(폭) : 5mm, Height(높이) : 6mm, Corner Radius(모퉁이 반경) : 1mm'를 입력합니다.

15 둥근 사각형을 선택하고 Swatches(견본) 패널에서 'Fill(칠) : C50, Stroke(선) : None(없음)'으로 지정한 후 Direct selection Tool(직접 선택 도구, ▷)로 위쪽 Corner Widget(모퉁이 위젯)만 선택하고 드래그하면서 뾰족하게 조절합니다.

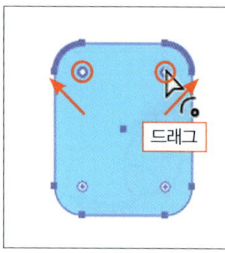 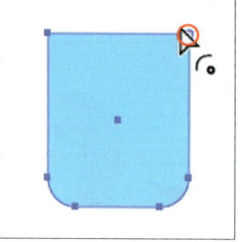

16 Direct selection Tool(직접 선택 도구, ▷)로 위쪽 고정점만 선택하고 Scale Tool(크기 조절 도구, ⌸)을 더블 클릭한 후 'Scale(크기 조절) 창 : Non-Uniform(비균일), Horizontal(가로) : 120%, Vertical(세로) : 100%'를 입력합니다.

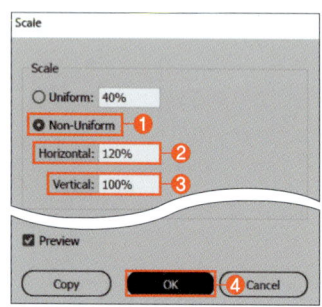 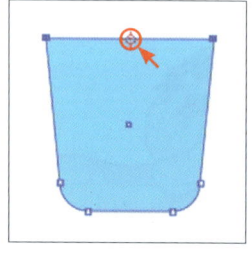

17 Ellipse Tool(원형 도구, ◯)을 선택하고 아트보드를 클릭한 후 'Width(폭) : 6mm, Height(높이) : 1.5mm'를 입력하고 Swatches(견본) 패널에서 'Fill(칠) : C100, Stroke(선) : None(없음)'으로 지정합니다.

18 Pen Tool(펜 도구, ✒)을 선택하고 빨대를 그린 후 Swatches(견본) 패널에서 'Fill(칠) : None(없음), Stroke(선) : C50'으로 지정합니다. Stroke(획) 패널에서 'Weight(두께) : 3pt'로 지정하고 컵을 모두 선택하여 출력형태와 같이 배치합니다.

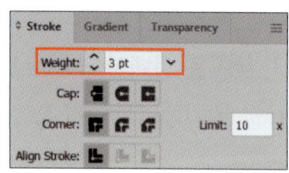 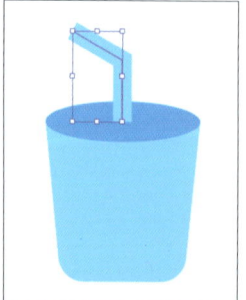

19 그림자를 적용하기 위하여 오리와 사람을 모두 선택하고 Ctrl+G를 눌러 그룹으로 묶습니다. [Effect(효과)]-[Stylize(스타일화)]-[Drop Shadow(그림자 만들기)]를 선택하고 Drop Shadow(그림자 효과) 창에서 'Mode(모드) : Multiply(곱하기), Opacity(불투명도) : 75%, X Offset(X 옵셋) : 1mm, Y Offset(Y 옵셋) : 1mm, Blur(흐림 효과) : 1mm'로 지정합니다.

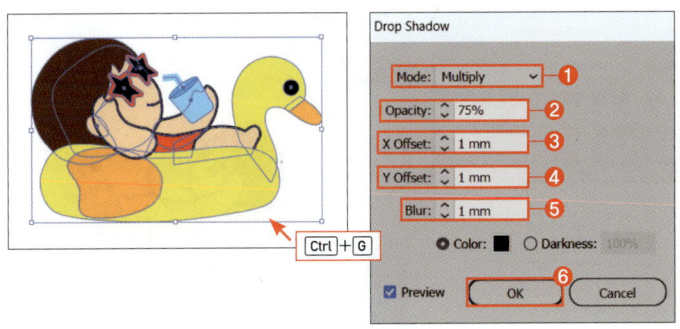

06 브러시 오브젝트 만들기

01 리본 모양 배너를 브러시로 만들기 위하여 Line Segment Tool(선분 도구, /)을 선택하고 Shift 를 누르면서 직선을 그립니다.

02 Brushes(브러쉬) 패널 좌측 하단에서 Brush Libraries Menu(브러쉬 라이브러리 메뉴, ▯.)를 선택하고 [Decorative(장식)]-[Decorative_Banners and Seals(장식_배너와 씰)]을 클릭하여 추가 브러쉬 패널을 불러옵니다. 'Banner 9(배너 9)'를 선택하여 적용하고 배치합니다.

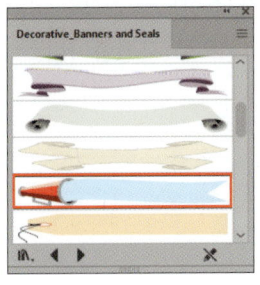
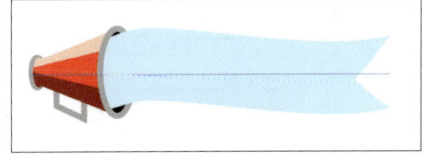

03 물방울 모양을 브러시로 만들기 위하여 Paintbrush Tool(페인트 브러시 도구, ✏)을 선택하고 곡선을 그립니다.

04 Brushes(브러쉬) 패널 좌측 하단에서 Brush Libraries Menu(브러쉬 라이브러리 메뉴,)를 선택하고 [Decorative(장식)]-[Decorative_Scatter(장식_산포)]를 클릭하여 추가 브러쉬 패널을 불러옵니다. 'Bubbles(풍선)'를 선택하여 적용하고 배치한 후 Stroke(획) 패널에서 'Weight(두께) : 0.75pt'를 지정합니다.

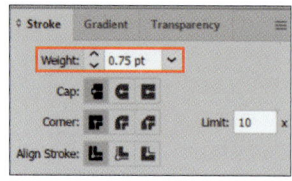

07 문자 입력하고 변형하기

01 문자를 입력하기 위하여 Type Tool(문자 도구,)을 선택하고 아트보드를 클릭하여 'SUMMER BEACH'를 입력합니다.

02 [Window(창)]-[Type(문자)]-[Character(문자)]를 클릭하여 Character(문자) 패널에서 'Set the Font family(글꼴 군 설정) : Arial, Set the Font style(글꼴 스타일) : Bold, Set the Font size(글꼴 크기) : 18pt, Horizontal Scale(가로 크기 조절) : 80%'로 지정하고 Swatches(견본) 패널에서 'Fill(칠) : C100, Stroke(선) : None(없음)'으로 지정합니다.

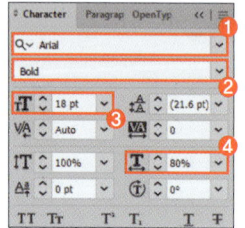

03 문자를 패스로 만들기 위하여 클릭 후 [Type(문자)]-[Create outline(윤곽선 만들기)](Shift + Ctrl + O)를 선택하여 패스로 만듭니다. 문자가 패스화되면 Selection Tool(선택 도구,)로 'SUMMER BEACH' 더블 클릭하고 Isolation Mode(격리 모드)로 전환합니다.

04 문자 오브젝트를 위, 아래로 분리하기 위하여 Erase Tool(지우개 도구,)을 선택합니다. [ ] 와 [ ] 를 눌러서 문자를 분리하는 선만큼 작게 지우개의 크기를 조절한 후 문자 오브젝트를 지나가도록 드래그합니다.

05 분리된 아래쪽 오브젝트들을 Selection Tool(선택 도구, ▶)로 Shift 를 누르면서 모두 선택하고 Swatches(견본) 패널에서 'Fill(칠) : C100M100, Stroke(선) : None(없음)'으로 지정합니다. Esc 를 누르고 Isolation Mode(격리 모드)를 해제한 후 배너 오브젝트 위에 적절하게 배치합니다.

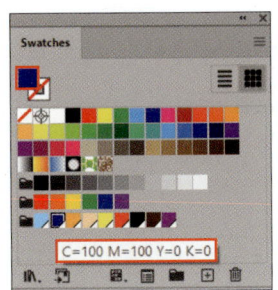 

06 곡선 위에 문자를 입력하기 위하여 Pen Tool(펜 도구, ✎)을 선택하고 곡선을 그립니다. Type on a Path Tool(패스 상의 문자 도구, ⤴)을 선택하고 곡선을 클릭하여 'Enjoy Summer Vacation'을 입력한 후 Ctrl + A 를 눌러 모두 선택합니다.

07 상단 옵션 바에서 'Set the Font family(글꼴 군 설정) : Times New Roman, Set the Font style(글꼴 스타일) : Bold, Set the Font size(글꼴 크기) : 10pt, Align Center(가운데 정렬)'로 선택하고 Swatches(견본) 패널에서 'Fill(칠) : C50M100, Stroke(선) : None(없음)'으로 지정합니다.

08 파일 저장

01 최종적으로 작업 파일의 오브젝트 위치, 순서를 점검하고 불필요한 안내선이 남아있는 경우 [View(보기)]-[Guide(안내선)]-[Clear Guide(안내선 지우기)]를 선택하여 안내선을 지웁니다.

02 [File(파일)]-[Save as(다른이름으로 저장)]([Shift]+[Ctrl]+[S])을 선택하여 '저장 위치 : 내 PC₩문서₩GTQ, 파일 이름 : 수험번호-성명-2, 파일 형식 : Adobe Illustrator(*.AI)'로 저장합니다. [Illustrator Options(Illustrator 옵션)] 창이 뜨면 [OK(확인)]를 누르고 옵션 창을 닫습니다.

03 답안 저장이 완료되면 [File(파일)]-[Close(닫기)]([Ctrl]+[W])를 선택하여 파일을 닫고 수험 프로그램에서 [답안 전송]을 선택하여 ai 파일을 감독관 컴퓨터로 전송합니다.

문제 ❸	어플리케이션 디자인
작업과정	① 새 작업 파일 만들기 ➡ ② 견본색 그룹 만들기 ➡ ③ 수박 패턴 만들기 ➡ ④ 야자수 오브젝트 만들기 ➡ ⑤ 수영복 오브젝트 만들기 및 클리핑 마스크 ➡ ⑥ 가방 오브젝트 만들기 및 패턴 적용 ➡ ⑦ 점선 편집하기 ➡ ⑧ 파일 저장
완성이미지	PART04₩기출유형문제09회₩수험번호-성명-3.ai

01 새 작업 파일 만들기

01 새 작업 파일을 만들기 위하여 [File(파일)]-[New(새로 만들기)]([Ctrl]+[N])를 선택하고 'Width : 120mm, Height : 80mm, Units : Millimeters, Color Mode : CMYK'를 설정하여 새 작업 파일을 만듭니다.

02 [View(보기)]-[Rulers(눈금자)]-[Show Rulers(눈금자 표시)]([Ctrl]+[R])를 선택하여 눈금자를 표시합니다.

03 작업 파일을 저장하기 위하여 [File(파일)]-[Save as(다른이름으로 저장)]([Shift]+[Ctrl]+[S])을 선택하여 '저장 위치 : 내PC₩문서₩GTQ, 파일이름 : 수험 번호-성명-3, 파일 형식 : Adobe Illustrator(*.AI)'로 저장합니다. [Illustrator Options(Illustrator 옵션)] 창이 뜨면 [OK(확인)]를 누르고 옵션 창을 닫습니다.

02 견본색 그룹 만들기

01 Swatches(견본) 패널 우측 하단에서 New Group(새 색상 견본 그룹, ■)을 선택하여 새로운 그룹을 만들고 그룹의 이름을 GTQ라고 입력합니다.

02 만들어진 그룹을 클릭하고 New Swatch(새 견본, ■)를 선택하여 문제에서 제시하는 색상값을 입력합니다. 반복하여 모든 색상을 견본 그룹에 만듭니다.

03 수박 패턴 만들기

01 Ellipse Tool(원형 도구, ◯)을 선택하고 아트보드를 클릭한 후 'Width(폭) : 30mm, Height(높이) : 30mm'를 입력하고 Swatches(견본) 패널에서 'Fill(칠) : C50M30Y100, Stroke(선) : None(없음)'으로 지정합니다.

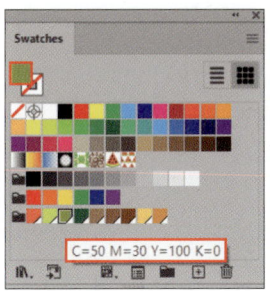 

02 타원을 선택하고 [Object(오브젝트)]-[Path(패스)]-[Offset Path(오프셋 패스)]를 클릭한 후 Offset Path(오프셋 패스) 창에서 'Offset(이동) : -1mm'를 입력합니다. 축소된 타원을 선택하고 Swatches(견본) 패널에서 'Fill(칠) : C20Y90'으로 지정합니다.

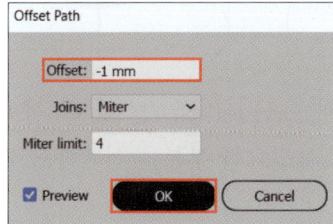 

03 축소된 타원을 선택하고 [Object(오브젝트)]-[Path(패스)]-[Offset Path(오프셋 패스)]를 클릭한 후 Offset Path(오프셋 패스) 창에서 'Offset(이동) : -1.5mm'를 입력합니다. 축소된 타원을 선택하고 Swatches(견본) 패널에서 'Fill(칠) : M80Y80'으로 지정합니다.

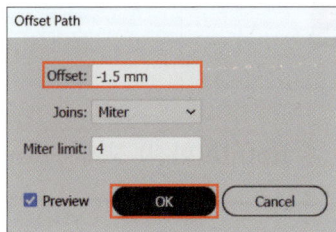 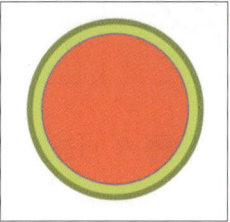

04 Line Segment Tool(선분 도구, ✏️)을 선택하고 타원을 6등분할 선을 그립니다. 타원들과 선을 선택하고 Align(정렬) 패널에서 Horizontal Align Center(가로 가운데 정렬, 🔲)와 Vertical Align Center(세로 가운데 정렬, 🔲)를 선택하여 중심을 맞춥니다.

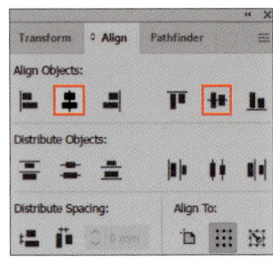
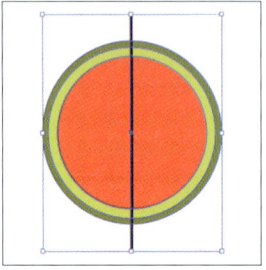

05 선을 선택하고 Rotate Tool(회전 도구, ↻)을 더블 클릭한 후 Rotate(회전) 창에서 'Angle(각도) : 60'를 입력하고 Copy(복사)를 클릭합니다. Ctrl + D 를 눌러 회전 복사를 반복합니다.

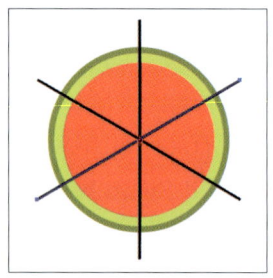

06 오브젝트를 모두 선택하고 Pathfinder(패스파인더) 패널에서 Divide(나누기, 🔲)를 클릭하여 분리한 후 Group Selection Tool(그룹 선택 도구, ▶)로 불필요한 부분을 선택하고 삭제합니다.

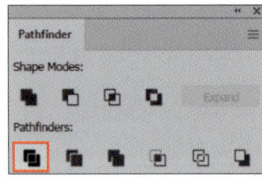
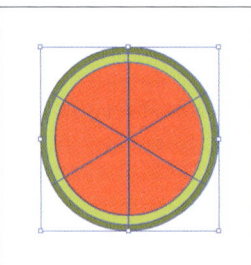

07 수박을 선택하고 Rotate Tool(회전 도구, ↻)을 더블 클릭한 후 Rotate(회전) 창에서 'Angle (각도) : 30'를 입력합니다.

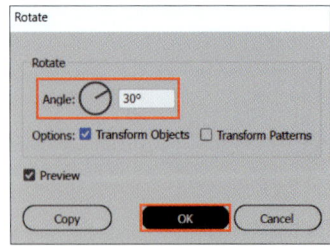

08 수박씨를 만들기 위하여 Ellipse Tool(원형 도구, ◯)을 선택하고 아트보드를 클릭한 후 'Width(폭) : 2mm, Height(높이) : 1mm'를 입력하고 Swatches(견본) 패널에서 'Fill(칠) : K100, Stroke(선) : None(없음)'으로 지정합니다.

09 Direct selection Tool(직접 선택 도구, ▷)로 좌, 우측 고정점만 선택하고 아래로 드래그하여 씨앗 모양으로 편집합니다. Alt 를 누른 채 드래그하여 복사를 반복하여 출력형태와 같이 배치합니다.

10 패턴으로 만들기 위하여 물방울을 선택하고 [Object(오브젝트)]-[Pattern(패턴)]-[Make(만들기)]를 선택합니다. Pattern Options(패턴 옵션) 창에서 'Name(이름) : watermelon, Tile Type(타일 유형) : Grid(격자)'로 지정하고 Done(완료)을 클릭합니다.

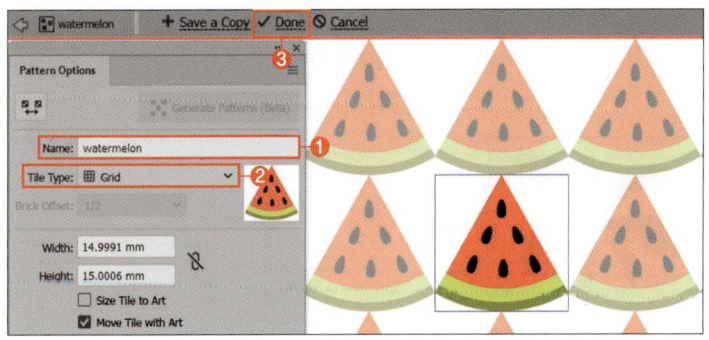

04 야자수 오브젝트 만들기

01 Pen Tool(펜 도구, ✎)을 선택하여 야자수 잎을 그리고 Swatches(견본) 패널에서 'Fill(칠) : C90M30Y90K30, Stroke(선) : None(없음)'으로 지정합니다. 야자수 잎을 선택하여 Knife Tool(칼 도구, ✂)을 선택한 후 잘라낼 부분을 드래그하면서 그립니다. 조각을 선택하고 Delete 를 눌러 삭제합니다.

02 칼날의 잔상을 없애기 위하여 야자수 잎을 선택하고 Pathfinder(패스파인더) 패널에서 Unite(합치기,)를 선택하여 병합한 후 Reflect Tool(반사 도구,)을 클릭합니다.

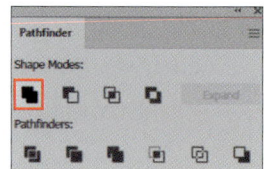

03 Alt 를 누른 채 나뭇잎의 오른쪽 고정점을 클릭하고 Reflect(반사) 창에서 'Axis(축) : Vertical(세로)'을 선택한 후 Copy(복사)를 클릭합니다. 반복하여 야자수를 그리고 출력형태와 같이 배치합니다.

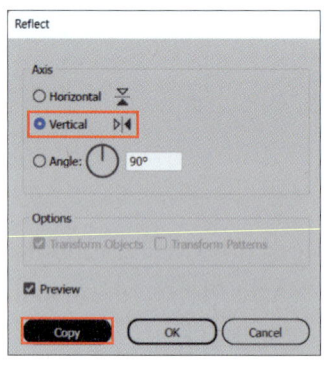  

04 Pen Tool(펜 도구,)을 선택하여 기둥을 그리고 Swatches(견본) 패널에서 'Fill(칠) : C30M60Y80K20, Stroke(선) : None(없음)'으로 지정합니다.

05 Ellipse Tool(원형 도구,)을 선택하여 열매를 그린 후 Swatches(견본) 패널에서 'Fill(칠) : C40M70Y100K50, Stroke(선) : None(없음)'과 'Fill(칠) : C30M50Y70K10, Stroke(선) : None(없음)'으로 지정합니다. 모두 선택하고 Ctrl + G 를 눌러 그룹으로 묶습니다.

05 수영복 오브젝트 만들기 및 클리핑 마스크

01 반사의 기준이 되는 안내선을 드래그하여 만든 후 Pen Tool(펜 도구, ✏️)을 선택하고 수영복을 그립니다. 수영복을 선택하고 Reflect Tool(반사 도구, ▷|)을 클릭한 후 Alt 를 누른 채 안내선을 클릭합니다. Reflect(반사) 창에서 'Axis(축) : Vertical(세로)'을 선택하고 Copy(복사)를 클릭합니다.

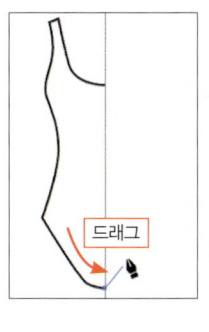
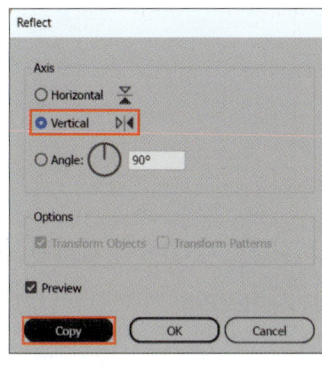
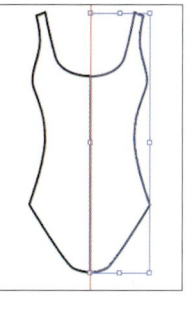

02 오브젝트를 모두 선택하고 Pathfinder(패스파인더) 패널에서 Unite(합치기, ◼️)를 클릭하여 병합합니다.

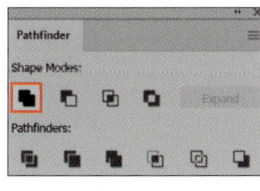
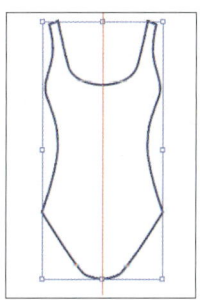

03 Gradient(그레이디언트) 패널에서 그라디언트 색상을 클릭한 후 Gradient Slider(그라디언트 슬라이더)를 활성화합니다. Gradient Slider(그라디언트 슬라이더)의 왼쪽 'Color Stop(색상 중지점)'을 더블 클릭하여 M30Y80을, 오른쪽 'Color Stop(색상 중지점)'을 더블 클릭하여 M90Y90을 적용합니다.

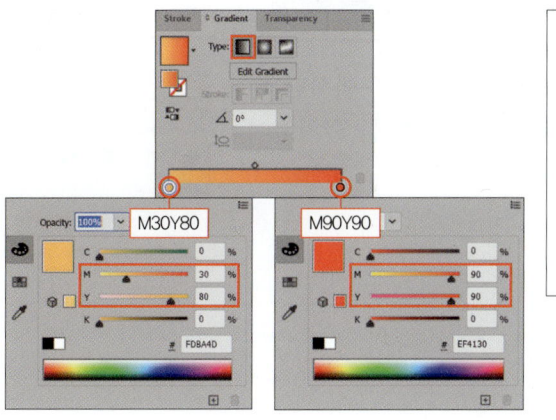

04 야자수 오브젝트를 선택하고 [Alt]를 누른 채 드래그하여 복사한 후 [Shift]+[Ctrl]+[]]를 눌러 맨 앞으로 배치합니다. 반복하여 야자수를 복사하고 배치합니다. 수영복을 선택하고 [Ctrl]+[C]를 눌러서 복사한 후 [Ctrl]+[F]를 눌러서 같은 위치이면서 바로 위에 붙입니다. [Shift]+[Ctrl]+[]]를 눌러 순서를 맨 앞으로 보냅니다.

05 복사한 수영복만큼 야자수를 클리핑 마스크 적용하기 위하여 복사된 수영복과 야자수 오브젝트들을 모두 선택하고 [Object(오브젝트)]-[Clipping Mask(클리핑 마스크)]-[Make(만들기)]([Ctrl]+[7])을 누릅니다.

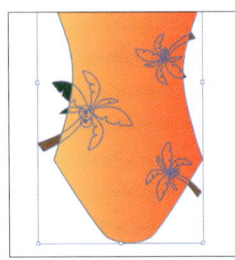 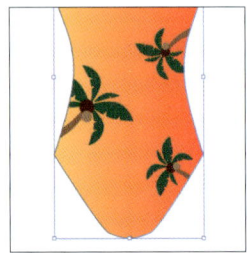

06 문자를 입력하기 위하여 Type Tool(문자 도구, [T])을 선택하고 아트보드를 클릭하여 'Swim Suit'를 입력합니다.

07 상단 옵션 바에서 'Set the Font family(글꼴 군 설정) : Times New Roman, Set the Font style(글꼴 스타일) : Bold, Set the Font size(글꼴 크기) : 10pt'로 지정하고 Swatches(견본) 패널에서 'Fill(칠) : C0M0Y0K0, Stroke(선) : None(없음)'으로 지정합니다.

08 야자수 오브젝트를 선택하고 [Alt]를 누른 채 드래그하여 복사한 후 Pathfinder(패스파인더) 패널에서 Unite(합치기, ▣)를 클릭하여 병합합니다.

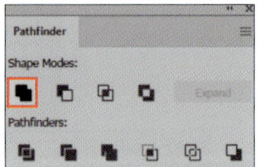

09 Swatches(견본) 패널에서 'Fill(칠) : C0M0Y0K0, Stroke(선) : None(없음)'으로 지정하고 Shift + Ctrl +]를 눌러 맨 앞으로 배치합니다. 반복하여 야자수를 복사하고 배치한 후 Ctrl + G를 눌러 그룹으로 묶습니다.

06 가방 오브젝트 만들기 및 패턴 적용

01 Pen Tool(펜 도구,)을 선택하여 가방을 그리고 Swatches(견본) 패널에서 'Fill(칠) : C30M70Y100K30, Stroke(선) : None(없음)'으로 지정합니다. Curvature Tool(곡률 도구,)을 선택하여 가방을 나눌 곡선을 그린 후 Direct selection Tool(직접 선택 도구,)로 곡선의 고정점을 선택하고 편집합니다.

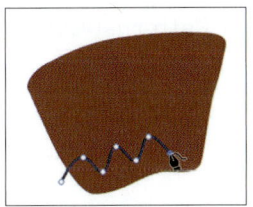
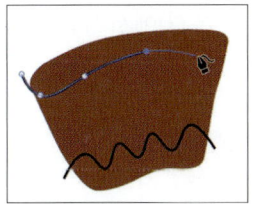
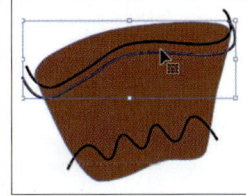
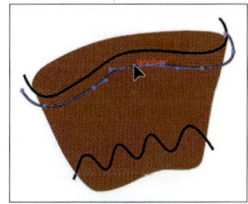

02 모두 선택하고 Pathfinder(패스파인더) 패널에서 Divide(나누기,)를 클릭하여 분리한 후 [Object(오브젝트)]-[Ungroup(그룹 풀기)]를 선택합니다. 출력형태와 같이 Swatches(견본) 패널에서 각각 'Fill(칠) : C10M50Y90, M20Y80'으로 지정합니다.

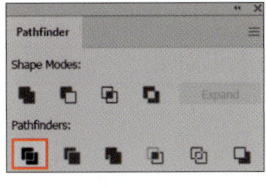
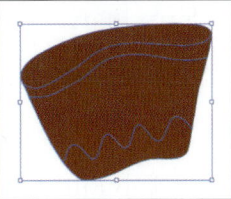
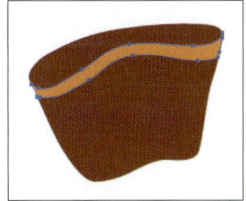
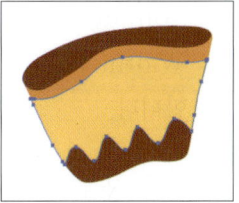

03 가방 앞면을 선택하고 Ctrl + C를 눌러서 복사한 후 Ctrl + F를 눌러서 같은 위치이면서 바로 위에 붙입니다. Swatches(견본) 패널에서 'Fill(칠) : watermelon' 패턴으로 지정합니다.

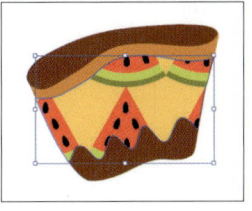

04 패턴의 크기를 줄이기 위하여 Scale Tool(크기 조절 도구,)을 더블 클릭하고 Scale(크기 조절) 창에서 'Uniform(균일) : 30%'를 입력하고 Options(옵션)에서 'Transform Patterns (패턴 변형) : 체크'합니다.

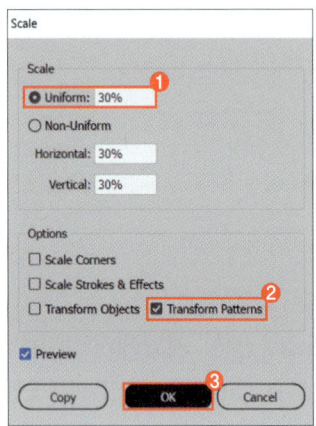
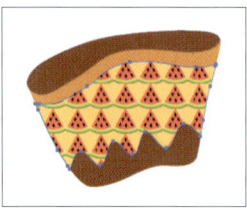

05 패턴의 방향을 돌리기 위하여 Rotate Tool(회전 도구,)을 더블 클릭한 후 Rotate(회전) 창에서 'Angle(각도) : 10°'를 입력하고 Options(옵션)에서 'Transform Patterns(패턴 변형) : 체크'합니다.

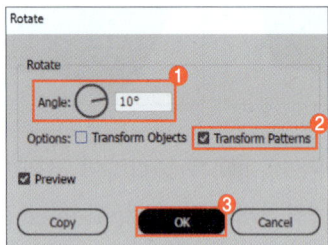
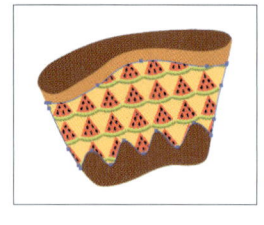

06 Rounded Rectangle Tool(둥근 사각형 도구,)을 선택하고 아트보드를 클릭한 후 'Width(폭) : 22mm, Height(높이) : 8mm, Corner Radius(모퉁이 반경) : 2mm'를 입력합니다.

07 둥근 사각형을 선택하고 Swatches(견본) 패널에서 'Fill(칠) : C0M0Y0K0, Stroke(선) : None(없음)'으로 지정한 후 Transparency(투명도) 패널에서 'Opacity(불투명도) : 70%'로 지정합니다.

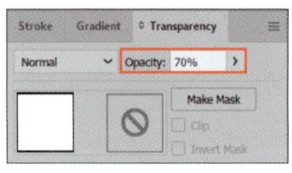
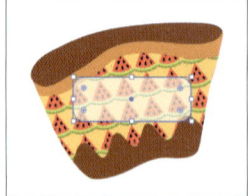

08 문자를 입력하기 위하여 Type Tool(문자 도구, T)을 선택하고 아트보드를 클릭하여 'Waterproof'를 입력합니다.

09 상단 옵션 바에서 'Set the Font family(글꼴 군 설정) : Arial, Set the Font style(글꼴 스타일) : Bold, Set the Font size(글꼴 크기) : 10pt'로 지정하고 Swatches(견본) 패널에서 'Fill(칠) : C40M70Y100K50, Stroke(선) : None(없음)'으로 지정합니다. 사각형과 문자를 선택하고 출력형태와 같이 회전하여 배치합니다.

10 가방끈을 만들기 위하여 Blob Brush Tool(물방울 브러시 도구)을 선택하고 Swatches(견본) 패널에서 'Fill(칠) : None(없음), Stroke(선) : C40M70Y100K50'으로 지정합니다. [와]를 눌러서 브러쉬의 크기를 조절하고 드래그하면서 그린 후 Shift + Ctrl + [을 눌러 맨 뒤로 배치합니다. Blob Brush Tool(물방울 브러시 도구)을 선택하고 드래그하면서 앞쪽 가방끈을 그립니다.

11 Ellipse Tool(원형 도구, ○)을 선택하여 가방끈의 마감재를 그린 후 Swatches(견본) 패널에서 'Fill(칠) : C40M70Y100K50, Stroke(선) : None(없음)'으로 지정합니다. 타원 오브젝트를 선택하고 Alt를 누른 채 드래그하여 복사합니다.

07 점선 편집하기

01 수영복을 선택하고 [Object(오브젝트)]-[Path(패스)]-[Offset Path(오프셋 패스)]를 클릭한 후 Offset Path(오프셋 패스) 창에서 'Offset(이동) : -1mm'를 입력합니다.

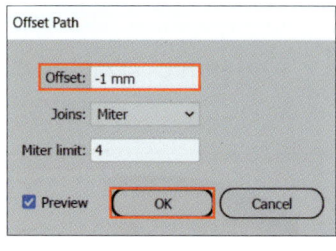 

02 축소된 수영복을 선택하고 Swatches(견본) 패널에서 'Fill(칠) : None(없음), Stroke(선) : C0M0Y0K0'으로 지정한 후 Direct selection Tool(직접 선택 도구, ▷)로 불필요한 선을 삭제합니다.

03 선을 선택하고 Shift+Ctrl+]를 눌러 맨 앞으로 배치한 후 Stroke(획) 패널에서 'Dashed Line(점선 사용) : 체크'하여 'dash(점선) : 8pt, gap(간격) : 2pt, dash(점선) : 2pt, gap(간격) : 2pt, dash(점선) : 2pt, gap(간격) : 2pt'로 지정합니다.

 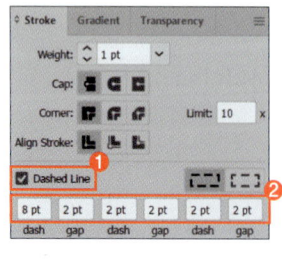 

04 가방을 선택하고 [Object(오브젝트)]-[Path(패스)]-[Offset Path(오프셋 패스)]를 클릭한 후 Offset Path(오프셋 패스) 창에서 'Offset(이동) : 1mm'를 입력합니다. 확대된 가방을 선택하고 Swatches(견본) 패널에서 'Fill(칠) : None(없음), Stroke(선) : C0M0Y0K0'으로 지정합니다.

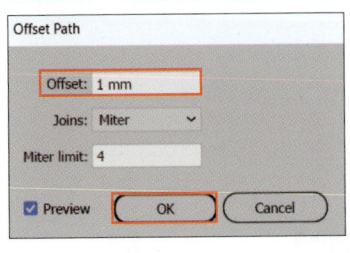 

05 Direct selection Tool(직접 선택 도구, ▶)로 불필요한 선을 삭제한 후, 남은 선을 선택하여 Stroke(획) 패널에서 'Dashed Line(점선 사용) : 체크'하고 'dash(점선) : 3pt, gap(간격) : 2pt'로 지정합니다.

  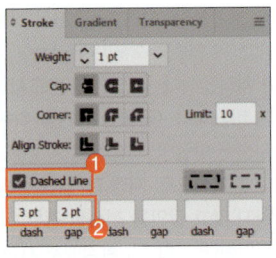

08 파일 저장

01 최종적으로 작업 파일의 오브젝트 위치, 순서를 점검하고 불필요한 안내선이 남아있는 경우 [View(보기)]-[Guide(안내선)]-[Clear Guide(안내선 지우기)]를 선택하여 안내선을 지웁니다.

02 [File(파일)]-[Save as(다른이름으로 저장)](Shift+Ctrl+S)을 선택하여 '저장 위치 : 내 PC\문서\GTQ, 파일 이름 : 수험번호-성명-3, 파일 형식 : Adobe Illustrator(*.AI)'로 저장합니다. [Illustrator Options(Illustrator 옵션)] 창이 뜨면 [OK(확인)]를 누르고 옵션 창을 닫습니다.

03 답안 저장이 완료되면 [File(파일)]-[Close(닫기)](Ctrl+W)를 선택하여 파일을 닫고 수험 프로그램에서 [답안 전송]을 선택하여 ai 파일을 감독관 컴퓨터로 전송합니다.

기출 유형 문제 10회

급수	문제유형	시험시간	수험번호	성명
2급	A	90분		

수험자 유의사항

- 수험자는 문제지를 받는 즉시 응시하고자 하는 <u>과목 및 급수가 맞는지 확인</u>한 후 수험번호와 성명을 작성합니다.
- 파일명은 본인의 "수험번호-성명-문제번호"로 공백 없이 정확히 입력하고 답안폴더(내 PC₩문서₩GTQ)에 ai 파일 포맷으로 저장해야 하며, '다른 파일 형식으로 저장하였을 경우' 0점 처리됩니다.
- 답안문서 파일명이 "수험번호-성명-문제번호"와 일치하지 않거나, 답안 파일을 '전송'하지 않는 경우 답안 파일 미제출로 불합격 처리됩니다. ※ 답안은 반드시 시험 시간 내에 전송을 완료해야 하며, 전송 시간을 충분히 감안하여 제출해 주시기 바랍니다. (공정한 평가를 위해, 시험 종료 전 전송이 완료된 답안에 한해 채점이 진행됩니다.)
- 수험자 정보와 저장한 파일명, 저장 위치가 다를 경우 전송이 되지 않으므로, 주의하시길 바랍니다.
- 답안 작성 중에도 <u>주기적으로 '저장'과 '답안 전송'</u>을 이용하여 감독위원 PC로 답안을 전송하셔야 합니다. (※ 작업한 내용을 저장하지 않고 답안을 전송할 경우 이전의 저장내용이 전송되오니 이점 반드시 유념하시기 바랍니다.)
- 모든 시험자는 동일한(초기화 된) 환경에서 시험이 시작되며 '작업환경 설정'은 시험 시간 내에 진행합니다.
  (시험 시작 전 '작업환경 설정' 불가, 소프트웨어 이상 유무만 확인)
- 답안문서는 지정된 경로 외의 다른 보조기억장치에 저장하는 행위, 지정된 시험 시간 외에 작성된 파일을 활용한 행위, 기타 허용되지 않은 프로그램(이메일, 메신저, 게임, 네트워크, 윈도우계산기, 스톱워치 등) 이용 시 부정행위로 간주되어 <u>자격기본법 제32조에 의거 본 시험 및 국가공인 자격시험을 2년간 응시할 수 없습니다.</u>
- 시험 종료 후 제출된 답안은 평가 및 검증을 위해 본부에서 보관되며, <u>시험의 공정성과 보안 유지를 위해 응시자에게 본인의 답안을 제공하는 것은 허용되지 않습니다.</u> 이 점 반드시 유의하시기 바랍니다.
- 시험 중 부주의 또는 고의로 시스템을 파손한 경우와 〈수험자 유의사항〉에 기재된 방법대로 이행하지 않아 생기는 불이익은 수험자의 책임임을 알려 드립니다.
- 시험을 완료한 수험자는 최종적으로 저장한 답안파일이 전송되었는지 확인한 후 감독위원의 지시에 따라 문제지를 제출하고 퇴실합니다.

답안 작성요령

- 온라인 답안 작성 절차
  수험자 등록 ⇒ 시험 시작 ⇒ 답안파일 저장 ⇒ 답안 전송 ⇒ 시험 종료
- 배점은 총 100점으로 이루어지며, 점수는 각 문제별로 차등 배분됩니다.
- 각 문제는 제시된 〈조건〉에 맞게 답안을 작성하고, 〈조건〉을 지키지 못했을 경우에는 0점 또는 감점 처리됩니다.
- 문제 〈조건〉에 크기와 색상, 두께의 지정이 없을 경우 〈출력형태〉를 참고하여 작업해 주시기 바랍니다.
- **문제 〈조건〉과 〈출력형태〉에서 차이가 발생할 경우 문제에서 지정한 〈조건〉에 따라 작업해 주시기 바랍니다.**
- 〈조건〉에서 주어진 단위는 'mm(밀리미터)'입니다.
- 눈금자는 작성하지 않으며, 그 외는 출력형태(레이아웃, 색상, 문자, 규격 등)와 같게 작업하십시오.
- 문제 〈조건〉에 서체의 지정이 없을 경우 한글은 굴림이나 돋움, 영문은 Arial로 작업하십시오.
  (단, 그 외에 제시되지 않은 문자 속성을 기본값으로 작성하지 않은 경우는 감점 처리됩니다.)
- Color Mode(색상 모드)는 별도의 처리 조건이 없을 시 CMYK로 작업하십시오.
- 조건에서 제시한 기능을 임의로 합치거나 각 기능에 대한 속성을 해지할 경우 해당 요소는 0점 처리됩니다.

한 국 생 산 성 본 부

| 문제 ❶ | 기본 툴 활용 | | 25점 |

다음의 《조건》에 따라 아래의 《출력형태》와 같이 작업하시오.

조건

파일저장규칙	AI	파일명	문서₩GTQ₩수험번호-성명-1.ai
		크기	100 × 80mm

1. 작업 방법
① 도형, 변형 툴과 Pathfinder 기능을 활용하여 오브젝트를 작성한다.
② 그 외 《출력형태》 참조

출력형태

M20Y40,
M50Y100,
C40M60Y90K40,
K100,
C0M0Y0K0,
M100Y100K20,
C90M30Y90K30,
C50M70Y80K70,
M70Y10

문제 ❷ 문자와 오브젝트　　　　　35점

다음의 《조건》에 따라 아래의 《출력형태》와 같이 작업하시오.

[조건]

파일저장규칙	AI	파일명	문서₩GTQ₩수험번호-성명-2.ai
		크기	100 × 80mm

1. 작업 방법
① 'Cooking Class' 문자에 Arial (Bold) 폰트를 적용한다.
② 'Best Cooking Tool' 문자에 Type on a Path Tool을 활용한다.
③ Brush는 《출력형태》를 참고하여 작성한다.
④ Effect는 《출력형태》를 참고하여 작성한다.
⑤ 그 외 《출력형태》 참조

2. 문자 효과
① Best Cooking Tool (Times New Roman, Bold, 12pt, C40M70Y100K50)

[출력형태]

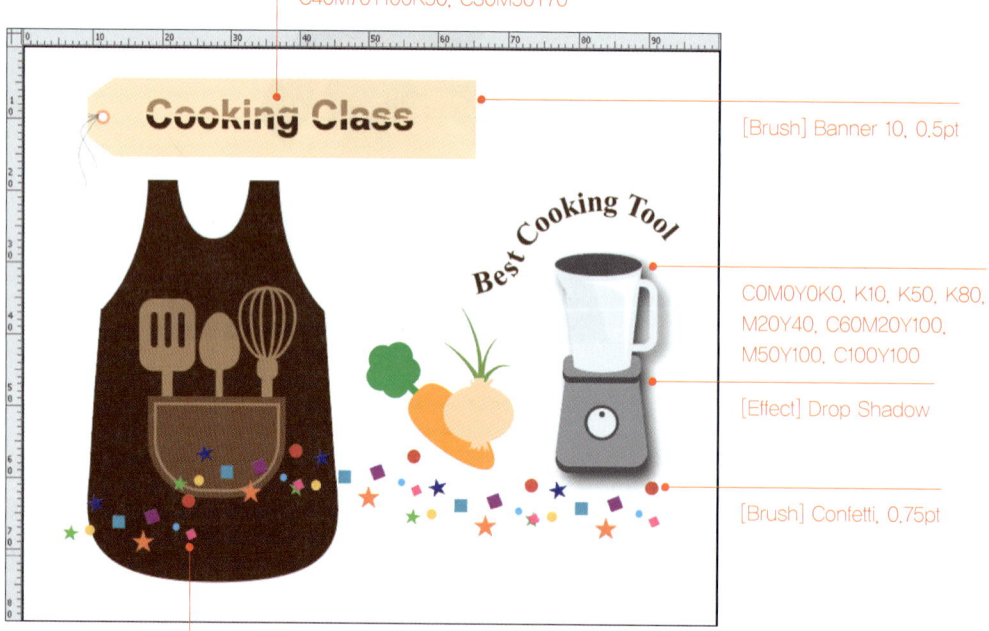

문제 ❸ **어플리케이션 디자인**   40점

다음의 《조건》에 따라 아래의 《출력형태》와 같이 작업하시오.

조건			
파일저장규칙	AI	파일명	문서₩GTQ₩수험번호-성명-3.ai
		크기	120 × 80mm

1. 작업 방법
① 도형 툴로 오브젝트를 그린 후 Pattern을 활용하여 작성한다. (패턴 등록 : CHECK)
② 장갑에 규칙적인 점선, 불규칙적인 점선을 설정한다.
③ 장갑에 Pattern을 적용한다.
④ 장갑에 배치된 오브젝트는 정렬, 간격을 일정하게 한 후 Group 설정을 한다.
⑤ 그 외 《출력형태》 참조

2. 문자 효과
① Delicious Cooking Time (Arial, Bold, 10pt, C0M0Y0K0)
② Cooking Gloves (Times New Roman, Bold, 10pt, C30M60Y90K50)

출력형태

문제 ❶	기본 툴 활용
작업과정	① 새 작업 파일 만들기 ➡ ② 견본색 그룹 만들기 ➡ ③ 얼굴 오브젝트 만들기 ➡ ④ 옷 오브젝트 만들기 ➡ ⑤ 식탁 오브젝트 만들기 ➡ ⑥ 파일 저장
완성이미지	PART04₩기출유형문제10회₩수험번호-성명-1.ai

01 새 작업 파일 만들기

01 새 작업 파일을 만들기 위하여 [File(파일)]-[New(새로 만들기)]([Ctrl]+[N])를 선택하고 'Width : 100mm, Height : 80mm, Units : Millimeters, Color Mode : CMYK'를 설정하여 새 작업 파일을 만듭니다.

02 [View(보기)]-[Rulers(눈금자)]-[Show Rulers(눈금자 표시)]([Ctrl]+[R])를 선택하여 눈금자를 표시합니다.

03 작업 파일을 저장하기 위하여 [File(파일)]-[Save as(다른이름으로 저장)]([Shift]+[Ctrl]+[S])을 선택하여 '저장 위치 : 내PC₩문서₩GTQ, 파일 이름 : 수험번호-성명-1, 파일 형식 : Adobe Illustrator(*.AI)'로 저장합니다. [Illustrator Options(Illustrator 옵션)] 창이 뜨면 [OK(확인)]를 누르고 옵션 창을 닫습니다.

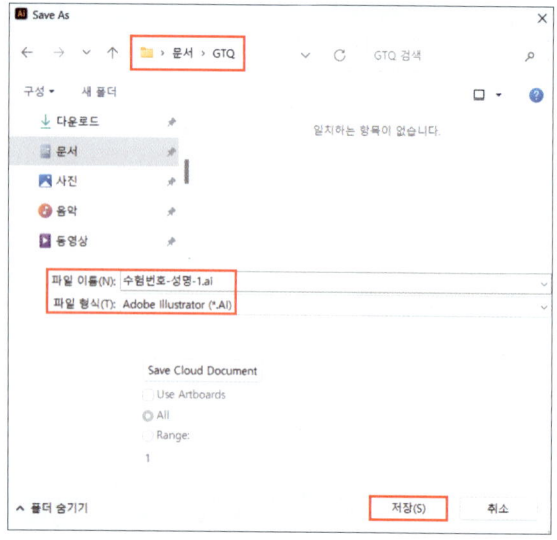
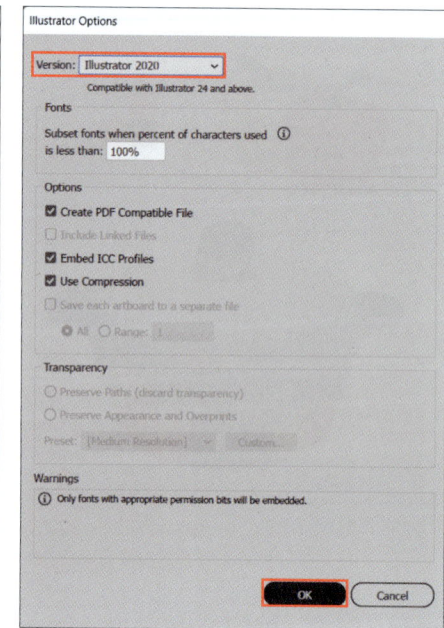

02 견본색 그룹 만들기

01 Swatches(견본) 패널 우측 하단에서 New Group(새 색상 견본 그룹, ■)을 선택하여 새로운 그룹을 만들고 그룹의 이름을 GTQ라고 입력합니다.

02 만들어진 그룹을 클릭하고 New Swatch(새 견본, ⊞)를 선택하여 문제에서 제시하는 색상값을 입력합니다. 반복하여 모든 색상을 견본 그룹에 만듭니다.

03 얼굴 오브젝트 만들기

01 Ellipse Tool(원형 도구, ◯)을 선택하고 아트보드를 클릭한 후 'Width(폭) : 15mm, Height(높이) : 18mm'를 입력합니다. Swatches(견본) 패널에서 'Fill(칠) : M20Y40, Stroke(선) : None(없음)'으로 지정하고 Direct selection Tool(직접 선택 도구, ▷)로 타원의 고정점을 편집합니다.

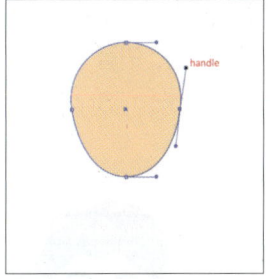

02 Pen Tool(펜 도구, ✎)을 선택하여 앞머리를 그린 후 Swatches(견본) 패널에서 'Fill(칠) : C40M60Y90K40, Stroke(선) : None(없음)'으로 지정합니다.

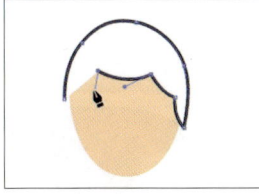

03 Pen Tool(펜 도구, ✎)을 선택하여 뒷머리를 그린 후 Swatches(견본) 패널에서 'Fill(칠) : C40M60Y90K40, Stroke(선) : None(없음)'으로 지정하고 [Object(오브젝트)]-[Arrange(정돈)]-[Send to Back(맨 뒤로 보내기)]([Shift]+[Ctrl]+[[ ])을 눌러 맨 뒤로 배치합니다.

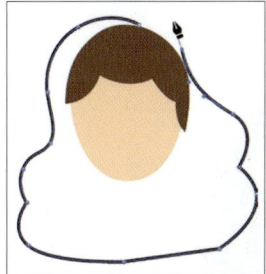

04 Ellipse Tool(원형 도구, ◯)을 선택하고 아트보드를 클릭한 후 각각 'Width(폭) : 4mm, Height(높이) : 3mm'와 'Width(폭) : 5mm, Height(높이) : 3mm'를 입력하고 Swatches(견본) 패널에서 'Fill(칠) : K100, Stroke(선) : None(없음)'으로 지정합니다.

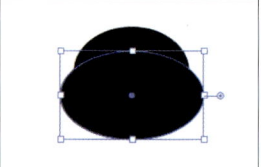

05 두 개의 타원을 위, 아래로 배치하고 Pathfinder(패스파인더) 패널에서 Minus Front(앞면 오브젝트 제외, ◘)를 클릭하여 눈썹을 완성한 후 Alt 를 누른 채 복사하여 나란히 배치합니다.

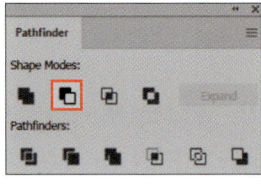 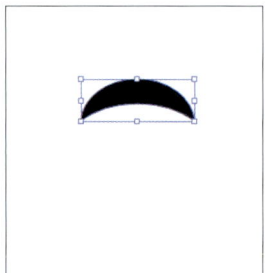 

06 Ellipse Tool(원형 도구, ◯)을 선택하여 눈과 볼, 귀를 그린 후 Swatches(견본) 패널에서 'Fill(칠) : K10과 C0M0Y0K0, M50Y100, M20Y40, Stroke(선) : None(없음)'으로 지정하고 Alt 를 누른 채 복사하여 배치합니다.

07 Ellipse Tool(원형 도구, ◯)을 선택하고 아트보드를 클릭한 후 각각 'Width(폭) : 6mm, Height(높이) : 6mm'와 'Width(폭) : 10mm, Height(높이) : 3mm'를 입력하고 Swatches(견본) 패널에서 'Fill(칠) : M100Y100K20, Stroke(선) : None(없음)'으로 지정하여 아래, 위로 배치합니다.

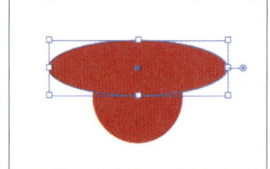

08 Pathfinder(패스파인더) 패널에서 Minus Front(앞면 오브젝트 제외, ◘)를 클릭하여 입을 완성하고, 출력형태에 따라 배치합니다.

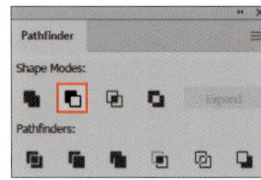 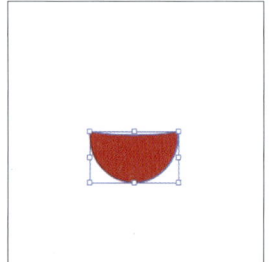 

09 곡선의 색을 지정하기 위하여 Swatches(견본) 패널에서 'Fill(칠) : None(없음), Stroke(선) : K100'으로 지정하고 Pencil Tool(연필 도구,)을 선택하여 드래그하면서 코를 그립니다.

04 옷 오브젝트 만들기

01 Pen Tool(펜 도구,)을 선택하여 목과 앞치마를 그리고 Swatches(견본) 패널에서 'Fill(칠) : M20Y40과 M50Y100, Stroke(선) : None(없음)'으로 지정합니다.

02 Pen Tool(펜 도구,)을 선택하여 옷과 목칼라를 그린 후 Swatches(견본) 패널에서 'Fill(칠) : C90M30Y90K30과 C0M0Y0K0, Stroke(선) : None(없음)'으로 지정합니다. 옷을 선택하고 [Object(오브젝트)]-[Arrange(정돈)]-[Send Backward(뒤로 보내기)]([Ctrl]+[[])를 클릭하여 순서를 뒤로 배치합니다.

03 조리도구를 만들기 위하여 Ellipse Tool(원형 도구,)을 선택하고 아트보드를 클릭한 후 'Width(폭) : 14mm, Height(높이) : 5mm'를 입력합니다. Swatches(견본) 패널에서 'Fill(칠) : C50M70Y80K70, Stroke(선) : None(없음)'으로 지정하고 [Alt]를 누르면서 아래로 드래그하여 복사합니다.

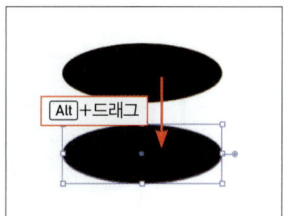

04 Rectangle Tool(사각형 도구, ▭)을 선택하여 두 개의 타원을 채울 사각형을 그린 후 Swatches(견본) 패널에서 'Fill(칠) : C50M70Y80K70, Stroke(선) : None(없음)'으로 지정합니다.

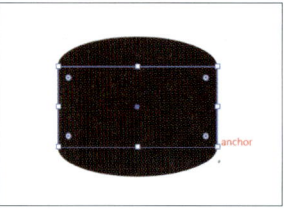

05 위쪽 타원을 선택하고 [Object(오브젝트)]-[Arrange(정돈)]-[Bring to Front(맨 앞으로 가져오기)](Shift+Ctrl+])를 클릭하여 맨 앞으로 배치합니다.

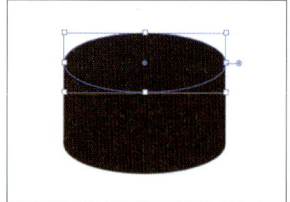

06 위쪽 타원을 택하고 Scale Tool(크기 조절 도구, ▦)을 더블 클릭한 후 Scale(크기 조절) 창에서 'Uniform(균일) : 80%'를 입력합니다. 축소된 타원을 선택하고 Swatches(견본) 패널에서 'Fill(칠) : C40M60Y90K40, Stroke(선) : None(없음)'으로 지정합니다.

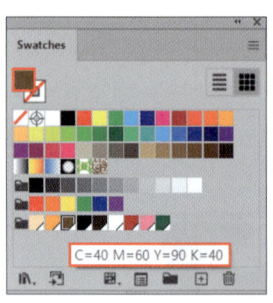

07 Pen Tool(펜 도구, ✎)을 선택하여 손잡이를 그린 후 Swatches(견본) 패널에서 'Fill(칠) : None(없음), Stroke(선) : C50M70Y80K70'으로 지정하고 Stroke(획) 패널에서 'Weight(두께) : 4pt'로 지정합니다.

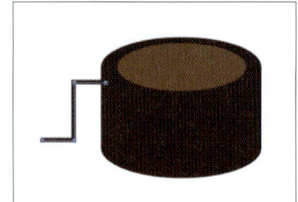
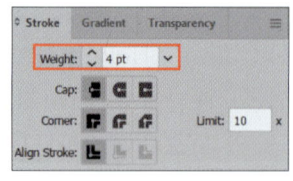
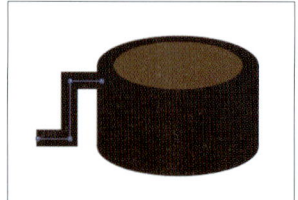

08 손을 만들기 위하여 Blob Brush Tool(물방울 브러시 도구)을 선택하고 Swatches(견본) 패널에서 'Fill(칠) : None(없음), Stroke(선) : M20Y40'으로 지정합니다. [와] 를 눌러서 브러쉬의 크기를 조절하고 드래그하면서 그린 후 출력형태와 같이 배치합니다.

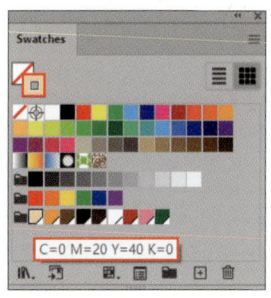 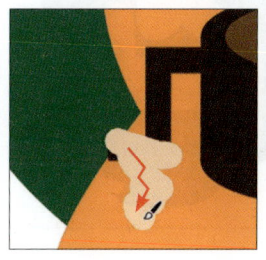 

09 Blob Brush Tool(물방울 브러시 도구)을 선택하고 Swatches(견본) 패널에서 'Fill(칠) : None(없음), Stroke(선) : C0M0Y0K0'으로 지정한 후 [와] 를 눌러서 브러쉬의 크기를 조절하고 클릭하면서 소매를 그립니다. Pen Tool(펜 도구,)을 선택하고 소매의 빈틈을 채운 후 Swatches(견본) 패널에서 'Fill(칠) : C0M0Y0K0, Stroke(선) : None(없음)'으로 지정합니다.

 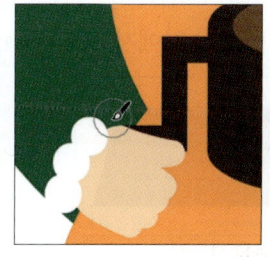 

10 손과 소매를 선택하고 Alt 를 누른 채 오른쪽으로 드래그하여 복사합니다. 복사한 손과 소매를 선택하고 Reflect Tool(반사 도구,)을 더블 클릭한 후 Reflect(반사) 창에서 'Axis(축) : Vertical(세로)'을 선택하고 출력형태와 같이 배치합니다.

 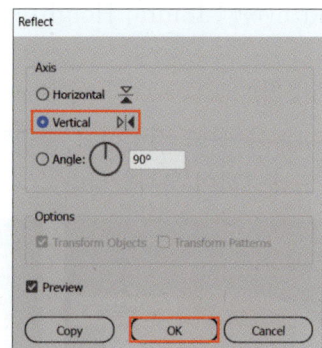 

11 단추를 만들기 위하여 Ellipse Tool(원형 도구,)을 선택하고 아트보드를 클릭한 후 'Width(폭) : 3mm, Height(높이) : 3mm'를 입력합니다.

12 Swatches(견본) 패널에서 'Fill(칠) : C40M60Y90K40, Stroke(선) : None(없음)'으로 지정하고 Alt 를 누른 채 드래그하여 복사합니다.

05 식탁 오브젝트 만들기

01 식탁을 만들기 위하여 Rectangle Tool(사각형 도구, ▢)을 선택하고 아트보드를 클릭한 후 'Width(폭) : 70mm, Height(높이) : 25mm'를 입력하고 Swatches(견본) 패널에서 'Fill(칠) : C40M60Y90K40, Stroke(선) : None(없음)'으로 지정합니다.

02 Direct selection Tool(직접 선택 도구, ▷)로 위쪽 고정점만 선택하고 Scale Tool(크기 조절 도구, ▣)을 더블 클릭한 후 Scale(크기 조절) 창에서 'Uniform(균일) : 80%'를 입력합니다.

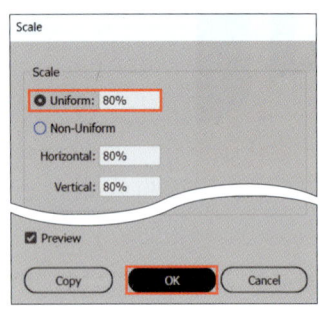 

03 Ellipse Tool(원형 도구, ◯)을 선택하고 아트보드를 클릭한 후 'Width(폭) : 25mm, Height(높이) : 10mm'와 'Width(폭) : 18mm, Height(높이) : 7mm'를 입력합니다.

04 Swatches(견본) 패널에서 'Fill(칠) : C0M0Y0K0, Stroke(선) : None(없음)'과 'Fill(칠) : M70Y10, Stroke(선) : None(없음)'으로 지정하고 출력형태와 같이 배치한 후 작은 타원을 선택하고 Alt 를 누른 채 위로 드래그하여 복사합니다.

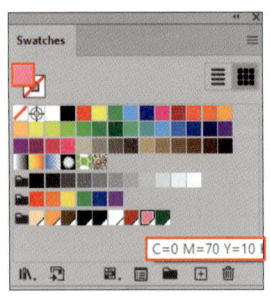 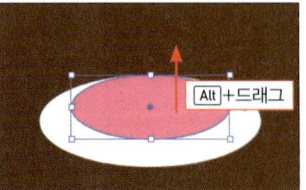 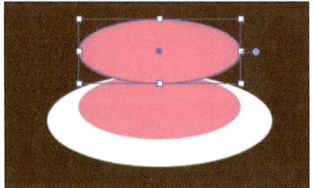

05 Rectangle Tool(사각형 도구, ▭)을 선택하고 두 개의 타원을 채울 사각형을 그린 후 Swatches(견본) 패널에서 'Fill(칠) : M70Y10, Stroke(선) : None(없음)'으로 지정합니다.

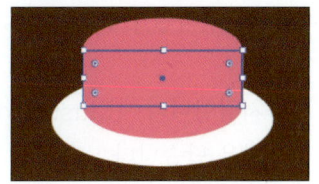

06 위쪽 타원을 선택하여 Shift + Ctrl +]를 눌러 맨 앞으로 배치한 후 Swatches(견본) 패널에서 'Fill(칠) : C0M0Y0K0'으로 지정하고 Scale Tool(크기 조절 도구, ▦)을 더블 클릭합니다. Scale(크기 조절) 창에서 'Uniform(균일) : 50%'를 입력하고 Copy(복사)를 클릭한 후 축소된 타원을 선택하고 Swatches(견본) 패널에서 'Fill(칠) : M70Y10'으로 지정합니다.

 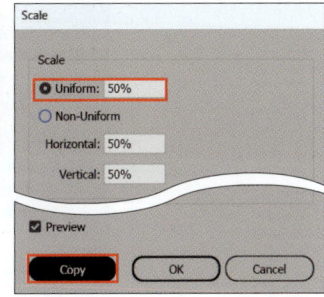 

07 딸기를 만들기 위하여 Ellipse Tool(원형 도구, ◯)을 선택하여 아트보드를 클릭한 후 'Width(폭) : 2.5mm, Height(높이) : 3mm'를 입력하고 Swatches(견본) 패널에서 'Fill(칠) : M100Y100, Stroke(선) : None(없음)'으로 지정합니다.

08 Direct selection Tool(직접 선택 도구, ▶)로 타원의 위와 아래쪽 고정점을 조절합니다. 딸기를 선택하고 Alt 를 누른 채 드래그하여 복사를 반복하고 출력형태와 같이 배치합니다.

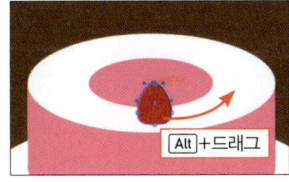 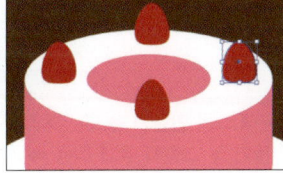 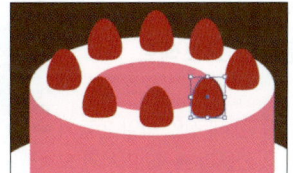

06 파일 저장

01 최종적으로 작업 파일의 오브젝트 위치, 순서를 점검하고 불필요한 안내선이 남아있는 경우 [View(보기)]–[Guide(안내선)]–[Clear Guide(안내선 지우기)]를 선택하여 안내선을 지웁니다.

02 [File(파일)]-[Save as(다른이름으로 저장)](Shift+Ctrl+S)을 선택하여 '저장 위치 : 내 PC₩문서₩GTQ, 파일 이름 : 수험번호-성명-1, 파일 형식 : Adobe Illustrator(*.AI)'로 저장합니다. [Illustrator Options(Illustrator 옵션)]창이 뜨면 [OK(확인)]를 누르고 옵션 창을 닫습니다.

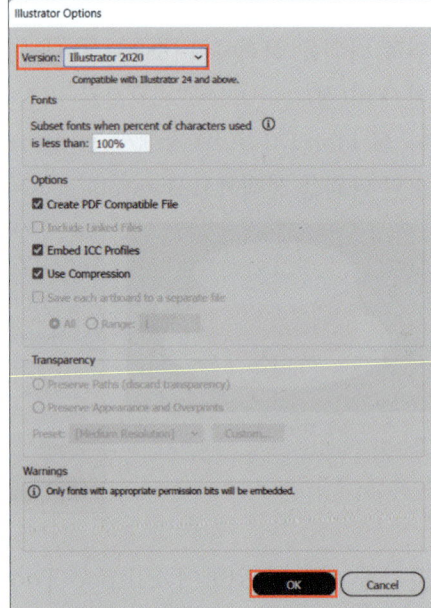

03 답안 저장이 완료되면 [File(파일)]-[Close(닫기)](Ctrl+W)를 선택하여 파일을 닫고 수험 프로그램에서 [답안 전송]을 선택하여 ai 파일을 감독관 컴퓨터로 전송합니다.

문제 ❷ 문자와 오브젝트

작업과정	① 새 작업 파일 만들기 ➡ ② 견본색 그룹 만들기 ➡ ③ 앞치마 오브젝트 만들기 ➡ ④ 채소 오브젝트 만들기 ➡ ⑤ 믹서기 오브젝트 만들기 및 그림자 효과 적용 ➡ ⑥ 브러시 오브젝트 만들기 ➡ ⑦ 문자 입력하고 변형하기 ➡ ⑧ 파일 저장
완성이미지	PART04₩기출유형문제10회₩수험번호-성명-2.ai

01 새 작업 파일 만들기

01 새 작업 파일을 만들기 위하여 [File(파일)]-[New(새로 만들기)](Ctrl+N)를 선택하고 'Width : 100mm, Height : 80mm, Units : Millimeters, Color Mode : CMYK'를 설정하여 새 작업 파일을 만듭니다.

02 [View(보기)]-[Rulers(눈금자)]-[Show Rulers(눈금자 표시)](Ctrl+R)를 선택하여 눈금자를 표시합니다.

03 작업 파일을 저장하기 위하여 [File(파일)]-[Save as(다른이름으로 저장)](Shift + Ctrl + S)을 선택하여 '저장 위치 : 내PC₩문서₩GTQ, 파일 이름 : 수험번호-성명-2, 파일 형식 : Adobe Illustrator(*.AI)'로 저장합니다. [Illustrator Options(Illustrator 옵션)] 창이 뜨면 [OK(확인)]를 누르고 옵션 창을 닫습니다.

02 견본색 그룹 만들기

01 Swatches(견본) 패널 우측 하단에서 New Group(새 색상 견본 그룹, ▣)을 선택하여 새로운 그룹을 만들고 그룹의 이름을 GTQ라고 입력합니다.

02 만들어진 그룹을 클릭하고 New Swatch(새 견본, ▣)를 선택하여 문제에서 제시하는 색상값을 입력합니다. 반복하여 모든 색상을 견본 그룹에 만듭니다.

03 앞치마 오브젝트 만들기

01 반사의 기준이 되는 안내선을 드래그하여 만든 후 Pen Tool(펜 도구, ✒)을 선택하고 앞치마를 그립니다. 앞치마를 선택하고 Reflect Tool(반사 도구, ▶◀)을 클릭한 후 Alt 를 누른 채 안내선을 클릭합니다.

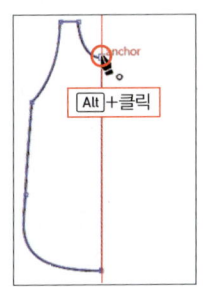

02 Reflect(반사) 창에서 'Axis(축) : Vertical(세로)'을 선택하고 Copy(복사)를 클릭합니다.

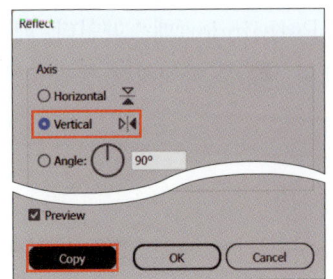 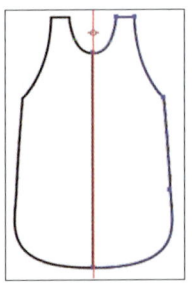

03 모든 오브젝트를 선택하고 Pathfinder(패스파인더) 패널에서 Unite(합치기, ▣)를 클릭하여 병합하고 Swatches(견본) 패널에서 'Fill(칠) : C40M70Y100K50, Stroke(선) : None(없음)'으로 지정합니다.

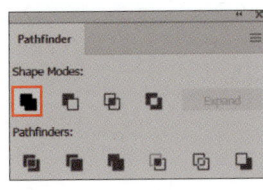 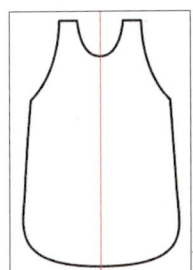 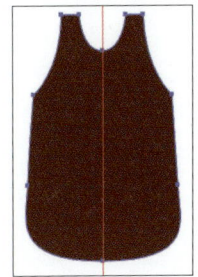

04 뒤집개를 만들기 위하여 Rounded Rectangle Tool(둥근 사각형 도구, ▣)을 선택하고 아트보드를 클릭한 후 'Width(폭) : 8mm, Height(높이) : 10mm, Corner Radius(모퉁이 반경) : 2mm'를 입력하고 Swatches(견본) 패널에서 'Fill(칠) : C30M50Y70, Stroke(선) : None(없음)'으로 지정합니다.

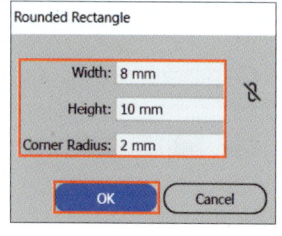 

05 Rounded Rectangle Tool(둥근 사각형 도구, ▣)을 선택하여 아트보드를 클릭한 후 'Width(폭) : 1mm, Height(높이) : 5mm, Corner Radius(모퉁이 반경) : 0.5mm'를 입력하고 Swatches(견본) 패널에서 'Fill(칠) : C0M0Y0K0'으로 지정합니다. 작은 사각형을 선택하고 Alt 를 누른 채 드래그하여 복사한 후 출력형태와 같이 배치합니다.

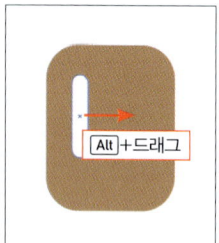 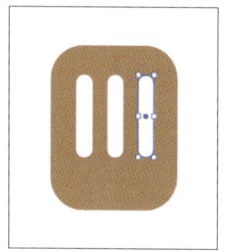

06 모두 선택하고 Pathfinder(패스파인더) 패널에서 Minus Front(앞면 오브젝트 제외, ▣)를 클릭하여 불필요한 부분은 삭제합니다.

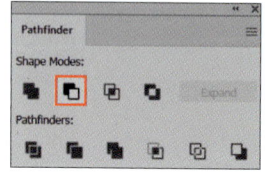

07 Rectangle Tool(사각형 도구, ▣)을 선택하여 아트보드를 클릭한 후 'Width(폭) : 1.5mm, Height(높이) : 8mm'를 입력하고 Swatches(견본) 패널에서 'Fill(칠) : C30M50Y70, Stroke(선) : None(없음)'으로 지정합니다.

08 뒤집개와 사각형을 선택하고 Align(정렬) 패널에서 Horizontal Align Center(가로 가운데 정렬,) 를 선택하여 가운데를 맞춘 후 Pathfinder(패스파인더) 패널에서 Unite(합치기,)를 선택하고 병합합니다.

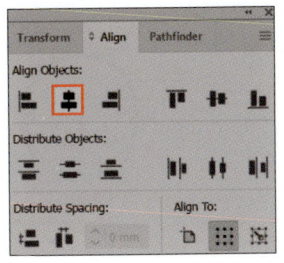 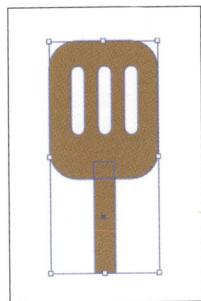  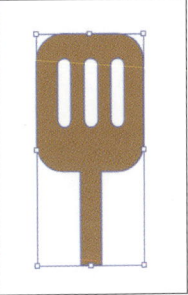

09 스푼을 만들기 위하여 Ellipse Tool(원형 도구,)을 선택하고 아트보드를 클릭한 후 'Width(폭) : 6mm, Height(높이) : 8mm'를 입력하고 Swatches(견본) 패널에서 'Fill(칠) : C30M50Y70, Stroke(선) : None(없음)'으로 지정합니다. Direct selection Tool(직접 선택 도구,)로 타원의 좌, 우측 고정점을 선택하고 아래로 드래그하여 조절합니다.

 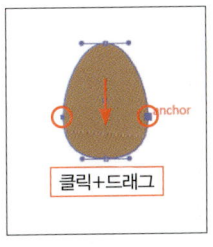

10 Rectangle Tool(사각형 도구,)을 선택하여 아트보드를 클릭한 후 'Width(폭) : 1mm, Height(높이) : 8mm'를 입력하고 Swatches(견본) 패널에서 'Fill(칠) : C30M50Y70, Stroke(선) : None(없음)'으로 지정합니다.

11 오브젝트를 모두 선택하고 Align(정렬) 패널에서 Horizontal Align Center(가로 가운데 정렬,)를 선택하여 가운데를 맞춘 후 Pathfinder(패스파인더) 패널에서 Unite(합치기,)를 클릭하고 병합합니다.

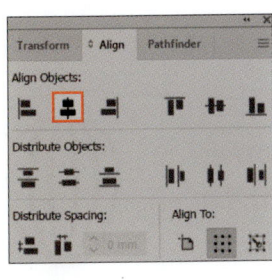 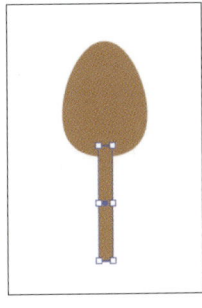 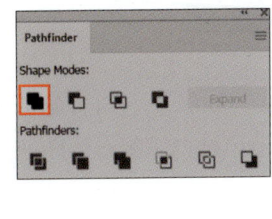 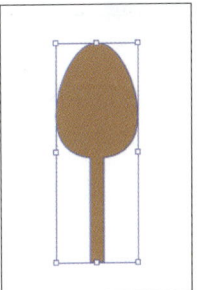

12 거품기를 만들기 위하여 Ellipse Tool(원형 도구, ◯)을 선택하고 아트보드를 클릭한 후 'Width(폭) : 8mm, Height(높이) : 10mm'를 입력하고 Swatches(견본) 패널에서 'Fill(칠) : None(없음), Stroke(선) : C30M50Y70'으로 지정합니다.

13 Direct selection Tool(직접 선택 도구, ▷)로 타원의 좌, 우측 고정점을 선택하고 위로 드래그하여 조절합니다.

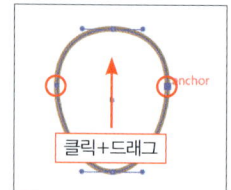

14 타원을 선택하고 Scale Tool(크기 조절 도구, ▣)을 더블 클릭한 후 Scale(크기 조절) 창에서 'Non-Uniform(비균일), Horizontal(가로) : 60%, Vertical(세로) : 100%'를 입력하고 Copy(복사)를 클릭합니다.

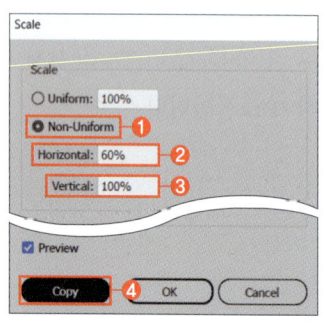 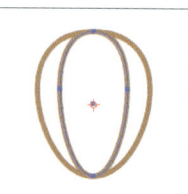

15 축소된 타원을 선택하고 Scale Tool(크기 조절 도구, ▣)을 더블 클릭한 후 Scale(크기 조절) 창에서 'Non-Uniform(비균일), Horizontal(가로) : 40%, Vertical(세로) : 100%'를 입력하고 Copy(복사)를 클릭합니다.

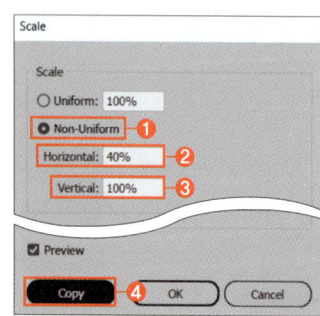 

16 Rounded Rectangle Tool(둥근 사각형 도구, ▣)을 선택하고 아트보드를 클릭한 후 'Width(폭) : 3mm, Height(높이) : 3mm, Corner Radius(모퉁이 반경) : 1mm'를 입력하고 Swatches(견본) 패널에서 'Fill(칠) : C30M50Y70, Stroke(선) : None(없음)'으로 지정합니다.

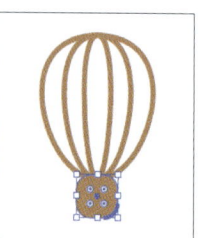

17 Rectangle Tool(사각형 도구, ▫)을 선택하여 아트보드를 클릭한 후 'Width(폭) : 1.5mm, Height(높이) : 8mm'를 입력하고 Swatches(견본) 패널에서 'Fill(칠) : C30M50Y70, Stroke(선) : None(없음)'으로 지정합니다. 모두 선택하고 Align(정렬) 패널에서 Horizontal Align Center(가로 가운데 정렬, ▪)를 선택하여 가운데를 맞춥니다.

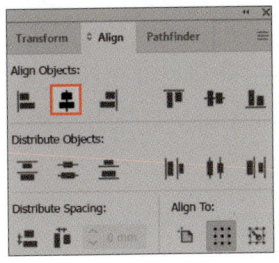

18 주머니를 만들기 위하여 Rectangle Tool(사각형 도구, ▫)을 선택하고 아트보드를 클릭한 후 'Width(폭) : 20mm, Height(높이) : 14mm'를 입력하고 Swatches(견본) 패널에서 'Fill(칠) : C30M60Y80K30, Stroke(선) : None(없음)'으로 지정합니다. Direct selection Tool(직접 선택 도구, ▷)로 아래쪽 Corner Widget(모퉁이 위젯)만 선택하고 드래그하면서 둥글게 조절합니다.

19 둥근 사각형을 선택하고 [Object(오브젝트)]-[Path(패스)]-[Offset Path(오프셋 패스)]를 클릭한 후 Offset Path(오프셋 패스) 창에서 'Offset(이동) : -1mm'를 입력합니다.

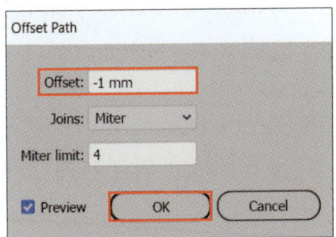

20 축소된 둥근 사각형을 선택하고 Swatches(견본) 패널에서 'Fill(칠) : None(없음), Stroke(선) : C30M50Y70'으로 지정합니다.

04 채소 오브젝트 만들기

01 당근잎을 만들기 위하여 Ellipse Tool(원형 도구, ◉)을 선택하고 아트보드를 클릭한 후 'Width(폭) : 4mm, Height(높이) : 4mm'를 입력하고 Swatches(견본) 패널에서 'Fill(칠) : C100Y100, Stroke(선) : None(없음)'으로 지정합니다.

02 타원을 선택하고 Rotate Tool(회전 도구)을 클릭한 후 Alt를 누른 채 타원의 아래쪽 고정점을 클릭합니다. Rotate(회전) 창에서 'Angle(각도) : 72'를 입력하고 Copy(복사)를 클릭한 후 Ctrl+D를 눌러 회전 후 복사를 반복합니다.

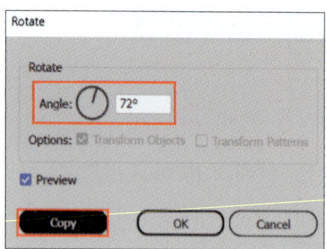
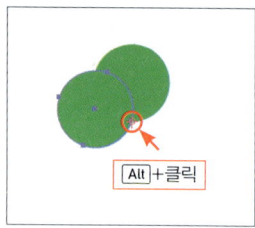

03 완성한 잎을 모두 선택하고 Pathfinder(패스파인더) 패널에서 Unite(합치기, ◧)를 클릭하여 병합합니다.

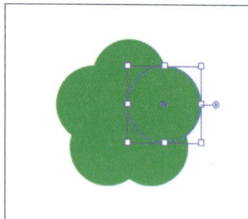
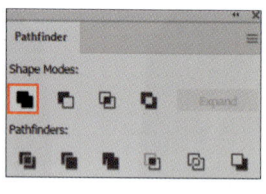

04 당근을 만들기 위하여 Ellipse Tool(원형 도구, ◉)을 선택하고 아트보드를 클릭한 후 'Width(폭) : 7mm, Height(높이) : 15mm'를 입력하고 Swatches(견본) 패널에서 'Fill(칠) : M50Y100, Stroke(선) : None(없음)'으로 지정합니다.

05 Direct selection Tool(직접 선택 도구, ▷)로 타원의 좌, 우측 고정점을 선택하고 위로 드래그하여 조절합니다.

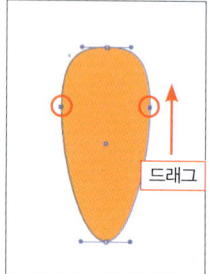

06 Rectangle Tool(사각형 도구, ▢)을 선택하고 당근과 당근잎을 연결할 줄기를 그린 후 Swatches(견본) 패널에서 'Fill(칠) : C100Y100, Stroke(선) : None(없음)'으로 지정합니다. 오브젝트를 모두 선택하고 [Object(오브젝트)]-[Group(그룹)]([Ctrl]+[G])을 클릭하여 그룹으로 묶습니다.

07 양파를 만들기 위하여 Ellipse Tool(원형 도구, ◯)을 선택하고 아트보드를 클릭한 후 'Width(폭) : 10mm, Height(높이) : 8mm'를 입력하고 Swatches(견본) 패널에서 'Fill(칠) : M20Y40, Stroke(선) : None(없음)'으로 지정합니다.

08 Pen Tool(펜 도구, ✏)을 선택하여 양파의 뿌리를 그린 후 오브젝트를 모두 선택하고 Pathfinder(패스파인더) 패널에서 Unite(합치기, ▣)를 클릭하여 병합합니다.

 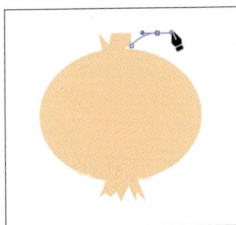  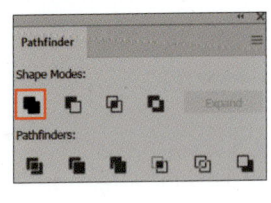

09 양파잎을 만들기 위하여 Swatches(견본) 패널에서 'Fill(칠) : None(없음), Stroke(선) : C60M20Y100'으로 지정한 후 Pencil Tool(연필 도구, ✏)을 선택하여 드래그하면서 곡선을 그립니다.

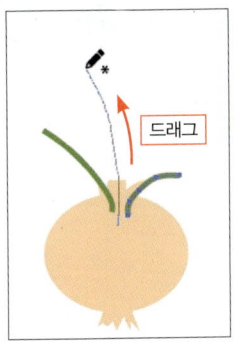 

10 곡선을 모두 선택하고 Stroke(획) 패널에서 'Weight(두께) : 2pt, Profile(속성) : Width Profile 4'로 지정한 후 양파와 곡선을 모두 선택하고 Ctrl+G를 눌러 그룹으로 묶습니다.

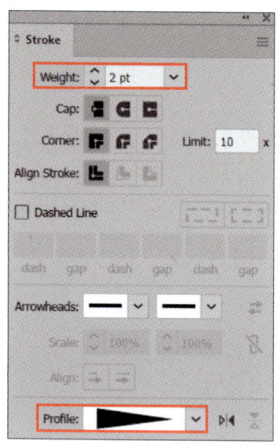

05 믹서기 오브젝트 만들기 및 그림자 효과 적용

01 Rounded Rectangle Tool(둥근 사각형 도구, ▢)을 선택하고 아트보드를 클릭한 후 'Width(폭) : 13mm, Height(높이) : 14mm, Corner Radius(모퉁이 반경) : 2mm'를 입력하고 Swatches(견본) 패널에서 'Fill(칠) : K80, Stroke(선) : None(없음)'으로 지정합니다.

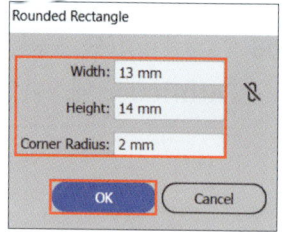

02 Direct selection Tool(직접 선택 도구, ▷)로 위쪽 고정점들만 선택하고 Scale Tool(크기 조절 도구, ▣)을 더블 클릭한 후 Scale(크기 조절) 창에서 'Uniform(균일) : 80%'를 입력합니다.

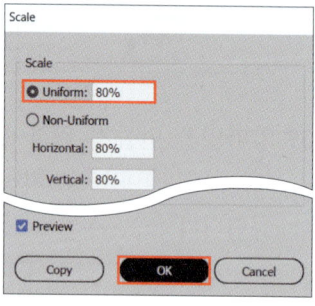

03 둥근 사각형을 선택하고 Alt 를 누른 채 위로 드래그하여 복사한 후 Swatches(견본) 패널에서 'Fill(칠) : K50, Stroke(선) : None(없음)'으로 지정합니다.

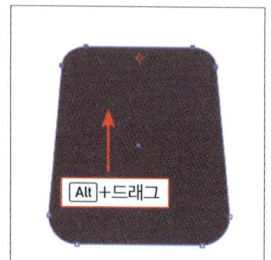

04 Rounded Rectangle Tool(둥근 사각형 도구, ▢)을 선택하여 아트보드를 클릭한 후 'Width(폭) : 11mm, Height(높이) : 3mm, Corner Radius(모퉁이 반경) : 1mm'를 입력하고 Swatches(견본) 패널에서 'Fill(칠) : K80, Stroke(선) : None(없음)'으로 지정합니다.

05 둥근 사각형을 선택하고 Alt를 누른 채 위로 드래그하여 복사한 후 Swatches(견본) 패널에서 'Fill(칠) : K50, Stroke(선) : None(없음)'으로 지정합니다.

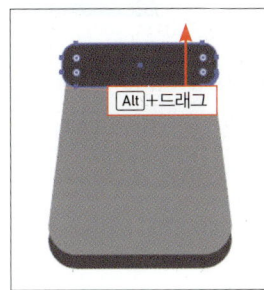 

06 Ellipse Tool(원형 도구, ◯)을 선택하고 아트보드를 클릭한 후 'Width(폭) : 4.5mm, Height(높이) : 4.5mm'를 입력하고 Swatches(견본) 패널에서 'Fill(칠) : K10, Stroke(선) : K80'으로 지정합니다. Ellipse Tool(원형 도구, ◯)을 선택하여 다이얼 안의 작은 원을 그린 후 Swatches(견본) 패널에서 'Fill(칠) : K80, Stroke(선) : None(없음)'으로 지정하고 출력형태와 같이 배치합니다.

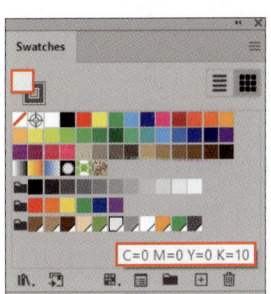  

07 Ellipse Tool(원형 도구, ◯)을 선택하여 아트보드를 클릭한 후 'Width(폭) : 8mm, Height(높이) : 2mm'를 입력하고 Swatches(견본) 패널에서 'Fill(칠) : K10, Stroke(선) : None(없음)'으로 지정합니다.

08 타원을 선택하고 Alt를 누른 채 위로 드래그하여 복사한 후 Scale Tool(크기 조절 도구, ▦)을 더블 클릭한 후 Scale(크기 조절) 창에서 'Uniform(균일) : 140%'를 입력합니다.

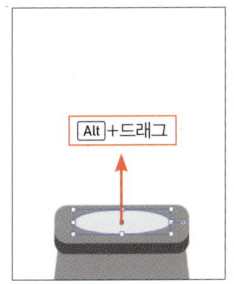 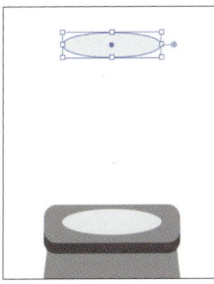 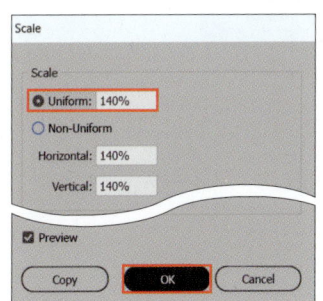 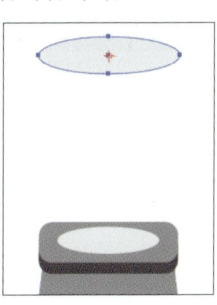

09 Pen Tool(펜 도구, ✏️)을 선택하고 두 개의 타원 사이를 채울 사각형을 그립니다.

10 위쪽 타원을 선택하고 Shift + Ctrl +]를 눌러 맨 앞으로 배치한 후 Swatches(견본) 패널에서 'Fill(칠) : K80'으로 지정합니다. Scale Tool(크기 조절 도구, 📐)을 클릭하고 Alt를 누른 채 타원의 오른쪽 고정점을 클릭한 후 Scale(크기 조절) 창에서 'Uniform(균일) : 110%'를 입력합니다.

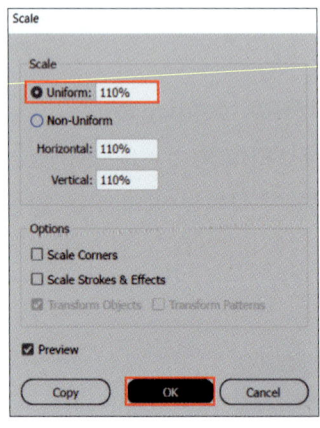 

11 Rounded Rectangle Tool(둥근 사각형 도구, ⬜)을 선택하고 아트보드를 클릭한 후 'Width(폭) : 7mm, Height(높이) : 10mm, Corner Radius(모퉁이 반경) : 2mm'를 입력하고 Swatches(견본) 패널에서 'Fill(칠) : K10, Stroke(선) : None(없음)'으로 지정합니다.

12 [Object(오브젝트)]-[Path(패스)]-[Offset Path(오프셋 패스)]를 클릭한 후 Offset Path(오프셋 패스) 창에서 'Offset(이동) : −1mm'를 입력합니다.

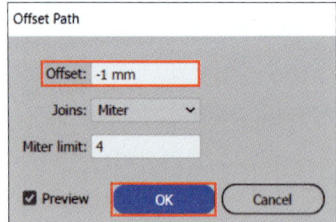

13 두 개의 둥근 사각형을 선택하고 Pathfinder(패스파인더) 패널에서 Minus Front(앞면 오브젝트 제외, ▣)를 클릭하여 불필요한 부분은 삭제합니다.

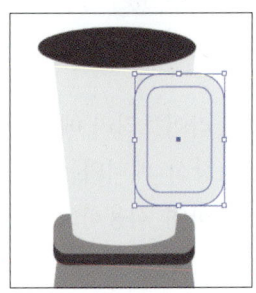 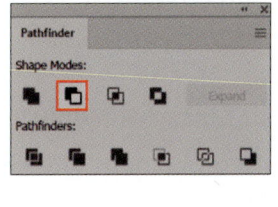 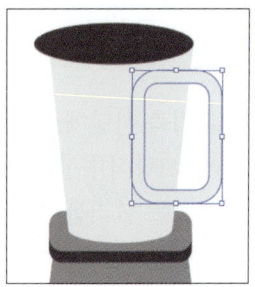

14 Pen Tool(펜 도구, ✏)을 선택하여 반사광과 주입구를 그리고 Swatches(견본) 패널에서 'Fill(칠) : C0M0Y0K0과 K10, Stroke(선) : None(없음)'으로 지정합니다. 주입구를 선택하고 Shift + Ctrl + [를 눌러 맨 뒤로 배치합니다.

 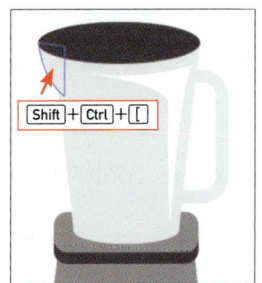

15 그림자를 적용하기 위하여 믹서기를 모두 선택하고 Ctrl + G 를 눌러 그룹으로 묶습니다. [Effect(효과)]-[Stylize(스타일화)]-[Drop Shadow(그림자 만들기)]를 선택하고 Drop Shadow(그림자 효과) 창에서 'Mode(모드) : Multiply(곱하기), Opacity(불투명도) : 75%, X Offset(X 옵셋) : 1mm, Y Offset(Y 옵셋) : 1mm, Blur(흐림 효과) : 1mm'로 지정합니다.

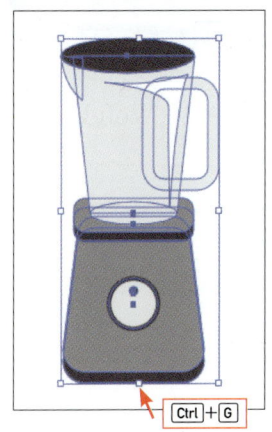 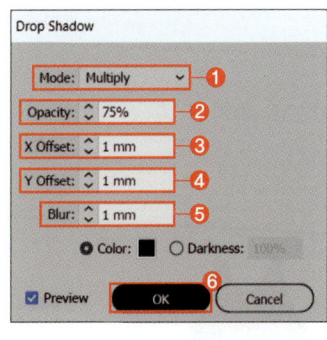 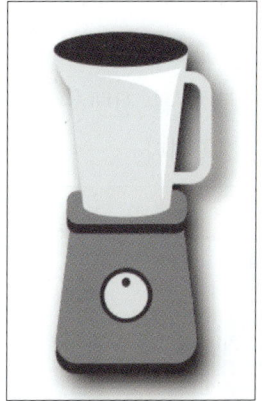

06 브러시 오브젝트 만들기

01 리본 모양 배너를 브러시로 만들기 위하여 Line Segment Tool(선분 도구, ✏️)을 선택하고 Shift 를 누르면서 직선을 그립니다.

02 Brushes(브러쉬) 패널 좌측 하단에서 Brush Libraries Menu(브러쉬 라이브러리 메뉴, 📖)를 선택하고 [Decorative(장식)]-[Decorative_Banners and Seals(장식_배너와 씰)]을 클릭하여 추가 브러쉬 패널을 불러옵니다. 'Banner 10(배너 10)'을 선택하여 적용하고 배치한 후 Stroke(획) 패널에서 'Weight(두께) : 0.5pt'를 지정합니다.

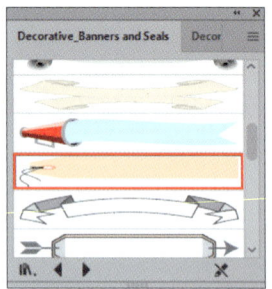
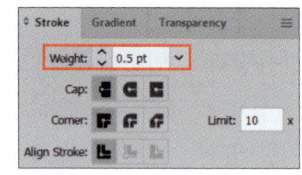

03 색종이 모양을 브러시로 만들기 위하여 Paintbrush Tool(페인트 브러시 도구, 🖌️)을 선택하고 곡선을 그립니다.

04 Brushes(브러쉬) 패널 좌측 하단에서 Brush Libraries Menu(브러쉬 라이브러리 메뉴, 📖)를 선택하고 [Decorative(장식)]-[Decorative_Scatter(장식_산포)]를 클릭하여 추가 브러쉬 패널을 불러옵니다.

05 'Confetti(색종이)'를 선택하여 적용하고 배치한 후 Stroke(획) 패널에서 'Weight(두께) : 0.75pt'를 지정합니다.

07 문자 입력하고 변형하기

01 문자를 입력하기 위하여 Type Tool(문자 도구, T)을 선택하고 아트보드를 클릭하여 'Cooking Class'를 입력합니다.

02 상단 옵션 바에서 'Set the Font family(글꼴 군 설정) : Arial, Set the Font style(글꼴 스타일) : Bold, Set the Font size(글꼴 크기) : 16pt'로 지정하고 Swatches(견본) 패널에서 'Fill(칠) : C30M50Y70, Stroke(선) : None(없음)'으로 지정합니다.

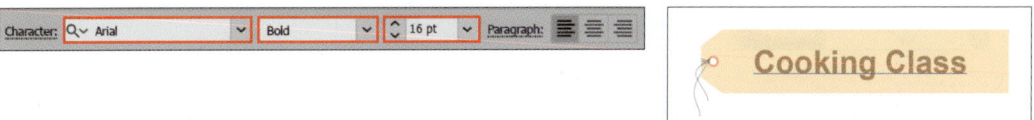

03 문자를 패스로 만들기 위하여 클릭 후 [Type(문자)]-[Create outline(윤곽선 만들기)](Shift +Ctrl+O)를 선택하여 패스로 만듭니다. 문자가 패스화되면 Selection Tool(선택 도구, ▶)로 'Cooking Class' 문자를 더블 클릭하고 Isolation Mode(격리 모드)로 전환합니다.

04 문자 오브젝트를 위, 아래로 분리하기 위하여 Erase Tool(지우개 도구, ◆)을 선택합니다. [ ]와 [ ]를 눌러서 문자를 분리하는 선만큼 작게 지우개의 크기를 조절한 후 문자 오브젝트를 지나가도록 드래그합니다.

05 분리된 아래쪽 오브젝트들을 Selection Tool(선택 도구, ▶)로 Shift 를 누르면서 모두 선택하고 Swatches(견본) 패널에서 'Fill(칠) : C40M70Y100K50, Stroke(선) : None(없음)'으로 지정합니다.

06 곡선 위에 문자를 입력하기 위하여 Pen Tool(펜 도구, ✎)을 선택하고 곡선을 그립니다. Type on a Path Tool(패스 상의 문자 도구, ✓)을 선택하고 곡선을 클릭하여 'Best Cooking Tool'을 입력한 후 Ctrl+A를 눌러 모두 선택합니다.

07 상단 옵션 바에서 'Set the Font family(글꼴 군 설정) : Times New Roman, Set the Font style(글꼴 스타일) : Bold, Set the Font size(글꼴 크기) : 12pt, Align Center(가운데 정렬)'로 선택하고 Swatches(견본) 패널에서 'Fill(칠) : C40M70Y100K50, Stroke(선) : None(없음)'으로 지정합니다.

08 파일 저장

01 최종적으로 작업 파일의 오브젝트 위치, 순서를 점검하고 불필요한 안내선이 남아있는 경우 [View(보기)]-[Guide(안내선)]-[Clear Guide(안내선 지우기)]를 선택하여 안내선을 지웁니다.

02 [File(파일)]-[Save as(다른이름으로 저장)](Shift+Ctrl+S)을 선택하여 '저장 위치 : 내 PC\문서\GTQ, 파일 이름 : 수험번호-성명-2, 파일 형식 : Adobe Illustrator(*.AI)'로 저장합니다. [Illustrator Options(Illustrator 옵션)] 창이 뜨면 [OK(확인)]를 누르고 옵션 창을 닫습니다.

03 답안 저장이 완료되면 [File(파일)]-[Close(닫기)](Ctrl+W)를 선택하여 파일을 닫고 수험 프로그램에서 [답안 전송]을 선택하여 ai 파일을 감독관 컴퓨터로 전송합니다.

문제 ❸	어플리케이션 디자인
작업과정	① 새 작업 파일 만들기 ➡ ② 견본색 그룹 만들기 ➡ ③ 체크무늬 패턴 만들기 ➡ ④ 피망 오브젝트 만들기 ➡ ⑤ 장갑 오브젝트 만들기 및 패턴 적용 ➡ ⑥ 냄비 오브젝트 만들기 및 클리핑 마스크 ➡ ⑦ 점선 편집하기 ➡ ⑧ 파일 저장
완성이미지	PART04₩기출유형문제10회₩수험번호-성명-3.ai

01 새 작업 파일 만들기

01 새 작업 파일을 만들기 위하여 [File(파일)]-[New(새로 만들기)]([Ctrl]+[N])를 선택하고 'Width : 120mm, Height : 80mm, Units : Millimeters, Color Mode : CMYK'를 설정하여 새 작업 파일을 만듭니다.

02 [View(보기)]-[Rulers(눈금자)]-[Show Rulers(눈금자 표시)]([Ctrl]+[R])를 선택하여 눈금자를 표시합니다.

03 작업 파일을 저장하기 위하여 [File(파일)]-[Save as(다른이름으로 저장)]([Shift]+[Ctrl]+[S])을 선택하여 '저장 위치 : 내PC₩문서₩GTQ, 파일 이름 : 수험번호-성명-3, 파일 형식 : Adobe Illustrator(*.AI)'로 저장합니다. [Illustrator Options(Illustrator 옵션)] 창이 뜨면 [OK(확인)]를 누르고 옵션 창을 닫습니다.

02 견본색 그룹 만들기

01 Swatches(견본) 패널 우측 하단에서 New Group(새 색상 견본 그룹, ▣)을 선택하여 새로운 그룹을 만들고 그룹의 이름을 GTQ라고 입력합니다.

02 만들어진 그룹을 클릭하고 New Swatch(새 견본, ▣)를 선택하여 문제에서 제시하는 색상값을 입력합니다. 반복하여 모든 색상을 견본 그룹에 만듭니다.

03 체크무늬 패턴 만들기

01 Rectangle Tool(사각형 도구, ▣)을 선택하여 아트보드를 클릭한 후 'Width(폭) : 5mm, Height(높이) : 5mm'를 입력하고 Swatches(견본) 패널에서 'Fill(칠) : M50Y100, Stroke(선) : None(없음)'으로 지정합니다.

02 사각형을 선택하고 Alt 를 누른 채 드래그하여 복사한 후 출력형태와 같이 배치하고 Swatches (견본) 패널에서 각각 'Fill(칠) : M10Y10과 C30M60Y90K50, Stroke(선) : None(없음)'으로 지정합니다.

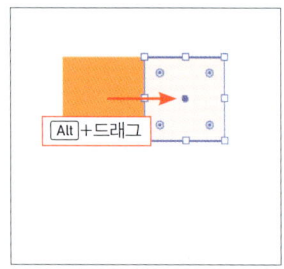

03 패턴으로 만들기 위하여 오브젝트를 모두 선택하고 [Object(오브젝트)]-[Pattern(패턴)]-[Make(만들기)]를 선택합니다. Pattern Options(패턴 옵션) 창에서 'Name(이름) : CHECK, Tile Type(타일 유형) : Grid(격자)'로 지정하고 Done(완료)을 클릭합니다.

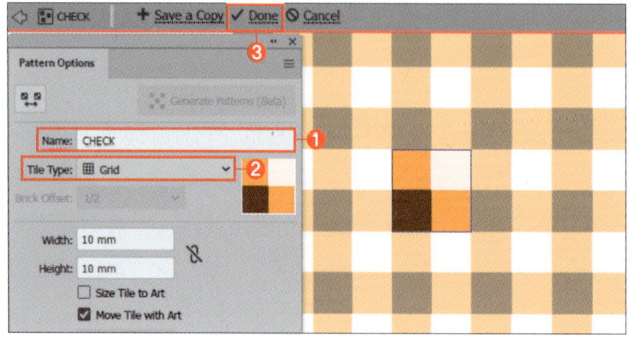

04 피망 오브젝트 만들기

01 Pen Tool(펜 도구, ✏️)을 선택하여 피망과 꼭지를 그린 후 Swatches(견본) 패널에서 'Fill(칠) : C10M100Y100, Stroke(선) : None(없음)과 C70Y100, Stroke(선) : None(없음)'으로 지정합니다.

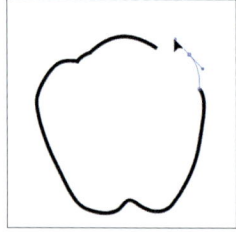

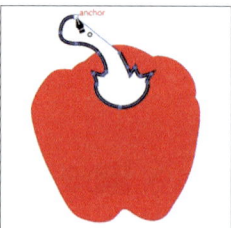

02 Pen Tool(펜 도구, ✐)을 선택하여 반사광을 그리고 Swatches(견본) 패널에서 'Fill(칠) : M80Y80, Stroke(선) : None(없음)'으로 지정합니다.

03 피망을 선택하여 Alt 를 누른 채 드래그하여 복사한 후 Reflect Tool(반사 도구, ◁▷)을 더블 클릭하고 Reflect(반사) 창에서 'Axis(축) : Vertical(세로)'을 선택합니다. 반사된 피망을 선택하고 Swatches(견본) 패널에서 'Fill(칠) : C10M10Y100과 Y50'으로 지정합니다.

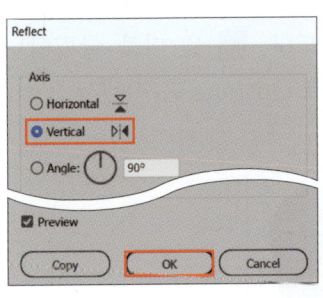   

04 노란색 피망을 선택하고 Shift + Ctrl + [를 눌러 맨 뒤로 보낸 후 출력형태와 같이 배치한 후 모두 선택하고 Ctrl + G 를 눌러 그룹으로 묶습니다.

05 장갑 오브젝트 만들기 및 패턴 적용

01 Pen Tool(펜 도구, ✐)을 선택하여 장갑을 그린 후 Swatches(견본) 패널에서 'Fill(칠) : C30M60Y90K50, Stroke(선) : None(없음)'으로 지정합니다. Line Segment Tool(선분 도구, ╱)과 Pen Tool(펜 도구, ✐)로 패턴을 적용하기 위하여 분할할 선과 곡선을 그립니다.

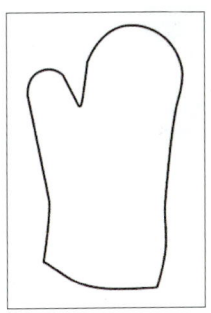  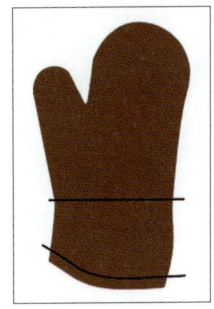

02 오브젝트를 모두 선택하고 Pathfinder(패스파인더) 패널에서 Divide(나누기,)를 클릭하여 분리합니다. [Object(오브젝트)]-[Ungroup(그룹 풀기)](Shift + Ctrl + G)을 선택하여 그룹을 해제합니다.

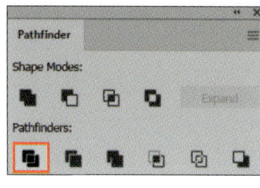
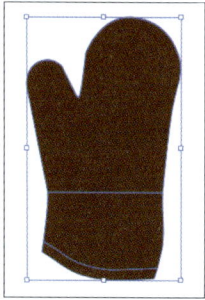

03 장갑의 아랫부분을 선택하고 Swatches(견본) 패널에서 'Fill(칠) : CHECK' 패턴으로 지정한 후 패턴의 크기를 줄이기 위하여 Scale Tool(크기 조절 도구,)을 더블 클릭합니다. Scale(크기 조절) 창에서 'Uniform(균일) : 35%'를 입력하고 Options(옵션)에서 'Transform Patterns(패턴 변형) : 체크'합니다.

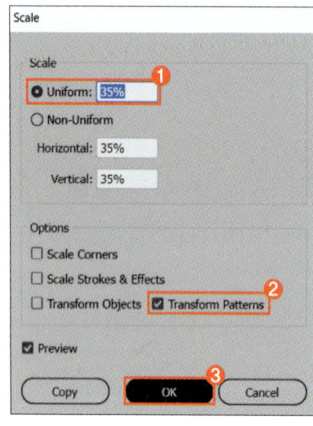

04 Rounded Rectangle Tool(둥근 사각형 도구,)을 선택하고 아트보드를 클릭한 후 'Width(폭) : 25mm, Height(높이) : 8mm, Corner Radius(모퉁이 반경) : 4mm'를 입력하고 Swatches(견본) 패널에서 'Fill(칠) : M50Y100, Stroke(선) : None(없음)'으로 지정합니다.

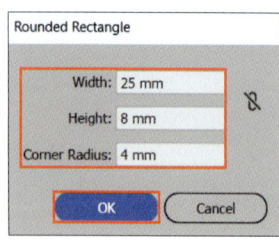

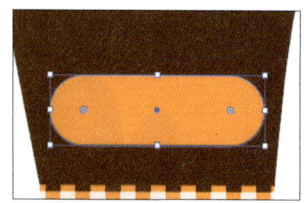

05 문자를 입력하기 위하여 Type Tool(문자 도구, T)을 선택하고 아트보드를 클릭하여 'Cooking Gloves'를 입력합니다.

06 상단 옵션 바에서 'Set the Font family(글꼴 군 설정) : Times New Roman, Set the Font style(글꼴 스타일) : Bold, Set the Font size(글꼴 크기) : 10pt'로 지정하고 Swatches(견본) 패널에서 'Fill(칠) : C30M60Y90K50, Stroke(선) : None(없음)'으로 지정합니다.

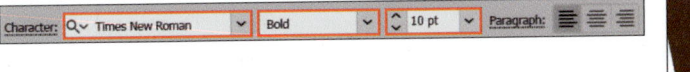

07 피망 오브젝트를 선택하고 Alt 를 누른 채 드래그하여 복사한 후 Shift + Ctrl +] 를 눌러 맨 앞으로 배치합니다. Shift 를 누른 채 크기를 조절하고 라벨 위로 배치한 후 Alt 를 누른 채 드래그하여 출력형태와 같이 배치합니다. 피망을 모두 선택하고 Ctrl + G 를 눌러 그룹으로 묶습니다.

06 냄비 오브젝트 만들기 및 클리핑 마스크

01 뚜껑을 만들기 위하여 Ellipse Tool(원형 도구, ○)을 선택하여 아트보드를 클릭한 후 각각 'Width(폭) : 45mm, Height(높이) : 17mm'와 'Width(폭) : 43mm, Height(높이) : 15mm'를 입력합니다.

02 Swatches(견본) 패널에서 'Fill(칠) : K60와 K30, Stroke(선) : None(없음)'으로 지정합니다. 두 개의 타원을 선택하고 위, 아래로 배치합니다.

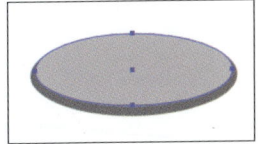

03 반사광을 만들기 위하여 Ellipse Tool(원형 도구, ○)을 선택하여 아트보드를 클릭한 후 'Width(폭) : 35mm, Height(높이) : 12mm'를 입력하고 Swatches(견본) 패널에서 'Fill(칠) : K10, Stroke(선) : None(없음)'으로 지정합니다.

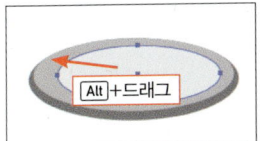 

04 작은 타원을 선택하고 Alt 를 누른 채 드래그하여 복사한 후 두 개의 타원을 선택하고 Pathfinder(패스파인더) 패널에서 Minus Front(앞면 오브젝트 제외, ▣)를 클릭하여 불필요한 부분은 삭제합니다.

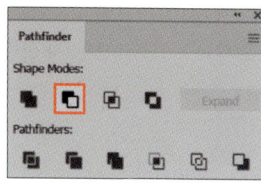 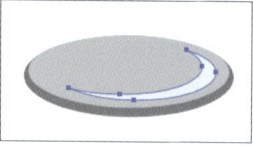

05 손잡이를 만들기 위하여 Ellipse Tool(원형 도구, ◉)을 선택하고 아트보드를 클릭한 후 'Width(폭) : 12mm, Height(높이) : 4mm'와 'Width(폭) : 7mm, Height(높이) : 1.5mm'를 입력하고 Swatches(견본) 패널에서 'Fill(칠) : K80과 K60, Stroke(선) : None(없음)'으로 지정합니다.

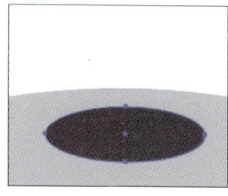 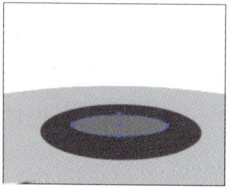

06 작은 타원을 선택하고 Alt 를 누른 채 위로 드래그하여 복사한 후 Scale Tool(크기 조절 도구, ▣)을 더블 클릭합니다.

07 Scale(크기 조절) 창에서 'Uniform(균일) : 80%'를 설정하고, Pen Tool(펜 도구, ✒)을 선택하여 두 개의 타원 사이를 채울 사각형을 그립니다.

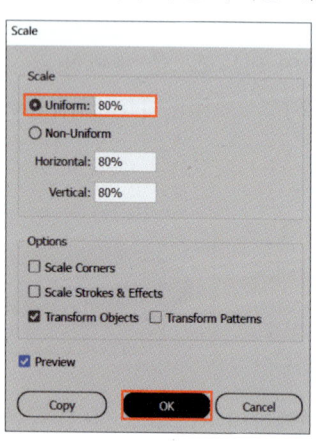 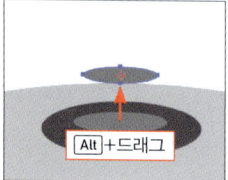 

08 Ellipse Tool(원형 도구, ◉)을 선택하고 아트보드를 클릭한 후 'Width(폭) : 10mm, Height(높이) : 3.5mm'를 입력하고 Swatches(견본) 패널에서 'Fill(칠) : K80, Stroke(선) : None(없음)'으로 지정합니다.

09 타원을 선택하고 Alt 를 누른 채 위로 드래그하여 복사한 후 Scale Tool(크기 조절 도구,)을 더블 클릭합니다. Scale(크기 조절) 창에서 'Uniform(균일) : 80%'를 입력합니다.

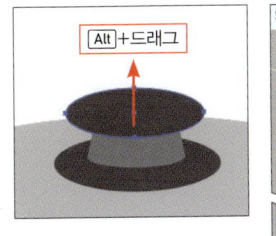 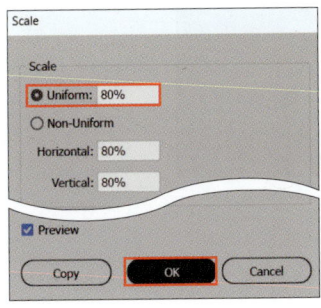 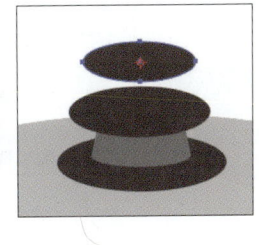

10 Pen Tool(펜 도구,)을 선택하고 두 개의 타원 사이를 채울 사각형을 그립니다. 위쪽 타원을 선택하고 Shift + Ctrl +] 를 눌러 맨 앞으로 배치한 후 Swatches(견본) 패널에서 'Fill(칠) : K60, Stroke(선) : None(없음)'으로 지정합니다.

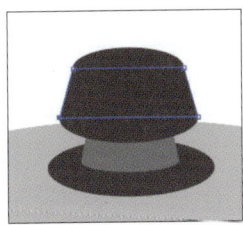 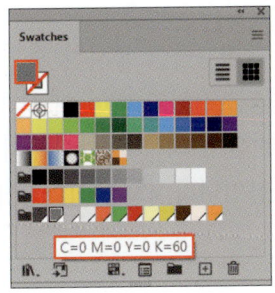 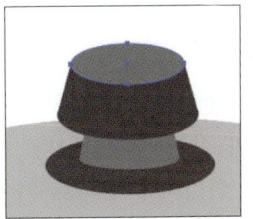

11 Pen Tool(펜 도구,)을 선택하여 냄비를 그리고 Gradient(그레이디언트) 패널에서 그라디언트 색상을 클릭한 후 Gradient Slider(그라디언트 슬라이더)를 활성화합니다.

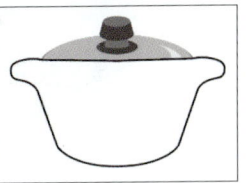

12 Gradient Slider(그라디언트 슬라이더)왼쪽 'Color Stop(색상 중지점)'을 더블 클릭하여 C50M50을, 오른쪽 'Color Stop(색상 중지점)'을 더블 클릭하여 C90M90K20을 적용합니다.

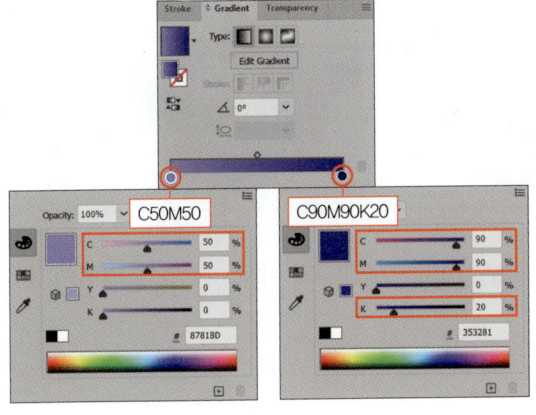

13 Pen Tool(펜 도구,)을 선택하고 냄비를 분할할 곡선을 그린 후 선과 냄비를 선택하고 Pathfinder(패스파인더) 패널에서 Divide(나누기,)를 클릭하여 분리합니다.

 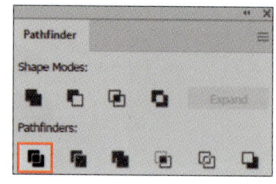

14 Shift+Ctrl+G를 선택하여 그룹을 해제한 후 손잡이 부분을 선택하고 Swatches(견본) 패널에서 'Fill(칠) : K80, Stroke(선) : None(없음)'으로 지정합니다.

15 피망 오브젝트를 선택하고 Alt를 누른 채 드래그하여 복사한 후 Shift+Ctrl+]를 눌러 맨 앞으로 배치합니다. Shift를 누르면서 크기를 조절하고 냄비 위로 배치한 후 Alt를 누른 채 드래그하여 출력형태와 같이 배치합니다. 냄비를 선택하고 Ctrl+C를 눌러서 복사한 후 Ctrl+F를 눌러서 같은 위치이면서 바로 위에 붙입니다. Shift+Ctrl+]를 누르고 순서를 맨 앞으로 보냅니다.

16 복사한 냄비만큼 피망에 클리핑 마스크를 적용하기 위하여 복사된 냄비와 피망 오브젝트들을 모두 선택하고 [Object(오브젝트)]-[Clipping Mask(클리핑 마스크)]-[Make(만들기)](Ctrl +7)을 누릅니다. 냄비와 손잡이를 선택하고 Shift+Ctrl+[를 눌러 맨 뒤로 배치합니다.

17 문자를 입력하기 위하여 Type Tool(문자 도구,)을 선택하고 아트보드를 클릭하여 'Delicious Cooking Time'을 입력합니다.

18 상단 옵션 바에서 'Set the Font family(글꼴 군 설정) : Arial, Set the Font style(글꼴 스타일) : Bold, Set the Font size(글꼴 크기) : 10pt, Align Left(왼쪽 정렬)'로 지정하고 Swatches(견본) 패널에서 'Fill(칠) : C0M0Y0K0, Stroke(선) : None(없음)'으로 지정합니다.

07 점선 편집하기

01 장갑을 클릭하고 [Object(오브젝트)]-[Path(패스)]-[Offset Path(오프셋 패스)]를 선택한 후 Offset Path(오프셋 패스) 창에서 'Offset(이동) : -1mm'를 입력합니다.

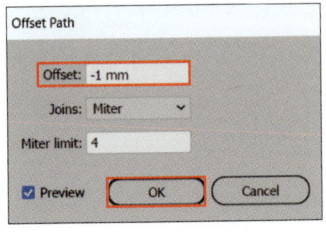

02 축소된 장갑을 선택하고 Swatches(견본) 패널에서 'Fill(칠) : None(없음), Stroke(선) : C0M0Y0K0'으로 지정합니다. Stroke(획) 패널에서 'Dashed Line(점선 사용) : 체크'하고 'dash(점선) : 5pt, gap(간격) : 2pt, dash(점선) : 2pt, gap(간격) : 2pt'로 지정합니다.

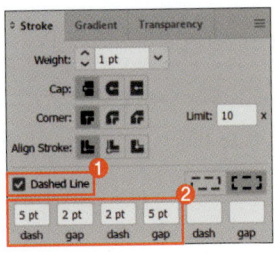

03 장갑의 소매를 선택하고 Alt 를 누른 채 드래그하여 복사한 후 Swatches(견본) 패널에서 'Fill(칠) : None(없음), Stroke(선) : K100'으로 지정합니다. Direct selection Tool(직접 선택 도구,)로 불필요한 고정점을 선택하여 삭제합니다.

04 Stroke(획) 패널에서 'Dashed Line(점선 사용) : 체크'하고 'dash(점선) : 3t, gap(간격) : 2pt'로 지정합니다. 곡선을 선택하고 Swatches(견본) 패널에서 'Fill(칠) : None(없음), Stroke(선) : C0M0Y0K0'으로 지정한 후 출력형태와 같이 배치합니다.

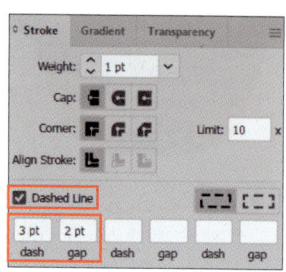  

08 파일 저장

01 최종적으로 작업 파일의 오브젝트 위치, 순서를 점검하고 불필요한 안내선이 남아있는 경우 [View(보기)]-[Guide(안내선)]-[Clear Guide(안내선 지우기)]를 선택하여 안내선을 지웁니다.

02 [File(파일)]-[Save as(다른이름으로 저장)]([Shift]+[Ctrl]+[S])을 선택하여 '저장 위치 : 내 PCW문서WGTQ, 파일 이름 : 수험번호-성명-3, 파일 형식 : Adobe Illustrator(*.AI)'로 저장합니다. [Illustrator Options(Illustrator 옵션)] 창이 뜨면 [OK(확인)]를 누르고 옵션 창을 닫습니다.

03 답안 저장이 완료되면 [File(파일)]-[Close(닫기)]([Ctrl]+[W])를 선택하여 파일을 닫고 수험 프로그램에서 [답안 전송]을 선택하여 ai 파일을 감독관 컴퓨터로 전송합니다.